Franz von Hausmann

Flora von Tirol

Dritter Teil

Franz von Hausmann

Flora von Tirol

Dritter Teil

ISBN/EAN: 9783955623838

Auflage: 1

Erscheinungsjahr: 2013

Erscheinungsort: Bremen, Deutschland

@ Bremen-university-press in Access Verlag GmbH, Fahrenheitstr. 1, 28359 Bremen. Alle Rechte beim Verlag und bei den jeweiligen Lizenzgebern.

FLORA von TIROL.

Ein

Verzeichniss

der

in Tirol und Vorarlberg wild wachsenden und häufiger gebauten

Gefässpflanzen.

Mit Berücksichtigung ihrer Verbreitung und örtlichen Verhältnisse verfasst und nach Koch's Synopsis der deutschen Flora geordnet

Frz. Freih. v. Hausmann.

Drittes Heft. (Bogen 69—101).
(Schluss.)

Flora von Tirol.

Ein

VERZEICHNISS

der in Tirol und Vorarlberg wild wachsenden und häufiger gebauten

Gefässpflanzen.

Mit Berücksichtigung ihrer Verbreitung und örtlichen Verhältnisse
verfasst und nach Koch's Synopsis der deutschen Flora geordnet.

MIT EINEM ANHANGE,

enthaltend:

Die Literatur der Flora des Landes und Notizen über die zu selber Bezug habenden Botaniker — zweifelhafte und irrige ältere Angaben — Höhenmessungen — einen Vergleich mit den Nachbar-Floren in tabellarischer Uebersicht — einen Linnéischen Schlüssel — ein vollständiges Synonymen-Register — und Nachträge zur Flora.

Von

Franz Freiherr von Hausmann.

SEINEM VEREHRTEN FREUNDE

Ludwig Ritter von Heufler

in Anerkennung der Verdienste desselben um die

LANDES-FLORA

gewidmet

Verfasser.

An den Leser.

Der nächste Anlass zur Zusammenstellung eines Verzeichnisses der Gefässpflanzen Tirols ergab sich im Jahre 1844, als mir das Tirolische Herbar des National-Museums in Innsbruck zur Ordnung und Eintheilung übergeben ward. Dieses Herbarium — seitdem durch eigene Beiträge und die meiner botanischen Freunde im Lande zu einem Umfange gediehen, dass es zu den schönsten und reichsten Sammlungen dieser Art zählt, ist somit als Grundlage meiner Flora von Tirol zu betrachten, und wird, so lange es nicht den Anthrenen und Anobien zur Beute verfallen sein wird, als Prüfstein derselben bei auftauchenden Zweifeln zu gelten haben, so wie zur Verständlichung der Umgränzung der Arten in der Folge dienen — ein Vortheil, den, wie ich glaube, meine Arbeit vor vielen andern ähnlichen Unternehmungen voraus hat. Meine frühere Absicht, jenen Mittelpunkt des Dreieckes: Tirol, jene Gegend, die dem Wanderer vom Norden her den ersten Vollgenuss rein südlicher Lüfte, und im Hauche derselben gezeitigter Südfrüchte bietet, nämlich das Gebieth von Bozen — den Gegenstand langjähriger eigener Anschauung und Forschung — zum Ziele meiner Arbeit mir vorzustecken, ward dadurch in den Hintergrund gedrängt, aber damit auch der Anspruch auf einen allen Anforderungen des gegenwärtigen Standes der Wissenschaft entsprechenden Erfolg derselben. Der erste Versuch einer Flora eines Landes — um so mehr eines Alpenlandes — wird von dem Erfahrenen billig beurtheilt werden. Die Flora des Landes Tirol wird ihre Stadien zu durchlaufen haben, wie jene anderer Länder, und auf dem nun gelegten Grunde mögen Andere fortbauen. Das Verzeichniss schmiegt sich an Koch's Synopsis der deutschen Flora an, und ich bin hierin dem in botanischen Blättern wiederholt angeregten Wunsche: es möchten sich alle deutschen Provincialfloren an jenes ausgezeichnete und verbreitetste Werk anschliessen, so wie dem Beispiele Anderer gefolgt. Durch einen mehrjährigen brieflichen Verkehr mit dem Verfasser der Synopsis ward eine vollkommene Uebereinstimmung der Tirolischen Arten nach der Umgränzung und Interpretirung Koch's erzielt.

Fortgesetzte Beobachtungen im Freien sowohl als im Garten, und unter den verschiedensten klimatischen und Bodenverhältnissen bildeten in mir über gar manche jener Arten, die ihr Entstehen der Eigenliebe oder momentanen Reiseeindrücken oder auch nur der Stubenluft verdanken, ein selbstständiges Urtheil, und ich habe nicht ermangelt, dem Leser dasselbe anmerkungsweise am betreffenden Orte vorzuführen. Abweichende Formen und interessante Abänderungen wurden mit Sorgfalt aufgezählt, denn die Uebergehung derselben würde heutzutage dem Verfasser einer Flora den Vorwurf der Unkenntniss oder den der Hinneigung zu den Zeiten eines Clusius zuziehen.

Vorzüglich reich an Formen und Abarten ist das südliche Tirol — Folgen des Klima und der wechselvollen geognostischen Gestaltungen. Es ist klar, dass Pflanzen (vor allen 1- und 2jährige) eines Erdstriches, der vor einem jenseits der Alpen in der jährlichen Vegetationsperiode 2 Monate und mehr voraus hat, dem Auge des Betrachters das Bild einer vollständigeren Entwicklung bieten werden. Oft hatte ich desshalb Gelegenheit zu beobachten, wie Pflanzenfreunde aus dem Norden des deutschen Vaterlandes hier in ganz gemeinen Pflanzenarten etwas Fremdartiges zu erblicken wähnten.

Schon beim Erscheinen des ersten Heftes meines Buches äusserten mir Freunde Bedauern, dass ich der Natur des Bodens zu wenig Rechnung getragen, aber sie hatten nicht bedacht, dass mir das bei allen fremden Angaben nicht möglich war. Bei jenen dagegen, die auf eigene Anschauung beruhten, habe ich es, wenn es von vorzüglicher Wichtigkeit erschien, nicht versäumt. Um jenem Missstande abzuhelfen, war es schon beim Entwurfe meines Werkes Absicht, demselben eine kleine geognostische Karte beizugeben, und der Secretär des geognostischen Vereines: Dr. Stotter hatte die Ausarbeitung derselben übernommen. Der

Tod des theuren Freundes unterbrach die schon begonnene Arbeit. Die grosse geognostische Karte des Landes — einer ähnlichen mögen sich wenige Länder rühmen — ist seither erschienen, und Besitzer derselben werden sich in den meisten Fällen über die Gebirgsarten in derselben Rathes erholen können. Auch mag das Höhenverzeichniss im dritten Hefte, das die im Buche am öftesten genannten botanischen Punkte mit der bezüglichen Gebirgsart bringt, häufig zu diesem Zwecke hinreichen. Das Gebieth von Bozen wurde darin vorzüglich bedacht.

Die grosse Anzahl Standorte, oft selbst gemeiner Pflanzen mag Manchem als unnützer Ballast erscheinen, nicht so mir. Jeder der 4 Kreise des Landes hat eine ziemlich natürliche Abgränzung und somit eine mehr oder weniger abweichende Flora, und ich wollte nicht nur die Gesammtflora des Landes, sondern auch die der einzelnen Kreise geben, zudem auch zur Entscheidung der Frage: welche der Alpenpflanzen dem Süd- welche dem Nord - Abhange derselben eigenthümlich *) sind, beitragen. Eine andere Frage, der man in neuester Zeit wieder mit Recht die vollste Aufmerksamkeit schenkt: „Gibt es Pflanzen, die unter allen Umständen nur an eine Gebirgsart gebunden sind, und welche

---

*) Rarissimis plantarum speciebus haec Flora superbit; sed quae ex his propriae essent declivibus alpium meridionalibus, quae vero septentrionalibus, id hucusque erui nondum potuit. Koch syn. ed. 1. p. IV.

sind es?" kann nur ihre Lösung finden, wenn sich die Beobachtungen mehren und über weite Kreise ausdehnen, und vor allem wird sie von der Menge der gesammelten Standorte abhängen.

Jene sogenannten kalksteten Pflanzen, schon in Unger's ausgezeichnetem Werke: „Ueber den Einfluss des Bodens auf die Vertheilung der Gewächse" bedeutend reducirt, wird der Leser durch unsere Angaben mit Hülfe jener Karte noch mehr schwinden sehen. Ich führe von solchen hier beispielsweise nur: Anemone hepatica, Teucrium montanum, Sesleria caerulea, Sedum album, Aquilegia atrata, Biscutella laevigata, Phyteuma orbiculare etc. an. Diese fehlen in Tirol von der Thalsohle bis an die Alpenregion vom Norden bis zum Süden auf keiner Gebirgsart, und kaum in einem Winkel des Landes.

Eine gewissenhafte Angabe der Finder gehört mit zur Geschichte der Botanik eines Landes — ich war bestrebt, in so weit es möglich — immer auf den ersten zurückzugehen. Unwürdig für die Wissenschaft ist eine nationelle Parteilichkeit, und ich habe der Betheiligung an der Durchforschung des südlichern Theiles des Landes nach Verdienst so des welschen wie des deutschen Elementes erwähnt. Dadurch, dass man die Augen für die Verdienste des einen oder des andern schliessen möchte, macht man die Wahrheit nicht ungeschehen.

Die verschiedenen Angaben in ältern Druckwerken und Reiseberichten nicht zu übergehen, bewog mich meist nur ihr historisches Interesse, doch sind sie einer sorgfältigen Prüfung unterzogen worden namentlich in Bezug auf Synonymie, und was davon offenbar unrichtig oder auch nur zweifelhaft erschien, wurde in ein Verzeichniss im dritten Hefte zusammengestellt. Mehrere jener ältern bisher allgemein bezweifelten Angaben kamen in neuester Zeit wieder zu Geltung, z. B. Allium Scorodoprasum, Allium vineale *). Valeriana celtica **), Dracocephalum austriacum, Carex Schreberi etc. Ein Beweis, wie voreilig und lieblos das Manchem geläufige Absprechen im Falle des Nichtauffindens irgend einer Pflanze an einem bezeichneten Orte ist. Der erfahrene Botaniker weiss, dass es Pflanzen gibt, die ein Wanderleben führen — kommen und verschwinden. Diese treten meist nur einzeln auf und erscheinen an derselben Stelle oft erst nach Jahren wieder. Standorte erleiden in einem Alpenlande durch Gebirgsströme, Lawinen, Ausrodung der Wälder,

---

*) Diese Art, in Tirol schon von Laicharding angegeben, wurde nun 1853 auch von mir bei Bozen in den Weinbergen im Viertel Sande aufgefunden, so wie auf den Mösern bei Sigmundscron: Melilotus macrorhyza. Beide, so wie mehrere andere Arten kommen erst nachzutragen.

**) Diese seit Wulfen und Hänke auf den Lienzeralpen nicht mehr gefunden, wurde es erst 1853 wieder und zwar von Stud. Rupert Huter.

veränderte Cultur, Umlegung und Anlegung von Strassen gar häufig eine Veränderung. Zudem hat die Beschreibung irgend einer Localität ihre besondere Schwierigkeit, und kann leicht missverstanden werden. Ich habe mich desshalb bestrebt, selbe, um die Verständigung mit dem Landmanne vorzüglich dem Auswärtigen zu erleichtern, so viel möglich der Volkssprache getreu zu geben, selbst auf die Gefahr hin, gegen die Orthographie zu verstossen.

Die Aufnahme der allgemein — oder doch häufiger gebauten Pflanzen in die Landesfloren ist fast allgemein üblich, ich glaubte aber auch jene nicht ausschliessen zu sollen, die in keinem Garten des Landmannes — oder kaum vor einem Fenster desselben fehlen. Das Aufführen dieser Zierpflanzen hat schon in so ferne einen Werth, als die im Freien ausdauernden das Klima irgend einer Gegend charakterisiren, auch ist es nicht ganz ohne Interesse, in gewissen Länderstrichen eine Vorliebe für diese, in andern für andere wahrzunehmen. Mit fortlaufenden Nummern wurden im Texte jedoch nur die wildwachsenden und ganz verwilderten Pflanzen versehen. Die Gränzen zwischen verwilderten oder nur verschleppten zu ziehen ist häufig schwierig, eine zu ängstliche Unterscheidung hiebei wohl auch nicht nothwendig, und es dürfte in dieser Beziehung genügen, wenn eine Pflanze an einem bestimmten Orte sich seit Menschengedenken erhalten und eine Verschleppung oder Ansiedelung durch Zuthun des Menschen nicht mehr nachgewiesen werden kann. Wer zählt jene Pflanzen, die der Flora Deutschlands im Verlaufe von

Jahrhunderten durch Verschleppung und Einwanderung zuwuchsen? und manche, deren Bürgerrecht man noch heute bezweifelt, mag in ein paar Menschenaltern zum Unkraute sich verbreitet haben.

In keinem der ältern botanischen Werke fehlt die Nutzanwendung der Pflanzen und ihre officinellen Namen. In neuerer Zeit hält man sich jedoch nicht mehr an jenen Ausspruch Linné's: dass sich der Anfänger *) auch mit dem Nutzen der Gewächse vertraut machen solle, und höchstens räumt man in den Floren noch den in den Officinen gebräuchlichen Namen der Pflanzen einen Platz ein. Diese habe ich mit besonderer Sorgfalt nach Endlicher's: Medicinalpflanzen, Spenner's Handbuch der angewandten Botanik und Kosteletzky's Medicinalflora zusammengestellt, und zweifle nicht, dadurch den Aerzten, Pharmaceuten und Oeconomen des Landes gefällig gewesen zu sein. — Die Synonymie wächst von Tag zu Tag und ist nicht für den Anfänger allein eine schwere Last. Ich habe mich im Allgemeinen auf jene beschränkt, die zur Verständlichung der Werke Linné's, Koch's und Reichenbach's, so wie jener Schriften, die verschiedene Angaben über Tirol enthalten, nothwendig erschienen, und das dritte Heft bringt zur Bequemlichkeit ein vollständiges Register derselben.

Abbildungen wurden ausnahmsweise citirt, und zwar die des Reichenbach'schen Prachtwerkes: Deutschlands Flora

---

*) Usum plantarum speciebus adscribat medicum et oeconomicum.

etc., und nur in Fällen, wo es räthlich schien, Missdeutung vorzubeugen, z. B. bei Viola suavis M. B. Wer diese, mögen ihre Kennzeichen noch so fein sein, mit V. odorata zusammenwirft, hat im Buche der Natur nicht gelesen. — Es war von Wichtigkeit, Angaben, die auf Autorität anderer beruhten, vor jenen, die durch Vorlage der auf den Standort bezüglichen Exemplare den Werth der Autopsie gewährten, besonders zu kennzeichnen. Ich habe für erstere das Zeichen ! gewählt. Dieses von einigen Autoren im gegentheiligen Sinne — als Merkmal der Autopsie — gebraucht, glaube ich ist in der von mir angewendeten Bedeutung bezeichnender. — Die zwei ersten Hefte waren Anfangs 1848 eben zum Drucke abgeliefert, als jener Zeitabschnitt hereinbrach, der die eine Hälfte des Landes zwang, seine Söhne an die Gränzen zu schicken, um selbe gegen Eindringlinge und Pseudohistoriker dem deutschen Vaterlande zu erhalten. Damals hatten unsere Pressen mit den sich drängenden Ereignissen und den Tagesfragen vollauf zu thun, und der Druck wurde um mehr als zwei Jahre verzögert. Wenn dadurch die Einschaltung einer grossen Anzahl von Standorten und nachträglich aufgefundener Arten, so wie anderweitiger Beobachtungen noch während des Druckes ermöglicht wurde, und mein Verzeichniss der tirolischen Gefässpflanzen jetzt ein fast abgeschlossenes genannt werden kann, so wird aber auch nicht zu verkennen sein, dass dabei der Abrundung und Gleichförmigkeit des Ganzen einiger Abbruch geschah.

Was ich durch gegenwärtiges Buch zu erzielen anstrebte: „Die Pflanzenschätze der südlichsten Warte Deutschlands, bisher nur aus zerstreuten Werken, zum grösseren Theile auch gar nicht gekannt, in ein systematisches Ganze geordnet dem Leser vorzuführen — zu zeigen, dass das kleine Tirol so wie zu den pflanzenreichsten Ländern Deutschlands so auch, und zwar durch einheimische Bemühungen, zu den durchforschtesten desselben zählt — den zahlreichen auswärtigen Besuchern des Landes, so wie den einheimischen Pflanzenfreunden beim Aufsuchen dieser Schätze behülflich zu sein — endlich unter der tirolischen Jugend noch zahlreichere Jünger für die lieblichste der Wissenschaften zu gewinnen*)" das glaube ich erreicht zu haben und auf mehr mache ich nicht Anspruch.

---

*) Die zahlreichen Nachträge des dritten Heftes, so wie aufgehäuftes Materiale zur Fortsetzung derselben, die ich mir auf kommendes Jahr vorbehalte, sprechen für diesen Erfolg.

Bozen, den 1. Jänner 1854.

Der Verfasser.

Schlüssel
zum
erleichterten Bestimmen der Gattungen unserer
FLORA
nach dem Linnéischen Systeme.

Die Zahlen nach den Gattungsnamen weisen auf die Seiten des Buches.

I. Classe. MONANDRIA. Einmännige.

Zwitterblüthen mit einem freien Staubgefässe.

1. Monogynia. Einweibige. Eine Narbe.

Hippuris. 301. Blumenkrone fehlt. Kelchsaum undeutlich. Wasserpflanze mit linealischen, quirligen Blätltern.
Aphanes. 282. Blumenkrone fehlt. Kelchsaum 4spaltig. Blätter keilförmig, handförmig-3spaltig. Alchemilla arvensis.
Centranthus. 410. Blumenkrone 1blättrig, gespornt.

2. Digynia. Zweiweibige. Zwei Narben.

Vulpia. 1003. Gras. Aehrchen vielblüthig, lang - begrannt. Festuca ciliata, myuros u. bromoides.
Blitum. 737. Kraut. Kelch 3—5theilig, zuletzt beerenartig. Die seitenständigen Bl. 1- die endständigen 4—5männig. B. virgatum u. capitatum.
Callitriche. 302. Wasserpflanze. Blätter gegenständig, ganzrandig. Blumenkrone fehlt. Bl. sehr klein, blattwinkelständig. Vergl. XXI. 1.

3. Tetragynia. Vierweibige. Vier Narben.

Zannichellia. 824. Wasserpflanze mit fädlichem Stengel und linealischen Blättern. Vergl. XXI. 1.

II. Classe. DIANDRIA. Zweimännige.

Zwitterblüthen mit 2 freien Staubgefässen.

1. Monogynia. Einweibige. Eine Narbe.
a. *Blumenkrone fehlt.*

Lemna. 825. Stengellos. Blattartig, schwimmend.

Fraxinus. 579. Baum. Polygamisch. Blätter unpaarig-gefiedert. Blumenkrone fehlt. Narbe 2spaltig. F. excelsior.

Lepidium. 84. Kraut. Durch Fehlschlagen blumenblattlos und 2männig. , L. ruderale.

b. Blumenkrone 1blättrig.

Lycopus. 672. Kelch 5zähnig. Blumenkrone kaum länger als der Kelch, trichterförmig, 4spaltig, Lappen fast gleich, der obere ausgerandet.

Rosmarinus. 672. Kelch 2lippig. Blumenkrone rachenförmig. Staubfäden an der Basis mit einem Zahne. Blätter linealisch, am Rande zurückgerollt.

Salvia. 673. Kelch 2lippig. Blumenkrone rachenförmig. Staubfäden ohne Zahn an der Basis.

Veronica. 635. Blumenkrone fast radförmig, Saum 4theilig, der obere Zipfel breiter. Kapsel ausgerandet. Narbe ungetheilt.

Paederota. 645. Blumenkrone röhrig-2lippig, untere Lippe 3theilig o. 3spaltig. Kapsel geschnäbelt-zugespitzt.

Gratiola. 629. Blumenkrone 2lippig, Unterlippe 3spaltig. Staubgefässe 4, nur 2 vollkommen, die unfruchtbaren länger. Narbe 2plättig.

Utricularia. 705. Wasserpflanze. Kelch 2blättrig. Blumenkrone 2lippig, gespornt. Blätter vielfach-zertheilt, Zipfel borstlich oder haarfein.

Pinguicula. 704. Kelch 5theilig. Blumenkrone 2lippig, gespornt. Blätter ganz.

Ornus. 579. Baum. Polygamisch. Blumenkrone 4theilig. Blätter unpaarig-gefiedert. Fraxinus Ornus.

Phyllirea. 578. Baumartig. Bl. in blattwinkelständigen Trauben. Saum der Blumenkrone 4theilig. Steinfrucht mit zerbrechlicher Schale.

Olea. 577. Baum. Saum der Blumenkrone 4spaltig. Steinfrucht mit knöcherner Schale. Blätter lederig, unterseits silberweiss.

Ligustrum. 578. Strauch. Bl. in gipfelständigen Sträussen. Saum der Blumenkrone 4spaltig. Frucht eine kugelige Beere.

Syringa. 578. Strauch (auch baumartig). Saum der Blumenkrone 4spaltig. Frucht eine 2klappige Kapsel. Bl. meist lila.

Jasminum. 580. Strauch. Saum der Blumenkrone 5—8spaltig. Blätter unserer Art unpaarig-gefiedert.

c. Blumenkrone mehrblättrig.

Circaea. 299. Kelch 2theilig. Blumenkrone 2blättrig. Kräuter mit gegenständigen ei- oder herzförmigen, gezähnelten Blättern.

2. Digynia. Zweiweibige. Zwei Narben.

Anthoxanthum. 962. Gras. Rispe ährenförmig, länglich, locker. Aehrchen 3blüthig, die 2 untern Bl. geschlechtlos.

Triandria. III. Classe. 1087

Hierochloa. 961. Gras. Rispe ausgebreitet. Aehrchen 3blüthig, die 2 untern Bl. 3männig, die obere 2männig.
Bromus. 1012. Gras. Rispe. Aehrchen vielblüthig, langbegrannt. B. madritensis, sterilis u. tectorum.
Cladium. 909. Halbgras. 2—3männig. Narben 2—3. Blätter am Rande mit steifen und spitzen Sägezähnen.
Zweimännige Blüthen findet man noch an Arten von *Alchemilla, Cyperus, Eriophorum, Blitum, Scirpus.*

III. Classe. TRIANDRIA. Dreimännige.
Zwitterblüthen mit 3 freien Staubgefässen.

1. *Monogynia. Einweibige.* Eine Narbe.

Nardus. 1023. Gras. Einseitährig. Aehrchen einzeln, 1blüthig, in die Aushöhlungen der Aehrenspindel eingesenkt.
Valerianella. 410. Blumenkrone 1blättrig, trichterförmig. Fruchtkelch gezähnt, seltener unmerklich. Blätter einfach.
Valeriana. 406. Blumenkrone 1blättrig, trichterförmig. Fruchtkelch federartig-entwickelt. Blätter einfach o. gefiedert.

2. *Digynia. Zweiweibige.* Zwei Narben.

A. *Blüthen mit einfachem, kelchartigen Perigone.*

Polycnemum. 734. Perigon 5blättrig, spelzig, mit 2 Deckblättern. Staubgefässe (1—5) meist 3. Blätter pfriemlich.

B. *Blüthen balgartig. Gräser.*

a. Aehrchen auf den Ausschnitten der Aehrenspindel sitzend, keine gestielt.

Lolium. 1021. Aehrchen einzeln, vielblüthig, mit dem Rücken der Spindel anliegend, 2zeilig, die seitenständigen 1klappig, das endständige 2klappig.
Hordeum. 1020. Aehrchen 1blüthig, zu 3 an den Ausschnitten der Spindel, die seitlichen davon meist männlich oder leer, das mittlere zwitterig.
Elymus. 1020. Aehrchen 2blüthig, in der Mitte der Aehre zu 3 an den Ausschnitten der Spindel, alle Blüthen zwitterig.
Aegilops. 1023. Aehrchen einzeln an den Ausschnitten der Spindel, meist 3blüthig, mit der Seite (Fläche) derselben zugewandt, 2klappig. Klappen an der Spitze meist 4zähnig, Zähne lang-begrannt.
Triticum. 1016. Aehrchen einzeln an den Ausschnitten der Spindel, mit der Seite derselben zugewandt, 3—vielblüthig (die obern Bl. unfruchtbar), 2klappig, Klappen aus der Spitze begrannt oder grannenlos, eiförmig oder ci-lanzettlich.
Secale. 1019. Aehrchen einzeln an den Ausschnitten der Spindel, 2blüthig, 2klappig, Klappen pfriemlich aus der Spitze begrannt.

1088　　　III. Classe.　　　*Triandria.*

b. Aehrchen an den Gelenken einer Aehre oder gegliederten Rispe gezweiet, das eine sitzend, das andere gestielt.

Andropogon. 954. Aehrchen linealisch, die sitzenden zwitterig, die gestielten männlich. Aehren fingerig-zusammengestellt oder eine einfache Rispe.

Sorghum. 956. Aehrchen eiförmig oder eiförmig-länglich, die sitzenden zwitterig, die gestielten männlich.

Heteropogon. 955. Aehrchen an den Gelenken gezweiet, die endständigen zu 3, die gestielten alle männlich; von den sitzenden sind die untern männlich, die obern durch Fehlschlagen der Staubgefässe weiblich.

c. Aehrchen mehr oder weniger gestielt (Stiel manchmal auch sehr kurz), 1blüthig oder 1blüthig mit einem Ansatze zu einer zweiten obern oder zu 2 untern Blüthen.

α. Aehrchen vom Rücken her zusammengedrückt.

Setaria. 959. Rispe ährenförmig. Balg 3klappig, die untere Klappe kleiner, oft sehr klein. Unter den Aehrchen eine borstige Hülle.

Panicum. 957. Rispig oder ährig. Aehren fingerig oder wechselständig an gemeinschaftlicher Spindel. Balg 3klappig. Untere Klappe kleiner, oft sehr klein. Eine borstige Hülle fehlt.

Tragus. 957. Traubig. Balg 2klappig, obere Klappe lederig, auf den Nerven dornig, untere Klappe häutig, sehr klein.

Milium. 972. Abstehend-rispig. Balg 2klappig, länger als die grannenlose zuletzt knorpelige Blüthe.

Piptatherum. 973. Abstehend-rispig. Balg 2klappig, grösser als die knorpelige begrannte Blüthe. Granne abfällig.

β. Aehrchen von der Seite her zusammengedrückt.. Narben aus der Spitze der Aehrchen oder aus der Mitte (Cynosurus) hervorgehend.

Leersia. 967. Rispe ausgebreitet, oft nicht aus der Scheide hervortretend. Balg fehlt. Bälglein 2spelzig, Spelzen ungleich, kahnförmig-zusammengedrückt, untere Spelze am Kiele stachelhaarig.

Phalaris. 961. Abstehend-lappig-rispig. Balg 2klappig. Blüthe an ihrer Basis mit 2 behaarten grannenlosen Schuppen als Ansätze zu 2 untern Blüthen.

Alopecurus. 962. Rispe ährenförmig, walzlich. Balg 2klappig, Klappen zusammengedrückt, gekielt, an der Basis verwachsen. Bälglein 1spelzig, schlauchig.

Phleum. 964. Rispe ährenförmig, walzlich, seltener eiförmig. Balg 2klappig, Klappen zusammengedrückt, gekielt. Bälglein 2spelzig.

Cynodon. 966. Aehren zu 3—6, fingerständig. Aehrchen

Triandria. III. Classe. 1089

wechselständig, einseitig auf der Aehrenspindel und sehr
kurz gestielt. Balg 1blüthig, 2klappig, Klappen schmäler
als die Bälglein, zur Blüthezeit abstehend. Ein stielartiger
manchmal geknopfter Ansatz zu einer zweiten Blüthe.

γ. Aehrchen von der Seite her zusammengedrückt, seltener
stielrund (Stipa); Narben nächst der Basis der Blüthen
hervorgehend, federig.

Agrostis. 967. Abstehend-rispig. Aehrchen 1blüthig. Balg
2klappig, Klappen spitz, die untere grösser. Spelzen an
der Basis kahl oder mit sehr kurzen Haaren umgeben, fein-
begrannt oder unbegrannt, die obere kleiner, manchmal
ganz fehlend. Kein Ansatz zu einer zweiten Blüthe.
Apera. 970. Weitschweifig-rispig. Aehrchen 1blüthig, ein
Stielchen an der Basis der obern Spelze als Ansatz zu
einer zweiten Blüthe. Balg 2klappig, Klappen spitz, die
untere kleiner. Spelzen kahl oder an der Basis von sehr
kurzen Haaren umgeben, die grössere sehr lang-begrannt.
Calamagrostis. 970. Abstehend-rispig. Aehrchen 1blüthig,
manchmal ein behaartes Stielchen an der Basis der obern
Spelze als Ansatz zu einer zweiten Blüthe. Balg 2klappig,
Klappen spitz, die untere grösser. Spelzen an der Basis
mit Haaren umgeben, die länger sind als der Querdurch-
messer der auf dem Rücken oder aus der Spitze begrann-
ten, seltener unbegrannten Spelze.
Lasiagrostis. 974. Abstehend-rispig. Aehrchen 1blüthig. Balg
2klappig, Klappen spitz, die untere grösser. Die untere
Spelze auf dem Rücken mit verlängerten Haaren und unter
der Spitze mit einer starken geknieten Granne.
Stipa. 973. Zusammengezogen-rispig. Rispe an der Basis ein-
geschlossen. Aehrchen 1blüthig. Balg 2klappig, Klappen
spitzig oder an der Spitze pfriemlich. Spelzen knorpelig,
die untere walzlich-zusammengerollt, sehr lang-begrannt.
Granne stark und vielmal länger als das Aehrchen.

d. Aehrchen länger- oder kürzer- manchmal sehr kurz-
gestielt, 2—vielblüthig, die oberste Blüthe oft verküm-
mert, die untern seltener geschlechtlos oder männlich.

α. Narben nächst der Spitze der Blüthen hervortretend.

Sesleria. 975. Eine kopfige, längliche oder walzliche Aehre.
Balg 2klappig, 2—6blüthig. Narben fädlich, fläumlich,
sehr lang.
Hierochloa. 961. Ausgebreitet-rispig. Aehrchen 3blüthig,
die 2 untern Blüthen männlich, 3männig, die obere zwit-
terig, 2männig. Narben fast federig.

β. Narben nächst der Mitte der Blüthen hervortretend.

Arundo. 975. Rispe länglich, schlaff. Aehrchen 3—5blüthig. Klappen ungefähr so lang als die aussen- vorzüglich am Grunde lang-seidenhaarigen Blüthen.

Phragmites. 974. Rispe länglich, schlaff. Aehrchen 3—5blüthig. Klappen kürzer als die Bl. Blüthenspindel langseidigbehaart.

γ. Narben nächst der Basis der Blüthen hervortretend, federig.

Arrhenatherum. 982. Rispe länglich, ausgebreitet. Aehrchen 2blüthig, die untere Bl. männlich, mit einer geknieten Granne, die obere zwitterig, grannenlos. Ein endständiger oft auch fehlender stielförmiger Ansatz zu einer 3ten Bl.

Holcus. 981. Abstehend-rispig. Aehrchen 2blüthig. Untere Bl. zwitterig, grannenlos, obere Bl. männlich, begrannt.

Aira. 979. Abstehend rispig. Aehrchen 2blüthig (seltener ein gestielter Ansatz zu einer 3ten Bl. oder 3blüthig). Blüthen zwitterig. Untere Spelze an der Spitze abgeschnitten, 4zähnig, aus der Basis oder dem Rücken begrannt.

Avena. 982. Rispe gleich oder einerseitswendig, traubig, zusammengezogen oder abstehend. Aehrchen 2—vielblüthig. Bl. zwitterig. Untere Spelze an der Spitze 2spaltig, 2zähnig oder 2grannig, auf dem Rücken mit einer an der Basis gedrehten Granne.

Danthonia. 990. Traubig. Aehrchen 2—5blüthig; Bl. zwitterig. Untere Spelze 2spitzig, zwischen beiden Spitzen an der Spitze der Spelze eine flache gewundene Granne; Granne über den Balg hinausreichend.

Triodia. 990. Traubig. Aehrchen 3—5blüthig. Untere Spelze an der Spitze 3zähnig, der mittlere Zahn flach-grannenartig, aber nicht über die 2 seitlichen hinausragend.

Melica. 990. Rispe einerseitswendig, locker oder traubig oder gleich und ährig. Aehrchen 2—mehrblüthig. Bl. unbegrannt, die untere oder die 2 untern vollkommen, die 2te oder 3te unvollkommen u. 1-2 Blüthenansätze einschliessend.

Koeleria. 978. Rispe lappig-ährig. Aehrchen gestielt, 2—4blüthig. Balg 2klappig, Klappen ungleich, unbegrannt. Bl. zusammengedrückt-gekielt.

Dactylis. 1002. Rispe einerseitswendig, Aehrchen geknäuelt. Rispenäste unterwärts meist lang-nackt. Aehrchen kurzgestielt, meist 3blüthig. Balg 2klappig, Klappen unbegrannt. Bl. zusammengedrückt-gekielt, etwas ungleichseitig, an der Spitze nach innen gekehrt, auf dem Kiele gewimpert.

Poa. 993. Rispe gleich, seltener einerseitswendig. Aehrchen 2—vielblüthig. Balg 2klappig, Klappen kürzer als die nächste Bl. Bl. zusammengedrückt-gekielt, grannenlos, zuletzt mit den Gelenken der Achse abfällig.

Triandria. III. Classe. 1091

Eragrostis. 992. Rispig. Aehrchen 4—20blüthig. Balg 2klappig, Klappen kürzer als die nächste Bl., abfällig. Untere Spelze abfällig, die obere sammt der Achse bleibend.
Glyceria. 1000. Rispe gleich oder einerseitswendig, weitschweifig o. abstehend. Aehrchen 2—vielblüthig. Bl. stumpf, auf dem Rücken halb-stielrund, grannenlos.
Molinia. 1001. Rispe abstehend oder zusammengezogen. Aehrchen 2—5blüthig. Bl. auf dem Rücken halbstielrund, aus nach einwärts bauchiger Basis kegelförmig, grannenlos o. an der Spitze kurzgrannig.
Briza. 992. Rispe abstehend. Aehrchen 5—9blüthig, fast herzförmig, unbegrannt.
Festuca. 1003. Rispe abstehend oder zusammengezogen, gleich oder einerseitswendig. Aehrchen vielblüthig. Bl. lanzettlich oder lanzettlich-pfriemlich, auf dem Rücken stielrund, begrannt oder unbegrannt. Obere Spelze am Rande feingewimpert.
Cynosurus. 1003. Rispe ährenförmig oder zusammengezogen, eiförmig, gedrungen. Die Aehrchen an ihrer Basis mit einer aus doppelt-kammförmig-gestellten Klappen gebildeten Hülle gestützt. Sonst wie Festuca.
Brachypodium. 1011. Eine 2zeilige oft überhängende Aehre. Die obere Spelze am Rande kammförmig-borstig. Sonst wie Festuca.
Bromus. 1012. Rispe oft überhängend. Aehrchen vielblüthig. sehr lang-gestielt, Klappen ungleich, unbegrannt. Untere Spelze unter der Spitze (meist sehr lang-) begrannt, obere unbegrannt, am Rande bewimpert.

C. *Blüthen balgartig. Halbgräser.*

Pycreus. 906. Aehrchen flach-zusammengedrückt, vielblüthig, 2reihig, lanzettlich oder verlängert-lanzettlich. Spirre zusammengesetzt, umhüllt. Unterweibige Borsten fehlen. Cyperus flavescens und C. Monti.
Blysmus. 911. Aehrchen in einer flachen 2zeiligen Aehre, 6—8blüthig. Unterweibige Borsten meist 6. Scirpus compressus.
Heleocharis. 910. Aehrchen von allen Seiten dachig, endständig, einzeln. Vergl. III. 3.
Fimbristylis. 916. Aehrchen von allen Seiten dachig, doldig. Dolde einfach oder halb-zusammengesetzt. Die untern Bälge grösser oder gleichgross, 1—2 derselben leer. Griffel gewimpert.
Rhynchospora. 910. Aehrchen von allen Seiten dachig, wenigblüthig, büschelsländig, Büschel ebensträussig o. kopfig.
Cladium. 909. Aehrchen von allen Seiten dachig, meist 6blüthig, die 3 untersten kleiner und leer. Aehrchenbüschel end- und seitenständig. Staubgefässe 2—3. Narben 2—3. Blätter am Rande und Kiele feingesägt.

Dreimännige, 2narbige Blüthen finden sich auch an einigen Arten von *Scirpus* und mit 1—5männigen untermischt an *Blitum*.

3. *Trigynia. Dreiweibige.* Drei Narben.

a. Blüthen mit Blumenkrone und Kelch.

Montia. 311. Kelch 2blättrig, bleibend. Blumenkrone auf einer Seite bis zur Basis gespalten, Saum 5lappig.

Elatine. 154. Blumenkrone 3blättrig. E. triandra.

Holosteum. 145. Kelch 5blättrig. Blumenkrone 5blättrig. Blumenblätter gezähnt. Staubgefässe 3—5. Vergl. V. 3.

b. Blüthen mit einfachem blumenartigen Perigone.

Crocus. 856. Bl. aufrecht. Perigonröhre sehr lang, Saum 6theilig, glockig, regelmässig. Blätter linealisch.

Iris. 858. Bl. aufrecht. Perigonsaum 6theilig, Zipfel abwechselnd zurückgebogen und aufrecht. Narbenträger blumenblattartig. Blätter der meisten Arten schwertförmig.

Gladiolus. 857. Bl. fast rechtwinkelig-abstehend. Perigonsaum 6theilig, unregelmässig fast 2lippig. Blätter schwertförmig.

c. Blüthen mit einfachem, kelchartigen oder spelzenartigen Perigone.

Amarantus. 731. Bl. eingeschlechtig. Perigon 3—5theilig. Staubgefässe 3—5. Vergl. XXI. 5.

Juncus. 893. Bl. zwitterig, 3männig. Nackte an der Basis bescheidete Halme. J. effusus u. conglomeratus.

d. Blüthen balgartig. Halbgräser.

α. Aehrchen von allen Seiten dachig.

Scirpus. 911. Die untern Bälge grösser, die 1—2 untersten leer. Unterweibige Borsten meist 6, eingeschlossen oder fehlend. Griffelbasis gleich.

Heleocharis. 910. Die untern Bälge grösser, die 1—2 untersten leer. Unterweibige Borsten eingeschlossen. Griffel an der Basis erweitert. Griffelbasis nicht abfällig, das Nüsschen krönend. Aehrchen endständig, einzeln.

Eriophorum. 917. Unterweibige Borsten zuletzt viel länger als der Balg, eine sehr lange Wolle bildend.

β. Aehrchen 2zeilig.

Cyperus. 906. Aehrchen deutlich 2zeilig, reichblüthig, verlängert, lanzettlich oder lanzettlich-linealisch, in einer zusammengesetzten Spirre.

Schoenus. 909. Aehrchen weniger deutlich 2zeilig. Bälge 6—9, die untersten 3—6 kleiner, leer. Köpfchen einzeln, endständig.

IV. Classe. TETRANDRIA. Viermännige.

Zwitterblüthen mit 4 freien Staubgefässen.

1. Monogynia. *Einweibige.* Eine Narbe.

a. Blüthen unvollständig. Perigon einfach.

Majanthemum. 869. Perigon blumenartig, 4theilig, Zipfel wagerecht-abstehend oder zurückgebogen.
Alchemilla. 282. Perigon kelchartig, grünlich, Saum 8spaltig, Zipfel abwechselnd kleiner. Staubgefässe 1—4. Griffel seitlich, Narbe kopfig.
Sanguisorba. 285. Perigon kelchartig, farbig. Saum 4spaltig. Narbe quastenförmig. Blätter gefiedert.
Parietaria. 771. Bl. vielehig. Perigon glockig, 4spaltig. Narbe pinselartig. Blätter eiförmig, ganzrandig.
Isnardia. 299. Kelchsaum 4theilig. Blumenblätter fehlen (an unserer Art). Narbe kopfig. Kriechende Wasserpflanze mit eiförmigen, spitzen, gegenständigen Blättern. Bl. einzeln, blattwinkelständig.
Thesium. 755. Perigon 4spaltig, grün, innen weiss. Blätter linealisch. T. alpinum.
Elaeagnus. 758. Gepflanzt. Baum. Perigon 4—5spaltig, Saum glockig. Staubgefässe 4—5. Blätter lanzettlich, beiderseits silberweiss-schülferig.

b. Blüthen vollständig. Blumenkrone 4blättrig.

Epimedium. 36. Blumenkrone mit einer 4blättrigen Nebenkrone. Blätter doppelt-3zählig.
Cornus. 387. Strauch. Blätter einfach, eiförmig. Eine Steinfrucht.
Evonymus. 184. Strauch. Blumenblätter 4—5, ausgebreitet. Staubgefässe 4—5. Narbe 3—5lappig. Kapsel 3—5kantig, 3—5fächerig.
Cardamine. 54. Kreuzblüthe. Kelch aufrecht-4blättrig. Frucht eine Schote. Staubfäden durch Fehlschlagen 4. C. hirsuta.

c. Blüthen vollständig. Blumenkrone 1blättrig, unregelmässig.

Knautia. 413. Bl. in einem reichblättrig-umhüllten Köpfchen. Blumenkronensaum 4—5spaltig, Zipfel ungleich, fast strahlend. Blüthenboden rauhhaarig, spreublattlos.
Dipsacus. 412. Bl. in einem reichblättrig-umhüllten Köpfchen. Blumenkronensaum 4spaltig, Zipfel ungleich. Blüthenboden spreublättrig. Spreublätter steif, stechend.
Scabiosa. 415. Bl. in einem reichblättrig-umhüllten Köpfchen. Blumenkronensaum meist 5spaltig, Zipfel ungleich, fast strahlend. Blüthenboden spreublättrig, Spreublätter weich. Kelchsaum trockenhäutig, durchsichtig.
Succisa. 414. Kelchsaum krautig, 4zähnig. Blumenkronensaum 4spaltig. Sonst Alles wie bei Voriger.

Globularia. 723. Bl. auf einem spreublättrigen Blüthenboden in ein kugeliges Köpfchen vereint. Köpfchen umhüllt, Hüllblätter mehrreihig, kürzer als das Köpfchen. Blumenkrone röhrig, Saum 2lippig, 5spaltig, Zipfel linealisch.

d. Blüthen vollständig. Blumenkrone 1blättrig, regelmässig.

Plantago. 726. Bl. gedrungen in einer walzlichen o. eiförmigen Achre. Blumenkrone röhrig, bleibend, häutig-vertrocknend, Saum 4theilig, zurückgebrochen. Narbe fädlich, verlängert.

Centunculus. 709. Bl. einzeln, blattwinkelständig. Blumenkronenröhre fast kugelig, Saum 4theilig, abstehend. Narbe kopfig.

Verbena. 703. Kelch röhrig, 5spaltig. Blumenkrone präsentirtellerförmig, 5lappig, fast-2lippig. Staubgefässe 4, 2mächtig. Vergl. XIV. 2.

Linnaea. 394. Blumenkronensaum fast gleich-5lappig. Staubgefässe 4, 2mächtig. Blüthenstiele sehr lang, 2blüthig. Vergl. XIV. 2.

Limosella. 646. Kelch kurz-5spaltig. Blumenkrone radförmigglockig, Saum 5spaltig, Staubgefässe 4, 2mächtig. Blüthenstiele 1blüthig, kürzer als die Blätter. Vergl. XIV. 2.

2. Digynia. Zweiweibige. Zwei Narben.

Galium. 397. Blumenkrone flach, radförmig, 4theilig. Frucht 2knöpfig.

Asperula. 395. Blumenkrone trichterförmig oder glockig, Saum 4spaltig, abstehend. Kelchsaum unmerklich. Frucht 2knöpfig.

Sherardia. 395. Blumenkrone trichterförmig. Saum 4spaltig. Kelchsaum gezähnt, die 2knötige Frucht krönend.

Oxyria. 746. Perigon einfach, bis an die Basis 4theilig, die 2 innern Zipfel grösser. Staubgefässe 4 o. 6. Vergl. VI. 2.

Rhamnus. 186. Strauch. Griffel meist 2spaltig. R. saxatilis.

Gentiana. 586. Hieher die Enziane mit 4zähligen Blüthentheilen als: G. ciliata, tenella, cruciata, nana u. campestris.

Cuscuta. 600. Fadenförmige Schmarotzerpflanzen. Bl. in Knäueln. Vergl. V. 2.

3. Trigynia. Dreiweibige. Drei Narben.

Holosteum. 145. Kraut. Vergl. V. 3.

Rhamnus. 186. Strauch. Griffel meist 3spaltig. R. alpina und pumila.

4. Tetragynia. Vierweibige. Vier Narben.

Ilex. 576. Baum (auch strauchartig) mit immergrünen glänzenden dornigen Blättern. Kelch 4zähnig. Blumenkrone 4theilig.

Rhamnus. 186. Strauch. Bl. unvollkommen – 2häusig, die männlichen mit verkümmerten Fruchtknoten, die weiblichen

Pentandria. V. Classe. 1095

mit verkümmerten Staubgefässen. Blüthentheile meist 4zählig. Griffel meist 4spaltig. R. cathartica.
Potamogeton. 819. Fluthende Kräuter. Perigon 4theilig, grünlich. Fruchtknoten 4. Griffel fehlend.
Sagina. 131. Kleine Kräuter mit linealischen Blättern. Kelch 4blättrig. Blumenblätter 4, ganz, manchmal sehr klein. S. procumbens u. bryoides.

V. Classe. PENTANDRIA. Fünfmännige.

Zwitterblüthen mit 5 freien Staubgefässen.

1. *Monogynia. Einweibige.* Eine Narbe.

A. *Blüthen unvollständig. Perigon einfach.*

Thesium. 755. Perigon kelchartig, 4—5spaltig, aussen grün, innen weiss, bleibend. Staubgefässe 4—5. Blätter linealisch oder linealisch-lanzettlich.
Celosia. 733. Zierpflanze. Perigon kelchartig, gefärbt, bleibend, 5blättrig. Bl. in länglichen (durch Cultur oft bandartigmonströsen) Aehren.

B. *Blüthen vollständig. Blumenkrone 1blättrig.*

a. Vier Fruchtknoten um den Griffel (Boragineae.)

α. Blumenkronenschlund offen, ohne Schlundschuppen.

Cerinthe. 608. Blumenkrone walzlich-glockig. Staubkölbchen pfeilförmig, an der Basis zusammenhängend. Nüsschen 2. Blumenkrone gelb, oft mit violetten Flecken. Kraut fast kahl. —
Onosma. 608. Blumenkrone walzlich-glockig. Staubkölbchen pfeilförmig, an der Basis zusammenhängend. Nüsschen 4. Kraut dicht-steifborstig. Bl. einfärbig, blassgelb.
Echium. 609. Blumenkrone glockig oder allmälig erweitert, blau, violett, selten weiss. Staubkölbchen eiförmig, frei. Narbe 2spaltig.
Pulmonaria. 609. Blumenkrone trichterförmig, im Schlunde behaart. Kelch 5kantig, 5spaltig. Bl. blau o. violett.

β. Schlund der Blumenkrone durch verschiedenartige Anhänge mehr oder weniger verengert oder geschlossen.

Lithospermum. 611. Blumenkrone trichterförmig. Schlund durch 5 behaarte Falten etwas verengert. Kelch 5theilig. Narbe 2—4spaltig.
Myosotis. 612. Blumenkrone trichter- o. tellerförmig. Schlund durch kahle Schuppen verengert. Nüsschen unberandet.
Eritrichium. 614. Wie Myosotis, aber die Nüsschen mit einem vorspringenden Rande umgeben.
Borago. 604. Blumenkrone radförmig. Schlundschuppen (Deckklappen) stumpf, ausgerandet. Bl. blau.

1096   V. Classe.   *Pentandria.*

Anchusa. 605. Blumenkrone trichterförmig, Röhre gerade. Schuppen stumpf, sammtig oder pinselartig, den Schlund schliessend.
Lycopsis. 606. Blumenkrone trichterförmig, Röhre einwärtsgebrochen-gekrümmt. Schuppen stumpf, den Schlund verengernd.
Symphytum. 607. Blumenkrone walzlich-glockig. Schlundschuppen lang, pfriemlich, in einen Kegel zusammengeneigt.
Asperugo. 602. Kelch 5spaltig, der fruchttragende vergrössert, Lappen flach, parallel, unten bogig-gezähnt. Blumenkrone trichterförmig, Saum 5lappig, ausgebreitet. Niederliegend, langästig.
Echinospermum. 602. Blumenkrone präsentirtellerförmig, Saum stumpf-5theilig, am Schlunde 5 Schuppen. Nüsschen 3eckig, am Rande igelstachelig.
Cynoglossum. 603. Blumenkrone trichterförmig, Saum stumpf-5spaltig, Schlund mit 5 Höckerchen geschlossen. Nüsschen flach-gedrückt, auf der Fläche igelstachelig.
Omphalodes. 604. Zierpflanze. Blumenkrone radförmig, 5spaltig, Schlund mit 5 Höckerchen geschlossen. Nüsschen plattgedrückt, oben napfförmig-ausgehöhlt.

b. Griffel auf dem Fruchtknoten.

α. Frucht eine Beere.

Lycium. 615. Gepflanzt. Blumenkrone präsentirtellerförmig. Staubfäden an der Basis bärtig, den Schlund schliessend. Kelch 3—5zähnig, an der Frucht nicht vergrössert. Strauch. Beeren roth.
Atropa. 619. Blumenkrone glockig. Staubfäden mit am Grunde zottiger Basis den Schlund schliessend. Kelch 5theilig, an der Frucht vergrössert, abstehend. Beere violett-schwarz.
Solanum. 615. Blumenkrone radförmig, Saum gefaltet, 5spaltig. Staubkölbchen zusammenneigend, an der Spitze 2löcherig-aufspringend. Beeren kugelig, schwarz, gelb, grün oder roth.
Lycopersicum. 618. Gartenpflanze. Blumenkrone radförmig-5spaltig, gelblich. Blätter gefiedert. Beere fast apfelgross, roth oder gelb. Samen zottig.
Capsicum. 618. Gartenpflanze. Blumenkrone radförmig-5spaltig, gefaltet, weiss. Beere trocken, verschiedengestaltig (meist ei-kegelförmig), roth, selten gelb, hängend. C. annuum.
Physalis. 619. Blumenkrone radförmig, Saum 5winkelig, gefaltet. Fruchtkelch vergrössert, aufgeblasen, die Beere einschliessend. Beere und Fruchtkelch roth.
Nicandra. 618. Verwildert. Blumenkrone glockig, Saum gefaltet, fast ganz. Kelch 5theilig, Zipfel pfeilförmig. Beere trocken, im 5kantigen blasigen Kelche eingeschlossen.

Pentandria. V. Classe. 1097

Lonicera. 392. Blumenkrone röhrig oder fast glockig, Saum 5spaltig, unregelmässig, meist 2lippig. Beere (blau, roth oder schwarz) unterständig. Sträucher.

β. Frucht eine Kapsel. Blüthen oberständig.

Specularia. 562. Blumenkrone radförmig, Saum 5lappig. Kelchröhre verlängert, prismatisch, mit dem Fruchtknoten verwachsen. Kelchzipfel linealisch oder lanzettlich, oberständig. Narbe meist 3theilig.
Campanula. 553. Blumenkrone glockig, an der Spitze 5lappig oder 5spaltig. Kelchröhre mit dem Fruchtknoten verwachsen, ei- oder kreiselförmig. Narbe fädlich-3-5spaltig.
Adenophora. 562. Ein walzliches oberweibiges die Griffelbasis einscheidendes Röhrchen. Sonst Alles wie bei Campanula.
Phyteuma. 549. Blumenkrone beim Aufblühen röhrig, 5theilig, Zipfel linealisch, an der Spitze lang zusammenhängend und vom Griffel durchbohrt. Narbe fädlich-2—3spaltig. Bl. in endständigen Aehren oder Köpfchen.
Jasione. 548. Blumenkrone beim Aufblühen röhrig, von der Basis zur Spitze sich zuletzt in 5 linealische Zipfel lösend. Narbe keulenförmig. Bl. in endständigen Köpfchen mit vielspaltiger Hülle.
Samolus. 723. Kelchsaum halb-oberständig, 5spaltig. Blumenkrone kurzglockig, Saum 5theilig. Staubgefässe 10, 5 davon fruchtbar, 5 verkümmert und höher eingefügt. Bl. klein, weiss, in zuletzt verlängerten Trauben.

γ. Frucht aus 2 Balgkapseln bestehend (2 Fruchtknoten mit einem gemeinschaftlichen Griffel oder Narbe.

Vinca. 593. Blumenkrone präsentirtellerförmig (blau), Saum 5lappig, Schlund nackt. Immergrünes Kraut.
Nerium. 583. Zierstrauch, wild nur im südlichsten Gebiethe. Blumenkrone (rosenroth, seltener weiss) fast trichterförmig, Saum 5spaltig, Schlund mit zerschlitzt-vieltheiligen Blättchen gekrönt. Immergrüner Strauch mit lederartigen Blättern.
Cynanchum. 5. Blumenkrone radförmig, 5spaltig, mit einem 5lappigen Staubfadenkranz. Bl. klein, weisslich.
Periploca. 582. Zierstrauch. Schlingend. 5 begrannte Höckerchen am Schlunde der radförmigen, 5spaltigen Blumenkrone. Staubfäden getrennt.
Asclepias. 582. Zierpflanze. Blumenkrone 5theilig, zurückgebogen. Staubfadenkrone 5blättrig, Blättchen kaputzenförmig, nach unten mit einem hornförmigen Fortsatze.

δ. Frucht eine Kapsel. Blüthen unterständig.

Azalea. 569. Zwergiges, kriechendes, heiderichartiges Sträuchchen der höhern Alpen. Blätter lederig, am Rande umge-

rollt. Kelch 5theilig. Blumenkrone (rosenroth) glockig, Saum 5theilig.
Cyclamen. 722. Kraut mit langgestielten, herznierenförmigen Wurzelblättern. Blüthenstiele lang, wurzelständig, 1blüthig. Blumenkronensaum 5theilig, Zipfel zurückgeschlagen.
Soldanella. 721. Blumenkrone (violettblau oder lila) glockigtrichterförmig, Saum 5theilig, Zipfel vielspaltig. Schaft 1—4blüthig. Blätter wurzelständig, langgestielt, herzförmigkreisrund oder nierenförmig.
Hottonia. 720. Wasserpflanze mit untergetauchten, kammförmig-fiederspaltigen Blättern. Schaft emporgetaucht, quirligtraubig. Blumenkrone präsentirtellerförmig (weiss o. röthlich), Saum 5theilig.
Cortusa. 720. Alpenkraut mit langgestielten wurzelständigen, nieren-herzförmigen, gewinkelten gezähnten Blättern. Schaft nackt. Bl. purpurn, in einer endständigen vielblüthigen Dolde.
Menyanthes. 584. Sumpfpflanze. Blätter langgestielt, wechselständig, gedreiet, Blättchen oval. Bl. in einer abgekürzten Traube am Ende des einfachen Schaftes. Zipfel der 5spaltigen Blumenkrone der Länge nach gebärtet.
Limnanthemum. 585. Wasserpflanze. Blätter schwimmend, herzkreisrund. Blumenkrone (gelb) radförmig, Saum 5theilig, am Schlunde gebärtet.
Anagallis. 708. Kelch 5theilig. Blumenkrone (mennig- oder rosenroth oder blau) radförmig, Saum 5theilig, Röhre sehr kurz oder fehlend. Kapsel ringsum-aufspringend. Niederliegend, ästig. Blätter gegenständig, ganzrandig. Blüthenstiele 1blüthig.
Lysimachia. 706. Kelch 5theilig. Blumenkrone (gelb) radförmig, Saum 5theilig, Röhre sehr kurz oder fast fehlend. Kapsel 5klappig.
Erythraea. 597. Kelch röhrig, kantig-gekielt, 5spaltig. Blumenkrone (fleischroth) trichterförmig, Röhre walzlich, Saum 5theilig. Staubkölbchen nach dem Verblühen schraubenförmig-gedreht. Blätter sitzend, gegenständig.
Primula. 712. Kelch röhrig oder glockig, 5spaltig. Blumenkrone trichter- oder präsentirtellerförmig, Saum 5spaltig, Röhre walzlich oder keulig. Blätter wurzelständig. Bl. doldig, seltener 1blüthige, wurzelständige Blüthenstiele.
Androsace. 709. Kelch 5spaltig oder 5zähnig. Blumenkrone trichter- oder präsentirtellerförmig, Röhre eiförmig, an der Spitze verengert. Blüthenstiele einzeln oder doldig. Meist rasenartig wachsend, an 1jährigen Arten die Wurzel mit einer Blattrosette.
Aretia. 712. Blumenkrone präsentirtellerförmig, Röhre keulig, an der Einfügung der Staubgefässe erweitert. Bl. gelb, sitzend, einzeln. Stämmchen niedergestreckt, Blätter dachig, linealisch, spitz.

Pentandria. V. Classe. 1099

Polemonium. 598. Blumenkrone fast radförmig, 5spaltig. Narbe 3spaltig. Bl. schön blau (selten weiss), in endständigen Sträussen. Blätter gefiedert.
Convolvulus. 599. Kelch 5blättrig. Blumenkrone (weiss oder blassrosa) trichterig-glockig, Saum mit 5 Falten. Narbe 2lippig. Blätter ganzrandig, pfeil-herzförmig o. linealisch-lanzettlich. Oft windend.
Datura. 621. Kelch röhrig, kantig, an der Spitze 5spaltig, ringsum von der bleibenden Basis abspringend. Blumenkrone (weiss, selten bläulich) trichterförmig, Saum gefaltet 5kantig, 5zähnig. Kapsel igelstachelig.
Hyoscyamus. 620. Kelch krugförmig, 5zähnig. Blumenkrone (gelblich, schwarz-geadert) trichterförmig, Saum stumpf-5lappig. Bl. einzeln, achselständig, einerseits-traubig.
Nicotiana. 620. Gebaut. Kelch röhrig, halb-5spaltig. Blumenkrone trichterförmig, faltig, 5kantig. Kapsel 2fächerig, 4klappig, vom Kelche bedeckt.
Verbascum. 622. Blumenkrone fast radförmig, Röhre sehr kurz, Saum 5lappig, Lappen stumpf, ungleich o. fast gleich. Staubgefässe ungleich. Bl. gelb (an Varietäten auch weiss), seltener violett, gebüschelt oder einzeln in einfachen oder rispigen Trauben.

Swertia, Lomatogonium, Gentiana: Vergl. V. 2.

C. *Blüthen vollstänaig. Blumenkrone mehrblättrig.*

Ribes. 325. Bl. oberständig. Blumenblätter 5, benagelt, so wie die Staubgefässe dem Kelchsaume eingefügt. Griffel 2, mehr oder weniger verwachsen. Beere (roth oder gelblich) mit dem Kelche bekrönt. Sträucher. Vergl. V. 2.
Hedera. 386. Bl. oberständig. Blumenblätter 5, mit breiter Basis sitzend. Strauch, kletternd, wurzelnd. Blätter immergrün, lederig, 5eckig, lappig. Früchte schwarz.
Vitis. 170. Bl. unterständig. Blumenblätter 5, an der Spitze zusammenhängend. Frucht eine Beere. Zweige mit einer Wickelranke. Blätter herzförmig, meist buchtig-5lappig. Rebe. —
Ampelopsis. 170. Gepflanzt und verwildert. Bl. unterständig. Blumenkrone 5blättrig, offen. Blätter 5theilig. Beeren blauschwarz. Hochkletternd u. wurzelnd an Bäumen u. Mauern.
Evonymus. 184. Bl. unterständig. Blumenkrone 4—5blättrig, ausgebreitet. Staubgefässe 4—5. Narbe 3—5lappig. Kapsel 3—5fächerig, 3—5kantig (roth). Blätter elliptisch oder lanzettlich. Strauch.
Rhamnus. 186. Strauch. Bl. unterständig. Blumenblätter 5, aufrecht, benagelt, die vor ihnen stehenden 5 Staubgefässe einhüllend. Narbe kopfig. Steinfrucht beerenartig. Blätter oval oder elliptisch, mit gleichlaufenden schiefen Adern. R. Frangula.

Impatiens. 180. Bl. unregelmässig, gespornt. 5 in eine verwachsene Narben. Die 5 Klappen der Kapsel springen bei der Berührung los und rollen sich elastisch zusammen.
Viola. 95. Kelch 5blättrig, an der Basis mit Anhängseln. Blumenkrone unregelmässig, 5blättrig, das untere Blumenblatt gespornt. Kapsel 3klappig.

2. *Digynia.* Zweiweibige. Zwei Narben.

I. *Blüthen unvollständig.* Keine Blumenkrone.

Ulmus. 775. Baum. Perigon 4—5zähnig. Frucht ein mit einem Flügel umzogenes Nüsschen. Bl. in seitlichen Büscheln.
Celtis. 775. Baum. Polygamisch. Bl. achselständig, einzeln. Zwitterbl.: Perigon 5—6theilig. Eine 1samige Steinfrucht.
Herniaria. 313. Perigon 5theilig, Zipfel flach-konkav. Staubfäden 10, 5 davon ohne Staubbeutel. Sehr ästiges der Erde angedrücktes Kräutchen.
Beta. 739. Perigon 5theilig, Zipfel kappenartig, krautig. Bl. zu 2—3 an der Frucht verwachsen. Gemüsepflanze.
Scleranthus. 314. Perigon glockig, Saum 5theilig. Staubgefässe meist 10, 5 davon ohne Staubkölbchen oder ganz verkümmert. Vergl. X. 2.
Kochia. 734. Perigon 5theilig, Zipfel auf dem Rücken zuletzt mit einem Querläppchen. Unsere Art sehr ästig, steif-aufrecht, mit linealischen gewimperten Blättern.
Chenopodium. 735. Perigon 5theilig, Zipfel ohne Anhängsel auf dem Rücken. Samen alle wagrecht-gestellt. Kräuter oft mehlig-bereift.
Blitum. 737. Perigon 3—5theilig, Zipfel ohne Anhängsel auf dem Rücken. Staubgefässe 4 — 5, in den seitenständigen Bl. auch 1—3. Samen alle aufrecht oder mit wagrechten untermischt. Meldenartige Kräuter.
Atriplex. 740. Bl. vielehig oder 1häusig. Weibliches Perigon 2klappig. Meldenartige Kräuter. Vergl. XXI. 5.
Gomphrena. 732. Zierpflanze. Perigon gefärbt (violett oder weisslich-roth), 5blättrig. Blüthenstand kopfig.
Amarantus. 731. Bl. 1häusig-vielehig. Perigon 3—5theilig, spelzenartig, grün o. gefärbt. Narben 2—3. Vergl. XXI. 5.
Polygonum. 746. Perigon gefärbt, 4—5theilig oder 5spaltig. Staubgefässe 5—8. Narben 2—3. Vergl. VIII. 2.

II. *Blüthen vollständig.* Blumenkrone 1blättrig.

Gentiana. 586. Blumenkrone 4—6- (meist 5-) spaltig, Röhre walzlich oder glockig, Staubfäden in der Röhre herablaufend. 2 Griffel oder 2 Narben.
Swertia. 586. Blumenkrone radförmig, Saum flach, 5theilig, Zipfel an der Basis mit 2 umwimperten Honiggrübchen.
Lomatogonium. 586. Blumenkrone radförmig, Saum flach, 5theilig, Zipfel ohne Honiggrübchen an der Basis. Narben beiderseits am Fruchtknoten in einer Linie herablaufend.

Pentandria. V. Classe. 1101

Erythraea. 597. Kelch röhrig, kantig-gekielt, 5spaltig. Blumenkrone trichter- oder präsentirtellerförmig. Griffel an der Spitze 2lappig. Bl. klein, fleischroth. Vergl. V. 1.
Cuscuta. 600. Blumenkrone 4—5spaltig. Fadenförmige Schmarotzerpflanzen. Bl. in Knäueln.
Convolvulus. 599. Kelch 5blättrig. Blumenkrone trichterigglockig, Saum mit 5 Falten. Narben 2. Vergl. V. 1.
Echium. 609. Blumenkrone glockig oder allmälig erweitert, Saum schief - 5lappig, ungleich. Narbe fädlich - 2spaltig. Vergl. V. 1.
Jasione. 548. Bl. in einem vielblättrig - umhüllten Köpfchen (blau). Blumenkrone 5theilig, Zipfel linealisch. Vergl. V. 1.
Phyteuma. 549. Bl. blau, gelblich oder schwarzviolett. Blumenkrone tief - 5spaltig, Zipfel linealisch, an der Spitze lang zusammenhängend. Narbe fädlich-2—3spaltig. Vergl. V. 1.

III. *Blüthen vollständig. Blumenkrone 5blättrig.*

1. Sträucher.

Ribes. 325. Bl. oberständig. Blumenblätter 5, benagelt, dem Kelchsaume eingefügt. Griffel 2, mehr oder weniger verwachsen. Beere mit dem Kelche gekrönt.
Zizyphus. 185. Kelch flach, 5spaltig, abfällig. Griffel 2—3. Eine saftige Steinfrucht. Blätter eiförmig, gezähnelt. Aeste stachelig.
Paliurus. 186. Frucht schwammig-lederig, halbkugelig, mit einem wagrechten Flügel umzogen. Sonst Alles wie bei Zizyphus.
Staphylea. 184. Kapsel aufgeblasen. Griffel 2—3. Blätter gefiedert. Vergl. V. 3.

2. Kräuter. Blumenkrone oberständig, 5blättrig. Kelchsaum meist sehr klein, oft fast verwischt. Frucht von der Basis zur Spitze sich meist in 2 Früchtchen lösend. Blüthenstand doldig. (Umbelliferae.)

A. Blüthen in Köpfchen oder einer einfachen Dolde.

Hydrocotyle. 345. Dolde unvollkommen kopfig. Frucht zusammengedrückt, doppelt-schildförmig. Blätter schildförmig, kreisrund, doppelt-gekerbt. Sumpfpflanze.
Eryngium. 347. Blüthen in Köpfchen auf einem spreublättrigen Fruchtboden sitzend. Kelchzähne blattig-5zähnig, Zähne und Spreublätter dornig. Distelartig-dornig.
Sanicula. 346. Bl. in Köpfchen sitzend, vielehig. Kelchsaum blattig-5zähnig, Zähne dornig. Frucht dicht mit hackigen Borsten besetzt, fast kugelig, sich von selbst trennend. Wurzelblätter rundlich, handförmig-5theilig.
Astrantia. 346. Eine einfache umhüllte Dolde. Hüllblätter gefärbt, nervig und netzaderig, von der Länge der Dolde

oder etwas länger. Kelchzähne blattig, stachelspitzig. Wurzelblätter gefingert oder handförmig-5theilig.

B. Blüthen in zusammengesetzten Dolden.

a. Eiweisskörper halbkugelig-konkav, daher im Querdurchschnitte halbmondförmig.

Bifora. 385. Frucht aus 2 fast kugeligen Früchtchen gebildet. Früchtchen schwach eingedrückt - rillig, körnig - runzelig. Dolde 5strahlig, die äussern Bl. strahlend. Kelchsaum verwischt. Hülle fehlt.

Coriandrum. 386. Frucht kugelig, mit 5 schlängeligen Haupt- und 4 mehr hervortretenden Nebenriefen. Dolde 4—6strahlig. Kelchsaum ungleich-5zähnig. Die äussern Bl. strahlend.

b. Eiweisskörper auf der innern Seite längs-gefurcht oder eingerollt (im Querdurchschnitte innen mit einer Kerbe).

α. Früchte verlängert, von der Seite her zusammengezogen.

Scandix. 379. Kelchsaum verwischt. Früchte linealisch-länglich, sehr lang-geschnäbelt. Schnabel 2reihig-steifhaarig. Dolde 1—2strahlig, meist von einem Laubblatte gestützt. Hüllchen vielblättrig, ganz oder 2—3spaltig.

Anthriscus. 380. Kelchsaum verwischt. Früchte länglich, riefenlos, geschnäbelt; Schnabel kürzer als die Frucht, 5riefig. Hülle fehlend oder 1blättrig. Hüllchen 2—5blättrig.

Chaerophyllum. 380. Kelchsaum undeutlich. Früchte länglichwalzlich, schnabellos. Früchtchen stumpf - 5riefig. Hülle fehlend oder wenigblättrig. Hüllchen vielblättrig.

Myrrhis. 383. Frucht linealisch-länglich, Früchtchen langzugespitzt (nach oben zu zerstreut-borstig), 5riefig, Riefen geschärft-gekielt, innwendig hohl. Hülle fehlt. Sonst wie Chaerophyllum.

Molopospermum. 383. Kelchsaum blattig - 5zähnig. Blumenblätter lanzettlich, ganz, langzugespitzt, mit aufstrebender Spitze. Frucht länglich. Früchtchen 5riefig, Riefen häutig-geflügelt, die 3 Rückenriefen scharf. Hülle und Hüllchen vielblättrig.

β. Früchte eiförmig, von der Seite her zusammengedrückt, kahl.

Conium. 384. Kelchsaum verwischt. Dolde vielstrahlig, Hülle 3—5blättrig; Hüllchen meist 3blättrig, Blättchen am Grunde verwachsen und 1seitig, das Döldchen umgebend. Früchtchen 5riefig. Riefen wellig-kerbig. Blätter 2—3fach-gefiedert.

Pleurospermum. 384. Kelchsaum 5zähnig. Dolde u. Döldchen vielstrahlig. Hülle und Hüllchen viel- (meist 9-) blättrig. Blumenblätter ganz, verkehrt-eiförmig. Früchtchen 5riefig. Riefen gedunsen, hohl.

Pentandria. V. Classe. **1103**

Malabaila. 385. Kelchsaum 5zähnig. Hülle vielblättrig, Hüllchen 1—3blättrig. Blumenblätter verkehrt-ei-herzförmig, mit eingebogenem Läppchen. Früchtchen mit 5 geschärften fast flügeligen Riefen.

γ. Früchte stachelig.

Caucalis. 377. Dolden 2—3strahlig, Döldchen 2—4früchtig. Hülle fehlend oder 1blättrig, Hüllchen meist 3blättrig. Kelch 5zähnig, Zähne eiförmig-lanzettlich. Früchtchen borstig oder stachelig.
Turgenia. 378. Dolden 2—4strahlig, Döldchen meist 5früchtig. Hülle und Hüllchen 5blättrig, am Rande breit-trockenhäutig. Kelch 5zähnig, Zähne borstlich. Früchtchen stachelig. Blätter gefiedert, Fieder lanzettlich, herablaufend, eingeschnitten-gesägt.
Torilis. 378. Dolden langgestielt, 5—8strahlig oder geknäuelt, blattgegenständig u. fast sitzend. Früchtchen dicht-stachelig mit dazwischen liegenden Reihen von Börstchen. Hülle fehlt oder meist 5blättrig.

C. Eiweisskörper flach oder halbstielrund, im Querdurchschnitte auf der innern Seite ziemlich geradlinig.

α. Frucht vom Rücken her mehr oder weniger zusammengedrückt. Früchtchen mit 5 Haupt- u. 4 Nebenriefen.

Orlaya. 376. Dolden 5—15strahlig. Hülle u. Hüllchen meist 5blättrig, Blättchen ganz. Die äussern Blumenblätter (die grössten unserer Doldengewächse) strahlend. Früchtchen stachelig. Blattzipfel kurz-linealisch.
Daucus. 377. Dolden vielstrahlig. Hülle vielblättrig, Blättchen fiederspaltig. Im Mittelpunkte der Dolde ein unfruchtbares schwarz-purpurnes Blüthchen. Früchtchen stachelig.
Siler. 373. Hülle und Hüllchen fehlend oder aus 1—2 hinfälligen pfriemlichen Blättchen bestehend. Kelchsaum 5zähnig. Frucht oval, linsenförmig-zusammengedrückt. Riefen und Nebenriefen weder geflügelt noch bestachelt. Wurzelblätter 2—3mal 3zählig, Blättchen rundlich.
Laserpitium. 373. Kelchsaum 5zähnig. Frucht oval o. länglich. Früchtchen mit 5 fädlichen (selten steifhaarigen) Hauptriefen u. 4 geflügelten Nebenriefen.

β. Frucht vom Rücken her flach- oder linsenförmig-zusammengedrückt, mit einem geflügelten spitzen o. verdickten Rande umzogen. Hauptriefen fädlich, Nebenriefen fehlen.

Ferulago. 367. Kelchsaum 5zähnig. Blumenblätter einwärtsgerollt, gelb. Die 3 rückenständigen Riefen stumpf, die 2 seitlichen in den Rand verlaufend, verwischt. Hülle vielblättrig, Blättchen länglich-lanzettlich. Blätter vielfachzusammengesetzt, Zipfel linealisch, spitz.

Pastinaca. 371. Kelchsaum kleinzähnig, fast verwischt. Blumenblätter gelb, einwärtsgerollt. Früchtchen auf dem Rücken 4striemig, 5riefig. Riefen sehr dünn, die 2 seitlichen entfernter, dem Rande anliegend, Striemen fädlich. Hülle und Hüllchen fehlen.

Tommasinia. 369. Kelchsaum kleinzähnig. Blumenblätter gelblich-grün, einwärts-gerollt. Früchtchen auf dem Rücken 4 striemig, 5riefig. Riefen alle genähert u. gleichweit entfernt. Hülle u. Hüllchen fehlen. Blätter 3fach-gefiedert mit grossen bauchigen Scheiden, Blättchen eiförmig.

Peucedanum. 367. Kelchsaum kleinzähnig oder verwischt. Blumenblätter weiss. Früchtchen auf dem Rücken 4striemig, 5riefig. Riefen fast gleichweit entfernt, die 2 seitlichen schwächer. Hülle mehrblättrig, seltener fast fehlend. Blätter mehrfach-zusammengesetzt.

Imperatoria. 370. Kelchsaum verwischt. Blumenblätter weiss. Hülle und Hüllchen fehlen. Früchtchen wie bei Peucedanum. Blätter doppelt-3zählig, Blättchen breit-eiförmig, 2—3spaltig.

Tordylium. 1061. Blumenblätter weiss, seltener rosenfarben, verkehrt-herzförmig. Rand der borstig-steifhaarigen Frucht verdickt. Hülle und Hüllchen mehrblättrig.

Heracleum. 371. Kelchsaum kleinzähnig. Blumenblätter weiss oder gelblich, die äussern oft strahlend. Früchtchen wie bei Pastinaca, aber die Striemen fädlich-keulig. Hülle fehlend oder 1—3blättrig, Hüllchen mehrblättrig.

Thysselinum. 370. Kelchsaum kleinzähnig. Blumenblätter weiss. Hülle vielblättrig, zurückgeschlagen. Früchtchen wie bei Peucedanum. Blätter 2—3fach-gefiedert, Blättchen tief-fiederspaltig, Zipfelchen linealisch-lanzettlich, zugespitzt.

γ. Frucht auf dem Querdurchschnitte stielrund oder vom Rücken her zusammengedrückt, doch nicht linsenförmig-zusammengedrückt. Hauptriefen 5. Nebenriefen fehlen.

Meum. 368. Hülle meist ganz fehlend. Hüllchen vielblättrig. Kelchsaum verwischt. Blumenblätter weisslich o. rosenroth, ganz, an beiden Enden spitz. Frucht elliptisch-länglich. Früchtchen mit 5 scharfen, etwas geflügelten gleichen Riefen. Blätter doppelt-gefiedert, Fieder fiederspaltig, Zipfelchen haardünn, linealisch oder linealisch-lanzettlich.

Foeniculum. 359. Hülle und Hüllchen meist ganz fehlend. Kelchsaum verwischt. Blumenblätter gelb, eingerollt. Frucht länglich. Riefen gleich, hervortretend, stumpf-gekielt. Blattzipfel linealisch-pfriemlich, verlängert.

Trochiscanthes. 361. Hülle fehlend oder 1blättrig. Hüllchen 3—5blättrig. Kelchsaum 5zähnig. Blumenblätter weiss, langbenagelt. Riefen scharf, etwas geflügelt. Blätter doppelt-3zählig, Zipfel gross, eilanzettförmig.

Athamantha. 362. Hülle fehlend oder wenig- (1-3-) blättrig. Hüllchen vielblättrig. Kelchsaum 5zähnig. Blumenblätter

Pentandria. V. Classe. 1105

weiss. Frucht länglich-lanzettlich, kurz- u. dicht-behaart. Blätter 3fach-gefiedert, Zipfel linealisch o. fädlich.

Ligusticum. 363. Hülle fehlend oder 1—3blättrig, Hüllchen vielblättrig. Blumenblätter verkehrt-eiförmig, weiss. Frucht länglich. Früchtchen wie bei Meum. Blätter vielfach-zusammengesetzt, Zipfel linealisch.

Silaus. 363. Hülle 1—2blättrig, auch fehlend. Hüllchen vielblättrig. Kelchsaum verwischt. Blumenblätter blassgelb o. grünlich, verkehrt - eiförmig - länglich, mit breiter Basis sitzend. Frucht eiförmig. Riefen wie bei Meum. Wurzelblätter 3—4fach-gefiedert, Zipfel linealisch - lanzettlich, stachelspitzig.

Libanotis. 361. Hülle und Hüllchen vielblättrig. Kelchsaum 5zähnig, Zähne pfriemlich, verlängert, abfällig. Frucht oval oder länglich, feinbehaart, Blattzipfel lanzettlich.

Seseli. 359. Hülle fehlt, Hüllchen vielblättrig. Kelchsaum kurz-5zähnig. Frucht oval oder länglich, Früchtchen mit 5 erhabenen dicken Riefen. Blattzipfel linealisch oder fädlich.

Oenanthe. 357. Hülle fehlend oder 1 — 2blättrig. Hüllchen vielblättrig. Kelchsaum 5zähnig. Früchte eiförmig-länglich oder walzlich, mit den grossen Kelchzähnen und langen aufrechten Griffeln gekrönt. Riefen stumpf.

Aethusa. 358. Hülle fehlt, Hüllchen einseitig, 3blättrig, herabgeschlagen. Kelchsaum verwischt. Bl. weiss. Riefen dick, erhaben, spitz-gekielt.

Selinum. 365. Hülle fehlt oder 1—2blättrig. Hüllchen vielblättrig. Kelchsaum verwischt. Riefen häutig-geflügelt, Flügel der 2 seitenständigen noch 1mal so breit. Bl. weiss. Blattzipfelchen lanzettlich-linealisch.

Angelica. 366. Hülle fehlend oder 1—2 hinfällige Blättchen. Hüllchen vielblättrig. Kelchsaum verwischt. Frucht vom Rücken her zusammengedrückt, oval. Die 3 Rückenriefen fädlich-erhaben, die 2 seitlichen breitgeflügelt. Bl. weiss ins Röthliche oder Grünliche ziehend. Blätter 2—3fach-gefiedert, Blättchen gross, ei- oder lanzettförmig.

Gaya. 364. Hülle und Hüllchen vielblättrig, Blättchen oft 3-spaltig, so lang oder länger als die Strahlen. Bl. röthlich oder roth. Früchtchen oft an der Spitze braunroth gefärbt, 5riefig, Riefen gleich, etwas geflügelt. Stengel niedrig, 1doldig. Blattzipfel linealisch oder lanzettlich-linealisch.

Levisticum. 365. Hülle und Hüllchen vielblättrig. Blumenblätter grünlich-gelb, einwärts-gerollt. Riefen geflügelt, die Flügel der 2 seitlichen um die Hälfte breiter. Blätter gross, doppelt-fiedertheilig, Blättchen keilförmig-rhombisch, eingeschnitten.

δ. **Frucht von der Seite her deutlich zusammengedrückt. Hauptriefen 5, fädlich. Nebenriefen fehlen.**

Berula. 354. Hülle und Hüllchen mehrblättrig. Kelchsaum 5zähnig. Bl. weiss. Frucht eirund, fast 2knotig. Riefen fädlich, gleich. Blätter gefiedert, Blättchen der Wurzelblätter eiförmig, gekerbt, die der Stengelblätter eingeschnitten-gesägt. Wasserpflanze.

Falcaria. 351. Hülle und Hüllchen mehrblättrig, Blättchen borstlich. Kelchsaum 5zähnig. Bl. weiss. Frucht länglich, Riefen fädlich, gleich. Blattzipfel linealisch - lanzettlich o. linealisch, dicht-stachelspitzig-gesägt, oft etwas gekrümmt.

Helosciadium. 350. Hülle wenigblättrig. Blumenblätter eiförmig, ganz (weiss). Frucht eiförmig oder länglich. Riefen fädlich, gleich. Dolden klein, blattgegenständig. Blätter einfach - gefiedert, Blättchen eiförmig - rundlich oder ei-lanzettförmig, gesägt. Stengel niederliegend, wurzelnd. Sumpfpflanze.

Bupleurum. 355. Kelchsaum verwischt. Blumenblätter gelb, eingerollt. Riefen fädlich, spitz, geflügelt, auch verwischt. Blätter einfach, linealisch, linealisch-lanzettlich o. eiförmig.

Cicuta. 349. Hülle fehlend oder 1—2blättrig. Hüllchen vielblättrig. Kelchsaum 5zähnig. Blumenblätter verkehrt-herzförmig, weiss. Frucht rundlich, 2knotig. Riefen 5, gleich, fast flach. Blätter 3fach-gefiedert, Blättchen linealisch-lanzettlich, scharf-gesägt, spitz.

Petroselinum. 350. Hülle fehlend oder 1—3blättrig. Hüllchen vielblättrig. Kelchsaum verwischt. Blumenblätter grünlichgelb, einwärts-gerollt. Frucht eiförmig, fast 2knotig. Riefen fädlich, gleich.

Ptychotis. 351. Hülle fehlt. Hüllchen mehrblättrig. Kelchsaum 5zähnig. Blumenblätter weiss, 2spaltig-ausgerandet. Frucht länglich. Riefen gleich, fädlich. Zipfel der Stengelblätter linealisch-fädlich.

Trinia. 350. Hülle und Hüllchen fehlt o. 1blättrig, hinfällig. Kelchsaum verwischt. Bl. 2häusig, weiss. Frucht eiförmig. Riefen gleich, fädlich. Zipfel aller Blätter schmal-linealisch.

Apium. 349. Hülle fehlend oder blattartig. Hüllchen fehlend. Kelchsaum verwischt. Blumenblätter ganz, weiss. Frucht rundlich, 2knotig. Riefen fädlich. Blättchen der untern Blätter breit-rhombisch, 3theilig, eingeschnitten.

Aegopodium. 352. Hülle und Hüllchen fehlt. Kelchsaum verwischt. Blumenblätter verkehrt - eiförmig, ausgerandet, weiss. Frucht länglich. Riefen gleich, fädlich. Blätter 3-theilig-zusammengesetzt, Blättchen gross, oval, gesägt.

Carum. 352. Hülle und Hüllchen fehlt oder ein oder anderes unbeständiges borstliches Blättchen. Kelchsaum verwischt. Blumenblätter weiss oder rosenroth. Frucht länglich. Riefen gleich, fädlich. Blattzipfel linealisch, spitz.

Pentandria. V. Classe. 1107

Pimpinella. 353. Hülle und Hüllchen fehlt. Kelchsaum verwischt. Bl. weiss oder rosenroth. Frucht eiförmig. Riefen fädlich, gleich. Blätter gefiedert, Blättchen rundlich oder eiförmig, gezähnt, gelappt oder geschlitzt.

3. *Trigynia.* Dreiweibige. 3 Narben.

α. Sträucher.

Rhus. 189. Blumenblätter 5 (grünlich-gelb), ausgebreitet. Bl. rispig. Eine 1samige Steinfrucht. Blätter unserer wilden Art verkehrt-eiförmig, rundlich.
Staphylea. 184. Blumenblätter aufrecht, weiss. Frucht eine aufgeblasene 2—3lappige Kapsel. Blätter kahl, gefiedert.
Sambucus. 390. Blumenkrone radförmig, 5theilig, weiss. Beere 3samig, roth oder schwarz. Blätter gefiedert.
Viburnum. 391. Blumenkrone rad- oder trichterförmig, 5theilig, weiss. Beere 1samig (roth o. schwarz). Blätter 1fach.
Paliurus. 186. Stachelig. Bl. gelb. Griffel 2—3. Frucht trocken. Vergl. V. 2.
Zizyphus. 185. Stachelig. Bl. gelb. Frucht saftig. Vergl. V. 2.

β. Kräuter.

Telephium. 312. Kelch 5theilig, etwas fleischig. Blumenblätter 5, weiss, von der Länge des Kelches. Blätter wechselständig, verkehrt-eiförmig-rhombisch. Stengel niederliegend.
Holosteum 145. Kelch 5blättrig. Blumenblätter 5, weiss, gezähnt, länger als der Kelch. Blätter gegenständig. Vergleiche III. 3.
Stellaria. 145. Kelch 5blättrig. Blumenblätter 5, weiss, kürzer als der Kelch, tief-2theilig, seltener ganz fehlend. Staubgefässe 3—5. Stengel mit einem Haarstreife an der Basis, niederliegend. S. media.
Amarantus. 731. Bl. 1häusig. Blumenkrone fehlt, ein spelzenartiger 3—5theiliger Kelch. Vergl. XXI. 5.
Polemonium. 598. Blumenkrone blau. Narbe 3spaltig. Blätter gefiedert. Vergl. V. 1.
Beta. 739. Meldenartig. Gemüsepflanze. Bl. in 2—3blüthigen Knäueln. Blumenkrone fehlt. Kelchzipfel 5, krautig. Vergleiche V. 2.
Montia. 311. Kelch 2blättrig, bleibend. Staubgefässe 3 — 5. Vergl. III. 3.
Polygonum. 746. Perigon 4—5theilig oder 5spaltig, gefärbt. Narben 2—3. Vergl. VIII. 2.

Mit 3—5 Griffeln kommen vor: *Drosera, Linum.* Vergl. V. 5., mit 3—4 Narben: *Parnassia.* Vergl. V. 4.

V. Classe. *Pentandria.*

4. *Tetragynia. Vierweibige.* Vier Narben.

Parnassia. 107. Blumenkrone (weiss) 5blättrig, mit fein gefransten Anhängen. Narben 3—4. Stengel 1blättrig, Blätter herzförmig, stumpf.

5. *Pentagynia. Fünfweibige.* Fünf Narben.

Sibbaldia. 271. Kelch 10spaltig, die 5 äussern Zipfel etwas kleiner. Blumenblätter 5, klein, linealisch - spatelförmig. Blätter 3zähllg.
Linum. 155. Kelch 5blättrig. Blumenblätter 5. Griffel 3—5. Blätter lanzettlich, linealisch-lanzettlich oder linealisch.
Drosera. 106. Kelch tief-5spaltig. Blumenblätter 5 (weiss). 3—5 2theilige Griffel. Blätter alle wurzelständig, einfach, oberseits mit langen drüsentragenden gefärbten Haaren besetzt. Sumpfpflanze.
Aldrovanda. 106. Kelch tief-5spaltig. Blumenblätter 5, zusammenneigend, von der Länge des Kelches. Bl. einzeln, achselständig. Stengel schwimmend. Blätter gequirlt, blasig, am Grunde keilförmig u. von 6 Borsten gewimpert.
Statice. 725. Bl. in ein Köpfchen zusammengestellt. Blumenkrone 5blättrig, rosenroth. Schaft nackt, 1köpfig. Blätter linealisch. S. alpina.
Cerastium. 149. Kelch 5blättrig. Blumenblätter (weiss) 5, ausgerandet. Staubgefässe durch Fehlschlagen 5. C. semidecandrum.
Spergula. 134. Kelch 5theilig. Blumenblätter (weiss) 5, ganz. Staubgefässe 5. S. pentandra.

6. *Polygynia.* *Vielweibige.* Narben mehr als 5.

Drosera. 106. 3—5 2theilige Griffel. Vergl. V. 5.
Ceratocephalus. 13. 5—15 Staubgefässe. Bl. gelb. Blätter wurzelständig, vieltheilig.

VI. Classe. HEXANDRIA. Sechsmännige.

Zwitterblüthen mit 6 freien Staubgefässen.

1. *Monogynia. Einweibige.* Eine Narbe.

a. Blüthen vollständig.

Berberis. 35. Strauch. Dornig. Kelch 6blättrig, Blumenblätter 6. Bl. gelb, in hängenden Trauben.
Peplis. 304. Kelch 10zähnig. Blumenblätter 6, bald abfällig oder ganz fehlend. Niederliegendes Kräutlein mit gegenständigen verkehrt-eiförmigen Blättern. Bl. klein, sitzend, blattwinkelständig.
Trientalis. 706. Blüthen- und Fruchttheile ändern ab von 5 bis 9. Blumenblätter schneeweiss. Vergl. VII. 1.

Hexandria. VI. Classe.

b. Blüthen unvollständig, Perigon blumenartig. Fruchtknoten unterständig.

Narcissus. 862. Perigon tellerförmig, gleichförmig-6theilig (weiss, gelblich oder gelb). Eine glockige Nebenkrone sammt den Staubgefässen dem Perigon-Schlunde eingefügt.
Leucojum. 864. Perigon glockig, bis an die Basis gleichförmig-6theilig, Zipfel weiss, an der Spitze grün.
Galanthus. 865. Perigon glockig, bis an die Basis 6theilig, weiss, die 3 innern Zipfel kürzer, ausgerandet, mit einem gelbgrünen Flecke unter der Spitze.
Agave. 862. Zierpflanze, im südlichsten Gebiethe auch im Freien u. hie u. da verwildernd. Perigon trichterförmig, mit 6theiligem Saume. Blätter dornig-gezähnt.

c. Blüthen unvollständig. Perigon blumenartig. Fruchtknoten oberständig.

α. Perigon 6zähnig o. 6spaltig, nicht ausgebreitet.

Hemerocallis. 888. Perigon trichterförmig, tief - 6spaltig. Staubgefässe niedergebogen. Bl. gold- oder rothgelb.
Convallaria. 867. Perigon glockig oder röhrig, halb-6spaltig oder 6zähnig. Bl. ganz weiss oder an der Spitze grün. Eine Beere.
Muscari. 889. Perigon kugelig oder walzlich, an der Mündung verengert, Saum sehr kurz - 6zähnig. Kapsel. Bl. schwärzlichblau, bräunlich oder azurblau.
Hyacinthus. 890. Zierpflanze. Perigon trichterig - glockig. Saum 6spaltig, Zipfel abstehend. Kapsel 3klappig. Bl. blau, weiss oder rosa.

β. Perigon 6blättrig.

Streptopus. 866. Perigon glockig (weisslich), die 3 äussern Blätter an der Basis sackartig-konkav. Griffel fädlich. Blüthenstiele blattwinkelständig, in der Mitte gekniet. Beere.
Tulipa. 871. Zierpflanze. Perigon glockig, an der Basis gleich. Narbe sitzend, 3lappig. Schaft 1blüthig.
Petilium. 872. Zierpflanze. Perigon glockig (gelb o. rothgelb), gleich, an der Basis mit einer runden Honiggrube. Kapsel 6flügelig.
Fritillaria. 872. Perigon glockig, Blätter zusammenneigend, gleich, an der Basis mit einer länglichen Honiggrube. Griffel keulenförmig. Narbe 3theilig. Bl. überhangend, würfelig-gefleckt. Kapsel stumpfkantig.
Erythronium. 874. Perigon glockig, Blätter zusammenneigend, spitz, die 3 innern an der Basis mit 2 Schwielen. Narbe kurz-3lappig. Schaft 1blüthig. Blüthe nickend.
Lilium. 872. Perigonblätter an der Spitze abstehend oder zurückgerollt, an der Basis mit einer honigtragenden Längsfurche. Stengel beblättert, mehrblüthig.

VI. Classe. Hexandria.

Lloydia. 874. Perigonblätter abstehend, über der Basis innen mit einer honigtragenden Querfurche. Bl. weisslich, violettstreifig, endständig. Blätter fädlich.

Paradisia. 876. Perigonblätter glockig-trichterförmig. Griffel lang. Narbe keulig. Stengel blattlos. Bl. ansehnlich, schneeweiss, in einer einseitigen armblüthigen Traube. Blätter linealisch, grasartig, rinnig.

Anthericum. 875. Perigon abstehend. Staubfäden pfriemlich. Narbe keulig. Stengel blattlos. Bl. weiss, in Trauben. Blätter linealisch, grasartig, rinnig.

Asphodelus. 875. Perigonblätter. Staubfäden an der Basis verbreitert u. den Fruchtknoten überdeckend. Bl. unserer Art weiss, in gedrungenen Trauben. Stengel einfach, blattlos. Blätter breit-linealisch.

Allium. 881. Bl. in endständigen, vor dem Aufblühen von einer Blumenscheide eingeschlossenen Dolden.

Scilla. 881. Perigonblätter blau, sammt den Staubfäden sternförmig - ausgebreitet. Bl. traubig. Blätter linealisch oder lanzettlich-linealisch.

Gagea. 879. Perigonblätter oberwärts abstehend, gelb, mit einem grünlichen Rückenstreifen. Staubfäden pfriemlich. Bl. doldig. Dolde mit blattartigen Deckblättern. Blätter grundständig.

Ornithogalum. 876. Perigonblätter abstehend, weiss o. gelblich, mit einem grünen Rückenstreifen. Staubfäden unten breit. Bl. in Trauben oder Ebensträussen. Blätter grundständig.

Asparagus. 865. Bl. durch Fehlschlagen meist 2häusig. Perigon glockig. Narbe 3theilig. Stengel ästig. Blätter gebüschelt, borstlich. Eine Beere.

d. Blüthen unvollständig. Perigon kelchartig.

Acorus. 829. Bl. in einem dichten Kolben. Kolben kegelförmig, seitlich am nackten Schafte. Blätter linealisch-schwertförmig.

2. *Digynia. Zweiweibige.* Zwei Narben.

Oxyria. 746. Perigon 4blättrig, die 2 innern Blätter grösser. Staubfäden 4 oder 6. Narben pinselförmig. Blätter nierenförmig.

Celtis. 775. Baum. Perigon 5—6theilig. Staubgefässe 5—6. Vergl. V. 2.

Gentiana. 586. Hieher die Enziane mit 6zähligen Blüthentheilen, als: G. purpurea, pannonica u. punctata.

Polygonum. 746. Perigon 4—5theilig o. 4—5spaltig, gefärbt. Staubgefässe 5—8. Narben 2—3. Vergl. VIII. 2.

Hexandria. VI. Classe. 1111

3. Trigynia. Dreiweibige. Drei Narben.

Elatine. 154. Kelch 3theilig. Blumenblätter 3. Blätter gegenständig. Vergl. VIII. 4.

Asparagus. 865. Perigon glockig, 6blättrig. Narbe 3theilig. Blätter gebüschelt, borstlich. Vergl. VI. 1.

Polygonum. 746. Perigon 4—5theilig, gefärbt. Vergl. VIII. 2.

Rumex. 741. Perigon 6blättrig, die 3 innern Blätter grösser, zusammenschliessend. Narben pinselförmig. Ein 3kantiges Nüsschen.

Colchicum. 890. Perigon blumenartig, trichterförmig, Saum 6theilig, Röhre sehr lang. Bl. rosenroth, wurzelständig, meist vor den Blättern erscheinend.

Veratrum. 891. Bl. oft durch Fehlschlagen vielehig, in rispigen Trauben. Perigon blumenartig, 6theilig, abstehend. Blätter elliptisch, nervig-gefaltet.

Scheuchzeria. 818. Perigon 6blättrig, etwas gefärbt, bleibend. Narben dem Fruchtknoten schief-auswärts-angewachsen. Bl. traubig. Blätter binsenartig.

Triglochin. 818. Perigon 6blättrig, etwas gefärbt, abfällig. Narbe federig. Bl. ährig. Blätter binsenartig.

Tofieldia. 892. Perigon gefärbt (gelb), 6blättrig, bleibend. 3 Griffel, Narben kopfig. Blätter grasartig, nervig. Bl. in einer walzlichen, länglichen o. kugeligen Aehre.

Luzula. 900. Perigon 6blättrig, spelzenartig. Griffel 1, 3 fädliche Narben. Kapsel 3samig. Blätter grasartig, am Rande oft behaart, meist flach.

Juncus. 893. Kapsel vielsamig. Blätter kahl, rinnig o. halbstielrund. Sonst wie Luzula.

4. Polygynia. Vielweibige. Sechs Narben o. mehr.

Alisma. 816. Kelch 3blättrig. Blumenkrone 3blättrig.

VII. Classe. HEPTANDRIA. Siebenmännige.

Zwitterblüthen mit 7 freien Staubgefässen.

1. Monogynia. Einweibige. Eine Narbe.

Aesculus. 169. Baum. Gepflanzt. Blumenblätter 5, ungleich. Blätter gefingert. Kapsel igelstachelig.

Trientalis. 706. Blumenkrone 6—8- meist 7theilig. Blumenblätter gleich, weiss. Staubgefässe 6—8, meist 7. Blätter quirlig.

VIII. Classe. OCTANDRIA. Achtmännige.

Zwitterblüthen mit 8 freien Staubgefässen.

1. Monogynia. *Einweibige.* Eine Narbe.

a. Blüthen unvollständig. Perigon einfach.

Daphne. 752. Sträucher. Perigon färbig, abfällig, Saum 4spaltig. Griffel endständig. Beere.

Passerina. 752. Perigon röhrig, 4spaltig, bleibend. Griffel seitlich. Jähriges Kraut mit linealischen Blättern.

b. Blüthen vollständig.

Epilobium. 294. Kelch 4theilg. Blumenkrone 4blättrig (purpurn, rosenroth oder weiss). Kapsel lang, schotenartig. Samen haarschopfig.

Ruta. 182. Blumenkrone 4blättrig, gelb. Blumenblätter benagelt, muschelförmig. Blätter fast 3fach-gefiedert.

Monotropa. 574. Kelch und Blumenkrone 4blättrig. Stengel blattlos, schuppig.

Vaccinium. 563. Kelch 4—5zähnig. Blumenkrone glockig o. radförmig. Beere. Kleine Sträuchchen mit eiförmigen Blättern.

Erica. 568. Kelch 4blättrig, gefärbt, kürzer als die walzlich-glockige Blumenkrone. Blumenkronensaum 4spaltig. Sträuchchen mit nadelartigen Blättern.

Calluna. 567. Kelch 4blättrig, färbig, mit kreuzständigen Deckblättchen, länger als die glockige 4spaltige Blumenkrone. Kleiner Strauch mit ziegelständigen, 3seitigen, sehr stumpfen Blättern.

Aesculus. 169. Zierbaum. Blumenkrone unregelmässig, 4—5blättrig. Staubgefässe 7—8. Vergl. VII. 1.

Tropaeolum. 179. Zierpflanze. Kelch gefärbt (gelb oder orange), 5theilig, gespornt. Blätter schildförmig, kreisrund. Saftiges kletterndes Kraut.

2. Digynia. *Zweiweibige.* Zwei Narben.

Chlora. 585. Kelch 6—8theilig. Blumenkrone gelb, Saum 6—8spaltig. Staubfäden 6—8.

Polygonum. 746. Perigon einfach, gefärbt, 4—5theilig oder 4—5spaltig. Staubgefässe 5—8. Narben 2—3.

Chrysosplenium. 343. Perigon 4spaltig (innen gelb), zwei Zipfel kleiner. Kapsel 2schnäbelig. Blätter nierenförmig.

Acer. 168. Baum. Kelch 4—5theilig. Blumenblätter 4—5 (gelbgrün). Frucht mit 2 Flügeln. Blätter gelappt.

Moehringia. 140. Kelch 4blättrig. Blumenkrone 4blättrig (weiss). Blätter fädlich. M. muscosa.

3. Trigynia. *Dreiweibige.* Drei Narben.

Polygonum. 746. Vergl. VIII. 2.

Octandria. VIII. Classe.

Siebera. 135. Kelch 4blättrig. Blumenblätter 4, weiss. S. cherleroides. Vergl. Alsine aretioides.

4. *Tetragynia. Vierweibige.* Vier Narben.

Elatine. 154. Kelch 2—4spaltig. Blumenkrone 3—4blättrig. Staubgefässe 3, 6, 8. Blätter gegenständig.

Paris. 867. Kelch und Blumenkrone 4blättrig. Blätter quirlig, oval. Beere. Bl. endständig, einzeln, grün.

Oenothera. 298. Kelchsaum 4theilig. Blumenkrone 4blättrig, gelb. Kapsel länglich. Samen ohne Haarschopf.

Epilobium. 294. Kelchsaum 4theilig. Blumenkrone 4blättrig (meist rosenroth oder purpurn). Narbe keulig o. 4spaltig. Kapsel verlängert, schotenförmig. Samen haarschopflg. Vergl. VIII. 1.

Adoxa. 389. Kelchsaum 2—3spaltig. Blumenkrone radförmig, mit 4—5spaltigem Saume (grünlich-gelb). Staubgefässe 8—10. Griffel 4—5. Blätter 3zählig, doppelt-gefiedert. Bl. in gestielten Köpfchen, bisamduftend.

Moenchia. 148. Kelch 4—5blättrig. Blumenblätter 4—5, weiss, ganz. Griffel 4—5, lang-fädlich. Vergl. X. 4.

Diospyros. 576. Baum. Gepflanzt. Vielehig. Kelch 4—6spaltig. Blumenkrone mit 4—6spaltigem Saume. Beere. Blätter länglich-eiförmig.

Rhodiola. 315. Bl. 2häusig. Kelch 4theilig. Blumenkrone 4blättrig oder fehlend. Blätter fleischig. Vergl. XXII. 7.

Myriophyllum. 300. Bl. einhäusig, manchmal mit zwitterigen untermischt. Vergl. XXI. 5.

IX. Classe. ENNEANDRIA. Neunmännige.

Zwitterblüthen mit 9 freien Staubgefässen.

1. *Monogynia. Einweibige.* Eine Narbe.

Laurus. 754. Immergrüner Strauch oder Baum mit glänzenden lederigen Blättern. Bl. 2häusig, die seitenständigen 9- die endständigen 12männig.

2. *Hexagynia. Sechsweibige.* Sechs Narben.

Butomus. 817. Perigon 6blättrig, blumenartig (rosenroth). Bl. in einer endständigen Dolde. Schaft nackt. Blätter linealisch, 3kantig. Wasserpflanze.

X. Classe. DECANDRIA. Zehnmännige.

Zwitterblüthen mit 10 freien Staubgefässen.

1. Monogynia. Einweibige. Eine Narbe.

a. Blumenkrone 1blättrig.

Andromeda. 567. Kelch 5spaltig (rosenroth). Blumenkrone (weisslich) eiförmig, Saum umgebogen, 5zähnig. Kapsel. Sträuchchen mit linealisch-lanzettlichen, unterseits weissgrünen Blättern.

Rhododendron. 569. Kelch 5theilig. Blumenkrone trichter- o. radförmig (rosenroth, selten weiss). Kapsel. Alpensträucher mit elliptisch-lanzettlichen, gewimperten oder unterseits rostbraunen Blättern.

Arctostaphylos. 566. Kelch 5spaltig. Blumenkrone eiförmig, mit 5spaltigem Saume. Beerenartige Steinfrucht. Niedergestreckte Sträuchchen mit netzaderigen kahlen oder gewimperten Blättern.

Vaccinium. 563. Kelch 4—5zähnig oder verwischt. Blumenkrone eiförmig, 4—5zähnig oder radförmig 4—5spaltig. Eine schwarze oder rothe Beere. Vergl. VIII. 1.

Samolus. 723. Kraut. Blumenkronensaum 5theilig. Staubgefässe 10, 5 davon unfruchtbar. Vergl. V. 1.

b. Blumenkrone 4—5blättrig.

Dictamnus. 183. Kelch 5blättrig, abfällig. Blumenkrone 5blättrig. Blumenblätter etwas ungleich, benagelt. Blätter unpaarig-gefiedert.

Cercis. 243. Kleiner Baum. Kelch glockig, 5zähnig. Schmetterlingsblüthe (rosenroth). Frucht eine flache Hülse. Blätter herz-nierenförmig.

Monotropa. 574. Blüthentheile der Endblüthe 5zählig, die der Seitenblüthen 4zählig. Blattlose Pflanze mit schuppigem Stengel. Vergl. VIII. 1.

Pyrola. 572. Kelch 5spaltig, bleibend. Blumenblätter 5, regelmässig. Blätter immergrün, rundlich oder eiförmig.

Ruta. 182. Die Gipfelblüthen 5- die übrigen 4theilig. Blumenkrone gelb. Blätter 2—3fach-gefiedert. Vergl. VIII. 1.

Myricaria. 305. Strauch. Staubgefässe bis über die Mitte 1brüderig. Narbe sitzend, kopfig, meist 3lappig. Vergl. XVI. 1.

2. Digynia. Zweiweibige. Zwei Narben.

Dianthus. 112. Kelch röhrig-walzlich, an der Spitze 5zähnig, an der Basis mit Schuppen. Blumenblätter lang-benagelt. Blätter linealisch oder lanzettlich-linealisch.

Tunica. 112. Kelch glockig, 5spaltig, krautig, häutig-berandet, am Grunde mit Schuppen. Blumenblätter allmälig in den Nagel verschmälert, Nagel so lang als der Kelch. Blätter linealisch.

Decandria. **X. Classe.** 1115

Gypsophila. 111. Kelch glockig-5spaltig, krautig und hautrandig, aber am Grunde ohne Schuppen. Blumenblätter allmälig in den Nagel verschmälert. Blätter linealisch oder lanzettlich-linealisch.

Saponaria. 119. Kelch röhrig-walzlich oder bauchig und 5kantig, an der Basis ohne Schuppen. Blumenblätter langbenagelt, Nagel von der Länge des Kelches. Blätter unserer Arten lanzettlich oder elliptisch.

Scleranthus. 314. Kelch glockig, Saum 5theilig. Blumenkrone fehlt. 5 von den Staubgefässen unfruchtbar. Stengel knotig-gliederig. Blätter gegenständig, linealisch o. pfriemlich.

Saxifraga. 328. Kelch 5zähnig oder 5theilig. Blumenkrone 5blättrig. Kapsel 2schnabelig.

Chrysosplenium. 343. Kelch 4—5spaltig, gefärbt (gelb). Blumenkrone fehlt. Staubgefässe 8, an der Mittelblüthe 10. Vergl. VIII. 2.

Zahlbrucknera. 343. Kelch strahlig-10theilig, Zipfel abwechselnd kleiner. Blätter herz-nierenförmig.

Hydrangea. 344. Zierpflanze. Strauchig. Bl. in halbkugeligen Ebensträussen, schneeballenartig. Randblüthen unfruchtbar, strahlend, rosenroth (künstlich auch blau).

Herniaria. 313. Kelch 5theilig. Blumenkrone fehlt. Staubgefässe 10, 5 davon ohne Staubbeutel. Stengel niedergestreckt. Vergl. V. 2.

3. Trigynia. **Dreiweibige.** Drei Narben.

a. Kelch 1blättrig, glockig oder röhrig, 5zähnig.

Silene. 121. Kelch walzlich oder keulig, 5zähnig. Blumenblätter 5, langbenagelt. Frucht eine Kapsel.

Cucubalus. 121. Kelch glockig, aufgeblasen, 5spaltig. Blumenblätter 5, langbenagelt. Frucht eine glänzend-schwarze, kugelige, beerenartige Kapsel.

b. Kelch 4—5blättrig.

Cherleria. 139. Blumenblätter fehlend, seltener 5, klein, linealisch. Hochalpenpflanze, niedrig, polsterartig-rasig.

Alsine. 135. Blumenblätter 5, ungetheilt oder seicht-ausgerandet (weiss). Kapsel 3klappig. Blätter nebenblattlos.

Lepigonum. 134. Blumenblätter 5, ungetheilt (rosenroth). Kapsel 3klappig. Niedergestreckt, knotig. Blätter gegenständig, linealisch-walzlich, an der Basis mit 2 häutigen Deckblättern umgeben.

Moehringia. 140. Blumenblätter 4—5, ganz oder seicht-ausgerandet (weiss). Staubgefässe 8—10. Griffel 2—3. Kapsel 4—6klappig. Samen mit einem Anhängsel.

Arenaria. 142. Blumenblätter 5, ganz oder seicht-ausgerandet (weiss). Kapsel an der Spitze 6klappig. Samen nierenförmig, ohne Anhängsel.

Stellaria. 145. Blumenblätter 5, tief-ausgerandet o. 2spaltig.

1116   **X. Classe.**   *Decandria.*

4. *Tetragynia*. *Vierweibige*. Vier Narben.

Moenchia. 148. Kelch 4—5blättrig. Blumenblätter 4—5, ausgerandet, weiss, 2mal so lang als der Kelch. Staubgefässe 8—10. Griffel fädlich, 4—5. Blüthenstiele vielmal länger als die Blüthe. Blätter gegenständig, entfernt.

Alsine. 135. Kelch 5blättrig. Blumenblätter 5. Griffel 3—5. Bl. endständig, einzeln oder zu 2, gestielt, Stiel von ungefährer Länge der Bl. Blattpaare dicht-genähert.

5. *Pentagynia*. *Fünfweibige*. Fünf Narben.

Sagina. 131. Kelch 4—5blättrig. Blumenblätter 4—5, ungetheilt. Blätter linealisch, gegenständig, deckblattlos.

Spergula. 134. Kelch 5blättrig. Blumenblätter 5, ungetheilt. Blätter fädlich, fleischig, an den aufgetriebenen Knoten büschelig. Deckblätter eiförmig, trockenhäutig.

Malachium. 148. Kelch 5blättrig. Blumenblätter 5, 2spaltig. Kapsel an der Spitze 10klappig.

Cerastium. 149. Kelch 5blättrig. Blumenblätter 5, ausgerandet oder 2spaltig. Kapsel 5klappig, Klappen 2zähnig.

Moenchia. 148. Vergl. VIII. 4.

Oxalis. 181. Kelch 5blättrig. Blumenblätter 5 (weiss, röthlich oder gelb). Blätter 3zählig, Blättchen verkehrt-herzförmig.

Sedum. 316. Kelch 5blättrig. Blumenblätter 5. 5 gesonderte Fruchtknoten. Blätter einfach, fleischig.

Lychnis. 128. Kelch röhrig, keulig oder fast glockig, 5zähnig. Blumenblätter 5, benagelt.

Agrostemma. 131. Kelchzähne sehr lang, blattig, die Blumenblätter überragend. Sonst wie Lychnis.

Adoxa. 389. Gipfelblüthe: Blumenkronensaum 5spaltig; Staubgefässe 10, Griffel 5. Seitenblüthen: Blumenkronensaum 4spaltig, Staubgefässe 8, Griffel 4. Vergl. VIII. 4.

Geranium. 171. u. *Erodium.* 178. Staubgefässe 10, in 2 Reihen, sehr kurz-1brüderig. Vergl. XVI. 1.

6. *Decagynia*. *Zehnweibige*. Zehn Narben.

Phytolacca. 733. Perigon einfach, 5theilig, gefärbt. Staubgefässe 10. Narben 10. Beere saftig, schwarz-purpurn.

XI. Classe. DODECANDRIA. Zwölfmännige.

Zwitterblüthen mit 11—20 freien Staubgefässen.

1. *Monogynia*. *Einweibige*. Eine Narbe.

Asarum. 759. Perigon glockig, 3spaltig, innen braunroth. Blätter nierenförmig, stumpf, wurzelständig.

Portulacca. 311. Kelch 2spaltig. Blumenblätter 4—6 (meist 5), gelb. Staubgefässe 8—15. Niedergestreckt. Blätter fleischig, länglich-keilig.

Lythrum. 304. Kelch röhrig, gefurcht, 12zähnig. Blumenblätter 4—6 (purpurroth), dem Kelchschlunde eingefügt.

Dodecandria. XI. Classe. 1117

2. *Digynia. Zweiweibige.* Zwei Narben.

Agrimonia. 271. Kelch 5spaltig, unter dem Saume mit zahlreichen hackigen Dornen. Bl. goldgelb. Blätter unterbrochen-gefiedert.

Aremonia. 272. Kelch länglich, Saum 5spaltig. Unter dem Saume kleine, bei der Frucht verlängerte pfriemliche, an die Saumzipfel sich anlegende Zähnchen. Bl. gelb. Stengelblätter 3zählig.

Laurus. 754. Baum. Blätter lederig, immergrün. Vergl. IX. 1.

3. *Trigynia. Dreiweibige.* Drei Narben.

Reseda. 104. Blumenblätter 4—6, unregelmässig, zerschlitzt. Narben 3—4. Frucht eine an der Spitze offene Kapsel. Bl. in Trauben.

4. *Dodecagynia. Zwölfweibige.* 6—12 Narben.

Sempervivum. 320. Blumenblätter 6, 12 oder mehrere, am Grunde zusammengewachsen. Staubgefässe 6, 12 oder mehrere. Fruchtknoten so viele als Blumenblätter. Blätter saftig, fleischig, die der Wurzeln kugelig-rosettig.

XII. Classe. ICOSANDRIA. Zwanzigmännige.

Zwitterblüthen mit 20 u. mehr Staubgefässen auf demKelchschlunde.

1. *Monogynia. Einweibige.* Eine Narbe.

a. Fruchtknoten unterständig.

Opuntia. 324. Fettpflanze. Blumenblätter zahlreich (gelb). Narbe 3—8theilig.

Punica. 293. Strauchig oder kleiner Baum. Blumenblätter 5 (scharlachroth). Blätter lanzettlich, abfällig.

Myrtus. 307. Zierstrauch. Blumenblätter 5 (weiss). Blätter lederig, glänzend, immergrün.

Crataegus. 286. Baum oder Strauch. Blumenblätter 5 (weiss, selten röthlich). Griffel 1—5. Blätter unserer Arten eingeschnitten oder gelappt.

b. Fruchtknoten oberständig.

Amygdalus. 244. Baum oder Strauch. Bl. weiss oder blassrosenroth. Steinfrucht, saftlos, bei der Reife unregelmässig zerreissend. Stein mit oder ohne Löchelchen.

Persica. 245. Baum. Bl. mehr o. weniger dunkel-rosenroth. Steinfrucht saftig, nicht aufspringend. Stein mit unregelmässigen Furchen und Löchelchen.

Prunus. 246. Baum oder Strauch. Bl. weiss. Steinfrucht saftig. Stein glatt oder furchig, aber ohne Löchelchen.

2. *Di—Pentagynia. Zwei—Fünfweibige.* 4—5 Narben.

a. Bäume oder Sträucher.

Crataegus. 286. Steinfrucht. Der Kelchschlund an der Frucht schmäler als diese. Blätter unserer Arten eingeschnitten oder gelappt.

Mespilus. 288. Steinfrucht. Der Kelchschlund an der Frucht sehr erweitert, fast vom Durchmesser derselben. Blätter einfach, lanzettlich. Bl. gross, weiss, einzeln.

Cotoneaster. 287. Kleiner Strauch. Bl. gebüschelt, überhängend, Büschel 2—5blüthig. Blumenblätter aufrecht, klein. Steinfrüchte klein, scharlachroth. Blätter eiförmig, unterseits filzig.

Pyrus. 289. Kernfrucht. Blumenblätter gross (weiss o. blassrosenroth). Fächer der Frucht 2samig.

Cydonia. 288. Fruchtfächer mehrsamig. Sonst wie Pyrus.

Aronia. 290. Strauch. Blumenblätter verlängert, lanzettlichkeilig, weiss. Beere blauschwarz.

Sorbus. 290. Bl. in zusammengesetzten Doldentrauben, aufrecht. Blumenblätter weiss und rundlich o. lanzettlich und dann roth, aufrecht. Frucht eine rothe, braune oder gelbbraune Beere. Blätter ganz, gelappt oder gefiedert.

Philadelphus. 306. Blumenblätter 4—5. Griffel 3—5- meist 4spaltig. Frucht eine 3—5fächerige Kapsel. Bl. sehr wohlriechend, weiss.

b. Kräuter.

Spiraea. 249. Kelch 5spaltig. Bl. weiss, zwitterig oder polygamisch, in Rispen o. Ebensträussen. Fruchtknoten meist 5.

Poterium. 285. Blumenkrone fehlt. Kelchsaum 4theilig. Narben pinselförmig. Bl. vielehig o. 1häusig. Vergl. XXI. 5.

3. *Polygynia.* Vielweibige. Mehr als 5 Narben.

Rubus. 254. Kelch 4theilig. Steinfrüchtchen sehr viele auf einem kegelförmigen Fruchtboden zu einer falschen Beere verwachsen. Sträucher, meist dornig. Blätter 3-5-7zählig.

Rosa. 273. Kelchröhre krugförmig die Fruchtknoten einschliessend, Saum 5theilig, Griffel aus der Röhre hervorragend. Blätter unpaarig-gefiedert. Sträucher meist dornig.

Dryas. 251. Kelch 8—9spaltig. Zipfel 1reihig, gleich. Eben so viele (weisse) Blumenblätter. Blätter gekerbt - gesägt, unterseits schneeweiss-filzig.

Geum. 252. Kelch 10spaltig, Zipfel 2reihig, die der äussern Reihe kleiner, deckblattartig. Nüsschen mit dem bleibenden Griffel geschwänzt. Bl. meist gelb. Wurzelblätter unterbrochen-gefiedert.

Fragaria. 260. Kelch wie bei Geum. Nüsschen grannenlos, einem saftigen Fruchtboden eingefügt und eine Beere darstellend. Bl. weiss. Blätter 3zählig.

Comarum. 261. Kelch wie bei Geum. Nüsschen grannenlos, einem fleischig - schwammigen Fruchtboden eingefügt. Blumenblätter braunroth o. rosa, 3mal kleiner als der Kelch. Untere Blätter 7zählig-gefiedert.

Potentilla. 262. Kelch 8—10spaltig. Zipfel 2reihig, die der äussern Reihe kleiner, deckblattartig. Blumenblätter 4—5

Polyandria. XIII. Classe.

(gelb, weiss oder rosenroth). Nüsschen einem saftlosen Fruchtboden eingefügt, ungeschwänzt. Blätter gefiedert o. gefingert-3—7zählig.
Spiraea. 249. Kelch 5spaltig. Fruchtknoten meist 5. Eben so viele kapselige Früchtchen. Vergl. XII. 2.

XIII. Classe. POLYANDRIA. Vielmännige.

Zwitterblüthen mit 20 o. mehr Staubgefässen auf dem Blüthenboden.

1. *Monogynia. Einweibige.* Eine Narbe.

a. Blumenkrone 4blättrig.

Chelidonium. 40. Kelch 2blättrig, hinfällig. Narbe 2lappig. Kapsel schotenförmig. Bl. gelb. Kraut mit pomeranzengelbem Milchsafte.
Papaver. 38. Kelch 2blättrig, hinfällig. Narben 4—20, strahlig, in eine schildförmige Platte vereint. Kapsel kugelig, länglich oder eiförmig. Kräuter mit weissem Milchsafte.
Capparis. 91. Strauch mit eiförmigen oder rundlichen lederigen Blättern und Dornen. Kelch 4blättrig.
Actaea. 34. Kelch 4blättrig, blumenartig. Blumenkrone meist 4- (5—6-) blättrig, weiss, in die Staubfäden übergehend. Beere schwarz. Blätter doppelt-3zählig-zusammengesetzt.
Delphinium. 30. Kelch blumenartig, das obere Kelchblatt gespornt. Vergl. XII. 2.

b. Blumenkrone 5blättrig.

Tilia. 161. Kelch 5blättrig, Blätter gleich. Baum mit herzförmigen gespitzten Blättern.
Helianthemum. 92. Kelch 5blättrig, 2 der Blättchen kleiner, deckblattartig. Kräuter, seltener Halbsträucher.

c. Blumenkrone vielblättrig.

Nymphaea. 37. Kelch 4blättrig, in die vielblättrige (weisse) Blumenkrone übergehend. Blätter schwimmend, langgestielt, herzförmig-rundlich.
Nuphar. 37. Kelch 5—6blättrig. Blumenkrone vielblättrig (gelb). Blätter wie bei Nymphaea.

2. *Di- Polygynia. Zwei—vielweibige.* Zwei u. mehr Narben.

a. Blüthen unregelmässig.

Delphinium. 30. Kelch blumenkronenartig, das obere Kelchblatt gespornt.
Aconitum. 30. Kelch blumenkronenartig, das obere Kelchblatt gewölbt, haubenartig, 2 langgestielte Honigbehälter bergend.

XIII. Classe. *Polyandria*.

b. Blüthen regelmässig. Blumenkrone fehlt. Kelch blumenartig.

Anemone. 7. Kelch blumenkronenartig, 5—mehrblättrig. Blätter wurzelständig. Schaft mit einer 3blättrigen, dem Kelche genäherten, kelchartigen oder einer entfernten blattartigen Hülle.

Clematis. 2. Sträucher oder Halbsträucher mit gegenständigen (an unsern Arten gefiederten) Blättern. Kelch blumenartig, 4—5blättrig, weiss oder violett.

Caltha. 25. Kelch 5blättrig, blumenkronenartig (gelb). Kraut. Blätter herzförmig, rundlich.

Thalictrum. 3. Kelch 4—5blättrig, sehr hinfällig, unscheinlich, etwas blumenartig. Blätter wechselständig, zusammengesetzt, mit an der Basis erweitertem einscheidenden Blattstiele.

c. Blüthen regelmässig. Blumenkrone 5—vielblättrig.

Atragene. 3. Kelch blumenkronenartig, 4—5blättrig (blauviolett). Blumenblätter viele, viel kleiner als der Kelch. Strauch.

Aquilegia. 28. Kelch 5blättrig, blumenartig. Blumenblätter 5, trichterförmig, abwärts-gespornt.

Paeonia. 34. Kelch 5blättrig, Blätter bleibend, ungleich, lederig-blattig. Blumenblätter 5 oder mehrere, rosen- oder purpurroth.

Nigella. 28. Kelch blumenartig, 5blättrig. Blumenblätter 5, klein, benagelt, 2lippig. Gartenpflanze. Bl. oft gefüllt, hellblau. Blätter haarförmig-vielspaltig.

Trollius. 26. Kelch blumenartig, 5 und mehrblättrig, abfällig, gelb, kugelig-zusammenschliessend. Blumenblätter viel kleiner, röhrig. Blätter handförmig-5—7theilig.

Helleborus. 27. Kelch fast blumenartig, bleibend, steif (grasgrün, weisslich oder röthlich). Blumenblätter viel kleiner, röhrig. Bl. nickend. Wurzelblätter hand- oder fussförmiggetheilt, lederig.

Eranthis. 26. Kelchblätter 5—8, blumenartig, gelb, abfällig. Blumenblätter sehr kurz, röhrig. Unter der einzelnen aufrechten Bl. eine 2—3blättrige strahlig-zerschlitzte Hülle. Blätter fast schildförmig, vielspaltig.

Isopyrum. 28. Kelchblätter 5, blumenartig, abfällig. Blumenblätter 5, sehr kurz, röhrig. Stengel mehrblüthig. Bl. klein, weiss. Blätter doppelt-3zählig.

Ceratocephalus. 13. Blätter vieltheilig, wurzelständig. Früchtchen langbehörnt. Vergl. V. 6.

Adonis. 12. Blumenblätter grösser als der fast krautige 5blättrige abfällige Kelch, unbenagelt und ohne Honiggrübchen, roth oder gelb, mit oder ohne schwarze Flecken. Blätter vielfach-fein-zertheilt, Zipfel linealisch.

Didynamia. **XIV. Classe.** 1121

Ranunculus. 13. Kelch 3—5blättrig, abfällig, mehr oder weniger krautig. Blumenblätter mit einem Honiggrübchen auf dem kurzen Stiel, grösser als der Kelch.
Hypericum. 165. Kelch und Blumenkrone 5blättrig. Die Staubgefässe unten in 5 Bündel verwachsen. Vergl. XVIII. 1.

XIV. Classe. DIDYNAMIA. Zweimächtige.

Zwitterblüthen mit 2 kürzern und 2 längern Staubgefässen.

1. *Gymnospermia. Nacktsamige.* Vier nackte Samen im Grunde des Kelches um den Griffel herum.

Mentha. 669. Kelch regelmässig-5zähnig, Schlund nackt. Blumenkrone trichterförmig, Saum 4spaltig, Zipfel aufrechtabstehend, der obere ausgerandet, Röhre im Kelche eingeschlossen.
Pulegium. 672. Kelchschlund mit einem Haarkranz geschlossen. Der obere Zipfel der Blumenkrone ungetheilt. Sonst wie Mentha.
Satureja. 677. Kelch gleichförmig - 5zähnig, Schlund ohne Haarkranz. Blumenkronenröhre von ungefährer Länge des Kelches, Saum 2lippig, Oberlippe aufrecht, Unterlippe 3lappig. Blätter linealisch-lanzettlich.
Origanum. 675. Blumenkrone wie bei Satureja. Bl. in zapfenartigen Aehren. Aehren rispig oder zu 3 gedrängt. Kelche von gefärbten oder zottigen Deckblättern bedeckt. Blätter elliptisch oder eiförmig.
Hyssopus. 682. Kelch röhrig, gleichförmig-5zähnig, im Schlunde nackt. Blumenkrone 2lippig, Oberlippe aufrecht, Unterlippe 3spaltig, der mittlere Zipfel grösser. Bl. quirlig-traubig, einerseitswendig. Blätter linealisch-lanzettlich.
Lavandula. 669. Kelch sehr kurz- und stumpf-ungleich-5zähnig. Blumenkrone 2lippig, Oberlippe 2spaltig, Unterlippe 3spaltig. Blätter linealisch - lanzettlich, graufilzig. Stengel unter der Blüthenähre nackt. L. vera.
Ocymum. 668. Kelch glockig, 5zähnig, der obere Zahn eiförmig, mit geflügelten Rändern an der Röhre herablaufend. Bl. weiss. Blätter eirund, gestielt. Gartenpflanze.
Scutellaria. 697. Kelch kurz-glockig, 2lippig, Lippen ungetheilt, nach dem Verblühen platt aneinander liegend, die obere Lippe auf dem Rücken mit einer hohlen nach innen geöffneten Schuppe. Bl. einerseitswendig, einzeln in den Winkeln der obern Blätter.
Clinopodium. 681. Kelch krummröhrig, 2lippig. Oberlippe 3zähnig, untere pfriemlich-2spaltig. Quirl dicht, mit vielen borstlichen, langgewimperten Deckblättern von der Länge des Kelches. Bl. purpurn.
Nepeta. 683. Kelch röhrig, etwas gekrümmt, 13—15nervig, Saum schief - 5zähnig, Zähne linealisch oder lanzettlich-

pfriemlich. Oberlippe 2spaltig, der mittlere Lappen der Unterlippe sehr gross, sehr konkav. Bl. in gestielten, achselständigen, reichblüthigen Ebensträusschen. Stengel aufrecht, ästig.

Glechoma. 684. Kelch röhrig, 13 — 15nervig, mit schiefem 5zähnigen Saume, Zähne eiförmig oder lanzettlich, begrannt. Oberlippe 2spaltig, der mittlere Lappen der Unterlippe gross, ausgekerbt. Bl. achselständig, in entfernten armblüthigen Scheinquirlen. Stengel kriechend. Blätter nieren- oder herzförmig, langgestielt.

Melissa. 681. Kelch röhrig-glockig, 13nervig, deutlich-2lippig, Oberlippe flach, kurz-3zähnig, Unterlippe lang-2zähnig. Bl. weiss oder gelblich, in kurzgestielten entfernten, fast einerseitswendigen Scheinquirlen. Deckblätter den übrigen Blättern gleichgestaltet. Stengel ästig, aufrecht.

Prunella. 698. Kelch röhrig-glockig, deutlich-2lippig, Oberlippe flach, fast gestutzt, kurz-3zähnig, Unterlippe lang-2zähnig. Bl. in einer meist einzelnen endständigen dichten kopfförmigen Aehre, mit kreisrunden, manchma etwas gefärbten Deckblättern. Stengel aufsteigend, meist einfach.

Dracocephalum. 684. Kelch röhrig-glockig, Saum 5zähnig, die 2 obern oder der oberste viel breiter, oft sehr gross. Schlund der Blumenkrone sehr weit. Staubkölbchen zottig. Blätter ganzrandig, linealisch-lanzettlich, ungetheilt oder 3 — 5theilig, mit linealischen Zipfeln. D. Ruyschiana und austriacum.

Horminum. 682. Kelch glockig, 13nervig, bis zur Hälfte 2lippig, Oberlippe 3spaltig, Unterlippe 2spaltig. Quirl 6blüthig. Bl. einseitig-nickend (violett). Blätter meist nur grundständig, eiförmig, tiefgekerbt, langgestielt.

Melittis. 683. Kelch weit-glockig, unregelmässig-3—5lappig. Blumenkronenröhre viel enger als der Kelch. Bl. ansehnlich, weiss oder röthlich, oder weiss und die Unterlippe purpurn, blattwinkelständig, einseitswendig, zu 1—3.

Leonurus. 696. Kelch 5nervig, 5zähnig, Zähne stechend, fast dornig, zuletzt abstehend. Oberlippe der Blumenkrone aussen dicht-behaart. Die untern Blätter handförmig-5spaltig, die obern keilig, meist 3theilig. Quirl dicht, achselständig.

Marrubium. 695. Kelch 10zähnig, Zähne pfriemlich, an der Spitze hackig. Bl. in dichten kugeligen Quirlen, weiss. Blätter ei-rundlich, runzelig. M. vulgare.

Ajuga. 699. Kelch ziemlich-gleich-5spaltig. Blumenkrone 2lippig. Oberlippe sehr kurz (kürzer als die Staubgefässe), abgestutzt, ausgerandet oder ganz, die Unterlippe verlängert, 3spaltig, abstehend, Röhre mit einer Haarleiste.

Teucrium. 701. Kelch ungleich-5zähnig. Blumenkrone ohne Oberlippe, statt derselben eine Spalte, Unterlippe herabgebogen, 5lappig. Röhre ohne Haarleiste.

Didynamia. XIV. Classe.

Thymus. 676. Kelch eiförmig, 2lippig, Oberlippe 3zähnig, Unterlippe 2spaltig, Zipfel pfriemlich. Blumenkrone 2lippig, Oberlippe ausgerandet, Unterlippe 3spaltig, Röhre kaum über den Kelch herausragend. Sträuchlein o. Halbsträuchlein mit kleinen Blättern, oft kriechend o. niederliegend. Blüthenquirle genähert, meist Aehren oder Köpfchen bildend.

Calamintha. 678. Kelch röhrig, 2lippig, Oberlippe 3zähnig, Unterlippe 2spaltig, Zipfel pfriemlich. Blumenkrone 2lippig, Oberlippe ausgerandet, Unterlippe 3spaltig, Röhre aus dem Kelche hervorragend. Quirle entfernt, gabelspaltigebensträussig o. 6blüthig u. jede Bl. auf besonderem ungetheilten Stiele.

Ballota. 696. Kelch röhrig-trichterförmig, Röhre 10nervig, Schlund nackt, Saum gleich-5zähnig, Zähne gefaltet, eiförmig, begrannt. Blumenkronenröhre nicht aus dem Kelche hervorragend, Oberlippe gewölbt (aussen dicht-zottig). Scheinquirle entfernt, gestielt. Deckblätter borstlich.

Betonica. 694. Kelch röhrig-glockig, 10nervig, Saum schief-5zähnig, Zähne fast gleich, begrannt, Oberlippe der Blumenkrone konkav, Unterlippe herabhängend, 3lappig, der mittlere Lappen viel grösser, stumpf, Röhre ohne Haarleiste. Scheinquirle vielblüthig, genähert, eine dichte, an der Basis meist unterbrochene Aehre bildend.

Stachys. 691. Kelch eiförmig-glockig, etwas ungleich-5zähnig, Zähne begrannt. Blumenkronenröhre mit einer Haarleiste, Unterlippe 3lappig, der mittlere Lappen viel grösser, ausgerandet oder ausgeschweift. Quirl 4—vielblüthig.

Galeopsis. 683. Kelch glockig, ziemlich gleich-5zähnig, Zähne an der Spitze fast dornig, Schlund nackt. Blumenkronenröhre ohne Haarleiste, gerade aus dem Kelche hervorragend, Unterlippe 3lappig, am Grunde beiderseits mit einem hohlen zahnartigen Höcker.

Lamium. 685. Kelch glockig, 5zähnig, Zähne ziemlich gleich, lang, pfriemlich. Untere Lippe der Blumenkrone 3lappig, die seitlichen Lappen sehr klein, zahnförmig oder fehlend, Röhre mit oder ohne Haarleiste. Bl. weiss oder purpurn.

Galeobdolon. 688. Wie Lamium, aber die Unterlippe ziemlich gleich-3theilig, Zipfel spitz. Blumenkronenröhre mit Haarkranz. Bl. gelb.

2. *Angiospermia. Bedecktsamige.*

Vitex. 703. Strauch. Gepflanzt. Blätter gefingert-5—7zählig, unterseits graufilzig.

Catalpa. 646. Zierbaum. Blätter einfach, herzförmig. Bl. endständig, rispig. Eine verlängerte schotenförmige Kapsel.

Lathraea. 652. Kraut, blattlos, mit Schuppen besetzt. Lebend weiss oder schwachrosa, getrocknet schwarz. Bl. hängend, einerseitswendig.

XIV. Classe. *Didynamia.*

Orobanche. 646. Kraut, blattlos, mit Schuppen besetzt, von Farbe verschieden, doch nie grün. Bl. aufrecht.

Verbena. 703. Kraut. Kelch 5zähnig, der oberste Zahn kleiner. Blumenkrone tellerförmig, Saum 5lappig, Lappen mehr o. weniger ungleich. Blätter gegenständig. Bl. klein, rosa, in langen Aehren.

Linnaea. 394. Blumenkronensaum fast gleich-5theilig. Blüthenstiele lang, 2blüthig. Kriechendes Kräutlein.

Limosella. 646. Blumenkrone radförmig, glockig (klein, weiss oder röthlich), Saum gleich-5spaltig. Kleines Kräutlein mit einblüthigen Blüthenstielen, die kürzer sind als die wurzelständigen spateligen Blätter.

Erinus. 634. Kelch 5theilig, gleich. Blumenkrone präsentirtellerförmig, Saum fast gleich-5theilig. Blätter wechselständig, spatelig, gesägt. Bl. violett, in endständigen Trauben.

Tozzia. 653. Blumenkronensaum fast gleich-5lappig, 2lippig, abstehend. Röhre walzlich, etwas aufgeblasen. Bl. gelb, in kurzen endständigen Trauben. Blätter sitzend, gegenständig.

Scrophularia. 226. Blumenkronenröhre fast kugelig, Saum kurz-2lippig, Oberlippe 2- Unterlippe 3lappig, Lappen kurz. Stinkende Kräuter mit ganzen oder eingeschnittengefiederten Blättern.

Digitalis. 629. Blumenkrone röhrig-glockig, bauchig, Saum schief-4spaltig, fast 2lippig, der obere Zipfel ausgerandet. Blätter wechselständig, ganz. Bl. gelb oder purpurn, meist ansehnlich, in endständigen, einseitswendigen Aehren.

Antirrhinum. 631. Blumenkrone 2lippig, an der Basis mit einem Höcker, Gaumen höckerig. Kapsel mit 3 Löchern aufspringend. Blätter lanzettlich-linealisch.

Linaria. 631. Blumenkrone 2lippig, an der Basis mit einem Sporn, Gaumen höckerig. Kapsel klappig-aufspringend.

Pedicularis. 655. Kelch ungleich-5zähnig, röhrig oder aufgeblasen. Blumenkrone 2lippig, rachenartig. Oberlippe zusammengedrückt, helm- oder sichelförmig. Blätter eingeschnitten oder gefiedert.

Rhinanthus. 662. Kelch aufgeblasen, zusammengedrückt, häutig, ungleich-4zähnig. Blumenkrone rachenförmig, Oberlippe helmartig-zusammengedrückt. Bl. gelb. Blätter sitzend, gegenständig, länglich o. linealisch-lanzettlich, sägezähnig.

Bartsia. 664. Kelch glockig, fast gleich-4spaltig. Blumenkrone rachenförmig (schmutzig-violett), Oberlippe helmartig-zusammengedrückt. Stengel einfach. Blätter gegenständig, sitzend, eiförmig, stumpfgesägt.

Euphrasia. 664. Kelch walzlich-glockig, ungleich-4spaltig. Blumenkrone rachenförmig, Oberlippe helmartig-gewölbt, 2spaltig, Unterlippe 3lappig, Lappen ausgerandet. Blätter eiförmig bis linealisch, spitz-gesägt. Stengel ästig.

Tetradynamia. XV. Classe. 1125

Melampyrum. 653. Kelch glockig, 2lippig-4spaltig. Blumenkrone rachenförmig, Oberlippe helmartig zusammengedrückt, ausgerandet, Ränder zurückgeschlagen. Samen weizenkornförmig. Blätter ganzrandig, lanzettlich oder linealischlanzettlich.
Gratiola. 629. 2 der 4 Staubfäden unfruchtbar. Vergl. II. 1.

XV. Classe. TETRADYNAMIA, Viermächtige.

Zwitterblüthen mit 6 Staubgefässen, wovon 4 längere, 2 kürzere.

1. *Siliculosa.* **Schötchenfrüchtige.** Die Frucht im Verhältniss ihrer Länge breit und kurz.

a. Schötchen gedunsen, hart und nicht aufspringend.

Rapistrum. 90. Schötchen 2gliederig. Glieder sich bei der Reife trennend, das untere Glied stielartig, meist leer, das obere kugelig, mit dem langen Griffel bespitzt. Bl. gelb. Untere Bl. leierförmig. R. rugosum.
Bunias. 89. Schötchen eiförmig, mit dem langen Griffel bespitzt, 4kantig, Kanten geflügelt und gezähnt. Bl. gelb, Blumenblätter verkehrt-herzförmig. Blätter schrot-sägeförmig, seltener ganz. B. Erucago.
Neslia. 89. Schötchen kugelrund, klein, netzig, mit aufgesetztem langen Griffel, langgestielt. Bl. klein, dottergelb. Blätter länglich-lanzettlich, mit pfeilförmiger Basis stengelumfassend.

b. Schötchen 2klappig-aufspringend, gedunsen oder vom Rücken her mehr oder weniger zusammengedrückt. Scheidewand so breit als das Schötchen selbst.

Alyssum. 71. Schötchen rundlich o. oval, mehr o. weniger zusammengedrückt, vom Griffel gekrönt. Einige oder alle der Staubfäden mit einem Anhängsel. Blumenblätter klein, gelb, meist ausgerandet. Blätter ganzrandig, mit grauem sternförmigen Flaume.
Farsetia. 72. Schötchen, Staubfäden und Blätter wie bei Alyssum, die Fächer aber 6- und mehreiig. Blumenblätter weiss, 2spaltig (F. incana) o. gelb, ungetheilt (F. clypeata).
Camelina. 79. Schötchen birnförmig, gedunsen, mit dem Griffel gekrönt. Staubfäden ohne Anhängsel. Blumenblätter blassgelb, ungetheilt. Stengelblätter mit pfeilförmiger Basis, ungetheilt, gezähnt oder fiederspaltig.
Lunaria. 72. Schötchen gross, flach-gedrückt, an der Basis in einen langen Stift verlängert. Bl. rosenroth. Blätter alle gestielt, herzförmig.
Petrocallis. 73. Schötchen oval, etwas konvex, Fächer 2eiig. Bl. rosenroth. Blätter keilförmig-3spaltig. Alpenpflanze, 2—3 Zoll hoch.

1126 XV. Classe. *Tetradynamia.*

Draba. 73. Schötchen elliptisch oder länglich, zusammengedrückt, Fächer vieleiig. Bl. weiss oder gelb. Wurzelblätter meist rosettig, ganzrandig oder gezähnt.
Cochlearia. 78. Schötchen sehr gedunsen oder fast kugelig. Griffel kurz, bleibend. Staubfäden zahnlos. Blumenblätter weiss.
Nasturtium. 45. Schoten linealisch o. elliptisch. Vergl. XV. 2.

c. Schötchen von der Seite her zusammengedrückt, mit einem hervorragenden o. geflügelten Kiele der Klappen. Scheidewand (wo eine vorhanden) schmal, viel schmäler als der Querdurchmesser des Schötchens.

Isatis. 89. Schötchen flach, länglich, sehr stumpf, geflügelt, etwa 3mal so lang als breit, gegen die Basis schmäler, hängend, Narbe sitzend. Bl. gelb. Stengelblätter an der Basis pfeilförmig.
Biscutella. 83. Schötchen flach, oben und unten ausgerandet, doppel-schildig, geflügelt. Griffel über die Ausrandung des Schötchens hinausragend. Bl. gelb. Blätter länglich-spatelig oder länglich-lanzettlich, entfernt-gesägt.
Aethionema. 88. Schötchen rundlich, tief-ausgerandet, Klappen breitgeflügelt. Griffel nicht über die Ausrandung des Schötchens hinausragend. Bl. blass-rosa. Stengelblätter etwas fleischig, länglich-lanzettlich oder fast linealisch, stumpf, ganzrandig, kurzgestielt.
Thlaspi. 80. Schötchen oval oder verkehrt-eiförmig. Klappen besonders gegen die Spitze zu geflügelt. Griffel länger o. kürzer als die Ausrandung des Schötchens. Bl. weiss oder rosa. Blätter stengelumfassend, ganz oder gezähnelt, eiförmig oder länglich.
Lepidium. 84. Schötchen oval, länglich oder rundlich, ganz oder mehr oder weniger ausgerandet, Klappen gekielt, flügellos o. vorzüglich gegen die Spitze zu geflügelt. Fächer 1samig. Blumenblätter (klein, weiss) ganz, gleich. Blätter ungetheilt, gezähnt oder gefiedert.
Hutchinsia. 85. Schötchen länglich-verkehrt-eiförmig, ganz oder schwach-ausgerandet. Klappen flügellos. Griffel sehr kurz. Fächer 2samig. Bl. klein, weiss. Blätter gefiedert.
Iberis. 82. Schötchen oval oder verkehrt-eiförmig, Fächer 1samig, Klappen geflügelt. Blumenblätter weiss oder rosa, sehr ungleich, die der äussern Blüthen strahlend. Gartenpflanze. I. umbellata.
Capsella. 87. Schötchen oval, rundlich oder verkehrt-3eckig, ganz oder seicht-ausgebuchtet. Klappen gekielt, flügellos. Griffel kurz. Fächer vielsamig. Wurzelblätter an der Basis verschmälert, ganz, gezähnt oder fiederspaltig. Bl. klein, weiss.

Tetradynamia. **XV. Classe.**

2. *Siliquosa.* Schotenfrüchtige. Frucht im Verhältniss zu ihrer Breite lang.

Raphanus. 90. Schote nicht aufspringend, walzlich, dick und schwammig, hie u. da etwas eingeschnürt o. perlschnurartig-eingeschnürt u. in Quergliedern sich trennend, in den Griffel zugespitzt. Bl. violett geadert, weiss, gelblich oder lila. Untere Blätter leierförmig.

Hesperis. 60. Narben 2, fast aufrecht, plättchenartig, auf dem Rücken flach. Schote sehr lang. Bl. lila. Stengelblätter eiförmig-lanzettlich, fast herzförmig, sitzend. H. matronalis.

Matthiola. 45. Narbe 2lappig, Lappen aufrecht, auf dem Rücken verdickt. Schote verlängert, linealisch, Bl. schön purpurroth. Blätter länglich oder linealisch, stumpf, ganzrandig oder geschweift-gezähnt. Weich-sternfilzig.

Cheiranthus. 45. Zierpflanze. Narben 2lappig, Lappen stumpf, zurückgekrümmt. Schote linealisch, Klappen 1nervig. Samen 1reihig. Blätter lanzettlich, spitz. Bl. schön gelb, auch braun- oder pomeranzengelb.

Dentaria. 58. Schoten lanzettlich-linealisch, lang-zugespitzt, Klappen nervenlos. Bl. gelblich, weisslich oder purpurröthlich. Blätter 3—5zählig oder gefiedert, Blättchen lanzettlich, zugespitzt. Wurzelstock gezähnt, horizontal. Stengel ganz einfach, unten nackt.

Cardamine. 54. Schoten linealisch, fast gleich-breit, Klappen nervenlos. Narbe kopfig. Samen 1reihig. Bl. weiss, selten lila. Blätter ungetheilt, gelappt, 3zählig oder gefiedert. Stengel an der Basis oder von der Basis an beblättert.

Nasturtium. 45. Schoten linealisch oder elliptisch, verkürzt, fast schötchenförmig. Klappen nervenlos. Samen 2reihig. Bl. gelb oder weiss. Staubbeutel gelb. Blätter gefiedert oder leier- oder kammförmig-eingeschnitten. Meist Sumpfpflanzen.

Turritis. 48. Schoten verlängert, linealisch, Klappen auf dem Rücken gekielt. Samen 2reihig. Bl. klein, weiss oder weisslich. Wurzelblätter schrot-sägezähnig, sternhaarig, Stengelblätter kahl, pfeilförmig, eilanzettlich.

Arabis. 48. Schoten verlängert, linealisch, zusammengedrückt. Klappen mit einem Mittelnerven oder vielen schwächeren Längsäderchen. Samen 1reihig. Bl. weiss, seltener rosenroth, blau oder gelblichweiss. Blätter ganz, seltener leierförmig oder schrotsägezähnig.

Barbarea. 47. Schoten verlängert, linealisch, fast stielrund oder 4seitig. Klappen gekielt. Samen 1reihig. Bl. goldgelb. Untere Blätter leierförmig, mit sehr grossen Endlappen.

Braya. 63. Schoten linealisch, stielrund. Klappen fein-1nervig. Samen in jedem Fache 2reihig. Bl. weiss, getrocknet ins Violette ziehend. Blätter linealisch-lanzettlich. B. alpina.

Eruca. 70. Schoten stielrundlich, länglich. Klappen 1nervig. Griffel lang, an der Schote einen zusammengedrückten 2schneidigen Schnabel bildend. Samen 2reihig, kugelig. Bl. schmutzig-gelb oder weisslich, mit violetten Adern. Blätter leierförmig.

Sisymbrium. 60. Schoten verlängert, linealisch. Klappen 3nervig, konvex. Samen 1reihig, punktirt. Blätter ganz, schrot - sägezähnig, fiedertheilig oder doppelt - gefiedert. Bl. gelb oder weiss.

Erysimum. 64. Schoten verlängert, linealisch, 4kantig. Klappen mit einem starken Mittelnerv. Samen 1reihig. Bl. gelb. Blätter schmal, ganzrandig oder gezähnt.

Diplotaxis. 69. Schoten linealisch, pfriemenspitzig, zusammengedrückt. Klappen 1nervig. Samen 2reihig, oval o. länglich, wenig zusammengedrückt. Bl. gelb. Blätter fiederspaltig.

Erucastrum. 69. Schoten verlängert, linealisch, etwas geschnäbelt, stielrundlich. Klappen 1nervig. Samen wie bei Diplotaxis. Bl. gelb. Blätter tief-fiederspaltig.

Sinapis. 68. Schoten linealisch oder länglich, stielrundlich, geschnäbelt, Schnabel 2schneidig, fast so lang oder kürzer als die 3nervigen Klappen. Samen kugelig, 1reihig. Blätter gebuchtet oder etwas leierförmig. Bl. gelb. S. arvensis.

Brassica. 66. Schoten linealisch oder länglich, geschnäbelt. Klappen konvex, ausser dem geraden Rückennerven bei einigen mit schlängeligen Adern. Samen 1reihig, kugelig. Bl. gelb. Untere Blätter leierförmig.

XVI. Classe. MONADELPHIA. Einbrüderige.

Zwitterblüthen. Staubfäden in ein Bündel verwachsen.

1. Pentandria. Fünfmännige. 5 verwachsene Staubfäden.

Erodium. Vergl. Monad. Decandria.

Passiflora. 310. Kletternder Zierstrauch,

2. Heptandria. Siebenmännige. 7. verwachsene Staubfäden.

Pelargonium. Zierpflanze. Vergl. folgende Ordnung.

3. Decandria. Zehnmännige. 10 verwachsene Staubfäden.

Myricaria. 305. Strauch. Samen haarschopfig. Blätter klein, linealisch-lanzettlich, fast schuppenförmig.

Geranium. 171. Blumenkrone 5blättrig, ohne Röhrchen an der Basis, Staubgefässe alle fruchtbar. Die Grannen der Klappen rollen sich bei der Reife kreisförmig zusammen.

Erodium. 178. Blumenkrone 5blättrig, ohne Röhrchen an der Basis, 5 der Staubgefässe ohne Staubbeutel. Die Grannen der Klappen drehen sich bei der Reife schraubenförmig zusammen.

Pelargonium. 178. Blumenkrone 5blättrig, das hintere Blatt mit einem röhrchenartigen Sporn an der Basis. 3 seltener 5 der Staubgefässe ohne Staubbeutel. Grannen wie bei Erodium.

Monadelphia. **XVI. Classe.**

Zu dieser Ordnung die 1brüderigen schmetterlingblüthigen: *Spartium, Genista, Cytisus, Ononis, Anthyllis, Galega.* (Vergl. XVII. 3.), dann *Polygala* (Vergleiche XVII. 2.).

4. Polyandria. Vielmännige. Mehr als 10 verwachsene Staubfäden.

Abutilon. 160. Gartenpflanze, auch verwildernd, Kelch 1fach, 1blättrig, 5theilig. Bl. gelb. Blätter herzförmig, ganz.
Lavatera. 159. Kelch doppelt, der äussere 3- der innere 5spaltig. Bl. rosa.
Althaea. 159. Kelch doppelt, der äussere 6—9spaltig, der innere 5spaltig. Bl. rosa o. röthlich.
Malva. 157. Kelch doppelt, der äussere 3blättrig, der innere 5spaltig. Bl. rosenroth.
Hibiscus. 160. Kelch doppelt, der äussere vieltheilig, der innere 5spaltig. Griffel 5spaltig. Bl. unserer Arten weiss, rosa oder schmutzig-gelb, mit dunklen Flecken am Grunde.
Camellia. 162. Immergrüner Glashausstrauch mit glänzenden lederigen, eiförmigen Blättern.

Zu dieser Classe ferner: *Linum* (V. 5.), Arten von *Lysimachia* (V. 1.), *Oxalis* (X. 5.).

XVII. Classe. DIADELPHIA. Zweibrüderige.

Zwitterblüthen. Staubfäden in 2 Bündel verwachsen.

1. Hexandria. Sechsmännige. 6 Staubfäden in 2 Bündeln.

Fumaria. 43. Staubfäden 2, jeder mit 3 Staubkölbchen. Frucht fast kugelig, 1samig. Stengel ästig.
Corydalis. 41. Staubfäden 2, jeder mit 3 Staubkölbchen. Frucht schotenartig, mehrsamig. Stengel meist einfach.

2. Octandria. Achtmännige. 8 Staubfäden in 2 Bündeln.

Polygala. 108. 2 Staubfäden, jeder mit 4 Staubkölbchen, an der Basis in einen Körper verwachsen. Eine flache, verkehrt-eiförmige Kapsel.

3. Decandria. Zehnmännige. 10 Staubfäden, 9 unterseits verwachsen, 1 frei.

a. Staubgefässe 1brüderig.

Spartium. 191. Kelch gespalten, 1lippig, an der Spitze trockenhäutig u. klein-5zähnig. Bl. gelb. Blätter einfach, lanzettlich. Strauch mit ruthenförmigen Aesten.
Sarothamnus. 1057. Griffel sehr lang, kreisförmig eingerollt. Strauch mit 3zähligen (untern) Blättern. Bl. gelb.
Genista. 191. Kelch 2lippig. Bl. gelb. Blätter unserer Arten einfach. Kleine manchmal dornige Sträuchchen.
Cytisus. 193. Kelch 2lippig. Bl. gelb, gelb mit rothbraun o.

1130   XVII. Classe.   *Diadelphia.*

purpurn. Blätter unserer Arten mit Ausnahme des C. sagittalis 3zählig. Blättchen meist verkehrt - eiförmig, bei C. radiatus linealisch-verlängert. Bäume o. kleine Sträucher.

Ononis. 196. Kelch 5spaltig, der fruchttragende offen. Bl. gelb o. rosenroth, selten (als Varietät) weiss. Blätter 3zählig. Kräuter oder Halbsträucher, manchmal dornig.

Anthyllis. 199. Kelch 5zähnig, bei der Fruchtreife trockenhäutig, geschlossen. Bl. in Köpfchen. Blätter ungleichgefiedert, das endständige Blättchen grösser, die seitenständigen der Wurzelblätter manchmal verkümmernd. Kräuter.

Galega. 216. Kelch 5zähnig. Bl. lila, in Trauben. Blätter unpaarig-gefiedert, Blättchen lanzettlich o. linealisch-lanzettlich, das endständige nicht grösser. Kraut, aufrecht, ästig.

       b. Staubgefässe 2brüderig.

       α. Blätter 3zählig.

Trifolium. 204. Blumenkrone verwelkend, bleibend. Hülse im Kelche eingeschlossen. Bl. in fast ährigen oder doldigen Köpfchen.

Melilotus. 203. Blumenkrone abfällig. Hülse klein, doch aus dem Kelche hervortretend. Bl. gelb oder weiss in verlängerten — o. blassblau in langgestielten kopfartigen Trauben.

Dorycnium. 214. Flügel der Blumenkrone vorne zusammenhängend. Hülse kaum aus dem Kelche hervorragend, 2—wenigsamig. Nebenblätter von der Gestalt der Blätlchen und mit denselben scheinbar ein gefiedertes Blatt bildend. Bl. klein, weisslich, Kiel schwarz-violett. Köpfchen fast doldig.

Bonjeania. 214. Flügel der Blumenkrone vorne frei. Hülse aus dem Kelche hervorragend (5 Linien lang), vielsamig. Blätter u. Nebenblätter, dann Blüthenstand wie bei Voriger. Bl. rosenroth, mit schwarz-violettem Kiele.

Medicago. 200. Hülse sichelförmig o. schneckenartig-gewunden. Blüthenstiele achselständig, 1—vielblüthig.

Trigonella. 202. Bl. klein, gelb, in sitzenden Dolden. Hülsen verlängert, linealisch, gebogen und abwärts-geneigt. Stengel ästig, liegend. T. monspeliaca.

Lotus. 215. Kiel geschnäbelt. Hülse verlängert, linealisch, stielrundlich, Klappen nach dem Aufspringen zusammengedreht. Griffel gerade. Nebenblätter blattartig. Bl. gelb, doldig.

Tetragonolobus. 216. Hülsen 4kantig-geflügelt. Blüthenstiele 1blüthig, sonst wie Lotus.

Phaseolus. 242. Gebaut. Griffel oben bärtig. Hülsen verlängert-linealisch o. etwas gebogen. Nebenblätter klein. Bl. weiss, scharlachroth o. lila. Stengel oft windend.

       β. Blätter unpaarig - gefiedert. Hülsen nicht gegliedert.

Robinia. 217. Baum. Gepflanzt u. verwildert. Dornig. Hülse flach, vielsamig. Griffel flaumig. Bl. weiss.

Colutea. 218. Strauch. Hülsen blasenartig, trockenhäutig. Griffel von der Basis an gewimpert, an der Spitze hackig. Bl. gelb.

Galega. 216. Kraut. Staubfäden bis zur Mitte 1brüderig, der 10te von der Mitte an frei. Griffel kahl. Hülsen stielrund, schief-quer-gestreift. Bl. lila.

Oxytropis. 219. Kiel unter dem stumpfen Ende mit einer pfriemlichen Spitze. Hülse durch die eingedrückt hineinragende obere Naht wie längs-2fächerig. Bl. in gestielten ährigen Köpfchen oder Trauben.

Astragalus. 223. Kiel ohne Spitze. Hülse durch die eingedrückte hineinragende untere Naht wie längs-2fächerig. Bl. in gestielten ährigen Köpfchen o. Trauben.

Phaca. 218. Kiel ohne Spitze. Hülse nicht an der Naht eingedrückt, einfächerig, aufgeblasen, vielsamig. Bl. in gestielten ährigen Köpfchen o. Trauben.

Cicer. 231. Gebaut. Kiel ohne Spitze. Hülsen rhombisch oder oval, aufgeblasen, 1—2samig. Samen bespitzt. Blüthenstiele blattwinkelständig, 1blüthig, nach dem Verblühen abwärtsgebogen. Bl. klein, weisslich o. lila.

Onobrychis. 230. Kelch 5spaltig, Zipfel fast gleich, verlängert, pfriemlich. Hülse 1samig, 1fächerig, nicht aufgeblasen, verkehrt-eiförmig, grubig-netzig, der untere Rand kammförmig. Bl. roth, in langgestielten Aehren.

γ. Blätter unpaarig-gefiedert. Hülsen gegliedert.

Coronilla. 227. Kräuter o. Sträucher. Kelch kurz-glockig, ausgeschweift-5zähnig, die 2 obern Zähne mehr o. weniger verwachsen. Kiel geschnäbelt. Hülse fast stielrund, lhealisch-verlängert, in 1samige längliche Glieder zerfallend. Bl. gelb o. rosenroth, in gestielten 3—vielblüthigen Dolden.

Hippocrepis. 229. Kräuter. Kelch 5spaltig, Zipfel spitz. Kiel zusammengedrückt, nur an der obern Naht buchtig-ausgeschnitten. Bl. gelb, in gestielten Dolden.

Hedysarum. 229. Kräuter. Kiel nicht geschnäbelt. Hülse zusammengedrückt, an beiden Nähten ausgebuchtet. Bl. in langgestielten, ährigen ansehnlichen Trauben, purpurn.

δ. Blätter paarig-gefiedert.

Pisum. 237. Griffel 3kantig, auf der innern d. i. auf der Fahnenseite) behaart u. allda an der Basis gekielt, unterseits rinnig. Blätter mit einer ästigen Wickelranke u. sehr grossen ei-halb-herzförmigen Nebenblättern. Gebaut und verwildert.

Vicia (Kittel). 231. Griffel unter der Spitze an der äussern (Kielseite) von einem dichten Haarbüschel bärtig, übrigens kahl o. rundum mit kurzen Haaren besetzt. Nebenblätter meist halb-pfeilförmig oder halb-spiessförmig. Blätter mit einfachen oder ästigen Schlingen. Hieher die II. Rotte von *Vicia* (Koch u. unserer Flora).

Ervum (Petermann). 236. Narbe kopfig, rundum gleichmässig-, haarig. Blätter Schlingen tragend. Aehren gestielt, einerseitswendig. Hieher die I. Rotte von *Vicia* (Koch und unserer Flora) und *Ervum L.* (mit Ausnahme von E. Lens L.).

Lathyrus (Kittel). 238. Griffel oberwärts abgeplattet, auf der innern (Fahnen-) Seite von der gestutzten Narbe abwärts längs-behaart u. oft links gedreht. Die Arten mit Wickelranken gehören zu *Lathyrus* der Aut. u. unserer Flora, wozu noch *Ervum Lens.* zu ziehen ist; die Arten ohne Wickelranken dagegen zu *Orobus L.* und unserer Flora.

XVIII. Classe. POLYADELPHIA. Vielbrüderige.

Zwitterblüthen. Staubgefässe mehr als in 2 Bündel verwachsen.

Hypericum (L.). 165. Blumenblätter 5, gelb. Griffel 3. Blätter gegenständig, ganzrandig, nebenblattlos. Kräuter oder Halbsträucher. *Androsaemum* u. *Hypericum* uns. Flora.

Citrus. 163. Orangeriebäume, wenigstens im wilden Zustande dornig. Blumenblätter 5—8, weiss oder schwach-röthlich. Griffel 1. Staubgefässe 20—60.

XIX. Classe. SYNGENESIA. Verwachsenbeutelige.

Mehrere Blüthen auf einem gemeinschaftlichen Fruchtboden.

5 Staubbeutel, verwachsen.

I. *Polygamia aequalis.* Gleichförmige Vielehe. Alle Blüthen zwitterig.

1 Zungenblüthige. Bl. alle zungenförmig.

a. Pappus federig. Fruchtboden mit Ausnahme von Hypochoeris spreublattlos.

Hypochoeris. 511. Hauptkelch dachig. Fruchtboden spreublättrig, Spreublätter abfällig. Bl. gelb.

Tragopogon. 508. Blättchen des Hauptkelches 1reihig, an der Basis verwachsen. Blätter schmal, fast grasartig, ganzrandig. Bl. unserer Arten gelb.

Scorzonera. 509. Hauptkelch dachig, Blättchen am Rande meist trockenhäutig. Federchen des Pappus in einanderverwebt. Blätter lanzettlich bis linealisch, ganzrandig. Bl. gelb, seltener rosenroth.

Picris. 506. Blättchen des Hauptkelches dachig, die äussern abstehend. Pappus abfällig, Federchen desselben frei. Blätter lanzettlich, gezähnt o. buchtig-gezähnt. Bl. gelb.

Leontodon. 503. Kelchblätter dachig. Pappus bleibend, Federchen frei. Blätter verkehrt-eiförmig-länglich, ganzrandig, gezähnt o. fiederspaltig. Bl. gelb.

Syngenesia. XIX. Classe.

Helminthia. 507. Hauptkelch 2reihig, Blättchen der äussern Reihe 5, herzförmig, abstehend, die der innern Reihe 8, schmäler. Federchen frei. Bl. gelb.

b. Pappus einfach. Fruchtboden spreublattlos.

Cichorium. 502. Blättchen des Hauptkelches 2reihig. Pappus spreublattartig, kurz, gleich, Blättchen stumpf, elliptisch. Bl. blau.

Chondrilla. 514. Hauptkelch walzlich, mit kleinen Deckschüppchen. Bl. gelb, 7—12 in 2 Reihen. Achenen geschnäbelt. Pappus haarig.

Willemetia. 512. Hauptkelch dachig. Bl. gelb, vielreihig. Achenen geschnäbelt, an der Basis des Schnabels ein feingekerbtes Krönchen. Pappus haarig, 1reihig.

Taraxacum. 513. Bl. gelb, vielreihig. Achenen geschnäbelt, oberwärts schuppig-weichstachelig. Pappus 1reihig, haarig. Schaft nackt, 1köpfig, röhrig.

Lactuca. 516. Hauptkelch walzlich, Blättchen dachig. Achenen flach-zusammengedrückt, in einen fädlichen Schnabel zugespitzt. Pappus 1reihig, haarig. Bl. gelb, seltener blauröthlich.

Sonchus. 518. Blättchen des unten bauchigen Hauptkelches dachig. Achenen flach-zusammengedrückt, schnabellos. Pappus haarig, mehrreihig. Bl. gelb.

Mulgedium. 520. Blättchen des unten bauchigen Hauptkelches dachig. Achenen zusammengedrückt, fast schnabellos, an der Spitze mit einem von sehr kurzen Börstchen gebildeten Krönchen. Pappus haarig, mehrreihig. Bl. blau. Blüthentrauben unserer Art drüsig-behaart.

Prenanthes. 515. Hauptkelch walzlich. Bl. purpurroth, 3—5 im Köpfchen.

Crepis. 520. Hauptkelch mit einem Nebenkelche o. fast dachig. Achenen fast stielrund, an der Spitze schmäler geschnäbelt o. schnabellos. Köpfchen vielblüthig. Pappus haarig, Strahlen mehrreihig, haarfein, weich. Bl. meistens gelb, selten orange oder röthlich.

Hieracium. 528. Hauptkelch dachig. Achenen bis zur Spitze gleichbreit. Köpfchen vielblüthig. Pappus haarig, Strahlen 1reihig, haarfein, zerbrechlich. Bl. gelb, selten orange.

Soyeria. 528. Achenen schnabellos. Köpfchen vielblüthig. Strahlen des Pappus mehrreihig, borstlich, an der Basis dicker. Bl. gelb.

c. Pappus fehlt. Fruchtboden spreublattlos.

Lapsana. 501. Achenen 20rielig. Stengel ästig. Köpfchen klein, gelb. Untere Blätter leierförmig.

Aposeris. 501. Achenen 5rielig. Stengel 1blüthig. Köpfchen gelb. Blätter schrot-sägeförmig.

d. Pappus ein kurzes Krönchen u. 2 Borsten.

Scolymus. 501. Distelartig. Blätter u. die äussern Kelchblätter dornig. Fruchtboden spreublättrig, Spreublätter die Achenen einhüllend u. denselben angewachsen. Bl. gelb.

XIX. Classe. **Syngenesia.**

2. *Kopfblüthige.* Bl. alle röhrig.
a. Fruchtboden ohne Spreublättchen.

Onopordum. 488. Fruchtboden bienenzellenartig. Köpfchen gross, purpurn. Distelartig, Blätter wollig-filzig.
Adenostyles. 419. Köpfchen klein, an unsern Arten 3—6blüthig, ebensträussig, purpurn. Blätter lang-gestielt, herznierenförmig.
Eupatorium. 419. Köpfchen klein, wenigblüthig, hellpurpurn. Blätter gestielt, meist 3—5theilig (als Varietät auch ungetheilt) lanzettlich.
Linosyris. 423. Köpfchen klein, gelb, gipfelständig, doldentraubig. Blätter linealisch, gedrängt.
Emilia. 464. Zierpflanze. Köpfchen klein. Bl. safranfarben. Untere Blätter gestielt, leierförmig, obere pfeil- o. herzförmig-umfassend.

b. Fruchtboden spreuig..

Carlina. 489. Blätter des Hauptkelches blattartig, dornig-gezähnt, die innern aufrecht, verlängert, strahlend, gefärbt. Strahlen des Pappus federig, gegen die Basis zu 3—4 verwachsen.
Carduus. 485. Pappus haarig, Strahlen an der Basis in einen Ring zusammengewachsen. Blättchen des Hauptkelches in einen Dorn o. eine Stachelspitze zugespitzt. Bl. purpurn. Distel. —
Cirsium. 477. Pappus federig. Hauptkelch wie bei Carduus. Bl. purpurn o. gelblich. Distel.
Cynara. 484. Gebaut. Pappus wie bei Cirsium. Blättchen des sehr grossen Hauptkelches eiförmig, fleischig, in ein lanzettliches an der Spitze fast dorniges Anhängsel vorgezogen. Bl. purpurn o. blauviolett. Blätter etwas dornig.
Silybum. 484. Pappus wie bei Cirsium. Aeussere Blättchen des Hauptkelches an der Basis blattartig und buchtig, stachelzähnig. Blätter weiss gefleckt, gebuchtet, dornig. Bl. purpurn.
Jurinea. 492. Strahlen des Pappus ungleich, borstlich, rauh. Achenen 4kantig. Blätter fiederspaltig, unterseits weissfilzig. Hauptkelch spinnwebig-wollig. Bl. purpurn. J. mollis.
Lappa. 488. Blättchen des Hauptkelches oberwärts pfriemlich, an der Spitze hackig, dachig. Bl. purpurn. Blätter gross, gestielt, herzförmig, unterseits mehr o. weniger filzig.
Saussurea. 490. Pappus bleibend, die äussern Strahlen borstig, die innern federig. Blättchen des Hauptkelches dachig. Blätter herz- oder eiförmig-lanzettlich oder linealisch, gezähnt, unterseits filzig oder flockig.
Serratula. 491. Strahlen des Pappus alle haarig, mehrreihig, die innere Reihe länger. Bl. purpurn.
Kentrophyllum. 493. Strahlen des Pappus mehrreihig, spreu-

Syngenesia. XIX. Classe.

blattartig, am Rande gewimpert, an Länge sehr ungleich.
Die äussern Blättchen des Hauptkelches blattartig, dornig,
lappig. Blätter dornig. Bl. gelb.
Carthamus. 492. Zierpflanze. Achenen ohne Pappus. Aeussere
Kelchblätter blattig, abstehend. Bl. lanzettlich, etwas dornig. Bl. safrangelb.
Zur *Polygamia aequalis* noch: Arten von *Artemisia, Centaurea,* dann strahllose Varietäten von *Bidens.*

II. *Polygamia superflua.* Ueberflüssige Vielehe. Die
Blüthen des Mittelfeldes (der Scheibe) zwitterig,
fruchtbar und immer röhrig, die des Randes weiblich, röhrig oder zungenförmig.

a. Pappus haarig. Fruchtboden spreublattlos. Die Randblüthen nicht zungenförmig (nur bei Petasites u. Nardosmia
etwas zungenförmig).

Homogyne. 420. Schaft 1köpfig, nur an der untersten Basis
Blätter tragend. Blätter gestielt, herzförmig-kreisrund.
Petasites. 422. Schaft straussig-vielköpfig. Bl. nach den Bl.
erscheinend, herz- oder nierenförmig.
Nardosmia. 423. Gartenpflanze. Blätter und Blüthenstand von
Voriger. Bl. nach Vanille riechend.
Filago. 440. Hauptkelch dachig, die äussern weiblichen Bl.
zwischen die krautigen Blättchen desselben gestellt. Mehr
oder weniger filzige jährige Kräuter. Blätter aufrecht, ganz,
länglich bis linealisch. Köpfchen klein.
Gnaphalium. 441. Hauptkelch dachig, Blättchen trockenhäutig, gefärbt. Randblüthen weiblich, mehrreihig. Mehr oder
weniger filzige Kräuter. Blätter ganz., Köpfchen klein.
Helichrysum. 445. Zierpflanze. Randblüthen wenige, weiblich, 1reihig. Sonst wie Gnaphalium.
Hieher: Arten von *Inula, Senecio* u. *Cineraria.*

b. Pappus haarig. Fruchtboden spreublattlos. Die Randblüthen zungenförmig.

Tussilago. 421. Bl. gelb. Strahlblüthen mehrreihig. Schaft
1köpfig, schuppig. Blätter nach dem Schafte erscheinend,
herzförmig.
Bellidiastrum. 426. Hauptkelch halbkugelig oder ziemlich
flach. Schaft 1köpfig. Randblüthen weiss o. röthlich.
Stenactis. 427. Pappus der Scheibenblüthen doppelt, der äussere aus kurzen Borsten, der innere aus verlängerten Haaren bestehend. Aestig. Blätter grobgesägt. Strahlblüthen
weiss, getrocknet manchmal lila, sehr schmal.
Aster. 424. Weibliche Bl. 1reihig, zungenförmig (blau oder
lila), die des Mittelfeldes röhrig, gelb. Stengel beblättert,

XIX. Classe. *Syngenesia.*

1köpfig o. einfach - ebensträussig. Blätter ganzrandig o. schwach - gesägt. A. alpinus u. Amellus.

Erigeron. 427. Weibliche Bl. zungenförmig, sehr schmal, mehrreihig, lila, weiss oder pfirsichroth. Scheibenblüthen gelb. Stengel beblättert, 1—vielköpfig. Blätter linealisch-lanzettlich, lanzettlich oder spatelig, ganzrandig, seltener gezähnelt.

Doronicum. 461. Hauptkelch halbkugelig oder ziemlich flach, Blättchen linealisch. Die randständigen Achenen ohne Pappus. Stengel beblättert, 1—wenig-köpfig. Köpfchen gross, gelb. —

Aronicum. 462. Alle Achenen mit Pappus. Sonst wie Doronicum. —

Arnica. 464. Hauptkelch walzlich-glockig, Blättchen 2reihig, gleich. Stengel mit 1—2 Blattpaaren, 1 —wenig - köpfig. Köpfchen gross, gelb. Blätter eiförmig oder länglich, ganzrandig.

Senecio. 467. Hauptkelch walzlich, Blättchen 1reihig, gleich, an der Basis mit 2—10 linealischen Nebenblättchen, an der Spitze meist brandfleckig. Blätter gefiedert, fiederspaltig, leierförmig o. ganz. Bl. gelb, selten orange, auch strahllos.

Cineraria. 465. Hauptkelch walzlich, Blättchen 1reihig, gleich, ohne Nebenblättchen an der Basis. Blätter unserer Arten ganz. Bl. gelb o. orange, oft als Varietät ohne Strahl.

Solidago. 430. Hauptkelch eiförmig, Blättchen dachig, vielreihig, angedrückt. Bl. gelb. Strahlen meist 5. Trauben aufrecht, blattwinkelständig. Blätter ganzrandig o. gesägt, elliptisch bis linealisch-lanzettlich.

Inula. 433. Blättchen des Hauptkelches dachig, vielreihig. Strahlenblüthen zahlreich. Pappus haarig, gleichgestaltet, 1reihig. Köpfchen gelb, endständig, oft ebensträussig. Blätter ganz., oft stengelumfassend.

Pulicaria. 435. Pappus doppelt, der äussere sehr kurz, ein gezähntes Krönchen bildend, der innere haarig. Stengel rispig oder ebensträussig. Bl. gelb. Strahlblüthen zahlreich, sehr schmal. Blätter ganz, sitzend oder stengelumfassend.

c. Pappus nicht haarig. Fruchtboden ohne Spreublätter.

Bellis. 426. Hauptkelch aus gleichlangen Blättchen in 2 Reihen gebildet. Pappus fehlt. Schaft 1blüthig, nackt. Strahlenblüthen weiss oder röthlich.

Carpesium. 440. Blättchen des Hauptkelches dachig, vielreihig. Achenen geschnäbelt, Pappus fehlt. Stengel ästig. Köpfchen grünlich-gelb, überhängend. Blätter länglich-lanzettlich, gezähnelt.

Tanacetum. 450. Bl. alle röhrig u. gelb. Hauptkelch halbkugelig. Köpfchen in einer flachen Doldentraube. Blätter doppelt-fiederspaltig, Zipfel gesägt.

Syngenesia. XIX. Classe. 1137

Artemisia. 446. Hauptkelch eiförmig oder kugelig. Bl. alle röhrig, gelb, röthlich oder weisslich. Köpfchen klein, in Aehren oder Trauben. Blätter verschiedentlich-fiederspaltig, Zipfel meist linealisch.
Matricaria. 457. Blättchen des Hauptkelches dachig, krautig.
- Randblüthen zungenförmig, weiss. Fruchtboden kegelig. Blätter vieltheilig-fiederspaltig, Zipfel linealisch-fädlich.
Chrysanthemum. 457. Blättchen des Hauptkelches am Rande trockenhäutig. Fruchtboden konvex. Randblüthen zungenförmig, weiss.
Pinardia. 461. Zierpflanze. Bl. alle gelb. Achenen des Randes 3flügelig. Sonst wie Chrysanthemum. Blätter doppeltfiederspaltig.
Tagetes. 436. Zierpflanze. Blättchen des Hauptkelches 1reihig, verwachsen. Pappus aus 5 ungleichen Spreublättchen bestehend. B'. schwefelgelb oder orange.

d. Pappus nicht haarig. Fruchtboden spreublättrig.

Galinsoya. 436. Hauptkelch 1fach, 1reihig. Pappus spreuig. Köpfchen klein. Blätter gestielt, gegenständig, eiförmig, gezähnelt.
Achillea. 451. Hauptkelch dachig, Blättchen hm Rande trockenhäutig u. oft gebräunt oder geschwärzt. Randständige Bl. zungenförmig, Zünglein rundlich-eiförmig.
Anthemis. 455. Hauptkelch wie bei Achillea. Randständige Bl. zungenförmig, Zünglein länglich.
Pallenis. 432. Aeussere Blättchen des Hauptkelches abstehend, blattartig, an der Spitze dornig. Bl. gelb. Wollig-zottig. Blätter länglich-lanzettlich, ganzrandig.
Buphthalmum. 431. Blättchen des Hauptkelches langzugespitzt. Bl. gelb. Blätter lanzettlich, fast ganzrandig, fast kahl.
Zinnia. 438. Zierpflanze. Blättchen des Hauptkelches dachig, abgerundet u. schwarz-berandet. Fruchtboden konisch oder walzlich. Achenen an der Spitze mit 1—2 Stachelspitzen oder Zähnen. Blätter gegenständig, ganz. Bl. gelb, roth oder purpurn.
Ximenesia. 440. Zierpflanze. Blättchen des Hauptkelches 2reihig, blattartig, abstehend. Achenen des Mittelfeldes flachgedrückt, geflügelt, ausgerandet. Bl. gelb. Blätter eiförmig, am Grunde mit stengelumfassenden Oehrchen.

III. *Polygamia frustranea.* Fruchtlose Vielehe.

Die Blüthen des Mittelfeldes zwitterig und fruchtbar, die randständigen geschlechtlos.

Centaurea. 493. Hauptkelch kugelig. Randblüthen grösser, trichterförmig, 5spaltig. Pappus borstig oder fehlend. Fruchtboden spreuig-borstig.

Helianthus. 438. Gepflanzt. Hauptkelch verflacht, ziegeldachig, die äussern Blättchen blattartig. Randblüthen zungenförmig. Pappus aus 2—4 (abfälligen) Schuppen bestehend. Fruchtboden schuppig-spreuig. Köpfchen sehr gross, gelb. Blätter gestielt, eiförmig, gezähnt.

Bidens. 437. Hauptkelch doppelt. Randblüthen zungenförmig oder fehlend. Pappus aus 2—4 steifen rückwärts-stacheligen Borsten bestehend. Fruchtboden schuppig-spreuig. Bl. gelb.

Calliopsis. 439. Zierpflanze. Pappus fehlt. Fruchtboden spreublättrig, Spreublätter linealisch, abfällig. Randblüthen strahlend, gelb, an der Basis braunroth. Obere Blätter 3theilig-vielspaltig.

IV. *Polygamia necessaria.* Nothwendige Vielehe.

Die Blüthen des Mittelfeldes zwitterig, aber unfruchtbar, die randständigen weiblich u. allein Samen tragend.

Calendula. 475. Hauptkelch 2reihig, Blättchen gleich lang. Achenen verschiedenförmig. Randblüthen zungenförmig, gelb oder orange, wie die des Mittelfeldes. Stengel ästig, ausgebreitet. Blätter länglich oder verkehrt-eiförmig, ganzrandig oder kleingezähnt.

Zu dieser Ordnung: Arten von *Petasites* und *Carpesium.*

V. *Polygamia segregata.* Abgesonderte Vielehe.

Alle Blüthen zwitterig und jede einzelne kelchartig-umhüllt.

Echinops. 476. Viele mit einem dachigen Kelche umgebene Blüthen auf einem kugeligen Fruchtboden zu einem kugeligen mit einer gemeinschaftlichen Hülle umgebenen Kopfe vereint. Distelartig.

XX. Classe. GYNANDRIA. Weibermännige.

Zwitterblüthen. Die Staubgefässe an dem Stempel angewachsen.

1. *Monandria. Einmännige.* Ein 2fächeriges Staubkölbchen.

a. Honiglippe gespornt. Fruchtknoten gedreht.

Orchis. 831. Honiglippe abstehend, 3lappig, nicht gedreht. Sporn von der Länge des Fruchtknotens o. 2—3mal kürzer. Wurzel 2knollig, Knollen ganz, eirund oder handförmig-getheilt.

Himantoglossum. 840. Honiglippe abstehend, gedreht, der mittlere Zipfel sehr lang, bandartig, Sporn sehr kurz, sackförmig. Bl. grünlich-weiss mit purpurnen Punkten und Streifen. Wurzel 2knollig, Knollen eiförmig.

Gynandria. XX. Classe. 1139

Platanthera. 841. Honiglippe ungetheilt, handförmig, abstehend, nicht gedreht. Sporn fädlich, sehr lang, anderthalb bis 2mal so lang als der Fruchtknoten. Bl. weiss o. grünlich. Wurzel 2knollig, Knollen geschwänzt. Stengel an der Basis 2blättrig.

Gymnadenia. 838. Honiglippe abstehend, stumpflappig, gespornt, Sporn 1—2mal so lang als der Fruchtknoten. Bl. klein, purpurn (selten weiss), in langen dichten Aehren. Wurzelknollen handförmig-getheilt. Blätter linealisch oder lanzettlich-linealisch. G. odoratissima u. conopsea.

Leucorchis. 838. Sporn 3mal kürzer als der Fruchtknoten. Bl. klein, weiss, in langen dichten Aehren. Wurzel büschelig. Untere Blätter verkehrt-ei-lanzettlich. Sonst wie Gymnadenia. G. albida.

Coëloglossum. 841. Honiglippe linealisch, an der Spitze 3-zähnig, der mittlere Zahn kürzer. Sporn beutelförmig, viel kürzer als der Fruchtknoten. Bl. grünlich, oft bräunlich. Knollen handförmig-getheilt.

b. Honiglippe gespornt. Fruchtknoten nicht gedreht.

Nigritella. 842. Bl. schief o. fast umgedreht. Sporn fast so lang o. 2—3mal kürzer als der Fruchtknoten. Blätter linealisch, fast grasartig. Bl. schwarz oder rosenroth, in verkürzter Aehre.

Limodorum. 847. Sporn pfriemlich, von der Länge des Fruchtknoten. Bl. in einer lockern Aehre, so wie der blattlose bescheidete Stengel hellviolett oder lila.

Epipogium. 847. Sporn kurz, aufgeblasen. Bl. in einer lockern armblüthigen Aehre, hängend, gestielt, schmutzig-weiss oder gelblich, wie der blattlose bescheidete Stengel.

c. Honiglippe spornlos, 2gliederig.

Serapias. 846. Honiglippe 3lappig, der mittlere Lappen gekniet-zurückgebrochen, herabhängend. Deckblätter gross, gefärbt, grösser als die purpurnen oder ziegelrothen Bl. Aehre locker, wenigblüthig. Blätter breit-lanzettlich. Wurzelknollen abgerundet. S. pseudocordigera.

Cephalanthera. 848. Fruchtknoten sitzend, gedreht. Bl. in einer lockern Aehre, aufrecht, weiss oder hellpurpurn. Wurzel kriechend.

Epipactis. 849. Fruchtknoten gestielt, nicht gedreht. Blätter stengelumfassend. Bl. hängend, fast einseitswendig.

d. Honiglippe spornlos, ununterbrochen (nicht gegliedert).

Chamaeorchis. 845. Stengel an der Basis beblättert. Blätter linealisch, grasartig. Bl. gelblich-grün. Wurzelknollen eiförmig.

Herminium. 845. Honiglippe aufrecht, 3spaltig, Zipfel abstehend. Bl. gelblich oder gelblich-grün, klein, in dichter

1140 XX. Classe. *Gynandria.*

Aehre. Wurzelblätter zu 2, seltener ein einzelnes am Stengel. Wurzelknollen 2, der jüngere kleiner u. entfernt.
Listera. 851. 2 stengel- u. gegenständige breit-ei- o. herzförmige Blätter. Bl. gelblich-grün, in lockerer Aehre.
Neottia. 852. Stengel blattlos, beschuppt, so wie die Bl. gelblich-bräunlich. Aehre dicht- und vielblüthig. Wurzel verschlungen-faserig, nestartig.
Corallorrhiza. 854. Stengel blattlos, bescheidet, gelb. Bl. klein, grünlich-weiss, Lippe weisslich, roth-punktirt. Aehre locker, wenigblüthig. Wurzel weiss, korallenartig - verzweigt.
Sturmia. 854. Stengel an der Basis 2blättrig. Honiglippe stumpf, aufrecht, hinten, fein-gekerbt. Aehre 3—8blüthig. Bl. klein, gelb-grünlich.
Malaxis. 855. Stengel unterwärts 1—4blättrig. Honiglippe hinten, zugespitzt. Blüthenähre verlängert, 12—vielblüthig. Wurzelknollen umscheidet. Bl. klein, grünlich oder grünlich-gelb.
Goodyera. 852. Honiglippe an der Basis sackartig - hohl, vorne in ein rinniges Züngelchen zugespitzt. Bl. klein, weiss, sehr kurz-gestielt, einseitswendig, sammt dem Stengel oberwärts flaumig. Blätter netzig. Wurzel kriechend.
Spiranthes. 853. Honiglippe an der Basis rinnig, vorne abgerundet oder ausgerandet, herabgebogen. Bl. klein, weiss, einseitswendig, in spiralig - gedrehter Aehre, kahl oder flaumig. Knollen walzlich oder eiförmig-länglich.
Ophrys. 843. Bl. meist ansehnlich. Perigonblätter ausgebreitet, Lippen verschiedentlich - bemalt, meist sammtig, abwärtsgebogen. Aehre wenigblüthig, sehr locker. Stengel beblättert. Wurzel 2knollig.

2. Diandria. Zweimännige. 2 Staubkölbchen.

Cypripedium. 855. Stengel beblättert, 1—2blüthig, flaumig. Bl. sehr gross, Perigon rothbraun, Lippe schuhförmig, aufgeblasen, goldgelb. Blätter elliptisch, flaumig, vorzüglich am Rande.

3. Hexandria. Sechsmännige. 6 Staubkölbchen um den Griffel.

Aristolochia. 759. Perigon blumenartig, krummröhrig, Saum schief in eine Zunge verbreitet. Bl. einzeln oder zu 2—6 in den Winkeln der herz-eiförmigen Blätter.

XXI. Classe. MONOECIA. Einhäusige.

Auf derselben Pflanze männliche und weibliche Blüthen.

1. Monandria. Einmännige. Ein Staubgefäss.

Euphorbia. 762. Blüthen nackt, mehrere 1männige männliche um eine weibliche Bl. in einer kelchartigen Hülle. Griffel 3theilig. Milchende Kräuter.

Monoecia. **XXI. Classe.** **1141**

Arum. 828. Blüthen auf einem Kolben, die untern weiblich, die obern männlich, nackt. Kolben an der Spitze nackt, in einer dütenförmigen Blüthenscheide. Beeren roth. Blätter unserer Arten spiess-pfeilförmig.
Calla. 829. Kolben überall mit nackten Bl. bedeckt, männliche n. weibliche untereinander. Blüthenscheide dütenförmig. Beeren roth. Blätter herzförmig.
Najas. 824. Schwimmende Kräuter mit linealischen stachelzähnigen gegenständigen Blättern. Bl. 1- oder 2häusig, achselständig.
Callitriche. 302. Fluthende Kräuter mit gegenständigen, ganzrandigen, verkehrt-eiförmigen oder linealischen Blättern, die obersten meist rosettig. Bl. sitzend, achselständig. Griffel 2.
Zanichellia. 824. Wasserpflanzen, mit wechselständigen, meist zu 3 genäherten, sehr schmal-linealischen verlängerten, ganzrandigen Blättern. Narben schildförmig.

2. *Diandria. Zweimännige.* 2 Staubgefässe.

Pinus. 808. Bäume. Blätter nadelartig. Ein aus verholzenden Schuppen gebildeter Zapfen.

3. *Triandria. Dreimännige.* 3 Staubgefässe.

Typha. 826. Aehren walzlich, übereinanderstehend, die männliche die obere, den knotenlosen Halm endigend. Jeder Staubfaden trägt 2—3 Staubbeutel. Blätter steif, linealisch, verlängert.
Sparganium. 827. Aehren mehrere, kugelig, die obern männlich. Wasserpflanzen mit linealischen Blättern. Stengel bis an die Aehren beblättert.
Carex. 920. Bl. balgartig, 1geschlechtig, in 2—vielblüthige, männliche, weibliche oder mannweibige Aehrchen zusammengestellt. Balg 1klappig. Fruchtknoten in einer schlauchartigen Hülle. Griffel 2—3spaltig. Riedgräser.
Kobresia. 920. Bl. balgartig, 1geschlechtig. Aehrchen mit einem schuppenartigen Deckblatte bedeckt, 1balgig, in eine endständige zusammengesetzte, fast linealische Aehre zusammengestellt, die untern weiblich, 1blüthig, mit einem gestielten Ansatze zu einer männlichen Bl. oder manchmal 2blüthig (die obere Bl. männlich, die untere weiblich). Die obern Aehrchen männlich, ohne Balg, aus 3 auf einem Stielchen sitzenden Staubgefässen bestehend. Griffel 3spaltig, Fruchtknoten ohne Hülle. Riedgras der höhern Alpen.
Elyna. 919. Bl. balgartig, 1geschlechtig. Aehrchen mit einem schuppenartigen Deckblatte bedeckt, 1balgig, in eine linealische endständige Aehre zusammengestellt, 2blüthig. Untere Bl. weiblich, obere männlich. Griffel 2—3spaltig. Riedgras der höhern Alpen.

1142 XXI. Classe. *Monoecia.*

Zea. 953. Gebaut. Die männlichen Bl. gipfelständig, traubigrispig, die weiblichen in dichten Reihen auf einem achselständigen von blattlosen Scheiden umhüllten Kolben. Griffel sehr lang, haarförmig, herabhängend.
Coix. 954. Gartenpflanze. Gras. Frucht eiförmig, emailartig, steinhart. Blätter breit-linealisch, flach.
Ficus. 773. Baum. Bl. in einem hohlen oben benabelten fleischigen, birnförmigen Fruchtboden eingeschlossen. Blätter meist gelappt. Milchend.
Amarantus. 731. Kelch spelzenartig, 3—5blättrig. Staubgefässe 3—5. Bl. in Aehren o. Knäueln. Vergl. XXI. 5.

4. Tetrandria. Viermännige. 4 Staubgefässe.

Littorella. 726. Kraut. Blumenkronensaum 4spaltig. Weibliche Bl. in den Achseln der Wurzelblätter. Griffel 1, sehr lang. —
Urtica. 770. Ein- oder 2häusig. Bl. in blattwinkelständigen Rispen oder Trauben. Brennende Kräuter. Blätter gegenständig.
Buxus. 761. Strauch mit immergrünen lederigen Blättern. Eine 3schnäbelige Kapsel.
Cupressus. 807. Immergrüner Baum. Gepflanzt. Blätter klein, schuppenartig, dachziegelartig sich deckend. Ein aus holzigen schildförmigen Schuppen zusammengesetzter Zapfen. Aeste aufrecht. Pyramidenförmig.
Thuja. 807. Immergrüne Bäume. Gepflanzt. Blätter klein, schuppenartig sich deckend. Zapfen aus lederartigen oder kaum holzigen, an der Spitze zurückgebogenen, später etwas abstehenden Schuppen zusammengesetzt. Aestchen flach-gedrückt.
Morus. 773. Gebaut und verwildernd. Baum. Bl. in Kätzchen. Perigon 4theilig. Die weiblichen Kätzchen durch die saftiggewordenen zusammenhängenden Steinfrüchtchen und Perigone eine falsche Beere darstellend.
Alnus. 802. Baum oder Strauch. Bl. in Kätzchen, die weiblichen zapfenförmig, eirund oder länglich, die männlichen walzlich, verlängert. Schuppen der weiblichen Kätzchen fleischig, zuletzt holzig werdend, bleibend. Blätter nach den Bl. erscheinend.

5. Pentandria — Polyandria. Fünf — Vielmännige.

5 oder mehr Staubgefässe.

a. Kräuter.

Myriophyllum. 300. Wasserpflanze. Bl. quirlig oder ährig, die obern männlich, die untern weiblich. Blätter borstlich oder haarfein, fiedertheilig.
Poterium. 285. Blätter gefiedert, Blättchen elliptisch. Vergl. XII. 2.

Monoecia. XXI. Classe.

Ceratophyllum. 303. Untergetaucht. Bl. blattwinkelständig, mit vieltheiliger Hülle, ohne Blumenkrone. Frucht eine mit einem Dorne endigende Nuss. Blätter 2—3mal gabelspaltig, Zipfel linealisch-fädlich oder borstlich.

Sagittaria. 817. Wasserpflanze. Kelch 3theilig. Blumenblätter 3. Blätter tief-pfeilförmig.

Amarantus. 731. Perigon 3—5theilig, spelzenartig. Staubgefässe 3—5. Blüthen in Aehren oder Knäueln. Kapsel.

Atriplex. 740. Die weiblichen Perigone 2klappig, an der Basis breiter, die männlichen 3—5blättrig. Staubgefässe 3—5. Bl. in Aehren oder Knäueln.

Xanthium. 548. Männliche Bl. in ein von einem vielblättrigen Hauptkelche umgebenes Köpfchen zusammengestellt, röhrig, durch Spreublättchen getrennt, 5männig. Weibliche Hülle 1blättrig, 2fächerig, 2blüthig. Eine 2samige aus der erhärteten Hülle gebildete 1—2schnäbelige Scheinfrucht mit hackigen Stacheln.

b. Bäume oder Sträucher.

Juglans. 776. Die männlichen Bl. unvollständig, in Kätzchen, weibliche zu 1—4, an der Spitze der Aeste. Blätter unpaarig-gefiedert. Frucht kugelig oder länglich.

Castanea. 778. Bl. unvollständig, die weiblichen zu 1—3, an der Basis der aufrechten, langen, männlichen Kätzchen, in igelig-stacheliger Hülle. Blätter lanzettlich, zugespitzt, stachelspitzig-gesägt.

Quercus. 779. Bl. unvollständig, die männlichen in hängenden fädlichen langen Kätzchen. Frucht eine Nuss in einem aus dachziegeligen Schuppen verwachsenen Schüsselchen. Unsere Arten Bäume mit welkenden (im Winter nicht abfallenden) buchtig-gelappten oder immergrünen ganzen Blättern.

Fagus. 777. Baum. Bl. unvollständig, die männlichen in kugeligen Kätzchen, die weiblichen endständig. 1—2 3kantige Nüsse in einer kapselartigen igel-stacheligen, zuletzt 4-klappigen Hülle. Blätter eiförmig, gewimpert.

Corylus. 781. Strauch. Bl. unvollständig, die männlichen in walzlichen verlängerten hängenden Kätzchen, die weiblichen in endständigen Knospen. 2 fädliche verlängerte (rothe) Griffel. Eine knöcherne Nuss in einer 2spaltigen Hülle mit lappig-zerfetztem Rande. Blätter rundlich-herzförmig, zugespitzt, nach den Bl. erscheinend.

Betula. 800. Baum oder Strauch. Bl. unvollständig, die männlichen in hängenden walzlichen, die weiblichen in zapfenartigen Kätzchen mit 3lappigen Schuppen, die sammt den umflügelten 1samigen Nüsschen abfallen.

Carpinus. 782. Baum. Bl. unvollständig, die männlichen in hängenden verlängerten walzlichen, die weiblichen in lockern zapfenförmigen Kätzchen. Nüsschen von einer blattartigen nervigen, eckigen o. 3lappigen Hülle seitlich umgeben. Blätter eiförmig, zugespitzt, doppelt-gesägt.

Ostrya. 782. Nüsschen in der Basis einer häutigen schlauchartigen aufgeblasenen Hülle eingeschlossen, sonst Alles wie bei Carpinus.

Platanus. 783. Alleebaum. Bl. auf kugeligem Fruchtboden dicht - zusammengedrängt. Staubgefässe sehr viele. Blätter handförmig-lappig oder eckig.

6. *Monadelphia.* Einbrüderige. Staubfäden in ein Bündel verwachsen.

Ricinus. 769. Zierpflanze. Kelch 3—5theilig. Blumenkrone fehlt. Staubgefässe zahlreich, Staubfäden ästig. Griffel 3, 2theilig. Eine igelige 2knopfige Kapsel. Blätter handförmig - gelappt.

Acalypha. 769. Verwildert. Kelch 3—4theilig. Griffel 3, zerschlitzt. Weibliche Bl. mit grossen eingeschnittenen Deckblättern. Blätter eiförmig-rhombisch, gesägt. A. caroliniana.

Typha. 826. Bl. in einem Kolben, oben männlich, unten weiblich. Jeder Staubfaden trägt 2 — 3 Kölbchen. Vergl. XXI. 3.

Cupressus. 807. Baum, gepflanzt. Blätter klein, schuppenartig. 2—4 sitzende einfächerige Staubkölbchen. Vergl. XXI. 4.

7. *Polyadelphia.* Vielbrüderige. 5 Staubgefässe, 4 davon paarweise zusammengewachsen, das 5te frei. Staubkölbchen frei oder zusammengewachsen. Kürbisse.

Cucurbita. 307. Blumenkrone glockig, Saum 5spaltig. Männchen: Staubkölbchen zusammen-gewachsen. Frucht eine grosse fleischige dickrindige Beere. Samen mit einem gedunsenen Rande umzogen. Bl. gelb.

Cucumis. 307. Die Samen mit einem spitzen Rande umzogen. Blumenkrone 5theilig. Sonst Alles wie bei Voriger.

Lagenaria. 309. Blumenkrone 5theilig, weiss. Frucht eine grosse fleischige bei der Reife holzig-berindete Beere. Samen mit einem gedunsenen Rande umzogen, an der Spitze gestutzt-2lappig.

Bryonia. 309. Blumenkrone klein, gelblich-grün, 5theilig. Staubkölbchen frei. Eine kugelige kleine, rothe oder schwarze, erbsengrosse Beere.

Ecballion. 310. Bl. 1- oder 2häusig. Blumenkrone 5theilig. Frucht pflaumengross, borstig, grün. Ohne Wickelranken.

Dioecia. XXII. Classe.

XXII. Classe. DIOECIA. Zweihäusige.

Auf einer Pflanze nur männliche, auf einer andern nur weibliche Blüthen.

1. Monandria. Einmännige. Ein Staubgefäss.

Salix. 184. Baum. Bl. in Kätzchen. Durch zusammengewachsene Staubfäden 1männig. Blätter lanzettlich. S. purpurea.
Najas. 824. Untergetaucht. Bl. 1- o. 2häusig. Blätter linealisch, stachelspitzig-zähnig. Vergl. XXI. 1.

2. Diandria. Zweimännige. Zwei Staubgefässe.

Salix. 784. Bäume oder Sträucher, auf Alpen ganz niedrig. Bl. in Kätzchen. Staubgefässe 2, 3, 5—10. Perigon fehlt, an der Basis der Geschlechtsorgane 1—2 Drüsen. Blätter ganz, linealisch-lanzettlich bis elliptisch.
Vallisneria. 815. Wasserpflanze mit untergetauchten grasartigen Blättern. Staubgefässe 3, durch Fehlschlagen auch 2. Vergl. XXII. 3.

3. Triandria. Dreimännige. Drei Staubgefässe.

Salix. 784. Baum. Bl. in Kätzchen. S. amygdalina.
Empetrum. 760. Ganz niedriges niederliegendes, sehr ästiges, heiderichartiges Alpensträuchchen. Kelch 3blättrig. Blumenkrone rosenroth, 3blättrig.
Vallisneria. 815. Untergetaucht. Blätter linealisch, grasartig, gegen die Spitze stachelspitzig-gezähnelt. Weibliche Bl. einzeln, am Ende eines spiralig-gewundenen Schaftes.
Carex. 920. Bl. 2häusig, balgartig, in ein endständiges Aehrchen zusammengestellt. Griffel 2spaltig. Riedgräser. C. dioica und Davalliana.

Zu dieser Ordnung ferner: *Valeriana dioica* (III. 1.).

4. Tetrandria. Viermännige. Vier Staubgefässe.

Hippophaë. 758. Borniger Strauch mit linealisch-lanzettlichen, unterseits bräunlich- (zuletzt silberweiss-) schülferigen Blättern. Beeren gelbroth.
Viscum. 388. Auf Bäumen schmarotzendes gelbgrünes, gabelästiges Sträuchlein mit immergrünen lederigen Blättern, gelbgrünen Bl. u. weissen Beeren.
Spinacia. 740. Gemüsepflanze. Männliche Bl. mit 4theiligem, weibliche mit 2—3spaltigem Perigone. Griffel 4.
Broussonetia. 744. Zierbaum. Männliche Bl. in hängenden, walzlichen Kätzchen, die weiblichen ein kugeliges, zuletzt beerenartig saftig-werdendes Kätzchen. Blätter fast herzförmig, gelappt oder ungetheilt, nach den Bl. erscheinend.
Urtica. 770. Bl. 1- oder 2häusig, grünlich, klein, in blattwinkelständigen Aehren oder Trauben. Brennende Kräuter.

5. *Pentandria.* *Fünfmännige.* Fünf Staubgefässe.

Salix. 784. Baum. Bl. in Kätzchen, 4—5männig (S. cuspidata), oder 5—10männig (S. pentandra). Blätter länglichlanzettlich oder elliptisch.
Juniperus. 805. Strauch oder Baum. Blätter stechend, steif, nadelartig, seltener schuppenartig, immergrün, wirtelig o. dachziegelartig die Aestchen deckend. Frucht (unserer Arten) eine falsche schwarze, blaubereifte Beere darstellend.
Taxus. 804. Baum. Blätter nadelartig, immergrün, 2reihig. Frucht eine falsche rothe Beere. Bl. grün.
Pistacia. 189. Strauch oder kleiner Baum. Blätter gefiedert, lederig. Kelch klein, 3—5spaltig. Blumenkrone fehlt. Bl. in achselständigen Rispen oder Trauben.
Cannabis. 772. Gebaut u. verwildert. Stengel aufrecht. Blätter gefingert-3—5zählig, gesägt.
Humulus. 772. Stengel windend. Weibl. Bl. in zapfenartigen Kätzchen. Blätter herzförmig, 3—5lappig, gesägt.
Trinia (Vergl. V. 2.).

6. *Hexandria.* *Sechsmännige.* Sechs Staubgefässe.

Tamus. 871. Stengel windend. Blätter herzförmig, zugespitzt. ganzrandig. Bl. klein, grünlich, in achselständigen Trauben, Beeren scharlachroth.
Asparagus. 865. Stengel aufrecht. Bl. meist durch Fehlschlagen 2häusig. Blätter gebüschelt, borstlich. Vergl. VI. 1.
Rumex. 741. Bl. zwitterig, polygamisch oder zweihäusig. (Vergl. VI. 3.).

7. *Octandria.* *Achtmännige.* Acht Staubgefässe.

Populus. 798. Bäume. Bl. in Kätzchen, mit zerschlitzten, gewimperten Schuppen. Staubgefässe 8-12. Samen mit Wolle umgeben, in einer 2klappigen Kapsel.
Rhodiola. 315. Kelch 4theilig. Blumenkrone der männlichen Bl. 4blättrig, der weiblichen fehlend oder sehr klein. Alpenpflanze mit verkehrt-eiförmig-länglichen, spitzen, oberwärts gezähnten dicklichen Blättern.

8. *Enneandria.* *Neunmännige.* Neun Staubgefässe.

Mercurialis. 768. Perigon 3theilig. Männchen: 9—12 Staubgefässe. Weibchen: Griffel 2theilig. Blätter mit gegenständigen ganzen Blättern.
Hydrocharis. 816. Wasserpflanze. Kelch 3theilig. Blumenkrone weiss, 3blättrig. Blätter gestielt, kreisrund - nierenförmig, schwimmend.

Dioecia. **XXII. Classe.**

9. Monadelphia. *Einbrüderige.* Staubfäden am Grunde in ein Büschel verwachsen.

Ephedra. 804. Strohlig-ästiges, blattloses Sträuchlein, mit Scheiden an den Gelenken. Blüthenstiele gegenständig, an ihrer Spitze 2—3 eiförmige Kätzchen.

Ruscus. 870. Immergrünes Sträuchlein mit eiförmigen in eine Stachelspitze zugespitzten lederigen Blättern. Bl. auf der Oberseite der Blätter. R. aculeatus.

Salix. 784. Baum oder Strauch. Bl. in walzlichen Kätzchen. Staubgefässe 2, 1brüderig. S. pontederana.

Zu dieser Klasse ferner: Arten von *Lychnis* (L. diurna und vespertina X. 5.), und von *Silene* (S. inflata und Otites X. 3.). —

XXIII. Classe. POLYGAMIA. Vielehige.

Zwitterblüthen und 1geschlechtige auf derselben — oder auf verschiedenen Pflanzen.

Die von Linné hieher gezählten Gattungen werden in neuerer Zeit zweckmässiger in die übrigen den Zwitterblüthen entsprechenden Classen untergebracht und hier nur dem Namen nach aufgeführt:

Holcus (III. 2.). *Andropogon* (III. 2.). *Celtis* (V. 2.).

Veratrum (VI. 3.). *Acer* (VIII. 2.). *Ailanthus*

Pariëtaria (IV. 1.). *Atriplex* (XXI. 5.).

Diospyros (VIII. 1.). *Fraxinus* (II. 1.). *Gleditschia*

Ceratonia (V. 1.). *Ficus* (XXI. 3.). *Acacia*

Polygamische Blüthen findet man ferner noch an Folgenden:

Hippuris (I. 1.). *Valeriana* (III. 1.). *Hierochloa* (III. 2.).

Rhamnus (IV. 2. u. 3.). *Galium* (IV. 2.). *Ilex* (IV. 4.).

Blitum (V. 2. u. I. 2.). *Rumex* (R. scutatus (VI. 3.).

Aesculus (VII. 1.). *Cherleria* (X. 3.).

Silene (S. inflata u. S. Otites X. 3.).

Poterium (XII. 2. und XXI. 5.).

Mentha (XIV. 1.). *Zanichellia* (XXI. 1.).

XXIV. Classe. CRYPTOGAMIA.

Gewächse ohne Kelch, Blumenkrone und Staubgefässe. Statt der Samen Sporen.

I. Ordnung. *Filices.* *Farne.*

a. **Schafthalme.** Stengel röhrig, gefurcht, gegliedert, bescheidet, astlos oder quirlästig, alle gleichgestaltet oder die fruchttragenden von den unfruchtbaren an Gestalt und Farbe verschieden. Fruchtstand am Ende des Stengels oder der Aste eine zapfenförmige Aehre bildend.

Equisetum. 1025. Einzige Gattung.

b. ***Wasserfarne.*** Schwimmend oder im Schlamme kriechend. Fruchtstand in der Nähe der Basis der Blätter oder Blattstiele.

Marsilea. 1030. Blattstiele lang, aufrecht, mit 4 fast quirligen verkehrt-eiförmigen Blättchen endend. Fruchthüllen kugelig, kurzgestielt, an der Basis der Blattstiele.

Salvinia. 1031. Schwimmend. Fruchthüllen kugelig, auf kurzen abwärtsgewendeten Stielen, zwischen den Wurzelfasern. Blätter 2zeilig, gegenständig, elliptisch.

c. ***Moosfarne.*** Moosartige Landpflanzen. Sporenbehälter in den Winkeln der Blätter oder in endständigen Aehren in den Winkeln der Deckblätter. Blätter sitzend, ungetheilt, dachziegelartig.

Lycopodium. 1031. Sporenbehälter alle gleichförmig, nierenförmig, oval oder rundlich.

Selaginella. 1034. Sporenbehälter verschiedenförmig, einige nierenförmig oder rundlich, andere 3—4höckerig.

d. ***Aehrenfarne.*** Landpflanzen mit aufrechtem 2blättrigen Stengel. Das untere Blatt unfruchtbar, das endständige in eine einfache oder rispige Aehre umgewandelt. Sporenbehälter lederartig, halb-2klappig, 1fächerig, zu beiden Seiten der Rippen des umgewandelten Blattes eingesenkt.

Ophioglossum. 1036. Sporenbehälter an der Mittelrippe des umgewandelten Blattes sitzend, eine linealische zweizeilige Aehre bildend.

Botrychium. 1035. Sporenbehälter an den rispenförmig-verzweigten Rippen des umgewandelten Blattes sitzend und eine ästige Aehre bildend.

Cryptogamia. XXIV. Classe. 1149

e. *Echte Farne.* Landpflanzen mit kriechendem oder aufrechtem Wurzelstocke. Sporenbehälter auf der untern Seite des meist unveränderten Laubes (seltener auf allen Seiten des veränderten Laubes) zu rundlichen, länglichen oder linealischen, oft zusammen-fliessenden Häufchen vereiniget.

Pteris. 1050. Sporenbehälter bilden eine längs des umgeschlagenen Randes der Blattabschnitte fortlaufende Linie. Laub 3theilig, Aeste doppelt-gefiedert, Läppchen stumpf.

Osmunda. 1037. Laub doppelt-gefiedert, Fieder länglich-linealisch, schwach-gekerbt. Sporenbehälter dichtgedrängt, auf allen Seiten des umgestalteten rispigen obern Theiles des Laubes.

Grammitis. 1037. Laub stumpf-lanzettlich, fiederspaltig, Fieder wechselständig, unterseits spreuig-schuppig.

Polypodium. 1038. Fruchthäufchen rundlich, zerstreut oder in Reihen geordnet, manchmal zusammenfliessend, unbeschleiert, unbehüllt, auf der Unterseite des unveränderten Laubes.

Woodsia. 1040. Laub länglich o. lanzettlich, gefiedert, Fieder fiederspaltig. Die Fruchthäufchen rundlich, mit spreuartigen Haaren umhüllt.

Aspidium. 1040. Die Fruchthäufchen rundlich, im jüngern Zustande mit einem häutigen kreisrunden, in der Mitte angehefteten, ringsum freien Schleierchen bedeckt.

Polystichum. 1041. Die Fruchthäufchen rundlich, im jüngern Zustande mit einem häutigen nierenförmigen, in der Bucht der Einbiegung mit einer Querfalte angehefteten Schleierchen bedeckt.

Cystopteris. 1044. Fruchthäufchen rundlich, im jüngern Zustande mit einem häutigen, rundlichen oder eiförmigen, an der Basis befestigten Schleierchen bedeckt.

Asplenium. 1045. Fruchthäufchen oval oder linealisch, im jüngern Zustande von einem linealischen oder länglichen Schleierchen bedeckt. Schleierchen an der äussern Seite der Fruchthäufchen angeheftet.

Scolopendrium. 1049. Fruchthäufchen linealisch, mit der Blattrippe einen fast rechten Winkel bildend. Laub ungetheilt, länglich-lanzettlich, an der Basis herzförmig.

Blechnum. 1049. Laub verlängert-lanzettlich, fiederspaltig, das fruchttragende etwas verändert, um die Hälfte länger als die unfruchtbaren. Fieder ganzrandig, die des fruchttragenden Laubes linealisch. Fruchthäufchen linealisch.

Adiantum. 1050. Fruchthäufchen am obern Rande der verkehrt-eiförmig-keiligen, haarförmig-gestielten Fiederchen. Laub unregelmässig 2—3fach-gefiedert.

Nothochlaena. 1051. Sporenbehälter unter dem zurückgeschlagenen Rande des doppelt-gefiederten, unterseits dicht mit braunen Spreublättchen bedeckten Laubes.

Allosorus. 1051. Laub 3fach-gefiedert, Fiederchen des fruchtbaren linealisch, ganzrandig, die Fruchthäufchen einhüllend, die des unfruchtbaren Laubes keilig-verkehrt-eiförmig, eingeschnitten.

Struthiopteris. 1052. Laub gefiedert (anderthalb bis 2 Fuss hoch), Fieder fiederspaltig. Das fruchttragende Laub umgestaltet, nur halb so hoch, Fieder ganzrandig, linealisch, die Fruchthäufchen einhüllend.

Litteratur der Flora Tirols.

I. Werke oder Aufsätze, die nur einzelne oder zerstreute auf die Flora Tirols bezügliche Angaben enthalten.

Matthioli Pet. Andr. de plantis epitome utilissima, novis iconibus et descriptionibus aucta a I. Camerario. Francofurti 1586.

Clusii Caroli rariorum stirpium per Pannoniam, Austriam et vicinas quasdam provincias observatarum historia. Antverpae 1583. Ebenda 1601.

Seguier J. Franc. Catalogus plantarum quae in Agro Veronensi reperiuntur methodica synopsis. Veronae 1745.

Scopoli J. A. Annus secundus historico naturalis. Lipsiae 1769.

Schrank und *Moll*, naturhistorische Briefe über Oesterreich, Salzburg und Berchtesgaden. Salzburg 1785.

Laicharding J. N. Vegetabilia europaea in commodum botanicorum per Europaeam peregrinantium. Pars I. Oeniponti 1790.

Laicharding J. N. Manuale botanicum sistens plantarum europaearum characteres. Lipsiae 1794.

Hoppe D. H. Botanisches Taschenbuch. Regensburg 1790 bis 1804.

Hoppe D. H. Neues botanisches Taschenbuch. Nürnberg 1805 bis 1811.

Bibliothek allgemeine botanische. 6 Bände. Regensburg 1802 bis 1807.

Schrader H. A. Journal für die Botanik. Göttingen 1799 bis 1803.

Schrader H. A. Neues Journal für die Botanik. Erfurt 1805 bis 1810.

Hoffmann G. Fr. Deutschlands Flora o. botanisches Taschenbuch. Erlangen 1795.

Hacquet B. Mineralogisch-botanische Reise vom Terglou zum Glockner im Jahre 1779 (in den Schriften der Berliner Gesellschaft naturforschender Freunde I. Bd. p. 119—201). Dasselbe mit 4 illuminirten Kupfertafeln. Wien 1784.

Senger. Beschreibung einer Wanderung nach dem Schneeberge in Tirol (in Moll's Jahrbücher der Berg- u. Hüttenkunde 4ter Band 1te Lieferung. Salzburg 1799).

Schultes J. A. Flora Oesterreichs. Ein Taschenbuch zu botanischen Excursionen. Wien 1794. 2te Auflage daselbst 1814.

Schultes J. A. Reise auf den Glockner 1804.

Haenke Thaddäus. Observationes botanicae (in Jacquin's: Collectanea ad botanicam Vindobonae 1778—1781).

Reiner und *Hohenwarth.* Botanische Excursionen nach einigen oberkärnthnerischen und benachbarten Alpen. Erste Reise 1791. Klagenfurt 1792.

Flora oder *allgemeine botanische Zeitung.* Regensburg 1801—1807, dann 1818—1851.

Wulfen Fr. Plantarum rariorum descriptiones. Lipsiae 1803.

Jiraseck. Beiträge zu einer botanischen Provincial - Nomenclatur Baierns, Salzburgs und Tirols. Salzburg 1806.

Alpina von Carl Ulysses von Salis. 2 Bände. 1806.

Alpina neue, eine Schrift der schweizerischen Naturgeschichte, Alpen- und Landwirthschaft gewidmet. Winterthur, 1ter Band 1821, 2ter Band 1827.

Pollini Cyrus. Flora Veronensis. Veronae 1822.

Hoppe D. H. Aufzählung der in Deutschland wildwachsenden Arten der Gattung Carex (in Flora 1826, Beilage Seite 1 — 97).

Sartorelli G. B. Degli alberi indigeni dell' Italia superiore. Milano 1816.

Pritzel G. A. Anemonarum revisio (Linnaea 1841 p. 561 bis 698).

Link H. F. Abietinae horti regii botanici berolinensis (Linnaea 1841 p. 481—545).

Hiller Christ. Friedr. Botanische Bemerkungen über einen Theil der Gegend um St. Moriz im Oberengadin (in Hoppe's Taschenbuch 1807 p. 144—162).

Mössler J. C. Gemeinnütziges Handbuch der Gewächskunde, welches die wilden Gewächse Deutschlands enthält. Altona, 2te von H. G. Reichenbach umgearbeitete Auflage, 1827 bis 1829.

Litteratur der Flora Tirols.

Host N. Th. Synopsis plantarum in Austria provinciisque adjacentibus sponte crescentium. Vindobonae 1797.

Host N. Th. Flora austriaca. Vindobonae 1827 — 1831.

Martens Georg von. Reise nach Venedig. 2ter Theil: Venedig, Euganeen, Alpen von Belluno und Tirol. Ulm 1824. 2te unveränderte Auflage ebenda 1838.

Bischoff G. W. Botanische Reise durch Salzburg und einen Theil von Kärnthen und Tirol im Juni und Juli 1822 (in Flora 1823 p. 209 etc.).

Gaudin J. Flora helvetica sive historia stirpium hucusque cognitarum in Helvetia et in tractibus conterminis aut sponte nascentium aut in hominis aliumque usus vulgo cultarum continentia. Turici Vol. I—VI. 1828—1833. Mit vielen Kupfertafeln. Enthält einige auf die Flora des (vorzüglich schweizerischen) Rheinthales bezügliche Angaben.

Döbner Eduard. Bericht über eine botanische Reise durch die Salzburger und Kärnthner Alpen nach Triest, Venedig, einen Theil Oberitaliens und durch Tirol (in Flora 1835 p. 528—550).

Koch W. D. Botanische Bemerkungen auf einer Reise nach dem Wildbade Kreuth (in Flora 1830 p. 113 etc.).

Koch G. D. Synopsis Florae germanicae et helveticae. Francofurti 1837. Dasselbe Werk deutsch: Synopsis der deutschen und Schweizer Flora, ebenda 1838—1839.

Koch G. D. Synopsis Florae germanicae etc. editio 2. Lipsiae 1843—1845. Dasselbe Werk auch deutsch, ebenda.

Koch W. D. Taschenbuch der deutschen und Schweizer Flora. Leipzig 1844.

Mertens und *Koch*. Deutschlands Flora I.—V. Band. Frankfurt 1823—1837.

Reichenbach H. G. L. Flora germanica excursoria. Lipsiae 1830—1833.

Reichenbach H. G. L. Deutschlands Flora mit höchst naturgetreuen Abbildungen. Leipzig 1837—1851. Dasselbe Werk auch unter dem Titel: Icones florae germanicae et helveticae etc.

Kittel M. B. Taschenbuch der Flora Deutschlands. Nürnberg 1837.

Kittel M. B. Linnaeisches Taschenbuch der Flora Deutschlands. Nürnberg 1847.

Moritzi A. Flora der Schweiz. Zürich 1844.

Bertoloni A. Flora italica. Vol. I.—VII. Vol. VIII. fascic. 1 et 2. Boloniae 1850.

Endlicher Steph. Synopsis Coniferarum. Sangalli 1847.

Döll J. Christ. Rheinische Flora. Beschreibung der wildwachsenden und kultivirten Pflanzen des Rheingebiethes vom Bodensee bis zur Mosel und Lahn. Frankfurt a. M. 1843.

Fuchs. Die Venezianer Alpen. Wien 1844.

Schnitzlein Adalb. Flora von Baiern und den angränzenden Gegenden von Tirol etc. Erlangen 1847.

Maly Car. Jos. Enumeratio plantarum phanerogamicarum imperii austriaci universi. Vindobonae 1848.

Lösche Eduard. Der Glockner und seine Umgebung (in der allgemeinen naturhistorischen Zeitung. Dresden 1846).

Rabenhorst Dr. L. Deutschlands Cryptogamenflora. Leipzig 1845—1848.

Hoppe's D. H. Selbstbiographie, nach seinem Tode ergänzt und herausgegeben von Dr. A. E. Fürnrohr. Regensburg bei G. J. Manz 1849. Als letzter und 23ster Jahrgang des botanischen Taschenbuches.

Flora der Bodenseegegend mit vergleichender Betrachtung der Nachbarfloren von Dr. M. A. Höfle. Erlangen. Verlag von Ferd. Enke. 1850.

Bischoff Dr. Gottlieb Wilh. Beiträge zur Flora Deutschlands und der Schweiz. Erste Lieferung: die Cichorieen mit Ausschluss der Gattung: Hieracium. Heidelberg 1851.

Liste der in der deutschen Flora enthaltenen Gefässpflanzen, behufs der botanischen Untersuchung von Baiern zusammengestellt. München 1850 auf Kosten der k. Akademie der Wissenschaften.

Löhr Matth. Jos. Enumeratio der Flora von Deutschland und der angränzenden Länder. Braunschweig 1852.

II. Werke oder Aufsätze, die ausschliesslich oder doch grossentheils die Tiroler Flora oder ein Gebieth derselben behandeln.

Calceolarii Franc. Iter Baldi civitatis Veronae montis. Francofurti 1586.

Pona Joa. Simplicia in Balde monte reperta Basil. 1595. Venetiis 1608.

Pona Joa. Il paradiso de fiori, con il catalogo delle piante che si possono avere del monte Baldo nel mese di Maggio. Veronae 1622.

Pona Joa. Descriptio montis Baldi in Clusii historia. Antverpae 1601.

Roschmann Anton. Regnum animale, vegetabile et medicum tirolense. Oeniponti 1738.

Roschmann A. Kurze Beschreibung der gefürsteten Grafschaft Tirol. Innsbruck 1748.

Ehrhart Balth. Memingensis. Notabilia quaedam in itinere alpino - tirolensi observata (in Philosophical transactions Vol. 41 p. 547—552. Londini 1744).

Scopoli J. A. Iter tirolense (Annus secundus historico-naturalis p. 41—69. Lipsiae 1769).

Hohenwarth Sigm. B. v. Nachricht von einer im Jahre 1777 nach den hinter Lienz in Tirol gelegenen Alpen unternommenen kurzen Reise (Schriften der Berliner Gesellschaft naturforschender Freunde 6ter Band p. 394—400. Berlin 1785).

Braune Anton von. Salzburgische Flora. Salzburg 1797. Enthält wie die 2 folgenden Werke die Flora des damals zu Salzburg gehörigen Zillerthales.

Braune Anton von. Salzburg und Berchtesgaden. Wien 1821.

Schrank Fr. Primitiae Florae salisburgensis. Frankfurt am Main 1792.

Flörke Heinr. Gust. Ein Paar salzburgische Alpenexcursionen (in Schraders Journal für die Botanik. Göttingen 1800).

Berndorfer Franz. Botanische Excursion auf den Kaiserberg in Tirol (in Hoppe bot. Taschenb. 1796 p. 122—129).

Schwägrichen. Verzeichniss einiger seltener in Kärnthen, Tirol etc. bemerkten Pflanzen (in Schrader's Journal 1800 und in Hoppe's Taschenbuch 1801 p. 200).

Hoppe D. H. Botanische Reise nach einigen Salzburgischen, Kärnthnerischen und Tirolschen Alpen (Hoppe's Taschenbuch 1799).

Hoppe D. H. Beschreibungen einiger Excursionen in Kärnthen und Tirol (Regensburger botanische Bibliothek 1802).

Hoppe D. H. Bemerkungen über einige Pflanzen Deutschlands (in Flora 1827 2ter Band). — Mehrere andere kleinere Aufsätze Hoppe's über Tiroler Standorte kommen zerstreut in dessen Taschenbuch und in der Flora vor, werden hier aber der Kürze wegen nicht namentlich aufgeführt.

Moll Ritter von. Tagebuch einer kurzen Reise nach den Eisbergen Zillerthals (in: Naturhistorische Briefe über Oesterreich etc. 1ter u. 2ter Band. Salzburg 1785.

Sternberg C. Graf von. Reise in die rhätischen Alpen 1804, und Reise in Tirol und die österreichischen Provinzen Italiens 2te Auflage 1811 mit Kupfern.

Schöpfer Franz. Flora Oenipontana, Innsbruck bei Wagner 1805 (eine Recension über dieses Werk in Flora 1804 p. 321).

Rauschenfels Candidus von. Flora von Lienz (Manuscript in der Bibliothek des Museums in Innsbruck).

Rauschenfels C. Beitrag zu einer tirolischen Flora und zu einem tirolisch - botanischen Idiotikon (im Sammler von Tirol 1807 p. 134—172); ferner: Provinzialbenennungen einiger Pflanzen im Pusterthale (in Hoppe's Taschenbuch 1801 p. 215—222).

Pollini C. Viaggio al lago di Garda e al monte Baldo. Verona 1816.

Custer Med. Dr. Phanerogamische Gewächse des Rheinthales, beobachtet in den Jahren 1816—18 u. 19 (Neue Alpina I. Band 1821), dann Zusätze und Berichtigungen im II. Bande 1827 p. 381—436.

Schultz Dr. C. H. Excursion nach der Seiseralpe (Flora 1833 p. 597—608), dazu ein Nachtrag (Flora 1833 p. 632).

Schultz Dr. C. H. Botanische Bemerkungen über Andreas Sauters Decaden getrockneter Alpenpflanzen (Flora 1836 p. 114 etc.).

Griesselich Dr. Lud. Einige Bemerkungen über Tirolerpflanzen (Flora 1838 p. 248—254).

Sauter Anton Med. Dr. Flora von Vorarlberg, nämlich des Rheinthales, von Bregenz und des Bregenzerwaldes. Manuscript (1841) in der Bibliothek des Museums in Innsbruck.

Sauter Anton. Schilderung der Vegetationsverhältnisse in der Gegend um den Bodensee und in einem Theile Vorarlbergs (Flora 1837 Beiblätter p. 1—66).

Sauter Anton. Ueber die Vegetation der tirolischen Gebirgsgegend um Kitzbühel (Flora 1830 p. 457 etc.).

Sauter Andreas. Charakteristik der Vegetation der verschiedenen Regionen in der Umgegend von Zirl und Telfs (Fl. 1831 p. 225—228), dann über die Flora von Zirl (Flora 1832 p. 753 etc.), und Brief über die Flora von Zirl im Tiroler Bothen 1829 Nr. 101 u. 102.

Elsmann Ferd. Angabe der Standörter über die in der Umgebung Bozens im Sommer 1824 gesammelten seltenern

Litteratur der Flora Tirols.

Pflanzen (Flora 1825 p. 503—510), Berichtigung und Zusätze dazu (Flora 1825 Beilage 2 p. 20); dann Beschreibung einiger botanischen Ausflüge auf etliche in der Nähe von Bozen gelegenen Berge (Flora 1825 p. 705 u. Flora 1826 p. 401—410).

Zuccarini Dr. Jos. Botanische Notizen über eine in Tirol u. Oberitalien gemachte Reise (Flora 1824 p. 257 und 277), ein Nachtrag dazu in Flora 1824 p. 302; dann: Kritik über Steudels und Hochstetters: Enumeratio plantarum Germaniae Helveticaeque (Flora 1828 p. 97).

Eschweiler Dr. Correspondenz über eine in Tirol gemachte Reise (Flora 1826 p. 204).

Hochstetter Prof. Ueber das Ergebniss der botanischen Reise des Pharmaceuten Fleischer nach Tirol im Sommer 1825 (Flora 1826 p. 81 etc.), dazu ein Nachtrag in Flora 1826 pag. 110.

Gruner Carl. Kurze Uebersicht der im Sommerhalbjahre 1822 von Bartenstein und Gruner gemachten Reise (Flora 1822 p. 699).

Funk. Wanderung nach dem Wormserjoch (Flora 1828 pag. 488 etc.); dann Correspondenz über einen Aufenthalt auf dem Schlern (Flora 1826 p. 283).

Eschenlohr Bened. Tagebuch einer botanischen Reise durch Tirol im Jahre 1820. Manuscript in der Bibliothek des Museums in Innsbruck.

Hargasser J. G. Reisetagbuch vom Jahre 1821, mitgetheilt von Fürnrohr (Flora 1825 p. 435—445).

Hinterhuber Rud. Flora der Umgebung von Bozen (ein Verzeichniss von 560 Gefässpflanzen). Manuscript in der Museumsbibliothek zu Innsbruck.

Schultes J. A. Flora der Gegend um den Glockner (in dessen Glocknerreise Wien 1804).

Verzeichniss (anonymes) der auf den Gebirgen um Steeg im Lechthale, am Schröcken, Bockbach und Krahbach gefundenen Pflanzen (Tiroler Bothe Jahrg. 1825 Nr. 89).

Verzeichniss (anonym Baron Seifertitz) der auf einer Excursion durch den Bregenzerwald gefundenen Pflanzen (Tiroler Bothe Jahrg. 1844 Nr. 104 u. folg.).

Köberlin C. L. Ausflug auf den Widerstein im Walserthale (Flora 1832 p. 232—240).

Heufler L. R. v. Ueber den Pflanzenreichthum Tirols. Innsbruck 1842. Auch abgedruckt im Tiroler Bothen 1842 Nr. 19—27.

Heufler L. R. v. Nachrichten über den Zustand der Botanik in Tirol (Flora 1843 p. 589 etc.).

Stotter und **Heufler**. Geognostisch-botanische Bemerkungen auf einer Reise durch das Oetzthal mit einer geognostisch-botanischen Karte (Ferdinandeische Zeitschrift Jahrg. 1840 p. 95—136).

Unger Dr. Fr. Ueber den Einfluss des Bodens auf die Vertheilung der Gewächse, nachgewiesen in der Vegetation des nordöstlichen Tirols. Wien 1836.

Hofmann Jos. Vinc. Prof. Ueber die tirolischen Arten der Gattung Verbascum (Ferdinandeische Zeitschrift 1841).

Facchini Dr. Fr. Geologisch-botanische Betrachtungen über Fassa (Tiroler Bothe 1839 p. 296—316).

Traunsteiner Jos. Monographie der Weiden von Tirol und Vorarlberg (Ferdinandeische Zeitschrift Jahrg. 1842).

Traunsteiner Jos. Ueber Draba Traunsteineri Hoppe nebst Bemerkungen über einige andern Arten der Gattung Draba (Flora 1835 p. 598 etc.); dann botanische Bemerkungen (Flora 1844 p. 393—398).

Braune von. Nachrichten von meinen vorjährigen Wanderungen und Excursionen (Flora 1831 p. 609 etc.).

Perini Agosto. Viaggio nelle valli di Sarca e del Noce (Giornale agrario dei distretti Trentini etc. 1843 p. 165 etc.); Corse estive nelle Valli del Trentino (Giorn. agr. 1844 p. 115 etc.); Confronto della Flora veneta colla tridentina (Giorn. agr. 1847 p. 123 etc.).

Wendland Herrmann. Kurze Notizen, seltene Tiroler Pflanzen (botanische Zeitung 6ter Jahrg. p. 136. Berlin und Halle 1848).

Sendtner Dr. O. Beobachtungen von Höhengränzen einiger phanerogamischen Pflanzen in den Allgäueralpen (in Flora 1849 Nr. 9 p. 113—120).

Hinterhuber Rudolph und Julius. Prodromus einer Flora von Salzburg. Salzburg 1851. Enthält auch die Flora des Zillerthales nach Braune und Schrank, so wie die der Kirschbaumeralpe bei Lienz.

Herbarien.

Herbarium Musei tirolensis (Ferdinandeum in Innsbruck). Die Abtheilung desselben, welche die Gefässpflanzen enthält, zählt über 17,000 Nummern und sind, mit alleiniger Ausnahme der mit * bezeichneten Nr., Geschenke der Sammler wie folgt:

	Nr.		Nr.		Nr.
Hausmann	2750	Heufler	2650	Scheitz	1450
Hell	850	Tappeiner	830	Boni	820
Cristofori	818	Traunsteiner	800	Hofmann	450
Ambrosi	435	Schmuck	415	Eschenlohr	*396
Isser	375	Gebhard	240	Precht	205
Facchini	185	Schneller	130	Kraft	165
Merlo	115	Stapf	115	Karpe	85
Perktold	85	Gundlach	80	Kink	77
Lutterotti	68	Ortner	68	Friese	54
Perini	54	Custer	50	Franz Maier	40
Leibold	35	Waldmüller	40	Giovanelli	29
Harasser	15	Verschiedene	285		

Dazu noch das Schöpfer'sche Herbar, Perinis Flora trident. exsiccata und die Tauschcenturien aus Tirol.

Von den in der Flora Tirols aufgezählten 2285 Arten befinden sich in demselben bisher nur 2080, jede Art also durchschnittlich von 8 verschiedenen Standorten und in häufig zahlreichen Exemplaren.

Schöpfer's Herbar. Dieses Herbar ist von Interesse, da nach demselben die Flora Oenipontana angefertigt worden und es daher über einige Zweifel Aufschluss gibt. Es wird, mit Ausnahme von einigen Nr., die dem obigen Herbar einverleibt wurden, am Museum in Innsbruck separat aufbewahrt.

Tauschcenturien aus Tirol (1840—1846). Aufgelegt in 15 Exemplaren und an die Museen und Academien von Wien, Paris, Grätz, Bologna, Turin, Berlin, Petersburg, London, Brüssel, München und Regensburg vertheilt, welche dafür Gegensendungen an Vereinsschriften und Pflanzen an das Museum in Innsbruck machten. 2 Exemplare erhielten Hofrath Koch in Erlangen und De Candolle in Genf, 1 wurde an das Gymnasium in Hall abgetreten, das lezte Exemplar dem Herbar des Museums in Innsbruck einverleibt. Diese Centurien enthalten 1683 Nr. mit 1538 Arten, wovon nur 29 Zellenpflanzen. Die Sammler derselben zu Gunsten des Ferdinandeum sind folgende: Hausmann (1109 Arten in 1201 Nr.), Traunsteiner (213 Arten in 245 Nr.), Heufler (51 A.), Sauter Andreas (45 A.), Schmuck (30 A. in 51 Nr.), Hofmann (28 A.), Perktold (13 A. Cryptogamen), Giovanelli (11 A.), Tappeiner (9 A.), Harasser und Hell (je 9 A.), Ambrosi, Gundlach, Franz Maier, Scheitz, Prantner (je 2—5 A.).

Herbarium florae austriacae von Fr. Wilh. *Sieber*. Prag 1821. Der erste Fascikel enthält 300 (und zwar meist Tiroler-) Alpenpflanzen. Ein vollständiges Exemplar befindet sich in der Bibliothek der Innsbrucker Universität.

Flora tirolensis alpina und subalpina. Gesammelt und ausgegeben von Andreas Sauter. Bis Ende 1833 erschienen 25 Decaden, die Centurie zu 6 fl. rheinisch berechnet — Eine Recension über diese Decaden in Flora 1831 p. 133, in Flora 1833 p. 236, dann Flora 1836 p. 114 von C. H. Schultz.

Funk H. C. Cryptogamische Gewächse des Fichtelgebirges. Leipzig 1801 — 1830. Diese Sammlung enthält 22 Farn aus Tirol.

Wulfen's Herbar. Im k. k. Naturalienkabinete in Wien. Die von Wulfen in Tirol gesammelten Pflanzen finden sich auch in Jacquin's Miscellaneis austriacis und Collectaneis ad botanicam verzeichnet. Ludw. R. v. Heufler sah 1837 das Wulfen'sche Herbar durch u. verfasste nach Koch's Synopsis der deutschen Flora ein Verzeichniss der in demselben befindlichen Tirolerpflanzen, welches bei Bearbeitung der Flora Tirols benützt wurde.

Schultz F. Dr. Flora Galliae et Germaniae exsiccata. Tiroler Pflanzen enthalten, und zwar nur einige wenige, die letzten Centurien.

Hoppe D. H. Herbarium vivum plantarum rariorum praesertim alpinarum Ratisbonae 1798—1804. Dann: Herbarium vivum plantarum graminearum 1820—1836, 3 Centurien.

Flora germanica exsiccata curante Ludovico Reichenbach. Leipzig bei Hofmeister 1830—1847. Beiträge aus Tirol lieferten Dr. Sauter, Dr. Tappeiner, Traunsteiner, Dr. Facchini und Andreas Sauter.

Perini. Flora Tridentina exsiccata. 300 Arten seltenerer Pflanzen aus dem Tridentinischen in 6 zierlichen Etuis. (Ein Exemplar besitzt das Innsbrucker Museum.)

Elsmann Ferd. Getrocknete Pflanzen aus Tirol (die Centurie 1 Louisd'or. Ankündigung in Flora 1827 I. Beilage p. 30).

Ein Exemplar dieser Centurien besitzt der Handelsherr Kaltenhauser in Bozen, der Elsmann öfters auf Excursionen begleitete u. selbes dem Verfasser zur Benützung überliess.

Hinterhuber R. Getrocknete 'Pflanzen von Salzburg, den Tiroler Alpen, Kärnthen etc. (Die Centurie 6 fl. 40 kr. Flora 1829 Seite 3.)

Abbildungen.

Reichenbach: Icones Florae germanicae et helveticae etc. Lipsiae 1837—1851. — Dasselbe auch mit deutschem Texte und Titel: Deutschlands Flora mit höchst naturgetreuen Abbildungen etc. von H. G. Ludwig Reichenbach.

Laicharding J. N. v. Icones plantarum tirolensium. Handzeichnung. In der Universitätsbibliothek von Innsbruck.

Weber J. C. Die Alpenpflanzen Deutschlands u. der Schweiz in colorirten Abbildungen nach der Natur und in natürlicher Grösse u. einem erläuternden Texte von J. C. Weber. 2 Bändchen, München, Verlag von Christian Kaiser 1846—1847. Enthält auch einige Tiroler Standorte. Abbildungen höchst mittelmässig und wie folgende ohne wissenschaftlichen Werth.

Perini A. u. C. Europäische Alpenflora nach der Natur gezeichnet. Trient 1848. Uns ist nur 1 Heft zu Gesichte gekommen, das auf 12 Tafeln 48 Alpenflanzen enthält.

Notizen

über

die Gewährsmänner in der Flora von Tirol.

I. Gewährsmänner in oder aus Tirol. *)

a. Lebende.

Ambrosi Franz (Ambr.). Besitzer in Borgo in Valsugana, durchforscht vorzüglich die untere Valsugana. Mitarbeiter an dem naturhistorischen Theile der: Statistica del Trentino.

Angelis Moriz, aus Val di Non, gegenwärtig Conventual des Stiftes Admont in Steiermark. A. machte sich auch um die Flora der Steiermark verdient. (Vergl. Maly: Flora styriaca).

Eschenlohr Benedikt (Eschl.), Hofgärtner in Innsbruck. E. und Hilsenberg begleiteten Sieber im Jahre 1820 auf dessen Rechnung auf seiner botanischen Reise im südwestlichen Tirol. Das von E. hierüber geführte Tagebuch befindet sich in der Musealbibliothek und ist von grossem Interesse. E. bereiste im Jahre 1823 im Auftrage der Erzherzogin Maria Louise Südtirol und besuchte namentlich Fassa und den Schlern, um Pflanzen und Sämereien zu sammeln, dann wieder im Jahre 1824. Im Jahre 1825 endlich reiste er mit Holl, einem jungen Pharmaceuten aus Dresden, auf Rechnung Sieber's nach Corsica. Das Museum in Innsbruck brachte den Rest seiner im Jahre 1824 in Tirol gesammelten Phanerogam, 396 an Zahl, käuflich an sich und diese bildeten den Anfang des nun so erfreulich herangewachsenen Tirolischen Museal-Herbars.

Facchini Franz (Fcch.), ausübender Arzt in Vigo in Fassa. Das Gebieth seiner ausgezeichneten Thätigkeit und Forschung ist das italienische Tirol, sie erstreckt sich jedoch auch auf einzelne Theile des deutschen Südtirols. Der

---

*) Der von unsern Gewährsmännern zur Einverleibung ins Tirolische Phanerogamen-Herbar dem Museum in Innsbruck gemachten Geschenke an Gefässpflanzen haben wir bereits unter der Rubrik: Herbarien, erwähnt.

Notizen über die Gewährsmänner der Flora. 1163

grössere Theil seiner Entdeckungen findet sich in Bertoloni's Flora italica verzeichnet, zerstreute Angaben liefern auch Koch's und Reichenbach's Werke.

Friese Joh. Nep., Med. Dr. früher Professor der Naturgeschichte in Innsbruck, seit October 1847 in derselben Eigenschaft in Wien. Von ihm: Grundriss der Phytognosie, Innsbruck 1836.

Giovanelli Ferdinand Baron von (Giov.), Gutsbesitzer in Bozen. Joseph B. v. G. († 1845) stand mit Gebhard und Portenschlag in Verbindung und legte zu Anfang dieses Jahrhunderts ein Herbar an, das nun sein Sohn Ferdinand fortsetzt. Auch des Letzteren Bruders Augustin, Priester und dermalen in Kaltern, ist als Pflanzen-Sammlers und Mineralogen zu erwähnen.

Harasser Georg, Pfarrer in Ehbs in Unterinnthal, geboren zu Erl 1783.

Hausmann Franz Baron von (Hsm.), Gutsbesitzer in Bozen. Der Verfasser muss hier auch seines Bruders *Anton* erwähnen, derselbe war auf frühern Excursionen häufig sein Begleiter und sammelte nach seiner Niederlassung in Salurn allda bloss aus Gefälligkeit für ihn.

Hell Thomas Med. Dr. (Hll.), Distriktsarzt in Welsberg im Pusterthal, geboren allda 1811.

Heufler Ludwig Ritter von (Hfl.), Besitzer in Eppan bei Bozen, geboren zu Innsbruck am 26. August 1817, derzeit als Ministerial-Secretär in Wien. Sein Verdienst ist es der Gründer des nun so grossgezogenen tirolischen Museal-Herbars zu sein, so wie den Impuls zu einer Vereinigung der Tiroler Botaniker zu einem gemeinschäftlichen Ziele gegeben zu haben. Seine ganze tirolische Gefässpflanzen-Sammlung, enthaltend eine vollständige Flora von Innsbruck, so wie die bei Eppan, im Nonsberg, um Trient, Riva, auf dem Baldo, in Folgaria, dann in Pflitsch, Dux, Oetzthal etc. etc. gesammelten Arten schenkte er dem Museum. Dem Verfasser stellte er überdiess seine botanischen Tagebücher zur Verfügung. Als Vorläufer einer Cryptogamenflora Tirols sind seine: Laubmoose von Tirol, im Jahrgange 1851 der Sitzungsberichte der kaiserlichen Akademie der Wissenschaften (auch separat abgedruckt) anzusehen.

Hofmann Jos. Vincenz (Hfm.), aus Mals in Vintschgau, Consistorialrath und Professor in Brixen, sammelte vorzüglich um Brixen und im Thale Schmirn.

Isser Sebastian von (Iss.), aus Meran, gegenwärtig als Bezirksrichter in Passeyer, sammelte um Meran, in Taufers, am Gardasee etc.

1164 Notizen über die Gewährsmänner der Flora.

Kern Marie von, Tochter des pensionirten Gubernialrathes und Kreishauptmanns Kern, nun an den k. k. Forstbeamten Hradeczky in Schwaz verheirathet. M. v. Kern sammelte in Ampezzo und um Brunecken. Dem Verfasser stand ein von R. v. Heufler verfasstes Verzeichniss der von ihr gesammelten Pflanzen zu Gebothe, ausserdem befinden sich einige wenige derselben im Museal-Herbar.

Kink Rudolph, Statthaltereiconcipist in Innsbruck, sammelte im Jahre 1839 als Student der Rechte um Reutte, seiner Heimath. Kink hat sich seither der Botanik entzogen, dagegen der Geschichte unseres Landes zugewendet und wir begrüssten mit Freuden seine jüngsthin erschienene darauf bezügliche Arbeit.

Köhler Joseph, Med. Dr. Professor der Naturgeschichte an der Universität in Innsbruck.

Leybold Friedrich (Lbd.), Pharmaceut aus München, seit Herbst 1849 in Bozen. Seiner unermüdeten Thätigkeit verdankt nicht bloss die Flora von Bozen, sondern von Südtirol überhaupt manchen sehr interessanten Zuwachs, wovon wir nur Asplenium fissum nennen wollen. Wir wünschten unsern Freund noch länger an unsere Scholle fesseln zu können und versprächen uns dann noch viel Erfreuliches für unsere Flora.

Lutterotti Carl von (Lutt.), k. k. Beamter in Imst. Sein Herbar der Umgebung von Imst, an 450 Arten, sah R. von Heufler durch und stellte das Verzeichniss dem Verfasser zur Verfügung.

Mayer Franz aus Mähren, Deutschordensbeamter, seit 20 Jahren in Bozen. M. sammelte um Bozen und Luna und ist der Entdecker des einzigen Standortes der Stachys ambigua für Tirol.

Merlo sammelte 1843 als Student der Medicin am Monte Gazza bei Trient und entdeckte da den bisher einzigen Tiroler Standort des Geum inclinatum.

Naus Franciska, Kreis-Ingenieurs-Tochter in Brunecken. Sendete unter öftern Pflanzen aus der Gegend von Brunecken an R. v. Heufler, der dem Verfasser deren Verzeichniss mittheilte.

Pacher David, Kaplan in Sagritz im angränzenden Möllthale, seit Frühjahr 1851 Pfarrer in Leoben bei Gmünd in Kärnthen, sammelte am Glockner und besuchte im Jahre 1846 auch das südlichere Tirol.

Paterno Ferdinand, Priester in Valsugana (Vergl. Flora 1844 pag. 582).

Perini Augustin (Per.), Besitzer in Trient, Redacteur des seither eingegangenen Giornale agrario, früher k. k. Forstbeamter. Sammelte im Tridentinischen mit seinem Bruder Carl Med. Dr. Ein Verzeichniss der von denselben im Tridentinischen gesammelten Gefässpflanzen verdankt der Verfasser ihrer Güte.

Perktold Anton (Prkt.), Conventual des Stiftes Wiltau, Expositus in Igels bei Innsbruck, sammelte bei Tarrenz, seinem Geburtsorte, dann in Lisens und der Gegend von Innsbruck. P. hatte die Güte, dem Verfasser sein ganzes Tiroler-Phanerogamen-Herbar zur Einsicht zu übermachen. P. beschäftiget sich auch mit rühmlichem Eifer vorzüglich mit der Cryptogamen-Flora des nördlichen Tirols.

Pfaundler, k. k. Hofconcipist in Wien (1847), sammelte um Brunecken und machte an R. v. Heufler kleine Sendungen, deren Verzeichniss dem Verfasser mitgetheilt wurde.

Pichler Adolf, Med. Dr., Professor der Naturwissenschaften am Obergymnasium zu Innsbruck, Director der botanischen Abtheilung am Ferdinandeum.

Prantner Stephan, Subprior des Stiftes Wiltau. Pflegt neben der Sternkunde auch Botanik.

Sartorelli Casimir, Apotheker in Borgo, geboren allda 1774. Besitzt ein Herbar, das er von seinem Bruder Franz ererbte und erweiterte. S. fand die für Tirol und ganz Deutschland neue: Oenanthe crocata.

Sartorelli Johann, Bruder des Vorigen, Forstinspector zu Bergamo, früher zu Lecco, geboren in Borgo 1780. (Vergl. Litteratur).

Sauter Anton (Str.), Med. Dr. Früher Stadtarzt in Kitzbüchl (1830), in Bregenz (1839), dann durch mehrere Jahre Kreisarzt in Stadt Steyer, seit 1848 in gleicher Eigenschaft in seiner Vaterstadt: Salzburg. Vergleiche: Litteratur. Auch die Cryptogamen - Flora Tirols verdankt ihm sehr viel; Nees benannte nach ihm das neue Genus: Sauteria, Bruch und Schimper ein neues Bryum und Dicranum (B. Sauteri, D. Sauteri).

Sauter Andreas (Str.), Bruder des Vorigen, früher Forstbeamter in Zirl, Bozen und Ried, gegenwärtig k. k. Berg-Rath in Hall. S. entdeckte für Tirol und ganz Deutschland den Astragalus purpureus Lam. Bemerkt muss werden, dass die Abkürzung (Str.) für beide Brüder gilt, und dass sich die Standorte von Oberinnthal und dem Schlern auf Andreas Sauter, die von Vorarlberg und Unterinnthal auf Anton Sauter beziehen.

Scheitz Andreas (Schtz.), Kaplan in Ausservilgraten, früher in Dölsach bei Lienz, in Innervilgraten u. St. Lorenzen,

1166 Notizen über die Gewährsmänner der Flora.

Schmuck Joachim von (Schm.), aus Fügen im Zillerthale, Pharmaceut, früher in Kitzbüchl, Schwaz, Innsbruck, gegenwärtig in Brixen. S. entdeckte für Tirol der erste die Astrantia carniolica.

Schneller Ludwig, ausübender Arzt in Innsbruck, sammelte um Mieders in Stubai, scheint sich aber seither (1838) der Botanik gänzlich entzogen zu haben.

Schöpfer Franz, Med. Dr. (Schpf.), ehemaliger Professor, Apotheker in Innsbruck. Gab im Jahre 1805 seine Flora Oenipontana heraus, welche 561 Gefässpflanzen aufzählt.

Seifertitz Baron von, k. k. Beamter in Innsbruck, veröffentlichte im Tirolerbothen 1844 ein anonymes Verzeichniss. Vergl. Litteratur.

Serafini Johann, Med. Dr., Distriktsarzt in Stenico, unter der italienischen Regierung Professor der Naturgeschichte am Lyceum in Trient. S. veröffentlichte mehrere meist landwirthschaftliche Abhandlungen im Giornale agrario degli Distretti Trentini etc., z. B.: Nota sul Viaggio delle valli del Sarca e del Noce del Signor Perini, Jahrg. 1844 pag. 146 und folg.; dann: Delle Pratiche per migliorare c accrescere gli Scotani (Rhus Cotinus) nei Climi temporati del Tirolo meridionale, Jahrg. 1840 p. 139 u. folg.

Späth Joseph, Med. Dr. aus Bozen, gegenwärtig Assistent am Spitale in Wien, sammelte während seiner Studien bei Innsbruck und Brixen.

Stapf Ambros., Apotheker in Innichen, sammelte um Innsbruck und Innichen.

Tappeiner Franz, Med. Dr. (Tpp.), aus Laas in Vintschgau, dermalen ausübender Arzt in Meran. T. schenkte dem Museum sein ganzes schönes Phanerogamen-Herbar, bestehend aus 6000 Arten, darunter bei 800 aus Tirol u. grösstentheils in Vintschgau gesammelt. Unter seinen schönen Entdeckungen für Tirol seien hier nur: Trientalis europaea und Trigonella monspeliaca genannt.

Tecilla aus Caldonazzo sammelte 1842 als Student der Theologie um Trient.

Tschurtschenthaler Ludwig, Conventual des Stiftes: Neustift bei Brixen, Gymnasialprofessor allda. Sammelte um Brixen, auf dem Schlern und in Pusterthal.

Unger Franz, Med. Dr., früher Stadtarzt in Kitzbüchl, jetzt Professor der Botanik in Wien. Das Musealherbar bewahrt ein Exemplar der Fritillaria Meleagris und die dabei befindliche Etiquette gibt als Fundort: Kitzbüchl mit der Unterschrift: Unger. Soll keine Standortsverwechslung dabei Statt gefunden haben, so wurde die fragliche Pflanze jeden-

Notizen über die Gewährsmänner der Flora.

falls erst nach dem Erscheinen seines Werkes: Ueber den Einfluss etc. etc. (vergl. Litteratur), gefunden. Tirolische Standorte von Cryptogamen enthält auch seine Schrift: Exantheme der Pflanzen.

Waldmüller Franz (Wld.), aus Salzburg, gegenwärtig in Wien den Studien obliegend, conditionirte in Rattenberg und dann unter Traunsteiner in Kitzbüchl. W. sammelte um Rattenberg und fand allda die für Tirol neue: Tormentilla reptans.

Zimmeter Joseph. Universitäts-Gärtner in Innsbruck, sammelte in Gschnitz und am Sonnenwendjoch bei Schwaz, wo er die für Tirol neue Saussurea pygmaea entdeckte. Es dürfte dieses Joch somit die westlichste Gränze der Verbreitung dieser schönen Pflanze sein.

Endlich muss noch der Studenten: von Hepperger, Viehweider, Seelos, Thaler, Psenner, von Grabmair, Wörndle, Stocker (sämmtlich aus dem Etschlande) u. Hutter (Vintschgau), dann der Brixner Theologen Messner u. Gander u. des Juristen Anton von Glanz in Innsbruck, erwähnt werden. Näheres über ihre bisherige Thätigkeit weisen unsere Nachträge zur Flora nach.

b. Verstorbene.

Berndorfer Franz, gewesener Chorherr des regulirten Domstiftes zu Herrn-Chiemsee im benachbarten Baiern, starb 33 Jahre alt am 14. März 1795 zu Kirchbüchl im Unterinnthal. B. botanisirte um Schwoich und bestieg am 17. August 1794 den Kaiser. Das Verzeichniss der von ihm allda gesammelten Pflanzen in Hoppe's Taschenbuch 1796 pag. 122—129.

Besser Wilibald von, Med. Dr., Professor am Volhynischen Lyceum zu Kiew, früher zu Krzemniez. Von ihm ausser einigen kleineren Schriften: Enumeratio plantarum hucusque in Volhynia, Podolia etc. collectarum. Vilnae 1822. Die von Sprengel ihm zu Ehren gebildete Gattung Bessera aus der Familie der Bixaceen (bei Endlicher unter der Gattung Roumea Poit.) fand nicht Eingang, dagegen fand die von Schultes dem Sohne (1829) aufgestellte mexicanische Gattung: Bessera aus der Familie der Liliaceen auch in Endlicher's: Genera plantarum Aufnahme. Die von Schultes dem Vater 1809 gegründete Gattung der Boragineen: Bessera (Pulmonaria azurea) wurde von niemand anerkannt. Ein Necrolog Besser's von Trautvetter, Moscau 1843. B. findet hier nur so ferne Platz, als er ein Tiroler ist und 1784 zu Innsbruck geboren war.

1168 Notizen über die Gewährsmänner der Flora.

Boni Joseph (Bon.), Apotheker zu Tione in Judicarien, gestorben allda am 22. Juli 1846, 33 Jahre alt. Die Zahl der von Boni in Judicarien (nur wenige sind vom Garda-See) gesammelten und dem Museal-Herbar geschenkten Gefässpflanzen beläuft sich auf 820. Der durch Boni bekannt gewordene Standort der Hottonia palustris in Judicarien ist bisher noch immer der einzige für Tirol.

Cristofori Peter (Crist.), geboren zu Trient im Jahre 1766, seit 1796 Apotheker in Roveredo und gestorben allda 1848. Ueber 800 Arten, das Resultat seiner Sammlungen im Gebiethe von Roveredo, finden sich im Museal-Herbar. Pollini verdankt ihm viele Beiträge zu seiner Flora veronensis und citirt ihn öfters, auch bestieg er in seiner Gesellschaft den Monte Finocchio (Finonchio im Volke) bei Roveredo. Vergl. ferner: Fleischer, Treviranus, Schrank und Sieber. Einen Aufsatz über die Roveretaner Flora las er in der Sitzung vom 5. December 1826 in der Roveretaner Accademie degli Agiati, deren Vorstand er letzthin war. C. erwarb sich um die ärmere Classe seiner Gegend grosses Verdienst durch seine im Jahre 1817 herausgegebene Schrift: la necessità ed utilità della coltivazione delle Patate, welche als Impuls des allgemeineren Anbaues der Kartoffel allda anzusehen ist.

Karpe Franz, Med. Dr. und Professor in Innsbruck. Karpe hinterliess eine unvollendete Flora Tirols als Manuscript (in der Musealbibliothek), welches jedoch ausser Ercerpten aus Laicharding's und Frölich's Werken nur auf das damals höchst dürftige Museal-Herbar gestützt und äusserst mangelhaft ist.

Kraft Joseph, Pharmaceut aus Donnerskirchen in Ungarn, starb als Provisor in Lana bei Meran am 10. August 1828.

Laicharding Joh. Nep. von, geb. zu Innsbruck am 4. Febr. 1754, zum Professor der Naturgeschichte allda ernannt 1792 und gestorben 1797. Vergleiche Litteratur. L. war auch ein ausgezeichneter Entomologe, wovon sein für die damalige Zeit sehr rühmliches, leider nicht vollendetes, Werk: Tiroler Insekten, Zürich 1781—1783 bei Füssli, zeugt. Eine ausführliche Biographie (von Dipauli) im 8. Bande der Beiträge zur Geschichte, Naturkunde etc. für Tirol 1834 p. 186—224.

Matthioli Peter Andreas, geboren 1500 zu Siena, Leibarzt am kaiserlichen Hofe zu Prag und Wien, später Rath und Leibarzt beim Fürstbischofe Madruzzo in Trient, starb allda 1577. M. hielt sich theilweise auch im Nonsberge in einer Villa des Fürsten auf. Tirol kann sich rühmen einen der Väter der Botanik als theilweise den seinen zu betrachten. Sein Werk (vergl. Litter.) enthält auch mehrere Tiroler Standorte.

Mayer Marcus Abbé, verliess nach Aufhebung des Jesuitenordens das Collegium zu Mühlstadt und kehrte in seine Vaterstadt Lienz zurück, um sich hinfüro ganz der Botanik zu widmen. Wulfen, sein Freund, besuchte ihn öfters, auch beruft sich Rauschenfels, in dessen Hände Mayer's Herbar kam (es verbrannte bei der grossen Feuersbrunst in Lienz 1798), öfters auf ihn. M. starb 1802 am 5. Febr. Vergleiche Sammler für Tirol III. B. 2tes Stück 1807.

Moll Carl Ehrembert, Freiherr von, geboren zu Zell im Zillerthal, gestorben 78 Jahre alt zu Augsburg am 31. Jänner 1838 als Director der mathemathisch-physikalischen Classe der kön. bayerischen Accademie der Wissenschaften. M. untersuchte in den 80er Jahren des vorigen Jahrhunderts die Vegetation der Zillerthaler Hochgebirge. Seine übrigens schätzbaren Angaben enthalten manches Zweifelhafte, was sich durch den damaligen Stand der Wissenschaft entschuldigen lässt, wir finden sie in den mit Schrank geführten naturhistorischen Briefen (vergl. Litteratur).

Ortner Andreas, der bekannte Kräuterklauber und Führer in Lienz. Rauschenfels erwähnt seiner im Sammler für Tirol 1807, nach Hoppe in Flora 1833 p. 678 war er zu dieser Zeit bereits gestorben und er recommandirte an seiner Statt als Führer einen Bauer aus dem Dorfe Loisach.

Precht Anton von, Med. Dr., geboren zu Innsbruck am 1ten Mai 1816. P. sammelte um Innsbruck, in Pfitsch, am Baldo etc., auch stand er mit Clementi in Tauschverbindung. Den vielversprechenden Jüngling raffte am 27. Jänner 1841 der Typhus in Wien, wo er im Spitale Praxis nahm, dahin. Sein ganzes nicht unbedeutendes Herbar (von Tiroler Pflanzen enthält es jedoch nur bei 200 Arten) schenkte seine Mutter dem Museum.

Rauschenfels Candidus von (Rsch.), aus Innichen, starb 78 Jahre alt zu Lienz am 6. December 1838 als Stadt- und Spitalarzt. Rauschenfels kam mit Hoppe das erste Mal in Lienz im Juli 1798 zusammen und begleitete denselben auf mehreren seiner Excursionen, namentlich auf die Kirschbaumeralpe und die Schleinitzspitze. Auch Sieber besuchte R. im Jahre 1813 und schrieb in dessen handschriftliche Flora von Lienz eigenhändig einige Standorte ein. Vergleiche Litteratur.

Sartorelli Franz, Arzt zu Telve in Valsugana, geboren zu Borgo 1777, gestorben zu Telve 1833. Vergl. Casimir Sartorelli und Martens.

Schivereck Suibert Burkhart, Professor der Chemie u. Botanik in Innsbruck, von wo er 1782 nach Lemberg übersetzt wurde. Koch erwähnt (in Deutschlands Flora von Mertens und Koch) eines Helianthemum surrejanum, das Sch. in

Tirol angibt. In der Zeitschrift für Tirol B. 8, Jahr 1834 p. 195 wird angeführt, Sch. habe an einer Flora Tirols gearbeitet. Uns sind nur ein paar Reliquien seines Herbars zu Gesichte gekommen, aus denen wir entnehmen, dass Sch. die von Hänke später in Zillerthal gefundene und in Jacquin's collectaneis beschriebene Arabis caerulea bereits kannte. Sie kommt in seinem Herbar mit dem Standorte Alpen bei Innsbruck und als Arabis tirolensis überschrieben vor.

Scopoli Joh. Anton, geboren zu Cavalese in Fleims 1723, doctorirte zu Innsbruck 1743. Sc. bestieg in Begleitung eines Wurzelgräbers die Alpen um Innsbruck und sammelte fleissig, die Pflanzen bestimmte er anfänglich nach Bauhin und nach den officinellen Namen. Die 1766 ihm angetragene Professors-Stelle in Petersburg schlug er aus, kam 1776 als Professor der Mineralogie und Metallurgie nach Chemnitz, im October desselben Jahres als Professor der Botanik und Chemie nach Pavia und starb allda 1788. Seine heimathlichen Alpen besuchte Sc. am 23. Juni 1767 und durchforschte selbe durch 2 Monate (Iter tirolense). Unter der Ueberschrift: Vitae meae vices gab Sc. in seinen Deliciae florae et faunae insubricae, Ticini P. I. 1786 pag. 79 — 83 einen Abriss seines Lebens. Seine unsterbliche Flora carniolica (Viennae 1760, 2te Auflage ebenda 1772), verdankt ihren Ursprung dem längern Aufenthalte in Idria, wo er 1753 als Arzt bei den Bergwerken angestellt wurde. Die krainisch-steyermärkische Pflanzengattung *Scopolina* Schultes (Hyoscyamus Scopolia L. Scopolia carniolica Jacq.) trägt seinen Namen, auch der Entomologe ehrt ihn in der wenigstens in Tirol seltenen Käferart: Coptocephala Scopolina.

Stotter Michael, Med. Dr., geboren zu Innsbruck am 13. Nov. 1813, Secretär des geognostischen Vereines und supplirender Professor der Naturgeschichte allda. Unvergesslich sind seine Verdienste um Geognosie und Mineralogie des Landes, und wer immer die einschlägigen Sammlungen am Museum zu Innsbruck besichtiget, wird sie zu würdigen wissen. Der Tod ereilte ihn am 12. Mai 1848 in Lavis, auf seinem Marsche an die Gränzen als Oberlieutenant der Innsbrucker Studenten. St. hinterliess ein im Manuscripte halbvollendetes geognostisches Werk über Tirol. Im Jahre 1846 war von ihm erschienen: Die Gletscher des Vernagtthales in Tirol und ihre Geschichte, von einer früher, gemeinschaftlich mit Heufler, herausgegebenen Schrift haben wir in der Litteratur Erwähnung gethan. — Im Sommer 1847 untersuchte St. die Thäler Pfitsch, Senges, Vals, Lappach und Ahrn, wobei er auch der Flora jener Thäler Augenmerk schenkte. Einen ausführlichen Necrolog lie-

ferle der Tiroler-Bothe 1851 Nr. 11 und 12, ferner der
24ste Jahresbericht des Ferdinandeums pag. 111—120, wo
unbegreiflicher Weise: Levico als Stotter's Sterbeort ange-
geben ist.

Traunsteiner Joseph (Trn.), Apotheker in Kitzbüchl, geb. allda
am 18. Dec. 1798, gestorben am 19. März 1850. Das nord-
östlichste Tirol (Kitzbüchl, Hopfgarten u. Kufstein, zusam-
men Flächeninhalt: 29½ ☐Meilen) zählt vorzüglich durch
seine und Sauter's Thätigkeit zu den durchforschtesten
Gebiethen Tirols, die Zahl der von ihm allda gesammelten
Gefässpflanzen beträgt gegen 900 und unter seinen vielen
neuen Entdeckungen für die Flora Tirols führen wir nur
die auch für Deutschland und die Schweiz neue: Carlina
longifolia Reichenb. auf. Im Jahre 1817 besuchte er von
Brixen aus, wo er conditionirte, das Thal Pfitsch und fand
allda das schöne: Hieracium bupleuroides. Im J. 1843 (?)
machte der pflanzenfreundliche August, König von Sachsen,
auf seiner Reise durch Tirol einen Ausflug nach Kitzbüchl,
um den Horn, den Fundort der Draba Traunsteineri, zu
besuchen, wobei Tr. die Ehre hatte, ihn zu begleiten. Das
Museum in Innsbruck besitzt mit wenigen Ausnahmen die
Flora von Kitzbüchl in ausgezeichnet schön getrockneten
Exemplaren als sein Geschenk. Dr. Unger benützte zu
seinem Werke über das noröstliche Tirol ein von Tr. an-
gefertigtes Verzeichniss der Gefässpflanzen von Kitzbüchl.
Reichenbach ehrte Traunsteiner's Namen in der neuen Gat-
tung: *Traunsteinera* (Orchis globosa L.), wir wünschten
nur, dass diess mit einer haltbareren Gattung der Fall ge-
wesen wäre. Einer ausführlichen Biographie sehen wir
aus der Hand Sauter's in der Zeitschrift: Flora, entgegen.

II. *Ausländische Gewährsmänner.* *)

Avé Lallemant Jul. Leop. Ed., Med. Dr. aus Lübeck, besuchte
in einer 6monatlichen Reise einen Theil der Schweiz, Ita-
liens, Frankreichs und der süddeutschen Alpen. In Tirol
bestieg er die Kirschbaumeralpe, die Tauern um Heilig-
Blut, die Pasterze. Seine Inauguraldisertation: De Plantis
quibusdam Italiae borealis, et Germaniae australis rariori-
bus, Berolini 1829, enthält die auf dieser Reise gemachten
Beobachtungen und Erfahrungen. Seine: Typha minima β.

---

*) Wenn wir in diesen Notizen auch einzelne bekanntere Bo-
taniker, die Tirol bereisten, ohne in unmittelbarer Beziehung
zu unserer Flora zu stehen, anführen, so glauben wir es
im Interesse des Lesers zu thun.

1172 Notizen über die Gewährsmänner der Flora.

nana bezieht sich nur auf Fruchtexemplare derselben Art, welche bekanntlich elliptische, oft selbst rundliche weibliche Aehren haben.

Barbieri Paolo, Vorsteher des botanischen Gartens und Supplent der Lehrkanzel in Mantua (1833). B. sammelte auf dem Baldo. Vergl. Bertoloni.

Bartling Friedrich Gottlieb, Professor zu Göttingen, machte im Jahre 1818 von Heilig-Blut aus, wo er Hoppe besuchte, eine Excursion nach Lienz. (Vergl. Fl. 1819 p. 281.)

Beaumont Alban, machte 1797 eine Reise durch Tirol, besuchte mehrere Seitenthäler und schrieb hierüber eine Reisebeschreibung mit vielen botanischen Notizen. Eine deutsche Uebersetzung als Manuscript in der Dipaulischen Bibliothek im Museum in Innsbruck. — Diese Notiz ist einer schriftlichen Mittheilung Dr. Stotter's entnommen.

Beilschmid Carl Traugott Dr., geboren 1793 in Langenöls in Schlesien, bis zum Jahre 1836 Apotheker in Ohlau, gestorben in Herrnstadt 1848. B. kam 1839 über die Schweiz nach Tirol, besuchte das Wormserjoch, kam nach Heilig-Blut zu seinem Freunde Hoppe und kehrte über Salzburg und Baiern in seine Heimath zurück. (Zu vergleichen Flora 1839 p. 761 und 1848 p. 337—349).

Bentham Georg, Secretär der Gartenbaugesellschaft in London, Verfasser der Monographie der Labiaten, war im Jahre 1837 in Tirol, sammelte um Bozen, dann in Pusterthal um Sillian, Innichen und auf der Kirschbaumeralpe. B. traf mit R. v. Heufler zusammen, der ein Verzeichniss seiner Ausbeute anfertigte. Einige wenige Pflanzenarten schenkte B. auch dem Museal-Herbar.

Bergamaschi sammelte am Braulio, wo er hart an der Gränze Tirols: Chamaegrostis alpina und Braya pinnatifida fand. Vergl. Bertoloni.

Bernhardi Joh. Jacob, Professor und Director des botanischen Gartens in Erfurt, geboren allda 1774 und gestorben 1850. In einem Briefe Bernhardi's an Schrader de dato Laibach 10. September 1805 (in Schrader's Journal I. B. 2tes Stück pag. 176) liest man: „Ueberhaupt hoffe ich einige neue Pflanzen aus Krain mitzubringen, das ich mit Tirol für das am wenigsten untersuchte Land halte, welches noch manche Ausbeute geben muss."

Bertoloni Anton, emeritirter Professor der Botanik in Bologna, wo seine Stelle nun sein Sohn Joseph vertritt, Verfasser der Flora italica. B. dehnt seine Flora auch über die welschen Gränzen aus, so ist darin namentlich Bozen stark vertreten, was ihm unbenommen bleibt, doch fällt dabei auf, dass er Vintschgau und Pusterthal als: italienisches

Tirol bezeichnet. Aus Tirol erhielt Bertoloni, der in seine
Flora bekanntlich nur Standorte von Pflanzen aufnimmt,
die ihm vorliegen, Beiträge zugeschickt von: Bergamaschi,
Contareni, Barbieri, Ambrosi, Bracht, Heufler, Tappeiner,
Pollini (und durch Pollini von Cristofori), Facchini, Jan,
Montini, Moretti, Friedrich Mayer, Meneghini, Manganotti,
Parolini, Welden, Clementi, Beggiato, Visiani, de Roiti,
Naccari, Strang-Fox, Zanardini. In Tirol selbst scheint
Bertoloni nicht gewesen zu sein.

Beggiato. Vergl. Bertoloni.

Bielz Albert, aus Hermannstadt, kam nach beendetem Feld-
zuge in Ungarn Anfangs 1850 als Lieutenant beim Regi-
mente Turzky nach Bozen und wurde um Ostern desselben
Jahres nach Cerainn zu den daigen Befestigungs-Arbeiten
detachirt. Von Cerainn aus besuchte B. den Baldo. B. ist
ein ausgezeichneter Entomologe, sammelte aber am Baldo
auch einige Pflanzen. Im Juli desselben Jahres über Bozen
in seine Vaterstadt zurückgekehrt, trat er wieder in den
Civildienst über, und ist gegenwärtig Concipist bei der
k. k. siebenbürgischen Finanz-Landesdirection.

Bischoff Gottlieb Wilhelm, Professor der Botanik in Heidel-
berg. B. kam im Jahre 1822 (als Student) über Salzburg
nach Heilig-Blut, wo er Hoppe besuchte, von hier aus
machte er eine Excursion auf die Kirschbaumeralpe mit
Laurer, besuchte mit demselben und Hoppe die Pasterze
und die Gamsgrube, dann mit Laurer den Matreier- und
Felber-Tauern, und über die Pasterzenalpe den Leitersteig,
das Kalserthor und Windischmatrei, wo sie sich trennten
und Laurer nach Tirol zurückkehrte, Bischoff aber sich
nach Pinzgau wandte, dann in Salzburg seinen Freund
Elsmann besuchte (aus Flora 1823 pag. 209 etc.). B. be-
suchte auch das Oetzthal und die Seiseralpe und zwar mit
Zuccarini (1823?), wie aus seinen Beiträgen zur Flora
Deutschlands p. 120 bei Scorzonera aristata und aus Flora
1824 pag. 257 hervorgeht. B. sammelte in Tirol, wie in
Rabenhorst's Cryptogamen-Flora Deutschlands ersichtlich,
vorzüglich Moose.

Boissier aus Genf, bekannt durch seine botanischen Reisen in
Kleinasien und Spanien, besuchte im Spätsommer 1844 die
Seiseralpe und den Schlern.

Bracht Albert von, k. k. Hauptmann im 52sten Linienregi-
mente Franz Carl, fiel 1848 beim Beginnen des Aufstandes
in Mailand an der Spitze seiner Compagnie. B. betheiligte
sich vorzüglich an dem italienischen Tauschvereine. Für
die Zeitschrift: Flora (1846 und 1847) lieferte er Berichte
über die botanische Section der italienischen Gelehrtenver-
sammlung zu Padua und Genua. B. durchforschte vorzüg-

lich die Flora von Verona, welche ihm reichliche Funde verdankt und besuchte auch den Baldo, so wie Fassa.

Braune Anton von, Verfasser der Flora Salzburgs etc. (Vergl. Litteratur), lebt noch gegenwärtig, bei 85 Jahre alt, in Salzburg. Seine Flora erstreckt sich auch über das damals (1797) noch zu Salzburg gehörige Zillerthal, sein Taschenbuch (1821) enthält Angaben über Windischmatrei. Aus Flora 1831 pag. 609 etc. ist ersichtlich, dass Br. im Jahre 1830 nach Kitzbüchl kam und allda Traunsteiner, Unger und den Chirurgen Lampodinger besuchte, auch in der Umgebung botanisirte.

Braun Friedrich, Lehrer der Naturwissenschaften und Apotheker in Bayreuth. Aus der Flora (1829 p, 492) ersehen wir, dass Br. eine Reise ins Zillerthal und östliche Pusterthal zu unternehmen im Begriffe stand und Hoppe (Flora 1839 p. 762) erzählt von ihm als seinem alten Bekannten und Reisegefährten, dass er 1839 um Brunecken botanisirte und von da aus Fassa und Ampezzo besuchte, auch vor seiner Rückreise das Kalserthörl und die Kirschbaumeralpe bestieg. Von Braun erhielt Koch die ersten lebenden Exemplare des Sempervivum arenarium Koch und zwar aus der Gegend von Antholz. S. arenarium Koch ist übrigens schwerlich specifisch von S. hirtum verschieden. — Von Br. gesammelte Tirolerpflanzen besitzt (nach Flora 1848 pag. 563) das Central-Herbar der deutschen Flora in Regensburg.

Bray Franz Gabriel Graf von, geboren am 24. Dezember 1765 zu Rouen in der Normandie, Mallheser Ritter, besuchte mehrmals Tirol und Salzburg mit Sternberg und Duval, die Schweiz mit dem Grafen von Thurn. 1801 unternahm er mit dem Grafen Montgelas eine Reise in das Hochland von Baiern, Salzburg und Tirol. Seine Beobachtungen über die Natur jener Gegenden und ihre Bewohner in: Voyage aux Salines de Salzhourg et de Reichenhall, 'et dans une partie du Tirol, Berlin 1807. Eine neue Auflage davon mit zahlreichen Kupfern, der eine Reise in das Etschthal (1819) eingeschaltet wurde, Paris 1825. Im Jahre 1804 traf B. am 21. Juli mit Sternberg in Brixen zusammen. Er starb 1832 am 2. September 67 Jahre alt auf seinem Landgute: Irlbach im Unter-Donaukreise. Eine ausführliche Biographie lieferte die Flora 1835 Beiblätter p. 33 etc. Die Sternberg-Hoppe'sche Alpengattung: Braya trägt seinen Namen.

Calceolari Franz, Apotheker zur goldenen Glocke in Verona, veröffentlichte die von ihm am Baldo gefundenen 350 Pflanzenarten in seinem vom Jahre 1571 datirten Briefe an Matthioli: Iter Baldi civitatis Veronae montis. Dieser Brief ist Matthioli's: Epitome, Francfurt 1586, beigegeben. Die pe-

Notizen über die Gewährsmänner der Flora. 1175

ruvianische Pflanzengattung: Calceolaria Feuill. aus der Familie der Scrophularineen ist nach ihm benennt, daher unsere Gärtner sie unrichtig in wörtlicher deutscher Uebersetzung: Schuhblume nennen.

Camerarius Joachim, Arzt in Nürnberg, gestorben 1598. Clusius meldet unter öftern von ihm Tiroler Pflanzen erhalten zu haben.

Clusius Carl, geboren zu Antwerpen 1525, Professor in Leyden, gestorben 1609. Vergl. Litteratur.

Clementi. Sammelte am Baldo. Vergl. Bertoloni und Precht.

Contareni. Sammelte im südöstlichen Tirol, namentlich auf der Vette di Feltre. Vergl. Bertoloni.

Custer J. G. (Cst.), Med. Dr. in Thal bei Rheineck, Canton St. Gallen. Seiner Aufsätze in der Alpina wurde bereits in der Litteratur erwähnt. Ueberdiess erhielt der Verfasser von ihm 50 der seltensten Pflanzen von den Montafoner Alpen und vom Freschen, so wie ein 1846 angefertigtes Verzeichniss der von ihm in Vorarlberg aufgefundenen Gefässpflanzen, sowohl das Verzeichniss als die Pflanzen sind den Museal-Sammlungen in Innsbruck eingereiht. C. wird auch in Gaudin's Flora helvetica öfters citirt und sein Name kommt darin sonderbarer Weise lateinisirt als: Custor vor. Die Aldrovanda vesiculosa wurde für Tirol zuerst von ihm entdeckt. Nach einer brieflichen Mittheilung des Pfarrers Rehsteiner in Eichberg im schweizerischen Rheinthale ist Custer seither verstorben.

Dietrich, Dr. aus Prag, war durch Salzburg nach Heilig-Blut gekommen (1839), um hier einige Alpen zu besteigen und dann seine Reise nach Tirol und Italien fortzusetzen. Die Bekanntschaft dieses wackern jungen Mannes und eifrigen Botanikers hat mir viele Freude gemacht (Hoppe in Flora 1839 p. 761). Dieser D. ist wohl derselbe, der mit Dr. Tappeiner in Vintschgau für Reichenbach's Flora germanica exsiccata sammelte?

Dobel, protestantischer Pfarrer in Kempten, starb 1848 in Eschach, wo er auf Besuch bei seinem Schwiegersohne war, am Schlagflusse. D. besuchte wiederholt das Lechthal, dann den Widderstein im Walserthale (1831) mit Köberlin, er war ein eifriger Erforscher der schwäbischen Flora. Vergl. Flora 1831 p. 34, 1834 p. 191, und 1848 pag. 32.

Döbner Eduard, seit 1839 Professor in Augsburg, früher in München, conditionirte ein Jahr als Pharmaceut in Salzburg und besuchte von Heilig-Blut aus Lienz und die Kirschbaumeralpe, reiste von da nach Triest und Venedig, kam über Desenzano nach Riva und reiste über Bozen, Brixen und Innsbruck zurück. Bericht über diese Reise gibt er uns in Flora 1835 p. 536.

Döll Joh. Christian, Professor und Bibliothekar in Carlsruhe, Verfasser der rheinischen Flora, worin natürlich auch das österreichische Rheinthal vertreten ist. Als Gewährsmänner für die bezüglichen Standorte werden Custer u. Sauter citirt und D. scheint demnach nicht in Vorarlberg gewesen zu sein.

Ehrhart Balthasar, Med. Dr. in Memmingen, besuchte Tirol im Jahre 1735. Sein Reisebericht an Mortimer in Philosophical Transactions Vol. 41 pag. 547—552, Londoni 1744. Von ihm erschien zu Memmingen 1745 ein: Herbarium vivum recens collectum in quo Centuriae V plantarum officinalium exsiccatarum repraesentantur.

Einsele August, Med. Dr. aus München, Physikus in Tegernsee, früher Gerichtsarzt in Berchtesgaden, Physikus in Starnberg, Werdenfels und Füssen, von 1836—1842 Docent der Chirurgie in Landshut. E. fand der erste den Carex baldensis auf eigentlich deutschem Boden an der Gränze Tirols (1836), später verfolgte der seither verstorbene Forstmeister Elmert aus Partenkirchen die von E. angegebenen Spuren desselben bis zum Plansee in Tirol.

Elsmann Ferdinand (Elsm.), Apotheker in Nürnberg, früher in Regensburg. E. besuchte von Salzburg aus, wo er conditionirte, im Jahre 1823 Heilig-Blut, 1824 und 1825 finden wir ihn in Bozen, wo er sich die Durchforschung der Flora der Umgebung und der umliegenden Gebirge, namentlich der Seiseralpe und des Schlern, der Zilalpe bei Meran, der Mendel etc., sehr angelegen sein liess. Vergl. Herbarien und Litteratur. Die von Elsmann im Gebiethe von Bozen angegebenen und gesammelten Gefässpflanzen dürften bei 450 betragen, das Museal-Herbar besitzt deren 202.

Endlicher Stephan, Professor der Botanik, geboren zu Pressburg am 24. Juni 1804, gestorben zu Wien am 28. März 1849. Von seinen höchst verdienstlichen botanischen Werken kommt nur die Synopsis Coniferarum hier in Betracht, da sie einzelne Tiroler Standorte von lebenden und fossilen Zapfenbäumen gibt. Biographien von Endlicher lieferten die Ergänzungsblätter B. 5 p. 290, die allgemeine Augsburger Zeitung Beilage v. 7. Mai 1849, unter der Aufschrift: den Manen Endlicher's; dann einen Aufsatz über E—'s litterarische Thätigkeit die illustrirte Zeitung 1845 B. 5½ p. 11 und 12.

Eschweiler Franz Gerhard, Med. Dr., Docent der Naturgeschichte zu Regensburg, starb 34 Jahre alt am 4. Juli 1831. E. betrat das Wormserjoch wenige Tage nach Eröffnung der neuen Strasse 1825 mit Funk und Fleischer, er besuchte auch das Martellthal, das Suldenthal, den Nonsberg und Schlern. Vergl. Litteratur.

Finke, Pharmaceut aus Oppeln in Schlesien, machte 1833 eine botanische Reise von Berlin über Regensburg und München durch Vorarlberg über das Wormserjoch nach Triest und kehrte von dort über Klagenfurt nach Heilig-Blut zurück, wo er mit Hoppe die Gamsgrube besuchte, dann über Salzburg, Wien und Prag zurückkehrte (Aus Flora 1833 pag. 678). Am Wormserjoche fand F. die Saxifraga Vandellii.

Fleischer Fr., aus Esslingen, 1833 als Arzt und Lehrer der Naturgeschichte in Hofwyl angestellt (Flora 1833 p. 79). F. reiste mit einem dienstbaren Geiste am 8. Mai 1825 über Ulm und Memmingen, wo Pfarrer Köberlin ihn um Grönenbach auf Excursionen begleitete. Er eilte wegen Nachtfröste nach Riva, wo er Ende Mai eintraf. In Roveredo erfreute er sich der Gastfreundschaft Cristoforis, der ihn auf einigen Excursionen (auf den Col santo) begleitete. Auf dem Baldo hatte er sehr schlechtes Wetter. Dann besuchte er die Umgebung von Bozen, den Schlern (Vergl. Elsmann und Funk) und die Seiseralpe. Am Ortler entdeckte er das Epilobium Fleischeri Hochstetter im Suldenthale. Er brachte für den würtembergischen Reiseverein auf seinen Wanderungen in Tirol über 400 Arten Phanerogamen und 200 Arten Cryptogamen in mehr als 15,000 Exemplaren zusammen (aus Flora 1826 p. 81).

Flörke Heinrich Gustav, Professor u. Director des botanischen Gartens in Rostock, gestorben 1835. Die Ergebnisse seiner Zillerthaler Reise (1798) legte er in Schraders Journal 1800 nieder. Primula Floerkeana Schrader. Auch die Cryptogamenflora des Zillerthales verdankt ihm einige Entdeckungen.

Fontana, Apotheker in Lazise am Gardasee, stand mit Boni im Tauschverkehre und es befinden sich in Folge dessen einige wenige von ihm am Gardasee gesammelte Pflanzen im Museal-Herbar, z. B. Vallisneria spiralis.

Frölich Jos. Alois von (Frl.), von Oberndorf im Allgau, geboren am 19. März 1766, Medicinalrath in Ellwangen, gestorben allda am 11. März 1841. Bekannt durch seine Inaugural-Dissertation: de Gentiana, Erlangae 1796, und seine Arbeiten über die Hieracien (in De Candolle's Prodromus). F. botanisirte vorzüglich um Füssen und Vils, wo er am Salober den einzigen Standort des Epipogium Gmelini für Tirol angibt. Im Lechthale botanisirte er 3mal, wie aus dem Tiroler Bothen 1825 Nr. 89 erhellt. Den Schlern, die Seiseralpe und das Wormserjoch besuchte er im Juli 1829.

1178 Notizen über die Gewährsmänner der Flora.

Funk Christian Heinrich (Fk.), Apotheker in Gefrees bei Bayreuth, gestorben allda, 68 Jahre alt, am 14. April 1839. Herausgeber der cryptogamischen Gewächse des Fichtelgebirges, die seit 1801 erschienen. Diese Sammlung enthielt später auch Tiroler Cryptogamen. F. besuchte 1823 mit Zuccarini und Bischoff das Oetzthal, bestieg den hohen Krähkogel, ging dann nach Passeyer, später auf den Schlern und nach Heilig-Blut. 1825 besuchte er wieder den Schlern und die Seiseralpe mit Eschweiler, kam mit Elsmann und Fleischer zusammen und brachte allda an 14 Tage zu. Hierauf kamen sie über Bozen, Kaltern und Rabbi ins Martell- und Suldenthal, das Wormserjoch konnten sie jedoch des schlechten Wetters wegen nicht erreichen, was F. fürs folgende Jahr sich vornahm und auch ausführte. Vergl. Litteratur und Rabenhorst. Sein Sohn Georg kam im August 1831 nach Heilig-Blut und reiste über die Tauern wieder über Salzburg zurück.

Gaudin Johann, Priester zu Nyon im Canton Waadt, gestorben 1833. Der VII. Band seiner Flora helvetica p. 69 und 445 enthält mehrere Angaben über das Rheinthal, wofür er Custer als Gewährsmann anführt.

Gebhard Joh. Nep. (Gbh.), geboren zu Freisingen am 23. Juli 1764, gestorben zu Grätz am 9. Juni 1827, k. k. Bergbeamter zu Grossarl, dann zu Zell im Zillerthale, später Sekretär bei Erzherzog Johann. Aus Grossarl sendete G. an Hoppe für dessen Taschenbuch 1798 und 1799 ein paar Aufsätze. Von seinen im Zillerthale meist zu Ende des vorigen Jahrhunderts gesammelten Pflanzen befinden sich im Museal-Herbar 240 Arten und es sind diese somit die ältesten dieser Sammlung aus Tirol. G. bestieg den Ortler im Jahre 1805 3mal und mass ihn, das Jahr früher musste er von der Besteigung desselben ablassen wegen Erkrankung und es unternahm es dann der bekannte Jäger Joseph Pichler ohne ihn am 27. September. Das Nähere dieser ersten Besteigung unseres Bergriesen, so wie über G—'s barometrischer Messung (sie ist bekanntlich um 2000 Fuss höher als die spätere von Thurwieser) im Sammler von Tirol 3ter Band 1807 p. 228—240. G. sammelte in Vintschgau für Erzherzog Johann nebst Pflanzen auch Mineralien, einige Pflanzenarten von da befinden sich aus seiner Hand im B. v. Giovanellischen Herbar. G. war es, der die von Wahlenberg zuerst beschriebene Tofßeldia borealis von der Schragalpe im Zillerthale an Wahlenberg schickte (vergl. W—'s Flora carpathica p. 106). Die von Hoppe nach ihm benannte C. Gebhardi war früher schon von Sieber als C. Persoonii ausgegeben worden, eben so ist C. Gebhardi Wildenow synonym mit C. elongata L. Ein Necrolog von G. befindet sich mit mangelhaften Notizen auch in der Flora

Notizen über die Gewährsmänner der Flora. 1179

1828 p. 495. Im Jahre 1821 veröffentlichte G. ein alphabetisches Verzeichniss von 1330 von ihm in Steiermark gefundener wildwachsender Pflanzen.

Griesselich Ludwig, grossherzoglich badischer Generalstabsarzt in Carlsruhe, starb am 31. September 1848 zu Hamburg in Folge eines Sturzes vom Pferde. G. besuchte im Sommer 1837 einige Gegenden Tirols, namentlich den Pass Thurn, den Jochberg, den Schlern und die Seiseralpe, das Wormserjoch und kehrte über den Arlberg zurück. Vergleiche Litteratur.

Gruner Carl, besuchte Tirol im Jahre 1822 mit Bartenstein. Vergl. Litteratur.

Gundlach Eduard Baron von, Rittergutsbesitzer aus Mecklenburg, hielt sich mehrere Jahre in Tirol und grösstentheils in Bozen auf, von wo aus er auch Pusterthal, das Wormserjoch, den Gardasee und das Bad Obladis in Oberinnthal besuchte. G. kehrte im Frühjahre 1846 in seine Heimath zurück.

Guttenberg, k. k. Bergbeamter, Sauter's Schwager, fand auf dem Volderjoch die Tofieldia borealis (Flora 1837 Beiblätter pag. 66).

Hacquet Balthasar, Professor zu Lemberg, geboren 1740, gestorben 1814. Vergl. Litteratur.

Hänke Thaddäus, geboren zu Kreihitz in Böhmen, gestorben 1827*) zu Cochabamba eines räthselhaften Todes. Die Ergebnisse seiner Reise in Tirol unter dem Titel: Observationes botanicae in Jacquin's Collectaneis.

Hargasser Johann Georg (Hrg.), Pharmaceut, besuchte im Jahre 1821 das Oetzthal, einige Alpen Unterinnthals und von Lienz, dann das Etschland und Vintschgau. Sein Reisetagebuch theilte Fürnrohr in der Flora 1825 pag. 436—445 mit. H. verunglückte auf dem hohen Göll, wo er von Salzburg aus, wo er conditionirte, botanisirte, durch einen Sturz von einem Felsen am 22. August 1824 und liegt zu Berchtesgaden begraben. Näheres über sein tragisches Ende in Flora 1824 p. 557 etc.

Haury, Assistent am botanischen Garten in Schönbrunn, botanisirte im Sommer 1844 in Fassa und Judicarien (Giornale agrario 1844 p. 200).

Hechenberger, fürstlicher Chiemsee'scher geistlicher Rath und Pfarrer zu Brixen im Brixenthale, verehrte der botanischen

---
*) So nach Dr. Glückselig in Sieber's Biographie, in Krüger's Bibliographie wird wohl nur aus Versehen das Jahr 1817 angegeben.

Gesellschaft in Regensburg das erste und zweite Heft seiner
Giftpflanzen (Flora 1805 p. 44).

Hiller Christian Friedrich, Med. Dr., kam im August 1806
von Trogen aus über Altstätten, Feldkirch und Chur nach
St. Moriz in Engadin und machte denselben Weg zurück.
Sein Reisebericht (vergleiche Litteratur) enthält einige Vorarlberger Standorte.

Hilsenberg Theodor, aus Erfurt, bereiste mit Eschenlohr und
Sieber auf Kosten des Letztern im Jahre 1820 Tirol. Die
Flora der Windaualpe bei Sölden beschrieb H. in der Flora
1820 p. 634 etc. Im Jahre 1825 reiste H. auf Rechnung
Sieber's nach Isle de France und starb 1825 als noch junger Mann in Madagaskar.

Hinterhuber Rudolph, Sohn des 1850 verstorbenen Apothekers
und Professors G. Hinterhuber in Salzburg. H. conditionirte im Jahre 1826 in der Haas'schen Apotheke in Bozen.
Ein Verzeichniss (de dato Mondsee 1836) der von ihm um
Bozen, auf dem Joch Grimm, Schlern der Seiseralpe, Mendel und Rittneralpe aufgefundenen 560 Gefässpflanzen befindet sich in der Musealbibliothek in Innsbruck. H. besuchte von Bozen aus auch das Spronserjoch bei Meran,
dann den Gardasee und den Baldo. Auf der Kirschbaumeralpe war H. im Jahre 1824, im Jahre 1829 (laut Flora
1824 p. 575) gab er auf Pränumeration getrocknete Alpenpflanzen von Salzburg, den Tiroler- und Kärnthner-Alpen
heraus die Centurie à 6 fl. 40 kr.

Hochstetter Christian Fr., Stadtpfarrer und Professor zu Esslingen, unternahm (nach Flora 1829 pag. 492) eine Reise
nach dem Wormserjoche und dem Ortler. Tiroler Standorte enthält auch: Steudel et Hochstetter, enumeratio plantarum Germaniae, Helvetiaeque, Stuttgart u. Tübingen 1826.
Vergl. ferner Litteratur.

Höfle Dr. M. A., Docent an der Universität Heidelberg, Verfasser der Flora der Bodenseer Gegend, scheint im Rheinthale nie gewesen zu sein und hat die bezüglichen Standorte aus Sauter, Custer und Gaudin copirt.

Hohenwarth Sigmund Baron von, Domherr von Gurk, besuchte
die Lienzer Alpen 1777. Am 26. Juli 1801 war H. mit
dem Fürstbischofe von Gurk, mit Wulfen und Hoppe in
Heilig-Blut, um den Glockner zu besteigen. Vergl. ferner
Litteratur: Reiner und Hohenwarth.

Hoffmann Georg Franz, Professor zu Moskau, früher zu Erlangen und Göttingen. Einige wenige Tiroler Standorte
enthält sein Taschenbuch. Vergl. Litteratur.

Hoppe David Heinrich Dr., k. bairscher Hofrath, Professor u.
Director des botanischen Gartens zu Regensburg, geboren

Notizen über die Gewährsmänner der Flora. 1181

am 15. December 1760 zu Vilsen in Hannover, gestorben am 1. August 1846. Hoppe besuchte von Heilig-Blut aus, wo er für gewöhnlich sein Standort aufgeschlagen hatte, die Alpen des östlichen Tirols. Auf die Kirschbaumeralpe kam er das erste Mal 1798 und besuchte sie bis zum Jahre 1837, wenn nicht jedes doch jedes zweite Jahr. Die Ergebnisse dieser seiner vieljährigen Wanderungen finden sich in seinem Taschenbuche, in der Flora, dann in seiner Selbstbiographie verzeichnet. Tiroler Pflanzen enthalten seine Centurien getrockneter Pflanzen (vergl. Herbarien). Hoppe's Namen tragen von in Tirol vorkommenden Pflanzen: Gnaphalium Hoppeanum, Scrophularia Hoppii.

Hornschuch Friedrich (Hrnsch.), Professor der Botanik und Director des botanischen Gartens zu Greifswalde, gestorben am Weihnachtstage 1850. H. kam 1816 auf seiner Rückreise von Triest mit Hoppe nach Heilig-Blut und hielt sich allda und auf den umliegenden Tiroler Alpen an 2 Monate auf. Später (1826) kam er mit Rudolfi und Lallemant wieder nach Tirol. Von in Tirol wachsenden Pflanzen tragen Carex Hornschuchiana und das Moos: Anoectangium Hornschuchianum seinen Namen. Die Bryologia germanica von Nees, Hornschuch und Sturm, II Bände, Nürnberg 1823—1831 geben uns über die von H. in Tirol aufgefundenen Moose Nachricht.

Host Nicolaus Thomas, k. k. österreichischer Leibarzt, starb am 13. Jänner 1834 im 71. Jahre. Die von ihm in Tirol aufgefundenen Pflanzen enthält seine 1797 erschienene Synopsis plantarum, welche Angaben in seinen späteren Werken sich wiederholen. Juncus Hostii Tausch.

Jan Georg, Professor der Botanik in Parma. J. besuchte im Jahre 1823 Tirol und kam nach Heilig-Blut, wo er Hoppe besuchte. Von da aus ging er nach Salzburg, wo er Prof. Schultes traf und mit ihm auf den Berchtesgadener Alpen lebende Pflanzen sammelte. J. war auch auf dem Baldo, wie wir aus Bertoloni's Flora italica ersehen.

Kellner Carl von Kellerstein, k. k. Major, fiel 1849 vor Komorn. K. stand längere Zeit als Hauptmann eines italienischen Grenadierbattaillons in Verona in Garnison und besuchte von da aus den Baldo, so wie er sich überhaupt um die Flora des Venezianischen viele Verdienste erwarb.

Koch Wilhelm Daniel, Med. Dr., k. bairischer Hofrath, Professor und Director des botanischen Gartens in Erlangen, Verfasser der Synopsis Florae Germanicae etc. etc. geboren in Kusel in Rheinbaiern am 5. März 1771, gestorben am 15. November 1849. Koch besuchte im Juli 1829 das Bad Kreuth und von da aus das Achenthal (vergl. Flora 1830, pag. 113).

Köberlin C. L., Pfarrer, früher in Grönenbach, dann in Dickenreishausen bei Memmingen, seit dem Tode Dobels 1849 in Kempten. K. bestieg im Jahre 1830 den Linkerskopf bei Oberndorf, die Mädelesalpe, das Kaiserjoch im Lechthal, den Aggenstein bei Pfronten, das Gaishorn bei Vils, im August 1831 besuchte er mit Dobel, Dr. Henne und Apotheker Trohitius von Kempten aus den Grinten bei Sonthofen und den Widderstein im Walserthale.

Kotschy Theodor, der bekannte Sammler im Oriente, war im September 1845 in Tirol, wo er von Bozen aus die Seiseralpe und den Schlern besuchte.

Kummer Ferdinand, Med. Dr. aus Moosburg in Baiern, Adjunct an der botanischen Abtheilung der Accademie in München. K. sammelte in Tirol vorzüglich Moose, im Jahre 1847 mit Bar. Zwackh aus Heidelberg im Gebiethe von Kitzbüchl. In ihrem Auftrage liess Traunsteiner 1849 durch seinen gewöhnlichen Begleiter, einen Bergarbeiter, auf dem Geisstein, Gschöss, kleinen Röthenstein u. Felbertaurn Flechten sammeln.

Laurer F., Med. Dr., Professor der Anatomie in Greifswalde. Vergl. Bischoff. L. sammelte in Tirol Moose.

Lehmann Johann Georg Christian, Professor und Director des botanischen Gartens in Hamburg. L. reiste von Italien kommend 1813 durch Tirol, seine Reise geschah sehr flüchtig wegen der Kriegsunruhen und das Gesammelte konnte er erst in Wien ordnen (in litteris ad Heufler), daher seine wenigen auf Tirol bezüglichen Angaben wegen Möglichkeit einer Verwechslung der Standorte mit Misstrauen zu betrachten sind. Verfasser der: Plantae e familia generis Asperifoliarum, Berolini 1818, und: Monographia generis Primularum, Lipsiae 1817. L. starb um das Jahr 1848. —

Link Heinrich Friedrich, Professor und Director des botanischen Gartens in Berlin, früher in Rostock, dann Breslau, starb am 1. Jänner 1851 in einem Alter von 84 Jahren. L. war im Jahre 1827 in Heilig-Blut und ging von da nach Lienz, Bozen und Trient und über Pergine nach Venedig etc.

Lobel Matthias, geboren zu Rüssel in Flandern 1538, starb als königlicher Hofbotanikus in London. Nach dem Giornale agrario degli Distretti Trentini 1844 p. 66, war L. auf dem Baldo und zwar nach Pona und Bavinus (Bauhinus?).

Löhr Math. Jos., Apotheker in Köln. Die in seiner Enumeratio der Flora Deutschlands gegebenen Tiroler Angaben beruhen auf Excerpirung der Werke von Koch, Host, Bertoloni, Pollini, Reichenbach, Maly etc. etc.; auch manche ältere zweifelhafte oder offenbar irrige Angabe wird wiedergegeben.

Martens Georg von (Mrts.), geboren im Venezianischen von deutschen Aeltern, später nach Stuttgart übersiedelt und nun Oberjustizrath allda. M. reiste, wie aus seinem äusserst interessanten Werke: Reise nach Venedig zu ersehen, von 1816—1823 wiederholt durch Tirol und war auch auf dem Baldo. Botanische Bemerkungen und Tiroler Standorte finden sich im 2ten Theile des erwähnten Werkes p. 335—375 unter der Rubrik: Rückkehr nach Deutschland. M. botanisirte namentlich am Pass Covelo, bei Borgo, Salurn und Bozen.

Manganotti, Apotheker in Verona, sammelte am Baldo (vergleiche Bertoloni).

Mayer Friedrich, Erzieher der Söhne des Feldmarschall-Lieutenants Bianchi, starb 1829 am 21. Dezember bei Mestre durch Sturz vom Wagen. Im Jahre 1823 machte er Ausflüge von Carlsruhe über Salzburg und Triest nach Italien, im Jahre 1829 besuchte er Hoppe, dessen Schüler er Anfangs dieses Jahrhunderts in Regensburg gewesen war, in Heilig-Blut und begleitete ihn auf Excursionen. M. sammelte auch im südlichen Tirol, am Baldo, in Agordo etc., wie aus Bertoloni und Reichenbach's flor. exc. hervorgeht.

Meneghini Jos. von, Professor der Medicin in Padua. Vergl. Bertoloni.

Mettenius Georg, seit 1850 an Alex. Braun's Stelle Professor an der Freiburger Universität, kam als Student der Medicin im September 1843 mit von Frantzius aus Danzig (gegenwärtig Docent in Breslau) und Kamphöbner aus Kopenhagen über Vorarlberg nach Tirol. Sie besuchten die Seiseralpe und reisten über Innsbruck zurück.

Montini, Apotheker in Bassano, sammelte vorzüglich in Valsugana (am Montalon). Vergl. Bertoloni.

Moretti Joseph, Professor in Pavia. M. entdeckte der erste die von Reichenbach nach ihm benannte Campanula Morettiana am Avoi und Udai in Fassa, oder war eigentlich der erste, der diese schöne Art für neu ansah, denn nach Bertoloni ist die von Pollini in Valsugana angegebene (von Cristofori erhaltene?) C. pulla die morettiana.

Moritzi Alexander, Professor der Naturgeschichte in Solothurn. Dass M. auf dem Wormserjoch und im höhern Vintschgau sammelte, ersehen wir aus seinem Werke: die Flora der Schweiz, über das Jahr seiner Reise gibt uns die Flora (1828 pag. 574) Aufschluss: Moritzi, Studirender in München mit Krätz aus München und Sauber aus Windheim besuchten 1828 Tirol, nachdem sie früher den Watzmann in Berchtesgaden und den Untersberg in Salzburg bestiegen hatten. M. starb am 13. April 1850 in seiner Vaterstadt Chur.

1184 Notizen über die Gewährsmänner der Flora.

Mielichhofer Matthias, jubilirter k. k. Bergrath, starb zu Salzburg 1847 am 17. November im Alter von 76 Jahren. M. wird in Hinterhuber's Prodromus einer Flora Salzburgs mehrmals als Gewährsmann für Standorte im Zillerthal angeführt, in Heilig-Blut war M. mit Hoppe 1798. M—'s Necrolog von Dr. Sauter in Flora 1849 Nr. 42.

Papperitz Wilhelm aus Dresden, sammelte im östlichen Pusterthale und in Buchenstein sowohl Gefäss- als Zellenpflanzen, und wird in Reichenbach's Deutschlands Flora für einige wenige Tirolische Standorte citirt. P. soll (bot. Zeitung 1851) in Amerika, wo er sich seit etwa 2 Jahren aufhielt, verunglückt sein.

Parolini sammelte in Fassa, Valsugana und auf den Bassanesischen Gebirgen. Vergl. Bertoloni.

Parlatore Filipp, Professor der Botanik in Florenz, hielt sich auf seiner wissenschaftlichen Reise nach München, Berlin u. Wien (1844) einige Tage in Trient auf (Giornale agrario 1844 pag. 200).

Pollini Cyrus (Poll.), Med. Dr., Vorsteher des botanischen Gartens in Verona, gestorben 1833. P. bereiste das südliche Tirol, auf dem Finocchio bei Roveredo war er mit Cristofori, von dem er überhaupt viele Beiträge an Pflanzen aus Valsugana und dem Gebiethe von Roveredo für seine Flora veronensis erhielt. P. dehnte seine Flora auch über das italienische Tirol aus, ja einzelne Angaben finden wir darin sogar vom Bozner- und Brixner-Gebiethe. Die von Sprengel ihm zu Ehren gegründete Grasgattung: Pollinia (Arten von Andropogon) konnte bisher noch nicht allgemeine Anerkennung finden.

Pona Johannes. Die von P. auf dem Baldo gefundenen Pflanzen sind in seinen Schriften: Il paradiso dei Fiori, und: Simplicia in Balde monte reperta verzeichnet.

Rainer Moriz von, starb 1847 zu Grätz 54 Jahre alt. R. hielt sich an 18 Jahre als Banquier zu Mailand auf, von wo aus er den Baldo, Fassa und Fleims, das Wormserjoch etc. besuchte und von da Pflanzen an Bertoloni einsendete. Campanula Raineri Perpent.

Rehsteiner, Pfarrer in Eichberg bei Altstätten im schweizerischen Rheinthale.

Reiner. Vergleiche Hohenwarth.

Roiti de. Vergleiche Bertoloni.

Rosenhauer Gottlieb Wilhelm, Med. Dr. und Professor an der Universität in Erlangen, Verfasser der Käfer Tirols (in seinen Beiträgen zur Insektenfauna von Europa), botanisirte im August 1850 im Thale Gschnitz und am Wolfenthurn am Brenner.

Notizen über die Gewährsmänner der Flora. **1185

Rudolphi Friedrich, Med. Dr., aus Ratzeburg, starb allda 1849 im Alter von 48 Jahren. R. war im Sommer 1826 in Tirol (vergl. Hornschuch) und sammelte sowohl Phanerogamen als Cryptogamen. Saxifraga Rudolphiana Hornschuch.

Schimper W. P., Mitverfasser der Bryologia europaea (mit Bruch und Gümbel). Sch. war im Jahre 1840 mit Mühlenbeck am Wormserjoch, 1843 am Geisstein bei Kitzbüchl.

Schlagintweit Dr. Adolf und Herrmann aus München, besuchten im Jahre 1847 das Oetzthal und Matscherthal, im Jahre 1848 waren sie auf dem Glockner, dessen Höhe sie auf 12,213 und nach einer spätern Berichtigung auf 12,158 Pariser Fuss angaben. Nach ihnen geht der Cerealienbau im Oetzthale über 1600 Meter, während in geringer Entfernung davon auf den Abhängen der nördlichen Kalkalpen nicht einmal die mittlere Baumgränze diese Höhe erreicht.

Schnizlein Adalbert, an Koch's Stelle 1850 zum Professor der Botanik in Erlangen ernannt. Verfasser einer Flora von Baiern. Vergl. Litteratur.

Schrank Franz de Paula von, Accademiker und erster Vorsteher des botanischen Gartens in München, Dr. der Philosophie und Theologie, geboren zu Farnbach am Inn, gestorben zu München 1835 im Alter von 89 Jahren. S. trat zu Wien in den Jesuitenorden und kehrte nach der Auflösung desselben in seine Heimath zurück, wurde Professor zu Amberg, Burghausen, Ingolstadt und Landshut, gab eine bairische Flora (München 1789 und Regensburg 1793) und die Flora von Salzburg heraus. Schr. durchforschte das Zillerthal und besuchte auch das südliche Tirol und war mit Cristofori in Vallarsa.

Schultes Jos. August, geboren zu Wien 1773, gestorben zu Landshut 1831 als Director der chirurgischen Schule allda, früher Professor an der theresianischen Ritteraccademie in Wien, Universitäts-Professor in Krakau, 1807—1809 : Professor der Naturgeschichte in Innsbruck, wo er seine: Observationes botanicae in Linnaei species plantarum (Oeniponti 1809) herausgab. Ausser den schon in der Rubrik: Litteratur angeführten Werken, gab er auch eine Flora Baierns (Landshut 1811) heraus.

Schultz C. Heinrich (Bipontinus zum Unterschiede von H. Schultz, Professor in Berlin), Hospitalarzt in Zweibrücken, früher in Deidesheim, bekannt durch seine Arbeiten über die Cicoriaceen, war im Juli 1832 auf dem Schlern u. der Seiseralpe und veröffentlichte ein Verzeichniss der von ihm allda gefundenen Pflanzen in der Flora. Sein Bruder Friedrich, seit 1833 Zeichnungslehrer am Collegium in Bitche im angränzenden Frankreich, scheint auch in Tirol gewesen zu sein, wenigstens lesen wir in seiner Flora der Pfalz

p. 3, dass er 1828 bei Heilig-Blut in Menge: Thalictrum sylvaticum gefunden habe.

Schwägrichen Friedrich, Dr. und Professor der Botanik in Leipzig, war 1801 in Heilig-Blut, machte eine Excursion mit Hoppe auf die Pasterze und bestieg die Kirschbaumeralpe, die Schleinizspitze und Gössnitz (Hoppe's Taschenb. 1801 pag. 200).

Sendtner Otto, Dr. der Philosophie, Sohn eines Universitäts-Professors in München, früher Privat-Docent der Botanik in München, seit 1848 Adjunct bei der botanischen Abtheilung der königlichen Accademie und mit der botanischen Untersuchung Baierns beauftragt. S. hielt sich im Herbste 1844 auf seiner Rückreise von Dalmatien längere Zeit in Bozen auf, von wo aus er auch die Sarnerscharte bestieg und sammelte vorzüglich Moose; auch einige Theile von Nordtirol (Stubaierferner) wurden von ihm durchforscht, so wie die Nachbargränzen Baierns und wir finden seine zahlreichen Funde und Entdeckungen in Heufler's: Laubmoose von Tirol verzeichnet.

Sieber Franz Wilhelm, der berühmte Reisende um die Erde, geboren zu Prag 1789, gestorben allda als Irrsinniger 1844. S. besuchte auf seiner Rückreise von Italien Ende Juni 1813 die Alpen bei Lienz (vergl. Rauschenfels). Im Jahre 1820 bereiste S. vom 1. Mai bis zum 5. September mit Eschenlohr und Hilsenberg Tirol und durchforschte Oetzthal, Vintschgau, Passeyer, das Etschland, Nons- ζ u. Sulzberg, Judicarien, den Gardasee und Vallarsa. Tiroler Pflanzen enthalten die ersten 2 Fascikel seiner 2ten Lieferung von Alpenpflanzen. Eine vollständige Biographie Sieber's gab Dr. Glückselig 1847 in Wien heraus unter dem Titel: Fr. W. Sieber, ein biographischer Denkstein.

Spitzel Anton von, Forstmeister in München. Sp. sammelte auf den Alpen bei Lofer (in Tirol nach Koch) die Rosa ciliato-petala Bess. und entdeckte auf der Weissbachalpe an der Gränze Tirols in Pinzgau die Orchis Spitzelii Sauter.

Sternberg Caspar Graf von, Rittergutsbesitzer zu Brzezina in Böhmen, Präsident des böhmischen Museums, geboren 1761, gestorben am 20. December 1838. St. besuchte 1804 den Baldo und Spinale und entdeckte in Judicarien die Saxifraga arachnoidea. Im August 1807 besuchte er mit Bray und Duval die Loitasch, Lermoos, Reutte und Füssen. Vergleiche Litteratur.

Tita Anton, besuchte einen grossen Theil der Gebirge des südlichern Tirols, vorzüglich die zwischen Primiero und Feltre. Seine Reise veröffentlichte er im Jahre 1713 mit einem Verzeichnisse der von ihm gefundenen Pflanzen (Giornale agrario 1844 pag. 66). Tita wird auch einige Male von Bertoloni citirt.

Notizen über die Gewährsmänner der Flora. 1187

Treviranus L. C. Dr., Professor zu Bonn, besuchte im Herbste 1850 Südtirol. Ein Treviranus war schon im Jahre 1817 in Südtirol und besuchte mit Cristofori den Montebaldo; ferner lesen wir in Flora 1825 pag. 575: Professor Treviranus und Dr. Göppert reiseten (1825) von Schlesien nach Salzburg, besuchten von dort aus die Gebirge von Gastein und Oberkärnthen, bestiegen die Pasterze und Gamsgrube bei Heilig-Blut, reisten von dort über Lienz nach Bozen, besuchten den Schlern und die Seiseralpe und reisten dann über Innsbruck durch Baiern zurück. Ob sich diese Notizen auf obigen Trev. beziehen oder auf den 1837 verstorbenen Professor Gottfried Treviranus zu Bremen, konnten wir bisher nicht auffindig machen und bedauerten um so mehr, bei der Anwesenheit des Professors aus Bonn in Bozen 1850 zufällig abwesend gewesen zu sein. Trev. sammelte in Tirol auch Moose.

Vaëna Abbé aus Wien, wird als Sammler lebender Alpenpflanzen für Wien schon in Flora 1802 pag. 605 erwähnt. In der Flora 1820 p. 631 und Flora 1825 p. 605 lesen wir, dass er Tirol zu einer ungünstigen Zeit bereist habe und der erste in Tirol den Cyperus glomeratus gefunden habe.

Visiani Robert de, Med. Dr., früher Arzt in Dernis bei Sehenico in Dalmatien. Sammelte auf der Vette di Feltre. Vergl. Bertoloni.

Welden Baron von aus Baiern, Civil- und Militärgouverneur in Wien. W. mass als damaliger Oberst das Wormserjoch (1823?), auch botanisirte er am Baldo und in Judicarien. Später begegnen wir ihm als Militärchef in Triest, von wo aus er Istrien und Dalmatien durchforschte. Im Jahre 1844 kam er als Brigadier u. Commandirender nach Tirol, welches er 1848 verliess, um beim Feldzuge in Italien ein Commando zu übernehmen. Cytisus Weldeni Visiani eine Istrianer Pflanze.

Wendland Hermann, Hofgarteninspector aus Herrenhausen bei Hannover, machte im August 1847 eine Reise nach Tirol, wo er namentlich im Kalser- und Virgenerthale botanisirte. Vergl. Litteratur.

Wulfen Franz Xaver von (Wlf.), der Sohn eines österreichischen Generals, war 1728 zu Belgrad geboren und starb zu Klagenfurt am 16. März 1805. 1761 Professor der Mathematik in Görz, 1762 Prof. der Philosophie in Laibach, 1763 Prof. der Physik und Mathematik in Klagenfurt, wo er nach Auflösung des Jesuitenordens, dessen Mitglied er war, bis zu seinem Tode verblieb. W. besuchte öfters das östliche Pusterthal und das Bad Prax (1774, 1775, 1776, 1790 und 1794), besuchte zum Theile mit seinem

Freunde Abbé Mayer die umliegenden Alpen, namentlich den Geissel, den Sarl und die Rossalpe, am 26. Juli 1801 war er in Heilig-Blut bei der Gesellschaft, die sich eingefunden hatte, den Glockner zu ersteigen. Jacquin ehrte seine Verdienste um die Naturwissenschaften durch die Kärnthnerische Gattung: Wulfenia, Hoppe durch sein, auch in Tirol wachsendes, Sempervivum Wulfeni.

Zanardini, sammelte im südlichsten Tirol z. B. am Portole. Vergl. Bertoloni.

Zoys Baron von, besuchte die Alpen von Lienz und Hoppe erzählt uns, dass er seinem Führer, als er ihm die erste Valeriana supina zeigte, einen Ducaten geschenkt habe. Viola Zoysii Wulfen ist eine gelbblühende Abänderung der V. calcarata.

Zuccarini Jos. Gerhard (Zcc.), Professor der forst- u. landwirthschaftlichen Botanik in München seit 1827, geboren allda 1797, gestorben 1848. Z. war 1819 im Oetzthale, 1823 begegnen wir ihm wieder allda und in Passeyer, dann auf dem Schlern, später auf dem Kellerjoche bei Schwaz. Z. machte zuerst auf die nächst St. Oswald bei Bozen an einem Felsen verwilderten nun ausgestorbenen Agaven aufmerksam.

Zweifelhafte oder irrige Angaben von Tiroler Pflanzen in älteren Werken oder Verzeichnissen.

1. *Anemone Halleri All.* Nach Sternberg auf dem Spinale, wo seither nur A. vernalis gefunden wurde.. Was ich als A. Halleri aus Tirol erhielt, waren grössere Exemplare von A. vernalis. A. Halleri wächst sonst im Wallis, Savoyen und Piemont.
2. *Anemone apennina L.* Wird von älteren Autoren am Baldo im Val delle Ossa (also ausser der Gränze) angegeben, unterscheidet sich von der verwandten A. trifolia durch zahlreichere, längliche himmelblaue Blumenblätter und kommt mit Gewissheit nur in den Apenninen vor.
3. *Adonis vernalis L.* Im nördlichen Tirol gegen Innsbruck hin (Flora 1844 pag. 546)?? Sonst bei München und Regensburg; in der Schweiz nur im Unterwallis; Lombardei; nicht in Salzburg und Kärnthen.
4. *Aquilegia alpina L.* Wird in älteren Auctoren als in Tirol wachsend angegeben und wir finden diese Angabe selbst noch in Maly's Enumeratio wiedergegeben. Was dafür angesehen wurde ist A. pyrenaica De C. = A. alpina Sternberg und Lamark. A. alpina L. wächst in der Schweiz und auf den Gebirgen der Lombardei.
5. *Aquilegia Sternbergii Reichb.* Bei Storo in Tirol (Sternberg in Reichenb. flor. exc. p. 749). Dagegen bemerkt Reichenbach in der spätern Deutschlands Flora mit Recht, dass die bisherigen Standorte mit Ausnahme von Oberkrain erst zu sichern seien.
6. *Paeonia corallina Retz.* Vergl. pag. 35. *)

---

*) Die schon im Verlaufe des Textes unserer Flora besprochenen zweifelhaften Arten werden der Uebersicht wegen hier wiederholt und die beigefügten Zahlen weisen auf die Seiten.

1190 Zweifelhafte oder irrige Angaben etc.

7. *Nasturtium pyrenaicum Brown.* Tirol nach Laicharding. In der Schweiz im Unterwallis und Graubündten; Lombardie; Krain.
8. *Nasturtium terrestre Tausch.* Lombardie, Tirol, Böhmen (Maly enum. p. 264).
9. *Sisymbrium multisiliquosum Hoffm.* (S. austriacum Jacq.). Nach Hinterhuber bei St. Jacob nächst Bozen. Sonst: Schweiz, Franken, Oestreich, Steiermark.
10. *Erysimum orientale R. Br.* Tirol, Lombardie etc. (Maly enum. p. 270). Der Pollinische Standort am Baldo: Val di Caprino bis zum Prà bestemmià, der Maly's Angabe zu Grunde liegen dürfte, ist ausser den Gränzen Tirols.
11. *Arabis serpyllifolia Vill.* Tirol, Krain, Lombardie (Maly enum. pag. 266). Wahrscheinlich aus Pollini entlehnte Angabe, Pollini's Arabis serpyllifolia var. pubescens gehört jedoch nach Bertoloni zu Arabis ciliata R. Br.
12. *Iberis umbellata L.* Tirol, Krain, Lombardie etc. (Maly enum. p. 280). Reichenbach gibt als Standort nur das südliche Littorale an.
13. *Biscutella ciliata De C.* Nach Pollini auf Hügeln im Veronesischen und Tridentinischen. Bertoloni dagegen in der Flora italica führt als italienische Standorte nur: Sardinien, Corsika und Neapel an.
14. *Biscutella auriculata L.* Angeblich auf der Seiseralpe u. in Judicarien. Sonst im südlichen Gebiethe: Piemont.
15. *Vesicaria utriculata Lam.* Tirol (Maly enum p. 274). Diese Angabe beruht zweifelsohne auf Verwechslung mit ihrem Standorte: Trient (Trente) im Wallis.
16. *Alyssum medium Host.* (A. gemonense Wulf.). Tirol, Krain, Kärnthen (Maly enum. p. 274), und wahrscheinlich nach Maly (Löhr enum. p. 61).
17. *Viola sciaphila Koch.* Vergl. p. 97.
18. *Polygala major Jacq.* Tirol (Laicharding); mit Sicherheit bisher nur in Mähren und Unterösterreich.
19. *Dianthus diutinus Kit.* Bei Meran (Zuccarini in Reichenbach flor. exc. p. 805). Diese Angabe verliert um so mehr an Gewicht, als Reichenbach selbst sie in seiner spätern Deutschlands Flora nicht wiedergibt. Koch zieht Reichenbach's D. diutinus zu D. atrorubens All.
20. *Dianthus plumarius L.* Tirol (Maly enum. pag. 304). Was der Verfasser unter diesem Namen aus Tirol sah, war: D. monspessulanus L.
21. *Dianthus caryophyllus L.* Vergl. p. 118.
22. *Saponaria lutea L.* Wird von älteren Autoren in Tirol angegeben, der Angabe jedoch schon in der Recension

Zweifelhafte oder irrige Angaben etc.

zu Mössler's Handbuch (Flora 1828 p. 541) widersprochen. Sonst am Monte Rosa, in Piemont.

23. *Silene chlorantha Ehrh.* Angeblich bei Kühbach nächst Bozen. Weder in der Schweiz und Baiern, noch Kärnthen und Salzburg.

24. *Alsine Villarsii M. u. K.* Nach Mielichhofer in Hinterhuber's Prodromus auf dem Gerlosstein im Zillerthale. Nach Sauter wurde von Mielichhofer eine Form der A. Gerardi dafür genommen. Sonst am Monte Rosa; in Kärnthen.

25. *Stellaria bulbosa Wulf.* Zillerthal nach Moll. Sonst nach Koch auf deutschem Boden nur in Krain und Steiermark.

26. *Stellaria crassifolia Ehrh.* Wurde nach Hinterhuber im Zillerthale angegeben, jedoch nach demselben die Angabe schon von Mielichhofer bezweifelt. Sonst nur im nördlichen Deutschland.

27. *Stellaria glauca With.* Im Zillerthale (Hinterhuber Prodromus p. 42).

28. *Arenaria grandiflora All.* In Hinterhuber's Prodromus wird als Standort der Geisstein bei Kitzbüchl und als Gewährsmann Traunsteiner angeführt. Wir haben Traunsteiner's Verzeichniss der Flora von Kitzbüchl vor uns, so wie das dem Museum geschenkte Kitzbüchler Herbar desselben, zudem theilte uns unser Freund alle nachträglichen Funde bis zu seinem Tode genau mit, finden aber zu obiger Angabe keinen Anhaltspunkt.

29. *Elatine Hydropiper L.* p. 154.

30. *Elatine triandra Schk.* Die Angabe: Villandereralpe scheint auf Verwechslung mit Montia fontana zu beruhen.

31. *Elatine hexandra De C.* p. 154.

32. *Elatine Alsinastrum L.* Der angebliche Standort Vorarlberg beruhte nach Custer auf Verwechslung.

33. *Linum flavum L.* Tirol, Kärnthen, Krain (Maly enum. p. 327). Nicht in der Schweiz und im Veronesischen, wohl aber in Baiern und Kärnthen.

34. *Linum hirsutum L.* Die angeblichen Standorte in Tirol gehören (wie schon Reichenbach flor. exc. pag. 834 andeutete) zu L. viscosum L.

35. *Linum angustifolium Huds.* Tirol (Maly enum. p. 328). Beruht wohl auf Verwechslung mit L. tenuifolium L. Sonst in Krain, Istrien und im Littorale.

36. *Lavatera thuringiaca L.* Tirol (Laicharding). Was ich in älteren Sammlungen aus Tirol als L. thuringiaca sah, war Malva Alcea L. Kommt auch in keiner der Nachbarfloren vor.

Zweifelhafte oder irrige Angaben etc.

37. *Althaea cannabina L.* An Waldrändern in Tirol (Laicharding). Sonst im Veronesischen und bei Valdagno im Vicentinischen, aber nicht in der Schweiz, Baiern, Salzburg und Kärnthen.
38. *Geranium tuberosum L.* Matthiolus ait (Matthiol. Valgr. 1585 tom. II. p. 902) se obtinuisse plantam ex Dalmatia ab Ulysse Aldrovando, nec reperit in Valle Anaunia Tyrolis, ut habet Vivianius in Fl. Libyc. specim. p. 39. (Bertoloni flor. ital. tom. VII. p. 210).
39. *Ruta angustifolia Pers.* R. chalepensis Vill. Auf Hügeln um Roveredo und Trient (Pollini flor. veronensis II. p. 8). Sonst in den Apuanen, in Ligurien.
40. *Ulex europaeus L.* Tirol und Lombardie (Maly enum. p. 344). Nach Moritzi nicht in der Schweiz. Bertoloni führt für die Lombardie und Venedig keinen Standort an. Ein im Gandelhofe bei Gries nächst Bozen ursprünglich gepflanzter Strauch ging vor ein paar Jahren ein.
41. *Trifolium noricum Wulf.* Vergl. pag. 206. Frölich's Standort dürfte auf Verwechslung mit der gelblich-blühenden Alpen-Varietät des T. pratense beruhen.
42. *Hippocrepis unisiliquosa L.* Tirol (Laicharding, Mössler). Auf der Höhe des Baldo am Monte Maggiore (Martini). H. unisiliquosa ist eine südliche (Istrien)- jedenfalls keine Alpenpflanze.
43. *Ornithopus perpusillus L.* Tirol, Lombardie, Istrien (Maly enum. p. 360). Sonst in der Schweiz, Baiern etc.
44. *Onobrychis caput-galli Lam.* Istrien, Tirol, Dalmatien (Maly enum. pag. 361). Nach Koch im Gebiethe seiner Flora nur in Istrien; Bertoloni kennt keinen Standort für das österreichische Italien.
45. *Onobrychis saxatilis All.* Hedysarum saxatile Host. Auf Gebirgen des wärmern Tirol (Host)! Sonst in Piemont.
46. *Colutea cruenta Ait.* C. orientalis Du R. Tirol (Mössler). Ein Exemplar, das ich aus Tirol unter diesem Namen erhielt, war C. arborescens. Sonst nur in Dalmatien. In Deutschland an einigen Orten verwildert (Koch syn.).
47. *Melilotus italica Lam.* Lombardie, Croatien, Tirol, Dalmatien (Maly enum. p. 352). Bertoloni führt als die uns nächsten Standorte: Nizza, Ferrara und Brondolo an.
48. *Ononis minutissima L.* An dem von Pollini angegebenen Standorte wächst nur O. Columnae = O. minutissima Jacquin. In Italien nach Bertoloni nur in Piemont und Sardinien, woher auch ich diese Art besitze.
49. *Cytisus supinus L.* Tirol (Maly enum. p. 347). Wohl eine Verwechslung mit C. supinus Jacq. = C. ratisbo-

Zweifelhafte oder irrige Angaben etc.

nensis Schäff.? oder mit C. supinus Pollini, welcher nach Bertoloni zu C. hirsutus L. gehört. Koch gibt für C. supinus L. als einzigen Standort: Wien, woher auch ich ihn besitze.

50. *Cytisus austriacus L.* Nach Sartorelli im italienischen Tirol. Nach Koch in Böhmen, Oesterreich, Mähren, woher auch ich Exemplare besitze.

51. *Astragalus Hypoglottis L.* p. 223.

52. *Lathyrus Nissolia L.* Tirol, Lombardie, Istrien etc. (Maly enum. p. 365). In Krain nach Koch. Im benachbarten Bassanesischen (Montini)! Der angebliche Standort bei Bozen beruht auf Verwechslung mit L. sphaericus. Die Pflanze könnte sich aber vielleicht doch durch Einschleppung mit fremdem Getreide im südlichen Tirol vorfinden.

53. *Lathyrus inconspicuus L.* (mit Einschluss des L. stans Visiani). Unter dem Getreide im südlichen Tirol (Elsmann in Koch Deutschlands Flora Bd. V. p. 142). Koch selbst wiederholt diese Angabe in seinen spätern Werken nicht mehr. Nach Bertoloni in Istrien.

54. *Ceratonia Siliqua L.* p. 189.

55. *Waldsteinia geoides Willd.* Herr Pfarrer Karl zu Fugau in Böhmen theilt uns in einem Schreiben einen neuen sichern Standort dieser Pflanze mit. Die darauf bezügliche Stelle lautet: Am 27. Mai 1846 machte ich von Salurn in Südtirol einen Abstecher nach Capriano. Kaum 1000 Schritte vom benannten Städtchen am Fusse des Gebirges, in dem ersten Gebüsche rechts vom Fusswege begrüsste mich in schönster Blüthe die Waldsteinia geoides. Um ihr den Standort zu sichern, nahm ich bloss 3 Exemplare und diese ohne Wurzeln mit. Eines davon hat Herr Tschurtschenthaler in Brixen bekommen. Bot. Wochenbl. 1851 p. 85. Der Zweifel, der sich dem Unbefangenen bezüglich auf obige Angabe aufdrängt, findet in der Correspondenz Tommasini's (bot. Wochenblatt 1851 pag. 404) eine Bestätigung, sollte aber auch Waldsteinia mit Aremonia agrimonioides verwechselt worden sein, so hätte man durch letztere das deutsche Südtirol denn doch den Zuwachs einer neuen Art erhalten.

56. *Potentilla hirta L.* Zillerthal (Braune Fl. von Salzburg). Nach Koch auf deutschem Boden nur in Krain. Im Bassanesischen nach Bertoloni.

57. *Poterium polygamum W. K.* Tirol, Kärnthen, Krain (Maly enum. p. 335). Nach Koch in Krain, Istrien.

58. *Crassula rubens L.* Sedum rubens Host. Im wärmeren Tirol (Host flor. austriaca I. p. 552).

59. *Sedum stellatum L.* Sternberg's Standort: an felsigen

Orten des Baldo, dürfte mit dem verwandten S. Cepaea L. zu vergleichen sein. S. stellatum wächst in der südlichen Schweiz und der Lombardie.

60. *Sedum elegans Lej.* (S. rupestre Sm. nach Koch). Felsen von Croatien, Dalmatien und Tirol (Maly enum. p. 242). Diese Angabe ist offenbar aus Host's Fl. austr. I. p. 552 entlehnt. Host's S. rupestre aber, wenn er gleich als Synonym S. rupestre Sm. citirt, ist nicht identisch mit S. elegans Lej., welches abgerundet-stumpfe Kelchzipfel hat, während Host sein S. rupestre mit spitzen Kelchzipfeln beschreibt.

61. *Sedum anopetalum De C.*. Angeblich im östlichen Pusterthale aufgefunden? S. anopetalum unterscheidet sich von dem sehr ähnlichen S. rupestre β. glaucum durch flachere Blätter und aufrechtstehende Blumenblätter und wurde bisher nur bei Triest u. in der südlichsten Schweiz angegeben. In sehr trockenen Jahren fand ich am Ritten auch an auf Felsen gewachsenen Exemplaren des S. rupestre β. glaucum die Blumenblätter aufrecht, welche dann bei eintretendem Regenwetter wieder ihre normal abstehende Stellung einnahmen.

62. *Saxifraga hirsuta L.* p. 337.

63. *Saxifraga Cotyledon L.* p. 328.

64. *Saxifraga caespitosa L.* Angebliche Standorte in Tirol gehören zu S. exarata Vill.

65. *Pimpinella nigra Willd.* p. 354.

66. *Archangelica officinalis Hoffm.* Angelica Archangelica L. Schöpfer's Standort: Klamm bei Innsbruck, gehört nach dem Exemplare seines Herbars zu Angelica montana, so wie diese letztere überhaupt von ältern Sammlern in Tirol öfter mit Archangelica verwechselt wurde. Pollini will sie aus dem Tridentinischen und Judicarien erhalten haben. Auch Laicharding und Schultes führen sie als Tiroler Pflanze auf.

67. *Bifora testiculata De C.* Bei Reichenbach als Tiroler Pflanze angegeben, zweifelsohne Verwechslung mit Bifora radians. Erstere sonst in der Lombardie, Venedig, Istrien.

68. *Anethum graveolens L.* Um Bozen überall verwildert (Reichenb. flor. exc. p. 459). Diese Angabe ist wahrscheinlich eine Wiederholung der Elsmann's in der Flora und beruht zweifelsohne auf Verwechslung mit dem ähnlichen Foeniculum officinale. Anethum fand ich um Bozen weder cultivirt noch verwildert.

69. *Heracleum alpinum L.* Tirol (Laicharding). Sichere Standorte bisher nur im Wallis und am Jura in der Schweiz.

Zweifelhafte oder irrige Angaben etc. 1195

70. *Laserpitium alpinum* W. K. Selten am Wormserjoch an der Strasse zwischen Trafoi und Franzenshöhe (Griesselich in Flora 1838 I. p. 251. Ob Verwechslung mit dem sehr ähnlichen L. Gaudini, welches in Vintschgau vorkömmt? L. alpinum wird sonst nur in Krain, Croatien, Ungarn angegeben.

71. *Ammi majus* L. Auf Aeckern im Zillerthal, doch von Mielichhofer bezweifelt (Hinterhuber Prodromus p. 87). Sonst in der Lombardie, Oesterreich etc., nicht in der Schweiz und Baiern.

72. *Bupleurum tenuissimum* L. Tirol, Lombardie, Venedig (Maly enum. p. 223).

73. *Bupleurum baldense* W. K. p. 335.

74. *Loranthus europaeus* Jacq. Aus den Alpen bei Borgo erhalten von Franz Sartorelli (Martens Reise nach Venedig II. p. 341). Einer Mittheilung des Bruders Casimir Sartorelli zufolge befindet sich im Herbar seines Bruders wohl noch die betreffende Etiquette, aber kein Exemplar dabei. L. wächst parasitisch auf Eichen in Oesterreich, Steiermark, Krain und Lombardie und wohl schwerlich in Alpengegenden.

75. *Lonicera pyrenaica* L. Der in Koch's Synopsis ed. 2 p. 358 aus Reichenbach citirte Standort: Brixia in Tiroli australi bezieht sich auf Brescia (Brixia) und nicht auf Brixen (Brixina).

76. *Asperula laevigata* L. Lienz (Rauschenfels). In der Lombardie und Ligurien (Cesati! Reynier)!

77. *Asperula galioides* M. B. p. 397.

78. *Galium tricorne* With. p. 399.

79. *Valerianella carinata* Lois. p. 411.

80. *Helichrysum arenarium* De C. Im Zillerthale? (Hinterhuber Prodr.). Von Civezzano, wo ich die Pflanze später auch selbst sammelte, wurde mir einmal Gnaphalium luteo-album für H. arenarium eingesendet. Nach Koch nicht auf dem Gebiethe der deutschen Flora.

81. *Helichrysum Stöechas* De C. Gnaphalium L. Tirol (Laicharding). Eine südliche Pflanze, die nach Koch im ganzen Gebiethe seiner Flora nicht vorkömmt.

82. *Chrysanthemum elegans* Pollini. Tirol, Lombardie (Maly enum. p. 122). Baldo: Valle Losanna (Pollini!). Der specielle Standort Pollini's, worauf sich zweifelsohne Maly's Angabe stützt, liegt meines Wissens ausser Tirol.

83. *Achillea odorata* L. Kalkberge; Krain, Tirol, Lombardie (Maly enum. p. 120). Nach Koch bei Triest und Monfalcone.

1196 Zweifelhafte oder irrige Angaben etc.

84. *Artemisia scoparia W. K.* Tirol, Steyermark, Oesterreich etc. (Maly enum. p. 117). Der Standort Tirol ist sehr zweifelhaft.

85. *Artemisia rupestris L.* Von Mössler und Kittel als Tiroler Pflanze aufgeführt. Nach Koch und Reichenbach auf deutschem Gebiethe nur in Thüringen.

86. *Artemisia Abrotanum L.* p. 494.

87. *Artemisia pontica L.* Tirol (Laicharding). Sonst in Oesterreich, Böhmen, Steyermark, Ungarn.

88. *Artemisia glacialis L.* p. 447.

89. *Artemisia austriaca Jacq.* Tirol (Laicharding)! Sonst nur in Unterösterreich. Ein Theil obiger Angaben dürfte sich wohl auf A. camphorata beziehen.

90. *Cineraria crispa Jacq.* p. 465. Nach Hinterhuber im Salzburgischen.

91. *Cineraria palustris L.* p. 467. Zillerthal? (Hinterhuber prodr.). Nach Sauter zu streichen.

92. *Echinops Ritro L.* Tirol, Krain, Littorale (Maly enum. p. 129)! Nach Koch im Gebiethe seiner Flora nur bei Triest und Fiume, nach Fleischmann am Nanas.

93. *Centaurea alpina L.* Am Baldo (C. Bauhin. Reichenb.). Tirol (Laicharding). Eine südliche Pflanze, die in der Lombardie u. Venedig, dann in Savoyen angegeben wird.

94. *Centaurea uniflora L.* p. 496. Eine südliche Pflanze, die ich aus Piemont besitze und auch in der Lombardie und Venedig (?) angegeben wird.

95. *Centaurea Centaureum L.* Coval Santo am Baldo (Pona) und Val Basiana (Calceolari). Tirol (Laicharding). Ich besitze sie nur aus Piemont.

96. *Centaurea solstitialis L.* p. 500.

97. *Helminthia echioides.* p. 507.

98. *Gallasia villosa Cass.* p. 510.

99. *Thrincia tuberosa De C.* Tirol, Istrien, Littorale (Maly enum. p. 140).

100. *Crepis nicaeensis Balb.* p. 524.

101. *Hieracium pallescens W. K.* pag. 540 und Nachträge pag. 1065.

102. *Hieracium andryaloides Vill.* An Felsenwänden auf dem Geisstein, Kaiser und Gamshag bei Kitzbüchl (Hinterhuber prodr. p. 132). Ist nach Sauter zu streichen. Nach Koch nur im Wallis.

103. *Xanthium macrocarpum De C.* p. 548.

104. *Campanula pulla L.* p. 553.

105. *Campanula rhomboidalis L.* p. 556.

Zweifelhafte oder irrige Angaben etc. 1197

106. Campanula pyramidalis L. p. 558.
107. Campanula Lorei Pollini. Tirol (Maly enum. p. 157). Nach Pollini am Baldo, aber ausser der Gränze!
108. Arbutus Unedo L. Krain, Tirol, Istrien, im Venezianischen (Maly enum. p. 217). Wird von Fleischmann in der Flora Krains nicht angeführt.
109. Erica mediterranea L. Am Fusse des Baldo in Val di Caprino (Pona), und Val dell'Artillon (Calceolari).
110. Phyllirea latifolia L. Tirol (Maly enum. p. 165).
111. Phyllirea stricta Bertol. „Ad latera montium lacui Benaci imminentia in ditione Brixensi", diese Stelle Bertoloni's findet sich in Löhr's Enumeratio p. 444 übersetzt: Felsen in Südtirol bei Brixen auf der Seeseite des Berges Benaci. Also wieder eine Verwechslung von Brixen mit Brescia. Benacus ist übrigens kein Berg, sondern der schon aus Virgil (Fluctibus, et fremitu assurgens, Benace, marino Georg. II. 159) bekannte Namen des Gardasees, und noch heute braucht der Italiener in der Dichter- manchmal auch in der gewöhnlichen Schriftsprache den Ausdruck: Benaco für Lago di Garda.
112. Hyoscyamus albus L. p. 620.
113. Atropa Mandragora L. Mandragora vernalis u. autumnalis Bertoloni. Wird von ältern Autoren als in Tirol, im Salzburgischen, in der transalpinen Schweiz, dann am Fusse des Baldo bei Torri (Calceolari) vorkommend angegeben, wurde aber in neuerer Zeit in keinem der erwähnten Länder aufgefunden. Vielleicht früher hie und da cultivirt, da die Wurzel unter dem Namen: Allraun bei damaligem Aberglauben eine Rolle spielte. Im Schöpferischen Herbar (Schöpfer wird in Reichenbach's Flor. excursoria p. 390 als Gewahrsmann für Tirol angeführt) findet sich weder diese noch eine andere als solche bestimmte Pflanze. Was den Standort Hoppe's (Hoppe Taschenb. 1799 p. 121) anbelangt, nämlich: am Wege von Lienz nach der Kirschbaumeralpe, so ist dieser schon desshalb mehr als zweifelhaft, da Mandragora gelbliche Beeren hat und nicht rothe, wie sie Hoppe an seiner angeblichen Pflanze angab und dann Hoppe selbst in seinen spätern Reiseberichten darüber schwieg. Rauschenfels, der auf jener Excursion Hoppe begleitete, bezeichnete den Standort näher: Hinter dem Rauchkogel neben dem Steige, der zum Amlacher Brunnen führt mit A. Belladona. Der Allraun ist eine südeuropäische Pflanze und wächst z. B. in Dalmatien.
114. Verbascum pulverulentum Vill. V. Lychnitidi-floccosum Ziz. Tirol (Maly enum. p. 196). Ich führe diese Art als zweifelhaft an, weil Hofmann (über die tiroli-

schen Arten der Gattung Verbascum p. 51) selbst über die ihm vorliegenden Exemplare, die er übrigens für Bastarde von V. floccosum und Lychnitis hielt, zweifelhaft war, ob sie zur ächten Villars'schen Pflanze gehörten.

115. *Linaria genistaefolia Mill.* Lombardie, Tirol etc. (Maly enum. p. 199). Wohl Verwechslung mit L. genistifolia De C. = L. italica Trevir.

116. *Veronica austriaca L.* p. 638.

117. *Veronica Allionii Vill.* p. 637.

118. *Wulfenia carinthiaca Jacq.* Nach Hargasser (Flora 1825 p. 442) auf der Kerschbaumeralpe bei Lienz. Dagegen macht Hoppe nicht ungegründete Einwendung in der Flora 1837 p. 64 und glaubt, Hargasser habe Paedarota caerulea dafür angesehen. Wohl möglich, ist uns doch ein ähnlicher Fall bekannt, dass das auf dem Schlern wachsende Horminum pyrenaicum von einem vielgereisten Botaniker für Wulfenia eingesammelt wurde. Indessen versichert Rauschenfels, der sowohl Paedarota als Horminum gut kannte, im Herbarium des Abbé Marcus Mayer 2 von ihm angeblich in der Bürgerau bei Lienz gesammelte (also herabgeschwemmte?) Exemplare gesehen zu haben. In Bezug auf Mayer's Angabe liesse sich der Zweifel aufwerfen, ob sie nicht auf Verwechslung des Standortes beruhe. Vergl. ferner Flora 1839 pag. 271 und Sammler für Tirol 1807.

119. *Orobanche variegata Wallr.* Auf Sarothamnus (Genista) scoparius; bei Innsbruck (Heynhold in Reichenb. fl. exc. p. 354). S. scoparius wurde bei Innsbruck seither nicht beobachtet.

120. *Orobanche Hyperici Unger.* Diese auf Basis eines einzigen bei Kitzbüchl gefundenen Exemplares gegründete Art verweisen wir vorläufig auch in die Zahl der Dubia.

121. *Pedicularis sylvatica L.* Bei Bozen nach Elsmann??

122. *Chaiturus Marrubiastrum Reichenb.* Tirol (Laicharding). Ein angeblicher Standort beim Schlosse Sigmundscron beruhte offenbar auf Verwechslung mit Stachys germanica. Auch Maly führt sie als Tirolerpflanze an.

123. *Teucrium Polium L.* Tirol (Laicharding). Sonst im Littorale, Piemont etc.

124. *Sideritis montana L.* Tirol (Laicharding). Sonst in Dalmatien, Lombardie und Oesterreich.

125. *Mentha rotundifolia L.* Lombardie, Tirol, Steyermark, Venedig (Maly enum. p. 172).

126. *Marrubium peregrinum L.* Angeblich bei Bozen??

127. *Soldanella montana W.* p. 721.

128. *Lysimachia punctata L.* p. 707.

Zweifelhafte oder irrige Angaben etc. 1199

129. *Primula stricta Hornem.* p. 713.
130. *Primula rhaetica Gaud.* p. 717.
131. *Primula integrifolia L.* p. 718.
132. *Primula Polliniana Moretti.* Am Summano, Baldo und Gebirge im südlichen Tirol (Moretti)!
133. *Statice elongata Hoffm.* Lombardie, Tirol etc. (Maly enumeratio).
134. *Amaranthus prostratus Balb.* Tirol, Venedig etc. (Maly enum. p. 93). Diese Angabe dürfte sich auf den frühern angeblichen Standort bei Bregenz beziehen, der jedoch von dem Gewährsmanne selbst in einer schriftlichen Mittheilung berichtiget wurde. A. prostratus fand ich häufig bei Triest.
135. *Cytinus Hypocystis L.* Auf Erica arborea in Val dell'Artillon am Baldo nach Calceolari u. Pona. Sonst auf den Inseln des adriatischen Meeres und Dalmatien; nach Allioni bei Nizza.
136. *Aristolochia rotunda L.* Tirol, Krain, Lombardie, Venedig etc. (Maly enum. p. 99). Die Angabe bezieht sich wahrscheinlich auf einen Standort am nicht tirolischen Baldo. Uebrigens wiederholt Pollini selbst die in seiner Reise an den Gardasee und Monte Baldo gemachte Angabe in seiner spätern Flora veronensis nicht mehr. Doch führt sie auch Reichenbach Deutschl. Fl. Aristol. p. 16 e. als Tiroler Pflanze an, citirt aber keinen Gewährsmann.
137. *Aristolochia pallida Willd.* Wird von Reichenbach (Deutschl. Fl.) und Maly geradezu als Tiroler Pflanze aufgeführt, während sie wahrscheinlich nur ausser den Gränzen vorkömmt.
138. *Euphorbia serrata L.* Angeblich (Pona) am Baldo in Vall dell'Artillon. Auch neuerdings soll sie wieder im südlichen Tirol gefunden worden sein (Fl. 1838 p. 92)? Sie unterscheidet sich von E. cyparissias, saxatilis und nicaeensis durch die gesägten Blätter und kommt in Piemont und der Provençe vor.
139. *Euphorbia Paralias L.* Brunner versichert in der Flora 1838 p. 92 ein angeblich in Südtirol gesammeltes Exemplar gesehen zu haben. E. Paralias wächst jedoch ausschliesslich am Meeresstrande, ich fand sie häufig bei Venedig: al Lido di San Niccolo und mit E. nicaeensis bei Servola nächst Triest.
140. *Euphorbia epithymoides L.* Oesterreich, Krain, Steyermark, Tirol (Maly enum. p. 320).
141. *C. duinensis Scop.* p. 782. Wird nun auch in Reichenbach Deutschl. Fl. Kätzchengew. als in Tirol und Krain

wachsend angegeben, jedoch kein Gewährsmann angeführt. —

142. Orchis fragrans Pollini. Dalmatien, Lombardie, Tirol (Maly enum. p. 63). Wohl nur ausser dem Gebiethe?

143. Gladiolus imbricatus L. Tirol, Lombardie etc. (Maly enum. p. 60). Maly führt ferner in Tirol Gl. palustris und Gl. triphyllus an, letzterer ist jedoch, wie aus Bertoloni, aus dem Maly die Angabe schöpfte, ersichtlich Synonym mit Gl. palustris.

144. Iris lutescens Lam. Tirol (Mössler). Reichenbach (fl. exc. p. 81) u. Kittel geben die Angabe mit ?, ersterer beseitiget sie in seiner Deutschlands Flora gänzlich. Sonst bei Sitten und Martinach in der Schweiz.

145. Iris foetidissima L. p. 861.

146. Iris florentina L. Die Angabe älterer Autoren, dass die florentinische Schwertlilie in Tirol wachse, beruht sicherlich auf Verwechslung mit I. pallida Lam.

147. Iris tuberosa L. p. 861.

148. Agave americana L. p. 862.

149. Convallaria latifolia L. Nach Braune im Zillerthale, eine Angabe, die und wohl mit Recht, schon in Flora 1828 p. 539 in Zweifel gezogen wurde. Sonst in Steyermark und bei Wien.

150. Ruscus Hypoglossum L. In Tirol nach Maly u. Löhr. Vergl. p. 870.

151. Tulipa sylvestris L p. 872.

152. Asphodelus ramosus L. Lombardie, Tirol etc. (Maly enum. p. 49). Wohl nur ausserhalb unserer Gränzen?

153. Asphodelus luteus L. Lombardie, Tirol etc. (Maly enum. p. 49). Wohl nur ausserhalb unserer Gränzen?

154. Ornithogalum stachyoides Ait. Host. Im wärmeren Tirol (Host flor. austr. I. p. 432). Aus der bei Host angeführten Beschreibung der Pflanze geht deutlich hervor, das nur unser O. pyrenaicum gemeint sein könne.

155. Scilla amoena L. p. 881.

156. Allium Moly L. Am Baldo nach Linné. Tirol (Laicharding). Sonst in den Voralpen von Siebenbürgen.

157. Allium vineale L. Tirol (Laicharding).

158. Allium Porrum L. Angeblich bei Bozen. Cultivirt wohl, wild gewiss nicht.

159. Colchicum montanum All. Bei Lienz im Gebüsche am untern Raine auf dem sogenannten Grübele-Brunnenfeld (P. M. Mayer in Rauschenfels' Flora von Lienz).

160. Luzula parviflora Desv. Kalkalpen von Salzburg und Tirol (Maly enum. p. 47). Nach Reichenbach (Deutschl. Fl. Simsenlilien p. 21) nur in Lappland und Grönland.

Zweifelhafte oder irrige Angaben etc. 1201

161. *Luzula pediformis* De C. Im Gebiethe von Lienz nach Rauschenfels?? Am Baldo? nach Pollini. Wächst sonst in Piemont u. dürfte mit üppigeren Formen der L. spicata verwechselt worden sein?

162. *Cyperus esculentus* L. p. 907.

163. *Carex cyperoides* L. Die Angabe Elsmanns: bei Bozen, vielleicht Verwechslung mit dem einige Aehnlichkeit habenden Cyperus glomeratus?

164. *Carex axillaris* Good. Sumpfwiesen Tirols (Maly enum. p. 33). Nach Reichenbach und Koch nur im nördlichen Deutschland.

165. *Carex rigida* Good. Böhmen, Mähren, Croatien, Schlesien, Siebenbürgen, Tirol (Maly enum. p. 34).

166. *Carex Schreberi* Schrank. Zillerthal nach Braune?

167. *Carex ustulata* Wahlenb. p. 943.

168. *Calamagrostis lanceolata* Roth. In Döll's Rheinischer Flora p. 111 bei Bregenz angegeben und als Gewährsmann Dr. Custer angeführt, nach einer schriftlichen Mittheilung Custer's jedoch irrig.

169. *Avena sterilis* L. Istrien, Lombardie, Tirol (Maly enum. p. 17). Nach Koch im Gebiethe der deutschen Flora nur in Istrien, allwo bei Triest auch häufig von mir gefunden.

170. *Crypsis aculeata* Ait. Lombardie, Tirol, Oesterreich (Maly enum. p. 24).

171. *Asplenium Halleri* R. Br. p. 1046.

172. *Asperula galioides* M. B. p. 397.

173. *Asperula laevigata* L. Alpen der Schweiz, Tirol und Steiermark (Laicharding)! Nach Reichenbach in Piemont.

174. *Androsace elongata* L. Oesterreich, Deutschland, Tirol (Laicharding)!

175. *Piptatherum* (Milium) *paradoxum* L. Aeltere Angaben dieser Pflanze am Baldo, so wie die neueste Perini's beziehen sich auf P. multiflorum, ersteres wächst in Istrien und Krain.

176. *Rhamnus infectoria* L. hat Elsmann im südlichen Tirol unter R. saxatilis entdeckt (M. u. Koch Deutschl. Fl. III. p. VII.). In der Synopsis übergeht Koch diese Angabe. Die Pflanze wurde bisher nicht nördlicher als in Istrien beobachtet.

177. *Silene catholica* (Cucubalus) L. wird von Steudel und Hochstetter als im südlichen Tirol wachsend angegeben, auf welche Autorität ist uns unbewusst, wir übergehen jedoch diese Art, weil hier gar leicht eine Verwechselung statt finden kann. (M. und K. Deutschl. Fl. III. pag. 248).

1202 Zweifelhafte oder irrige Angaben etc.

178. Lathyrus sativus L. Schweiz, Tirol (Laicharding)!
179. Bupleurum longifolium L. Tirol (Laicharding)! Sonst im Jura der Schweiz u. von da durch Würtemberg nach Oesterreich.
180. Leucojum aestivum L. Tirol (Laicharding)!
181. Saxifraga hypnoides L. Alpen der Schweiz, Tirols etc. (Laicharding)! Wohl mit Varietäten der S. muscoides verwechselt. Wächst nach den neuern Autoren auch nicht in der Schweiz.
182. Gnaphalium margaritaceum L. Schweiz, Tirol (Laicharding)! In der Schweiz nach Moritzi nur hie und da in Gärten.
183. Erigeron viscosum L. Pulicaria viscosa Cass. Tirol, Italien (Laicharding)! Sonst nur bei Triest und Fiume am Strande.
184. Serapias Lingua L. Nach Dr. C. Perini (Statistica del Trentino pag. 459) bei Vigolo nächst Trient. Ist wohl Verwechselung mit S. pseudocordigera Moric., wenigstens ist diess bei dem gleichzeitig angeführten Standorte: Roveredo (Cristofori), der Fall. S. Lingua ist im Gebiethe von Koch's Synopsis bisher bei Fiume und auf Osero beobachtet worden.
185. Doronicum scorpioides Willd. Auf dem Glunggezer bei Innsbruck (Phönix 1852 p. 240). Von den Alpen Innsbrucks erhielten wir bisher nur Aronicum scorpioides, daher zu vermuthen, dass obige Angabe auf Namensverwechselung beruhe. Für erstere ist bisher im Gebiethe von Koch's Flora nur: die Saleve bei Genf bekannt.
186. Kochia arenaria Roth. Bregenz (Sauter in Döll's Rhein. Flora p. 289); in Sauter's Abhandlung ist nichts von dem Vorkommen dieser Pflanze erwähnt (Höfle Fl. der Bodenseegegend p. 173).
187. Tanacetum Balsamita L. Wild im südlichen Tirol u. Frankreich (Schnitzlein Fl. v. Baiern p. 147). Wild auf deutschem Gebiethe nicht nach Koch, wohl aber in Gärten gepflanzt.
188. Santolina Chamaecyparissus L. Wild im südlichen Tirol (Schnitzlein pag. 148). Sonst bei Triest, wo auch wir sie sammelten, und in Untersteiermark, bei Bozen fanden wir sie einmal in Gärten gepflanzt.
189. Euphorbia Esula (L?). Deutschland, Tirol etc. (Laicharding)! Euphorbia Esula Pollich ist synonym mit E. Gerardiana.

Zweifelhafte oder irrige Angaben etc.

190. Inula germanica (L?). In Meissen, Pannonien, Tirol etc. (Laicharding)! I. germanica Vill. ist synonym mit I. squarrosa L.

191. Achillea alpina L. Alpen Sibiriens, der Schweiz und Tirol (Laicharding)! In der Schweiz bisher nur am Gotthard.

192. Viola alpina Jacq. Höchste Jöcher in Tirol u. Oesterreich (Laicharding)! Wir sahen sie bisher nur aus den östlichen Alpen.

193. Briza minor L. Schweiz, Tirol, Italien (Laicharding)! Sonst in Istrien, in der Schweiz nur im Canton Waadt.

194. Elymus sibiricum Gmel. Sibirien, Tirol (Laicharding)!

195. Dipsacus laciniatus L. Krain, Schweiz, Tirol etc. (Laicharding)!

Uebersicht

der

ORDNUNGEN, GATTUNGEN UND ARTEN

der

FLORA VON TIROL,

zugleich ihrer Verbreitung über die vier Kreise des Landes
und im Vergleiche zu den

Floren der Nachbarländer.

Es genügt nicht, dass der Pflanzenfreund die Arten und Formen irgend eines Landes, das er sich zur Forschung gewählt, und ihre Zahl kenne, er muss sich auch ein Bild der Verbreitung derselben über sein Gebieth zu entwerfen suchen, auch dieses selbst wieder mit einem ähnlichen der Nachbarfloren in Verbindung zu bringen trachten. Ein solches Bild nun suchen wir in tabellarischer Form unserm Leser vorzuführen und glauben, dass es auch demjenigen, der weder zu unserer noch zu unserer Nachbarländer Flora in näherer Beziehung steht, einiges Interesse — dem Pflanzengeographen aber manchen Stützpunkt biethen wird.

Zur Verständlichung der nachfolgenden Tabellen:

Die in Tirol aufgefundenen Arten sind mit laufenden denen des Textes der Flora entsprechenden Nro. versehen. Von den mit * bezeichneten Arten konnte vom Verfasser bislang kein tirolisches Exemplar zu Stande gebracht werden, doch hat sich die Zahl derselben während des Druckes wieder vermindert und ist (Seite 1159 noch auf 205 angegeben) seither auf 176 herabgesunken, während sich gleichzeitig die Zahl der allda auf 2285 angegebenen tirolischen Gefässpflanzen nun auf 2310 gehoben hat. Die Ziffern nach den Klassen, Unterklassen, Ordnungen und Gattungen weisen die darauf bezügliche in Tirol beobachtete Arten-Zahl nach. Die arabischen Ziffern den Arten nebenan zeigen die vier Landeskreise an, in welchen bisher die Art aufgefunden, u. es bedeutet 1 = Vorarlberg, 2 = Nordtirol, 3 = das deutsche Südtirol, 4 = das welsche Südtirol. Diese wenn gleich politische Eintheilung ist zugleich, was sonst selten, eine natürliche, und es hat jeder der vier Kreise eine von der andern etwas abweichende Flora.

Die hierauf folgenden Buchstaben: B und J vertreten die Floren von Bozen und Innsbruck. Es gewährt dieser Gegensatz (Nord- und Südabhang der Centralkette) gewiss viel Interesse, um so mehr, als bei ziemlich gleicher Grösse beider Gebiethe wohl die durchforschtesten des Landes sind. Obwohl auch die Flora von Innsbruck zu den reicheren zählt, so fällt doch die Wagschaale mit einem Mehr von 545 Arten zu Gunsten der südlichen Schwester.

Die römischen Zahlen in der letzten Colonne deuten die Nachbarländer an, und zwar I = Schweiz, II = Baiern, III = Salzburg, IV = Kärnthen. — Die nicht im diesseitigen — sondern nur in Rheinbaiern (Pfalz) vorkommenden Arten sind als einem hier eigentlich nicht in Betracht zu ziehenden Floren-Gebiethe angehörig durch ein der Zahl II angesetztes * ersichtlich gemacht.

Da sich diese Tabellen auch zu einem Tauschcataloge für Botaniker der bezüglichen Ländergruppe eignen dürften, so wird eine entsprechende Anzahl Exemplare davon separat auf Schreibpapier abgedruckt werden, und können durch die Verlagshandlung bezogen werden.

I. Klasse.
DICOTYLEDONISCHE GEFÆSSPFLANZEN.
494 Gattungen. 1772 Arten.

I. Unterklasse. THALAMIFLORAE.
107 Gattungen. 408 Arten.

I. Ordnung. *Ranunculaceae.* 17 G. 82 A.

1. Clematis. 3 A.

1. C. recta	3 4	B	I II IV
2. C. Vitalba	1 2 3 4	B J	I II III IV
3.* C. Viticella	4		II
C. integrifolia			II

2. Atragene. 1 A.

4. A. alpina	1 2 3 4	B J	I II III IV

3. Thalictrum. 9 A.

5. T. aquilegifolium	1 2 3 4	B J	I II III IV
6. T. alpinum	1 2 3	B	I III IV
7. T. foetidum	2 3 4	B	I
8. T. vulgatum	2 3 4	B J	I II III IV
9. T. elatum	3 4	B	I
10. T. simplex	2 3 4	B J	I II III
11. T. galioides	2 3 4	B J	I II IV
12. T. angustifolium	2 3 4	B	I II III
13.* T. flavum	1 4		I II III
T. sylvaticum			I II* IV
T. exaltatum			I

4. Anemone. 10 A.

14. A. hepatica	1 2 3 4	B J	I II III IV
15. A. vernalis	1 2 3 4	B J	I II III IV
16. A. Pulsatilla	2 3	J	I II III IV
17. A. montana	3 4	B	I IV
18. A. narcissiflora	1 2 3 4	B?J	I II III IV
19. A. alpina	1 2 3 4	B J	I III IV
20. A. baldensis	3 4	B	I III IV
21. A. nemorosa	2 3 4	B J	I II III IV
22. A. ranunculoides	1 2 3 4	B J	I II III IV
23. A. trifolia	3 4	B	IV
A. hortensis			I
A. sylvestris			I II
A. patens			II IV?
A. Halleri			I

5. Adonis. 3 A.

24. A. autumnalis	2 3	B J	I II
25. A. aestivalis	2 3 4	B J	I II
26. A. flammea	4		I II
A. vernalis			I II
Myosurus minimus			I II

6. a. Ceratocephalus. 1 A.

27. C. orthoceras	3		
C. falcatus			II

6. b. Ranunculus. 34 A.

28. *R. aquatilis	3	B?	II III IV
28. b. R. pantothrix	2 3 4	B J	I II
28. c. *R. Petiveri	Tirol		II IV
29. R. divaricatus	2 3 4	B J	I II III IV
30. R. fluitans	1 2 3	B	I II III IV
31. R. rutaefolius	2 3 4	B J	I III IV
31. b. R. anemonoides	4		
32. R. glacialis	1 2 3 4	B J	I II III IV
33. R. Seguieri	3 4	B	IV
34. R. alpestris	1 2 3 4	J	I II III IV
34. b. R. crenatus	4		
35. * R. Traunfellneri	3		I IV
36. R. aconitifolius	1 2 3 4	B J	I II III IV
37. R. parnassifolius	2 3	B	I IV
38. R. pyrenaeus	1 2 3 4	B	I IV
39. R. Flammula	1 2 3 4	B J	I II III IV
40. R. Lingua	1 2 3 4	B J	I II III IV
41. R. Ficaria	1 2 3 4	B J	I II III IV
42. R. Thora	3 4		I
43. R. hybridus	2 3 4	B J	III IV
44. * R. auricomus	2 3 4	B	I II III
45. R. montanus	1 2 3 4	B J	I II III IV
46. R. Villarsii	3 4	B	I IV
47. R. acris	1 2 3 4	B J	I II III IV
48. R. lanuginosus	2 3 4	B J	I II III IV
49. R. polyanthemos	2 3	B	I II III
50. R. nemorosus	1 2 3	B J	I II III IV
51. R. repens.	1 2 3 4	B J	I II III IV
52. R. bulbosus	1 2 3 4	B J	I II III IV
53. R. Philonotis	2 3 4	B J	I II III
54. R. sceleratus	2 3 4	B J	I II III IV
55. R. arvensis	2 3 4	B	I II IV
56. * R. muricatus	Südtirol		
56. b. R. pygmaeus	3		III
R. gramineus			I
R. hederaceus			II*
R. Baudotii			II*

Uebersicht der Ordnungen, Gattungen etc. 1209

7. Caltha. 1 A.			
57. C. palustris	1 2 3 4	B J	I II III IV
8. Trollius. 1 A.			
58. T. europaeus	1 2 3 4	B J	I II III IV
9. Eranthis. 1 A.			
59. * E. hyemalis	4		I II
10. Helleborus. 4 A.			
60. H. niger	2 4		I II III IV
61. H. viridis	2 4		I II IV
62. * H. odorus	1		III
63. H. foetidus	4		I II
11. Isopyrum. 1 A.			
64. * I. thalictroides	3 4		I IV
Nigella arvensis			I II IV
12. Aquilegia. 3 A.			
65. A. vulgaris	1 2 3		I II III IV
66. A. atrata	1 2 3 4	B J	I II III
67. A. pyrenaica	3 4	B	I II III IV
A. Haenkeana			IV
A. alpina			I
13. Delphinium. 2 A.			
68. D. Consolida	2 3 4	B J	I II III
69. D. elatum	4		I III
14. Aconitum. 6 A.			
70. A. Anthora	4		I
71. A. Napellus	1 2 3 4	B	I II III IV
72. A. Störkeanum	2 3	B	I II III
73. A. variegatum	1 2 3 4	J	I II III IV
74. A. paniculatum	1 2 3 4	B	I II III IV
75. A. Lycoctonum	1 2 3 4	B J	I II III IV
15. Actaea. 1 A.			
76. A. spicata	1 2 3 4	B J	I II III IV
16. Paeonia. 1 A.			
77. P. officinalis	2 3 4	B	I
P. corallina			II

II. Ordnung. *Berberideae.* 2 G. 2 A.

17. Berberis. 1 A.			
78. B. vulgaris	1 2 3 4	B J	I II III IV
18. Epimedium. 1 A.			
79. E. alpinum	4		I IV

III. Ordnung. *Nymphaeaceae.* 2 G. 3 A.

19. Nymphaea. 1 A.			
80. N. alba	1 2 3 4	B J	I II III IV
N. biradiata			III
20. Nuphar. 2 A.			
81. N. luteum	1 2 3 4	B	I II III IV
82. N. pumilum	2		I III

IV. Ordnung. *Papaveraceae*. 2 G. 6 A.

21. *Papaver*. 5 A.

83. P. pyrenaicum	1 2 3 4	B J	I II III IV
83. b. P. alpinum	3		I II III IV
84. P. Argemone	2 3 4	B J	I II
85. P. Rhoeas	1 2 3 4	B J	I II III IV
86. P. dubium	2 3 4	B J	I II III
P. hybridum			II*

22. *Chelidonium*. 1 A.

87. C. majus	1 2 3 4	B J	I II III IV
Glaucium luteum			I II*
Hypecoum pendulum			II*

V. Ordnung. *Fumariaceae*. 2 G. 9 A.

23. *Corydalis*. 7 A.

88. C. cava	2 3 4	B	I II III IV
89. C. solida	1 3 4	B	I II III IV
90. C. fabacea	2 3 4	B J	I II III
91. C. lutea	3 4	B	I
92. * C. ochroleuca	4		
93. * C. acaulis	Tirol		
94. C. capnoides	3		

24. *Fumaria*. 2 A.

95. F. officinalis	1 2 3 4	B J	I II III IV
96. F. Vaillantii	3	B	II III
F. capreolata			I II
F. parviflora			I II*

VI. Ordnung. *Cruciferae*. 35 G. 114 A.

25. *Matthiola*. 1 A.

97. M. varia	4		I

25. b. *Cheiranthus*. 1 A.

97. b. C. Cheiri	3	B	I II

26. *Nasturtium*. 5 A.

98. N. officinale	1 2 3 4	B J	I II III IV
99. * N. amphybium	1 4		I II III IV
100. N. anceps	1		
101. N. sylvestre	1 2 3 4	B J	I II III IV
102. N. palustre	1 2 3 4	B J	I II III IV
N. pyrenaicum			I II

27. *Barbarea*. 1 A.

103. B. vulgaris	1 2 3 4	B	I II III IV
B. arcuata			II III
B. stricta			II III
B. praecox			II

28. *Turritis*. 1 A.

104. T. glabra	1 2 3 4	B J	I II III IV

Uebersicht der Ordnungen, Gattungen etc. 1211

29. Arabis. 15 A.

105. A. brassicaeformis				4		I II
106. A. alpina	1	2	3	4	B J	I II III IV
107. A. auriculata			3	4	B	I II* IV
108. A. saxatilis			3	4		I
109. A. hirsuta		2	3	4	B J	I II III IV
109. b. A. sagittata			3	4	B	I II
110. A. ciliata	1	2	3	4	B J	I II III IV
111. A. muralis			3		B	I
111. b. A. petraea	1		3			II III
112. A. arenosa		2		4		I II III IV
113. A. Halleri		2	3	4	J	I III IV
114. A. Turrita			3	4	B	I II III
115. A. pumila	1	2	3	4	B J	I II III IV
116. A. bellidifolia	1	2	3	4	B J	I II III IV
117. A. caerulea	1	2	3	4	B J	I II III IV
A. serpyllifolia						I
A. vochinensis						IV
A. Gerardi						II*
A. stricta						I

30. Cardamine. 9 A.

118. C. alpina	1	2	3	4	B J	I II III IV
119. C. resedifolia	1	2	3	4	B J	I II III IV
120. C. impatiens	1	2	3	4	B J	I II III IV
121. C. sylvatica		2	3	4	J	I II III IV
122. C. hirsuta	1	2	3	4	B J	I II III IV
123. C. pratensis	1	2	3	4	B J	I II III IV
124. C. amara	1	2	3	4	B J	I II III IV
125. C. asarifolia				4		
126. C. trifolia	1	2		4		I II III IV

31. Dentaria. 5 A.

127. D. enneaphyllos		2	3	4	B J	II III IV
127. b. D. trifolia		2	3		B J	
128. D. digitata	1	2	3	4	B	I II IV
129. D. bulbifera	1			4		I II III IV
130. * D. pinnata				4		I II
D. polyphylla						I

32. Hesperis. 1 A.

131. H. matronalis	1	2			J	I II III IV

33. Sisymbrium. 9 A.

132. S. officinale	1	2	3	4	B	I II III IV
133. * S. austriacum	1					I II
134. * S. Loeselii			3			II
135. S. Columnae			3		B	
135. b. * S. pannonicum			3			I II*

1212 Uebersicht der Ordnungen, Gattungen etc.

136. S. Sophia	2 3 4	B J	I II III IV
137. S. strictissimum	2 3 4		I II III IV
138. S. Alliaria	1 2 3 4	B J	I II III IV
139. S. Thalianum	1 2 3 4	B J	I II III IV
S. Irio			I

34. Braya. 2 A.

140. B. alpina	2 3	J	IV
140. b. B. pinnatifida	3		I
B. supina			I
Hugueninia tanacetifolia			I

35. Erysimum. 6 A.

141. E. cheiranthoides	1 2 4	J	I II III IV
142. E. odoratum	2		II
143. E. canescens	3	B	I
144. E. rhaeticum	2 3 4	B	I
145. E. Cheiranthus	3 4		I IV
146. E. helveticum	2 3	B	I IV
E. crepidifolium			II IV
E. repandum			II
E. virgatum			I II
E. strictum			I II
E. orientale			I II
E. ochroleucum			I

36. Brassica. 2 A.

147. B. rapa	1 2 3 4	B J	I II III IV
148. * B. nigra	Südtirol		I II

37. Sinapis. 2 A.

149. S. arvensis	1 2 3 4	B J	I II III IV
149. b. S. alba	4		I II
S. Cheiranthus			I II*

38. Erucastrum. 2 A.

150. E. obtusangulum	1 3 4	B	I
150. b. E. Pollichii	2		I II
E. incanum			I II

39. Diplotaxis. 2 A.

151. D. tenuifolia	2 3 4	B J	I II*
152. D. muralis	2 3 4	B J	I II*
D. viminea			II

40. Eruca. 1 A.

153. E. sativa	3 4	B	I
Vesicaria utriculata			I

Uebersicht der Ordnungen, Gattungen etc. 1213

41. *Alyssum.* 3 A.			
154. A. Wulfenianum	3 4		IV
154. b. A. montanum	3		I II IV
155. A. calycinum	1 2 3 4	B J	I II III IV
A. campestre			I? III
A. saxatile			II
A. alpestre			I
42. *Farsetia.* 2 A.			
156. F. incana	2 3 4	B J	II IV
157. F. clypeata	4		
43. *Lunaria.* 2 A.			
158. L. rediviva	1 2 3 4		I II III IV
158. b. L. biennis	4		I?
Clypeola Jonthlaspi			I
44. *Petrocallis.* 1 A.			
159. P. pyrenaica	1 2 4	J	I II III IV
45. *Draba.* 12 A.			
160. D. azoides	1 2 3 4	B J	I II III IV
161. D. Zahlbruckneri	2 3 4		III IV
162. D. Sauteri	2 3 4	B	II III
163. D. tomentosa	1 2 3	B J	I II III IV
164. * D. stellata	3 4		I III
165. D. frigida	2 3 4	B J	I III IV
166. D. Traunsteineri	2 4	B	II III
167. D. Johannis	2 3 4	B	I II III IV
168. D. Wahlenbergii	1 2 3 4	B J	I II III IV
169. D. incana	3 4	B	I
170. D. Thomasii	3	B	I IV
171. D. verna	1 2 3 4	B J	I II III IV
D. ciliata			IV
D. muralis			I II
46. *Cochlearia.* 3 A.			
172. C. saxatilis	1 2 3 4	B J	I II III IV
173. C. brevicaulis	3 4	B	
174. C. Armoracia	1 2 3 4	B J	I IV
C. pyrenaica			IV
C. officinalis			I II
47. *Camelina.* 2 A.			
175. C. sativa	2 3 4	B J	I II III IV
176. * C. dentata	4		I II III IV
Subularia aquatica			II

48. *Thlaspi.* 7 A.

177. T. arvense	1 2 3 4	B J	I II		IV
178. T. perfoliatum	2 3 4	B J	I II	III	IV
179. T. alpestre	2 4	J	I II		IV
179. b. T. praecox	4				
180. T. alpinum	2 3 4		I		
181. T. rotundifolium	1 2 3 4	B J	I II	III	IV
181. b. T. cepeaefolium	4		I		IV
T. montanum			II		IV
T. alliaceum			II	III	
Teesdalia nudicaulis			I II		
Iberis amara			I II		
„ saxatilis			I		
„ pinnata			I?		

49. *Biscutella.* 1 A.

182. B. laevigata	1 2 3 4	B J	I II III IV

50. *Lepidium.* 4 A.

183. L. Draba	3 4	B	II
184. L. campestre	1 3 4	B	I II III
185. L. ruderale	2 3 4	B J	I II
186. L. graminifolium	3 4	B	I II
L. latifolium.			I

51. *Hutchinsia.* 3 A.

187. H. alpina	1 2 3 4	B J	I II III IV
188. H. brevicaulis	2 3	B J	I III IV
189. H. petraea	2 3 4	B J	I II III IV

52. *Capsella.* 3 A.

190. C. bursa pastoris	1 2 3 4	B J	I II III IV
191. C. procumbens	3		I
192. C. pauciflora	3 4	B	

53. *Aethionema.* 1 A.

193. A. saxatile	2 3 4	B J	I II IV
Senebiera Coronopus			I II
„ didyma			I

54. *Isatis.* 1 A.

194. I. tinctoria	3	B	I II
Myagrum perfoliatum			I II

55. *Neslia.* 1 A.

195. N. paniculata	2 3 4	B J	I II III IV
Calepina Corvini			I

Uebersicht der Ordnungen, Gattungen etc.

56. Bunias. 1 A.
196. B. Erucago — 4 — I III

57. Rapistrum. 1 A.
197. R. rugosum — 3 4 | B | I II

58. Raphanus. 1 A.
198. R. Raphanistrum — 1 2 3 4 | B J | I II III IV

VII. Ordnung. *Capparideae.* 1 G. 1 A.

59. Capparis. 1 A.
199. C. spinosa — 3 4 | B

VIII. Ordnung. *Cistineae.* 2 G. 6. A.

60. Cistus. 1 A.
200. * C. albidus — 4?
    C. salviaefolius — I

61. Helianthemum. 5 A.
201. H. Fumana — 3 4 | B | I II*
202. H. alpestre — 1 2 3 4 | B J | I II III IV
203. H. marifolium — 3 4 | B | I
204. H. vulgare — 1 2 3 4 | B J | I II III IV
205. H. polifolium — 3 4 | B | I II
    H. salicifolium — I II

IX. Ordnung. *Violarieae.* 1. G. 20 A.

62. Viola. 20 A.
206. V. pinnata — 3 4 | B | I IV
207. V. palustris — 1 2 3 4 | B J | I II III IV
208. V. hirta — 1 2 3 4 | B J | I II III IV
209. V. collina — 2 3 4 | B J | I II III IV
210. V. odorata — 2 3 4 | B J | I II III IV
211. V. suavis — 3 4 | B | II III?
212. V. arenaria — 1 2 3 4 | B J | I II III IV
213. V. sylvestris — 2 3 4 | B J | I II III IV
214. V. canina — 1 2 3 4 | B J | I II III IV
215. V. Schultzii — 3 | B | II
216. V. stricta — 3 | B? | II III
217. * V. stagnina — 1 | | I II IV
218. V. elatior — 3 | B | I II III
219. V. mirabilis — 3 4 | B | I II III IV

1216 Uebersicht der Ordnungen, Gattungen etc.

220. V. biflora	1 2 *3* 4	B J	I II III IV
221. V. tricolor	2 3 4	B J	I II III IV
222. V. lutea	3 4	B	I
223. V. heterophylla	4		I
224. V. calcarata	1 2 3		I II IV
225. * V. cenisia	4		I
V. ambigua			I
V. pratensis			II*
V. uliginosa			IV
V. alpina			IV
V. epipsila			III?
V. sciaphila			I III

X. Ordnung. *Resedaceae*. 1. G. 4 A.

63. Reseda. 4 A.

226. * R. Phyteuma	4		I
227. R. lutea	1 2 3 4	B J	I II III IV
228. * R. suffruticulosa	3	B	
229. R. Luteola	3		I II III

XI. Ordnung. *Droseraceae*. 3 G. 6 A.

64. Aldrovanda. 1 A.

230. A. vesiculosa	1 3	B	

65. Drosera. 3 A.

231. D. rotundifolia	1 2 3 4	B J	I II III IV
232. D. longifolia	1 2 3 4	B J	I II III IV
233. D. intermedia	1 4		I II III IV

66. Parnassia. 1 A.

234. P. palustris	1 2 3 4	B J	I II III IV

XII. Ordnung. *Polygalaceae*. 1 G. 6 A.

67. Polygala. 6 A.

235. P. vulgaris	1 2 3 4	B J	I II III IV
236. * P. nicaeensis	Tirol		
237. P. comosa	1 2 3 4	B J	I II III IV
238. * P. depressa	1		II
239. P. amara	1 2 3 4	B J	I II III IV
240. P. Chamaebuxus	1 2 3 4	B J	I II III IV
P. calcarea			II

Uebersicht der Ordnungen, Gattungen etc. 1217

XIII. Ordnung. *Sileneae.* 8 G. 45 A.

68. *Gypsophila.* 2 A.

241. G. repens	1 2 3 4	B J	I II III IV
242. G. muralis	3	B	I II III IV
G. fastigiata			I? II
G. paniculata			IV?

69. *Tunica.* 1 A.

243. T. Saxifraga	1 2 3 4	B J	I II III IV

70. *Dianthus.* 14 A.

244. D. prolifer	3 4	B	I II
245. D. Armeria	1 3	B	I II IV
246. D. barbatus	3 4	B	II IV
247. D. Carthusianorum	2 3 4	B J	I II III IV
248. D. atrorubens	3 4	B	I
249. D. Seguieri	3 4	B	I II
250. * D. neglectus	4		
251. D. alpinus	3		IV
252. D. glacialis	3 4		I III IV
253. D. deltoides	2 3 4	B J	I II IV
254. D. sylvestris	1 2 3 4	B J	I III IV
255. D. caesius	1		I II III
256. D. superbus	2 3	B J	I II III IV
257. D. monspessulanus	3 4	B	I IV

71. *Saponaria.* 3 A.

258. S. Vaccaria	3 4	B	I II
259. S. officinalis	1 2 3 4	B J	I II III IV
260. S. ocymoides.	2 3 4	B J	I II IV
S. lutea			I

72. *Cucubalus.* 1 A.

261. C. bacciferus	3 4	B	I II IV

73. *Silene.* 16 A.

262. S. gallica	1 4		I II
263. S. italica	3 4	B	I
264. S. nemoralis	3 4	B	
265. S. nutans	1 2 3 4	B J	I II III IV
266. S. Otites	2 3 4	B	I II
267. S. inflata	1 2 3 4	B J	I II III IV
268. * S. uniflora	4		
269. S. Pumilio	3 4	B	I III IV
270. S. noctiflora	1 3 4	B?	I II III
271. S. Armeria	3 4	B	I II*III IV
272. * S. linicola	3		II

273. S. Saxifraga	3 4	B	I IV
274. S. quadrifida	1 2 3 4	B J	I II III IV
275. S. alpestris	3 4		III IV?
276. S. rupestris	2 3 4	B J	I II III IV
277. S. acaulis	1 2 3 4	B J	I II III IV
S. conica			II*
S. valesia			I

74. Lychnis. 7 A.

278. L. Viscaria	2 3 4	B J	I II IV
279. L. alpina	1 3		I IV
280. L. Flos Cuculi	1 2 3 4	B J	I II III IV
281. L. Coronaria	3 4	B	I
282. L. Flos Jovis	3 4	B	I II
283. L. vespertina	1 2 3 4	B J	I II III IV
284. L. diurna	1 2 3 4	B J	I II III IV

75. Agrostemma. 1 A.

285. A. Githago	1 2 3 4	B J	I II III IV

XIV. Ordnung. *Alsineae.* 12 G. 52 A.

Buffonia tenuifolia			I

76. Sagina. 6 A.

286. S. procumbens	1 2 3 4	B J	I II III IV
287. S. bryoides	2 3 4	B	I IV
288. S. saxatilis	1 2 3 4	B J	I II III IV
289. S. subulata	4		II III
290. * S. glabra	4		
291. S. nodosa	3		I II III
S. ciliata			II
S. apetala			I II

77. Spergula. 2 A.

292. S. arvensis	1 2 3 4	B J	I II IV
293. S. pentandra	2		I II

78. Lepigonum. 1 A.

294. L. rubrum	2 3 4	B J	I II III IV
L. segetale			II
L. medium			II

79. Alsine. 11 A.

295. A. lanceolata	3 4	B	I II III IV
296. A. aretioides	3 4	B	III IV
297. * A. biflora	3	B	I

Uebersicht der Ordnungen, Gattungen etc. 1219

298. A. laricifolia	2 3 4	B		I
299. A. austriaca	2 3 4	B J		I II III IV
300. A. verna	1 2 3 4	B J		I II III IV
301. * A. sedoides	2			I II
302. A. recurva	1 2 3 4	B J		I III IV
303. A. rostrata	3			I
304. A. Jacquini	3 4	B		I II* IV
305. A. tenuifolia	4			I II
A. stricta				I II III
A. setacea				II
A. Villarsii				I IV

80. Cherleria. 1 A.
306. C. sedoides	1 2 3 4	B J	I II III IV

81. Moehringia. 4 A.
307. M. muscosa	1 2 3 4	B J	I II III IV
308. M. Ponae	3 4	B	
309. M. polygonoides	1 2 3 4	B J	I II III IV
310. M. trinervia	1 2 3 4	B J	I II III IV

82. Arenaria. 6 A.
311. A. Marschlinsii	2 3		I IV
312. A. serpyllifolia	1 2 3 4	B J	I II III IV
313. A. ciliata	1 2 3 4	B J	I II III IV
314. A. biflora	1 2 3 4	B J	I III IV
315. * A. grandiflora	3 4		I
316. A. Arduini	4		

83. Holosteum. 1 A.
317. H. umbellatum	3 4	B	I II III

84. Stellaria. 7 A.
318. S. cerastoides	1 2 3 4	B J	I II III IV
319. S. nemorum	1 2 3 4	B J	I II III IV
320. S. media	1 2 3 4	B J	I II III IV
321. * S. Holostea	3		I II
322. S. graminea	1 2 3 4	B J	I II III IV
323. S. Frieseana	2 3	B	
324. S. uliginosa	1 2 3 4	B J	I II IV
S. glauca			I II
S. bulbosa			IV?

85. Moenchia. 1 A.
325. * M. mantica	Südtirol		I
M. erecta			I II

86. Malachium. 1 A.
326. M. aquaticum	1 2 3 4	B J	I II III IV

Uebersicht der Ordnungen, Gattungen etc.

87. *Cerastium*. 11 A.

327. C. glomeratum	2	J	I II III
328. C. brachypetalum	3 4	B	I II IV
329. C. semidecandrum	2 3 4	B J	I II III
330. C. glutinosum	4		I II
331. C. triviale	1 2 3 4	B	I II III IV
332. C. sylvaticum	4		
333. C. latifolium	1 2 3 4	B J	I II III IV
334. C. alpinum	1 2 3 4	B J	I II III IV
335. C. ovatum	2 3 4		III IV
336. C. arvense	1 2 3 4	B J	I II III IV
337. * C. tomentosum	4		I

XIV. b. Ordnung. *Elatineae*. 1 G. 1 A.

87. b. *Elatine*. 1 A.

337. b. E. hexandra	1		I II
E. triandra			I II III
E. Alsinastrum			I II
E. Hydropiper			I

XV. Ordnung. *Lineae*. 1 G. 5 A.

88. *Linum*. 5 A.

338. L. viscosum	3 4	B	II III IV
339. L. tenuifolium	3 4	B	I II
340. * L. narbonnense	4		
341. L. alpinum	3 4		I II III IV
342. L. catharticum	1 2 3 4	B J	I II III IV
L. flavum			II IV
L. perenne			II*
Radiola linoides			I II

XVI. Ordnung. *Malvaceae*. 4 G. 7 A.

89. *Malva*. 4 A.

343. M. Alcea	1 2 3 4	B	I II III IV
344. M. fastigiata	3 4	B	
345. M. sylvestris	1 2 3 4	B J	I II III IV
346. M. rotundifolia	1 2 3 4	B J	I II III IV
M. moschata			I II

90. *Althaea*. 1 A.

347. A. officinalis	3	B	I II IV
A. hirsuta			I II

Uebersicht der Ordnungen, Gattungen etc. 1221

91. *Lavatera*. 1 A.
348. L. trimestris   3   I

92. *Hybiscus*. 1 A.
349. H. Trionum   3 4   B

XVII. Ordnung. *Tiliaceae*. 1 G. 2 A.

93. *Tilia*. 2 A.
350. T. grandifolia   1 2 3 4   B   I II III IV
351. T. parvifolia   2 3 4   B J   I II III IV

XVIII. Ordnung. *Hypericineae*. 2 G. 8 A.

94. *Androsaemum*. 1 A.
352. * A. officinale   4   I

95. *Hypericum*. 7 A.
353. H. perforatum   1 2 3 4   B J   I II III IV
354. H. humifusum   2   4   J   I II III IV
355. H. quadrangulum   1 2 3 4   B J   I II III IV
356. H. tetrapterum   1 2 3 4   B J   I II III IV
357. H. montanum   1 2 3 4   B J   I II III IV
358. H. hirsutum   1 2 3 4   J   I II III
359. H. Coris   4   I
      H. pulchrum   I II
      H. Richeri   I

XIX. Ordnung. *Acerineae*. 1 G. 4 A.

96. *Acer*. 4 A.
360. A. Pseudoplatanus   1 2 3 4   B J   I II III IV
361. A. Platanoides   1   3 4   B   I II III
362. A. campestre   1   3 4   B   I II III IV
363. * A. monspessulanum   4   II
     A. opulifolium   I

XXI. Ordnung. *Ampelideae*. 2 G. 2 A.

97. *Ampelopsis*. 1 A.
364. A. hederacea   3 4   B

98. *Vitis*. 1 A.
365. V. vinifera   3 4   B   I II*   IV

XXII. Ordnung. *Geraniaceae.* 2 G. 20 A.

99. Geranium. 18 A.

366. G. macrorrhizum	4			IV
367. G. phaeum	2 3 4	B J	I	III IV
368. G. nodosum	4		I	
369. G. sylvaticum	1 2 3 4	B J	I II III IV
370. G. pratense	3 4	B	I II III IV
371. G. palustre	1 2 3	B J	I II III IV
372. G. sanguineum	2 3 4	B J	I II III IV
373. G. argenteum	3 4	B	
374. G. pyrenaicum	1 2 3 4	B J	I II
375. G. pusillum	1 2 3 4	B J	I II III IV
376. * G. bohemicum	2 3	B	I II
377. G. dissectum	1 2 3 4	B J	I II III IV
378. G. columbinum	1 2 3 4	B J	I II III IV
379. G. rotundifolium	2 3 4	B J	I II III IV
380. G. molle	1 2 3 4	B J	I II* IV
381. * G. lucidum	3 4	B?	I
382. G. divaricatum	3	B	I
383. G. robertianum	1 2 3 4	B J	I II III IV
G. aconitifolium			I

100. Erodium. 2 A.

384. E. cicutarium	1 2 3 4	B J	I II III IV
385. E. moschatum	2	J	I III

XXIII. Ordnung. *Balsamineae.* 1 G. 1 A.

101. Impatiens. 1 A.

386. I. nolitangere	1 2 3 4	B J	I II III IV

XXIV. Ordnung. *Oxalideae.* 1 G. 3 A.

102. Oxalis. 3 A.

387. O. Acetosella	1 2 3 4	B J	I II III IV
388. O. corniculata	3	B	I III
389. O. stricta	2 4	J	I II III

XXV. Ordnung. *Rutaceae.* 2 G. 2 A.

103. Ruta. 1 A.

390. R. graveolens	3 4	B	I

104. Dictamnus. 1 A.

391. D. Fraxinella	3 4	B	I II

Uebersicht der Ordnungen, Gattungen etc. 1223

II. Unterklasse. CALYCIFLORAE.

236 Gattungen. 843 Arten.

XXVI. Ordnung. *Celastrineae.* 2 G. 4 A.

105. Staphylea. 1 A.
392. * S. pinnata   1   3   B   I II III

106. Evonymus. 3 A.
393. E. europaeus   1 2 3 4   B J   I II III IV
393. b. E. verrucosus   3 4   III IV
394. E. latifolius   1 2 3 4   B   I II III

XXVII. Ordnung. *Rhamneae.* 3 G. 7 A.

107. Zizyphus. 1 A.
395. Z. vulgaris   3 4   B   I

108. Paliurus. 1 A.
396. P. aculeatus   4   I

109. Rhamnus. 5 A.
397. R. cathartica   1 2 3 4   B J   I II III IV
398. R. saxatilis   2 3 4   B J   I II III
399. * R. alpina   Tirol   I   IV
400. R. pumila   1 2 3 4   B J   I II III IV
401. Frangula   1 2 3 4   B J   I II III IV

XXVIII. Ordnung. *Terebinthaceae.* 2 G. 2 A.

110. Pistacia. 1 A.
402. P. Terebinthus   3 4   B

111. Rhus. 1 A.
403. R. Cotinus   3 4   B   I

XXIX. Ordnung. *Papilionaceae.* 29 G. 136 A.

Ulex europaeus   I? II*

112. Spartium. 1 A.
404. S. junceum   4   B

112. b. Sarothamnus. 1 A.
404. b. S. vulgaris   1? 3   B   I II

113. Genista. 4 A.

405. G. tinctoria	2 3 4	B	I II III IV
406. G. elatior	3	B	
407. * G. ovata	4		I
408. G. germanica	3 4	B	I II III IV
G. pilosa			I II
G. Halleri			I
G. procumbens			I

114. Cytisus. 12 A.

409. C. Laburnum	4		I IV
410. C. alpinus	3 4	B	I IV
411. C. nigricans	2 3 4	B J	I II III
412. C. sessilifolius	3 4	B	I
413. * C. capitatus	3?4		I II III IV
414. * C. prostratus	Südtirol		III IV
415. C. hirsutus	3 4	B	I II IV
415. b. C. ratisbonensis	4		II
416. C. purpureus	3 4	B	IV
417. C. radiatus	3 4	B	I
418. * C. sagittalis	4		I II IV
419. C. argenteus	4		
C. glabrescens			I
Lupinus angustifolius			I

115. Ononis. 6 A.

420. O. spinosa	1 2 3 4	B J	I II III IV
421. O. repens	2 3 4	B J	I II III IV
422. O. hircina	3 4	B	I
423. O. Columnae	3 4	B	I
424. O. Natrix	3 4	B	I
425. O. rotundifolia	2 3 4	B	I IV

116. Anthyllis. 2 A.

426. A. Vulneraria	1 2 3 4	B J	I II III IV
427. A. montana	4		I

117. Medicago. 8 A.

428. M. sativa	1 2 3 4	B J	I II III IV
429. M. falcata	1 2 3 4	B J	I II III IV
430. M. lupulina	1 2 3 4	B J	I II III IV
431. M. orbicularis	4		
432. M. Gerardi	4		
433. M. minima	3 4	B J	I II
433. b. M. maculata	2	J	
433. c. M. carstiensis	4		IV
M. apiculata			I
M. denticulata			II*

Uebersicht der Ordnungen, Gattungen etc. 1225

118. Trigonella. 1 A.

434. T. monspeliaca	3		I

119. Melilotus. 5 A.

435. * M. macrorrhiza	1 2		I II
436. M. alba	1 2 3 4	B J	I II III IV
437. M. officinalis	2 3 4	B J	I II III IV
438. * M. parviflora	Südtirol		
439. M. caerulea	2 3 4	B J	IV
M. dentata			II*

120. Trifolium. 24 A.

440. T. pratense	1 2 3 4	B J	I II III IV
441. T. medium	1 2 3 4	B J	I II III IV
442. T. alpestre	2 3 4	B J	I II III
443. T. rubens	2 3 4	B J	I II III IV
444. * T. noricum	4?		IV
445. T. ochroleucum	1 3 4	B	I II IV
446. T. incarnatum	3 4	B J	I
447. T. arvense	1 2 3 4	B J	I II IV
448. T. striatum	3 4	B	I II*
449. T. scabrum	3 4	B	I
450. T. fragiferum	1 2 3 4	B J	I II III IV
451. T. alpinum	1 2 3 4	B J	I III IV
452. T. montanum	1 2 3 4	B J	I II III IV
453. T. repens	1 2 3 4	B J	I II III IV
454. T. pallescens	1 3 4	B J	I III IV
455. T. caespitosum	1 2 3 4	B	I II IV
456. T. hybridum	1 2 3 4	B J	I II III IV
456. b. * T. nigrescens	4		
457. T. spadiceum	2		I II III IV
458. T. badium	1 2 3 4	B J	I II III IV
459. T. agrarium	1 2 3 4	B J	I II III IV
460. T. procumbens	1 2 3 4	B J	I II III
461. T. patens	3	B	I IV
462. T. filiforme	1 2	J	I II III
T. saxatile			I
T. elegans			I II*

121. Dorycnium. 2 A.

463. D. suffruticosum	2	J	I II
464. D. herbaceum	3 4	B	I III IV

122. Bonjeanea. 1 A.

465. B. hirsuta	3 4	B	

123. Lotus. 3 A.

466. L. corniculatus	1 2 3 4	B J	I II III IV

1226 Uebersicht der Ordnungen, Gattungen etc.

467. * L. uliginosus	1		I II
467. b. L. tenuifolius	3	B	I II

124. Tetragonolobus. 1 A.
468. T. siliquosus	1 2 3 4	B J	I II III IV

125. Galega. 1 A.
469. G. officinalis	3 4	B	I IV

126. Colutea. 1 A.
470. C. arborescens	2 3 4	B J	I

127. Phaca. 3 A.
471. P. frigida	1 2 3 4	B	I II III IV
472. P. alpina	1 2 3 4	B	I III IV
473. P. australis	2 3 4	B	I II III IV

128. Oxytropis. 6 A.
474. O. uralensis	1 2 3 4	B	I III IV
475. O. campestris	1 2 3 4	B J	I III IV
476. O. pilosa	2 3 4	B J	I II III IV
477. O. lapponica	2 3		I
478. O. montana	1 2 3 4	B J	I II III IV
478. b. * O. cyanea	2 3	B J	I
O. foetida			I
O. triflora			III IV

129. Astragalus. 10 A.
479. A. leontinus	2 3		I
480. A. purpureus	3 4	B	
481. A. Onobrychis	2 3 4	B J	I IV
482. A. alpinus	1 2 3 4	B J	I II III IV
483. A. vesicarius	3 4		
484. A. Cicer	2 3 4	B J	I II IV
485. A. glyciphyllos	1 2 3 4	B J	I II III IV
486. A. depressus	4		I
487. A. exscapus	3		I
488. A. monspessulanus	4		I
A. aristatus			I
A. oroboides			IV
A. arenarius			II
A. hypoglottis			II

130. Coronilla. 6 A.
489. C. Emerus	1 2 3 4	B J	I II III
490. C. vaginalis	1 2 3 4	B J	I II III IV
490. b. C. minima	4		I
491. C. montana	3 4	B	I II IV

492. * C. scorpioides	4		
493. C. varia	2 3 4	B J	I II III IV
Ornithopus perpusillus			I II

131. Hippocrepis. 1 A.
494. H. comosa	1 2 3 4	B J	I II III IV

132. Hedysarum. 1 A.
495. H. obscurum	1 2 3 4	B J	I II III IV

133. Onobrychis 1 A.
496. O. sativa	1 2 3 3	B J	I II III IV
O. arenaria			I

134. Cicer. 1 A.
497. C. arietinum	Südtirol	B	

135. Vicia. 15 A.
498. V. pisiformis	3	B	I II
499. V. sylvatica	1 2 3 4	B	I II III IV
500. V. cassubica	3	B	II
501. V. dumetorum	3 4		I II III IV
502. V. Cracca	1 2 3 4	B J	I II III IV
503. V. Gerardi	2 3 4	B J	I
504. V. tenuifolia	3		I II III
505. V. villosa	3 4	B	·I II III
506. V. oroboides	4		
507. V. sepium	1 2 3 4	B J	I II III IV
508. V. lutea	3 4	B	I II
509. V. angustifolia	1 2 3 4	B J	I II III IV
510. V. cordata	3 4	B	IV
510. b. V. peregrina	4		
511. V. lathyroides	3	B	I II IV
V. sativa			I II III IV
V. hybrida			I
V. onobrychioides			

136. Ervum. 3 A.
512. E. hirsutum	1 2 3 4	B	I II III
513. E. tetraspermum	1 2 3	B J	I II III IV
514. E. Ervilia	4		I II
E. monanthos			II
E. Lens			I
E. Lenticula			IV
E. gracile			II*

137. Pisum. 1 A.
515. P. arvense	1 2 3	B J	III IV

138. *Lathyrus.* 10 A:

516. L. Aphaca	3 4	B	I II
517. L. sphaericus	3 4	B	I
518. L. setifolius	4		
519. L. hirsutus	3 4	B	I II
520. L. tuberosus	3	B	I II
521. L. pratensis	1 2 3 4	B J	I II III IV
522. L. sylvestris	1 2 3 4	B J	I II III IV
523. L. heterophyllus	3		I
524. L. latifolius	3 4		
525. L. palustris	3	B	I II
L. Cicera			I
L. sativus			I
L. Nissolia			I II
L. angulatus			I

139. *Orobus.* 5 A.

526. O. vernus	1 2 3 4	B	I II III IV
527. O. variegatus	3 4	B	
528. O. tuberosus	2 3 4	B J	I II IV
529. O. luteus	1 3 4	B	I II III IV
530. O. niger	3 4	B	I II III

XXX. Ordnung. *Caesalpineae.* 1 G. 1 A.

140. *Cercis.* 1 A.

531. C. Siliquastrum	4		

XXXI. Ordnung. *Amygdaleae.* 1 G. 6 A.

Amygdalus nana			II

141. *Prunus.* 6 A.

532. P. spinosa	1 2 3 4	B	I II III IV
533. P. insititia	3	B	I II IV
534. P. domestica	3	B J	I IV
535. P. avium	1 2 3 4	B	I II IV
536. P. Padus	1 2 3 4	B J	I II III IV
537. P. Mahaleb	2 3 4	B	I II III
P. Cerasus	4?		I
P. Chamaecerasus			II*

XXXII. Ordnung. *Rosaceae.* 11 G. 59 A.

142. *Spiraea.* 3 A.

538. S. Aruncus	1 2 3 4	B J	I II III IV
539. S. Ulmaria	2 3 4	B J	I II III IV
540. S. Filipendula	1 2 3 4	B J	I II III IV

Uebersicht der Ordnungen, Gattungen etc.

S. ulmifolia			IV
S. salicifolia		II	IV
S. obovata		I	

143. Dryas. 1 A.
541. D. octopetala	1 2 3 4	B J	I II III IV

144. Geum. 6 A.
542. G. urbanum	1 2 3 4	B J	I II III IV
543. * G. intermedium	1		I II III
544. G. rivale	1 2 3 4	B J	I II III IV
545. G. inclinatum	4		I
546. G. reptans	1 2 3 4	B J	I II III IV
547. G. montanum	1 2 3 4	B J	I II III IV

145. Rubus. 4 A.
548. R. saxatilis	1 2 3 4	B J	I II III IV
549. R. Idaeus	1 2 3 4	B J	I II III IV
550. R. fruticosus	1 2 3 4	B J	I II III IV
551. R. caesius	1 2 3 4	B J	I II III IV

146. Fragaria. 3 A.
552. F. vesca	1 2 3 4	B J	I II III IV
553. F. elatior	2 3 4	B J	I II III IV
554. F. collina	2 3 4	B J	I II III
F. Hagenbachiana			II

147. Comarum. 1 A.
555. C. palustre	1 2 3 4	B J	I II III IV

148. Potentilla. 25 A.
556. P. supina	2 3	J	I II
557. P. norvegica	4		III
558. P. rupestris	2 3 4	B J	I II IV
559. P. anserina	1 2 3 4	B J	I II III IV
560. P. recta	2 3 4	B	I II
561. P. argentea	2 3 4	B J	I II III IV
562. P. collina	3	B	
563. P. reptans	1 2 3 4	B J	I II III IV
564. P. procumbens	2		I
565. P. Tormentilla	2 3 4	B J	I II III IV
566. P. aurea	1 2 3 4	B J	I II III IV
567. P. salisburgensis	1 2 3 4	B J	I II III IV
568. P. verna	1 2 3 4	B J	I II III IV
569. P. opaca	2 3		I II III
570. P. cinerea	2 3	J	I II
571. P. grandiflora	1 2 3 4	B J	I
572. P. nivea	2 3		I

1230, Uebersicht der Ordnungen, Gattungen etc.

573. P. minima	1 2 3 4	J	I II III IV
574. P. frigida	2 3 4	J	I
575. P. alba	2 3 4	B J	I II
376. * P. Fragariastrum	1		I II III
377. P. micrantha	4		I II
378. P. caulescens	1 2 3 4	B J	I II III IV
379. * P. Clusiana	2		II III IV
380. P. nitida	3 4	B	IV
P. petiolulala			I
P. multifida			I
P. inclinata			I II
P. intermedia			I
P. ambigua			I
P. thuringiaca			I
149. Sibbaldia. 1 A.			
581. S. procumbens	1 2 3 4	B J	I II III IV
150. Agrimonia. 2 A.			
582. A. Eupatoria	1 2 3 4	B J	I II III IV
583. A. odorata	2		II
151. Aremonia. 1 A.			
584. A. agrimonioides	3 4	B	IV
152. Rosa. 12 A.			
585. R. pimpinellifolia	3 4	B	I II III
586. R. alpina	1 2 3 4	B J	I II III IV
587. R. cinnamomea	1 3	B	I II III
588. R. rubrifolia	2 3 4	B J	I III
589. R. glandulosa	3	B	I
590. R. canina	1 2 3 4	B J	I II III IV
591. R. rubiginosa	1 2 3 4	B J	I II III
592. R. tomentosa	2 3 4	B	I II III
593. R. pomifera	2 3 4	B	I II IV
594. R. resinosa	2 3 4	B	III
595. R. arvensis	1 2 3 4	B J	I II III
596. R. gallica	3	B	I II
R. sistyla			I III
R. spinulifolia			I
R. reversa			IV

XXXIII. Ordnung. *Sanguisorbeae.* 3 G. 8 A.

153. Alchemilla. 6 A.			
597. A. vulgaris	1 2 3 4	B J	I II III IV
598. A. pubescens	2 3 4	B J	I II IV
599. A. fissa	1 2 3		I II III IV
600. A. alpina	1 2 3 4	B J	I II III IV
601. A. pentaphylla	1 2 3 4		I
602. A. arvensis	2 3 4	B J	I II III IV

Uebersicht der Ordnungen, Gattungen etc. 1231

154. Sanguisorba. 1 A.
603. S. officinalis — 1 2 3 — B J — I II III IV

155. Poterium. 1 A.
604. P. Sanguisorba — 1 2 3 4 — B J — I II III IV
    P. polygamum — — — IV?

XXXIV. Ordnung. *Pomaceae.* 6 G. 13 A.

156. Crataegus. 2 A.
605. C. Oxyacantha — 1 2 3 4 — B J — I II III IV
606. C. monogyna — 1 2 3 4 — B — I II III

157. Cotoneaster. 2 A.
607. C. vulgaris — 2 3 4 — B — I II III IV
608. C. tomentosa — 2 3 4 — B J — I II III IV

158. Mespilus. 1 A.
609. M. germanica — 3 — B — I   IV

159. Pyrus. 2 A.
610. P. communis — 1 2 3 4 — B — I II III IV
611. P. Malus — 1 2 3 4 — B — I II III IV

160. Aronica. 1 A.
612. A. rotundifolia — 2 3 4 — B J — I II III IV

161. Sorbus. 5 A.
613. S. domestica — 1 2 3 — B — I II III IV
614. S. aucuparia — 1 2 3 4 — B J — I II III IV
615. S. Aria — 1 2 3 4 — B J — I II III IV
616. S. torminalis — 3 4 — B — I II III
617. S. Chamaemespilus — 1 2 3 4 — B J — I II III IV
    S. hybrida — — — I
    S. intermedia — — — I

XXXV. Ordnung. *Granateae.* 1 G. 1 A.

162. Punica. 1 A.
618. P. Granatum — 3 4 — B

XXXVI. Ordnung. *Oenothereae.* 4 G. 17 A.

163. Epilobium. 12 A.
619. E. angustifolium — 1 2 3 4 — B J — I II III IV
620. E. Dodonaei — 2 3 4 — B J — I III IV

621. E. Fleischeri	1 2 3 4	B J	I
622. E. hirsutum	1 3 4	B	I II III IV
623. E. parviflorum	1 2 3 4	B J	I II III IV
624. * E. tetragonum	1 4?		I II IV
625. E. montanum	1 2 3 4	B J	I II III IV
626. E. palustre	1 2 3 4	B J	I II III IV
627. E. roseum	1 2 3 4	B J	I II III IV
628. E. trigonum	1 2 3 4	B	I II III
629. E. origanifolium	1 2 3 4	B J	I II III IV
630. E. alpinum	1 2 3 4	B J	I II III IV

164. Oenothera. 1 A.

631. O. biennis	2 3 4	B J	I II III IV
O. muricata			I II

165. Isnardia. 1 A.

632. I. palustris	1 4?		I II* IV

166. Circaea. 3 A.

633. C. lutetiana	1 2 3 4	B J	I II III IV
634. * C. intermedia	1 2		I II III
635. C. alpina	1 2 3 4	B J	I II III IV
Trapa natans			I II IV

XXXVII. Ordnung. *Halorageae.* 1 G. 2 A.

167. Myriophyllum. 2 A.

636. M. verticillatum	1 2 3 4	B	I II III
637. M. spicatum	1 2 3 4	B	I II III IV
M. alterniflorum			II*

XXXVIII. Ordnung. *Hippurideae.* 1 G. 1 A.

168. Hippuris. 1 A.

638. H. vulgaris	1 2 3 4	B J	I II III IV

XXXIX. Ordnung. *Callitrichineae.* 1 G. 3 A.

169. Callitriche. 3 A.

639. C. stagnalis	1 2 3	B	I II III
640. C. vernalis	1 2 3 4	B J	I II III IV
641. C. autumnalis	2 4		I III IV
C. hamulata			I II III
C. platycarpa			I II

Uebersicht der Ordnungen, Gattungen etc. 1233

XL. Ordnung. *Ceratophylleae.* 1 G. 2 A.

170. Ceratophyllum. 2 A.

642. C. submersum	1 3 4	B	I II	IV
643. C. demersum	1 3 4	B	I II III	

XLI. Ordnung. *Lythrarieae.* 2 G. 2 A.

171. Lythrum. 1 A.

644. L. Salicaria	1 2 3 4	B J	I II III IV
L. Hyssopifolia	4?		I II

172. Peplis. 1 A.

645. P. Portula	2 3 4	B	I II III IV

XLII. Ordnung. *Tamariscineae.* 1 G. 1 A.

173. Myricaria. 1 A.

646. M. germanica	1 2 3 4	B J	I II III IV

XLIII. Ordnung. *Philadelpheae.* 1 G. 1 A.

174. Philadelphus. 1 A.

647. P. coronarius	3 4	B

XLV. Ordnung. *Cucurbitaceae.* 1 G. 2 A.

175. Bryonia. 2 A.

648. B. alba	2 3		I II III IV
649. B. dioica	3 4	B	I II IV

XLVI. Ordnung. *Portulaceae.* 2 G. 2 A.

176. Portulaca. 1 A.

650. P oleracea	2 3 4	B	I II

177. Montia. 1 A.

651. M. fontana	2 3 4	B J	I II IV

XLVII. Ordnung. *Paronychieae.* 2 G. 4 A.

178. Telephium. 1 A.

652. T. Imperati	3	I
Corrigiola littoralis		I II*

1234 Uebersicht der Ordnungen, Gattungen etc.

179. Herniaria. 3 A.

653. H. glabra	2 3 4	B J	I II III IV
654. H. hirsuta	3		I II III
655. H. alpina	1 2	J	I
H. incana			I?
Illecebrum verticillatum			I II*
Polycarpum tetraphyllum			I II*

XLVIII. Ordnung. *Sclerantheae*. 1 G. 2 A.

180. Scleranthus. 2 A.

656. S. annuus	1 2 3 4	B J	I II III IV
657. S. perennis	3	B	I II III

XLIX. Ordnung. *Crassulaceae*. 3 G. 24 A.

181. Rhodiola. 1 A.

658. R. rosea	1 2 3 4	B	I III IV
Crassula rubens			I

182. Sedum. 14 A.

659. S. maximum	2 3 4	B J	I II IV
660. S. Anacampseros	4		I
661. S. Cepaea	4		I
662. S. hispanicum	4		I IV
663. S. villosum	3 4	B	I II III IV
664. S. atratum	1 2 3 4	B	I II III IV
665. S. annuum	2 3 4	B J	I III IV
666. S. album	1 2 3 4	B J	I II III IV
667. S. dasyphyllum	1 2 3 4	B J	I II III IV
668. S. acre	2 3 4	B J	I II III IV
669. S. sexangulare	1 2 3 4	B J	I II III IV
670. S. repens	2 3 4	B J	I III IV
671. S. reflexum	1 2 3 4	B	I II IV
S. Fabaria	4?		I III
S. purpurascens			I II III
S. anopetalum			I

183. Sempervivum. 9 A.

672. S. tectorum	1 3 4	B	I II III IV
673. S. Wulfeni	2 3 4	B J	I III IV
674. S. Funkii	2 3		III
675. S. montanum	1 2 3 4	B J	I II III IV
675. b. S. Braunii	3		I III IV
676. S. arachnoideum	2 3 4	B J	I II III IV
676. b. S. Doellianum	3	B	I IV

Uebersicht der Ordnungen, Gattungen etc. 1235

677. * S. hirtum	2 3		III IV
678. S. arenarium	3		
S. soboliferum			II

L. Ordnung. *Cacteae.* 1 G. 1 A.

184. Opuntia. 1 A.

679. O. vulgaris	3 4	B	

LI. Ordnung. *Ribesiaceae.* 1 G. 5 A.

185. Ribes. 5 A.

680. R. Grossularia	2 3 4	B J	I II III IV
681. R. alpinum	1 2 3 4	B J	I II III IV
682. R. nigrum	1 3?	B?	I II III IV
683. R. rubrum	2 3	B	I II III IV
684. R. petraeum	3 4	B	I III IV

LII. Ordnung. *Saxifragaceae.* 3 G. 38 A.

186. Saxifraga. 35 A.

685. S. Aizoon	1 2 3 4	B J	I II III IV
686. S. elatior	3 4		I IV
687. S. crustata	3 4		IV
688. S. mutata	2 3 4	B J	I II III IV
689. S. Burseriana	2 3 4	B	II III IV
690. S. Vandelli	3 4		I
691. S. squarrosa	3 4	B	IV
692. S. caesia	1 2 3 4	B J	I II III IV
693. * S. patens	2		I II
694. S. oppositifolia	1 2 3 4	B J	I II III IV
695. S. Rudolphiana	3		III IV
696. S. biflora	1 2 3	J	I III IV
697. S. Kochii	3		I IV
698. S. aspera	2 3 4	B J	I II III IV
699. S. bryoides	1 2 3 4	B J	I II III IV
700. * S. tenella	3		IV
701. S. aizoides	1 2 3 4	B J	I II III IV
702. S. stellaris	1 2 3	B J	I II III IV
703. S. Clusii	2 3 4	B J	
704. S. cuneifolia	2 3 4	J	I II III IV
705. S. muscoides	1 2 3 4	B J	I II III IV
706. S. exarata	1 2 3 4	B J	I II III IV
707. S. stenopetala	1 2 3	J	I II III
708. S. sedoides	2 3 4	B	II III IV
709. * S. planifolia	Tirol		I III IV
710. S. Facchinii	3 4	B	
711. S. Seguieri	1 2 3 4	B J	I

712. S. androsacea	1 2 3 4	B J	I II III IV
713. S. adscendens	2 3 4	B J	I III IV
714. S. tridactylites	2 3 4	B	I II III IV
715. S. petraea	4		
716. * S. bulbifera	4		I
717. S. cernua	4		I IV
718. S. rotundifolia	1 2 3 4	B J	I II III IV
719. S. arachnoidea	4		
S. Cotyledon			I IV
S. retusa			I IV
S. granulata			I II
S. Hirculus			I II III
S. umbrosa			III
S. caespitosa			II
S. sponhemica			II*
S. diapensioides			I

187. Zahlbrucknera. 1 A.

720. * Z. paradoxa	4		IV

188. Chrysosplenium. 2 A.

721. C. alternifolium	1 2 3 4	B J	I II III IV
722. * C. oppositifolium	Tirol. 1?		I II

LIII. Ordnung. *Umbelliferae*. 54 G. 99 A.

189. Hydrocotyle. 1 A.

723. * H. vulgaris	1 4		I II

190. Sanicula. 1 A.

724. S. europaea	1 2 3 4	B J	I II III IV
Hacquetia Epipactis			IV

191. Astrantia. 3 A.

725. A. minor	3 4		I IV
726. A. carniolica	2	J	II IV
726. b. A. major	1 2 3 4	B J	I II III IV

192. Eryngium. 4 A.

727. E. campestre	3 4?	B	I II III
728. E. amethystinum	3 4	B	
729. * E. alpinum	Tirol. 1?		I
730. E. planum	3		

193. Cicuta. 1 A.

731. O. virosa	1 3	B	I II III IV

Uebersicht der Ordnungen, Gattungen etc. 1237

194. Apium. 1 A.
732. A. graveolens   3 | I II

195. Petroselinum. 1 A.
733. P. sativum   3 4   B   IV
    P. segetum   I?

196. Trinia. 1 A.
734. T. vulgaris   3 4   B   I II

197. Helosciadium. 2 A.
735. H. nodiflorum   3 4   B   I II*
736. H. repens   2   I II III IV

198. Ptychotis. 1 A.
737. P. heterophylla   4   I

199. Falcaria. 1 A.
738. * F. Rivini   Südtirol   I II

Sison Amomum   I

200. Aegopodium. 1 A.
739. A. Podagraria   1 2 3 4   B J   I II III IV

201. Carum. 1 A.
740. C. Carvi   1 2 3 4   B J   I II III IV
    C. Bulbocastanum   I II*

202. Pimpinella. 2 A.
741. P. magna   1 2 3 4   B J   I II III IV
742. P. Saxifraga   1 2 3 4   B J   I II III IV

203. Berula. 1 A.
743. B. angustifolia   1 2 3 4   B J   I II

Sium latifolium   I II

204. Bupleurum. 7 A.
744. B. aristatum   4
745. * B. falcatum   3   I II
746. B. ranunculoides   1   3 4   B   I II III
747. B. graminifolium   4   I   IV
748. B. stellatum   3 4   B   I
749. * B. protractum   Südtirol
750. B. rotundifolium   3 4   B   I II
    B. tenuissimum   II*
    B. longifolium   I II III

1238 Uebersicht der Ordnungen, Gattungen etc.

205. Oenanthe. 2 A.
751. O. crocata | 4 | |
752. O. Phellandrium | 3 | B | I II IV
O. fistulosa | | | I II
O. Lachenalii | | | I II*
O. peucedanifolia | | | I II*

206. Aethusa. 2 A.
753. A. Cynapium | 1 2 3 4 | B J | I II III IV
754. A. cynapioides | 3 | B |

207. Foeniculum. 1 A.
755. F. officinale | 3 4 | B | I

208. Seseli. 5 A.
756. S. Gouani | 4 | |
757. * S. glaucum | 4 | | IV
758. S. varium | 3 | |
759. * S. tortuosum | Südtirol | |
760. S. coloratum | 2 3 4 | B J | I II
S. Hippomarathrum | | | II*
S. montanum | | | I

209. Libanotis. 1 A.
761. L. montana | 2 3 4 | B J | I II III IV
Cnidium venosum | | | II
Cnidium apioides | | | I

210. Trochiscanthes. 1 A.
762. * T. nodiflorus | 4 | | I

211. Athamantha. 2 A.
763. A. cretensis | 1 2 3 4 | B J | I II   IV
764. A. Matthioli | 4 | |

212. Ligusticum. 1 A.
765. * L. Seguieri | 3 4 | B? | I
L. ferulaceum | | | I

213. Silaus. 1 A.
766. S. pratensis | 1 2 3 | J | I II III

214. Meum. 2 A.
767. * M. athamanticum | 2 3 | | I   III IV
768. M. Mutellina | 1 2 3 4 | B J | I II III IV

215. Gaya. 1 A.
769. G. simplex | 1 2 3 4 | B J | I II III IV

216. Levisticum. 1 A.
770. L. officinale	3	B	I IV

217. Selinum. 1 A.
771. S. carvifolia	1 2 3 4	B J	I II III IV

218. Angelica. 2 A.
772. A. sylvestris	1 2 3 4	B J	I II III IV
773. A. montana	2 3	B J	I
Archangelica officinalis			I IV?

219. Ferulago. 1 A.
774. F. galbanifera	4		

220. Peucedanum. 6 A.
775. * P. Chabraei	4		I II
776. P. Scholtii	4		
777. P. Cervaria	2 3 4	B J	I II III
778. P. Oreoselinum	1 2 3 4	B J	I II III IV
779. P. venetum	3 4	B	I
780. P. rablense	3 4	B	I IV
P. officinale			II
P. alsaticum			I II
P. austriacum			I IV

221. Tommasinia. 1 A.
781. T. verticillaris	2 3 4	B J	I

222. Thysselinum. 1 A.
782. T. palustre	1 2 3 4	B	I II III IV

223. Imperatoria. 1 A.
783. I. Ostruthium	1 2 3 4	B J	I II III IV
I. angustifolia			I

224. Pastinaca. 2 A.
784. P. sativa	2 3 4	B J	I II III IV
785. P. opaca	3	B	

225. Heracleum. 4 A.
786. H. Sphondylium	1 2 3 4	B J	I II III IV
787. * H. sibiricum	Alpenkette		I' II
788. H. asperum	2 3 4	B J	I II III IV
789. H. austriacum	2		II III IV
H. alpinum			I

225. b. Tordylium. 1 A.
789. b. T. maximum	3 4	B	I II

226. Siler. 1 A.
790. * S. trilobum	2 3 4		IV

227. Laserpitium. 7 A.
791. L. latifolium	1 2 3 4	B J	I II III IV
792. L. Gaudini	3 4	B	I
793. L. Siler	1 2 3 4	B J	I II III
794. L. peucedanoides	3 4		I IV
795. L. hirsutum	1 2 3 4	B J	I
796. L. pruthenicum	1 3 4	B	I II III
797. L. nitidum	4		
L. alpinum.			III? IV?

228. Orlaya. 1 A.
798. O. grandiflora	3 4	B	I II III

229. Daucus. 1 A.
799. D. Carota	1 2 3 4	B J	I II III IV

230. Caucalis. 1 A.
800. C. daucoides	3 4	B	I II III
C. leptophylla			I

231. Turgenia. 1 A.
801. T. latifolia	4		I II

232. Torilis. 3 A·
802. T. Anthriscus	2 3 4	B J	I II III IV
803. T. helvetica	1 3 4	B	I II
804. T. nodosa	4		

233. Scandix. 1 A.
805. S. pecten Veneris	3 4	B	I II

234. Anthriscus. 2 A.
806. A. sylvestris	1 2 3 4	B J	I II III IV
807. A. Cerefolium	3 4	B	I IV
A. vulgaris			I II III

235. Chaerophyllum. 6 A.
808. C. temulum	3 4	B	I II
809. C. bulbosum	2 3	J	I II III
810. C. aureum	1 2 3 4	B J	I II III IV
811. C. Villarsii	1 2 3 4	B ˋJ	I II III IV
812. C. hirsutum	1 2 3 4	B J	I II III IV
813. * C. aromaticum	4		
C. elegans			I

Uebersicht der Ordnungen, Gattungen etc. 1241

236. Myrrhis. 1 A.
814. M. odorata | 2 3 4 | B | I II   IV

237. Molopospermum. 1 A.
815. M. cicutarium | 4 | | I

238. Conium. 1 A.
816. C. maculatum | 1   3 4 | B | I II III IV

239. Pleurospermum. 1 A.
817. P. austriacum | 2   4 | J | I II III

240. Malabaila. 1 A.
818. M. Hacquetii | 4 |

241. Bifora. 1 A.
819. B. radians | 3 4 | B | I

LIV. Ordnung. *Araliaceae.* 1 G. 1 A.

242. Hedera. 1 A.
820. H. Helix | 1 2 3 4 | B J | I II III IV

LV. Ordnung. *Corneae.* 1 G. 2 A.

243. Cornus. 2 A.
821. C. sanguinea | 1 2 3 4 | B J | I II III IV
822. C. mas | 2 3 4 | B J | I II III IV

LVI. Ordnung. *Loranthaceae.* 1 G. 1 A.

244. Viscum. 1 A.
823. V. album | 2 3 4 | B J | I II III IV

LVII. Ordnung. *Caprifoliaceae.* 5 G. 14 A.

245. Adoxa. 1 A.
824. A. Moschatellina | 1 2 3 4 | B J | I II III IV

246. Sambucus. 3 A.
825. S. Ebulus | 1 2 3 4 | B J | I II III IV
826. S. nigra | 1 2 3 4 | B J | I II III IV
827. S. racemosa | 1 2 3 4 | B J | I II III IV

247. Viburnum. 2 A.

828. V. Lantana	1 2 3 4	B J	I II III IV
829. V. Opulus	1 2 3 4	B J	I II III IV

248. Lonicera. 7 A.

830. L. Caprifolium	2 3 4	B J	I II IV
831. * L. Periclymenum	1 . 4?		I II
831. b. L. etrusca	3	B	I
832. L. Xylosteum	1 2 3 4	B J	I II III IV
833. L. nigra	1 2 3 4	B J	I II III IV
834. L. caerulea	2 3 4	B J	I II III IV
835. L. alpigena	1 2 3 4	B J	I II III IV

249. Linnaea. 1 A.

836. L. borealis	2 3	B J	I III

LVIII. Ordnung. *Stellatae*. 3 G. 25 A.

250. Sherardia. 1 A.

837. S. arvensis	1 2 3 4	B J	I II III IV

251. Asperula. 5 A.

838. A. arvensis	2 3 4	B J	I II III IV
839. A. taurina	1 3 4	B	I II
840. A. longiflora	3 4	B	I IV
841. A. cynanchica	1 2 3 4	B J	I II III IV
842. A. odorata	1 2 3 4	B J	I II III IV
A. tinctoria			I II
A. galioides			I II III

252. Galium. 19 A.

843. G. Cruciata	1 2 3 4	B J	I II III IV
844. G. vernum	3 4	B	I III? IV
845. G. pedemontanum	3 4	B	I
846. G. Aparine	1 2 3 4	B J	I II III IV
847. G. uliginosum	1 2 3 4	B J	I II III IV
848. G. palustre	1 2 3 4	B J	I II III IV
849. G. rotundifolium	1 2	J	I II III IV
850. G. boreale	1 2 3 4	B J	I II III IV
851. G. verum	1 2 3 4	B J	I II III IV
852. G. purpureum	3 4	B	I
853. G. sylvaticum	2	J	I II III IV
854. G. aristatum	3 4	B	I IV
855. G. Mollugo	1 2 3 4	B J	I II III IV
856. G. lucidum	3 4	B	I
857. G. rubrum	3 4	B	I
858. G. saxatile	1 2 4	J	I II III

Uebersicht der Ordnungen, Gattungen etc. 1243

859. G. sylvestre	1 2 3 4	B J	I II III IV
860. G. pumilum	2 3	B	I II
861. G. helveticum	1 2 3 4	B J	I II III IV
G. tricorue			I II III
G. parisiense			I II*
G. sacharatum			I
G. insubricum	3?	B?	I
Rubia tinctorum			I IV

LIX. Ordnung. *Valerianeae*. 3 G. 15 A.

253. *Valeriana*. 10 A.

862. V. exaltata	2 3	B	I II
863. V. officinalis	1 2 3 4	B J	I II III IV
864. V. sambucifolia	2 3	J	I?
865. V. dioica	1 2 3 4	B J	I II III IV
866. V. tripteris	1 2 3 4	B J	I II III IV
867. V. montana	1 2 3 4	B J	I II III IV
868. V. supina	1 2 3 4	B J	I II III IV
869. V. saxatilis	1 2 3 4	B J	I II III IV
870. V. elongata	3 4	B	IV
871. V. celtica	2 3?	J	I III IV
V. saliunca			I

254. *Centranthus*. 1 A.

872. C. ruber	3 4	B	I
C. angustifolius			I

255. *Valerianella*. 4 A.

873. V. olitoria	1 2 3 4	B J	I II III IV
874. V. dentata	1 2 3 4	B J	I II III
875. V. Auricula	1 2 3 4	B	I II III
876. V. coronata	3 4	B	II
V. carinata			I II
V. eriocarpa			II*

LX. Ordnung. *Dipsaceae*. 4 G. 13 A.

256. *Dipsacus*. 2 A.

877. D. sylvestris	1 2 3 4	B J	I II III IV
878. D. pilosus	1 2 3 4	B J	I II III
D. laciniatus			I II*III IV
Cephalaria alpina			I

257. Knautia. 3 A.
879. K. longifolia	3 4	B	I III IV
880. K. sylvatica	1 2 3 4	J	I II III IV
881. K. arvensis	1 2 3 4	B J	I II III IV

258. Succisa. 2 A.
882. S. pratensis	1 2 3 4	B J	I II III IV
883. * S. australis	Südtirol 4?		IV?

259. Scabiosa. 6 A.
884. S. gramuntia	3 4	B	
885. * S. ochroleuca	3		I IV
886. S. Columbaria	1 2 3 4	B J	I II III IV
887. S. lucida	1 2 3 4	B J	I II III IV
888. S. vestina	4		
889. S. graminifolia	3 4	B	I
S. suaveolens			I II

LXI. Ordnung. *Compositae*. 64 G. 269 A.

260. Eupatorium. 1 A.
890. E. cannabinum	1 2 3 4	B J	I II III IV

261. Adenostyles. 2 A.
891. A. albifrons	1 2 3 4	B J	I II III IV
892. A. alpina	1 2 3 4	B J	I II III IV
A. leucophylla			I
A. hybrida			I

262. Homogyne. 2 A.
893. H. alpina	1 2 3 4	B J	I II III IV
894. H. discolor	3 4		III IV
H. sylvestris			IV

263. Tussilago. 1 A.
895. T. Farfara	1 2 3 4	B J	I II III IV

264. Petasites. 3 A.
896. P. officinalis	1 2 3 4	B J	I II III IV
897. P. albus	1 2 3 4	B J	I II III IV
898. P. niveus	1 2 3 4	B J	I II III IV

265. Linosyris. 1 A.
899. L. vulgaris	3 4	B	I II

Uebersicht der Ordnungen, Gattungen etc.

266. Aster. 2 A.
900. A. alpinus	1	2	3	4	B	J	I	II	III	IV
901. A. Amellus		2	3	4	B	J	I	II	III	IV
A. salignus							I			
A. Tripolium								II		

267. Bellidiastrum. 1 A.
902. B. Michelii	1	2	3	4	B	J	I	II	III	IV

268. Bellis. 1 A.
903. B. perennis		2	3	4	B	J	I	II	III	IV

269. Stenactis. 1 A.
904. S. bellidiflora			3	4	B		I	II

270. Erigeron. 7 A.
905. E. canadensis	1	2	3	4	B	J	I	II	III	IV
906. E. acris	1	2	3	4	B	J	I	II	III	IV
907. E. Dröbachensis	1	2	3		B		I	II	III	
908. E. Villarsii	1	2	3	4	B		I		III	IV
909. E. alpinus	1	2	3	4	B	J	I	II	III	IV
910. E. glabratus		2	3	4	B	J	I	II	III	IV
911. E. uniflorus	1	2	3	4	B	J	I	II	III	IV

271. Solidago. 1 A.
912. S. virgaurea	1	2	3	4	B	J	I	II	III	IV
Micropus erectus							I			

272. Buphthalmum. 2 A.
913. B. speciosissimum				4						
914. B. salicifolium	1	2	3	4	B	J	I	II	III	IV

273. Pallenis. 1 A.
915. * P. spinosa				4

274. Inula. 6 A.
916. I. ensifolia				4						
917. I. salicina	1		3	4	B		I	II	III	
918. * I. squarrosa				4			I	II		
919. I. hirta			3	4	B		I	II		
920. I. Conyza	1	2	3	4	B	J	I	II	III	IV
921. I. Britanica	1	2	3	4	B	J	I	II		
I. media								II		
I. germanica								II		
I. montana							I			
I. Vaillantii							I			

275. Pulicaria. 2 A.

922. P. vulgaris	3 4	B	I II IV
923. P. dysenterica	1 2 3 4	B J	I II III IV

276. Galinsoga. 1 A.

924. G. parviflora	4		

277. Bidens. 3 A.

925. B. tripartita	1 2 3 4	B J	I II III
926. B. cernua	1 2 3 4	B J	I II III IV
927. B. bipinnata	3 4	B	

278. Carpesium. 1 A.

928. C. cernuum	3 4	B	I

279. Filago. 3 A.

929. F. germanica	3 4	B	I II III IV
930. F. arvensis	1 2 3 4	B J	I II III IV
931. F. minima	3 4	B	I II
F. gallica			I II*

280. Gnaphalium. 9 A.

932. G. sylvaticum	1 2 3 4	B J	I II III IV
933. G. norvegicum	1 2 3 4	B J	I II III IV
934. G. Hoppeanum	3	B	IV
935. G. supinum	1 2 3 4	B J	I II III IV
936. G. uliginosum	1 2 3 4	B J	I II IV
937. G. luteo-album	1 3 4	B	I II
938. G. Leontopodium	1 2 3 4	B J	I II III IV
939. G. dioicum	1 2 3 4	B J	I II III IV
940. G. carpaticum	1 2 3 4	B J	I II III IV
Helichrysum arenarium			II

281. Artemisia. 8 A.

941. A. Absinthium	1 2 3 4	B J	I II III IV
942. A. camphorata	3 4	B	
943. A. lanata	3 4	B	
944. A. Mutellina	1 2 3 4	B J	I III IV
945. A. spicata	2 3 4	B J	I III IV
946. A. campestris	2 3 4	B J	I II III IV
947. A. nana	3		I
948. A. vulgaris	2 3 4	B J	I II III IV
A. Pontica			II*
A. glacialis			I IV?
A. valesiaca			I

282. Tanacetum. 1 A.

949. T. vulgare	2 3 4	B J	I II IV

Uebersicht der Ordnungen, Gattungen etc. 1247

283. Achillea. 12 A.

950. A. Ptarmica	1 2		I II IV
951. A. Clavenae	2 3 4	B	I II III IV
952. A. macrophylla	1 2 3 4	B	I IV
953. A. moschata	2 3 4	B J	I III IV
954. A. hybrida	3		I
955. A. nana	2 3		I
956. A. atrata	1 2 3 4	B J	I II III IV
957. A. tomentosa	3 4	B J	I
958. A. Millefolium	1 2 3 4	B J	I II III IV
959. A. lanata	4		I
960. A. tanacetifolia	3 4	B	I III IV
961. A. nobilis	3 4		I II IV
A. valesiaca			I
A. alpina			I
A. Thomasiana			I

284. Anthemis. 4 A.

962. * A. tinctoria	4		I II III
963. A. arvensis	1 2 3 4	B J	I II III IV
964. * A. Cotula	1		I II III IV
965. A. alpina	3 4	B	III IV
A. austriaca			II
A. nobilis			II
A. Triumfetti			I

285. Matricaria. 1 A.

966. M. Chamomilla	1 2 3 4	B J	I II III IV

286. Chrysanthemum. 8 A.

967. C. Leucanthemum	1 2 3 4	B J	I II III IV
968. C. montanum	1 3 4	B	I IV
969. C. coronopifolium	1 2	J	I II III
970. C. alpinum	1 2 3 4	B J	I II III IV
971. C. Parthenium	1 2 3	B	I III
972. C. corymbosum	4		I II IV
973. C. inodorum	3		I II
974. * C. segetum	3		II
C. ceratophylloides			II
Pinardia coronaria			I?

287. Doronicum. 3 A.

975. * D. Pardalianches	2		I II III
976. D. cordifolium	3 4	B	III
977. D. austriacum	2 3 4		II III IV
D. scorpioides			I

288. Aronicum. 3 A.

978. A. Clusii	2 3 4	B J	I II III IV
979. A. glaciale	1 2 3 4	J	I IV
980. A. scorpioides	1 2 3 4	J	I II III

289. Arnica. 1 A.

981. A. montana	1 2 3 4	B J	I II III IV

290. Cineraria. 6 A.

982. * C. pratensis	Tirol		
983. C. longifolia	3 4		IV
984. C. alpestris	3 4	B	III IV
985. C. spathulaefolia	3	B	I II IV
986. C. campestris	4		I
987. * C. aurantiaca	Tirol		I III IV
C. crispa			III IV

291. Senecio. 19 A.

988. S. vulgaris	1 2 3 4	B J	I II III IV
989. S. viscosus	1 2 3 4	B J	I II III IV
990. S. sylvaticus	1 2 3	J	I II III IV
991. S. nebrodensis	2 3 4	B	I II III IV
992. S. abrotanifolius	2 3 4	B	I II III IV
993. * S. erucifolius	1		I II III IV
994. S. Jacobaea	1 2 3 4	J	I II III IV
995. S. aquaticus	1 3	B	I II
996. S. erraticus	3 4	B	
997. S. lyratifolius	1		I II III IV
998. S. cordatus	1 2 3 4	B J	I II III IV
999. * S. subalpinus	2		I
1000. S. carniolicus	2 3 4	B J	I II III IV
1001. S. incanus	2 3	B J	I
1002. S. Cacaliaster	3 4	B	III IV
1003. S. nemorensis	1 2 3 4	B J	I II III IV
1004. S. saracenicus	2		II IV
1005. S. paludosus	1 3 4	B	I II IV
1006. S. Doronicum	1 2 3 4	B J	I II III IV
S. Doria			IV
S. uniflorus			I

292. Calendula. 1 A.

1007. C. arvensis	3 4	B	I II

293. Echinops. 1 A.

1008. E. sphaerocephalus	3 4	B	I II

294. Cirsium. 17 A.

1009. C. lanceolatum	1 2 3 4	B J	I II III IV
1010. C. eriophorum	2 3 4	B	I II III IV

Uebersicht der Ordnungen, Gattungen etc. 1249

1011. C. palustre	1 2 3 4	B J	I II III IV
1012. C. pannonicum	4		I III?IV
1013. C. Erisithales	2 3 4	B J	I II IV
1014. C. heterophyllum	1 2 3 4	B J	I II III IV
1015. C. rivulare	1 2 3 4	B	I II III IV
1016. C. oleraceum	1 2 3 4	B J	I II III IV
1017. C. spinosissimum	1 2 3 4	B J	I II III IV
1018. C. acaule	1 2 3 4	B	I II
1019. C. anglicum	4		
1020. C. arvense	1 2 3 4	B J	I II III IV
1021. C. flavescens	3 4	B	
1022. C. praemorsum	2		I III
1023. C. ambiguum	3	B	I
1024. C. Cervini	3		I
1025. * C. subalpinum	1		I
C. carniolicum			IV
C. bulbosum			I II
C. Zizianum			I II*
C. Lachenalii			I II*
C. decoloratum			I II
C. hybridum			I III
C. Kocheanum			I

295. Silybum. 1 A.
1026. S. marianum	3 4	B	I II III IV

296. Carduus. 7 A.
1027. C. acanthoides	2 3 4	J	II₄III IV
1028. * C. crispus	1 3		I II III IV
1029. C. Personata	1 2 3 4	B J	I II III IV
1030. C. arctioides	4		I IV
1031. C. defloratus	1 2 3 4	B J	I II III IV
1032. C. nutans	1 2 3 4	B J	I II III IV
1033. C. platylepis	2 3	B	IV
C. multiflorus			I
C. tenuiflorus			I

297. Onopordum. 1 A.
1034. O. Acanthium	2 3 4	B J	I II III IV

298. Lappa. 3 A.
1035. L. major	2 3	B J	I II III IV
1036. L. minor	1 2 3	B	I II III IV
1037. L. tomentosa	2 3 4	B J	I II III IV

299. Carlina. 3 A.
1038. C. acaulis	1 2 3 4	B J	I II III IV
1039. C. vulgaris	1 2 3 4	B J	I II III IV
1040. C. nebrodensis	2		

300. *Saussurea*. 3 A.
1041. S. alpina	1 2 3 4	B	I II III IV
1042. S. discolor	1 3 4	B	I
1042. b. S. pygmaea	2 3		III IV

301. *Serratula*. 2 A.
1043. S. tinctoria	1 2 3 4	B J	I II III IV
1044. S. Rhaponticum	1 4		I
S. nudicaulis			I

302. *Jurinea*. 1 A.
1045. * J. mollis	Tirol.		II
J. cyanoides			II*

303. *Kentrophyllum*. 1 A.
1046. K. lanatum	4		I

304. *Centaurea*. 15 A.
1047. C. amara	3 4	B	I
1048. C. Jacea	1 2 3	B J	I III IV
1049. C. nigrescens	3 4	B	I IV
1050. C. austriaca	4		I II IV
1051. C. phrygia	1 2 3	B J	I II III IV
1052. C. nervosa	3 4	B	I
1053. C. montana	1 2 3		I II III IV
1054. C. axillaris	3 4	B	I II IV
1055. C. Cyanus	1 2 3 4	B J	I II III IV
1056. C. Kotschyana	1 2 3	J	
1057. C. Scabiosa	1 2 3 4	B J	I II III IV
1058. C. sordida	3	B	
1059. C. maculosa	2 3 4	B	I II
1060. C. paniculata	3	B	I IV
1061. C. Calcitrapa	4		I II
C. splendens			I
C. nigra			I II
C. solstitialis			I II
Crupina vulgaris			I
Xeranthemum inapertum			I

305. *Scolymus*. 1 A.
1062. S. hispanicus	4		

306. *Lapsana*. 1 A.
1063. L. communis	1 2 3 4	B J	I II III IV
Arnoseris pusilla			I II

307. *Aposeris*. 1 A.
1064. A. foetida	1 2 3 4		I II III IV

Uebersicht der Ordnungen, Gattungen etc. 1251

308. Cichorium. 1 A.
1065. C. Intybus	1 2 3 4	B J	I II III IV
Thrincia hirta			I II III?IV?

309. Leontodon. 6 A.
1066. L. autumnalis	1 2 3 4	B J	I II III IV
1067. L. Taraxaci	1 2 3 4	B J	I II III IV
1068. L. pyrenaicus	1 2 3 4	B J	I II III IV
1069. L. hastilis	1 2 3 4	B J	I II III IV
1070. L. incanus	1 2 3 4	B J	I II III IV
1071. L. saxatilis	4		
L. crispus			I

310. Picris. 1 A.
1072. P. hieracioides	1 2 3 4	B J	I II III

311. Tragopogon. 3 A.
1073. T. major	3 4	B	I II
1074. T. pratensis	1 2 3 4	B J	I II III IV
1075. T. orientalis	2	J	
T. crocifolius			I
T. minor			II*

312. Scorzonera. 4 A.
1076. S. austriaca	3 4	B	I
1077. S. humilis	1 2 3 4	B	I II III
1078. S. aristata	3 4	B	IV
1079. S. purpurea	4		II IV
S. hispanica			II

Podospermum laciniatum			I II

313. Hypochoeris. 3 A.
1080. H. radicata	1 2 3 4	B J	I II IV
1081. H. maculata	2 3		I II III IV
1082. H. uniflora	1 2 3 4	B J	I II III IV
H. glabra			I II IV

314. Willemetia. 1 A.
1083. W. apargioides	1 2 3	B J	I II III IV

315. Taraxacum. 2 A.
1084. T. officinale	1 2 3 4	B J	I II III IV
1084. b. T. Pacheri	3		IV

316. Chondrilla. 2 A.
1085. C. juncea	3 4	B	I II
1086. C. prenanthoides	1 3 4		I II III

317. Prenanthes. 1 A.

1087. P. purpurea	2 3 4	B. J	I II III IV

318. Lactuca. 6 A.

1088. L. virosa	3	B	I II
1089. L. Scariola	3 4	B	I II
1090. L. saligna	3 4	B	I II
1091. * L. viminea	Tirol. 4?		I
1092. L. muralis	1 2 3 4	B J	I II III IV
1093. L. perennis	2 3 4	B J	I II

319. Sonchus. 3 A.

1094. S. oleraceus	1 2 3 4	B J	I II III IV
1095. S. asper	1 2 3 4	B	I II III IV
1096. S. arvensis	1 2 3 4	B J	I II III IV
S. palustris			I

320. Mulgedium. 1 A.

1097. M. alpinum	1 2 3 4	B J	I II III IV
M. Plumieri			I

321. Crepis. 18 A.

1098. C. foetida	3 4	B	I II III
1099. C. taraxacifolia	1		I II
1100. C. setosa	3 4	B	I II IV
1101. C. praemorsa	1 2 3 4	B J	I II III IV
1102. C. incarnata	3 4	B	I IV
1103. C. aurea	1 2 3 4	B J	I II III IV
1104. C. alpestris	1 2 3 4	B J	I II III IV
1105. C. jubata	2		I
1106. C. biennis	1 2 3	B J	I II III IV
1107. C. tectorum	3 4	B	I II III IV
1108. C. virens	1 2 3 4	B J	I II IV
1109. C. pulchra	3 4	B	I?II*III
1110. C. Jacquini	1 2 3 4	B J	I II III
1111. C. paludosa	1 2 3 4	B J	I II III IV
1112. C. succisaefolia	1 2 3		I II III IV
1113. C. pygmaea	3		I
1114. C. blattarioides	1 2 3 4	J	I II III IV
1115. C. grandiflora	1 2 3 4	B J	I II III IV
C. nicaeensis			I IV?

322. Soyeria. 2 A.

1116. S. montana	1 2 3 4	J	I II III
1117. S. hyoseridifolia	1 2	J	I II III

323. Hieracium. 39 A.

1118. H. Pilosella	1 2 3 4	B J	I II III IV
1119. H. pilosellaeforme	1 2 3 4	B J	I III IV

Uebersicht der Ordnungen, Gattungen etc. 1253

1120. H. stoloniflorum	3 4	B	III IV
1121. H. bifurcum	2 3 4	B J	I II* IV
1122. H. furcatum	1 2 3 4	B J	I II III IV
1123. H. angustifolium	1 2 3	J	I II III IV
1124. H. Auricula	1 2 3 4	B J	I II III IV
1125. H. piloselloides	1 2 3	B J	I II IV
1126. H. praealtum	1 2 3 4	B J	I II III IV
1127. H. Nestleri	2 3 4	J	II
1128. H. pratense	1 2 3	B	I II III IV
1129. H. aurantiacum	1 2 3 4	B J	I II III IV
1130. H. staticefolium	1 2 3 4	B J	I II III IV
1131. H. porrifolium	3 4	B	I IV
1132. H. saxatile	1 2 3 4	J	I II III IV
1133. H. bupleuroides	2 3	J	I II III
1134. H. dentatum	1 2 3	B	I II III IV
1135. H. glabratum	2 3	B J	I II III IV
1136. H. villosum	1 2 3 4	B J	I III IV
1137. H. Schraderi	2 3 4	B	I III IV
1138. H. glanduliferum	2 3 4	B	I III IV
1139. H. vulgatum	2 3 4	B J	I II III IV
1140. * H. pallescens	2		I IV
1141. H. Schmidtii	3	B	I II IV
1142. H. murorum	1 2 3 4	B J	I II III IV
1143. H. incisum	2 3 4	B J	I III IV
1144. H. bifidum	3	B	I III
1145. * H. rupestre	2		I II
1146. H. Jacquini	1 2 3	J	I II
1147. H. amplexicaule	1 2 3 4	B J	I II III IV
1148. H. pulmonarioides	3	B	I II III IV
1149. H. alpinum	1 2 3 4	B J	I II III IV
1150. H. albidum	1 2 3 4	B J	I II III IV
1151. H. prenanthoides	1 2 3 4		I II III IV
1152. H. sabaudum	2 3 4	B J	I II III IV
1153. H. borealis	2 3 4	B J	I II III IV
1153. b. H. virescens	3	B	
1154. H. rigidum	3	B	II
1155. H. umbellatum	1 2 3 4	B J	I II III IV
H. sabinum			I IV
H. Pseudocerinthe			I
H. longifolium			I
H. ochroleucum			I
H. lanatum			I
H. andryaloides			I
H. cydoniaefolium			I
H. speciosum			I II
H. breviscapum			IV
H. ramosum			I IV

LXII. Ordnung. *Ambrosiaceae*. 1 G. 2 A.

324. *Xanthium*. 2 A.

1156. X. Strumarium	3	B	I II	IV
1156. b. X. spinosum	2	J		
X. macrocarpum			I	

LXIII. Ordnung. *Campanulaceae*. 5 G. 36 A.

325. *Jasione*. 1 A.

1157. J. montana	1	3 4	B	I II III IV	
J. perennis				II*	

326. *Phyteuma*. 10 A.

1158. P. pauciflorum		2 3 4	B	I	III IV
1159. P. hemisphaericum	1 2 3 4	B J	I II III IV		
1160. P. humile	4		I		
1161. P. Sieberi	3 4	B		IV	
1162. P. orbiculare	1 2 3 4	B J	I II III IV		
1163. P. Scheuchzeri	3 4	B	I	IV	
1164. P. Michelii	1 2 3 4	B J	I	III IV	
1165. P. spicatum	2 3 4		I II III IV		
1166. P. Halleri	1 2 3 4	B J	I		
1167. P. comosum	3 4	B	I	IV	
P. nigrum			II	IV	

327. *Campanula*. 23. A.

1168. C. caespitosa	4			IV
1169. C. pusilla	1 2 3 4	B J	I II III IV	
1170. C. rotundifolia	1 2 3 4	B J	I II III IV	
1171. C. Scheuchzeri	1 2 3 4	B J	I II III IV	
1172. * C. carnica	4?			IV
1173. C. bononiensis	3 4	B	I	
1174. C. rapunculoides	1 2 3 4	B J	I II III IV	
1175. C. Trachelium	1 2 3 4	B J	I II III IV	
1176. * C. latifolia	3		I	
1177. C. Morettiana	3 4	B		
1178. * C. Raineri	4		I	
1179. C. patula	1 2 3 4	B J	I II III IV	
1180. C. Rapunculus	1 3 4	B	I II III	
1181. C. persicifolia	2 3 4	B J	I II III IV	
1181. b. C. cenisia	1		I	
1182. C. thyrsoidea	1 2 3	J	I II III IV	
1183. C. spicata	2 3 4	B J	I	IV
1184. C. cervicaria	3 4	B	I II III	
1185. C. glomerata	1 2 3 4	B J	I II III IV	

Uebersicht der Ordnungen, Gattungen etc.

1186. C. petraea	4		
1187. * C. alpina	2 4		I II III IV
1188. C. barbata	1 2 3 4	B J	I II III IV
1189. C. sibirica	3 4	B?	
C. excisa			I
C. rhomboidalis			I IV
C. Zoysii			IV
C. pulla			III IV
C. pyramidalis			IV
328. Adenophora. 1 A.			
1190. A. suaveolens	4		
329. Specularia. 2 A.			
1191. S. speculum	1 2 3 4	B J	I II III IV
1192. S. hybrida	3 4	B	I II
Wahlenbergia hederacea			II*

LXIV. Ordnung. *Vaccinieae*. 1 G. 4 A.

330. Vaccinium. 4 A.			
1193. V. Myrtillus	1 2 3 4	B J	I II III IV
1194. V. uliginosum	1 2 3 4	B J	I II III IV
1195. V. Vitis Idaea	1 2 3 4	B J	I II III IV
1196. V. Oxycoccos	1 2 3 4	B	I II III IV

LXV. Ordnung. *Ericineae*. 6 G. 11 A.

331. Arctostaphylos. 2 A.			
1197. A. alpina	2 3 4	B J	I II III IV
1198. A. officinalis	1 2 3 4	B J	I II III IV
332. Andromeda. 1 A.			
1199. A. polifolia	1 2 3 4	B	I II III IV
333. Calluna. 1 A.			
1200. C. vulgaris	1 2 3 4	B J	I II III IV
334. Erica. 2 A.			
1201. E. carnea	1 2 3 4	B J	I II III IV
1202. E. arborea	4		I
335. Azalea. 1 A.			
1203. A. procumbens	1 2 3 4	B J	I II III IV

1256 Uebersicht der Ordnungen, Gattungen etc.

336. Rhododendron. 4 A.
1204. R. ferrugineum	1 2 3 4	B J	I II III IV
1205. R. intermedium	1 2 3 4	B J	III IV
1206. R. hirsutum	1 2 3 4	B J	I II III IV
1207. R. Chamaecistus	2 3 4	B	II III IV

LXVI. Ordnung. *Pyrolaceae.* 1 G. 6 A.

337. Pyrola. 6 A.
1208. P. rotundifolia	1 2 3 4	B J	I II III IV
1209. P. chlorantha	1 2 3	B J	I II III IV
1210. P. media	2 3 4	B J	I II III
1211. P. minor	1 2 3 4	B J	I II III IV
1212. P. secunda	1 2 3 4	B J	I II III IV
1213. P. uniflora	1 2 3 4	B J	I II III IV
P. umbellata			II

LXVII. Ordnung. *Monotropeae.* 1 G. 1 A.

338. Monotropa. 1 A.
1214. M. Hypopitys	2 3 4	B J	I II III IV

III. Unterklasse. COROLLIFLORAE.
106 Gattungen. 349 Arten.

LXVIII. Ordnung. *Aquifoliaceae.* 1 G. 1 A.

339. Ilex. 1 A.
1215. I. Aquifolium	1 2 3 4	B	I II III

LXIX. Ordnung. *Oleaceae.* 5 G. 6 A.

340. Olea. 1 A.
1216. O. europaea	3 4	B	I

341. Phyllirea. 1 A.
1217. P. media	4		

342. Ligustrum. 1 A.
1218. L. vulgare	1 2 3 4	B J	I II III IV

Uebersicht der Ordnungen, Gattungen etc. 1257

343. Syringa. 1 A.
1219. S. vulgaris   2 3 4 | B J | I   IV

344. Fraxinus. 2 A.
1220. F. excelsior   1 2 3 4 | B J | I II III IV
1221. F. Ornus   3 4 | B | I   IV

LXX. Ordnung. *Jasmineae.* 1 G. 1 A.

345. Jasminum. 1 A.
1222. J. officinale   3 4 | B | I   IV?

LXXI. Ordnung. *Asclepiadeae.* 1 G. 1 A.

346. Cynanchum. 1 A.
1223. C. Vincetoxicum   1 2 3 4 | B J | I II III IV

LXXII. Ordnung. *Apocyneae.* 2 G. 3 A.

347. Vinca. 2 A.
1224. V. major   3 | B | I
1225. V. minor   1 2 3 4 | B J | I II III IV

348. Nerium. 1 A.
1226. N. Oleander   4

LXXIII. Ordnung. *Gentianeae.* 7 G. 32 A.

349. Menyanthes. 1 A.
1227. M. trifoliata   1 2 3 4 | B J | I II III IV

350. Limnanthemum. 1 A.
1228. * L. nymphaeoides   Tirol | | II

351. Chlora. 2 A.
1229. C. perfoliata   1   3 4 | B | I II*
1230. C. serotina   3 4 | B | I II*

352. Swertia. 1 A.
1231. S. perennis   1   3 4 | B | I II III IV

353. Lomatogonium. 1 A.
1232. L. carinthiacum   3 | B | I   III IV

354. Gentiana. 24 A.
1233. G. lutea   1 2 3 4 | B | I II   IV

1258 Uebersicht der Ordnungen, Gattungen etc.

1234. * G. purpurea	1			
1235. G. pannonica	1 2 4		J	II III IV
1236. G. punctata	1 2 3 4	B J	I II III IV
1237. G. Cruciata	1 2 3 4	B J	I II III IV
1238. G. asclepiadea	1 2 3 4	B J	I II III IV
1239. G. Pneumonanthe	1 2 3 4	B J	I II III IV
1240. G. acaulis	1 2 3 4	B J	I II III IV
1241. G. excisa	1 2 3 4	B J	I III IV
1242. G. bavarica	1 2 3 4	B J	I II III IV
1243. G. brachyphylla	2 3 4	B	I II III IV
1244. G. verna	1 2 3 4	B J	I II III IV
1245. G. aestiva	1 2 3 4	B J	I III IV
1246. G. imbricata	2 3 4	B	IV
1247. * G. pumila	2 3 4		IV
1248. G. prostrata	2 3 4	B J	III IV
1249. G. utriculosa	1 2 3 4	B J	I II III IV
1250. G. nivalis	1 2 3 4	B J	I II III IV
1251. G. campestris	1 2 4?	J	I II
1252. G. germanica	1 2 3 4	B J	I II III IV
1253. G. obtusifolia	1 2 3 4	B J	I II III IV
1254. G. tenella	1 2 3	B J	I III IV
1255. G. nana	3		III IV
1256. G. ciliata	1 2 3 4	B J	I II III IV
G. amarella			I
· G. Thomasii			I IV?
G. Gaudiniana			I
G. Charpentieri			I
G. frigida			IV
G. Froelichii			IV

355. Erythraea. 2 A.

1257. E. Centaureum	1 2 3 4	B J	I II III IV
1258. E. pulchella	1 2 3 4	B J	I II III IV

LXXIV. Ordnung. *Polemoniaceae.* 1 G. 1 A.

356. Polemonium. 1 A.

1259. P. caeruleum	2 3	B	I II III

LXXV. Ordnung. *Convolvulaceae.* 2 G. 9 A.

357. Convolvulus. 3 A.

1260. C. sepium	1 2 3 4	B J	I II III IV
1261. C. arvensis	1 2 3 4	B J	I II III IV
1262. C. cantabrica	4		

Uebersicht der Ordnungen, Gattungen etc. 1259

358. Cuscuta. 6 A.
1263. C. europaea	1 2 3 4	B J	I II III IV
1264. C. Epithymum	1 2 3 4	B J	I II III IV
1265. C. planiflora	3	B	
1266. C. Epilinum	2 3 4	B	I II III IV
1267. * C. monogyna	Tirol.		
1267. b. * C. bassiaca	2		I III

LXXVI. Ordnung. *Boragineae.* 14 G. 34 A.

Heliotropium europaeum	3?		I

359. Asperugo. 1 A.
1268. A. procumbens	3 4	B	I II III IV

360. Echinospermum. 2 A.
1269. E. Lappula	1 2 3 4	B J	I II III IV
1270. E. deflexum	2 3 4	B J	I III IV

361. Cynoglossum. 3 A.
1271. C. officinale	1 2 3 4	B J	I II III IV
1272. C. pictum	4		
1273. * C. montanum	4		I II*

Omphalodes scorpioides			II

362. Borago. 1 A.
1274. B. officinalis	3 4	B	I II IV

363. Anchusa. 3 A.
1275. A. officinalis	1 2 3 4	B J	I II III IV
1276. * A. leptophylla	Südtirol		I
1277. * A. italica	Südtirol		I

364. Lycopsis. 1 A.
1278. L. arvensis	2 3 4	B J	I II III IV

365. Symphytum. 2 A.
1279. S. officinale	1 2 3 4	B J	I II III IV
1280. S. tuberosum	2 3 4		I II III IV
S. bulbosum			I

366. Onosma. 2 A.
1281. O. echioides	3		I
1282. O. stellulatum	3 4	B	I

367. Cerinthe. 2 A.
1283. C. minor	2 3 4	B	II III IV
1284. C. alpina	1 2 3 4	B	I II III IV
C. major			I?

368. Echium. 2 A.
1285. E. vulgare	1 2 3 4	B J	I II III IV
1286. E. italicum	4		I

369. Pulmonaria. 4 A.
1287. P. officinalis	1 2 3 4	B J	I II III IV
1288. P. angustifolia	2 3 4	B	I II
1289. P. azurea	3	B	I II
1289. b. P. mollis	2 3?	B?J?	I II

370. Lithospermum. 4 A.
1290. L. officinale	1 2 3 4	B J	I II III IV
1291. L. purpureo-caeruleum	3 4	B	I II
1292. L. arvense	2 3 4	B J	I II III IV
1293. * L. graminifolium	4		

371. Myosotis. 6 A.
1294. M. palustris	1 2 3 4	B J	I II III IV
1295. M. caespitosa	2 3	B J	I II IV
1296. M. sylvatica	1 2 3 4	B J	I II III IV
1297. M. intermedia	1 2 3 4	B J	I II III IV
1298. M. hispida	2 3	B J	I II IV
1299. M. stricta	3	B	II IV
M. versicolor			II
M. sparsiflora			IV

372. Eritrichium. 1 A.
1300. E. nanum	2 3 4	B	I III IV

LXXVII. Ordnung. *Solaneae.* 5 G. 9 A.

373. Solanum. 5 A.
1301. S. villosum	3	B	I
1302. S. miniatum	3 4	B	I II
1303. S. humile	3	B	I
1304. S. nigrum	1 2 3 4	B J	I II III IV
1305. S. Dulcamara	1 2 3 4	B J	I II III IV

374. Physalis. 1 A.
1306. P. Alkekengi	1 2 3 4	B J	I II III

375. Atropa. 1 A.
1307. A. Belladonna	1 2 3 4	B J	I II III IV

Uebersicht der Ordnungen, Gattungen etc.

376. Hyoscyamus. 1 A.
1308. H. niger	1 2 3 4	B J	I II IV

377. Datura. 1 A.
1309. D. Stramonium	2 3 4	B	I II III IV

LXXVIII. Ordnung. *Verbasceae.* 2 G. 19 A.

378. Verbascum. 14 A.
1310. V. Schraderi	1 2 3 4	B J	I II III IV
1311. V. thapsiforme	1 2 3 4	B	I II III IV
1312. V. phlomoides	3 4	B	I II III
1313. V. montanum	3	B	I
1314. V. collinum	2		II
1315. V. floccosum	2 3 4	B J	I II*
1316. V. Lychnitis	2 3 4	B J	I II III IV
1317. V. nigrum	1 2 3 4	B J	I II III IV
1317. b. * V. lanatum	Tirol.		I
1317. c. * V. Schiedeanum	Tirol.		
1318. V. orientale	2 3 4	B J	I IV
1318. b. * V. rubiginosum	4		I
1319. V. phoeniceum	4		II
1320. V. Blattaria	3 4	B	I II III
V. spurium			II III
V. Blattarioides			I
V. Schottianum			I

379. Scrophularia. 5 A.
1321. S. nodosa	1 2 3 4	B J	I II III IV
1322. * S. aquatica	1 3 4		I II*III IV
1323. S. canina	3 4	B	I IV
1324. S. Hoppii	3 4	B	I IV
1325. S. vernalis	2 4	J	I II
S. Scopolii			IV
S. Nesii			III
S. Balbisii			I

LXXIX. Ordnung. *Antirrhineae.* 8 G. 41 A.

380. Gratiola. 1 A.
1326. G. officinalis	2 3 4	B J	I II IV

381. Digitalis. 2 A.
1327. D. grandiflora	1 2 3 4	B J	I II III IV
1328. D. lutea	1 2 3 4	B	I II IV
D. purpurea			I II
D. media			I II
D. purpurascens			II

382. *Antirrhinum.* 2 A.

1329. A. majus	3 4	B	I II
1330. A. Orontium	3 4	B	I II

383. *Linaria.* 7 A.

1331. L. Cymbalaria	1 4		I II
1331. b. L. Elatine	4		I II
1332. * L. spuria	1		I II
1333. L. minor	1 2 3 4	B J	I II III IV
1334. L. alpina	1 2 3 4	B J	I II III IV
1335. L. italica	3	B	I
1336. L. vulgaris	1 2 3 4	B J	I II III IV
L. simplex			I
L. arvensis			II
L. striata			I
Anarrhinum bellidifolium			I

384. *Erinus.* 1 A.

1337. E. alpinus	1		I

385. *Veronica.* 25 A.

1338. V. scutellata	1 2 3 4	B J	I II IV
1339. V. Anagallis	1 2 3 4	B J	I II III IV
1340. V. Beccabunga	1 2 3 4	B J	I II III IV
1341. V. urticifolia	1 2 3 4	B J	I II III IV
1342. V. Chamaedrys	2 3 4	B J	I II III IV
1343. V. montana	1 3		I II III IV
1344. V. officinalis	1 2 3 4	B J	I II III IV
1345. V. aphylla	1 2 3 4	B J	I III IV
1346. V. prostrata	2 3 4	B J	I II III
1347. V. latifolia	2 3 4	B J	I II III IV
1348. V. longifolia	3		II IV?
1349. V. spicata	2 3 4	B J	I II
1350. V. bellidioides	1 2 3 4	B J	I II III IV
1351. V. fruticulosa	1 2 3 4	B	I II III IV
1352. V. saxatilis	1 2 3 4	B J	I II III IV
1353. V. alpina	1 2 3 4	B J	I II III IV
1354. V. serpyllifolia	1 2 3 4	B J	I II III IV
1355. V. arvensis	1 2 3 4	B	I II III IV
1356. V. verna	3	B	I II IV
1357. V. triphyllos	2 3 4	B J	I II IV
1358. V. agrestis	1 2 3 4	B J	I II IV
1359. V. polita	2 3 4	B J	I II
1360. * V. opaca	1		I II
1361. V. Buxbaumii	1 2 3 4	B J	I II III IV
1362. V. hederaefolia	1 2 3 4	B J	I II III IV
V. austriaca			I II
V. acinifolia			I II*
V. praecox			I II IV
V. Cymbalaria			IV

Uebersicht der Ordnungen, Gattungen etc. 1263

386. Paedarota. 2 A.
1363. P. Bonarota	3 4	B	I	IV
1364. * P. Ageria	3 4			IV
Wulfenia carinthiaca				IV
Lindernia Pyxidaria			II	

387. Limosella. 1 A.
1365. L. aquatica	1 3	B	I II III IV

LXXX. Ordnung. *Orobancheae.* 2 G. 17 A.

388. Orobanche. 16 A.
1366. O. cruenta	1 2 3 4	B J	I II III IV
1367. O. Rapum	4		I
1368. O. Scabiosae	3		II III
1369. O. pallidiflora	1 2	J	I
1370. O. Epithymum	1 2 3 4	B J	I II III IV
1371. O. Galii	3 4		I II III IV
1372. O. rubens	2 3	B J	I II
1373. O. Teucrii	2		I II*III IV
1374. O flava	1 2	J	II III
1375. O. lucorum	2 3 4	B J	II
1376. O. Salviae	2	J	I II III IV
1377. O. minor	3 4	B	I II*III
1377. b. * O. amethystea	Südtirol	B?	
1378. O. caerulea	3 4		I II III
1379. O. arenaria	3	B	II
1380. O. ramosa	1 2 4	J	I II III IV
O. caerulescens			II
O. Picridis			II
O. stigmatodes			IV
O. Cardui			III
O. platystigma			III
O. loricata			I

389. Lathraea. 1 A.
1381. L. Squamaria	1 2 3 4	B J	I II III IV

LXXXI. Ordnung. *Rhinanthaceae.* 6 G. 33 A.

390. Tozzia. 1 A.
1382. T. alpina	1 2 3 4	B J	I II III IV

391. Melampyrum. 5 A.
1383. M. cristatum	4		I II III IV
1384. M. arvense	1 2 3 4	B J	I II III IV
1385. M. nemorosum	3 4	B	I II III IV
1386. M. pratense	1 2 3 4	B J	I II III IV
1397. M. sylvaticum	1 2 3 4	B J	I II III IV

392. Pedicularis. 16 A.

1388. P. Jacquini	1 2 3 4	B J	II III IV
1389. P. rostrata	1 2 3 4	B J	I III IV
1390. P. asplenifolia	2 3 4	B J	III IV
1391. P. Portenschlagii	3 4?		IV
1392. P. fasciculata	4		I
1393. P. tuberosa	1 2 3 4	B J	I III IV
1394. P. incarnata	2	J	I II III IV
1395. P. palustris	1 2 3 4	B J	I II III IV
1396. P. comosa	4	.	
1397. P. foliosa	1 2 3 4	J	I II III IV
1398. P. recutita	1 2 3 4	B J	I II III IV
1399. P. rosea	3 4	B	IV
1400. P. versicolor	2 3	J	I II
1401. P. acaulis	4		
1402. P. verticillata	2 3 4	B J	I II III IV
1403. * P. Sceptrum carolinum	Tirol.		II III
P. sylvatica			I II
P. atrorubens			I
P. Barrelieri			I

393. Rhinanthus. 3 A.

1404. R. minor	1 2 3 4	B J	I II III IV
1405. R. major	1 2 3 4	B J	I II III IV
1406. R. alpinus	1 2 3 4	B J	I III IV

394. Bartsia. 1 A.

1407. B. alpina	1 2 3 4	B J	I II III IV
B. parviflora			I

395. Euphrasia. 7 A.

1408. E. officinalis	2 3 4	B J	I II III IV
1409. E. minima	1 2 3 4	B J	I II III IV
1410. E. salisburgensis	1 2 3 4	B J	I II III IV
1411. E. tricuspidata	3 4	B	
1412. E. Odontites	1 2 3 4	B J	I II III IV
1413. E. serotina	3 4	B	I
1414. E. lutea	1 3 4	B	I II
E. viscosa			I

LXXXII. Ordnung. *Labiatae.* 30 G. 74 A.

396. Lavandula. 1 A.

1415. L. vera	3 4	B	I

397. Mentha. 6 A.

1416. M. sylvestris	1 2 3 4	B J	I II III IV
1417. M. piperita	2 3?		II

1418. M. aquatica	1 2 3 4	B J	I II III IV
1419. M. sativa	1 2 3	B J	I II III IV
1420. M. gentilis	3	B	I II III IV
1421. M. arvensis	1 2 3 4	B J	I II III IV
M. rotundifolia			I II
M. nepetoides			II

398. Pulegium. 1 A.
1422. P. vulgare	3 4	B	I II IV

399. Lycopus. 1 A.
1423. L. europaeus	1 2 3 4	B J	I II III IV

400. Rosmarinus. 1 A.
1424. R. officinalis	3	B	I

401. Salvia. 4. A.
1425. S. glutinosa	1 2 3 4	B J	I II III IV
1426. S. Sclarea	1 3 4	B	I
1427. S. pratensis	1 2 3 4	B J	I II III IV
1428. S. verticillata	1 2 3 4	B J	I II III IV
S. Aethiopis			II

402. Origanum. 1 A.
1429. O. vulgare	1 2 3 4	B J	I II III IV

403. Thymus. 2 A.
1430. T. serpyllum	1 2 3 4	B J	I II III IV
1431. T. pannonicus	3 4	B	I

404. Satureja. 2 A.
1432. S. hortensis	3 4	B	I
1433. S. montana	4		
Micromeria graeca			I

405. Calamintha. 6 A.
1434. C. Acinos	1 2 3 4	B J	I II III IV
1435. C. alpina	1 2 3 4	B J	I II III IV
1436. C. grandiflora	3 4	B	I IV
1437. C. officinalis	1 2 3 4	B J	I III IV
1438. * C. Nepeta	4		I II III
1439. * C. thymifolia	3		

406. Clinopodium. 1 A.
1440. C. vulgare	1 2 3 4	B J	I II III IV

407. Melissa. 1 A.
1441. M. officinalis	3 4	B	I IV

408. *Horminum.* 1 A.
1442. H. pyrenaicum   3 4   B   I II

409. *Hyssopus.* 1 A.
1443. H. officinalis   4   I

410. *Nepeta.* 2 A.
1444. N. Cataria   2 3 4   B J   I II III IV
1445. N. nuda   3 4   I
      N. Nepetella   I?

411. *Glechoma.* 1 A.
1446. G. hederacea   1 2 3 4   B J   I II III IV

412. *Dracocephalum.* 2 A.
1447. D. Ruyschiana   3   I II
1448. D. austriacum   3   I

413. *Melittis.* 1 A.
1449. M. melissophyllum   3 4   B   I II   IV

414. *Lamium.* 5 A.
1450. L. Orvala   3 4   B   IV
1451. L. amplexicaule   1 2 3 4   B J   I II III IV
1452. L. purpureum   1 2 3 4   B J   I II III IV
1453. L. maculatum   2 3 4   J   I II III IV
1454. L. album   1 2 3 4   B J   I II III IV
      L. incisum   I

415. *Galeobdolon.* 1 A.
1455. G. luteum   1 2 3 4   B J   I II III IV

416. *Galeopsis.* 6 A.
1456. G. Ladanum   1 2 3 4   B J   I II III IV
1457. * G. ochroleuca   3   I II
1458. G. Tetrahit   1 2 3 4   B J   I II III IV
1459. G. bifida   2 3   B   I II
1460. G. versicolor   1 2 3 4   B J   I II III IV
1461. * G. pubescens   1   I II   IV

417. *Stachys.* 8 A.
1462. S. germanica   3 4   B   I II III IV
1463. S. alpina   1 2 3 4   B J   I II III IV
1464. S. sylvatica   1 2 3 4   B J   I II III IV
1465. S. ambigua   3   B   I II III
1466. S. palustris   1 2 3 4   B J   I II III IV
1467. * S. arvensis   1   I II
1468. S. annua   3 4   B   I II III IV
1469. S. recta   1 2 3 4   B J   I II III IV

Uebersicht der Ordnungen, Gattungen etc. 1267

418. Betonica. 3 A.
1470. B. officinalis	1 2 3 4	B J	I II III IV
1471. B. hirsuta	4		I
1472. B. Alopecurus	3 4	B	I II III IV
Sideritis scordioides			I

419. Marrubium. 1 A.
1473. M. vulgare	2 3 4	B	I II

420. Ballota. 1 A.
1474. B. nigra	1 2 3 4	B J	I II III IV

421. Leonurus. 1 A.
1475. L. Cardiaca	2 3 4	B J	I II III IV

422. Scutellaria. 1 A.
1476. S. galericulata	1 2 3 4	B J	I II III IV
S. minor			II III
S. hastifolia			I II
S. alpina			I

423. Prunella. 3 A.
1477. P. vulgaris	1 2 3 4	B J	I II III IV
1478. P. grandiflora	1*2 3 4	B J	I II III IV
1479. P. alba	3 4	B	I II*III

424. Ajuga. 3 A.
1480. A. reptans	1 2 3 4	B J	I II III IV
1481. A. genevensis	2 3 4	B J	I II III IV
1482. A. pyramidalis	2 3 4	B J	I II III IV
1483. A. Chamaepitys	3 4	B	I II

425. Teucrium. 5 A.
1484. T. Scorodonia	2 3 4		I II III
1485. T. Botrys	1 2 3 4	B J	I II III
1486. T. Scordium	3	B	I II
1487. T. Chamaedrys	1 2 3 4	B J	I II III IV
1488. T. montanum	1 2 3 4	B J	I II III IV

LXXXIII. Ordnung. *Verbenaceae*. 1 G. 1 A.

426. Verbena. 1 A.
1489. V. officinalis	1 2 3 4	B J	I II III IV

1268 Uebersicht der Ordnungen, Gattungen etc.

LXXXIV. Ordnung. *Lentibularieae*. 2 G. 5 A.

427. *Pinguicula*. 2 A.

1490. P. alpina	1 2 3 4	B J	I II III IV
1491. P. vulgaris	1 2 3 4	B J	I II III IV

428. *Utricularia*. 3 A.

1492. U. vulgaris	1 2 3 4	B J	I II III IV
1493. U. intermedia	1 2 3	B J	I II IV
1494. U. minor	1 2 3	B J	I II III IV
U. Bremii			I
U. neglecta			I

LXXXV. Ordnung. *Primulaceae*. 12 G. 47 A.

429. *Trientalis*. 1 A.

1495. T. europaea	3		I II

430. *Lysimachia*. 5 A.

1496. L. thyrsiflora	1		I II III IV
1497. L. vulgaris	1 2 3 4	B J	I II III IV
1497. b. L. punctata	Tirol 2?		I III IV
1498. L. Nummularia	1 2 3 4	B	I II III IV
1499. L. nemorum	1 2 4	J	I II III

431. *Anagallis*. 3 A.

1500. A. arvensis	1 2 3 4	B J	I II III IV
1501. A. caerulea	3 4	B	I II III IV
1502. A. tenella	2		I III

432. *Centunculus*. 1 A.

1503. C. minimus	1 3	B	I II III

433. *Androsace*. 12 A.

1504. A. helvetica	1 2 3 4	B	I II III
1505. A. imbricata	4		I
1505. b. * A. Heerii	3		I
1506. A. glacialis	2 3 4	B J	I III IV
1506. b. A. Hausmanni	3	B	
1507. * A. villosa	3 4		I IV
1508. A. Chamaejasme	1 2 3 4	J	I II III IV
1509. A. obtusifolia	1 2 3 4	B J	I II III IV
1510. A. lactea	2 3 4	J	I II III IV
1511. * A. carnea	3	B	I III IV
1512. A. septentrionalis	2		I II
1513. * A. maxima	3		I II*
A. elongata			II
A. pubescens			I
A. Charpentieri			I

Uebersicht der Ordnungen, Gattungen etc.

434. Aretia. 1 A.
1514. A. Vitaliana	3 4	B	I

435. Primula. 16 A.
1515. P. farinosa	1 2 3 4	B J	I II III IV
1516. P. longiflora	2 3 4	B	I II IV
1517. P. acaulis	1 2 3 4	B J	I II IV
1518. P. elatior	1 2 3 4	B J	I II III
1519. P. officinalis	1 2 3 4	B J	I II III IV
1520. P. Auricula	1 2 3 4	B J	I II III IV
1521. * P. pubescens	3		
1522. P. villosa	1 2 3 4	B J	I III IV
1523. * P. venusta	4		
1524. * P. carniolica	4		IV
1525. P. spectabilis	4		III IV
1525. b. P. integrifolia	1		I IV
1526. P. glutinosa	2 3 4	B J	I III IV
1527. P. Allionii	4		
1528. P. Floerkeana	2 3 4	J	III IV
1529. P. minima	2 3 4	B J	I II III IV
P. latifolia			I
P. Dinyana			I
P. pedemontana			I
P. rhaetica			I

436. Hottonia. 1 A.
1530. H. palustris	4		I II

437. Cortusa. 1 A.
1531. C. Matthioli	2 3 4		I II

438. Soldanella. 4 A.
1532. S. alpina	1 2 3 4	B J	I II III IV
1532. b. S. montana	2? 4		II III IV
1533. S. pusilla	1 2 3 4	B J	I II III IV
1534. S. minima	3 4	B	I II IV

439. Cyclamen. 1 A.
1535. C. europaeum	1? 3 4	B	I II III IV

440. Samolus. 1 A.
1536. S. Valerandi	3 4	B	I II

LXXXVI. Ordnung. *Globularieae*. 1 G. 3 A.

441. Globularia. 3 A.
1537. G. vulgaris	2 3 4	B J	I II III IV
1538. G. nudicaulis	1 2 3 4	J	I II III IV
1539. G. cordifolia	1 2 3 4	B J	I II III IV

LXXXVII. Ordnung. *Plumbagineae.* 1 G. 1 A.

442. Statice. 1 A.
1540. S. alpina	3 4	B	I III IV
S. elongata			II
S. purpurea			II
S. plantaginea			I

LXXXVIII. Ordnung. *Plantagineae.* 2 G. 11 A.

443. Littorella. 1 A.
1541. * L. lacustris	1 4		I II

444. Plantago. 10 A.
1542. P. major	1 2 3 4	B J	I II III IV
1543. P. media	1 2 3 4	B J	I II III IV
1544. P. altissima	3	B	
1545. P. lanceolata	1 2 3 4	B J	I II III IV
1546. P. Victorialis	3 4		
1547. P. montana	1 2 3 4		I II III IV
1548. P. alpina	1 2 3		I II III IV
1549. P. maritima	2 3 4	B J	I
1550. P. serpentina	3 4	B	
1551. P. arenaria	3 4	B	I II
P. Cynops			I
P. Coronopus			I?

IV. Unterklasse. MONOCHLAMYDEAE.

45 Gattungen. 172 Arten.

LXXXIX. Ordnung. *Amarantaceae.* 1 G. 4 A.

445. Amarantus. 4 A.
1552. A. sylvestris	3 4	B	I II*
1553. A. Blitum	1 2 3 4	B J	I II III IV
1554. A. retroflexus	2 3 4	B J	I II
1555. A. hypochondriacus	2 3	B J	

XC. Ordnung. *Phytolacceae.* 1 G. 1 A.

446. Phytolacca. 1 A.
1556. P. decandra	3 4	B	I

Uebersicht der Ordnungen, Gattungen etc. 1271

XCI. Ordnung. *Chenopodeae.* 5 G. 17 A.

Salsola Kali			II
Salicornia herbacea			II
Corispermum Marschallii			II*
447. *Polycnemum.* 1 A.			
1537. P. arvense	3 4	B	I II
448. *Kochia.* 1 A.			
1558. K. scoparia	3		
K. arenaria			II*
449. *Chenopodium.* 9 A.			
1559. C. hybridum	2 3 4	B	I II III IV
1560. C. urbicum	2 3 4		I II III IV
1561. C. murale	2 3 4	B J	I II III
1562. C. album	1 2 3 4	B J	I II III IV
1563. C. opulifolium	4		I II
1564. C. ficifolium	2	J	I II*
1565. C. polyspermum	1 2 3 4	B J	I II III IV
1566. C. Vulvaria	2 4	J	I II III
1567. C. Botrys	3 4	B	I IV
450. *Blitum.* 5 A.			
1568. B. capitatum	3 4	B	I III?
1569. B. virgatum	1 3 4	B	I
1570. B. Bonus Henricus	1 2 3 4	B J	I II III IV
1571. B. rubrum	2 3	B J	I II
1572. B. glaucum	1 2 3 4	B J	I II III
*451. *Atriplex.* 1 A.			
1573. A. patula	1 2 3 4	B J	I II III IV
A. rosea			II*
A. laciniata			II
A. latifolia			I II IV
A. tatarica			I? II*

XCII. Ordnung. *Polygoneae.* 3 G. 29 A.

452. *Rumex.* 14 A.			
1574. * R. palustris	1		I II IV
1575. R. conglomeratus	1 2 3 4	B J	I II III IV
1576. R. pulcher	3 4	B	I
1577. R. obtusifolius	1 2 3 4	B J	I II IV
1578. R. crispus	1 2 3 4	B J	I II III IV

1579. * R. Patientia	3	B	I?
1580. * R. Hydrolapathum	1		I II III IV
1581. R. aquaticus	2 3		II III IV
1582. R. alpinus	1 2 3 4	B J	I II III IV
1583. R. scutatus	1 2 3 4	B J	I II III IV
1584. R. nivalis	1 2		I II
1585. R. arifolius	1 2 3 4	B J	I II III IV
1586. R. Acetosa	1 2 3 4	B J	I II III IV
1587. R. Acetosella	1 2 3 4	B J	I II III IV
R. sanguineus			I II III
R. maximus			II
R. maritimus			II
R. pratensis			II*

453. *Oxyria.* 1 A.

1588. O. digyna	1 2 3 4	B J	I II III IV

454. *Polygonum.* 14 A.

1589. P. Bistorta	1 2 3 4	B J	I II III IV
1590. P. viviparum	1 2 3 4	B J	I II III IV
1591. P. amphybium	1 2 3 4	B J	I II III IV
1592. P. lapathifolium	1 2 3 4	B J	I II III IV
1593. P. Persicaria	1 2 3 4	B J	I II III IV
1594. P. mite	1 2 3 4	B J	I II III IV
1595. P. Hydropiper	1 2 3 4	B J	I II III IV
1596. P. minus	1 2 3 4	B	I II III IV
1597. P. aviculare	1 2 3 4	B J	I II III IV
1598. P. Convolvulus	1 2 3 4	B J	I II III IV
1599. P. dumetorum	1 2 3 4	B J	I II III IV
1600. * P. alpinum	4		I
1601. P. Fagopyrum	3 4	B	I III IV
1602. P. tataricum	3 4	B	I 'IV

XCIII. Ordnung. *Thymeleae.* 2 G. 8 A.

455. *Passerina.* 1 A.

1603. P. annua	4		I II

456. *Daphne.* 7 A.

1604. D. Mezereum	1 2 3 4	B J	I II III IV
1605. D. Laureola	4		I
1606. D. alpina	4		I II?
1607. * D. glandulosa	4		
1608. D. striata	1 2 3 4	B J	I II IV
1609. D. Cneorum	1 2 3 4	B J	I II III IV
1609. b. D. petraea	4		

Uebersicht der Ordnungen, Gattungen etc. 1273

XCIV. Ordnung. *Laurineae.* 1 G. 1 A.

457. *Laurus.* 1 A.
1610. L. nobilis | 3 4 | B |

XCV. Ordnung. *Santalaceae.* 1 G. 5 A.

458. *Thesium.* 5 A.
1611. T. montanum   3 4 | B | I II
1612. T. intermedium   1   3 4 | B | I II III IV
1613. T. pratense   1 2 3 | J | I II III IV
1614. T. alpinum   1 2 3 4 | B J | I II III IV
1615. T. rostratum   1 2   4 | J | I II III

XCVI. Ordnung. *Elaeagneae.* 1 G. 1 A.

459. *Hippophaë.* 1 A.
1616. H. rhamnoides | 1 2 3 4 | B J | I II III IV

XCVII. Ordnung. *Aristolochieae.* 2 G. 3 A.

460. *Aristolochia.* 2. A.
1617. A. Clematitis   3 4 | B | I II III IV
1617. b. A. pallida   4 | | I
      A. rotunda | I

461. *Asarum.* 1 A.
1618. A. europaeum | 1 2 3 4 | B J | I II III IV

XCVIII. Ordnung. *Empetreae.* 1 G. 1 A.

462. *Empetrum.* 1 A.
1619. E. nigrum | 1 2 3 4 | B J | I II III IV

XCIX. Ordnung. *Euphorbiaceae.* 3 G. 21 A.

463. *Buxus.* 1 A.
1620. B. sempervirens   3 4 | B | I   IV

464. *Euphorbia.* 17 A.
1621. E. helioscopia   1 2 3 4 | B J | I II III IV
1622. E. platyphylla   1   3 4 | B | I II III
1623. E. stricta   1 | | I II*III
1624. E. dulcis   1 2 3 4 | J | I II III IV
1625. E. angulata   4 |
1626. E. carniolica   3 4 | B
1627. E. verrucosa   1 2 | J | I II III

1628. E. procera	3 4	B	IV
1629. E. Gerardiana	3 4	B	I II
1630. E. amygdaloides	1 2 4		I II III IV
1631. E. Cyparissias	1 2 3 4	B J	I II III IV
1632. E. saxatilis	3 4		
1633. E. nicaeensis	4		
1634. E. Peplus	1 2 3 4	B J	I II III IV
1635. E. falcata	4		I II*
1636. * E. exigua	1 4		I II III
1637. E. Lathyris	3 4	B	I
E. Esula			II IV
E. virgata			II
E. palustris			I II IV
E. segetalis			I

465. *Mercurialis*. 3 A.

1638. M. perennis	1 2 3 4	B J	I II III IV
1639. M. ovata	3 4	B	IV
1640. M. annua	2 3 4	B J	I II III

C. Ordnung. *Urticeae*. 8 G. 12 A.

466. *Urtica*. 2 A.

1641. U. urens	1 2 3 4	B J	I II III IV
1642. U. dioica	1 2 3 4	B J	I II III IV

467. *Parietaria*. 2 A.

1643. P. erecta	1 2 3	B J	I II III
1644. P. diffusa	3 4	B	I II

468. *Cannabis*. 1. A.

1645. C. sativa	3	B	

469. *Humulus*. 1 A.

1646. H. Lupulus	1 2 3 4	B J	I II III IV

470. *Ficus*. 1 A.

1647. F. Carica	3 4	B	I

471. *Morus*. 2 A.

1648. M. alba	3 4	B	
1649. M. nigra	3 4	B	

472. *Celtis*. 1 A.

1650. C. australis	3 4	B	I?

473. *Ulmus*. 2 A.

1651. U. campestris	1 2 3 4	B J	I II III IV
1652. * U. effusa	Tirol. 3?		I II III

Uebersicht der Ordnungen, Gattungen etc. 1275

CI. Ordnung. *Juglandeae*. 1 G. 1 A.

474. Juglans. 1 A.
1653. J. regia | 2 3 4 | B J | I | IV

CII. Ordnung. *Cupuliferae*. 6 G. 10 A.

475. Fagus. 1 A.
1654. F. sylvatica | 1 2 3 4 | B J | I II III IV

476. Castanea. 1 A.
1655. C. vulgaris | 3 4 | B | I | IV

477. Quercus. 5 A.
1656. Q. sessiliflora | 1 2 3 4 | B J | I II III
1657. Q. pedunculata | 1 2 3 4 | B | I II III IV
1658. Q. pubescens | 3 4 | B | I
1659. Q. Cerris | 4 | | I
1660. Q. Ilex | 4 | | I

478. Corylus. 1 A.
1661. C. Avellana | 1 2 3 4 | B J | I II III IV

479. Carpinus. 1 A.
1662. C. Betulus | 1 4 | | I II III IV

480. Ostrya. 1 A.
1663. O. carpinifolia | 3 4 | B | I | IV

CIII. Ordnung. *Salicineae*. 2 G. 38 A.

481. Salix. 34 A.
1664. S. pentandra | 1 2 3 | B J | I II III IV
1665. S. cuspidata | 2 3 | B | IV
1666. S. fragilis | 3 | B | I II III IV
1667. S. alba | 1 2 3 4 | B J | I II III IV
1668. S. amygdalina | 1 2 3 4 | B J | I II III IV
1669. S. daphnoides | 1 2 3 | B J | I II III IV
1670. S. Pontederana | 2 3 4 | B | I
1671. S. purpurea | 1 2 3 4 | B J | I II III IV
1672. S. viminalis | 3 | B | I II IV
1673. * S. acuminata | 1 | | II*
1674. S. Seringeana | Tirol | | I
1675. * S. salviaefolia | 4 | | I
1676. S. incana | 1 2 3 4 | B J | I II III IV
1677. S. cinerea | 2 3 4 | B J | I II III IV
1678. S. nigricans | 1 2 3 4 | B J | I II III IV
1679. S. grandifolia | 1 2 3 4 | B J | I II III IV

1680. S. Caprea	1 2 3 4	B J	I II III IV
1681. S. aurita	1 2 4	J	I II III IV
1682. S. glabra	2 3 4	B J	II III IV
1683. S. Hegetschweileri	3		I
1684. S. hastata	1 2 3 4	B J	I II III IV
1685. * S. myrtilloides	2		II IV
1686. S. ambigua	2 3 4		I II
1687. S. repens	1 2 3 4	B J	I II III IV
1688. S. angustifolia	1 2 3 4	B J	IV
1689. S. rosmarinifolia	3		II
1690. S. arbuscula	1 2 3 4	B J	I II III IV
1691. S. Lapponum	2 3 4	B J	I II III
1692. S. glauca	2 3		I IV
1693. S. caesia	2 3		I
1694. S. Myrsinites	1 2 3 4	B J	I II III IV
1695. S. reticulata	1 2 3 4	B J	I II III IV
1696. S. retusa	1 2 3 4	B J	I II III IV
1697. S. herbacea	1 2 3 4	B J	I II III IV
S. rubra			I II
S. Smithiana			II*
S. hippophaëfolia			II
S. silesiaca			III
S. Reuteri			I

482. Populus. 4 A.

1698. P. alba	3 4	B	I II III IV
1699. * P. canescens	Tirol		I II
1700. P. tremula	1 2 3 4	B J	I II III IV
1701. P. nigra	1 2 3 4	B J	I II III IV

CIV. Ordnung. *Betulineae.* 2 G. 7 A.

483. Betula. 4 A.

1702. B. alba	1 2 3 4	B J	I II III IV
1703. B. pubescens	3 4	B J	I II III IV
1704. B. humilis	1 2 3		II III
1705. * B. nana	1 2		I II III IV
B. intermedia			I

484. Alnus. 3 A.

1706. A. viridis	1 2 3 4	B J	I II III IV
1707. A. incana	1 2 3 4	B J	I II III IV
1708. A. glutinosa	1 2 3 4	B J	I II III IV

CV. Ordnung. *Coniferae.* 5 G. 14 A.

485. Ephedra. 1 A.

1709. E. distachya	3 4	B?	I

Uebersicht der Ordnungen, Gattungen etc. 1277

486. Taxus. 1 A.
1710. T. baccata — 1 2 3 4 | B J | I II III

487. Juniperus. 3 A.
1711. J. nana — 1 2 3 4 | B J | I II III IV
1712. J. communis — 1 2 3 4 | B | I II III IV
1713. J. Sabina — 2 3 4 | B J | I III IV

488. Cupressus. 1 A.
1714. C. sempervirens — 3 4 | B | I

489. Pinus. 8 A.
1715. P. sylvestris — 1 2 3 4 | B J | I II III IV
1716. P. Mughus — 1 2 3 4 | B J | I II III IV
1717. * P. uncinata — Tirol. | | I
1718. P. Pinea — 3 | B |
1719. P. Cembra — 2 3 4 | B J | I II III IV
1720. P. Larix — 1 2 3 4 | B J | I II III IV
1721. P. Picea — 1 2 3 4 | B J | I II III IV
1722. P. Abies — 1 2 3 4 | B J | I II III IV
P. nigricans — | | IV

II. Klasse.
MONOCOTYLEDONISCHE GEFÆSSPFLANZEN.
129. Gattungen. 483 Arten.

CVI. Ordnung. *Hydrocharideae.* 2 G. 2 A.

490. Vallisneria. 1 A.
1723. V. spiralis — 4 | | I

491. Hydrocharis. 1 A.
1724. H. morsus ranae — 3 4 | B | I II

CVII. Ordnung. *Alismaceae.* 2 G. 3 A.

492. Alisma. 2 A.
1725. A. Plantago — 1 2 3 4 | B J | I II III IV
1725. b. A. parnassifolium — 3 | B | IV
A. ranunculoides — | | I

493. Sagittaria. 1 A.
1726. S. sagittaefolia — 1 | | I II

Uebersicht der Ordnungen, Gattungen etc.

CVIII. Ordnung. *Butomeae.* 1 G. 1 A.

494. *Butomus.* 1 A.
1727. B. umbellatus | 3 4 | B | I II

CIX. Ordnung. *Juncagineae.* 2 G. 2 A.

495. *Scheuchzeria.* 1 A.
1728. S. palustris | 3 4 | B | I II III

496. *Triglochin.* 1 A.
1729. T. palustre | 1 2 3 4 | B J | I II III IV
     T. maritimum | | | II

CX. Ordnung. *Potameae.* 2 G. 15 A.

497. *Potamogeton.* 14 A.
1730. P. natans | 1 2 3 4 | B J | I II III IV
1731. P. fluitans | 3 | B | I II
1732. P. rufescens | 1 2 3 | | I II III
1732. b. P. Hornemanni | 3 | B | I
1733. P. gramineus | 1   3 4 | B | I II III IV
1734. P. lucens | 1 2 3 4 | B J | I II III IV
1735. P. perfoliatus | 1 2 3 4 | J | I II III IV
1736. P. crispus | 1 2 3 4 | B J | I II III IV
1737. * P. compressus | 4 | | I II
1738. P. pusillus | 1 2 3 4 | B | I II III IV
1739. * P. trichoides | 1 | | I II
1740. P. pectinatus | 1 2 3 4 | J | I II III
1741. P. marinus | 3 4 | B |
1742. P. densus | 4 | | I II III
     P. obtusifolius | | | I II
     P. acutifolius | | | II   IV
     P. spathulatus | | | II*
     P. oblongus | | | II*
     P. decipiens | | | III
     P. praelongus | | | I   IV

498. *Zannichellia.* 1 A.
1743. Z. palustris | 2 3 | B | I II III IV

CXI. Ordnung. *Najadeae.* 1 G. 2 A.

499. *Najas.* 2 A.
1744. N. major | 4 | | I II
1745. N. minor | 3 4 | B | I II*   IV

Uebersicht der Ordnungen, Gattungen etc. 1279

CXII. Ordnung. *Lemnaceae.* 1 G. 3 A.

500. *Lemna.* 3 A.

1746. L. trisulca	1	3 4	B		I II III
1747. * L. polyrrhiza	1	4			I II III IV
1748. L. minor	1 2 3 4		B J		I II III IV
L. gibba					I II III IV

CXIII. Ordnung. *Typhaceae.* 2 G. 6 A.

501. *Typha.* 3 A.

1749. T. latifolia	1 3 4	B	I II III IV
1750. T. angustifolia	2 3	B J	I II III
1751. T. minima	1 2 3 4	B J	I II III
T. Schuttleworthii			I

502. *Sparganium.* 3 A.

1752. S. ramosum	1 2 3 4	B J	I II III IV
1753. S. simplex	1 2 3	B	I II III IV
1754. S. natans	1 2 3	B J	I II III IV

CXIV. Ordnung. *Aroideae.* 3 G. 4 A.

503. *Arum.* 2 A.

1755. A. maculatum	1 2 4	I II III IV
1756. * A. italicum	4	

504. *Calla.* 1 A.

1757. C. palustris	2 3	I?II III IV

505. *Acorus.* 1 A.

1758. A. Calamus	1 2 3	I II III IV

CXV. Ordnung. *Orchideae.* 22 G. 53 A.

506. *Orchis.* 18 A.

1759. O. fusca	1 3 4	B	I II
1760. O. militaris	1 2 3 4	B J	I II III IV
1761. * O. Simia	4		I
1762. O. variegata	3 4	B	IV
1763. O. ustulata	1 2 3 4	B J	I II III IV
1764. O. coriophora	1 2 3 4	B J	I II III IV
1765. O. globosa	1 2 3 4	B	I II III IV
1766. O. Morio	1 2 3 4	B J	I II III IV

1280 Uebersicht der Ordnungen, Gattungen etc.

1767. O. Spitzelli	2 4		III
1767. b. O. pallens	2 4	J	I II III
1768. O. mascula	1 2 3 4	B J	I II III IV
1769. O. sambucina	2 3 4	B J	I II III IV
1769. b. * O. laxiflora	4		I II
1770. O. maculata	1 2 3 4	B J	I II III IV
1771. O. latifolia	1 2 3	B J	I II III IV
1772. O. incarnata	1 2 3 4	B J	I II IV
1773. O. Traunsteineri	1 2 3 .	B	I III
1774. O. pyramidalis	1 3 4	B	I II

507. Gymnadenia. 3 A.
1775. G. conopsea	1 2 3 4	B J	I II III IV
1776. G. odoratissima	1 2 3 4	B J	I II III IV
1777. G. albida	1 2 3 4	B J	I II III IV

508. Himantoglossum. 1 A.
1778. H. hircinum	4		I II

509. Coëloglossum. 1 A.
1779. C. viride	1 2 3 4	B J	I II III IV

510. Platanthera. 2 A.
1780. P. bifolia	1 2 3 4	B J	I II III IV
1781. P. chlorantha	1 2 3 4	B J	I II III

511. Nigritella. 2 A.
1782. N. angustifolia	1 2 3 4	B J	I II III IV
1783. N. suaveolens	2 3 4	B J	I IV

512. Ophrys. 4 A.
1784. O. muscifera	1 2 3 4	B J	I II III IV
1785. O. aranifera	1 2 3 4	J	I II
1786. O. Arachnites	1 3 4	B	I II III
1787. O. apifera	1 4		I II*

513. Chamaeorchis. 1 A.
1788. C. alpina	1 2 3 4	B J	I II III IV
Aceras anthropophora			I II

514. Herminium. 1 A.
1789. H. Monorchis	1 2 3 4	B J	I II III IV

515. Serapias. 1 A.
1790. S. Pseudocordigera	4		I
S. Lingua (obige?)	4?		IV?

516. Epipogium. 1 A.
1791. * E. Gmelini	2 .		I II III

Uebersicht der Ordnungen, Gattungen etc. 1281

517. Limodorum. 1 A.
1792. L. abortivum   3 4   B   I

518. Cephalanthera. 3 A.
1793. C. pallens   1 2 3 4   B J   I II III
1794. C. ensifolia   1 2 3 4   B J   I II III IV
1795. C. rubra   1 2 3 4   B J   I II III

519. Epipactis. 3 A.
1796. E. latifolia   1 2 3 4   B J   I II III IV
1797. E. rubiginosa   2 3 4   B J   I II
1798. E. palustris   1 2 3 4   B J   I II III IV

520. Listera. 2 A.
1799. L. ovata   1 2 3 4   B J   I II III IV
1800. L. cordata   1 2 3   J   I II III

521. Neottia. 1 A.
1801. N. nidus avis   1 2 3 4   B J   I II III IV

522. Goodyera. 1 A.
1802. G. repens   1 2 3 4   B J   I II III IV

523. Spiranthes. 2 A.
1803. S. aestivalis   1 2 3 4   B   I II III
1804. S. autumnalis   1 2   I II III

524. Corallorrhiza. 1 A.
1805. C. innata   2   J   I II III IV

525. Sturmia. 1 A.
1806. S. Loeselii   1 2 3 4   B J   I II III

526. Malaxis. 2. A.
1807. M. paludosa   2   II*III
1808. M. monophyllos   1 2   J   I II III IV

527. Cypripedium. 1 A.
1809. C. Calceolus   1 2 3 4   B J   I II III IV

CXVI. Ordnung. *Irideae*. 3 G. 11 A.

528. Crocus. 2 A.
1810. C. vernus   1 2 3 4   B J   I II III IV
1811. C. sativus   3   B

529. Gladiolus. 1 A.
1812. G. palustris   1   3 4   B   I II III IV
     G. segetum   I

530. *Iris.* 8 A.

1813. I. pallida	3 4	B	
1814. I. germanica	3 4	B	I II III IV
1815. I. sambucina	3	B	I II
1815. b. * I. squalens	3 4	B	
1816. * I. pumila	4		
1817. I. Pseud-Acorus	1 2 3 4	B	I II III IV
1818. I. sibirica	1 3	B	I II
1819. I. graminea	4		II
I. lutescens			I

CXVII. Ordnung. *Amaryllideae.* 3 G. 6 A.

531. *Narcissus.* 4 A.

1820. N. poeticus	1 3 4	B	I IV
1821. N. biflorus	3	B	I
1822. N. incomparabilis	3	B	
1823. N. Pseudonarcissus	1 2 3	B J	I II III IV

532. *Leucojum.* 1 A.

1824. L. vernum	1 2 3 4	B J	I II III IV
L. aestivum			II*

533. *Galanthus.* 1 A.

1825. G. nivalis	1 3 4		I II III IV

CXVIII. Ordnung. *Asparageae.* 6 G. 11 A.

534. *Asparagus.* 3 A.

1826. A. officinalis	2 3 4	B J	I II IV
1827. * A. tenuifolius	3 4?		
1828. * A. acutifolius	4		

535. *Streptopus.* 1 A.

1829. S. amplexifolius	1 2 3 4	B J	I II III IV

536. *Paris.* 1 A.

1830. P. quadrifolia	1 2 3 4	B J	I II III IV

537. *Convallaria.* 4 A.

1831. C. verticillata	1 2 3 4	B J	I II III IV
1832. C. Polygonatum	1 2 3 4	B J	I II III IV
1833. C. multiflora	1 2 3 4	B J	I II III IV
1834. C. majalis	1 2 3 4	B J	I II III IV

538. *Majanthemum.* 1 A.

1835. M. bifolium	1 2 3 4	B J	I II III IV

Uebersicht der Ordnungen, Gattungen etc. 1283

539. Ruscus. 1 A.
1836. R. aculeatus | 3 4 | B | I

CXIX. Ordnung. Dioscoreae. 1 G. 1 A.

540. Tamus. 1 A.
1837. T. communis | 3 4 | B | I

CXX. Ordnung. Liliaceae. 14 G. 42 A.

540. b. Tulipa. 1 A.
1837. b. T. sylvestris | | | I II
T. oculus solis | | | I

541. Fritillaria. 1 A.
1838. F. Meleagris | 2 | | I II

542. Lilium. 2 A.
1839. L. bulbiferum | 1 2 3 4 | B J | I II III IV
1840. L. Martagon | 1 2 3 4 | B J | I II III IV
L. carniolicum | | | IV

543. Lloydia. 1 A.
1841. L. serotina | 1 2 3 4 | B J | I III IV

544. Erythronium. 1 A.
1842. E. Dens canis | 4 | | I IV

545. Asphodelus. 1 A.
1843. A. albus | 4 | |
A. ramosus (albus Gaudin). | | | I

546. Anthericum. 2 A.
1844. A. Liliago | 1 2 3 4 | B J | I II IV
1845. A. ramosum | 1 2 3 4 | B J | I II III IV

547. Paradisia. 1 A.
1846. P. Liliastrum | 3 4 | B | I IV

548. Ornithogalum. 5 A.
1847. O. pyrenaicum | 3 4 | B | I II
1847. b. O. arcuatum | 3 | B |
1848. O. umbellatum | 2 3 4 | B J | I II III IV
1849. O. nutans | 3 | B | I II* IV
1850. O. chloranthum | 3 | |

549. Gagea. 5 A.
1851. G. stenopetala | 3 | B | II IV
1852. G. arvensis | 3 4 | B | I II IV

1853. G. Liottardi	3 4	B	I III IV
1854. * G. minima	2		I II III IV
1855. G. lutea ♂	1 2 3 4	B J	I II III IV
G. saxatilis			I II

550. Scilla. 3 A.

1856. S. bifolia	3?4	B?	I II III IV
1857. S. autumnalis	4		
1857. b. S. amoena	3		

551. Allium. 14. A.

1858. A. Victorialis	1 2 3 4		I II III IV
1859. A. ursinum	1 2		I II III
1860. A. multibulbosum	3	B	
1861. A. fallax	2 3 4	B J	I II III IV
1862. A. acutangulum	1 3 4	B	I II
1863. * A. suaveolens	2 4		I II
1864. A. ochroleucum	4		
1865. A. strictum	3		I
1866. A. sphaerocephalum	3 4	B	I II
1867. A. Scorodoprasum	3		I II IV
1868. A. oleraceum	1 2 3 4	B J	I II IV
1869. A. carinatum	2 3 4	B J	I II*III
1870. * A. flavum	Südtirol		
1871. A. Schoenoprasum	1 2 3 4	B	I III IV
A. Ampeloprasum			I
A. vineale			I II IV
A. rotundum			I II

552. Hemerocallis. 2 A.

1872. H. fulva	2 3	B J	I III IV
1873. * H. flava	1		I II IV

553. Muscari. 3 A.

1874. M. comosum	3 4	B	I II
1875. M. racemosum	1 2 3 4	B J	II
1876. M. botryoides	3?4		I II III IV

CXXI. Ordnung. *Colchicaceae.* 3 G. 5 A.

554. Colchicum. 1 A.

1877. C. autumnale	1 2 3 4	B J	I II III IV
Bulbocodium vernum			I

555. Veratrum. 2 A.

1878. V. nigrum	4		I
1879. V. album	1 2 3 4	B J	I II III IV

Uebersicht der Ordnungen, Gattungen etc. 1285

556. Toffieldia. 2 A.

1880. T. calyculata	1 2 3 4	B J	I II III IV
1881. T. borealis	2 3	B J	I II III IV

CXXII. Ordnung. *Juncaceae.* 2 G. 33 A.

557. Juncus. 21 A.

1882. J. Jacquini	1 2 3 4	B J	I II III IV
1883. J. conglomeratus	1 2 3 4	B J	I II III IV
1884. J. effusus	1 2 3 4	B	I II III IV
1885. * J. diffusus	1		I II
1886. J. glaucus	1 2 3 4	B J	I II
1887. J. arcticus	2 3 4	B	I
1888. J. filiformis	1 2 3 4	B J	I II III IV
1889. * J. stygius	2 3?	B?	I II IV
1890. * J. castaneus	Südtirol		I III IV
1891. J. triglumis	2 3 4	B J	I II III IV
1892. J. trifidus	1 2 3 4	B J	I II III IV
1893. J. Hostii	1 2 3 4	B	I III IV
1894. J. obtusiflorus	1 2 3 4	B	I II III IV
1895. J. sylvaticus	1 2 3 4	B	I II III IV
1896. J. lamprocarpus	1 2 3 4	B J	I II III IV
1896. b. J. atratus	3	B	
1897. J. alpinus	1 2 3 4	B J	I II III IV
1898. * J. supinus	3		I II III IV
1899. J. compressus	1 2 3 4	B J	I II III
1900. J. Gerardi	1 2		II*
1901. J. bufonius	1 2 3 4	B J	I II III IV
J. squarrosus			I II
J. capitatus			I II
J. Tenageja			I II
J. tenuis			II

558. Luzula. 12 A.

1902. L. flavescens	1 2 3 4	B J	I II III IV
1903. L. Forsteri	3 4	B	I II
1904. L. pilosa	1 2 3 4	B J	I II III IV
1905. L. maxima	1 2 3 4	B J	I II III IV
1906. L. glabrata	1 2 3		II III
1907. L. spadicea	1 2 3 4	B J	I II III IV
1908. L. albida	1 2 3 4	B J	I II III IV
1909. L. nivea	1 2 3 4	B J	I II III IV
1910. L. lutea	1 2 3 4	B J	I
1911. L. campestris	1 2 3 4	B J	I II III IV
1912. L. multiflora	1 2 3 4	B J	I II III IV
1913. L. spicata	1 2 3 4	B J	I II III IV

CXXIII. Ordnung. *Cyperaceae*. 11 G. 122 A.

559. *Cyperus*. 5 A.

1914. C. flavescens	1 2 3 4	B J	I II III IV
1915. C. fuscus	1 2 3 4	B	I II III IV
1916. C. longus	3 4	B	I II
1917. C. Monti	3 4	B	I
1918. C. glomeratus	3 4	B	

560. *Schoenus*. 2 A.

1919. S. nigricans	1 2 3 4	B J	I II III IV
1920. S. ferrugineus	1 2 3 4	B J	I II III IV

561. *Cladium*. 1 A.

1921. C. Mariscus	1 3 4	B	I II III IV

562. *Rhynchospora*. 2 A.

1922. R. alba	1 2 3 4	B J	I II III IV
1923. R. fusca	1 2 4		I II III IV

563. *Heleocharis* 3 A.

1924. H. palustris	1 2 3 4	B J	I II III IV
1925. H. uniglumis	1 2 3 4	B J	I II III
1926. H. acicularis	1 2 3	B J	I II III IV
H. ovata			I II III IV
H. Lereschii			I

564. *Scirpus*. 14 A.

1927. S. caespitosus	2 3 4	B J	I II III IV
1928. S. pauciflorus	1 2 3 4	B J	I II III IV
1929. S. setaceus	2 3	B	I II III IV
1930. S. mucronatus	1 3?4	B	I II IV
1931. S. lacustris	1 2 3 4	B J	I II III IV
1932. S. Tabernaemontani	1 2 3 4	B J	I II
1933. S. Duvalii	1		I II
1934. S. triqueter	1 3 4	B	I II III
1935. * S. Rothii	1		I
1936. S. Holoschoenus	3 4	B	I
1937. S. maritimus	1 3 4	B	I II
1938. S. sylvaticus	1 2 3 4	B J	I II III IV
1939. * S. radicans	1		
1940. S. compressus	1 2 3 4	B J	I II III IV
S. alpinus			I
S. supinus			I II*

565. *Fimbristylis*. 2 A.

1941. * F. dichotoma	Südtirol		
1942. F. annua	3	B	I

Uebersicht der Ordnungen, Gattungen etc. 1287

566. Eriophorum. 6 A.
1943. E. alpinum	1 2 3 4	B J	I II III IV
1944. E. vaginatum	1 2 3 4	B J	I II III IV
1945. E. Scheuchzeri	1 2 3 4	B J	I II III IV
1946. E. latifolium	1 2 3 4	B J	I II III IV/
1947. E. angustifolium	1 2 3 4	B J	I II III IV
1948. E. gracile	1 2 4	J	I II III IV

567. Elyna. 1 A.
1949. E. spicata	2 3 4?	B J	I II III IV

568. Kobresia. 1. A.
1950. K. caricina	1 3	B	I III IV

569. Carex. 85 A.
1951. C. dioica	1 2 3	B J	I II III IV
1952. C. Davalliana	1 2 3 4	B J	I II III IV
1953. C. pulicaris	1 2 3	B J	I II III
1954. C. capitata	2 3	B	II
1955. C. rupestris	3	B	I IV
1956. C. pauciflora	1 2 3 4	B	I II III IV
1957. C. microglochin	3 4	B	I II
1958. C. baldensis	2 4		I II
1959. C. curvula	1 2 3	B J	I II III IV
1960. C. incurva	2 3	B	I IV
1961. C. stenophylla	3		
1962. C. disticha	1 2	J	I II III
1963. C. foetida	3 4	B	I
1964. C. vulpina	1 3 4	B	I II III IV
1965. C. muricata	1 2 3 4	B J	I II III IV
1966. C. divulsa	4		I II
1967. C. teretiuscula	1 2 3 4	B J	I II III IV
1968. C. paniculata	1 2 3 4	B J	I II III IV
1969. C. paradoxa	1		I II III
1970. C. brizoides	1 2 4		I II III IV
1970. b. C. Schreberi	2 4		I II IV
1971. C. remota	1 2 3 4	B	I II III IV
1972. C. stellulata	1 2 3 4	B J	I II III IV
1973. C. leporina	1 2 3 4	B J	I II III IV
1974. C. elongata	1 2		I II III IV
1975. C. lagopina	2 3		I II III IV
1976. C. canescens	1 2 3	B J	I II III IV
1976. b. C. tetrastachya	2		
1977. C. Persoonii	2 3 4	B J	I II III IV
1978. C. mucronata	1 2 3 4	B J	I II III IV
1979. C. Gaudiniana	1 2	.	I II III
1980. C. microstachya	2		I
1981. C. stricta	1 2 3	B J	I II III IV
1982. C. vulgaris	1 2 3 4	B J	I II III IV

1983. C. acuta	1 2 3	B J	I II III IV
1984. C. bicolor	2 3	B	I III IV
1985. C. Buxbaumii	2 3	B	I II III
1986. C. Vahlii	2 3		I
1987. C. nigra	2 3 4	B J	I III IV
1988. C. aterrima	1 3 4	B	I III IV
1989. C. atrata	1 2 3 4	B J	I II III IV
1990. C. irrigua	2 3	B J	I III IV
1991. C. limosa	1 2 3	B?	I II III IV
1992. C. supina	3		II*
1993. C. pilulifera	1 2		I II III IV
1994. C. tomentosa	1 3 4	B	I II III
1995. C. montana	1 2 3 4	B J	I II III IV
1996. C. ericetorum	2 3 4	J	I II III IV
1997. C. praecox	1 2 3 4	B J	I II III IV
1998. C. polyrrhiza	3	B	I II III
1999. C. humilis	2 3 4	B J	I II III IV
2000. C. gynobasis	4		I
2001. C. digitata	1 2 3 4	B J	I II III IV
2002. C. ornithopoda	1 2 3 4	B J	I II III IV
2003. C. alba	1 2 3 4	B J	I II III IV
2003. b. C. ornithopodioides	3	B	
2004. C. nitida	3 4	B	I IV
2005. C. pilosa	1		I II IV
2006. C. panicea	1 2 3 4	B J	I II III IV
2007. C. glauca	1 2 3 4	B J	I II III IV
2008. C. clavaeformis	3	B	I III IV
2009. C. maxima	3 4	B	I II III
2010. C. pallescens	1 2 3 4	B J	I II III IV
2011. C. capillaris	1 2 3 4	B J	I II III IV
2012. C. fuliginosa	2 3 4	B J	II III IV
2013. C. frigida	1 2 3 4	B	I II III
2014. C. sempervirens	1 2 3 4	B J	I II III IV
2015. * C. hispidula	Tirol		I
2016. C. firma	1 2 3 4	B J	I II III IV
2017. C. ferruginea	1 2 3 4	B J	I II III IV
2018. C. tenuis	1 2 3 4	B J	I III IV
2019. C. Michelii	3 4	B	
2020. C. flava	1 2 3 4	B J	I II III IV
2021. C. Oederi	1 2 3 4	B J	I II III IV
2022. C. fulva	1 2 3 4	B J	I II III IV
2023. C. Hornschuchiana	1 2 3 4	B J	I II III IV
2024. C. distans	1 2 3 4	B J	I II III IV
2025. C. sylvatica	1 2 3 4	B J	I II III
2026. C. Pseudocyperus	1 3 4	B	I II III IV
2027. C. ampullacea	1 2 3	B J	I II III IV
2028. C. vesicaria	1 2 3 4?	B J	I II III IV
2029. C. paludosa	1 2 3 4	B J	I II III IV

Uebersicht der Ordnungen, Gattungen etc. 1289

2030. C. riparia	2 3 4	B J	I II III IV
2031. C. filiformis	1 2 3 4	J	I II III IV
2032. C. hirta	1 2 3 4	B J	I II III IV
C. microstyla			I III
C. chordoorhiza			I II III
C. Heleonastes			I II III
C. cyperoides			I II IV
C. vaginata			I?
C. laevigata			I
C. punctata			I IV?
C. ustulata			I
C. microstyla			III
C. rigida			III
C. Ohmülleriana			II
C. Bönninghausiana			II
C. evoluta			II
C. hordeistichos			II*
C. strigosa			I

CXXIV. Ordnung. *Gramineae.* 48 G. 161 A.

570. *Andropogon.* 2 A.
2033. A. Ischaemum   1 2 3 4   B J   I II III IV
2034. A. Gryllus   4   I   IV

571. *Heteropogon.* 1 A.
2035. H. Allionii   3   B   I

572. *Sorghum.* 1 A.
2036. S. halepense   4

573. *Tragus.* 1 A.
2037. T. racemosus   3 4   B   I

574. *Panicum.* 6 A.
2038. P. sanguinale   1   3 4   B J   I II III IV
2039. P. ciliare   3 4   B   I II* IV
2040. P. glabrum   1 2 3 4   B   I II III
2041. P. Crus galli   1 2 3 4   B J   I II III IV
2042. P. miliaceum   3   B   IV
2043. P. undulatifolium   3 4   B   I

575. *Setaria.* 4 A.
2044. S. verticillata   3 4   B   I II
2045. S. viridis   1 2 3 4   B J   I II III IV
2046. S. glauca   1 2 3 4   B J   I II III IV
2047. * S. germanica   4

576. *Phalaris.* 1 A.
2048. P. arundinacea — 1 2 3 4 | B J | I II III IV

577. *Hierochloa.* 2 A.
2049. * H. odorata — 4 | | II
2050. H. australis — 3 4 | B | I II

578. *Anthoxanthum.* 1 A.
2051. A. odoratum — 1 2 3 4 | B J | I II III IV

579. *Alopecurus.* 4 A.
2052. A. pratensis — 1 3 4 | B | I II III IV
2053. A. agrestis — 1 3 4 | B | I II III
2054. A. geniculatus — 1 2 3 | B J | I II III IV
2055. A. fulvus — 1 2 3 4 | B J | I II III
    A. utriculatus — II*

580. *Phleum.* 5 A.
2056. P. Michelii — 1 2 3 | | I II III IV
2057. P. Boehmeri — 2 3 4 | B J | I II III
2058.· P. asperum — 3 4 | B | I II
2059. P. pratense — 1 2 3 4 | B J | I II III IV
2060. P. alpinum — 1 2 3 4 | B J | I II*III IV
    P. arenarium — II

Chamagrostis minima — II

581. *Cynodon.* 1 A.
2061. C. Dactylon — 3 4 | B | I II

582. *Leersia.* 1 A.
2062. L. oryzoides — 1 3 4 | B | I II

582. b. *Coleanthus.* 1 A.
2062. b. C. subtilis — 3. | B |

Polypogon monspeliensis — I

583. *Agrostis.* 5 A.
2063. A. stolonifera — 1 2 3 4 | B J | I II III
2064. A. vulgaris — 1 2 3 4 | B | I II III IV
2065. A. canina — 1 3 4 | B | I II III IV
2066. A. alpina — 1 2 3 4 | B J | I II III IV
2067. A. rupestris — 1 2 3 4 | B J | I II III IV

584. *Apera.* 1 A.
2068. A. spica venti — 1 2 3 4 | B J | I II III IV
    A. interrupta — 4? | | I

Uebersicht der Ordnungen, Gattungen etc. 1291

585. Calamagrostis. 6 A.
2069. C. littorea	1 2 3 4	B J	I II III
2070. C. Epigejos	1 2 3 4	B	I II III
2071. C. Halleriana	1 2 3 4	B	I II III
2072. C. tenella	1 2 3 4		I
2073. C. montana	1 2 3 4	B J	I II III IV
2074. C. sylvatica	2 3 4	B	I II III IV
C. lanceolata			I II

Gastridium lendigerum   I

586. Milium. 1 A.
2075. M. effusum	1 2 3 4	J	I II III IV

587. Piptatherum. 1 A.
2076. P. multiflorum	4		

588. Stipa. 2 A.
2077. S. pennata	3 4	B	I II III
2078. S. capillata	3	B	I II

589. Lasiagrostis. 1 A.
2079. L. Calamagrostis	1 2 3 4	B J	I II III

590. Phragmites. 1 A.
2080. P. communis	1 2 3 4	B J	I II III IV

591. Arundo. 1 A.
2081. A. Donax	4		I

592. Sesleria. 5 A.
2082. S. caerulea	1 2 3 4	B J	I II III IV
2083. * S. elongata	4		
2084. S. microcephala	2 3 4	B	II III IV
2085. S. sphaerocephala	2 3 4	B J	I III IV
2086. S. disticha	1 2 3 4	B J	I II III IV

593. Koeleria. 4 A.
2087. K. cristata	2 3 4	B J	I II III IV
2088. K. valesiaca	2		I
2089. K. hirsuta	2 3 4	B	I
2090. * K. phleoides	4		
K. glauca			II*

594. Aira. 3 A.
2091. A. caespitosa	1 2 3 4	B J	I II III IV
2092. A. stolonifera	3	B	
2093. A. flexuosa	1 2 3 4	B J	I II III IV

595. Holcus. 2 A.

2094. H. lanatus	1	2	3	4	B J	I II III IV
2095. H. mollis	1	2		4	B J	I II. III IV
Corynephorus canescens						II

596. Arrhenatherum. 1 A.

2096. A. elatius		2	3	4	B J	I II III IV

597. Avena. 16 A.

2097. A. hybrida		2	3		B J	
2098. A. fatua	1		3	4	B	I II III IV
2099. A. pubescens	1	2	3	4	B J	I II III IV
2100. * A. amethystina				4		
2101. * A. alpina		2?	3?	4		
2102. A. lucida			3	4	B	
2103. A. pratensis		2	3		B J	I II III
2104. A. versicolor	1	2	3	4	B J	I II III IV
2105. A. sempervirens		2	3	4	B	II
2106. A. flavescens	1	2	3	4	B J	I II III IV
2107. A. alpestris			3	4	B	III
2108. A. distichophylla	1	2	3	4	B J	I II III IV
2109. A. argentea		2	3	4	B J	I II
2110. A. subspicata		2	3	4	B	I II III IV
2111. A. caryophyllea			3	4	B	I II
2112. A. capillaris			3	4	B	
A. praecox						I II
A. Cavanillesii						I
A. tenuis						II
A. planiculmis						IV?

598. Danthonia. 1 A.

2113. D. calycina				4		

599. Triodia. 1 A.

2114. T. decumbens	1	2	3	4	B	I II III IV

600. Melica. 3 A.

2115. M. ciliata	1		3	4	B	I II III
2116. M. uniflora				4		I II III IV
2117. M. nutans	1	2	3	4	B J	I II III IV

601. Briza. 1 A.

2118. B. media	1	2	3	4	B J	I II III IV
B. minor						I?

602. Eragrostis. 3 A.

2119. E. megastachya			3	4	B	I II
2120. E. poaeoides			3	4	B	I II
2121. E. pilosa			3	4	B	I IV

603. Poa. 15 A.

2122. * P. dura	4		I II
2123. P. annua	1 2 3 4	B J	I II III IV
2124. P. laxa	2 3 4	B J	I II III IV
2125. P. minor	1 2 3	B	I II III IV
2126. P. bulbosa	1 2 3 4	B	I II III IV
2127. P. alpina	1 2 3 4	B J	I II III IV
2128. P. caesia	3 4	B	I IV
2129. P. nemoralis	1 2 3 4	B J	I II III
2130. P. fertilis	1 3	B	I II III IV
2131. P. sudetica	1 2 3 4		I II
2132. P. hybrida	2		I III
2133. P. trivialis	1 2 3 4	B J	I II III IV
2134. P. pratensis	1 2 3 4	B J	I II III IV
2135. P. cenisia	1 2 3 4		I II III IV
2136. P. compressa	1 2 3 4	B J	I II III
P. concinna			I

604. Glyceria. 4 A.

2137. G. spectabilis	1 3	B	I II III IV
2138. G. fluitans	1 2 3 4	B J	I II III IV
2139. G. distans	3	B	I II
2140. G. aquatica	1 2 3 4	B J	I II III IV

605. Molinia. 2 A.

2141. M. caerulea	1 2 3 4	B J	I II III IV
2142. M. serotina	3 4	B	I

606. Dactylis. 1 A.

2143. D. glomerata	1 2 3 4	B J	I II III IV

607. Cynosurus. 2 A.

2144. C. cristatus	1 2 3 4	B J	I II III IV
2145. C. echinatus	4		I

608. Festuca. 19 A.

2146. F. rigida	3 4	B	I
2147. F. ciliata	4		I
2148. F. myuros	3 4	B	I II
2149. * F. bromoides	4		I II
2150. F. Halleri	1 2 3 4	B J	I II III IV
2151. F. ovina	1 2 3 4	B J	I II III IV
2152. F. heterophylla	1 2 3 4	B J	I II III IV
2153. F. rubra	1 2 3 4	B	I II III IV
2154. F. varia	2 3 4	B J	I III IV
2155. F. pumila	1 2 3 4	B J	I II III IV
2156. F. pilosa	2 3 4		I III IV
2157. F. spectabilis	3 4	B	

2158. F. spadicea	3 4		I IV
2159. F. sylvatica	1 2		I II III
2160. F. Scheuchzeri	1 2 3 4	B	I II III
2161. F. gigantea	1 2 3 4	B J	I II III IV
2162. F. arundinacea	1 2 3	B J	I II III
2163. F. elatior	1 2 3 4	B J	I II III IV
2164. F. loliacea	1 3	B	I II
F. Lachenalii			I
F. tenuiflora			I
F. laxa			IV

609. *Brachypodium.* 2 A.

2165. B. sylvaticum	1 2 3 4	B J	I II III IV
2166. B. pinnatum	1 2 3 4	B J	I II III IV

610. *Bromus.* 13 A.

2167. B. secalinus	1 2 3 4	B	I II III IV
2168. B. commutatus	3	B	I II
2169. B. racemosus	1 2 3 4	B J	I II III
2170. B. mollis	1 2 3 4	B J	I II III IV
2171. B. arvensis	2 3 4	B J	I II III IV
2172. B. patulus	3 4	B	II
2173. B. squarrosus	3 4	B	I
2174. B. asper	1 2 3 4	B J	I II III
2175. B. erectus	1 2 3 4	B J	I II III IV
2176. * B. inermis	Tirol.		I II III
2177. B. sterilis	1 2 3 4	B J	I II III IV
2178. B. tectorum	1 2 3 4	B J	I II III IV
2179. B. madritensis	4		

Gaudinia fragilis			I

611. *Triticum.* 4 A.

2180. * T. rigidum	Südtirol		
2181. T. glaucum	3 4		I
2182. T. repens	1 2 3 4	B J	I II III IV
2183. T. caninum	1 2 3 4	B J	I II III IV

612. *Elymus.* 1 A.

2184. E. europaeus	1 2		I II III

613. *Hordeum.* 1 A.

2185. H. murinum	1 2 3 4	B J	I II III IV
H. secalinum			I II III

614. *Lolium.* 4 A.

2186. L. perenne	1 2 3 4	B J	I II III IV
2187. L. italicum	3 4	B	I

Uebersicht der Ordnungen, Gattungen etc. 1295

2188. * L. arvense	1		I II	IV
2189. L. temulentum	1 2 3 4	B J	I II III IV

615. Aegilops. 1 A.
2190. * A. ovata — 4

616. Nardus. 1 A.
2191. N. stricta — 1 2 3 4 | B J | I II III IV

ACOTYLEDONISCHE GEFÆSSPFLANZEN. *)
22 Gattungen, 56 Arten.

CXXV. Ordnung. Equisetaceae. 1 G. 9 A.

617. Equisetum. 9 A.
2192. E. arvense	1 2 3 4	B J	II
2193. E. Telmateja	1 2 3 4	B J	II
2194. E. sylvaticum	1 2 3 4	B J	II
2195. E. umbrosum	2 3	J	II
2196. E. palustre	1 2 3 4	B J	II
2197. E. limosum	1 2 3	B J	II
2198. E. ramosum	2 3	B J	II
2199. E. hyemale	1 2 3 4	B J	II
2200. E. variegatum	1 2 3	B J	II
E. trachyodon			II

CXXVI. Ordnung. Marsileaceae. 1 G. 1 A.

618. Salvinia. 1 A.
2201. S. natans	2 3	B J	II
Marsilea quadrifolia			II
Pilularia globulifera			II

CXXVII. Ordnung. Lycopodiaceae. 2 G. 9 A.

619. Lycopodium. 7 A.
2202. L. Selago	1 2 3 4	B J	II
2203. L. inundatum	1 2		II
2204. L. annotinum	1 2 3 4	B J	II

---

*) Aus Mangel an hinreichenden Quellen können wir bei der letzten Klasse der Gefässpflanzen den Vergleich unserer Flora nur mehr mit der von Baiern fortsetzen.

2205. L. alpinum | 2 3 | J | II
2206. L. Chamaecyparissus | 2 | | II
2207. L. complanatum | 2 3 4 | B J | II
2208. L. clavatum | 2 3 4 | B J | II

620. *Selaginella*. 2 A.
2209. S. spinulosa | 1 2 3 4 | B J | II
2210. S. helvetica | 1 2 3 4 | B J | II

CXXVIII. Ordnung. *Filices*. 18 G. 37 A.

621. *Botrychium*. 1 A.
2211. B. Lunaria | 1 2 3 4 | B J | II
 B. matricariaefolium | | | II
 B. rutaefolium | | | II

622. *Ophioglossum*. 1 A.
2212. O. vulgatum | 2 3 | B J | II

623. *Osmunda*. 1 A.
2213. * O. regalis | 4 | | II

624. *Grammitis*. 1 A.
2214. G. Ceterach | 1 3 4 | B | II

624. b. *Gymnogramma*. 1 A.
2214. b. G. leptophylla | 3 | B? | I

625. *Polypodium*. 5 A.
2215. P. vulgare | 1 2 3 4 | B J | II
2216. P. Phegopteris | 1 2 3 4 | B J | II
2217. P. Dryopteris | 1 2 3 4 | B J | II
2218. P. Robertianum | 1 2 3 4 | B J | II
2219. P. alpestre | 2 3 | B J | II

626. *Woodsia*. 1 A.
2220. W. hyperborea | 2 3 | B |

627. *Aspidium*. 2 A.
2221. A. Lonchitis | 1 2 3 4 | B J | II
2222. A. aculeatum | 1 2 3 4 | B J | II

628. *Polystichum*. 6 A.
2223. P. Thelypteris | 1 2 3 4 | B J | II
2224. P. Oreopteris | 1 2 3 4 | B J | II
2225. P. Filix mas | 1 2 3 4 | B J | II
2226. P. cristatum | 2 | | II
2227. P. spinulosum | 1 2 3 4 | B J | II
2228. P. rigidum | 1 2 3 4 | B | II

629. Cystopteris. 3 A.
2229. C. fragilis	1 2 3 4	B J	II
2230. C. regia	1 2 3 4	B J	II
2231. C. montana	1 2 3 4	J	

630. Asplenium. 8 A.
2232. A. filix foemina	1 2 3 4	B J	II
2233. A. Trichomanes	1 2 3 4	B J	II
2234. A. viride	1 2 3 4	B J	II
2235. A. Breynii	2 3 4	B J	II
2236. A. fissum	4		
2237. A. ruta muraria	1 2 3 4	B J	II
2238. A. septentrionale	2 3 4	B J	II
2239. A. adiantum nigrum	1 3 4	B	II
2239. b. A. acutum	1	B	

631. Scolopendrium. 1 A.
2240. S. officinarum	1 2 3 4	B	I II III IV

632. Blechnum. 1 A.
2241. B. Spicant	1 2 3 4	B J	II

633. Pteris. 1 A.
2242. P. aquilina	1 2 3 4	B J	II

634. Adiantum. 1 A.
2243. A. Capillus Veneris	3 4	B

635. Nothochlaena. 1 A.
2244. N. Marantae	3	B

636. Allosorus. 1 A.
2245. A. crispus	2 3 4	B J

637. Struthiopteris. 1 A.
2246. S. germanica	2 3 4	B J

Dicotyledonische Gefässpflanzen	494	Gattungen,	1773	Arten.
Monocotyledonische „	129	„	484	„
Phanerogamische	623	„	2257	
Cryptogamische	22	„	56	„
Summe der tirol. Gefässpflanzen	645	Gattungen,	2313	Arten.

TABELLE

der

Artenzahl der Klassen und Ordnungen der Floren von Deutschland, Schweiz, Baiern. Salzburg, Kärnthen und Tirol.

Die Rubrik: * Nachbarflora fasst die Floren der Schweiz, Baiern, Salzburg, Kärnthen und Tirol in eine gemeinschaftliche zusammen.

I. Dicotyledoneae.
a. Thalamiflorae.

	Deutschland	Nachbar-Flora*	Schweiz	Baiern	Salzburg	Kärnthen	Tirol	Gattungen in Tirol	Gattungen in Deutschland
1. Ranunculaceae	113	97	80	67	52	58	82	17	20
2. Berberideae	2	2	2	1	1	2	2	2	2
3. Nymphaeaceae	6	4	3	2	4	2	3	2	2
4. Papaveraceae	9	9	7	9	5	4	6	2	4
5. Fumariaceae	16	11	7	7	5	3	9	2	2
6. Cruciferae	192	154	121	102	66	73	114	35	51
7. Capparideae	1	1							1
8. Cistineae	9	8	7	5	2	2	6	1	2
9. Violarieae	28	26	19	17	15	15	20	2	2
10. Resedaceae	3	4	3	2	3	1	4	1	1
11. Droseraceae	5	5	4	4	4	4	5	3	3
12. Polygaleae	12	7	4	6	4	4	6	1	1
13. Sileneae	65	50	41	33	22	31	45	8	9
14. Alsineae	71	62	50	42	31	33	52	12	14
14.b. Elatineae	4	4	4	3	1		1	1	1
15. Lineae	16	8	4	7	3	4	5	1	2
16. Malvaceae	13	9	7	6	3	4	7	4	4
17. Tiliaceae	2	2	2	2	2	2	2	1	1
18. Hypericineae	12	10	10	7	6	5	8	2	2
19. Acerineae	5	5	4	4	3	2	4	1	1

20. Ampelideae	2	2	1	—	—	1	2	2
21. Hippocastaneae (Gepflanzt)	24	21	19	14	13	14	20	2
22. Geraniaceae	1	1	1	1	1	1	1	1
23. Balsamineae	3	3	3	2	3	1	3	1
24. Oxalideae	1	1	1	1	—	—	—	1
25. Rutaceae	5	2	2	1	—	—	2	2

b. Calyciflorae.

26. Celastrineae	4	4	3	3	4	2	4	2
27. Rhamneae	11	7	7	4	4	4	7	3
28. Terebintaceae	4	2	—	—	—	—	2	2
29. Papilionaceae	247	165	129	86	63	76	136	29
30. Caesalpineae	1	1	1	—	—	—	1	1
31. Amygdaleae	2	9	7	—	—	5	6	1
32. Rosaceae	9	72	61	50	42	36	39	11
33. Sanguisorbeae	86	8	8	7	6	8	8	3
34. Pomaceae	9	15	15	12	12	11	13	6
35. Granateae	17	1	—	—	—	—	—	1
36. Oenothereae	1	19	19	17	14	15	17	5
37. Haloragae	21	3	2	3	2	1	2	1
38. Hippurideae	3	1	1	1	1	1	1	1
39. Callitrichineae	1	5	5	4	4	2	3	1
40. Ceratophylleae	5	2	2	4	1	1	3	1
41. Lythrarieae	3	3	3	2	4	2	2	1
42. Tamariscineae	4	3	3	3	1	1	1	1
43. Philadelpheae	3	1	1	—	2	2	—	1
44. Myrtaceae	1	1	—	—	—	—	—	1
45. Cucurbitaceae	3	2	2	2	1	2	2	2

	Deutsch-land	Nachbar-Flora	Schweiz	Baiern	Salzburg	Kärnthen	Tirol	Gattungen in Tirol	Gattungen in Deutsch-land
46. Portulacaceae	2	2	2	2		1	2	2	2
47. Paronychieae	10	8	7	5	2	1	4	2	6
48. Sclerantheae	2	2	2	2	2	1	2	1	1
49. Crassulaceae	34	28	23	13	18	20	24	3	7
50. Cacteae	1	1					1	1	1
51. Ribesiaceae	5	5	5	4	5	5	5	1	1
52. Saxifrageae	50	46	32	24	24	30	38	3	3
53. Umbelliferae	170	122	96	71	43	47	99	54	69
54. Araliaceae	1	1	1	1	1	1	1	1	1
55. Corneae	3	2	2	2	2	2	2	1	1
56. Loranthaceae	3	2	1	1	1	1	1	1	2
57. Caprifoliaceae	16	14	14	12	11	11	14	5	5
58. Stellatae	39	32	32	22	19	19	25	3	6
59. Valerianeae	23	19	16	13	10	9	15	3	3
60. Dipsaceae	24	16	14	9	9	10	13	4	5
61. Compositae	423	330	278	218	173	194	269	64	90
62. Ambrosiaceae	3	3	2	1		1	2	1	1
63. Campanulaceae									
63. Lobeliaceae	1								1
63. Campanulaceae	51	45	32	21	21	29	36	5	7
64. Vaccinieae	5	4	4	4	4	4	4	1	1
65. Ericineae	17	11	10	9	9	10	11	6	8
66. Pyrolaceae	7	7	6	7	6	5	6	1	1
67. Monotropeae	1	1	1	1	1	1	1	1	1

1303

c. Corolliflorae.									
68. Aquifoliaceae	1	1	1	1	1	–	1	1	1
69. Oleaceae	6	6	5	2	1	4	6	5	5
70. Jasmineae	1	1	1	–	–	–	1	1	1
71. Asclepiadeae	3	1	1	1	1	1	1	1	1
72. Apocyneae	5	3	2	1	1	1	3	2	3
73. Gentianeae	42	38	30	22	24	30	32	7	8
74. Polemoniaceae	1	–	–	1	1	–	1	1	1
75. Convolvulaceae	11	9	6	5	5	5	9	2	2
76. Boragineae	50	40	32	27	18	23	34	14	17
77. Solaneae	13	9	9	7	3	5	9	5	7
78. Verbasceae	34	25	19	13	10	10	19	2	2
79. Antirrhineae	66	52	46	44	22	34	41	8	11
80. Orobancheae	25	23	13	16	13	8	17	2	2
81. Rhinanthaceae	42	38	30	23	24	25	33	6	7
82. Labiatae	110	84	76	64	49	50	74	30	36
83. Verbenaceae	2	1	1	1	1	1	1	–	2
84. Acanthaceae	2	–	–	–	–	–	–	1	1
85. Lentibularieae	7	7	7	5	4	5	5	2	2
86. Primulaceae	59	53	41	30	27	29	47	12	13
87. Globularieae	3	3	3	3	3	3	3	1	1
88. Plumbagineae	11	4	2	2	1	1	1	1	2
88. Plantagineae	18	13	9	7	5	5	11	2	2
d. Monochlamydeae.									
89. Amarantaceae	5	4	4	3	1	1	4	1	1
90. Phytolacceae	1	1	1	–	–	–	1	1	1
91. Chenopodeae	44	25	17	21	10	8	17	5	13
92. Polygoneae	37	33	28	28	23	25	29	3	3

	Deutsch-land	Nachbar-Flora	Schweiz	Baiern	Salzburg	Kärnthen	Tirol	Gattungen in Tirol	Gattungen in Deutsch-land
93. Thymeleae	10	7	6	5	2	3	8	2	2
94. Laurineae	1	1	1				1	1	1
95. Santalaceae	12	5	5	5	4	3	5	1	2
96. Elaeagneae	2	1	1	1	1	1	1	1	2
Cytineae	1								1
97. Aristolochieae	4	4	4	2	2	2	3	2	2
98. Empetreae	1	1	1	1	1	1	1	1	1
99. Euphorbiaceae	38	25	17	16	11	11	21	3	4
100. Urticeae	13	12	8	7	6	4	12	8	8
101. Juglandeae	1	1	1			1	1	1	1
102. Cupuliferae	14	10	10	5	5	6	10	6	6
103. Salicineae	50	43	34	33	25	28	38	2	2
104. Betulineae	9	8	7	7	7	6	7	2	2
Myriceae	1								1
105. Coniferae	18	15	13	9	10	10	14	5	5

II. Monocotyledoneae.

106. Hydrocharideae	4	2	2	1			2	2	4
107. Alismaceae	5	4	3	2	1	2	3	2	2
108. Butomeae	1	1	1	1			1	1	1

109.	Juncagineae	3	3	2	3	2	1	2	2	2
110.	Potameae .	26	20	15	17	11	9	15	2	3
111.	Najadeae .	5	2	2	2	—	1	2	1	2
112.	Lemnaceae	5	4	4	4	4	3	3	1	1
113.	Typhaceae	7	7	7	6	6	4	6	2	2
114.	Aroideae	5	4	3	3	3	3	4	3	3
115.	Orchideae	61	54	51	47	40	31	53	22	23
116.	Irideae . .	24	13	8	5	4	4	11	3	4
117.	Amaryllideae	11	7	5	4	3	4	6	3	4
118.	Asparageae	15	11	9	8	7	8	11	6	7
119.	Dioscoreae	1	1	1	—	—	—	1	1	1
120.	Liliaceae .	70	49	38	30	16	25	42	14	16
121.	Colchicaceae	8	6	6	3	4	4	5	3	4
122.	Juncaceae .	43	37	33	32	25	24	33	2	2
123.	Cyperaceae	159	140	125	105	98	89	121	11	11
124.	Gramineae	245	182	149	126	103	89	161	48	63

III. Acotyledoneae.

125.	Equisetaceae .	10			10			9	1	1
126.	Marsileaceae .	4			3			1	1	4
127.	Lycopodiaceae	9			9			9	2	2
128.	Filices	41			30			37	18	18

	Deutschland	Nachbar-Flora	Schweiz	Baiern	Salzburg	Kärnthen	Tirol	Gattungen in Tirol	Gattungen in Deutschland
I. Dicotyledonische Gefässpflanzen:									
a. Thalamiflorae	620	507	405	345	249	266	408	107	133
b. Calyciflorae	1326	1021	845	644	521	569	843	236	305
c. Corolliflorae	512	412	331	275	216	241	349	106	126
d. Monochlamideae	262	196	158	143	108	110	173	45	58
Zusammen	2720	2136	1739	1407	1094	1186	1773	494	622
II. Monocotyledonische Gefässpflanzen:	698	547	464	399	327	301	484	129	154
III. Acotyledonische Gefässpflanzen:	64			52			56	22	25
Phanerogamische Gefässpflanzen:	3418	2683	2203	1806	1421	1487	2257	623	776
Summe der Gefässpflanzen	3482			1858			2313	645	803

TABELLE

der

Artenzahl der Klassen und Ordnungen der Flora Tirols, und der einzelnen Kreise des Landes.

I. Klasse. Dicotyledonische Gefässpflanzen.
a. Thalamiflorae.

	Tirol	Vorarlberg	Nordtirol	Deutsches Südtirol	Welschtirol	gemeinschaftl. Arten der 4 Kreise	Innsbruck	Bozen	Die 2 nördlichen Kreise	Die 2 südlichen Kreise
1. Ranunculaceae	82	33	56	67	66	27	40	59	58	80
2. Berberideae	2	1	1	1	2	1	1	1	1	2
3. Nymphaeaceae	3	2	3	2	2	2	2	2	3	2
4. Papaveraceae	6	3	5	6	5	3	5	5	5	6
5. Fumariaceae	9	2	3	7	6	1	2	6	3	9
6. Cruciferae	114	47	70	89	91	35	55	73	77	109
7. Capparideae	1			1	1			1		1
8. Cistineae	6	2	2	5	6	2	2	5	2	6
9. Violarieae	20	7	10	17	15	5	9	16	11	19
10. Resedaceae	4	1	1	3	2	1	1	2	1	4
11. Droseraceae	5	5	3	4	4	3	3	4	5	5
12. Polygaleae	6	5	4	4	4	4	4	4	5	5
13. Sileneae	45	17	19	41	38	12	18	36	24	44
14. Alsineae	52	22	33	41	43	22	25	35	33	49
14.b. Elatineae	1	1							1	
15. Lineae	5	1	1	4	5	1	1	3	1	5
16. Malvaceae	7	3	3	7	5	3	2	6	3	7
17. Tiliaceae	2	1	2	2	2	1	1	2	2	2

1309

18. Hypericineae	8	5	6	5	8	5	6	4	6	8
19. Acerineae	4	3	1	3	4	1	1	3	3	4
20. Ampelideae	2	.	.	2	2	.	.	2	.	2
21. Hippocastaneae	20	9	14	17	16	8	12	17	14	19
22. Geraniaceae	1	1	1	1	1	1	1	1	1	1
23. Balsamineae	3	1	2	2	2	1	2	2	2	3
24. Oxalideae	.	.	.	.	.	.	.	.	.	.
25. Zygophylleae / Rutaceae	2	.	.	2	2	.	.	2	.	2

b. Calyciflorae.

26. Celastrineae	4	3	2	4	3	2	2	2	3	4
27. Rhamneae	7	3	4	5	6	3	4	5	4	6
28. Terebinthaceae	2	.	.	2	2	.	.	2	.	2
29. Papilionaceae	136	49	66	107	108	40	55	99	71	130
30. Caesalpineae	1	.	.	.	1	.	.	.	.	1
31. Amygdaleae	6	3	4	6	5	3	3	6	4	6
32. Rosaceae	59	30	46	51	46	26	38	45	50	54
33. Sanguisorbeae	8	6	8	8	6	4	6	6	8	8
34. Pomaceae	13	8	11	13	11	7	6	13	11	13
35. Granateae	1	.	.	1	1	.	.	1	.	1
36. Oenothereae	17	15	14	14	16	11	12	14	17	16
37. Halorageae	2	2	2	2	2	2	.	2	2	2
38. Hippurideae	1	1	1	1	1	1	1	1	1	1
39. Callitrichineae	3	2	3	2	2	1	1	2	3	3
40. Ceratophylleae	2	2	.	2	2	.	.	2	2	2
41. Lythrarieae	2	1	2	2	2	1	1	2	2	2
42. Tamariscineae	1	1	1	1	1	1	1	1	1	1
43. Philadelpheae	1	.	.	1	1	.	.	1	.	1

1310

	Tirol	Vorarlberg	Nordtirol	Deutsches Südtirol	Welschtirol	gemeinschaftl. Arten der 4 Kreise	Innsbruck	Bozen	Die 2 nörd- lichen Kreise	Die 2 südli- chen Kreise
44. Myrtaceae										
45. Cucurbitaceae	2		1	2	1		1	1	1	2
46. Portulaceae	2		2	2	2		2	2	2	2
47. Paronychieae	4	1	2	3	1		1	1	2	3
48. Scleriantheae	2	1	1	2	1	1	1	2	1	2
49. Crassulaceae	24	8	15	19	19	7	10	16	16	24
50. Cacteae	1			1	1			1		1
51. Ribesiaceae	5	2	3	5	3	1	2	5	4	5
52. Saxifrageae	38	14	23	30	29	11	19	21	24	36
53. Umbelliferae	90	33	43	72	78	25	36	62	50	95
54. Araliaceae	1	1	1	1	1	1	1	1	1	1
55. Corneae	2	1	2	2	2	1	2	2	2	2
56. Loranthaceae	1		1	1	1		1	1	1	1
57. Caprifoliaceae	14	10	12	13	12	9	12	13	13	14
58. Stellatae	25	15	17	21	21	12	16	22	18	23
59. Valerianeae	15	9	12	15	12	9	10	13	12	14
60. Dipsaceae	13	7	7	11	11	7	7	9	7	13
61. Compositae	269	139	173	229	206	107	137	195	188	251
62. Ambrosiaceae	2		1	1			1	1	1	1
63. Campanulaceae	36	16	19	29	34	13	16	26	21	36

1311

64.	Vaccinieae	4	4	4	4	4	3	4	4	4
65.	Ericineae	11	8	10	10	11	8	11	10	11
66.	Pyrolaceae	6	5	6	6	6	7	7	6	6
67.	Monotropeae	1	—	1	1	1	1	1	1	1

c. Corolliflorae.

68.	Aquifoliaceae	1	1	1	1	1	—	1	1	1
69.	Oleaceae	6	2	3	5	6	2	3	5	6
70.	Jasmineae	1	—	—	1	1	—	1	1	1
71.	Asclepiadeae	1	1	1	1	1	1	1	1	1
72.	Apocyneae	3	1	1	2	2	1	1	1	3
73.	Gentianeae	32	24	25	28	27	18	19	25	31
74.	Polemoniaceae	1	—	1	1	—	—	—	1	1
75.	Convolvulaceae	9	4	6	6	6	4	4	6	8
76.	Boragineae	34	11	20	27	27	11	16	26	34
77.	Solaneae	9	5	5	9	7	5	4	9	9
78.	Verbasceae	19	5	9	13	16	4	7	12	17
79.	Antirrhineae	41	26	27	36	33	20	24	33	38
80.	Orobancheae	17	6	10	10	8	3	9	7	13
81.	Rhinanthaceae	33	18	22	27	30	17	22	24	31
82.	Labiatae	74	38	44	67	61	34	40	61	72
83.	Verbenaceae	1	1	1	1	1	1	1	1	1
	Acanthaceae	—	—	—	—	—	—	—	—	—
84.	Lentibularieae	5	5	5	5	3	3	5	5	5
85.	Primulaceae	47	19	24	34	35	14	18	27	42
86.	Globularieae	3	2	3	3	3	2	3	3	3
87.	Plumbagineae	1	—	—	1	1	—	—	1	1
88.	Plantagineae	11	6	6	10	9	4	7	7	11

1312

	Tirol	Vorarlberg	Nordtirol	Deutsches Südtirol	Welschtirol	gemeinschaftl. Arten der 4 Kreise	Innsbruck	Bozen	Die 2 nördlichen Kreise	Die 2 südlichen Kreise
d. Monochlamydeae.										
89. Amarantaceae	4	—	3	4	2	—	—	4	—	4
90. Phytolacceae	1	1	—	—	1	1	—	1	—	1
91. Chenopodeae	17	6	11	14	14	5	9	12	12	16
92. Polygoneae	29	23	22	25	24	20	19	24	24	26
93. Thymeleae	8	3	3	3	8	3	3	3	3	8
94. Laurineae	1	—	—	1	1	—	—	1	—	1
95. Santalaceae	5	4	3	3	4	1	3	3	4	5
96. Elaeagneae	1	1	1	1	1	1	1	1	1	1
Cytineae	—	—	—	—	—	—	—	—	—	—
97. Aristolochieae	3	1	1	2	3	1	1	2	1	3
98. Empetreae	1	1	1	1	1	1	1	1	1	1
99. Euphorbiaceae	21	10	8	14	19	5	7	12	11	19
100. Urticeae	12	5	5	11	9	4	5	11	5	12
101. Juglandeae	1	—	1	1	1	—	1	1	1	1
102. Cupuliferae	10	5	4	8	10	4	3	7	5	10
103. Salicineae	38	21	29	32	25	17	23	27	30	36
104. Betulineae	7	6	6	6	5	4	5	5	6	6
Myriceae	—	—	—	—	—	—	—	—	—	—
105. Coniferae	14	8	10	13	12	8	10	13	11	13

II. Klasse.
Monocotyledonische Gefässpflanzen.

Nr.	Familie										
106.	Hydrocharideae	2	–	1	–	–	2	1	–	–	2
107.	Alismaceae	3	2	2	1	1	1	2	1	2	2
108.	Butomeae	1	–	1	–	–	1	1	–	–	1
109.	Juncagineae	2	1	2	1	1	1	2	2	2	2
110.	Potameae	15	9	10	5	5	10	12	8	10	14
111.	Najadeae	2	–	–	1	1	2	1	–	–	2
112.	Lemnaceae	3	3	3	4	2	3	2	1	3	3
113.	Typhaceae	6	5	6	–	–	3	6	5	6	6
114.	Aroideae	4	2	–	–	–	2	2	3	3	4
115.	Orchideae	53	39	39	36	32	44	41	43	47	48
116.	Irideae	11	4	9	1	1	8	9	1	4	11
117.	Amaryllideae	6	4	5	2	1	3	6	2	4	6
118.	Asparageae	11	7	9	7	7	11	10	8	8	11
119.	Dioscoreae	1	–	1	–	–	1	1	–	–	1
120.	Liliaceae	42	13	25	11	10	27	32	18	23	33
121.	Colchicaceae	5	3	4	4	3	4	4	4	4	5
122.	Juncaceae	33	26	28	20	22	26	30	27	29	31
123.	Cyperaceae	121	82	96	67	51	83	102	86	101	111
124.	Gramineae	161	91	128	73	72	137	134	98	108	154

III. Klasse.
Acotyledonische Gefässpflanzen.

Nr.	Familie										
125.	Equisetaceae	9	7	8	9	4	4	9	9	9	9
126.	Marsileaceae	1	–	1	–	–	–	1	1	1	1
127.	Lycopodiaceae	9	5	7	7	4	6	7	9	9	8
128.	Filices	36	24	32	25	22	31	33	30	32	35

	Tirol	Vorarlberg	Nordtirol	Deutsches Südtirol	Welschtirol	gemeinschaftl. Arten der 4 Kreise	Innsbruck	Bozen	Die 2 nörd- lichen Kreise	Die 2 süd- lichen Kreise
I. Dicotyledonische Gefässpflanzen:										
a. Thalamiflorae	408	172	241	333	332	139	193	291	261	394
b. Calyciflorae	843	400	520	702	672	322	423	621	565	801
c. Corolliflorae	349	175	214	288	278	145	181	235	236	329
d. Monochlamydeae	173	95	108	140	140	75	94	128	118	163
Zusammen	1773	842	1083	1463	1422	681	891	1295	1180	1667
II. Monocotyledonische Gefässpflanzen:	384	291	307	399	370	209	233	369	354	438
III. Acotyledonische Gefässpflanzen:	56	36	49	51	41	30	43	48	51	54
Phanerogamische Gefässpflanzen:	2257	1133	1390	1862	1792	890	1124	1664	1534	2125
Summe der *Gefässpflanzen*	2313	1169	1439	1913	1833	920	1167	1714	1585	2179

Zusammenstellung einiger Floren des südlichen Deutschlands.

Land	Gewährsmann	Flächenraum □Meilen	Phanerogamische Gefässpflanzen	Cryptogamische Gefässpflanzen	Zusammen
Deutschland	Koch synopsis 2.	12000	3418	64	3482
Sachsen *)	Reichenbach	970	1577	—	—
Baiern	Schnitzlein	1390	1806	52	1858
Schweiz	Moritzi, Koch	740	2203	—	—
Tirol	Hausmann	526	2257	56	2313
Steyermark	Maly	399	1896	45	1941
Niederösterreich	Neilreich	361	1669	42	1711
Würtemberg	v. Mohl	354	1265	—	—
Salzburg – Kärnthen	Hinterhuber u. Pacher	320	1715	—	—
Kärnthen	Pacher	190	1487	—	—
Salzburg	Hinterhuber	130	1421	—	—
Wiener – Becken	Neilreich	130	1614	38	1652
Wien	Neilreich	32	1374	23	1397
Würzburg	Schenk	35	1067	—	—
München	Schenk	35	1200	—	—
Bodenseegegend	Hölle	23½ **)	1138	25	1163

*) Das Königreich, dann die sächsischen Länder und die Provinz Sachsen (Preussen). Die Arten sind nach Koch's Begränzung reducirt.
**) Mit Einschluss des Bodensees (9½ □M.) 33 □Meilen.

Verhältniss der Artenzahl zum Flächenraume.

	Flächenmaass ☐Meilen	Phanerogamische Gefässpflanzen	Cryptogamische Gefässpflanzen	Zusammen	Zählt auf der ☐Meile Arten	Es fehlen von der Gesammtzahl der Arten dem Gebiethe	Verhältniss zur Gesammtzahl
Tirol	526	2257	56	2313	4.4	—	1.00
Vorarlberg	46.6	1133	36	1169	25.4	1142	0.50
Nordtirol	193.4	1390	49	1439	7.5	872	0.66
Deutsches Südtirol	172.7	1862	51	1913	11.1	399	0.827
Welschtirol	113.7	1792	41	1833	16.2	480	0.79
Bozen	31.5	1664	48	1714	55.2	599	0.74
Innsbruck mit Hall	37.4	1124	43	1167	31.5	1144	0.50
Die 2 nördlichen Kreise	240	1534	51	1585	6.6	725	0.68
Die 2 südlichen Kreise	286	2123	56	2179	7.6	134	0.94

Aus den vorangeschickten Tabellen*) wollen wir nun dem Leser einige kurze pflanzengeographische Betrachtungen zusammenfassen, und zwar zunächst solche, die auf Zahlen gestützt geeignet sind, die Reichhaltigkeit der Flora Tirols im Vergleiche zu der von ganz Deutschland und zu den Nachbarländern im Norden, Westen und Osten ins gehörige Licht zu stellen.

Einen Vergleich unserer Flora mit der des Lombardisch-Venetianischen Königreiches wird vielleicht mancher ungerne vermissen; allein wir glauben, dass ein solcher schon überhaupt nicht dasselbe Interesse bieten würde, da die Alpenflora beider Länder nahezu dieselbe — von einer Flora der Lagunen und des Meerstrandes aber ohnehin hätte Umgang genommen werden müssen, und bei dem Umstande, dass umfassende Daten für eine Flora des besagten Königreiches noch ins Reich der Wünsche gehören, der Versuch jedenfalls ein mangelhafter hätte werden müssen. Welche Pflanzen aber in Tirol ihre nördlichste Verbreitung finden — also italischen Ursprungs sind, werden im Verlaufe dieser Zeilen ersichtlich gemacht. — Wir beginnen mit dem deutschen Gesammt-Vaterlande.

Die Flora von Deutschland — die Flora von Tirol.

Das Gebieth der Flora von Deutschland, wie es in Koch's Synopsis begränzt ist, umfasst ausser den deutschen Bundesstaaten noch die Provinz Preussen, die ganze Schweiz und die Istrien nahen Inseln Cherso, Veglia und Osero, somit einen Flächenraum von über 12000 ☐Meilen. Auf diesem vasten Gebiethe gibt Koch 3482 Arten wildwachsender Gefässpflanzen auf 803 Gattungen vertheilt an. Die Zahl der Ordnungen ist 134, wovon in Tirol nur 6 nicht durch Arten vertreten sind, und zwar die Ordnungen der *Zygophylleen, Myrtaceen,* **) *Lobeliaceen, Acanthaceen, Cytineen* und *Myriceen.* Von

---

*) Da noch während des Druckes der Tabellen hie und da Einschaltungen stattfanden, so möge sich der Leser nicht daran stossen, wenn ihm vielleicht in ein paar Fällen die Zahlen — um eine Einheit — nicht übereinstimmen. Auf das Ganze übt das keinen Einfluss.

**) Aus dieser Ordnung gedeiht bei Bozen die gemeine Myrte noch sehr gut im Freien, was weiter nördlich wohl nicht mehr der Fall ist.

diesen 6 Ordnungen kommen jedoch nur 3 im eigentlichen Deutschland vor, nämlich die *Lobeliaceen, Myriceen* und *Acanthaceen* und zwar jede mit nur einer Art, 2 gehören dem zwar politisch zu Deutschland gehörigen, aber einer fremden Flora angehörigen Istrien, die 6te endlich, die der *Cytineen*, gehört den Inseln Osera und Veglia. — Dagegen weist Tirol Arten aus 6 Ordnungen auf, die im eigentlichen Deutschland nicht vertreten sind, nämlich die der *Caesalpineen, Granateen, Cacteen, Capparideen, Jasmineen* u. *Phytolacceen*, jede mit einer Art, wovon die der 3 ersteren nun als wirklich einheimisch zu betrachten sind und massenweise — die der 3 letzteren aber nur verwildert vorkommen.

Von den 803 deutschen Gattungen kommen in Tirol 643 vor. Folgende sind die fehlenden (die mit * bezeichneten enthalten nur Strand- oder Meerpflanzen):

Myosurus. Nigella. Cimicifuga. Glaucium. Hypecoum. Syrenia (ist überhaupt als deutsche Art zweifelhaft). *Vesicaria. Subularia. Peltaria. Teesdalia. Iberis. Seneblera. Euclidium. Myagrum. Calepina.* *Cakile. Crambe. Drypis. Buffonia.* * *Halianthus. Ulex. Ornithopus. Amygdalus. Trapa. Corrigiola. Illecebrum. Polycarpon. Tillaea. Bulliarda. Crassula. Hacquetia. Ammi. Sium. Cnidium. Conioselinum. Ostericum. Archangelica. Crucianella. Rubia. Galatella. Telekia. Helichrysum. Cotula. Santolina. Ligularia. Xeranthemum. Arnoseris. Thrincia. Helminthia. Podospermum. Galasia. Lobelia. Edrajanthus. Wahlenbergia. Ledum. Cicendia. Heliotropium. Omphalodes. Nonnea. Scopolina. Anarrhinum. Wulfenia. Lindernia. Elsholzia. Sideritis. Chaiturus. Phlomis. Vitex* (Triest). *Acanthus. Glaux. *Schoberia. Salsola. Salicornia. Corispermum. Eurotia. *Halimus. Myrica. Udora. Stratiotes. *Ruppia. *Zostera. Aceras. Endymion. Narthecium. Crypsis. Chamagrostis. Lagurus. *Psamma. Corynephorus. Gaudinia. *Lepturus. Pilularia. Marsilea. Isoetes.* (Nachbezeichnete derselben kommen in Istrien, den nahen Inseln und im Küstenlande oder in der nicht deutschen Schweiz — also nicht im eigentlichen Deutschland vor.) *Malcolmia. Hugueninia* (Wallis). *Lobularia. Clypeola. Lupinus. Scorpiurus. Securigera. Ceratonia. *Tamarix. Myrtus. Ecballion. Paronychia. Umbilicus. Sion* (Genf). *Bunium. *Crithmum. Anethum. Physocaulus. Biasolettia. *Echinophora. Smyrnium. Vaillantia. Cephalaria. Micropus. Evax. Asteriscus. Picnomon. Tyrimnus. Staehelina. Crupina. Arnoseris. Rhagadiolus. Hyoseris. Hedypnois. Urospermum. Picridium. Zazyntha. Pterotheca. Arbutus. *Apocynum. Lycium. Trixago. Micromeria. Prasium. Plumbago. Camphorosma. Thelygonum. Osyris. Elaeagnus. Cytinus. Andrachne. Trichonema. Sternbergia. Smilax. Bulbocodium* (Wallis). *Erianthus.*

Imperata. **Spartina.* *Polypogon.* *Gastridium.* **Ampelodesmos.* *Echinaria.* *Lamarkia.* **Psilurus.*

Der Flächenraum des Landes Tirol ist in dem von Deutschland nahezu an 23mal enthalten, während sich die Zahl der Arten in Tirol zu der von ganz Deutschland wie 2 zu 3 — die der Gattungen wie 4 zu 5 verhält. Wir lassen von den artenreicheren Ordnungen jene folgen, wo dieses Normalverhältniss beider Floren zu einander gestört ist. Die Zahl der deutschen Gattungen und Arten einer Ordnung ist als Einheit angenommen.

	Gattungen	Arten		Gattungen	Arten
Ranunculaceae	0.85	0.72	Orobancheae	1	0.68
Cruciferae	0.68	0.59	Labiatae	0.83	0.67
Sileneae	0.88	0.69	Primulaceae	0.92	0.79
Alsineae	0.85	0.73	Plantagineae	1	0.61
Rhamneae	1	0.63	Chenopodeae	0.38	0.38
Papilionaceae	0.85	0.55	Polygoneae	1	0.78
Rosaceae	1	0.68	Thymeleae	1	0.7
Pomaceae	1	0.76	Santalaceae	0.5	0.41
Oenothereae	0.8	0.81	Euphorbiaceae	0.75	0.57
Paronychieae	0.33	0.4	Urticeae	1	0.92
Crassulaceae	0.34	0.7	Cupuliferae	1	0.71
Saxifrageae	1	0.76	Salicineae	1	0.76
Umbelliferae	0.78	0.58	Coniferae	1	0.77
Caprifoliaceae	1	0.97	Potameae	0.66	0.57
Stellatae	0.5	0.64	Orchideae	0.91	0.86
Valerianeae	1	0.65	Irideae	0.75	0.45
Dipsaceae	0.8	0.54	Amaryllideae	0.75	0.54
Compositae	0.71	0.63	Asparageae	0.85	0.73
Campanulaceae	0.71	0.7	Liliaceae	0.87	0.6
Ericineae	0.75	0.64	Colchicaceae	0.75	0.62
Oleaceae	1	1	Juncaceae	1	0.76
Gentianeae	0.87	0.76	Cyperaceae	1	0.7
Convolvulaceae	1	0.82	Gramineae	0.76	0.66
Boragineae	0.82	0.68	Equisetaceae	1	0.9
Solaneae	0.71	0.69	Lycopodiaceae	1	1
Antirrhineae	0.72	0.59	Filices	1	0.9
Rhinanthaceae	0.58	0.78			

Man sieht aus Obigem, dass nur von 2 Ordnungen in Tirol alle deutschen Arten vorkommen, nämlich von den *Lycopodiaceen* und *Oleaceen*. Diesen zunächst stehen die *Equisetaceen,* wovon Tirol 9 Arten, oder wenn man mit Döll annimmt, wie wohl ganz richtig, dass Equisetum trachyodon A. Br. nur Abart, auch alle Arten aufweiset; ferner die *Urticaceen* und *Filices*. Am schwächsten sind dagegen in Tirol die *Chenopodeen* vertreten, wie wohl klar, da diese Familie grossentheils Strand- und Salinenpflanzen enthält. Auffallend dagegen ist, dass gerade die *Gramineen, Papilionaceen, Umbelliferen* und *Compositen*, die wie bekannt an Arten und Gattungen gegen Süden zunehmen und somit eben eine südliche Flora charekterisiren, in Tirol unter dem angedeuteten Zahlenverhältnisse stehen. Es erklärt sich nur daraus, dass in die Flora Deutschlands heterogene Florengebiethe aufgenommen sind, die den eben angeführten Ordnungen eine verhältnissmässig grosse Anzahl von Gattungen und Arten zuführen (den Umbelliferen 8 Gattungen und 23 Arten, den Papilionaceen 3 Gattungen und 60 Arten, den Compositeen 15 Gattungen und 64 Arten, den Gramineen 9 Gattungen und 35 Arten). Wollte man das Gebieth der Flora Deutschlands auf die Sprachgränze beschränken, und von den österreichischen Provinzen nur jene hinzufügen, wo das deutsche Element das vorherrschende ist, so würde sich die Zahl der deutschen Arten auf 3061 vermindern und das Verhältniss der Artenzahl des kleinen Tirol wäre dann zu jener Deutschlands 3:4. In Deutschland kommen auf jede Gattung der Gefässpflanzen $4^3/_{10}$ — in Tirol $3^5/_{10}$ Arten.

Nachstehende Arten aus der Flora Tirols bedingen ihren eigenthümlichen Charakter. Es sind meist solche, die in Tirol die Gränze ihrer Verbreitung von Westen, Süden oder Osten her erreichen. Andere an Zahl geringe, wenn auch nur verwildert, zeugen von dem südlichen Klima, das ihr Gedeihen bedingt, wieder andere treten in Tirol nur Oasenartig auf, nachdem sie grosse Gebiethe übersprungen — sie sind meist nordischer Abkunft.*) Viele davon aber haben für das eigentliche Deutschland bisher ihren einzigen Standort in Tirol,**) oder einen solchen nur mit Krain gemein. Um specifische Tirolerarten zu beherbergen, dazu ist das Land zu klein und gegen seine Nachbarländer zu wenig abgeschlossen. Ihre Zahl kann daher nur eine sehr geringe sein — wir haben sie mit * bezeichnet, bemerken aber dabei, dass ein Paar derselben uns nur als Formen gelten.

Thalictrum elatum. Anemone trifolia. Ranunculus crenatus. R. anemonoides. R. Seguieri. R. parnassifolius. *R. pygmaeus.* Aconitum Anthora. Paeonia peregrina. Epimedium alpinum. Corydalis ochroleuca. *C. acaulis. C. capnoides. Matthiola varia. Arabis saxatilis. A. muralis. Cardamine asarifolia.* Dentaria trifolia. Braya alpina. Alyssum

---

*) z. B. Ranunculus pigmaeus. Oxytropis lapponica. Alsine biflora. Potentilla nivea.

**) Sie sind mit cursiven Lettern gedruckt und grösstentheils südlichen Ursprunges.

Wulfenianum. *Farsetia clypeata.* *Cochlearia brevicaulis.
Thlaspi praecox. T. cepeaefolium. *Capsella pauciflora.
Capparis spinosa. Viola pinnata. *V. heterophylla.* Aldrovanda vesiculosa. Polygala nicaeensis. *Silene italica.* Lychnis alpina. L. Coronaria. *L. Flos Jovis. Alsine biflora. A. rostrata.* Moehringia Ponae. *Arenaria Arduini.* Stellaria Frieseana. Moenchia montica. Cerastium sylvaticum. C. tomentosum. Malva fastigiata. Hybiscus Trionum. *Androsaemum officinale. Hypericum Coris. Ampelopsis hederacea.* Geranium macrorrhyzum. G. argenteum. G. nodosum. G. divaricatum. *Zizyphus vulgaris.* Paliurus aculeatus. *Pistacia Terebinthus.* Rhus Cotinus. Spartium junceum. Cytisus argenteus. C. purpureus. C. radiatus. Ononis Natrix. *Ononis rotundifolia. Medicago Gerardi.* Medicago orbicularis. Trigonella monspeliaca. Trifolium scabrum. T. alpinum. *T. nigrescens. Bonjeanea hirsuta. Oxytropis lapponica.* Astragalus leontinus. A. purpureus. A. vesicarius. A. depressus. A. monspessulanus. A. exscapus. *Coronilla minima. C. scorpioides.* Vicia oroboides. V. cordata. V. peregrina. *Lathyrus sphaericus. L. setifolius. L. latifolius.* Orobus variegatus. *Cercis Siliquastrum.* Geum inclinatum. Potentilla norvegica. *P. nivea.* P. frigida. Aremonia agrimonioides. Rosa resinosa. *Alchemilla pentaphyllea. Punica Granatum. Epilobium Fleischeri. Telephium Imperati. Herniaria alpina. Sedum Anacampseros. S. Cepaea.* *Sempervivum arenarium. *Opuntia vulgaris.* Saxifraga crustata. *S. Vandellii.* S. patens. S. tenella. **S. Facchinii. S. Seguieri.* S. Rudolphiana. S. Kochii. S. petraea. **S. arachnoidea.* S. cernua. Eryngium amethystinum. *Ptychotis heterophylla. Petroselinum sativum.* Bupleurum aristatum. B. stellatum. Aethusa cynapioides. Foeniculum officinale. Seseli Gouani. S. varium. *S. tortuosum.* Ferulago galbanifera. *Trochiscanthes nodiflorus.* Peucedanum rablense. *P. venetum.* P. Schottii. *Pastinaca opaca. Laserpitium nitidum. L. Gaudini.* Chaerophyllum aromaticum. Molopospermum cicutarium. Malabaila Hacquetii. Bifora radians. Galium pedemontanum. *G. purpureum.* G. lucidum. *G. rubrum.* G. aristatum. Valeriana elongata. Succisa australis. Scabiosa gramuntia. **S. vestina. Buphthalmum speciosissimum.* Inula ensifolia. Galinsoga parviflora. *Bidens bipinnata.* Gnaphalium Hoppeanum. Artemisia camphorata. *A. lanata. A. nana. Achillea hybrida. A. nana. A. tomentosa.* Senecio incanus. Cirsium anglicum. **C. flavescens. C. ambiguum.* C. subalpinum. *C. Cervini.* Carlina nebrodensis. Saussurea discolor. S. pygmaea. Serratula Rhaponticum. Kentrophyllum lanatum. Centaurea amara. C. nervosa. C. Kotschyana. C. sordida. Scorzonera aristata. Taraxacum Pacheri. *Crepis jubata.* Xanthium spinosum. *Phyteuma humile.* P. comosum. *Campanula Morettiana. C. Raineri. C. petraea. C. cenisia.* Adenophora suaveolens. *Erica arborea. Olea europaea. Jasminum of-*

ficinale. Phyllirea media. Nerium Oleander. Vinca major. Lomatogonium carinthiacum. Gentiana purpurea. G. imbricata. G. pumila. G. nana. Convolvulus cantabrica. *Cuscuta planiflora. Cynoglossum pictum.* Anchusa italica. Onosma stellulatum. Echium italicum. *Lithospermum graminifolium. Verbascum montanum.* Linaria italica. Erinus alpinus. Paedarota Ageria. *Pedicularis fasciculata.* P. acaulis. *P. comosa. Euphrasia tricuspidata.* Lavandula vera. *Rosmarinus officinalis.* Satureja montana. S. hortensis. Hyssopus officinalis. Nepeta nuda. Dracocephalum Ruyschiana. D. austriacum. Lamium Orvala. Betonica hirsuta. Androsace helvetica. *A. imbricata. A. Heerii. *A. Hausmanni. Aretia Vitaliana. *Primula pubescens.* P. venusta. *P. integrifolia.* P. carniolica. *P. Allionii.* Plantago Victorialis. P. serpentina. *Amarantus hypochondriacus. Phytolacca decandra.* Blitum virgatum. Rumex nivalis. *Polygonum alpinum. Daphne glandulosa.* D. alpina. *Daphne petraea. Laurus nobilis.* Euphorbia angulata. E. carniolica. E. saxatilis. E. nicaeensis. E. Lathyris. Mercurialis ovata. *Cannabis sativa. Ficus carica.* Celtis australis. *Quercus Ilex.* Salix Seringeana. S. salviaefolia. *S. Hegetschweileri. S. glauca. S. caesia. Ephedra distachya. Cupressus sempervirens. Pinus uncinata. P. Pinea. Vallisneria spiralis.* Potamogeton marinus. Arum italicum. Orchis Simia. O. Spitzelii. O. variegata. Serapias Pseudocordigera. Limodorum abortivum. *Crocus sativus. Iris pallida.* I. pumila. *Agave americana.* Narcissus incomparabilis. *N. biflorus. Asparagus acutifolius.* Ruscus aculeatus. Asphodelus albus. Ornithogalum pyrenaicum. O. arcuatum. Scilla amoena. S. autumnalis. Allium multibulbosum. A. ochroleucum. A. strictum. A. flavum. Hemerocallis fulva. Veratrum nigrum. *Juncus arcticus. Luzula lutea.* Cyperus glomeratus. C. longus. *Fimbristylis annua. F. dichotoma.* Carex capitata. C. microglochin. C. baldensis. *C. incurva. C. foetida. C. Vahlii.* C. gynobasis. *C. ornithopodioides.* Adropogon Gryllus. *Heteropogon Allionii. Sorghum halepense.* Tragus racemosus. *Panicum undulatifolium. P. miliaceum.* Setaria germanica. Coleanthus subtilis. Calamagrostis tenella. *Piptatherum multiflorum. Arundo Donax.* Koeleria phleoides. *Aira stolonifera. Avena amethystina.* A. alpina. *A. lucida. A. capillaris.* Danthonia calycina. Molinia serotina. Cynosurus echinatus. *Festuca ciliata.* F. spectabilis. Bromus squarrosus. *B. madritensis.* Lolium italicum. Aegilops ovata. Asplenium fissum. Nothochlaena Marantae. *Gymnogramma leptophylla.*

Von den aufgezählten auf deutschem Boden bisher nur in Tirol beobachteten 140 Arten kommen 135 auf das südliche — 81 auf das deutsche Südtirol und nur 5 auf Vorarlberg und Nordtirol. Das kleine 30 ☐Meilen umfassende Gebieth von Bozen beherbergt davon 54, und würden je 30 ☐Meilen deutschen Bodens der Flora des Gesammtvaterlandes gleichviel Arten zubringen, so würde diese in runder Zahl 20,000 zählen.

Die Flora der Schweiz — die Flora von Tirol.

Der Blick auf eine Karte der Alpen zeigt, dass beide Länder den grössten Theil der Mittelalpen — die Schweiz ihr westliches — Tirol ihr östliches Glied bilden. Beider geographische Breite ist nahezu dieselbe: $45^0 \, 40'$ — $47^0 \, 44'$, innerhalb welcher Breite beide zusammen sich durch ungefähr 7^0 östlicher Länge hinziehen. Da die Schweiz einen Flächenraum von 740 — Tirol von 526 ☐Meilen hat, derselbe sich also wie 1.4 zu 1 verhält, so geht daraus hervor, dass die Schweiz eine gedehntere Stellung zwischen Ost und West einnimmt. Flüsse und die denselben folgenden Strassen wurden von jeher als grosse Factoren der Verbreitung der Pflanzen angesehen. Betrachtet man die Richtung der Ströme beider Länder, so findet man in der *Schweiz* vorherrschend eine nördliche, ungefähr $^2/_3$ des Landes senden ihre Gewässer durch den Rhein der Nordsee zu. Ihr an Grösse nächstfolgendes Wassergebieth ist das der Rhone, die in anfänglich westlicher — dann südlicher Richtung dem mittelländischen Meere zueilt. Untergeordnete Gebiethe sind das südliche des Tessin, und noch mehr das östliche des Inn.

In *Tirol* theilen sich die beiden Hauptströme ziemlich gleichmässig in die Herrschaft über das Land, der Inn über Nord- die Etsch über Südtirol, jener wälzt seine Fluthen in nordöstlicher Richtung in die Donau und durch diese in das schwarze Meer, diese in südlicher Richtung der Adria zu. Die Gewässer des schwäbischen Antheiles von Tirol — Vorarlberg — nimmt der Rhein auf, das östliche Pusterthal gibt der nach Osten strömenden Drau ihren Ursprung. Untergeordnete südliche Wassergebiethe sind noch die der Brenta und Chiese.

Mit der Grösse der Flussgebiethe beider Länder hängen auch die Seehöhen der Ausgangspunkte derselben zusammen, sie stellen sich in der *Schweiz* niedriger im Norden — in *Tirol* niedriger im Süden. Es sind in Wiener Fuss berechnet folgende: *a. Schweiz*: Basel 920', Genf 1163', Locarno (Lago maggiore) 732', Martinsbruck (zugleich westlicher Eingangspunkt für Tirol) 3076'. *b. Tirol*: Bodensee 1227', Windhausen bei Kufstein 1468', Lienz 2172', Riva (Gardasee) 210', Borghetto (Austritt der Etsch ins Venetianische) 365', und Tezze 772'.

An Bergcolossen — an Eisfeldern (in Tirol 23 ☐Meilen) steht das eine Land dem andern wenig nach, mit anmuthigen Seen im Innern des Landes ist die Schweiz von der Natur reichlicher bedacht worden. Was die Gebirgs-Formationen anbelangt, so zeichnet den West und Nordwest der Schweiz die grosse Ausdehnung des Jurakalkes und der Molasse aus, in Tirol fällt die reichste und ausgezeichnetste Pflanzenwelt auf jenen Strich, den die Porphyre wechselnd mit dem Alpenkalke und seinen Dolomiten einnehmen. Porphyre sind unseres Wissens in der Schweiz nicht vorhanden. — Fasst man nun diese Punkte gehörig ins Auge, so wird der Schluss, dass die Flora der Schweiz in Bezug auf die Flora Deutschlands einen vorherrschend westlichen und südwestlichen, die von Tirol einen rein südlichen Charakter tragen muss, als ein natürlicher folgen; mit andern Worten: die Schweiz werden Pflanzen auszeichnen, die von Piemont, Savoyen und Frankreich her in derselben ihre Begränzung finden, Tirol aber muss seine Schätze mit der Ebene Oberitaliens und dem italischen Antheile an den Mittelalpen gemein haben. Die Schweiz nimmt nebenbei an der Flora des deutschen Flachlandes grösseren Antheil als Tirol.

Charakteristische *Schweizer - Pflanzen* mit Uebergehung muthmasslicher Bastarde:

Thalictrum exaltatum. Anemone hortensis. A. Halleri. Ranunculus gramineus. Aquilegia alpina. Nasturtium pyrenaicum. Arabis serpyllifolia. Dentaria polyphylla. Braya pinnatifida. B. supina. Hugueninia tanacetifolia. Erysimum ochroleucum. Erucastrum incanum. Vesicaria utriculata. Alyssum alpestre. Clypeola Jonthlaspi. Iberis saxatilis. Cistus salviaefolius. Saponaria lutea. Silene valesia. Buffonia tenuifolia. Hypericum Richeri. Acer opulifolium. Geranium aconitifolium. Genista Halleri. Cytisus glabrescens. Lupinus angustifolius. Medicago apiculata. Trifolium saxatile. Oxytropis foetida. Astragalus aristatus. Onobrychis arenaria. Vicia hybrida. V. onobrychioides. Lathyrus Cicera. L. angulatus. Spiraea obovata. Potentilla multifida. P. petiolulata. P. ambigua. P. intermedia. Rosa spinulifolia. Sedum anopetalum. Saxifraga diapensioides. Sison Amomum. Cnidium apioides. Imperatoria angustifolia. Chaerophyllum elegans. Valeriana saliunca. Centranthus angustifolius. Cephalaria alpina. Adenostyles leucophylla. A. hybrida. Micropus erectus. Inula Vaillantii. Artemisia glacialis. A. valesiaca. Achillea alpina. A. Thomasiana. A. valesiaca. Anthemis Triumfetti. Doronicum scorpioides. Senecio uniflorus. Carduus tenuiflorus. Serratula nudicaulis. Centaurea splendens. Crupina vulgaris. Xeranthemum inapertum. Leontodon crispus. Tragopogon crocifolius. Mulgedium Plumieri. Hieracium Pseudocerinthe. H. longifolium. H. ochroleucum. H. andryaloides. H. lanatum. Campanula excisa. Pedicularis atrorubens. P. Barrelieri. Bartsia parviflora. Euphrasia viscosa. Micromeria graeca. Sideritis scordioides. Scutellaria alpina. Androsace pubescens. Primula rhaetica (nach Moritzi rothblühende Varietät von P. auricula). Aristolochia rotunda. Betula intermedia. Typha Schuttleworthii. Gladiolus segetum. Iris lutescens. Bulbocodium vernum. Heleocharis Lereschii. Scirpus alpinus. Polypogon monspeliensis. Gastridium lendigerum. Avena Cavanillesii. Festuca tenuiflora. Gaudinia fragilis (die 4 letzten Arten kommen auch in Istrien vor).

Die Schweiz und Tirol besitzen zusammen 2523 Phanerogamen auf einem Flächenraume von 1266 ☐Meilen, wonach also auf die ☐Meile 2 Arten entfallen, beiden gemeinschaftlich sind 1935 Arten. Es fehlen somit von den 2203*) Schweizer-Arten Tirol 268, von den 2255 Tiroler-Arten aber der Schweiz 320.

Gerne wollen wir zugeben, dass die Schweizer-Flora eine noch nicht abgeschlossene ist, aber diesen Umstand nehmen wir auch für die Tirols in Anspruch u. um so mehr, als die Schweiz gegenwärtigem ersten Versuche einer Flora Tirols gegenüber schon vollständige Floren von Haller (1742), Suter (1802), Hegetschweiler (1822 u. 1838), Gaudin (1828), Moritzi (1844) etc. etc. besitzt, auch sind dem Verfasser einige der seit Koch's Synopsis Erscheinen neu beschriebenen Schweizer-Arten nicht entgangen, er glaubt aber auch bei Begränzung der Tiroler-Arten nicht in diesem Sinne vorgegangen zu sein. Aber selbst für den Fall, als man die Zahl der Schweizer-Phanerogamen um einige Dutzende zu niedrig angenommen erachten wollte, würde in Hinsicht auf den um fast $^1/_3$ kleineren Flächenraum Tirols die Flora Tirols sich der der Schweiz würdig zur Seite stellen können.

Die Flora von Baiern — die Flora von Tirol.

Zeigte sich bei Tirol und der Schweiz hinsichtlich auf geographische Lage der Gegensatz von Ost und West, so tritt dagegen bei einem Vergleiche von Baiern und Tirol der von Nord und Süd auf. Bei verhältnissmässig unbedeutendem Unterschiede geographischer Länge beider Länder, ist die nördliche Gränze Tirols zugleich die südliche Baierns, und letzteres rückt um 3 Breitengrade dem Norden näher. Baiern theilt sich mit Tirol in die nördliche Alpenkette und stehen die Gebirge derselben an Grossartigkeit auch denen der Centralkette weit nach, so übersteigt doch noch ein grosser Theil auch der bai-

---

*) Diese Zahl ist das Resultat einer sorgfältigen Zusammenstellung der Schweizer-Phanerogamen nach Moritzi's Flora der Schweiz und Koch's Synopsis ed. 2. im Sinne der letztern. In Koch's Syn. ed. 1. p. LX ist die Zahl der in Deutschland und der Schweiz gemeinschaftlich wachsenden Phanerogamen auf 2173 — der nur in der Schweiz vorkommenden auf 126 — zusammen also auf 2299 angegeben. Diese Angabe jedoch ist zu hoch und beruht auf Druckfehler oder unrichtiger Zusammenstellung der Zahl der einzelnen Ordnungen, wie sich jedermann selbst überzeugen kann. So ist die Zahl der Rutaceen allda auf 4 statt 2 — die der Chenopodeen auf 33 statt auf 17 beziffert etc. etc.

rischen Alpen weit die Vegetationsgränze — obenan die Zugspitze mit 9326 W. Fuss. An sie und den wenig niedrigern Wetterstein lehnt sich der Blattacher Ferner. Zahlreiche Flüsse entspringen diesem Gebirgszuge, und mit ihnen gehen Alpenpflanzen bis in die bairische Ebene hinab, tiefer als diess mit denselben in Tirol der Fall ist.*) Die Flora der bairischen Alpen u. Hochlande wird somit wenig von der des nördlichern Tirol verschieden sein, und man wird den Gegensatz der Floren beider Länder einerseits wohl in den Pflanzen der deutschen Ebene, andererseits in jenen suchen müssen, die die Alpen der südlichen Kette Tirols beherbergen oder in den tiefern Einschnitten derselben, von der Venezianischen Ebene heraufziehend, die nördlichste Verbreitung finden. Die ein abgetrenntes Florengebieth bildende Rheinpfalz kommt hier nicht in Betracht. Salzhaltiger Boden fehlt Tirol, daher alle Halophyten — letztere sind dagegen in Baiern vertreten. Baiern besitzt ferner ausgedehnte Moore und Sümpfe der Ebene, zu denen die Tirols in keinem Verhältnisse stehen. Die Ordnungen daher, die in Baiern zahlreichere Arten (wenn auch nur im Verhältnisse) aufweisen als in Tirol, sind namentlich jene, welche Sumpf- oder Salz-Pflanzen enthalten (*Elatineen, Oenothereen, Callitrichineen, Lythrarieen, Chenopodieen, Potameen, Lemnaceen, Juncagineen, Typhaceen, Juncaceen, Marsileaceen*), ferner die Ordnungen der *Papaveraceen, Lineen, Paronychieen, Pyrolaceen.* Wollte man hier die Arten aufführen, die Baiern der Gesammtflora Deutschlands zubringt, so würde das Verzeichniss ein äusserst mageres werden, wir wollen dagegen jene aus der Flora des diesseitigen Baiern (d. i. mit Ausschluss von Rheinbaiern) anführen, welche bisher in Tirol nicht beobachtet worden:

Clematis integrifolia. Anemone sylvestris. A. patens. Adonis vernalis. Myosurus minimus. Ceratocephalus falcatus. Nigella arvensis. Paeonia corallina. Fumaria capreolata. Nasturtium pyrenaicum. Barbarea arcuata. B. stricta. B. praecox. Erysimum repandum. E. virgatum. E. strictum. E. crepidifolium. E. orientale. Diplotaxis viminea. Alyssum saxatile. Cochlearia officinalis. Subularia aquatica. Thlaspi alliaceum. T. montanum. Teesdalia nudicaulis. Iberis amara. Lepidium latifolium. Senebiera Coronopus. Myagrum perfoliatum. Helianthemum salicifolium. Viola ambigua. V. pratensis. Gypsophila fastigiata. Spergula apetala. S. ciliata. Lepigonum segetale. L. medium. Alsine stricta. A. setacea. Stellaria glauca. Moenchia erecta. Elatine Alsinastrum. E. triandra. Linum flavum. Radiola linoides. Malva moschata. Althaea hirsuta. Hypericum pulchrum. Genista pilosa.

---

*) So ist *Primula Auricula* bei München in den Torfbrüchen ziemlich häufig, und *Cerinthe alpina* geht dem Leche nach bis Augsburg.

Cytisus austriacus. Astragalus hypoglottis. A. arenarius. Ornithopus perpusillus. Vicia sativa. Ervum monanthos. Lathyrus Nissolia. Amygdalus nana. Spiraea salicifolia. Fragaria Hagenbachiana. Potentilla inclinata. Oenothera muricata. Trapa natans. Callitriche hamulata. C. platycarpa. Lythrum Hyssopifolia. Sempervivum soboliferum. Saxifraga caespitosa. S. hirculus. S. granulata. Sium latifolium. Bupleurum longifolium. Oenanthe fistulosa. Cnidium venosum. Peucedanum officinale P. alsaticum. Anthriscus vulgaris. Asperula tinctoria. A. galioides. Galium tricorne. Valerianella carinata. Scabiosa suaveolens. Aster salignus. Inula media. I. germanica. Helichrysum arenarium. Anthemis austriaca. A. nobilis. Chrysanthemum ceratophylloides. Cirsium bulbosum. C. decoloratum. Jurinea cyanoides. Centaurea nigra. C. solstitialis. Arnoseris pusilla. Thrincia hirta. Scorzonera hispanica. Hypochaeris glabra. Hieracium speciosum. Phyteuma nigrum. Pyrola umbellata. Omphalodes scorpioides. Myosotis versicolor. Verbascum spurium. Digitalis purpurascens. D. purpurea. D. media. Linaria arvensis. Veronica austriaca. V. praecox. Lindernia Pyxidaria. Orobanche caerulescens. O. Picridis. Pedicularis sylvatica. Mentha rotundifolia. M. nepetoides. Salvia Aethiopis. Scutellaria minor. S. hastifolia. Androsace elongata. Statice elongata. S. purpurea. Salicornia herbacea. Atriplex laciniata. A. latifolia. Rumex sanguineus. R. maximus. R. maritimus. Euphorbia Esula. E. virgata. E. palustris. Salix hippophaëfolia. S. rubra. Triglochin maritimum. Potamogeton obtusifolius. P. acutifolius. Lemna gibba. Aceras anthropophora. Gagea saxatilis. Allium rotundum. A. vineale. A. Ophioscorodon. Juncus tenuis. J. Tenageja. J. squarrosus. J. capitatus. Heleocharis ovata. Carex cyperoides. C. chordorhiza. C. Schreberi. C. Ohmülleriana. C. Bönninghausiana. C. Heleonastes. C. evoluta. Chamagrostis minima. Corynephorus canescens. Avena tenuis. A. praecox. Hordeum secalinum.

Die Zahl der Gefässpflanzen Baierns ist 1858*), wovon ungefähr 90 nur in Rheinbaiern (Pfalzbaiern) vorkommen. Von denen des diesseitigen Baiern kommen 161 nicht auch in Tirol, von den 90 rheinbairischen aber nur 33 auch in Tirol vor. Es übersteigt somit die Flora Tirols die des Königreichs Baiern um 453 Arten. Die Zahl der bairischen Gefässpflanzen verhält sich zu der der ☐Meilen Flächenraumes wie 1.3 : 1, es trifft also in Baiern auf je 10 ☐Meilen 13 Arten.

---

*) Zusammengestellt nach Schnitzleins Flora von Baiern u. der Liste der deutschen Gefässpflanzen (Vergl. Literatur p. 1154). Auf eine Differenz von 1 Procent kommt es, mit Schnitzleins eigenen Worten zu reden, bei solchen Vergleichen nicht an. Doch ist auch nicht zu zweifeln, dass die Forschungen Sendtner's (vergl. pag. 1186) der Flora Baiern's noch manchen neuen Bürger zubringen werden.

Die Flora von Tirol — Salzburg — Kärnthen.

Hält man die geographische Breite von Salzburg u. Kärnthen der von Tirol entgegen, so sieht man, dass jene der von Nordtirol, diese dem Westen des deutschen Südtirols entspricht. Beide zusammen bilden die westlichsten Glieder der Ostalpen, welche im äussersten Pusterthale mit dem Gebirgsstocke des Glockner ihren Anfang nehmen. Zwischen dem nördlichen Tirol und Salzburg findet eine grosse Uebereinstimmung in der Richtung der Hauptflüsse statt, die später vereint der Donau zueilen, dagegen verflächt sich Salzburg tiefer, und ist auch reichlicher mit Seen und Mooren versehen. Kärnthen ist eine Fortsetzung des Drauthales. Die Drau, im östlichen Tirol entspringend, durchströmt Kärnthen in rein östlicher Richtung, und tritt bei ungefährer Seehöhe von 1170 W. F.*) in die Steiermark ein. Die Gebirge, die Kärnthen im Süden gegen das venezianische Friaul und Krain abschliessen, biethen der Verbreitung südlicher Pflanzen von daher keine tiefen Einschnitte dar. Schon aus diesem Wenigen wird man abnehmen können, dass das vereinte Florengebieth von Salzburg und Kärnthen, auch abgesehen von dem geringeren Flächenraume, sich an Pflanzenreichthum mit Tirol nicht wird messen können, obwohl ihre Floren, verglichen mit nördlichern Gebiethen, immerhin zu den reichern gezählt werden müssen. Auch die Zahl der Pflanzenarten, die beide Länder als nur ihnen eigene der deutschen Flora zubringen, muss eine geringe sein, da sie ihre Schätze mit den sie von 3 Seiten umgebenden deutschen Provinzen theilen, dem Süden aber, wie bereits gesagt, einen hemmenden Gebirgszug entgegenstellen.

Folgende Phanerogamen der Flora von *Salzburg* (*a*) und *Kärnthen* (*b*) fehlen *Tirol*. Mit * bezeichnet sind jene, die bisher noch in keinem andern deutschen Gebiethe beobachtet worden sind.

b. Thalictrum sylvaticum. a. Anemone patens? b. Nigella arvensis. b. Aquilegia Haenkeana. a. Nymphaea biradiata. a. Barbarea arcuata. a. B. stricta. b. Arabis ovirensis (var. A. Halleri). b. A. vochinensis. b. Erysimum crepidifolium. b. Cochlearia pyrenaica. b. Draba ciliata. b. Thlaspi montanum. a. T. alliaceum. a. Alyssum campestre. b. Viola alpina. a. V. epipsila? a. V. sciaphila. b. V. uliginosa? b. Gypsophila paniculata? b. *Alsine Villarsii? a. A. stricta. b. Stellaria bulbosa? a. Elatine triandra. b. Linum flavum. a. b. Linum austriacum (alpinum?). a. b. Oxytropis triflora. b. *Astragalus oroboides. a. b. Vicia sativa. b. *Ervum Lenticula. b. Spiraea ulmifolia.

---

*) Als mittlere Seehöhe zwischen Marburg und Klagenfurth (1421 und 852 Par. F. nach Beitzke) angenommen.

b. S. salicifolia. b. Rosa reversa. a. Rosa systyla. b. Trapa natans. a. Callitriche hamulata. a. Sedum Fabaria. a. Sedum purpurascens. b. Saxifraga Cotyledon. b. S. retusa. a. S. Hirculus. a. S. umbrosa. b. Hacquetia Epipactis. a. Bupleurum longifolium. b. Archangelica officinalis? b. Peucedanum austriacum. a. b. Laserpitium alpinum? a. Anthriscus vulgaris. a. Asperula galioides. a. *A. laevigata?? a. Galium tricorne. a. b. Dipsacus laciniatus. b. Homogyne sylvestris. b. Senecio Doria. a. b. Cineraria crispa. a. Cirsium hybridum. b. Cirsium carniolicum. a. Gnaphalium margaritaceum?? a. b. Thrincia hirta? b. Hypochoeris glabra. b. Crepis nicaeensis. b. *Hieracium breviscapum? b. *H. sabinum (Nestleri?). b. H. ramosum? b. Phyteuma nigrum. a. b. Campanula pulla. b. C. Zoysii. b. C. rhomboidalis. b. C. pyramidalis. b. Gentiana frigida. b. G. Frölichii. b. Gentiana Amarella? b. Myosotis sparsiflora. a. Scrophularia Neesii. b. S. Scopolii. a. Verbascum spurium. a. *Orobanche Sauteri Schultz (Cardui Saut.). a. *Orobanche platystigma. b. O. stigmatodes. b. Veronica praecox. b. *Wulfenia carinthiaca. b. Pedicularis Sceptrum. a. Scutellaria minor. b. *Utricularia Grafiana (var. U. intermediae?). b. Atriplex latifolia. a. Rumex sanguineus. b. Euphorbia palustris. b. E. Esula. a. Salix silesiaca. b. Pinus nigricans. a. b. Lemna gibba. a. Potamogeton decipiens. b. Serapias Lingua (pseudocordigera?). b. Lilium carniolicum. b. Allium vineale. a. b. Heleocharis ovata. b. Carex cyperoides. a. C. rigida? a. C. chordorhiza. a. C. Heleonastes. a. *C. microstyla. a. Calamagrostis lanceolata. b. Avena planiculmis? b. Festuca laxa. a. Hordeum secalinum.

Salzburg besitzt auf einem Flächenraume von 130 ☐Meilen 1421*) — Kärnthen auf 190 ☐Meilen 1487**) phanerogamische Gefässpflanzen. Vereiniget man beide Länder zu einem Gebiethe, so trifft es auf 320 ☐Meilen 1715 Arten, wovon 105 in Tirol fehlen, 1610 aber auch in Tirol vorkommen, und würde man diesem Gebiethe ein ihm nach Flächenraum und andern Verhältnissen entsprechendes aus Tirol (Vorarlberg, Nordtirol und Pusterthal) entgegenhalten, so würde die Pflanzenzahl beider sich so ziemlich die Wagschale halten.

---

*) Nach Hinterhuber's Prodromus und einigen brieflichen Mittheilungen Dr. Sauter's zusammengestellt.
**) Nach einem uns von Pfarrer David Pacher mitgetheilten nach seinem eigenen Herbarium u. denen seiner Freunde, so wie nach gedruckten Quellen zusammengestellten Verzeichnisse. 35 Arten davon bezeicknete uns der Verfasser als zweifelhaft, die es auch uns schienen sind als solche bezeichnet, aber in obige Zahl aufgenommen worden, da sich ihre Anzahl wohl durch noch aufzufindende Arten decken wird.

Wollte man die Schweiz, Baiern, Salzburg, Kärnthen und Tirol als ein gemeinschaftlich-umgränztes Florengebieth betrachten, so würde diess einen Flächenraum von 2976 ☐Meilen umfassen. Würde man ferner Tirol als den Mittelpunkt dieses Halbkreises von Ländern annehmen, so stellte sich heraus, dass Tirol zur Hinzuziehung von 2450 ☐Meilen Gebiethes nur 428 Arten gewinnen würde, mit andern Worten: durchschnittlich je 5⁷/₁₀ ☐Meilen Gebiethes der Nachbarländer würden ihm nur 1 neue Art zuführen.

Die Flora von Vorarlberg.

Ungefähr 3 Fünftheile des Flächenraumes des Kreises Vorarlberg nimmt der Alpenkalk ein — seinen südlichsten Theil das Urgebirge (Glimmerschiefer u. Gneiss) — den nördlichsten die Molasse (Sandstein und Nagelflue). Die Molasse, in der mittlern Schweiz mächtig entwickelt, zieht sich am nördlichen Fusse der Alpen, durch das breite Rheinthal durchbrochen, durch Vorarlberg nach Oberschwaben. Ihrer leichten Verwitterung wegen zeichnet sie sich durch Fruchtbarkeit ihres Bodens, aber wie Moritzi in der Flora der Schweiz bemerkt, dort auch durch Mangel an besonders bezeichnenden Pflanzen aus. Auf der Molasse bei Bregenz kommen die sonst in Tirol noch nicht beobachteten: Dianthus caesius L. und Helleborus odorus W.K. vor. Der einzige deutsche Standort der Campanula cenisia L. und von Erinus alpinus, und somit der bezeichnendsten Pflanzen für die Flora von Vorarlberg fällt auf den Alpenkalk. Die höchsten Bergspitzen weist, so wie im übrigen Tirol, auch hier das Urgebirge auf — oben an der Vermont-Gletscher (Albuinkopf) an der südlichsten Spitze des Kreises mit 10230 W. F. Doch erreicht auch das Kalkgebirge an der Schweizergränze im Panellen-Schrofen am Brandner-Ferner eine Seehöhe von 9543 W. F., während das Molassen-Gebirge im Hoch-Hetri an der Gränze Baierns mit 4839 W. F. seine grösste Höhe erreicht. In Vorarlberg betritt der Rhein zuerst die deutschen Bundes-Länder und bildet von seinem Eintritte bis zur Einmündung in den Bodensee die westliche Kreises-Gränze gegen die Schweiz. Dem Rheinthale kommt kein zweites im Lande Tirol an Breite gleich — sie beträgt zwischen Hohenems und Altstätten, zwischen Wolfurt und Rheineck über 1 deutsche Meile. Der Fruchtbarkeit dieser herrlichen Thalfläche verursachen — vorzüglich in ihrer nördlichen Hälfte — die Altwasser des Rheines beträchtlichen Abbruch. Einen grossen Theil davon bilden die sogenannten Riede, auch fällt in diese Fläche das ausgedehnteste Torflager des Landes — von Staffler auf über 1,200,000 ☐Klafter berechnet. Diese ausgedehnten Riede und Torflager aber eben nun beherbergen den grössern Theil der wenigen Tiroler Gefässpflanzen, die bisher ausschliesslich nur in Vorarlberg aufgefunden wurden. Das Klima ist zweifelsohne ein milderes, als diess im nördlichen Tirol der Fall ist, namentlich in Feldkirch*), wo Wein noch mit Vortheil gebaut wird. Desshalb und in Verbindung mit andern Umständen hat auch Vorarlberg mehrere Pflanzenarten mit Südtirol gemein, die in Nordtirol fehlen, und wovon hier einige verzeichnet folgen mögen.

Cyclamen europaeum. Chondrilla prenanthoides. Lonicera Periclymenum. Dentaria bulbifera. Erucastrum obtusangulum. Lepidium campestre. Aldrovanda vesiculosa. Dianthus Armeria. Silene gallica. Silene noctiflora. Staphylea pinnata. Orobus luteus. Rosa cinnamomea. Ribes nigrum. Cicuta virosa. Laserpitium pruthenicum. Torilis helvetica. Asperula taurina. Inula salicina. Gnaphalium luteo-album. Senecio paludosus. Carduus crispus. Jasione montana. Chlora perfoliata. Swertia perennis.

Die Einwohner Vorarlbergs zählen zu den intelligentesten des Gesammtlandes, um so mehr muss es auffallen, dass sich gerade in diesem Theile desselben bisher am wenigsten Hinneigung zu den speciellen Naturwissenschaften kund gab. Dem Verfasser wenigstens ist es nicht gelungen, auch nur einen Eingebornen als Gewährsmann für die Flora dieses Kreises anführen zu können. Was Auswärtige hierin geleistet, soll kurz angedeutet werden.**)

Die ersten botanischen Notizen gab *Hiller* von seiner Flugreise durch das österreichische Rheinthal ins Bad von St. Moriz in Graubünden im Jahre 1806. In den Jahren 1816-1819 sammelte in Vorarlberg der Schweizer Arzt *Custer* aus Rheineck und veröffentlichte seine Ergebnisse in der Zeitschrift: Alpina. Im Jahre 1818 besuchte der durch seine *Flora badensis* bekannte *Gmelin* das Rheinthal, und bestieg die benachbarten Schweizerberge: Camor, Kasten und Sentis, wie aus dem IV. Bande der erwähnten Flora ersichtlich. Eine planmässige Durchforschung aber begann mit dem Erscheinen *Sauter*'s als Stadtarzt in Bregenz, der nun auch hier seine Thätigkeit leuchten liess, und seine Arbeit über die Vegetations-Verhältnisse des Bodensees und eines Theiles von Vorarlberg schon 1837 veröffentlichte.

Das hierauf bezügliche Verzeichniss der Vorarlberger Pflanzen wurde von ihm im Jahre 1839 vervollständiget, worin er theilweise auch von seinem Freunde Custer unterstützt ward. Es wäre ein unbilliger Anspruch gewesen, hätte man dieses Verzeichniss als ein abgeschlossenes betrachten wollen, dem Manne, der es in so kurzer Zeit bei seinen spärlich zugemessenen Musestunden zu Stande brachte, wird dafür immer die

---

*) Die mittlere Temperatur von Feldkirch beträgt 8,2° R., das Thermometer fällt für gewöhnlich nicht unter — 12° R.
**) Das Nähere weisen die Rubriken: Litteratur und Notizen unserer Flora auf.

vollste Anerkennug bleiben. Sauter verliess Bregenz — und Nachträge lieferte Custer bis zum Jahre 1847, in welchem er noch die Freude erlebte, die schöne Aldrovanda zu entdecken.

Von den schönen weiteren Funden des Pastors *Rehsteiner* in Eichstädt zeugen die Nachträge unserer Flora, derselbe, so wie sein Nachbar Pastor *Zollikofer* sagten ihr freundliches Mitwirken zur weitern Durchforschung des Kreises auch für die folgenden Jahre zu.

Vielleicht bringt die Wiederaufnahme der Naturwissenschaften in den Gymnasien Oesterreichs, vielleicht aber auch dieses unser Buch einen oder andern unter den wackern vorarlbergischen Jünglingen der lieblichen Wissenschaft als Jünger zu.

Zahlenverhältnisse der Flora dieses Kreises so wie der Folgenden bieten die vorausgeschickten Tabellen.

Die Flora von Nordtirol.

Es erscheint zweckmässig, diesen vasten Raum in 3 Florengebiethe abzutrennen und deren jedes einzeln zu betrachten. Die Basis der Abgränzung derselben biethen die der Central-Alpenkette entspringenden 3 grössten Nebenflüsse — die Oetz, Sill und Ziller. Jedes dieser Gebiethe zerfällt wieder in eine südliche und nördliche Hälfte — jene vom Urgebirge — diese vom Alpenkalke gebildet, welche Theilung wieder mit dem Laufe des Hauptstromes — des Inns — mit alleiniger Ausnahme seines Ein- und Austrittpunktes zusammenfällt.

A. Das Gebieth des *obern Inn* und des *Lech's*. — Die Gränzen dieses Gebiethes in unserem Sinne bilden im Osten der Alpeiner-Ferner, der 8827′ hohe Hochederer bei Telfs und der Wetterschrofen an der Gränze Baierns. Auf Oberinnthal fällt der grösste Eisstock des Landes. Seine Gletscher, um die hintere Hälfte des Oetzthales gruppirt, mögen gegen 9 ☐Meilen Flächenraum überdecken. Das periodische theilweise Schmelzen dieser Eismassen und die damit verbundenen Ueberschwemmungen verheeren die sonst fruchtbare Thalsohle auf Jahrzehende. Andere Seitenthäler biethen dem Bewohner die spärliche Nahrung theilweise kaum dadurch, dass er sich unwirthliche Felsen durch Auftragung von Erde zu dürftig tragbaren Stellen umwandelt. Ein nicht unbedeutender Theil der männlichen Bevölkerung mehrerer Thäler ist Jahr aus Jahr ein gezwungen, aus Mangel an fruchtbarem Boden sich den Brodbedarf für die eine Hälfte des Jahres ausser dem Gebiethe zu erwerben. Ein solcher Erdstrich nun kann von vorne herein für den pflanzenärmsten des Landes erklärt werden, er ist aber auch zugleich der am wenigsten durchforschteste desselben. Seine Zierden: Crepis jubata und Herniaria alpina, wovon erstere ihren einzigen Standort für Deutschland am Fimbergletscher in Paznaun hat, Erucastrum Pollichii, die Androsace septentrionalis u. Köleria valesiaca gehören dem Schiefergebirge an. Die Gränzen Baierns beherbergen auf Kalk die so seltene Alsine sedoides u. Epipogium Gmelini, welch' letztere jedoch zweifellos noch längs der ganzen Gränze von Nordtirol aufzufinden ist, dann: Carex baldensis. Der Standort dieser erscheint wie ein vorgeschobener Posten, und ist nach Ueberspringung des ganzen mittleren Tirols sicherlich ihr nördlichster.

Das bisher über diese Flora bekannt Gewordene ist zum Theile das Ergebniss von Reisenden, die sich in neuerer Zeit im nördlichen Tirol vorzüglich dem Oetzthale zuwendeten, und wir begegnen darunter einem Zuccarini (1819), Hilsenberg u. Sieber (1820), Hargasser (1821), Bischof, Funk u. Zuccarini (1823), Schlagintweit (1847) etc.. Leybold nahm im Herbste 1849 über das Oetzthal und seine Ferner seinen Weg in das Etschland.

In dem kleinen Herbare Lutterotti's fanden nur seltenere Alpenpflanzen aus der Imster Gegend Platz, eben so in den Centurien, die Andreas Sauter als damaliger k. k. Förster in Zirl ausgab (1829–1831). Heufler's — dann Tappeiner's Excursion in das Oez- u. Pizthal war von schönen Resultaten begleitet, ebenso die Rehsteiner's im Thale Paznaun. Einiges sammelte auch der Conventuale Perktold auf einem Besuche seines Geburtsortes: Tarrenz, und die Heimreise der Studierenden C. v. Heppperger und Seelos über Oberinnthal im Sommer 1852 brachte der Landes-Flora das für dieselbe neue und bisher noch nicht südlicher beobachtete: Erucastrum Pollichii zu. Eben dieselben fanden allda für die wahrscheinlich durch das ganze nördliche Innthal verbreitete: Astrantia carniolica einen zweiten Standort, und zwar auf Thonschiefer, wodurch wieder eine der sogenannten kalksteten Pflanzen einging. In diesem Gebiethe wird an der Schweizergränze vielleicht auch noch die in Engadin der Schweiz wachsende Primula Dinyana und latifolia, dann Geranium aconitifolium und Artemisia glacialis aufgefunden.

Das nicht zum Flussgebiethe des Inns gehörige und wie von Baiern abgerissen erscheinende Lechthal wurde wiederholt von Frölich besucht, so wie von Dobel und Köberlin. Um Reutte sammelte der Jurist Kink während der Ferien im Jahre 1839.

B. Das mittlere Inngebieth oder die *Flora von Innsbruck*. Seine Gränzen im Osten bilden das Duxerjoch, die Lampsen- und Karwendelspitze. Es beginnt unterhalb Telfs, da wo der Inn eine südöstliche Richtung einschlägt, und endet unterhalb Hall mit dem von da an entschieden nordöstlichen Laufe desselben. Auf dieses Gebieth fällt die grösste Thalbreite Nordtirols, und zwar mit ungefähr einer halben deutschen Meile zwischen Mühlau und Amras. Die Hauptstadt des Landes liegt fast im Mittelpunkte desselben — nicht ferne von der Ausmündung der Sill, des grössten Nebenflusses des Inns. Zahllose Dörfer wie kaum in einem zweiten Theile des Landes bedecken das Mittelgebirge umher, namentlich im Süden. Die Sill entspringt nahe am Brennerpasse, dem niedersten Alpenüberganges, und der natürlichsten und kürzesten Handelsstrasse zwischen Deutschland und Italien. Ueber den Brenner zogen die Römer nach Deutschland, über ihn die deutschen Heere nach Italien. Ueber den Brenner fanden noch einzelne Bürger einer südlichen Flora den Weg, um sich in diese Gegend festzusetzen. Die Salzstadt Hall versieht mit ihren Produkten das ganze Land — vor nicht langer Zeit auch noch einen grossen Theil der Schweiz — u. unterhält einen lebhaften Transport — bei Hall endet der bairische Schiffszug mit seinen Getreideladungen. Heereszüge, Handelswege und Schifffahrt bilden für Pflanzen nach der Cultur die mächtigsten Hebel ihrer Verbreitung. Aus dem Hofgarten in Innsbruck und dem botanischen Garten — dem einzigen im Lande — fanden auch schon Pflanzen ihren Weg in die Umgegend. *) Die Diluvial-Hügel bei Rum und Thaur, etwas abseits gelegen von den kalten Luftströmungen längs des Inns und der vollen Mittagssonne ausgesetzt, zeigen noch unverkennbare Spuren früheren Weinbaues**), und in ihrer Nähe prangt die ausserdem in Nordtirol noch nicht beobachtete erst jüngst von Professor Pichler aufgefundene Primula acaulis.

Nach diesen hingeworfenen Andeutungen, wer wird wohl anstehen, diese Flora für die pflanzenreichste des nördlichen Tirols zu erklären! Rechnen wir die ursprünglich verwilderten oder verschleppten Arten ab, so zeigt dieses Gebieth jedoch keine dasselbe absonderlich bezeichnende Pflanzen. Saxifraga patens, eine ohnehin nicht ganz feststehende Art, wurde nur nahe an der Gränze gefunden. Chenopodium ficifolium und Orobanche Scabiosae ist sicherlich anderwärts nur übersehen worden, und für die schöne Herniaria alpina, die Heufler in Schmirn zuerst für Tirol fand, ist in jüngster Zeit durch Rehsteiner ein zweiter Standort bekannt geworden. Die Zierde der Alpen um Innsbruck wird die Braya alpina am Solstein bleiben. Orchis pallens wurde sonderbarer Weise in Tirol bisher nur an der südlichsten und nördlichsten Gränze beobachtet — dort am Gardasee — hier, wiewohl sehr selten, ober Hötting. Die Torf-

---

*) Oxalis stricta. Medicago maculata. Scilla amoena. Tulipa sylvestris. Hesperis matronalis, und vielleicht auch Scrophularia vernalis.

**) Man hat das Auflassen dieser Weinberge auch schon einer Verschlimmerung des Klimas zuschreiben wollen, was gewiss nicht der Fall ist. Die Ursache ist einzig in der Herabdrückung der Weinpreise durch vermehrte Erzeugung im Etschlande und erleichterten Transport auf der einen Seite, auf der andern in erhöhtem Tageslohne und Holzpreisen zu finden.

moore von Seefeld, so wie die Sümpfe und Seen an der Gränze
Baierns und zu dessen Wassergebiethe gehörig, sind so viel als
gar nicht durchsucht, vielleicht beherbergen sie einige der in
Hochbaiern wachsenden Simsen- und Riedgräser z. B. Juncus
tenuis und stygius, Carex capitata — Ohmülleriana — Bönning-
hausiana — microglochin — und chordorrhiza.

Die mittlere Temperatur von Innsbruck ist nach den 50-
jährigen Beobachtungen des Professor von Zallinger $= 7.4^{\circ}$ R.
Die in diesem Zeitraume beobachtete grösste Kälte fiel mit —
25° R. auf den 30. December 1788, die grösste Wärme auf den
6. Juli 1819 mit 30° R. Im Allgemeinen jedoch wird ein Win-
ter mit einem Maximum von — 17° R. schon zu den sehr stren-
gen gerechnet. Im Winterjahre 1851/1852 erreichte dasselbe
— 14° R., im Winterjahre 1852/1853 gar nur — 7.3° R. Die
Zahl der jährlichen Regen- oder Schneetage berechnete von
Zallinger durchschnittlich auf 130.

Im Jahre 1743 bestieg der nachher so berühmt gewordene *Sco-
poli* als Student der Medicin die Alpen umher, aber es ist nichts Nä-
heres über seine Thätigkeit allda bekannt geworden. Professor
Schivereck soll eine Flora Tirols begonnen haben, wurde aber
schon 1783 auf die Universität Lemberg versetzt. *Laicharding,*
der zu frühe Dahingeschiedene, zeichnete sich durch entomologi-
sche u. botanische Schriften aus, jedenfalls aber mehr durch er-
stere. Seine Angaben bezüglich auf Tirol sind nur allgemein ge-
halten u. manche darunter zweifelhaft — wenigstens auf die jetzige
Begränzung der Arten nicht mehr passend. *Frölich* sammelte
auf dem Patscherkofel und Laicharding citirt ihn als Gewährs-
mann für ein Tiroler-Moos. *Schöpfer* trat im Jahre 1805 mit
seiner Flora Oenipontana ans Licht, wenn wir nicht irren bei
Gelegenheit seiner Beförderung zur Doctorswürde. Auf dem
Titelblatte ist diese Flora Oenipontana als der erste Band einer
Flora tirolensis bezeichnet, aber ein weiterer Band erschien
nicht. Diese seine Flora führt 561 Gefässpflanzen auf, die von
ihm selbst in der Gegend von Innsbruck gesammelt worden
waren — also ungefähr die Hälfte der allda bis heute gefun-
denen Arten. *Schneller* durchsuchte als Badearzt in Mieders
Stubai — Andreas *Sauter* die Gegend von Zirl und Telfs.
Perktold sammelte auf dem Mittelgebirge und im Thale Lisens.
Der junge *Heufler*, 1834 in seine Vaterstadt Innsbruck zurück-
gekehrt, entwickelte ungemeine Thätigkeit, wodurch es ihm ge-
lang, in kurzem Zeitraume die Zahl der Arten dieses Gebiethes
auf etwas über 1100 zu bringen. Mit gleichem Erfolge wendete
derselbe gleichzeitig der Cryptogamen - Flora sein Augenmerk
zu. Was seither an Gefässpflanzen hinzu kam, fällt grössten-
theils auf Rechnung der Thätigkeit des botanischen Gärtners
Zimmeter und des Juristen Carl *v. Hepperger* aus Bozen.

C. Das Gebieth des *untern Inn* und der *Ache*. In diesem
Gebiethe findet der ausgedehnteste Bergbau des Landes statt,
welcher Umstand mit unserer Flora in soferne einen Zusam-

menhang hat, als es k. k. Bergbeamte waren, die gegen Ende des vorigen Jahrhundertes nach Begründung der neuern Naturgeschichte durch Linné die ersten unter den Einwohnern die Durchforschung des Landes in seinem nordöstlichsten Theile begannen. Wir meinen *Moll* und *Gebhard*. Ungefähr zur selben Zeit besuchte *Schrank* Zillerthal, welches ein paar Jahre früher schon *Hänke* betreten hatte. Denselben Weg schlug *Flörke* 1798 ein. *Berndorfer* sammelte 1794 am Kaiser und um Schwoich. Mit dem Anfange dieses Jahrhundertes trat hier wie anderwärts eine lange Pause ein — wohl die Folge der Kriegsjahre. Im Jahre 1830 sah das kleine Städtchen Kitzbüchl, das dem Bergbaue seine Entstehung verdankt, drei Männer in seinen Mauern, wie sich ähnliche nicht so bald wieder an einem anderen Flecke in Tirol zusammenfinden werden: *Sauter — Traunsteiner — Unger*. Von hier aus ging das Losungswort durch das Land, die Bewunderung und Ausbeutung der Naturschätze desselben nicht mehr allein dem Ausländer zu überlassen, und es trug Früchte.

Die Gegend von Schwaz durchforschte *Schmuck* im Jahre 1849, das Kellerjoch allda hatten vor ihm schon *Hargasser*, *Zuccarini* und *Heufler* bestiegen. Ergänzungen zur Flora dieser Gegend lieferten Pater *Reisach* und Joseph *Huber*.

Für Rattenbergs Flora war *Waldmüller* (1848) bemüht, und vorzüglich und mit seltenem Fleisse und Ausdauer der Pharmaceut *Längst* (1852). Dort, wo der Inn sich durch die nördliche Alpenkette die Bahn nach Baiern brach, war der würdige greise Pfarrer *Harasser* thätig. — Auf dieses Gebieth fällt die einzige kleine Alpenexcursion, die *Koch* machte — er besuchte vom Bade Kreuth aus den Unutz am Achenthaler See (1829). —

Unger's ausgezeichnetes Werk über die Vegetation des nordöstlichen Tirol, zu dessen botanischem Theile Sauter und Traunsteiner vielfache Beiträge geliefert hatten, erlaubt es, uns hier noch kürzer zu fassen als es schon in den vorangegangenen Gebiethen der Fall war, indem wir darauf verweisen.

Als ausgezeichnete Pflanzen dieser Flora sind anzusehen: Astrantia carniolica. Pulmonaria mollis. Erysimum odoratum. Potentilla procumbens. Nuphar pumilum. Carlina nebrodensis. Saussurea pygmaea. Anagallis tenella. Carex tetrastachya. C. microstachya. Spiranthes autumnalis.

Die mittlere Temperatur von Kitzbüchl ist nach Unger = 6.42° R. und die Zahl der jählichen Regentage und Schneefälle nach 3jährigem Durchschnitte: 109.

Die Flora des deutschen Südtirol.

Die Sprache hat mit der Umgränzung eines Florengebiethes nichts zu schaffen, diessmal trifft aber ihre Gränze*) auch mit der des Kreises im Süden zusammen, und der südlichste Punkt desselben fällt genau auf jene Stelle zwischen Salurn und Deutschmetz, wo die steilen Kalkwände der beiden Etschufer plötzlich einander so nahe gerückt sind, dass sie offenbar nur durch ein grosses Naturereigniss auseinander gerissen erscheinen, in Folge dessen der plötzliche Abfluss des grossen Wasser-Bassins, das in den Urzeiten das jetzige Etschthal von der Töll abwärts ausfüllte, erfolgte. Es ist somit diese Gränze zugleich eine sehr natürliche, und wir zogen desshalb die Benennung: deutsches Südtirol der eines Kreises Brixen vor.

A. *Vintschgau* oder das Wassergebieth der Etsch von ihrem Ursprunge bis zu ihrem Sturze und der Thal-Verengung bei der Töll.

Dieser Landstrich zeichnet sich vor allen andern durch die Einförmigkeit seiner Gebirgsformation und durch den Gebirgsriesen des Landes, den Ortler, aus. Das Urgebirge schliesst hier jedes andere aus und Glimmerschiefer herrscht bei weitem vor.

Im Norden ragen die Oetz- und Pizthaler Ferner noch tief herein, und im Südwesten überdecken die vom Ortler ausgehenden Gletscher einen nicht unbedeutenden Theil. An fruchtbaren Seitenthälern von Bedeutung fehlt es gänzlich, desto fruchtbarer aber ist das Hauptthal von Mals abwärts, und hier ist die Getreidekammer für das Etschland. Auch der Weinbau wird noch in seiner untern Hälfte betrieben, und Kastanienbäume gehen noch bis zum Einschnitte des Schnalserthales.

Unwirthlich dagegen und rauh ist Hochvintschgau, jene Hochebene mit ihren 3 Seen, und dem zweit-niedersten Uebergange (4725′) über die Centralkette. Schwerlich steigen Hochalpenpflanzen irgend anderswo so zahlreich herab, als es hier in geringer Entfernung von der Heerstrasse und den Dörfern Graun, Nauders und Reschen der Fall ist.

Eine sehr reichhaltige Flora zu besitzen, darauf macht Vintschgau keinen Anspruch, wohl aber auf eine sehr charakteristische. Sie zählt auch nicht zu den durchforschtesten des Landes, und sicherlich finden sich an der westlichen Gränze gegen die Schweiz noch einige Pflanzen aus der Schweizerflora vor, die bisher nicht östlicher beobachtet worden.

---

*) Wogt auch das welsche Element seit Jahrhunderten bald auf bald ab, und ist dasselbe auch gegenwärtig wieder im Vorschreiten gegen Norden begriffen, die Sprache des gebildeteren Theiles jener Ortschaften, die gegenwärtig von dem welschen Elemente bedroht sind, wird — dessen sind wir überzeugt — die deutsche bleiben.

Von den Glanzpunkten der Flora dieses Gebiethes führen wir folgende an:

Ranunculus pygmaeus. Braya pinnatifida. Alsine rostrata. Dianthus alpinus. Geranium divaricatum. Alchemilla pentaphyllea. Trientalis europaea. Trigonella monspeliaca. Astragalus exscapus. A. vesicarius. Oxytropis lapponica. Telephium Imperati. Achillea nana. A. hybrida. Crepis pygmaea. Salix caesia. S. glauca. S. Hegetschweileri. Dracocephalum austriacum. D. Ruyschiana. Allium strictum. Carex supina. C. stenophylla. C. Vahlii. C. foetida.

Das Geschichtliche dieses Florengebiethes fällt fast ganz in die neueste Zeit und beginnt mit *Sieber*, der 1820 mit *Eschenlohr* und *Hilsenberg* dasselbe kreuz und quer durchzog — namentlich im Suldener- und Matscherthale verweilte. *Gebhard's* einzelne Angaben, die sich von 1804 und 1805 datiren, können füglich unberücksichtiget bleiben; er war damals mehr mit Sammeln von Mineralien und der Messung des Ortlers beschäftiget, als mit den lieblichen Kindern der Göttin Flora. 1821 kam *Hargasser* durch Vintschgau. Nach Eröffnung der Wormserjoch - Strasse kam diese Tour durch ein Jahrzehent hindurch in Schwung und es stellte sich auch hier wie an anderen Punkten in Tirol heraus, dass es die Mehrzahl Reisender vorzieht, den Fussstapfen anderer zu folgen, als neue zu treten.

Auf dem Wormserjoche war: *Eschweiler* (1825), *Fleischer* (1825), *Funk* (1826), *Moritzi* (1828), *Hochstetter* (1829), *Frölich* (1829), *Finke* (1833), *Griesselich* (1837), *Mühlenbeck* und *Schimper* (1840), *Gundlach* (1844), *Beilschmid* (1839). Baron *Welden* mass das Wormserjoch 1823, auf Botanik Bezügliches hat aber von ihm über diese Reise Nichts verlautet. *Bergamaschi* und *Rainer* sammelten am Braulio und Wormserjoch, wie man aus Bertoloni's Flora italica entnimmt. Von einheimischen Botanikern besuchten dasselbe ausser *Tappeiner* und *Isser* noch Dr. *Facchini* u. im letzten Sommer die Studenten *Stocker* und v. *Zallinger*. Der Verfasser zog über dasselbe und die Wormserbäder in das Valtellin im Sommer 1838, allein es war ihm wie in so vielen andern Gegenden des engeren Vaterlandes nur wie im Fluge zu sammeln gegönnt. *Isser* sammelte auch in Taufers, *Hofmann* um Mals, seinem Geburtsorte. *Bamberger* fand auf dem ersten Schritte in dieses Gebieth den am Rande der Firne der Urgebirge wohl weiter verbreiteten Ranunculus pygmaeus und hat vor: nächsten Sommer seine Excursionen ausschliesslich den Alpen des untern Vintschgaues zuzuwenden. *Tappeiner* aber ist es, dessen zahlreichen Ausflügen in den Jahren 1838—1843 von seinem Geburtsorte Laas aus wir den grössten Theil des bisher in diesem Gebiethe Gefundenen und die Mehrzahl des Seltensten verdanken. Derselbe liess sich auch die Untersuchung des obern Etschlandes und namentlich der Gegend

von Meran sehr angelegen sein, und das noch Fehlende ergänzt
allda mit rühmlichem Erfolge der Pharmaceut *Bamberger*.

B. *Pusterthal* und *Eisackthal*.

Die Gränzen zwischen diesem und dem folgenden Gebiethe
zu ziehen, macht einige Schwierigkeit, indem es sich darum
handelt, wie viel vom untern Eisackthale zu diesem oder jenem
gezogen werden soll. Wir nehmen jene alte Kreisgränze, die
bestand, als das deutsche Südtirol noch in zwei Kreise zerfiel,
und diese Gränze ist die gerade Linie, die zwischen das 7311'
hohe Furtscheller Joch bei Klausen und die ungemessenen Geiss-
lerspitzen zwischen Gröden und Enneberg fällt. Gletscher hat
dieses Gebieth im Norden von Bedeutung — sie bedecken nach
Staffler 6 ☐Meilen — an einem derselben entdeckte *Wendland*
zuerst für Deutschland den Lappländischen Ranunculus pygmaeus.
Die Gebirge gehören zu 3 Viertheilen der Centralalpenkette u.
somit dem Urgebirge an. Ihre Reihe schliesst am östlichsten
Punkte des Landes der zweithöchste Berg desselben — der
Grossglockner mit 12322'. Der Rest, der südlichen Kalkalpen-
kette angehörig, besteht ausser Alpenkalk noch aus Melaphyr
mit seinen Sandsteinen. In diese Kalkgebirge fällt zweifelsohne
die reichhältigere Alpenflora des Gebiethes. Sie erreichen eine
bedeutende Höhe, sind aber grösstentheils ungemessen. Dem
Burgkofel mit 9160' u. der 3 Schusterspitze (nach Neeb 9982')
kommen sicherlich noch mehrere dieser Dolomitspitzen wenig-
stens nahe. Das Klima von Pusterthal u. dem obern Eisackthale
ist ein ziemlich rauhes, und die Einwohner sind mit ihrem Er-
werbe vorzüglich auf Wald und Weide, woran Ueberfluss, an-
gewiesen. Nur die Gegend von Brixen macht eine Ausnahme,
hier gedeiht noch guter Wein und Kastanien, hier zeigen sich
schon die Vorbothen einer südlichen Flora: Nothochlaena,
Opuntia, Molinia serotina, Achillea tomentosa, Celtis australis,
Jasminum officinale etc.

Wein wurde in frühern Zeiten auch noch im Kleinen bei
Lienz gebaut. Eben da zeigten sich nach den grossen Trup-
penmärschen Ende des vorigen Jahrhundertes in der Nähe der
Lager Pflanzen, die früher nicht bemerkt worden waren, z. B.
Chrysanthemum segetum, Kochia Scoparia. Ob sie sich allda
auch festsetzten, darüber fehlen neuere Belege.

Pusterthal weist so viele Heilquellen auf, wie kein anderer
Theil des Landes. Dieser für eine Flora scheinbar unwichtige
Umstand war es, der *Wulfen* 1774 nach Pusterthal brachte,
um in seinen Bädern Heilung oder Milderung für gichtische
Leiden zu finden. Vom Bade Prax aus bestieg er die umlie-
genden Alpen und hier war es, wo er seine Pedicularis rosea
entdeckte — einer Excursion bei Lienz verdankt Astragalus
leontinus sein Dasein. Wulfen's Angaben über diese seine
Badereisen sind die ältesten für Pusterthal. Im Jahre 1777
folgte ihm *Hohenwart*. *Hoppe* kam in diese Gegend 1798

das erstemal, und sein seither gewöhnlicher Sommeraufenthalt: Heilig-Blut im anstossenden Möllthale, wurde ein förmlicher Wallfahrtsort für deutsche Botaniker, die dann grösstentheils auch das benachbarte Lienz mit seinen Alpen und Thälern besuchten. Wir wollen davon die bekannteren erwähnen: *Mielichhofer* 1798, *Schwägrichen* 1801, *Hohenwart* 1801, *Wulfen* 1801, und nach den den Wissenschaften nicht günstigen Kriegesjahren: *Sieber* 1813, *Hornschuch* 1816 und 1826, *Bartling* 1818, *Hargasser* 1821, *Bischof* und *Laurer* 1822, *Eismann* 1823, *Funk* 1823 und sein Sohn 1831, *Jan* 1823, *Hinterhuber* 1824, *Treviranus* 1825, *Rudolphi* 1826, Avé *Lallemant* 1826, *Link* 1827, Friedrich *Schultz* 1828, *Mayer* Friedrich 1829, *Braun* Friedrich 1829 und 1839, *Finke* 1833, *Döbner* 1835, *Bentham* 1837, *Dietrich* 1839, *Beilschmid* 1839, *Wendland* 1847, *Schlagintweit* 1848. Um diese Zeit auch sammelte *Papperitz* in Buchenstein und dem östlichen Pusterthale. — Von Ausländern kam noch *Pollini* auf einem Ausfluge in das südliche Tirol bis in die Gegend von Brixen, wo er Androsace maxima aufgefunden haben will. *Sternberg* berührte dieses Gebieth ebenfalls bei Brixen bei seiner Durchreise 1804.

Von Tirolern war Abbé *Mayer* und Dr. *Rauschenfels* zuerst thätig und hinsichtlich des letztern verweisen wir auf die Litteratur unserer Flora. In der neuesten Zeit entwickelte Kaplan *Scheitz* grosse Sorgfalt um die Flora von Lienz und einiger Seitenthäler. — Der jetzige Pfarrer David *Pacher*, sein Vetter, besuchte vom Möllthale aus häufig die Tiroleralpen. Um Innichen sammelte *Stapf*, und den Helm allda bestieg Professor *Gredler*, so wie die Bretterwand in Innervilgraten. Auch *Facchini* begegnen wir im Kalser- und Affenthale und auf dem Kreuzberge. Der Verfasser kam 1842 von Triest aus über Ampezzo nach Pusterthal, war aber mit Sammeln nur auf die Landstrasse beschränkt. *Hell* durchforschte die Gegend von Welsberg und das nahe Prax und Antholz. In Taufers u. Enneberg sammelte *Isser*. Einer lieblichen Erscheinung, wie sonst nirgends im Lande, begegnen wir hier — zwei Mädchen, die der Leser in unserer Flora öfters für die Flora von Brunecken angeführt findet. — Das Wenige aus der Gegend von Sterzing wissen wir grösstentheils durch *Tappeiner* und *Heufler*, letzterer besuchte auch das allda ausmündende Thal Pfitsch, in diesem war früher auch schon *Traunsteiner*, dann *Precht*. Nachträge dazu lieferte Student *Liebel* und *Messner*. Einiges brachte in den Thälern Vals, Senges und Lappach auch *Stotter* zusammen gelegenheitlich seiner geognostischen Durchforschung derselben.

Die Flora von Brixen endlich ist fast ausschliesslich das Resultat der Forschungen *Hofmann's*, doch glückte es noch im letzten Jahre dem Pharmaceuten *Schmuck* und den Theologen *Gander* und *Messner* dieselbe durch mehrere Arten zu vervollständigen.

Seltenere Pflanzen von Pusterthal und Eisackthal: Corydalis capnoides. Sagina nodosa. Sempervivum Braunii. S. arenarium. Saxifraga Rudolphiana. Scabiosa ochroleuca. Artemisia nana. Avena alpina. Tussilago discolor. Nepeta nuda, und vor allen die räthselhafte Primula pubescens, wir nennen sie so, da es in neuerer Zeit nicht mehr gelingen will, sie aufzufinden.

C. Das *Etschland* und seine Seitenthäler.

Unter Etschland begreift man jene Ebene, welche die Etsch oberhalb Meran betritt, und nach einem Laufe von 33200 Klftr. bei der Thalverengung unterhalb Salurn verlässt. Sie ist das breiteste Thal der Etsch innerhalb der Berge und sein grösster Querdurchmesser, beträgt zwischen Gries und Sigmundscron, dann Auer und Tramin etwas über eine halbe deutsche Meile.

Offenbar war selbe in der Urzeit der Boden eines Sees, die Stelle dessen Durchbruches haben wir bereits früher bezeichnet. Diese Ansicht, die, irren wir nicht, zuerst von Leopold v. Buch aufgestellt wurde, erhält nach unserer Meinung ihre triftigste Begründung durch die an den Mündungen der Seitenthäler hoch über dem gegenwärtigen Niveau abgelagerten Geschiebe. Sie stimmen genau mit den gegenwärtigen Alluvien der betreffenden Seitenflüsse überein, und können nur unter Wasser abgesetzt worden sein. Diese Diluvien bilden namentlich die rebenreichen Hügel um St. Magdalena bei Bozen, so wie jene unter dem Namen Sandner Gemeinde gekannte Gegend nordöstlich von Gries. Dabei fällt auf, dass sie sich überall auf der rechten Seite der Flüsse befinden, während sich auf der linken auch keine Spur einer Ablagerung mehr zeigt. Eine Erörterung über dieses Erscheinen und ein ähnliches bei den Diluvien der Paulsnerhöhle würde hier zu weit führen, und es mag nur noch hinzugefügt werden, dass wir mit dem plötzlichen Abflusse dieser Gewässer auch die Bildung des Kalterer Sees durch Aufwühlung in Verbindung bringen möchten. Ein Theil derselben nahm zweifelsohne seinen Abzug über das Plateau von Kaltern, an dessen Fusse sich der See befindet. Sehen wir noch heute vor unsern Augen die Etsch bei Ueberschreitung oder Durchbrüchen ihrer Dämme in wenigen Augenblicken sich 20—30 Fuss tief in den Boden einbohren, so mag obige Andeutung, nimmt man auf die Masse des zwischen den Fuss der Mendel und den Mittelberg eingezwängten, bei einem ungeheuren Gefälle abziehenden Wassers gehörige Berücksichtigung, nicht ganz aus der Luft gegriffen erscheinen.

In keinem Theile des Landes findet eine so wechselreiche Cultur statt, wie auf dieser herrlichen Fläche. Aecker reihen sich an Aecker, üppige Wiesen an Weinberge, und zwischen allen zahllose Reihen von Obst- und Maulbeerbäumen. Nichts würde der Fruchtbarkeit dieser Ebene gleichen, verursachte nicht an den tiefer gelegenen Stellen die Etsch Versumpfungen und im untern Theile auch durch Austritte Verheerungen.

Dadurch bilden sich die unter dem Namen: Möser bekannten mit hohem Schilfrohr überwachsenen Sumpfwiesen. In den Gräben und tiefern Sümpfen derselben schwimmt die niedliche Aldrovanda. Verlorener Boden, wie der Fremde sie für gewöhnlich ansieht, sind diese Möser nicht, sie liefern fast ausschliesslich das Streu-Materiale und greifen somit tief in unser Landwirthschafts-System ein.*) Die Collinen an der Südseite des Thales überziehen Celtis, Pistacia, Rhus Cotinus, Opuntia, und die feuerglühende Granate. Feigenbäume sprossen aus allen alten Mauern, und einzelne Cypressen wiegen ihre Wipfel in den lauen südlichen Lüften. An Häusern und in deren Nähe findet man den immergrünen Lorbeer und die Pinie mit ihrer schirmförmigen Laubkrone, und aus Weinbergmauern ragt der Kappernstrauch hervor. Verwildert überzieht einzelne Stellen an grasigen Abhängen der Rosmarin und der Oelbaum blüht und trägt noch alljährig reife Früchte. Im Freien dauern die Myrte, Agave, die Adamsnadel (Yucca gloriosa), die Farnesianische Acacie etc. aus. Kastanienwälder bedecken die Abhänge der Schattenseite. Eine doppelte Aerndte lohnt dem Landmanne seine Mühe noch bis auf eine Höhe von 3800′ über das Meer, der Getreidebau selbst geht bis 5000′ und etwas darüber.

Eine ähnliche Verschiedenheit der Gebirgsarten im Grossen biethet auf demselben Flächenraume auch kein anderes Gebieth des Landes. Den Norden u. äussersten Westen desselben bildet Urgebirge — vorherrschend Glimmerschiefer u. Thonschiefer mit untergeordneten Lagern von Gneiss und Granit. Im südlichen und mittlern Theile herrschen Plutonische Gebilde vor. Dem Porphyr mit seinen Sandsteinen nahe an Ausdehnung kommt der Alpenkalk und seine Dolomite. Im Südosten findet sich ein Melaphyrstock mit seinen Sandsteinen. Die höchsten Gebirgsspitzen fallen auch hier auf das Urgebirge, und zwar im äussersten Westen und Norden des Gebiethes — der Zefriedferner mit 9601′ — und der Hohe Fürst mit 10753′. Die höchste gemessene Dolomitspitze ist der Langkofl an der Seiseralpe mit 9600′, ihm wenigstens nahe kommt der Rosengarten und das Joch Lattemar. Das Porphyrgebirge findet hier und im angränzenden Welschtirol seine grösste Ausdehnung in Europa — seine höchsten Spitzen sind die Sarnerscharte bei Bozen mit 7960′, und der Lagorei in Fleims mit 8260′. Auch der Melaphyr erreicht noch eine beträchtliche Höhe und zwar im Molignon an der Seiseralpe mit 7062′. Die höchste Melaphyrkuppe dürfte die des Padon im benachbarten Fassa mit 8561′ sein. — Das Etschniveau bei Cadin mit 610′ Seehöhe angenommen — zeigt sich für dieses Gebieth ein vertikaler Höhenabstand von 10143′. Gletscher reichen, doch in unbedeutender Ausdehnung,

---

*) Ihr Preis steht in der Bozner Gegend nicht tief unter den minder guten Wiesen. Die ☐Klafter wird zu einem halben Gulden C.M. bezahlt.

ins hinterste Ulten und Passeier herein, dort vom Eisstocke des Ortlers, hier von den Oetzthaler Fernern ausgehend. Ist die Flora des Etschlandes und seiner Nebenthäler überhaupt als eine der pflanzenreichsten anzusehen, so concentrirt sich diese Pflanzenfülle doch augenfällig in hohem Masse in jenem Theile, der von Porphyr und Kalk eingenommen wird. Wir meinen hier die Bezirkshauptmannschaft Bozen. Ihre Gränzen im Westen bildet der Kamm des Mendelgebirges, die Laugenspitze und das Kreuzjoch in Sarnthal — im Norden das Penserjoch — im Osten das Furtschellerjoch und die Geisler-Spitzen — im Süden der Geierberg (Doss Mezzalon), Schwarzhorn, Rosengarten und Langkofl. Der Flächenraum beträgt 31 ☐Meilen. Die möglichst vollständige Durchforschung desselben war die Aufgabe des Verfassers seit 18 Jahren, vor welcher Zeit ungefähr 600 Gefässpflanzen als im Gebiethe wachsend angegeben worden waren. Die Zahl derselben hat sich nun auf 1712 gesteigert, welche der Verfasser, mit Ausnahme von 130 Arten, alle selbst gesammelt und an Ort und Stelle beobachtet hat. Von nur 30 Arten befindet sich kein Exemplar aus dem Gebiethe in dessen Herbar, und die bezüglichen Angaben beruhen meist auf ältern Angaben von Ausländern. Der Besitz der übrigen 100 Arten wird folgenden Entdeckern derselben verdankt: *Facchini* (26 Arten), *Leybold* (15), *Viehweider* (12), Anton *Hausmann* (11), *Tappeiner* (5), *Heufler* und *Wörndle* (je 4 Arten), *v. Zallinger*, *Thaler*, *Elsmann* und *Eschenlohr* (je 3 A.), Franz *Mayer*, *Stocker* u. *Psenner* (je 2 A.), Andreas *Sauter*, *Bamberger* u. *Seelos* (je 1 A.).

Zieht man vom Flächenraume des Gebiethes jene 10 ☐Meilen ab, welche im Norden und Nordosten desselben vom Glimmer- und Thonschiefer eingenommen werden, nämlich die Gerichtsbezirke Sarnthal und Klausen, und demselben auch nicht eine Art zubringen, so vertheilen sich die 1712 Arten auf 21 ☐Meilen, und es kommen somit auf die ☐Meile $81^{5}/_{10}$ Arten, eine Pflanzenfülle, die sich, wie wir glauben, auf gleich grossem Raume selbst im südlichsten Tirol nicht wiederholt — jenseits der Alpen aber sicherlich auch nur annäherungsweise — und auf weit grösserem Raume nicht.

Die Temperatur von Bozen ist nach 11jähriger täglich 3-maliger Beobachtung = 9.9° Reaum. und zwar Morgens 7 Uhr = 8.1° R., Nachmittags 1 Uhr = 12.4° R. u. Abends 9 Uhr = 9.2° Reaumur.

Die Zahl der jährlichen Regen- und Schneetage ist im 11jährigen Durchschnitte = $70^{7}/_{10}$. Das seit 25 Jahren beobachtete grösste Temperaturs-Minimum fiel mit — 10° R. auf das Jahr 1830 — in demselben Jahre war das Quecksilber auch in Trient auf — 10° R. gefallen — in Bregenz auf 21° R.*)

---

*) Ausführliche meteorologische Beobachtungen so wie einen Blüthenkalender für Bozen hoffen wir später mittheilen zu

Ausser den bereits im Allgemeinen angedeuteten Pflanzenschätzen des Etschlandes mögen hier noch erwähnt werden:
Panicum undulatifolium. Gymnogramma leptophylla. Nothochlaena Marantae. Arabis muralis. Centaurea sordida. Vinca major. Cuscuta planiflora. Heteropogon Allionii. Crocus sativus. Coleanthus subtilis. Avena capillaris. Fimbristylis annua. Cyperus glomeratus. C. Monti. C. longus. Alisma parnassifolium. Scilla amoena. Die Kalkalpen umber beherbergen: Alsine biflora. Saxifraga Facchinii. Lomatogonium carinthiacum. Carex rupestris. Cochlearia brevicaulis. Gnaphalium Hoppeanum. Gentiana prostrata und tenella etc.

Die ersten botanischen Notizen für's Etschland lieferte uns *Sternberg* 1804 in seiner Reise in die rhätischen Alpen. Von Bozen aus machte er einen Abstecher an die Mendel. Seine Angaben aber enthalten Einiges, wenn nicht gar Irrige, doch jedenfalls Zweifelhafte. *Pollini's* Reise durch das Etschland bis Brixen verdient hier kaum einer Erwähnung. *Martens* reiste von 1816—1823 wiederholt durch Tirol und sammelte namentlich am Salurner Wasserfalle. 1820 war es, wo *Sieber* mit *Eschenlohr* und *Hilsenberg* nach Bozen kam und von da aus seine über einen grossen Theil Südtirols ausgedehnten Excursionen begann. *Zuccarini* finden wir 1823 in Bozen und der Umgegend. *Elsmann* conditionirte in Bozen 1824 und 1825, *Hinterhuber* 1826. Durch erstern vorzüglich kam Bozen mit seinen Alpen in den wohlverdienten Ruf: eine ausgezeichnete Flora zu besitzen. *Link* fand 1827 zwischen Bozen und Meran der erste die niedliche Fimbristylis annua. Um dieselbe Zeit sammelte um Meran u. Lana der Pharmaceut *Kraft* aus Ungarn.

Unter allen Bergen und Alpen Tirols, vielleicht mit Ausnahme des unvergleichlichen Baldo, erhielt keiner so zahlreiche Besuche als der Schlern und die zu seinen Füssen liegende Seiseralpe, der an Umfang, Ueppigkeit und Seltenheiten keine zweite in Tirol zur Seite gestellt werden mag. Die Bekannteren auswärtigen Naturfreunde, die selbe besuchten, wollen wir verzeichnen:

Zuccarini 1823. *Bischof* 1823. *Eschenlohr* 1823. *Funk* 1823 und 1825. *Fleischer* 1825. *Elsmann* 1824 und 1825. *Eschweiler, Treviranus* und *Göppert* 1825. *Hinterhuber* 1826. *Frölich* 1829. *Schultz* 1832. Andreas *Sauter* 1835. *Griesselich* 1837. *Mettenius* und *v. Frantzius* 1843. *Boissier* 1844. *Kotschy* 1845. Die 4 Letztgenannten liessen über diese ihre Alpenreise gar Nichts verlauten. Göppert und Treviranus entdeckten am Schlern 2 neue Moose.

Das bis dahin umfassendste Verzeichniss der Schlern- und Seiser-Alpenpflanzen aber veröffentlichte *Schultz* in der Regensburger Flora 1833. — Mit dem Jahre 1835 endlich begann

können. Der vorgesetzte Raum dieses Buches ist ohnehin schon überschritten.

einheimische Thätigkeit, und mit ihr die neueste Geschichte der Botanik in diesem Gebiethe. Wir glauben uns hierauf bezüglich auf den Verlauf unseres Buches berufen zu dürfen.

Die Flora des welschen Südtirol.

Welschtirol fällt mit Ausnahme des nordwestlichen Judicarien und des grössern Theiles des Sulzberges (Val di Sole) ganz in die südliche Alpenkette, und Kalk ist somit die bei weitem vorherrschende Gebirgsart. Porphyr, in den sich dasselbe mit dem deutschen Tirol fast zu gleichen Hälften theilt, hat eine grosse Ausdehnung im vordern Thale des Avisio (Fleims und Zimmers), und er zieht von da noch über die Wasserscheide bis nahe an Trient und östlich bis gegen Borgo.

Jener kleine Antheil an der Central-Alpenkette — u. somit am Urgebirge — im Nordwesten des Gebiethes fasst die grossen Gletscher Judicariens und des Sulzberges in sich — sie dehnen sich über einen Raum von ungefähr 2½ ☐Meilen aus. Jene — der *Adamello* mit 11252′ obenan — krönen den grössten Granitstock Tirols, diese lagern dem Glimmerschiefer auf. Das Kalkgebirge erreicht in der *Marmolata* mit 10515′ (nach Fuchs) seine grösste Höhe, und dieser kleine Gletscher am nordöstlichsten Punkte des Kreises ist der einzige auf Kalk im Gebiethe. Der Sulzberg mit seinen Seitenthälern Rabbi und Pejo (man könnte auch hinzufügen der grössere Theil des Nonsberges) ist sehr wenig untersucht, doch lässt sich mit ziemlicher Bestimmtheit voraussetzen, dass die Flora dieser Hochthäler ziemlich mit jener der vom Stocke des Ortlers auslaufenden in Vintschgau übereinstimmen. Sie nähren wie jene Alchemilla pentaphyllea und Carex foetida; die am jenseitigen Rande der Gletscher wachsende: Achillea hybrida und nana reichen zweifelsohne auch in diese Thäler herein. Auf Glimmerschiefer fällt auch der Standort — der einzige in Tirol — der Zahlbrucknera paradoxa, die *Moretti* am Tonale — an der westlichsten Gränze des Kreises wachsen lässt.

Dem Granite in Judicarien — so wie überhaupt in Tirol — ist auch nicht eine Pflanzenart eigenthümlich, man müsste denn Phyteuma humile Schleicher u. das von Schott neu aufgestellte: Sempervivum debile für gute Arten ansehen. *) Cardamine asarifolia, ausser Judicarien in Tirol noch nicht beobachtet, kommt sowohl auf Glimmerschiefer als Porphyr vor und über-

---

*) Ph. humile halten wir für eine unbedeutende Form von Ph. hemisphaericum mit breitern Blättern u. längern Deckblättern, für eine solche wird sie auch von Moritzi angesehen. Sie kommt auch in der Schweiz nur auf Granit vor. Zwischenformen finden sich in Tirol an mehreren Orten, und solche wurden auch schon für Ph. humile genommen.

diess, wenn auch nicht in Tirol, auf Kalk. Von dem Rande der Gletscher dieses Thales — sie ziehen sich südlich noch etwas über die geographische Breite Trients hinunter — erreicht man in wenigen Stunden die Oelberge des Sarcathales.

Der in geologischer Beziehung so merkwürdige hintere Theil des Avisio-Thales — Fassa — zeigt ein unendliches Durcheinander von Gebirgsarten — Kalk, Porphyr, Syenit, Diorit, Melaphyr und Granit durchwürfeln bunt das Thal. Die schöne seltene Saxifraga cernua *) möchte man glauben sei den Vulkanischen Gebilden dieser Gegend eigen, fände sie sich im angränzenden Kärnthen nicht auf Schiefergebirge. So ausgezeichnet übrigens die Flora dieses kleinen Thales und seiner Alpen ist, so theilt sich dasselbe doch darin mit den angränzenden Theilen des deutschen Tirol.

Der nordöstliche Theil der Valsugana wird zu einem grossen Theile von Thonschiefer und Granit gebildet, diese Gebirgsarten stehen hier in der südlichen Alpenkette zwischen Kalk und Porphyr eingeklemmt ganz isolirt da. So viel uns bekannt, befinden sich die seltensten Pflanzen des Thales in seinem östlichen und südlichen Theile — auf Kalk. Wir nennen: Primula Allionii, Delphinium elatum, Aconitum Authora, Alyssum Wulfenianum, Thlaspi praecox, Arenaria Arduini, Cerastium sylvaticum, Potentilla norvegica, P. micrantha, Erythronium Dens Canis, Paederota Ageria, Pedicularis Hacquetii.

Es wurde bereits früher angeführt, dass jene Pflanzenarten, welche die Flora Tirols vor allen Provincialfloren Deutschlands auszeichnen sollen, grösstentheils italischen Ursprunges sein werden — sie würden somit auf die südliche Alpenkette und auf dieses Gebieth fallen und nur das schöne Etschland — eine Fortsetzung des grössten Thaleinschnittes in diese Kette, und mit dem welschen Tirol nahezu dasselbe Klima und Niveau und dieselbe Gebirgsformation theilend — macht auch noch auf viele derselben Anspruch. Ja manche offenbar südliche Bürgerin ist bisher nur im Etschlande beobachtet worden, sei es, dass sie, das untere Etschthal überspringend, erst in der obern weitern Fläche desselben geeigneten Boden gefunden, sei es, dass sie bisher im welschen Tirol übersehen worden. Z. B. Heteropogon Allionii, Aldrovanda, Nothochlaena, Gymnogramma, Arabis muralis, Trifolium patens, Centaurea sordida, Cuscuta planiflora, Linaria italica, Fimbristylis annua etc.

Tiefe Risse in den Gebirgen biethen Pflanzen der Ebene willkommenen Weg zum Vorschreiten. Solcher Risse — sich gegen Süden ausmündend — gibt es im welschen Tirol 4 — sehr ungleich an Grösse und Bedeutung.

---

*) Einer der Facchinischen Standorte: an der Gränze von Livinalongo und die Rocca im Bellunesischen gehört zu dem Kreise Brixen, dasselbe ist mit Astragalus depressus der Fall, was hiemit in den Tabellen pag. 1236 und 1226 einzuschalten ist.

Sie bilden das Thal der *Chiese* oder das untere *Judicarien*, das *Sarcathal* und das Becken des Gardasee, das *Lägerthal* und die *Valsugana*. Am Kastell Lodron im ersten findet Erica arborea ihre nördlichste Gränze, eben da begegnet man Adenophora suaveolens, und Campanula Raineri zieht sich vom Brescianischen bis zur Gränze her; weiter geht Laserpitium nitidum auf Kalkbergen und verbreitet sich auch über die anstossenden Thäler. Judicarien, dessen tiefster Punkt in Tirol schon 1000' übersteigt, ist im allgemeinen für eine rein südliche Flora schon zu hoch gelegen, dagegen bergen jene niedern Alpen zwischen demselben und dem Gardasee schöne dem südlichen Abhange der südlichen Kette eigenthümliche Pflanzen: Buphthalmum speciosissimum, Viola heterophylla, Saxifraga arachnoidea, Ranunculus crenatus und die neue Daphne petraea. Eine Pflanze der Ebene noch, wenn auch nicht dem Süden allein gehörig, fand ihren Weg bis Tione (1730'): nämlich Hottonia palustris, für sie ist in Tirol kein zweiter Standort bekannt. — Von kaum grösserer Bedeutung in dieser Beziehung ist die *Valsugana*, da ihre Thalesrichtung eine mehr östliche ist, auch dieselbe schon bei einer Seehöhe von 780' in die Schluchten des Bassanesischen Brentathales übergehet. Hier kommt Satureja hortensis (wirklich wild), Medicago carstiensis vor.

Die Sarca ergiesst sich an der niedersten Niveau-Stelle des ganzen Landes in den herrlichen Gardasee.*) Im Boden des Hafens von Riva wurzelt die wegen ihres sonderbaren Verhaltens während der Befruchtung berühmte Vallisnerie. Das zahme Rohr und Agaven wuchern an den Klippen seines westlichen Ufers, und an seinem östlichen Ufer zu den Füssen des Baldo prangt seit Calceolaris Zeiten der Oleander. Matthiola varia schlug da ihre Wurzeln in die Felsritzen, wo nun eine schöne Strasse ins Ledrothal führt, vielleicht hat sie nun derselben den Platz geräumt.

Im Schutze des mildesten Klima des südlichen Tirols gedeihen hier jene Olivenhaine von Riva und Arco. In diesen Oelbergen und an Mauern trifft man Bromus madritensis, Piptatherum multiflorum, Festuca ciliata und Cynosurus echinatus, in Hecken: Paliurus aculeatus, an Rainen: Convolvulus cantabrica. Die Abhänge umher überzieht die immergrüne Eiche, Cercis Siliquastrum mit seinen Purpurblüthen u. das goldgelbe Spartium junceum. Weiter hinauf im Sarcathale stosst man auf Phyllirea media.

Zwischen dem Gardasee u. dem Lägerthale (Valle Lagarina) zieht der mächtige Baldo nach Süden, um in die veronesischen

---

*) Petzholdt in seinen Beiträgen zur Geognosie von Tirol p. 253 stellt ihn über den weitgepriesenen Lago maggiore u. Comer-See, indessen wollen wir gerne zugeben, dass dieses Lob mehr dem nicht tirolischen Theile des Sees gilt.

Hügel zu verlaufen. Seine Gipfel zieren Petrocallis pyrenaica und das silberweisse Geranium, seine Thäler Geranium macrorrhizum. Die Abhänge gegen den See überzieht Cytisus radiatus und Pedicularis acaulis. Ranunculus anemonoides, Pedicularis comosa und fasciculata zeigt sich auf seinen Triften bis in die Voralpen herab.

Dringt man von Verona aus auf der Heerstrasse in die Gebirge ein und hat man die Schluchten der Veroneser Klause (Chiusa) hinter sich, so betritt man unferne von Borghetto die Gränze unseres Landes mit dem Lägerthale, das seinen Namen sofort bis in die Gegend jenes gewaltigen Bergsturzes, unter dem Namen Slavini di Marco bekannt, trägt. An den Abhängen unter der Strasse gegen die Etsch begleitet den Wanderer bis Trient die mannshohe Ferulago galbanifera, an den Felsen ober der Strasse: Campanula petraea. Coronilla minima und Daphne alpina zwischen den oben erwähnten Felstrümmern. Die Sumpfwiesen des Thales schmückt die braunrothe Serapias Pseudocordigera, die waldigen Anhöhen: Paeonia officinalis, an Gräben und Rainen pflückt man: Sorghum halepense und Andropogon Gryllus, an Felsen der Schluchten am nördlichen Abhange: Saxifraga petraea, auf Bergwiesen: Danthonia calycina, auf Aeckern: Torilis nodosa. Von Roveredo östlich öffnet sich die Vall' Arsa, bekannt durch die neue Strasse, die in das Vicentinische führt. In diesem Thale fand Facchini die Krainische Malabaila Hacquetii und Trochiscanthes nodiflorus, Cristofori: den Cytisus argenteus und an seinem äussersten Ende Leybold: Asplenium fissum.

Bei Trient zeigen sich vorzüglich jene Hügel im Osten der Stadt sehr reich an Seltenheiten. Hier findet man Ptychotis heterophylla, Linaria Elatine, Vicia peregrina, Farsetia clypeata, Medicago orbicularis u. Gerardiana, Carex Schreberi und gynobasis, an Wegen: Kentrophyllum lanatum, und im Gebüsche bis in das Mittelgebirge: Epimedium alpinum. Jenen zahlreichen Anlagen der herrlichen Villen, die diese Gegend zieren, mag wohl manche hier nun wie eingebürgert erscheinende Pflanze entwischt sein: Ampelopsis hederacea, Lunaria biennis, Paliurus aculeatus.

Auf der entgegengesetzten Seite bietet der Doss Trent die Ephedra distachya, die Aecker bei Ravina: Bupleurum aristatum und Passerina annua. Am Wege zum Bondone zeigt sich: Hypericum Coris, weiter hinauf auf Voralpen der hier seine nördlichste Verbreitung findende Asphodelus albus.

Bei der Frage, welcher der 2 südlichen Kreise eine zahlreichere oder eigenthümlichere Flora besitze — der deutsche oder der welsche, kann die Antwort nicht ferne liegen. Zeigen auch unsere Tabellen für den deutschen Kreis eine Pflanzen-Mehrzahl von 80 Arten, so fällt diese Mehrzahl doch fort, wenn man bedenkt, dass der deutsche Kreis um $59^{7}/_{10}$ ☐Meilen mehr Raum einnimmt. Der Flora des Etschlandes führen seine

Bleigewichter im Norden: Vintschgau, Passeier, das Pusterthal und obere Eisackthal mit einem ungefähren Flächenraume von 130 ☐Meilen nur etwa 200 Arten, also mit der ☐Meile nur 1½ Arten zu. Wollte man nach diesem Massstabe die Floren des deutschen und welschen Südtirol auf das gleiche Flächenmass zurückgeführt berechnen, so würde ersteres nur 1820 Arten und somit um 11 weniger als Welschtirol zählen. Doch ist auch diese Zahl gewiss noch zu gering, denn wir können es uns nicht verhehlen, dass die Neigung zum Pflanzen-Forschen bei unsern welschen Brüdern*) bisher nicht die Ausdehnung gewann, wie in den deutschen Kreisen, und dem rühmlichen Eifer Einzelner wäre eine bereits abgeschlossene Durchforschung als Resultat eine zu starke Zumuthung. Gar Manches trugen Ausländer bei, namentlich Deutsche, aber es ist auch klar, dass der Fremde sich nur mit Seltenem befasst, daher, wie wir glauben, die Lücken vor allen in gemeineren alltäglichen Arten zu suchen sein werden. Eine solche Lücke fällt vor allen bei der Familie der Seggen auf, wovon Deutschtirol 103 — Welschtirol nur 83 zählt. Besonders reichlich dagegen sind die Umbelliferen, Campanulaceen und Euphorbiaceen vertreten.

Am Baldo, dem vielbesuchten, beginnt die Geschichte der Botanik für diesen Kreis, ja für Tirol. Der Veroneser *Calceolari* war es, der in seinem Briefe an Matthioli (1571) eine Flora des Baldo veröffentlichte. *Matthioli*, als Arzt u. Schriftsteller gleich ausgezeichnet, endete sein Leben zu Trient 1577. *Pona* veröffentlichte seine Funde am Baldo 1595 und 1622. *Scopoli* widmete 1767 zwei Monate seines thatenreichen Lebens der Flora seiner heimathlichen Berge in Fleims. Zu Ende des vorigen Jahrhundertes liess sich *Cristofori* in Roveredo nieder und durchforschte von da an die Gegend und die umliegenden Berge, vorzüglich den Baldo und Vallarsa. Wenn man den damaligen Stand der Wissenschaft ins Auge fasst, so kann die Zahl seiner allda aufgefundenen Arten (800) allerdings eine beträchtliche genannt werden. *Sternberg* unternahm seine Reise in die rhätischen Alpen im Jahre 1804, in Tirol war es vorzüglich der Baldo und Spinale so wie das untere Judicarien, denen er seine Aufmerksamkeit schenkte. Unter seinen Entdeckungen steht oben an die zarte spinnwebige Saxifraga.

Johann *Sartorelli* veröffentlichte 1816 sein Buch: Degli Alberi indigeni della Italia superiore, das wie natürlich auch das italienische Tirol berücksichtiget, auch seine Brüder Franz und Casimir in Valsugana legten Herbarien an.

Im Jahre 1816 trat *Pollini* mit seinem: Viaggio al lago di Garda e al monte Baldo hervor, ein Werkchen, das gewiss

---

*) Der neue Gymnasial-Studienplan wirkt nun, wie wir hören, auch hier mächtig anregend, und unter den Naturwissenschaften geben auch die Jünglinge dieses Kreises der Botanik den Vorzug.

noch heute jeder mit Interesse liest. Seiner 1822 erschienenen Flora Veronensis einverleibte er das ganze Tridentinische Gebieth, ja nahm einige noch nördlichere Standorte gelegenheitlich seiner Reise nach Brixen mit. Cristofori hatte dazu bedeutende Beiträge aus dem Roveretanischen u. Valsugana geliefert.

Treviranus besuchte den Baldo 1817 u. nur wenig später entdeckte der Abbé *Vaěna* aus Wien den Cyperus glomeratus in diesem Theile Tirols.

Martens reiste vom Jahre 1816 — 1823 mehrmals durch Tirol, bestieg auch den Baldo, über die Flora Valsugana's finden sich interessante wenn auch wenige Winke in seiner Reise nach Venedig. Später begegnen wir am Baldo u. in Judicarien dem damaligen Obersten Baron *Welden*.

Sieber kam mit *Eschenlohr* und *Hilsenberg* 1820 über den Senale nach Nonsberg und Sulzberg, und über Sta. Maria di Campiglio nach Judicarien, sammelte allda und vorzüglich am Gardasee. In Verona besuchte er Pollini und auf der Rückreise in Roveredo Cristofori, der ihn auch nach Vallarsa begleitete.

Fleischer besuchte im Jahre 1825 auch diese Gegenden und sammelte vorzüglich am Gardasee, dann auf dem Baldo u. Col Santo. Zu den bereits erwähnten auswärtigen Besuchern des Baldo können wir noch Bracht, Barbieri, Jan, Kellner, Manganotti, Clementi, Fontana, Rainer, Hinterhuber, Parolini, Friedrich Mayer u. Bielz hinzufügen. Durch die Valsugana kam 1827 Link, Döll 1834, und auf den Bergen desselben Thales sammelten: Contareni, Visiani, Tita, Zanardini etc. In Fassa entdeckte *Moretti* seine Campanula filiformis, die Reichenbach später ihm zu Ehren in C. Morettiana umtaufte. Auch Bracht, Rainer, Frölich, Papperitz, Eschenlohr, Meneghini, Friedrich Braun, Friedrich Mayer u. Parolini besuchten dieses Thal. Im Nonsberge u. Rabbi begegnen wir 1825 *Funk* u. *Eschweiler*, wo sie am Uebergang nach Martell zuerst auf die schöne Alchemilla pentaphyllea stiessen.

Der Abschnitt der neuesten Geschichte der Botanik in Welschtirol beginnt mit *Facchini*. Ihm verdankt seine Flora unbezweifelt am meisten. Sammelte Facchini nach uns vorliegenden Daten auch schon im Jahre 1817, so gestaltete sich seine Forschung doch erst vom Jahre 1830 an umfassender u. auch über das heimatliche Thal Fassa hinausreichend. Wohl wenige Alpen dürften sich in diesem Kreise befinden, die von ihm nicht besucht wurden. Seine zahlreichen wichtigen Funde sind zerstreut in Reichenbach's, Koch's und Bertoloni's Werken verzeichnet und nur etwa gegen 200 Arten aus seiner Hand lagen dem Verfasser vor. Jene Lücken, die wir früher andeuteten, auszufüllen, dürfte wohl der jetzige Besitzer des Facchinischen Herbars berufen sein. — *Ambrosi* stellte es sich zur Aufgabe, die Naturschätze der Valsugana auszubeuten, und es ist ihm in botanischer Beziehung bereits gelungen, dieses schöne Thal mit seinen Bergen als eines der durchforschtesten des Landes betrachten zu dürfen. Eben da entdeckte *Paterno* für das italienische Tirol: Sturmia Loeselii. *Serafini*, der ehemalige Professor der Naturgeschichte, veröffentlichte, so weit es uns bekannt ist, nur landwirthschaftliche Abhandlungen mit eingemischten wenigen botanischen Notizen. Die Brüder *Perini* schenkten ihr vorzügliches Augenmerk der Umgebung Trients, sammelten aber auch an verschiedenen anderen Punkten des Gebiethes: am Baldo, am Idro- u. Gardasee, im obern Judicarien, in Primiero, Fassa etc. *Tappeiner* machte eine seiner Heimreisen in die Ferien über Valsugana und Fleims, nachdem er zuvor auch den Spinale besucht hatte. Derselbe war auch im Rabbithale. Den Pharmaceuten *Boni* riss der Tod in der schönsten Lebensblüthe hinweg, es war ihm bereits gelungen, den grössten Theil der Gefässpflanzen Judicariens und des nahen Sarcathales zusammen zu bringen.

Heufler kam im Jahre 1843 nach Trient und suchte während seines längeren Aufenthaltes studierende Jünglinge für Botanik zu gewinnen, die Folge davon waren 2 schöne Entdeckungen: Potentilla micrantha u. Geum inclinatum, die eine durch *Tecilla*, die andere durch *Merlo*. Heufler brachte der Flora des Kreises schätzbare und zahlreiche Beiträge zu und dehnte seine Excursionen auch über die Gegend von Trient hinaus auf das ganze Sarcathal aus, sammelte auch am Baldo u. in Folgaria. *Leybold* besuchte das Gebieth im Sommer 1851 u. 1852 u. bevorzugte auf seinen Excursionen den westlichen Theil desselben. Daphne petraea, Coronilla minima, Asplenium fissum, Thlaspi cepeaefolium, Ranunculus crenatus etc. zeigen mehr als Worte von dem Erfolge derselben. Dem Seminaristen *Viehweider* aus Bozen endlich gelang es, während der spärlich zugemessenen Stunden im Jahre 1852 fast im Weichbilde der Stadt Trient selbst noch mehrere für Tirol oder wenigstens für Trient neue Arten anfzufinden.

Folgende TABELLE macht die nur in einem der 4 Kreise Tirols vorkommenden Gefässpflanzen ersichtlich; wo es von Interesse schien, ist die Gebirgsart beigefügt, und es bedeutet Ka. = Kalk, Po. = Porphyr, Th. = Thonschiefer, Gl. = Glimmerschiefer, Gr. = Granit.

I. Vorarlberg u. II. Nordtirol.		III. Deutsches Südtirol.		IV. Welsch-Tirol.	
		Ceratocephalus orthoceras		Clematis Viticella	Ka.
		Ranunculus Traunfellneri?		Adonis flammea	Ka.
		– pygmaeus	Gl.	Ranunculus crenatus	Ka.
				– muricatus	
				Eranthis hyemalis	Ka.
I. Helleborus odorus				Helleborus foetidus	
				Delphinium elatum	Ka.
II. Nuphar pumilum				Aconitum Anthora	
		Papaver alpinum		Epimedium alpinum	Ka.
		Corydalis capnoides	Th.	Corydalis ochroleuca	Ka.
		Fumaria Vaillantii	Po.	Arabis brassiceaeformis	Ka.
		Cheiranthus Cheiri		Cardamine esarifolia	
I. Nasturtium anceps		Arabis muralis	Ka.	Digitaria pinnata	Ka.
I. Sisymbrium austriacum		Sisymbrium Columnae	Po.	Brassica nigra	
		– Loeselii		Sinapis alba	
		– pannonicum	Th.	Farsetia clypeata	Ka.
II. Erysimum odoratum	Ka.	Erysimum canescens		Lunaria biennis	Ka.
		Braya pinnatifida	Ka.	Camelina dentata	
II. Erucastrum Pollichii	Th.	Alyssum montanum	Po.	Alyssum Wulfenianum	Ka.
				Thlaspi praecox	

I. Viola stagnina		Draba Thonnasii	
		Capsella procumbens	Ka.
		Isatis tinctoria	
		Viola Schultzii	
		– stricta	
		– elatior	
I. Polygala depressa	Torf.	Reseda luteola	Gl.
		– suffruticulosa	
I. Dianthus caesius	Ka.	Gypsophila muralis	Po.
		Dianthus alpinus	
II. Spergula pentandra		Sagina nodosa	Ka.
II. Alsine sedoides	Ka.	Alsine biflora	
		– rostrata	
I. Elatine hexandra		Stellaria Holostea	Gl.
		Althaea officinalis	
		Lavatera trimestris	
II. Erodium moschatum		Geranium divaricatum	
		Oxalis corniculata	
		Sarothamnus vulgaris	Po.
		Genista elatior	
I. Lotus uliginosus		Lotus tenuifolius	Gl.
II. Medicago maculata		Trigonella monspeliaca	

Thlaspi cepeaefolium	Ka.
Bunias Erucago	Ka.
Cistus albidus	Ka.
Viola heterophylla	Ka.
Reseda Phyteuma	Ka.
Dianthus neglectus	
Sagina glabra	Ka.
Sagina subulata	Th.
Alsine tenuifolia	Ka.
Arenaria Arduini	Ka.
Moenchia mantica	
Cerastium glutinosum	Ka.
– sylvaticum	Ka.
– tomentosum	Ka.
Linum narbonnense	Ka.
Androsaemum officinale	Ka.
Hypericum Coris	Ka.
Acer monspessulanum	Ka.
Geranium macrorhizum	
Paliurus aculeatus	
Spartianthus junceus	Ka.
Genista ovata	Ka.
Cytisus Laburnum	Ka.
– sagittalis	
– ratisbonensis	
– argenteus	
Anthyllis montana	Ka.
Medicago orbicularis	Ka.
– Gerardi	Ka.

I. Vorarlberg u. II. Nordtirol.		III. Deutsches Südtirol.		IV. Welsch-Tirol.	
		Trifolium patens		Medicago carsliensis	
II. Trifolium spadiceum		Astragalus exscapus	Th. Gl.	Trifolium nigrescens?	
II. Dorycnium suffruticosum	Ka.	Oxytropis lapponica		Astragalus monspessulanus	Ka.
		Vicia pisiformis	Po.	— depressus	Ka.
		— cassubica		Coronilla minima	Ka.
		— tenuifolia	Th.	— scorpioides	Ka.
		— lathyroides	Po.	Vicia oroboides	Ka.
		Lathyrus tuberosus		Vicia peregrina	Ka.
		— heterophyllus		Ervum Ervilia	Ka.
		— palustris	Gl. Th.	Lathyrus setifolius	Ka.
				Cercis Siliquastrum	Ka.
I. Geum intermedium		Potentilla collina	Po.	Geum inclinatum	Ka.
II. Potentilla procumbens	Ka.	Rosa glandulosa		Potentilla norvegica	
II. — Clusiana		— gallica		— micrantha	
I. — Fragariastrum	Ka.	Mespilus germanica	Po.	Sedum Anacampseros	Ka.
II. Agrimonia odorata	Ka.	Telephium Imperati	Gl.	— Cepaen	
I. Epilobium tetragonum		Herniaria hirsuta		— hispanicum	
I. Isnardia palustris		Scleranthus perennis	Po.	— Fabaria?	
II. Herniaria alpina		Sempervivum arenarium	Gl. Th.	Saxifraga petraea	Ka.
		— Braunii	Gl. Th.	— arachnoidea	Ka.
II. Saxifraga patens	Ka.	Saxifraga Kochii		— cernua	
		— Rudolphiana	Gl. Th.	— bulbifera	
		— tenella		Zahlbrucknera paradoxa	Gl.
II. Astrantia carniolica	Ka. u. Th.	Eryngium planum		Ptychotis heterophylla	Ka.
		Apium graveolens		Bupleurum aristatum	Ka.
II. Helosciadium repens		Bupleurum falcatum		— graminifolium	
		Aethusa cynapioides	Gl. Po.	Oenanthe crocata?	

		Seseli varium	Gl.	
		Levisticum officinale		
II. Heracleum austriacum	Ka.	Pastinaca opaca		
		Seseli Gouani		Ka.
		- glaucum		Ka.
		Trochiscanthes nodiflorus		Ka.
		Athamantha Matthioli		Ka.
		Ferulago galbanifora		Ka.
		Peucedanum Chabraei		Ka.
		- Schottii		Ka.
		Laserpitium nitidum		Ka.
		Turgenia latifolia		Ka.
		Torilis nodosa		
		Chaerophyllum aromaticum		
		Malabaila Hacquetii		Ka.
1. Lonicera Periclymenum	Ka.			
II. Galium sylvaticum		Scabiosa ochroleuca		
		Succisa australis		
		Scabiosa vestina		Ka.
		Buphthalmum speciosissimum		Ka.
		Pallenis speciosa?		
		Gnaphalium Hoppeanum		
		Artemisia nana	Th. Gl.	
				Inula ensifolia Ka.
				Inula squarrosa
1. Anthemis Cotula	Ka.			
II. Doronicum Pardalianches	Ka.			Galinsoga parviflora
I. Senecio erucifolius	Ka.			Achillea lanata Ka.
I. - lyratifolius	Ka.	Achillea nana		
II. - subalpinus	Ka.	Achillea hybrida	Gl.	Anthemis tinctoria
II. - saracenicus	Ka.	Chrysanthemum inodorum	Gl.	Chrysanthemum corymbosum
		- segetum		
I. Cirsium subalpinum		Cineraria spatulaefolia		Cineraria campestris
II. - praemorsum		Cirsium ambiguum	Gl. Po.	Cirsium pannonicum Ka.
II. Carlina nebrodensis	Th.	- Cervini		- anglicum Ka.
II. Saussurea pygmaea	Ka.			Carduus arctioides
		Centaurea paniculata	Po.	Kentrophyllum lanatum Ka.
		- sordida	Ka.	Centaurea austriaca
II. Tragopogon orientalis	Ka.	Taraxacum Pacheri	Gl.	Scolymus hispanicus?

I. Vorarlberg u. II. Nordtirol.		III. Deutsches Südtirol.		IV. Welsch-Tirol.	
		Lactuca virosa		Leontodon saxatilis	Ka.
		Crepis pygmaea		Scorzonera purpurea	Ka.
I. Crepis taraxacifolia	Gl.			Lactuca viminea	Gr.
II. – jubata				Phyteuma humile	Ka.
II. Hieracium rupestre		Hieracium Schmidtii		Campanula carnica?	
		– bifidum		– caespitosa	Ka.
		– pulmonarioides		– Raineri	Ka.
		– virescens		– petraea	Ka.
		– rigidum		Adenophora suaveolens	Ka.
II. Xanthium spinosum		Xanthium Strumarium		Erica arborea	Ka.
I. Campanula cenisia	Ka.	Campanula latifolia		Phyllirea media	Ka.
		Vinca major		Nerium Oleander	Ka.
		Lomatogonium carinthiacum		Convolvulus cantabrica	Ka.
I. Gentiana purpurea	Ka.	Gentiana nana	Gl.	Cynoglossum pictum	Ka.
II. Cuscuta hassiaca		Cuscuta planiflora	Th. Po.	– montanum	
		Onosma echioides	Gl.	Anchusa italica	Ka.
		Pulmonaria azurea		Echium italicum	Ka.
		Myosotis stricta		Lithospermum graminifolium	Ka.
		Solanum villosum		Verbascum rubiginosum	
		– humile		– phoeniceum	Ka.
II. Verbascum collinum	Ka.	Verbascum montanum	Ka.	– lanatum	
I. Linaria spuria		Linaria italica		Linaria Elatine	
I. Veronica opaca		Veronica verna		Orobanche rapum	Ka.
		– longifolia		Melampyrum cristatum	Ka.
II. Orobanche Teucrii		Orobanche Scabiosae		Pedicularis comosa	Ka.
II. – Salviae		– Galii		– fasciculata	
II. Pedicularis incarnata	Ka. u. Th.	– arenaria		– acaulis	
II. – Sceptrum		Mentha gentilis			

II. Mentha piperita	Rosmarinus officinalis	Pedicularis Hacquetii
	Calamintha thymifolia?	Satureja montana .Ka.
	Dracocephalum Ruyschiana Gl. Th.	Calamintha Nepeta
	– austriacum Gl. Th.	Ilyssopus officinalis Ka.
I. Galeopsis pubescens	Galeopsis ochroleuca? Th. Gr.	Nepeta nuda
I. Stachys arvensis	Stachys ambigua	Betonica hirsuta
	Teucrium Scordium Gl.	Primula spectabilis Ka.
I. Lysimachia thyrsiflora	Trientalis europaea Ka.	– venusta
II. – punctata	Androsace Heerii Ka.	– carniolica
II. Anagallis tenella	– Hausmanni	– Allionii Ka.
II. Androsace septentrionalis	– carnea?	Hottonia palustris
	– maxima?	Chenopodium opulifolium
I. Primula integrifolia Ka.	Primula pubescens	Polygonum alpinum
	Plantago altissima	Passerina annua Ka.
	Kochia scoparia?	Daphne Laureola Ka.
II. Chenopodium ficifolium	Chenopodium ambrosioides	– alpina Ka.
I. Rumex Hydrolapathum	Rumex Patientia	– glandulosa
	Cannabis sativa	– petraea Ka.
I. Euphorbia stricta	Salix fragilis Gl.	Aristolochia pallida?
	– rosmarinifolia	Euphorbia angulata Ka.
	– viminalis	– nicaeensis Ka.
	– Hegetschweileri	– falcata
	Pinus Pinea	Quercus Ilex
I. Salix acuminata	Alisma parnassifolium	Quercus Cerris?
II. – myrtilloides	Potamogeton fluitans	Salix salviaefolia
	– Hornemanni	Vallisneria spiralis
I. Sagittaria sagittaefolia	Crocus sativus	Potamogeton compressus Ka.
I. Potamogeton trichoides	Iris sambucina	– densus
	Narcissus biflorus	Najas major

1357

86

I. Vorarlberg. u. II. Nordtirol.		III. Deutsches Südtirol.		IV. Welsch-Tirol.	
II.	Epipogium Gmelini		Narcissus incomparabilis		Arum italicum
II.	Coralliorrhiza innata		Ornithogalum arcuatum		Orchis laxiflora
II.	Malaxis paludosa		– – nutans		Himantoglossum hircinum
			– – chloranthum		Serapias pseudocordigera
II.	Tulipa sylvestris		Gagea stenopetala		Iris pumila	Ka.
II.	Fritillaria Meleagris		Scilla amoena		Iris graminea	Ka.
I.	Hemerocallis flava		Allium multibulbosum		Asparagus acutifolius?
			– strictum	Gl.	Erythronium Dens canis	Ka.
			– Scorodoprasum		Asphodelus albus	Ka.
I.	Juncus diffusus		Juncus supinus		Scilla autumnalis
I.	Scirpus Duvalii		– atratus		Allium ochroleucum
I.	– Rothii		Fimbristylis dichotoma		Veratrum nigrum	Ka.
I.	– radicans		– annua		Carex divulsa
I.	Carex paradoxa		Carex rupestris	Gl. Ka.	Carex gynobasis
I.	– pilosa		– stenophylla	Gl.	Andropogon Gryllus
II.	– tetrastachya		– supina	Gl.	Sorghum halepense
II.	– microstachya		– ornithopodioides	Ka.	Setaria germanica
			– polyrrhiza		Hierochloa odorata
			– clavaeformis		
			Heteropogon Allionii	Gl. Po.	Piptatherum multiflorum
			Panicum miliaceum		Arundo Donax
			Coleanthus subtilis		Sesleria elongata	Ka.
			Stipa capillata		Koeleria phleoides	Ka.
II.	Koeleria valesiaca	Gl.			Avena amethystina	Ka.
			Aira stolonifera		Danthonia calycina	Ka.
			Avena hybrida		Melica uniflora	Kn.

II. Poa hybrida	Avena alpestris	
	Glyceria distans	
	Bromus commutatus	
	Nothochlaena Marantae Gl. Po.	
	Gymnogramma leptophylla Gl.	
[Gl.		
II. Lycopodium chamaecyparissus	Poa dura	Ka.
II. Polypodium cristatum	Cynosurus echinatus	Ka.
	Festuca ciliata	Ka.
	— bromoides	
	Bromus madritensis	Ka.
	Aegilops ovata	
	Osmunda regalis	
	Asplenium fissum	Ka.

Von den 2313 Arten kommen nur 920 in allen 4 Kreisen vor, nur in einem der 4 Kreise kommen 447 vor, und zwar nur in Vorarlberg 38, in Nordtirol 52, im deutschen Südtirol 164, im welschen Südtirol 193. Die 2 nördlichen Kreise zusammen zählen auf 240 ☐Meilen 1585 Gefässpflanzen, die 2 südlichen auf 286 ☐Meilen 2179, also auf einem kaum bemerkenswerth grösseren Flächenraume um 594 Arten mehr.

※

Das Gedeihen einer grossen Anzahl von Gewächsen steht mit der mittleren Jahreswärme (Temperatur) irgend einer Gegend in engster Verbindung, diese aber ändert, wie Jedermann weiss, mit der Erhebung der Gegend über die Meeresfläche. Desshalb auch ist die Vegetation in Gebirgsländern eine wechselvollere als in einem Flachlande, und sie biethet dem Wanderer, so wie er sich vom Thale den Bergspitzen zuwendet, von Stufe zu Stufe immer wieder ein verändertes Bild, abhängig eben von jenen Gewächsen, die nur in gewisser Seehöhe auftreten, um dann bald darauf wieder andern Platz zu räumen. Je höher man steigt, desto mehr Gewächse bleiben zurück, und um so weniger andere kommen hinzu, bis endlich an der Gränze der Schneeregion nun bald auch die letzten verschwinden. Die Eintheilung der Vegetation in Zonen oder Regionen ist so alt als eben die Beobachtung obiger Thatsache, durch sie wird die vertikale Verbreitung der Pflanzen festzusetzen versucht. Die Gränzen dieser Zonen müssen wie klar in Ländern von verschiedener geographischer Breite auch mehr oder weniger von einander abweichen. Wenn in Lappland nach Wahlenberg über 3400 W. F. schon Alles von Eis starrt, so fällt in der südlichen Alpenkette die Schneegränze kaum unter 8800'. Steigt im südlichen Tirol der Weinbau noch mit gutem Erfolge bis 2500', so geht derselbe im nördlichen Deutschland am Rheine nur bis 1000 W. F. In Südtirol findet man hochstämmiges Nadelholz noch bei 6300 P. F. und etwas darüber, in Norwegen bleibt nach L. v. Buch die Fichte schon bei 800 P. F. zurück, u. die weisse Birke zeigt sich in Lappland schon bei 1800 P. F. nur mehr strauchig. Ueberschreitet der Lappe mit seinen Sommerzelten nicht eine Seehöhe von 3000 W. F., so findet man in Südtirol bei 5230' noch den Weiler Larzonei in Buchenstein und noch etwas höher am Ritten die 3 Grashöfe Grünwald mit Krautgärten. Verschieden sind aber diese Gränzen, wenn auch lange nicht so bedeutend, wie eben angeführt, in den Alpenländern selbst, bei oft unbedeutender Verschiedenheit der geographischen Lage. Ob Nord- ob Südabhang der Alpen, ob dann wieder Schattenseite oder Sonnenseite macht einen Unterschied bis zu 1000' und auch darüber. Die Nähe von grossen Eisstöcken modificiren selbe weiters und es ist bekannt, dass reine Alpenpflanzen in Kalkgebirgen tiefer herabsteigen, als im Urgebirge. Desshalb glaubten wir von Feststellung allgemeiner Zonen für Tirol Umgang nehmen zu müssen, es würde der Ausnahmen mehr als der Regeln gegeben haben, leicht aber wird sich selbe der Pflanzenfreund in jedem kleineren Gebiethe selbst zusammenstellen können. Wir waren bemüht im Verlaufe des Buches, so weit es uns möglich war, dazu verhülflich zu sein. Höhen-Messungen sind zu diesem Zwecke von hohem Werthe, wesshalb der Verfasser auch seit einer langen Reihe von Jahren alle auf Tirol bezügliche Höhen-Angaben zu sammeln bestrebt war. Diese ziemlich umfangreiche Sammlung der Flora Tirols beizugeben, war frühere Absicht — es ist nun durch die Ausgabe der Höhen-Messungen Tirols von Trinker in der ursprünglichen Form überflüssig geworden, und es folgen im Auszuge aus unserer Arbeit nun nur jene Höhenpunkte, die in der Flora öfter genannt oder für den Botaniker überhaupt von vorzüglichem Interesse sind. Durch Beifügung der Gebirgsarten, die diese Punkte bilden oder in ihrer unmittelbaren Nähe anstehen, glaubten wir diese Angaben noch brauchbarer zu machen. Sie sind mit Ausnahme der des Gebiethes von Bozen der grossen geognostischen Karte Tirols entnommen.

Abkürzungen der Gebirgsarten.

All. = Alluvium.
Dil. = Diluvium.
Gn. = Gneiss.
Gl. = Glimmerschiefer.
Gr. = Granit.

Ka. = Kalk.
Mel. = Melaphyr.
Mol. = Molasse.
Po. = Porphyr.
Th. = Thonschiefer.

Abkürzungen der Gewährsmänner.

Bau. = Bauer.
Bisch. = Bischof.
Fal. = Fallon.
Fl. = Feil.
Frs. = Friese.
Fu. = Fuchs.
Hff. = Hoffmann.
Klg. = Klingler.
Kr. = Kreil.
Lip. = Lipold.
Pol. = Pollini.
Pran. = Prantner.
Rsch. = Rauschenfels.

Reis. = Reisach.
Rod. = Rodi.
San. = Sander.
Schl. = Schlagintweit.
Schm. = Schmidt.
Sup. = Suppan.
Trin. = Trinker.
Thur. = Thurwieser.
Ung. = Unger.
Vgl. = Vogl.
Wss. = Weiss.
Wld. = Welden.
Zal. = Zallinger.

Trigonometrische Messungen des k. k. General-Quartiermeisterstabes = $\triangle$.
Messungen durch Nivellirung bei den Strassenbauten = Str.B.
Messungen durch Nivellirung bei der Etschregulirung = Etsch.R.
Messungen bei der Gränzregulirung = Grz.R.

HŒHEN - MESSUNGEN.

Das Höhenmass ist der Wiener Fuss (1 W. F. = 0.973 Par. F.).

I. Vorarlberg.

Albuinkopf oder Vermontgletscher. Gn.	10230	Schm.
Alberschwende, Dorf, Bregenzerwald. Mol.	2130	Schm.
Alpele, das hohe bei Dornbirn. Ka.	4637	△
Alpeleskopf (Hirschwang)	6008	△
Alpillaspitze = Hochgerrach. Ka.	6193	△
Amazonenspitze (Fundlkopf) südwestlich von Bludenz. Ka.	7575	△
Bad, Dorf in Mittelberg. Ka.	3213	Schm.
Bartolomäusberg, Dorf in Montafon. Gl.	3030	Schm.
Bersbuch, Dorf im Bregenzerwald. Ka.	1893	Schm.
Bezau, Dorf im Bregenzerwald. Ka.	2100	Schm.
Bludenz, Stadt. Ka.	1695	Schm.
Bodensee der.	1212	Schm.
Bolgenache die, Mündg. d. Toserbaches. Mol.	3040	Grz.R.
Brand, Dorf südwestl. von Bludenz. Ka.	2751	Schm.
Bregenz, Stadt, das Posthaus. Mol.	1233	Schm.
Buchboden, Dorf im Walserthal. Ka.	3075	Schm.
Canisfluhe die, bei Au im Bregenzerw. Ka.	6457	△
Christberg der, südl. bei Dalaas. Gl.	5250	Schm.
Christof St., am Arlberg. Th.	5223	Schm.
Dalaas, Dorf. Ka.	2643	Schm.
Damils im Bregenzerwald. Ka.	4023	Schm.
Dornbirn, die Kirche. Ka.	1275	Schm.
Druserthor das, Uebergang von Montafon nach Prätigau. Ka.	6693	Schm.
Ebnit bei Hohenems, die Kirche. Ka.	4110	Schm.
Feldkirch, Stadt. Ka.	1410	Schm.
Feuerstädterberg bei Sibratsgefäll.	5194	△
Flechsen b. Stuben, Ueberg. nach Lech. Ka.	5610	Schm.

Höhen-Messungen: I. Vorarlberg.

Formariujoch, nördl. von Dalaas. Ka.	5073	Schm.
Fundelkopf = Amazonenspitze.		
Furtlaberg bei Bludenz.	5010	Schm.
Gaffal-Berg, Montafon. Ka.	9030	Schm.
Gallenkirch, Dorf in Montafon. Gl.	2310	Schm.
Gaschurn, Dorf in Montafon. Gl.	3181	Reis.
Gehrerfalben bei Damils. Ka.	6510	Schm.
Gerold St., im Walserthal. Ka.	2431	Schm.
Gurlisspitze, südlich von Feldkirch. Ka.	5607	△
Gnscha-Alpe.	5724	Schm.
Hochgerrach, nördl. von Nenzing. Ka.	6193	△
Hoch-Hetri, bei Hütisau. Mol.	4839	Schm.
Hochstrassenberg im Walserthal. Ka.	6239	
Höchst am Rhein. All.	1389	△
Hörnlesberg.	4473	Schm.
Hohe Freschen der, bei Rankweil. Ka.	6150	Schm.
Hohe Kugel die, bei Hohenems. Ka.	3783	Schm.
Hohenblanken, Berg bei Damils. Ka.	6433	Schm.
Hohenems, am Posthaus. (Torflager.) Ka.	1416	Kr.
Hoher Ifer der, im Thal Mittelberg. Ka.	5013	Schm.
Hütisau, Dorf im Bregenzerwald. Mol.	2856	Schm.
Ifer = Hoher Ifer.		
Illursprung der, im Ochsenthal. Gn.	5880	Schm.
Joch das zwischen Amlech u. Schröcken. Ka.	5493	Schm.
Kaltenberg bei Klösterle.	7793	Schm.
Kanisflur = Canisfluhe.		
Kibliserspitze, südlich von Gaschurn. Gn.	9528	Schm.
Klösterle, das Dorf. Gl. und Ka.	3180	Schm.
Krumbach im Bregenzerwald, nördlich von Hütisau. Ka.	2673	Schm.
Krumbach in Thamberg, die Kirche. Ka.	4830	Schm.
Kühbrücke, Ort südlich v. Nenzing. Ka.	3870	Schm.
Kummerberg bei Götzis. Ka.	2095	△
Langen, Dorf bei Bregenz. Mol.	2409	Schm.
Latterns, Dorf bei Rankweil. Ka.	3183	Schm.
Lech, Dorf in Thamberg. Ka.	4206	Schm.
Litznerspitze im Vermonthale. Gn.	9231	Schm.
Madererspitze, östl. von Gallenkirch. Gn.	8940	Schm.
Mittagspitze, nördl. bei Damils. Ka.	6611	△
Mittelberg, Dorf. Ka.	2928	Schm.
Mörzelspitze, südöstl. von Hohenems. Ka.	5773	

1364 Höhen-Messungen: I. Vorarlberg.

Mohnenfluhe, südl. v. Schröcken. Ka.	7890	Schm.
Musdarinalpe bei Dalaas.	3903	Schm.
Panellen-Schrofen (Schilan) am Brandner Ferner. Ka.	9543	Schm.
Patenen (Partenen), Dorf in Montafon. Gl.	3090	Schm.
Pfaffenspitze, nordöstl. von Dalaas. Ka.	7980	Schm.
Pfänderberg bei Bregenz. Mol.	3354	△
Radspitze, südlich von Patenen. Gn.	10050	Schm.
Rells, das Kirchlein im Rellserthal.	3927	Schm.
Riezlern, Dorf nordöstl. v. Widderstein. Ka.	2673	Schm.
Roglaspitze, nördl. v. Arlberg, Gränze. Ka.	7387	Schm.
Rojaberg, südl. von Feldkirch. Ka.	3348	Schm.
Rothe Wand, nördl. von Dalaas. Ka.	8531	△
Rothenbrunn, Badhaus im Walserthal. Ka.	4083	Schm.
Säulenspitze, nördl. am Lünersee. Ka.	7173	Schm.
Schlapinerjoch, Höhe des Saumweges. Gn.	6783	Schm.
Schnepfau, Dorf im Bregenzerwald. Ka.	2280	Schm.
Schoppernau, Dorf im Bregenzerwald. Ka.	2835	Schm.
Schröcken, Dorf in Thamberg. Ka.	3603	Schm.
Schruns, Dorf in Montafon. Gl.	2010	Schm.
Schwarzach, Dorf nördl. v. Dornbirn. Mol.	1803	Schm.
Schwarzenberg, Dorf östl. v. Dornbirn. Ka.	2358	Reis.
Schwarzhorn, südwestl. v. Schruns. Ka.	7771	△
Schweizerthor, westlich von Schruns, der Uebergangspunkt. Ka.	6976	Schm.
Sibratsgfäll, Dorf westl. v. Andelsbuch. Ka.	3186	Schm.
Sontag, Dorf im Walserthal. Ka.	2748	Schm.
Stierloch-Alpe, nördl. v. Klösterle. Ka.	4980	Schm.
Strohfettner Spitze, westl. v. Illursprung. Gn.	9783	Schm.
Sulzberg die Kirche, östl. v. Bregenz. Mol.	3195	△
Sulzfluhe die, zwischen Montafon u. Prätigau.	8913	Schm.
Tafamontberg bei Gaschurn. Gl.	5583	Schm.
Thüringen, Dorf im Walserthal. Ka.	1992	Schm.
Trostberg der, südl. vom Arlberg. Gn.	7530	Schm.
Vallülaspitze, östl. von Pattenen. Gn.	8700	Schm.
Widderstein der, bei Krumbach. Ka.	8001	△
Zeinisjoch, zwisch. Montaf. u. Paznaun. Gn.	5787	Schm.
Zimpaspitze, westl. v. Tschagguns. Ka.	7273	Schm.
Zürs, Alpenhütten mit einer Kapelle. Ka.	5334	Schm.

II. Nordtirol.

Achenthaler-See. Ka.	2968	Lip.
Achenthaler-Ache, an d. Gränze v. Baiern Ka.	2664	Lip.
Achleiten, d. Kapelle, südöstl. v. Brixlegg. Ka.	2915	Lip.
Achleitberg, nördl. bei Söll (Rabenstein. Ka.	3815	Lip.
Adlerberg, Gränze bei Kössen. Ka.	3986	Lip.
Aggenstein in Thannheim. Ka.	6274	Grz.R.
Ahornspitze, Zillerthal südl. von Zell. Gn.	9366	Lip.
Ahrn-(Narrn)Spitze, nordw. b. Scharnitz. Ka.	6860	Grz.R.
Almeser-(Almejur) Joch im Stanzerthal, am Kreuz. Ka.	7201	Trin.
Alpbach, südöstl. von Brixlegg, das Gasthaus. Th.	3122	Lip.
Alpeiner-Ferner in Stubai, Fuss desselben. Gn.	6944	Lip.
Alpeiner-Ferner, an d. Eiswänden desselben.	7744	Lip.
Aldrans, Dorf bei Innsbruck. Dil.	2381	Lip.
Ampass, Dorf bei Innsbruck, die Kirche. Dil.	2251	Lip.
Amras, Dorf bei Innsbruck, das Schloss. Th.	2096	Lip.
St. Anton im Stanzerthal. Sandstein u. Th.	4137	Trin.
Arlberg, höchster Punkt der Strasse. Th.	5373	Schm.
Arzjoch bei Fügen. Th.	5300	Lip.
Arzl bei Innsbruck, der Calvarienberg. Dil.	2136	Lip.
Ascha, Brandenbergerthal, die Kapelle. Ka.	2649	Lip.
Aschau, im Spertenthal, das Gasthaus. Th.	3060	Lip.
Ascherjoch, in Thiersee. Ka.	4112	Lip.
Astenjoch (Astberg), südl. v. Ellmau. Th.	3869	Ung.
Auffach, Dorf in Wildschönau. Th.	2651	Lip.
Axams, Dorf bei Innsbruck. Dil.	2747	Lip.
Bärnkopf, südwestl. am Achensee. Ka.	6400	Lip.
Barwies, westl. von Telfs, die Kirche. Ka.	2693	Vgl.
Baumgartner-Joch in Wildschönau. Th.	5382	Lip.
Berwang, Dorf in Lechthal, die Kirche. Ka.	4305	Trin.
Binsalpe in der Hinteriss. Ka.	4684	Lip.
Birkerkogl, südl. von Stams. Gn.	8927	△
Bischofskogl, südöstl. von Kitzbüchl. Th.	6749	Ung.
Bletzerberg, südl. von Fieberbrunn. Ka.	5801	Ung.
Boden in Pfafflar, die Kirche. Ka.	4367	Trin.
Bölven der grosse, bei Häring. Ka.	4941	Lip.
Brandberg in Zillerthal, die Kirche. Gn.	3379	Lip.
Brandberger Kolm in Zillerthal. Ka. u. Gn.	8681	Lip.

Brandenberg der, nördl. v. Rattenberg. Ka.	4754	Lip.
Brandenberg, die Kirche. „ Ka.	2926	Lip.
Brandjoch, nördlich von Innsbruck. Ka.	7527	Fal.
Brandstalljoch, südl. von Söll. Th.	4914	Ung.
Bruckenkopf der, bei Kitzbüchl, a. d. Quelle.	5209	Ung.
Breitstein bei Walchsee. Ka.	5152	Grz.R.
Breitlahner, das Jägerhaus, im Zemmthal. Gn.	3939	Lip.
Brenner, die Post. Th.	4264	Lip.
Brenner, der See. Th.	4040	Lip.
Brennerspitze in Stubai. Gn.	9682	Lip.
Brentekogl in Pillersee. Ka.	4335	Lip.
Brixen, Dorf im Brixenthale. Th.	2380	Lip.
Brixlegg, das Amtsgebäude. Ka.	1672	Lip.
Bruckberg in der Wildschönau. Sandstein.	3875	Lip.
Brunstkogl im Thale Steinberg. Ka.	4114	Lip.
Bruthennenkopf, östl. von Kössen. Ka.	3232	Grz.R.
Bschlaps im Lechthale, die Kirche. Ka.	4240	Trin.
Burgstall der hohe, in Stubai. Ka.	8202	Lip.
Dornauberg im Zemmthal, die Kirche. Gn.	3015	Lip.
Drei-Wildalpenspitze, südl.v.Hopfgarten. Th.	7639	Lip.
Dumpen im Oetzthale, an der Brücke. Gn.	2876	Schl.
Durnerboden in der Gerlos. Th.	4294	Lip.
Duxerjoch, Uebergang v. Dux n. Schmirn. Th.	7346	Lip.
Ebbs, die Kirche. Ka.	1477	Lip.
Eben bei Jenbach, die Kirche. Ka.	3127	Lip.
Ehrenbach bei Kitzbüchl, die Quelle. Th.	3976	Ung.
Ehrenbergerklause, am Thore. Ka.	3077	Trin.
Ehrwald, die Kirche. Ka.	3225	Trin.
Einstein, Berg bei Thannheim. Ka.	5992	Trin.
Elbingenalp im Lechthal, Falger'sches Haus, Ka.	3389	Trin.
Ellmau, Dorf. Sandstein u. Th.	2564	Lip.
Elmen, die Kirche, im Lechthal. Ka.	2995	Trin.
Erl, Dorf, die Kirche. Ka.	1486	Lip.
Erpfendorf bei St. Johann, d. Gasthaus. Ka.	1898	Lip.
Feldalp-Horn bei Kelchsau. Th.	6009	Lip.
Fellhorn bei Waidring. Ka.	5553	△
Fend im Oetzthal. Gl.	6045	Trin.
Fern am, höchster Strassenpunkt. Ka.	3918	Trin.
Ferner der, im Rothmoosthale bei Gurgl. Gl.	7156	Trin.
Fernerkogl der, in Sellrain. Gn.	10209	Thur.
Feuchten, Dorf im Kaunserthale. Gl.	4174	Klg.

Höhen-Messungen: II. Nordtirol.

Fiecht, Kloster bei Schwaz. Ka.	1777	Lip.
Filzkopf im Zillerthal, nordöstl. v. Zell. Th.	6889	Lip.
Fimberthaler-Boden, die Kapelle. Th.	5853	Trin.
Finkenberg in Zillerthal, d. Kirche. Ka. u. Th.	2545	Lip.
Finstermünz, Pass. Th. *	2885	Sup.
Flaurling im Oberinnthal. Th.	2349	Klg.
Fleischbank-Spitze in der Hinteriss. Ka.	6385	Lip.
Flirsch im Stanzerthal, die Kirche. Th. u. Ka.	3632	△
Frauhütte die, bei Innsbruck. Ka.	7061	Lip.
Freundsberg, Schloss bei Schwaz. Th.	2236	Lip.
Fügen in Zillerthal. Th.	1754	Lip.
Furtschlagl, Alphütte im Zamserthale. Gn.	7304	Lip.
Gachtklause, Pass in Thannheim. Ka.	3138	Trin.
Gaisberg im Brixenthale. Ka.	5422	Lip.
Gaislerjoch, Ueberg. v. Dux n. Weerberg. Th.	7273	Lip.
Galtür in Paznaun. Gn. u. Gl.	4958	Trin.
Galzein, Weiler bei Schwaz. Ka.	2734	Lip.
Gambenspitze in Schmirn. Th. mit Ka.	8274	Lip.
Gamsberg der, südöstl. von Jochberg. Th.	6658	Ung.
Gamsjoch in der Hinteriss. Ka.	7608	Lip.
Gasteig im hintern Kaiserthal. Ka.	2267	Lip.
Gepatschalpe im Kaunserthal. Gl.	6036	Klg.
Gebra in Pillersee, die obersten Gruben. Ka.	5344	Trin.
Geishorn in Thannheim. Ka.	7091	△
Geisstein bei Kitzbüchl. Th.	7439	Ung.
Georgenberg, die Wallfahrtskirche. Ka.	2940	Lip.
Gerlos, das Dorf in Zillerthal. Th. mit Ka.	3879	Lip.
Gerlossteinwand, die Spitze in Zillerthal. Th.	6773	Lip.
Gilfertsberg bei Weerberg. Th.	7906	△
Gimplberg bei Nesselwang. Ka.	7061	△
Gleirschspitze bei Innsbruck. Ka.	6165	Fal.
Glockthurm der, in Kauns. Gl.	10578	△
Glunggezer der, bei Hall. Th.	8481	Lip.
Gränzhorn, nördlich von Erl. Ka.	4164	Lip.
Grammais, Dorf im Lechthal. Ka.	4260	Trin.
Greiner der, in Zemmthal. Gn.	9042	Bau.
Gries, Dorf am Brenner. Th.	3621	Lip.
Gries in Sellrain. Gl.	3687	Lip.
Griesalpjoch b. Kitzbüchl, a.d.Quelle. Th.m.K.	5130	Ung.
Grossfalkenspitze in der Hinteriss. Ka.	7674	Lip.
Grosshanslispitze, südl. v. Bschlaps. Ka.	8879	Trin.

1368 Höhen-Messungen: II. Nordtirol.

Grosskogl, Eingang ins Zillerthal. Ka. u. Th.	4293	Lip.
Grünstein der, bei Lermoos. Ka.	8577	San.
Gschnitz bei Steinach, das Dorf. Gl.	3754	Lip.
Gschöss, Berg bei Kitzbüchl. Th.	5999	Ung.
Haberberg bei Walchsee. Ka.	5000	Lip.
Habichtspitze in Stubai. Gl.	10328	Thur.
Häring, Dorf, die Kirche. Ka.	1824	Lip.
Haller-Salzberg, das Herrenhaus. Ka.	4791	Lip.
Harmelesjoch bei Seefeld. Ka.	5919	San.
Hart in Zillerthal, die Kirche. Th.	2011	Lip.
Hechenberg, die Kapelle bei Niederndorf. Ka.	2109	Lip.
Hechtsee in Thiersee. Ka.	1728	Lip.
Heilig-Wasser bei Innsbruck. Th.	4020	Lip.
Heiterwang, Dorf, die Kirche. Ka.	3200	Trin.
Hilariberg bei Rattenberg. Ka.	2013	Lip.
Hindeganser bei Nesselwang. Ka.	3711	Trin.
Hinterdux in Zillerthal. Th.	4666	Lip.
Hinterhorn bei Waidring. Ka.	7920	△
Hinterhornbach in Lechthal, die Kirche. Ka.	3591	Trin.
Hinteriss, das Jägerhaus. Ka.	2923	Lip.
Hintersteiner-See bei Schwoich. Ka.	2904	Lip.
Hinterthiersee, die Kirche. Ka.	2564	Lip.
Hippach, Dorf in Zillerthal. Th. mit Ka.	1878	Lip.
Hirschkopf in Lechthal, bei Grammais. Ka.	6434	Vgl.
Hochalpele, östlich von Kufstein. Ka.	4364	Lip.
Hochederer der, südlich von Telfs. Gl.	8827	△
Hohe Mundi, nördlich von Telfs. Ka.	8540	Lip.
Hochfilzen, Dorf in Pillersee. Ka.	3064	Sup.
Hochjochferner im Fenderthale. Gl.	9310	Trin.
Hochkopf, nördlich vom Walchsee. Ka.	4755	Lip.
Hochtschernoiwand.	11966	Sup.
Hochvogl im Lechthal, bei Hornbach. Ka.	8167	△
Hörbrunn bei Hopfgarten, d. Glashütte. Th.	2076	Lip.
Hörnle das, Uebergang von Zillerthal ins Ahrnthal. Gn.	8042	Lip.
Hörpinger-Alpenhütte im Zillerthal. Gn.	5317	Lip.
Höttingerbild bei Innsbruck. Ka.	2772	Zal.
Holzgau im Lechthal, die Kirche. Ka.	3563	Trin.
Holzenau im Spertenthal. Th.	2382	Fl.
Hopfgarten im Brixenthale. Th.	1879	Lip.
Hühnerberg. Ka.	6031	Grz.R.

Höhen-Messungen: II. Nordtirol.

Hundskogl der grosse, südl.v.Hopfgarten. Th.	6624	Lip.
Hundskopf bei Elbingenalp. Ka.	8204	Grz.R.
Jaufenhaus das, auf der Sterzinger Seite. Gl.	6363	Vgl.
Jenbach, Dorf, beim Neuwirth. Ka.	1798	Lip.
Jerzens, Dorf in Pizthal. Gl.	3743	Klg.
Igels, Dorf bei Innsbruck. Th.	2733	Lip.
Imst, Markt, das Posthaus. Ka.	2525	Thur.
Innervals bei Steinach, an der Kapelle. Ka.	4024	Lip.
Innsbruck, Stadt. All.	1822	Zal.
Jöchle bei Planggeross in Pizthal. Gn.	9453	Trin.
Jochberg bei Kitzbüchl, das Berghaus. Th.	2716	Trin.
St. Johann, in Unterinnthal. Sandstein u. Ka.	1799	Ung.
Irdeinerjoch bei Rattenberg. Ka.	6394	Lip.
Irdeiner See (Jochsee). Ka.	5374	Lip.
Ischgl in Paznaun, die Kirche. Gl.	4415	Trin.
Isel, Berg, bei Innsbruck, höchster Punkt. Th.	2442	Lip.
Itter bei Wörgl, die Kirche. Sandstein u. Ka.	2118	Lip.
Judenstein bei Hall, die Kirche. Dil.	2926	Lip.
Juifenberg in Achenthal. Ka.	6237	△
Jungholz(Höfen)in Thannheim, d.Kirche.Ka.	3408	Trin.
Kaiserjoch, südöstl. von Pfunds. Gl.	9833	△
Kalteberg-Ferner im Pflumthale. Gl.	9158	△
Kammerkar, Berg bei Waidring. Ka.	5896	△
Kappel in Paznaun, die Kirche. Gl.	3963	Trin.
Karwendl - Spitze. Ka.	6408	Grz.R.
Katzenkopf in der wilden Krimml. Th.	8054	Lip.
Keelberg der, in Achenthal. Ka.	6818	Lip.
Kelchalpe bei Kitzbüchl, das Berghaus. Th.	4559	Ung.
Kelchsau, die Kapelle. Th.	2542	Lip.
Kellerjoch bei Schwaz. Th.	7362	Lip.
Kirchberg, Dorf bei Kitzbüchl, a.d.Brücke. Th.	2439	Lip.
Kirchbüchl, Dorf i. Unterinnth. d. Kirche. Ka.	1583	Lip.
Kirchdach, Berg in Gschnitz. Ka.	9034	Lip.
Kitzbüchl, Stadt. Th.	2414	Ung.
Kitzbüchl, das Horn. Ka.	6197	Ung.
Kniebiss in Sellrain, Berghaus. Gl.	4920	Pran.
Köglhörnl in Thiersee. Ka.	5283	Lip.
Kössen, Dorf, das Hammeramt. Ka.	1835	Lip.
Kolsass, Dorf bei Schwaz. Th.	1776	Lip.
Komparberg in der Hinteriss. Ka.	6345	Lip.
Korspitze in Zillerthal. Th.	7082	Lip.

Krapberg bei Landeck. Gl.	6957	Klg.
Kressbach in Stubai, die Kapelle. Gn.	2408	Lip.
Kreuzjoch bei Kühetei in Oetzthal. Gl.	8412	Trin.
Kreuzjoch im Spertenthal. Th. u. K.	5615	Lip.
Kreuzjoch in der wilden Krimml. Th.	8002	Lip.
Kreuzspitz bei Bschlaps. Ka.	7939	Trin.
Krimmler-Tauern, die Jochhöhe. Gn.	8749	Trin.
Kühetei in Oetzthal. Gl.	6347	Trin.
Kufstein, die Stadt. Ka.	1514	Lip.
Kugelhorn in Lechthal. Ka.	6692	Grz.R.
Kuhkaiserberg, südl. von Kitzbüchl. Th.	6521	Ung.
Lachwaldspitze in der Hinteriss. Ka.	7297	Lip.
Längenthalerferner, das untere Ende. Gn.	7632	Pran.
Lähn, östl. von Reitte, die Kirche. Ka.	3561	Trin.
Lämmerbichl der, bei Kitzbüchl. Ka.	5471	Ung.
Lampsenjoch, nordwestl. von Schwaz. Ka.	6124	Lip.
Lampsenspitze „ „ Ka.	7710	Lip.
Landeck, die Innbrücke. Th.	2649	Trin.
Langsee der, in der Gerlos. Th.	6949	Lip.
Lannersbach, Dorf in Dux. Th.	3968	Lip.
Lans, Dorf bei Innsbruck. Th.	2594	Pran.
Lanserköpfe bei Innsbruck. Th.	2989	Lip.
Larchet, Alphütte im Karwendelthal. Ka.	3658	Lip.
Lavatscherjoch, Uebergangs-Punkt in das Lavatschthal. Ka.	6706	Lip.
Lengenfeld, Dorf in Oetzthal. Gl.	3809	Klg.
Leermos, Dorf, die Kirche. Ka.	3255	Trin.
Leutasch, Dorf bei Scharnitz, die Kirche. Ka.	3664	Trin.
Lisens, Alpenhaus in Sellrain. Gl.	4971	Pran.
Löffelspitze in Zillerthal. Gn.	10493	Lip.
Luchsegger-Berg im Thale Steinberg. Ka.	6662	Lip.
St. Magdalena im Hallthal. Grauwacke.	4114	Lip.
St. Magdalena im Thale Lisens. Gl.	5070	Lip.
Mairhofen, Dorf in Zillerthal. Th. m. Ka.	1904	Lip.
Maria-Rast am Heinzenberg in Zillerthal. Th.	2208	Lip.
Marienberger-Alpe bei Nassereit. Ka.	5104	Vgl.
Marschkopf in Zillerthal, nordw. v. Zell. Th.	8041	Lip.
Martinswand, die Landstrasse. Ka.	1885	Trin.
Martinswand, die Höhle am Kreuz. Ka.	2546	Trin.
Matrei, Markt. Gl.	3088	Lip.
Mauknerötz b. Rattenberg, d. Kramstollen. Ka.	4004	Lip.

Höhen-Messungen: II. Nordtirol. 1371

Maurach, höchster Punkt der Strasse, bei Jenbach. Dil.	3063	Lip.
Mädelejoch, nördlich von Holzgau. Ka.	6306	Trin.
Medraz in Stubai. Gl.	2892	Lip.
St. Michael im Walde, bei Hall. Ka.	2786	Lip.
Mieders, Dorf in Stubai. Gl.	3015	Lip.
Mitterhorn, südöstlich bei Waidring. Ka.	8028	Lip.
Mülleralphütte in Navis bei Steinach. Th.	5908	Lip.
Muttekopf bei Imst. Ka.	8755	△
Muttenjoch, südwestl. von Steinach. Ka.	7842	△
Mutters, Dorf bei Innsbruck. Dil.	2571	△
Namles im Lechthale, die Kirche. Ka.	3961	Trin.
Nassereit in Oberinnthal, das Posthaus. Ka.	2677	Thur.
Natters, Dorf bei Innsbruck. Dil.	2429	Lip.
Nauders, das Schloss. Th.	4376	Trin.
Naunpitze bei Kufstein (nordöstl.). Ka.	5191	Lip.
Navis bei Steinach, die Kirche. Th.	4216	Lip.
Neustift in Stubai. Gl.	3106	Lip.
Niederau in Wildschönau, die Kirche. Th.	2413	Lip.
Niederjöchl bei Jerzens in Pizthal.	7566	Trin.
Niederndorf, nördlich von Kufstein, das Wirthshaus. Ka.	1521	Lip.
Nockhöfe die obern, bei Innsbruck. Gl.	3870	Lip.
Oberau in Wildschönau, die Kirche. Th.	2895	Lip.
Obergurgl in Oetzthal. Gl.	5972	Klg.
Oberiss, Alpe in Stubai. Hornblendeschiefer.	5450	Lip.
Obermiemingen. Ka.	2816	Thur.
„ höchster Punkt der Strasse nach Nassereit. Ka.	3612	Thur.
Obernberg bei Steinach. Th.	4467	Vgl.
Ochsengarten, Dorf in Oetzthal. Gn.	4985	Trin.
Oetz, Dorf in Oetzthal. Gl.	2621	Trin.
Ofnerspitz in Lechthal. Ka.	8127	Grz.R.
Padaun-Höfe bei Gries am Brenner. Th.	4824	Lip.
Padaunerkogl bei Gries am Brenner. Th.	6638	Lip.
Palljoch, südöstlich von Rattenberg. Th.	6705	Lip.
Patsch, Dorf bei Innsbruck. Th.	3129	Lip.
Patscherkofl bei Innsbruck. Th.	7133	Lip.
Pentlstein bei Steinach. Th.	7642	Lip.
Pertisau in Achenthal, das obere Gasthaus. Ka.	3120	Lip.
Peterköpfl im hintern Kaiserberg. Ka.	6673	Lip.

1372 Höhen-Messungen: II. Nordtirol.

Pfafflar, die ersten Häuser in Lechthal. Ka.	5063	Trin.
Pfansjoch in Achenthal, nordw.v.Pertisau. Ka.	6269	Lip.
Pfunerjoch bei Matrei. Th.	8344	Lip.
Pfunds, das Posthaus. Th.	3030	Trin.
Piller, Uebergang von Prutz nach Pitz. Gl.	4455	Klg.
Pillersee der, bei Waidring. Ka.	2581	Lip.
Piniserjoch zwischen Gschnitz u. Stubai. Gl.	8344	Lip.
Pizlat der, bei Nauders. Ka.	8833	△
Planggeross, Weiler in Pitzthal. Gl.	5264	Trin.
Plansee der, bei Reutte. Ka.	3128	Trin.
Plattberg bei Lermoos, die Spitze. Ka.	7140	Trin.
Platteikogl im Rofenthal. Gl.	10661	Sup.
Pleissenspitze in Hinterauthal. Ka.	8170	Lip.
Plumserjoch, Uebergangspunkt von Hinter-Iss nach Achenthal. Ka.	5289	Lip.
Pollesthal, d. hintere Alphütte in Oetzthal. Gl.	6632	Trin.
Ponten, in Lechthal.	6458	Grz.R.
Praxmar, Weiler in Sellrain. Gl.	5274	Pran.
St. Quirin in Sellrain, die Kirche. Gl.	3785	Pran.
Rabenspitze in Achenthal. Ka.	6615	Lip.
Rastkogl, auch Graukopf, in Dux. Th.	8942	Lip.
Rattenberg, der Schlossberg. Ka.	1808	Lip.
Rattenberger - Stadtberg. Ka.	2844	Lip.
Rauchhorn in Lechthal. Ka.	7077	Grz.R.
Reiche Spitz in der Gerlos. Gn.	9340	△
Reiterdörfl bei Waidring. Ka.	2335	Lip.
Reith bei Brixlegg. Ka.	2091	Lip.
Rettenstein grosser, bei Kitzbüchl. Ka.	7301	Ung.
Reutte bei Füssen. Ka.	2767	Trin.
Ried, Dorf in Oberinnthal. Th.	2840	Trin.
Riedlkarspitze im Hinterauthale. Ka.	8112	Lip.
Rifflsee im Pitzthale. Gl.	7218	Klg.
Rinn, Dorf bei Hall, die Kirche. Th.	2952	Lip.
Rofen im Oetzthale. Gl.	6155	Schl.
Rofenberg, der südöstliche Gipfel. Gl.	8916	Schl.
Rosenjoch im Viggar bei Matrei. Th.	8792	Lip.
Rosskogl, südwestlich von Zirl. Gl.	8332	Lip.
Rosskopf bei Achenrain. Ka.	4913	Lip.
Rothenstein bei Serfaus. Th. mit Ka.	6670	Trin.
Rothsteinspitze bei Berwang. Ka.	7455	Vgl.
Rum bei Hall, die Kirche. Dil.	1971	Lip.

Höhen-Messungen: II. Nordtirol.

Rutzbach, an der Brücke von Telfes nach Mieders. Gl.	2758	Lip.
Salve die hohe, bei Hopfgarten. Ka.	5656	Lip.
Samaunerjoch, der Uebergang von Ischl nach Graubünden. Th.	8159	Trin.
Säuling der hohe, bei Reutte. Ka.	6433	Grz.R.
Schöfler, Alpenhütte ober Pfons b. Matrei. Th.	6479	Lip.
Schafreiter der. Cränzjoch i. d. Hinteriss. Ka.	6606	Grz.R.
Schafseitensritze in Schmirn. Th.	8168	Lip.
Schafspitze in Achenthal. Ka.	6734	Lip.
Scharnitz, Dorf. Ka.	2948	Lip.
Schattwald in Lechthal, das Badhaus. Ka.	3486	Trin.
Scheffau bei Ellmau, die Kirche. Sandst.	2299	Lip.
Scheffauerspitze bei Ellmau. Ka.	7339	Ung.
Scheibenberg, zwischen Navis u. Schmirn. Th.	7800	Lip.
Schlitters in Zillerthal, die Kirche. Th.	1785	Lip.
Schmirn bei Steinach, die Kirche. Th.	4424	Lip.
Schnan, Dorf im Stanzerthale. Ka.	3859	Trin.
Schneidejoch (Schnuitejoch) in Achenthal. Ka.	5588	Lip.
Schönberg bei Innsbruck, d. Kirche. Gl. u. Dil.	3189	Lip.
Schrofen am, Uebergang in Lechthal. Ka.	5340	Grz.R.
Schwader, Eisensteinbau bei Schwaz. Th.	4423	Lip.
Schwaz, Markt. Th.	1751	Lip.
Schwent, Dorf bei Kössen. Ka.	2095	Lip.
Schwoich bei Kufstein, die Kirche. Ka.	1771	Lip.
Seefeld. Torf.	3760	Lip.
Seegrubenspitze bei Innsbruck. Ka.	7163	△
Seileberg (Nockspitze) bei Innsbruck. Ka.	7610	Lip.
Sellrain im Sellrainerthale, der Widdum. Gl.	2833	Pran.
Serfaus bei Ried. Th.	4652	Trin.
Serlesspitze in Stubai. Ka.	8636	Lip.
St. Sigmund in Sellrain. Gl.	4686	Pran.
Silz, Dorf. Gn. und All.	2148	Klg.
Similaunspitze im Schnalserthale. Gl.	11424	△
Sistrans, Dorf bei Innsbruck. Th. u. Dil.	2896	Lip.
Sölden, Dorf in Oetzthal. Gl.	4434	Trin.
Söll in Unterinnthal, das Posthaus. Sandst.	2062	Lip.
Solstein der grosse, bei Innsbruck. Ka.	9393	Fal.
Sonnenwendjoch hinteres, in Thiersee. Ka.	6140	Lip.
Sonnenwendjoch vorderes, in Acherain. Ka.	7065	Lip.
Sonnenjoch im Alpbachthale. Th.	7011	Lip.

1374 Höhen-Messungen: II. Nordtirol.

Sonnenjoch, westlich von Pertisau. Ka.	7785	Lip.
Sonntagkopf in Dux. Th.	8146	Lip.
Speck-Korspitze im Hallthale. Ka.	8378	Lip.
Spianjoch, zwischen Prutz u. Paznaun. Gl.	9271	△
Spielberg, östl. v. Kitzbüchl. Sandstein u. Ka.	6401	Ung.
Spiss, die Kapelle, 500' unter dem Dorfe. Th.	4635	Trin.
Staffkogl, östlich von Jochberg. Th.	6515	Ung.
Stallenalpe bei Stans nächst Schwaz. Ka.	4196	Lip.
Stams, die Waldkapelle ober d. Kloster. Th.	2610	Trin.
Stanerjoch bei Schwaz. Ka.	6714	Lip.
Stanzkopfjoch, nordwestl. von Pettneu. Ka.	8698	△
Stanzach im Lechthale, d. Wirthshaus. Ka.	3062	Trin.
Steinach im Wippthale. Gl.	3172	Lip.
Steinacherjoch im Wippthale. Ka.	7046	Lip.
Steinberg, nordw. v. Rattenberg, d. Kirche. Ka.	3020	Lip.
Steinmandl bei Piller.	7494	Trin.
Steinplatte bei Waidring die Spitze. Ka.	5948	Lip.
Stempeljoch im Gleirschthale. Ka.	7083	Lip.
Stierjoch, zwischen Achenthal u. Riss. Ka.	5985	Grz. R.
Stierkopf, nordwestl. von Fliersch. Kn.	7836	Sau.
Stög, Dorf im Lechthale. Ka.	3592	Trin.
Streitegger-Brünnl bei Kitzbüchl. Th.	5703	Ung.
Strub, der Pass. Ka.	2095	Lip.
Stum, Dorf in Zillerthal. Th.	1758	Lip.
Tauben-See bei Kössen. Ka.	3586	Lip.
Taurerjoch bei Hall. Ka.	6726	Fal.
Telfes, Dorf in Stubai. Gl.	3054	Lip.
Telfs, das Posthaus. All. u. Ka.	1999	Trin.
Thannheim (Höfen), die Kirche. Ka.	3497	Trin.
Thierbach bei Rattenberg, das Wirthshaus. Sandstein u. Ka.	3717	Lip.
Thierberg, Kapelle bei Kufstein. Ka.	2225	Lip.
Thiersee der, bei Kufstein. Ka.	1938	Lip.
Thiolspitze bei Landeck. Gl.	7733	Klg.
Thor das, südöstl. v. Jochberg (Thorhelm)? Th.	6395	Ung.
Timmljoch, Ueberg. v. Oetzthal n. Passeier. Gl.	8000	Trin.
Trazberg, Schloss bei Schwaz. Ka.	2122	Lip.
Trefauer-Kaiser bei Ellmau. Ka.	7320	△
Treinsberg der, in Thiersee. Ka.	5204	Lip.
Trins in Gschnitz.	3745	Lip.
Tristenspitze in Zillerthal (Tristjoch?) Th.	8615	Lip.

Höhen-Messungen : II. Nordtirol. 1375

Tschirgant der, bei Imst. Ka.	7275	San.
Tulfes, Dorf bei Hall. Th.	2935	Lip.
Uderns in Zillerthal. Th.	1762	Lip.
Umhausen in Oetzthal. Gl.	3257	Trin.
Unterberg bei Kössen. Ka.	5508	Lip.
Unterhöfen (Hasselgehr), die Brücke über den Lech. Ka.	3214	Trin.
Unnutz-Berg in Achenthal. Ka.	6669	Lip.
Urspring, das Gasthaus an Baierns Gränze. Ka.	2457	Lip.
Veitsberg in Thiersee. Ka.	5532	Lip.
Verpeil, Alphütte bei Landeck. Gl.	6072	Klg.
Vill bei Innsbruck. Th.	2584	Lip.
Vils, Gränzstadt. Ka.	2674	Trin.
Vilsalper-See im Lechthale. Ka.	3598	Trin.
Vinaders im Wippthale, die Kirche St. Leonhard. Th.	3950	Lip.
Volderthal, das Badhaus. Th.	3489	Lip.
Volders, das Posthaus. Th.	1794	Lip.
Vorderhornbach im Lechthale. Ka.	2922	Trin.
Vorder-Thiersee, die Kirche. Ka.	2093	Lip.
Vulpmes in Stubai, beim Lutz. Gl. u. Ka.	2894	Lip.
Waidring. Ka.	2402	Lip.
Walchsee der. Ka.	2099	Lip.
Waldrast, die Klosterruine in Stubai. Ka.	5164	Thur.
Waldrasterspitze = Serles.		
Wanneck, nordwestl. bei Nassereit. Ka.	7868	San.
Weerberg bei Schwaz, die Kirche. Th.	2669	Lip.
Weissenbach in Lechthal, die Kirche. Ka.	2844	Trin.
Weisser See im Kaunserthale. Gl.	7977	Klg.
Wens, Dorf in Pizthal. Gl.	3295	Trin.
Wetterstein, höchster Punkt. Ka.	7834	Grz.R.
Wetterschrofen. Ka.	8534	Grz.R.
Wildegradkogl, westl. v. Umhausen. Gl.	9385	△
Wilden hintere, im Lechthale. Ka.	7497	Grz.R.
Wildspitzferner in Pizthal. Gl.	11911	△
Windeck bei Hall. Th.	3759	Lip.
Wörgl. All. u. K.	1601	Lip.
Zams bei Landeck. Ka. u. Th.	2628	San.
Zell am Ziller. Th.	1784	Lip.
Zirl, Dorf. Ka.	1956	Lip.
Zugspitze die, an der bairischen Gränze. Ka.	9339	Grz.R.

1376 Höhen-Messungen: III. Deutsches Südtirol.

Zunderberg bei Hall, die Kaiserpyramide. Ka.	5436	Lip.
Zunderjoch in Achenthal. Ka.	6365	Lip.
Zwieselstein in Oetzthal. Gl.	4545	Trin.

III. Deutsches Südtirol.

Aflngen, Ort bei Bozen. Po.	3262	Oettl.
Altenburg, Schloss bei Kaltern. Dil.	1210	Oettl.
Ameiser der, bei Klobenstein. Po.	4020	Oettl.
Amblach, Ort bei Lienz, die Thalsohle. Ka.	2232	Trin.
Andraz in Buchenstein, die Kirche. Ka.	4512	Trin.
Andrian, Ort bei Bozen. Po. u. Ka.	1323	Trin.
Antholz, Bad in Pusterthal. Gn.	3400	Oettl.
Antholz, das Dorf, an der Gassen. Gn.	4286	Oettl.
St. Antoni bei Bozen. Po.	1232	Oettl.
St. Antoni bei Kaltern. Dil. u. K.	1684	Oettl.
Azwang bei Bozen, das Posthaus. Po.	1072	Kr.
Bilsberg, Jochübergang von Ulten nach Martell. Gl.	9026	Frs.
Blankensteinspitze bei Brixen.	7647	Vgl.
Blumau, Ort bei Bozen. Po.	993	Trin.
Bozen*), die Stadt. All. u. Po.	791	Trin.
Bozen, die Stadt.	1116	Oettl.
Brad in Vintschgau, das Posthaus. Th. u. Ka.	2967	Thur.
Brandis, Schloss das alte, bei Lana. Po.	1518	Trin.
Branzoll, Dorf bei Bozen. Po.	769	Str.B.
Brennerkapelle zwisch.Nauders u.Reschen. Gl.	4828	Trin.
Brixen, die Stadt. Th.	1802	Trin.
Brunecken, die Stadt. Th.	2665	Trin.
Buchenstein, das Schloss. Mel.-Sandstein.	5681	Trin.
Burgstall bei Meran. Po.	1220	Oettl.
Campidell, ober Jenesien bei Bozen. Po.	4116	Oettl.
Campill in Enneberg, die Kirche. Ka.	4395	Trin.
St. Cassian im Abteithale. Mel.-Sandstein.	4905	Trin.
Castel Feder bei Neumarkt. Po. u. Ka.	1006	Oettl.

---

*) Unter den vielen Höhenangaben der Stadt Bozen, die von 756′ bis 1194′ variren, halten wir die von Thurwieser mit 896′ (Haas'sche Apotheke) für die richtigste. Unsere durch 3 Jahre fortgesetzten Barometer-Beobachtungen werden wir später zusammenstellen und veröffentlichen.

Höhen-Messungen: III. Deutsches Südtirol. 1377

St. Catharina bei Hafling nächst Meran. Po.	3934	Trin.
Churburg, Schloss bei Mals. Th. u. Gl.	3195	Thur.
Col di Lana in Buchenstein. Mel.-Sandstein.	7884	Trin.
Cortina in Ampezzo. Ka.	3849	Trin.
St. Cosmas bei Bozen. Po.	1316	Oettl.
St. Cyprian, Kapelle in Tiers. Ka.	3382	Trin.
Danzewellekopf im Matscherthale. Gl.	10042	△
Danzbach der, beim Einfluss in die Talfer. Po.	2181	Oettl.
Deutschnofen bei Bozen. Po.	4338	Trin.
Dietenheim bei Brunecken. Th.	2722	Str. B.
Dornsberg, Schloss bei Naturns. Gl.	1741	Trin.
Durnholz in Sarnthal. Gl.	4749	Trin.
Durnholzer Joch nach Pens. Gl.	6785	Oettl.
Eggat, Bad an der Töll. Gl.	1588	Trin.
Ehrenburg, Schloss bei Lorenzen. Th.	2578	Str.B.
Eidexberg, nördl. von Untervintl. Th.	8398	△
Eisbruckeralpe, nordöstl. von Pfunders. Gl.	6607	Vgl.
Enn, Schloss bei Neumarkt. Ka.	1860	Oettl.
Enneberg, das Jöchl zwischen St. Vigil und Pikolein.	5048	Trin.
Enneberg, das Jöchl zwischen St. Vigil und Wengen.	5996	Fl.
Enneberg, das Jöchl zwischen Campil und St. Leonhard. Ka.	5534	Fl.
Eppan, Dorf bei Bozen. Dil. u. Po.	1432	Oettl.
Erlach- (Mösel-) Bad in Prax. Th. u. Ka.	4351	Trin.
Eschenloh, Schlossruine in Ulten. Gr.	1564	Oettl.
Eyers in Vintschgau, die Brücke. Th.	2753	Trin.
Felber-Taurn, das Kreuz am Joch. Gr.	7890	Trin.
Felber-Taurn, das Taurnhaus gegen Windischmatrei. Gl.	4834	Trin.
Fennberg, Ort ober Margreid, die Kirche. Ka.	2960	Oettl.
Fischburg (Schloss Wolkenst.) in Gröden. Ka.	4396	Oettl.
Flaas, Ortschaft ober Jenesien. Sandstein.	4258	Trin.
St. Florian bei Salurn. Ka.	656	Etsch.R.
Fortscheller Joch, nördlich bei Klausen. Th.	7311	Trin.
Franzensveste bei Brixen. Gr.	2282	Trin.
Franzenshöhe, das Posthaus unter dem Wormser Joch. Ka. u. Th.	6903	Trin.
Fürst hoher, bei Plan in Passeier. Gl.	10752	△
Gadriaberg bei Laas in Vintschgau. Gl.	9285	Sup.

1378 Höhen-Messungen: III. Deutsches Südtirol.

Gait, Berggemeinde ober Eppan. Ka. u. Po.	2516	Oettl.
Gampen der, in Ulten. Po. u. Ka.	5360	Oettl.
Gamsbruck die, Weg v. Bozen n. Ritten. Po.	2309	Oettl.
Gandegg, Schloss bei Eppan. Po.	1578	Oettl.
Gantkofl (Kankofl), nordwestl. v. Eppan. Ka.	5884	△
Gargazon, zwischen Bozen und Meran. Po.	856	Str.B.
Gargazon, die Etsch. All.	788	Etsch.R.
Geisselsberg, südöstlich von Brunecken, die Kirche. Th.	4483	Trin.
St. Georg im Afererthal, die Kirche. Th.	2724	Trin.
St. Gertraud in Ulten. Gl.	4773	Trin.
St. Gertraud in Sulden, die Kirche. Th.	5823	Trin.
Gisman, am Ritten, d. Kirche. Po.	4372	Oettl.
Glaning, Ort bei Bozen. Po.	2700	Oettl.
Glögg das, Rittneralpe. Po.	5370	Oettl.
Glurns, die Stadt. All. u. Gl.	2657	Sup.
Gmund bei Auer. Po.	696	Etsch.R.
Gossensass am Brenner, die Brücke. Th.	3366	Trin.
Gostenberg bei Welsberg, höchster Punkt der alten Strasse. Th.	3435	Str.B.
Graun in Vintschgau, die Kirche. Gl.	4690	Trin.
Greifenstein, Schloss bei Bozen. Po.	1956	Oettl.
Grentalpe die, in Antholz.	6150	Oettl.
Grimm das Joch, bei Bozen. Ka.	7434	Trin.
Grödnerjoch. Ka.	6790	Sup.
Grossglockner der. Gl.	12563	Schl.
Grossglockner der, nach Schliegg.	12322	
Grünwald-Alpe in Prax. Ka.	5212	Trin.
Gsieser-Joch.	7090	Trin.
Gufidaun bei Klausen, das Kreuz am Dorfe. Th.	2252	Trin.
Hafling bei Meran, die Kirche. Sandst. u. Po.	4092	Trin.
Haid, Dorf in Hochvintschgau. Gl.	4529	Thur.
Hatscheroëwand, südwestl. von Laas.	10043	△
Hauenstein, Schloss bei Ratzes. Ka.	3422	Oettl.
Heilig-Grab bei Bozen. Po.	1226	Oettl.
Heilig-Grab bei Eppan. Dil. u. Po.	1580	Oettl.
Hühnerspiel das, Berg östl. von Sterzing. Gl.	8566	△
Hohen-Eppan, die Warth. Po.	1548	Oettl.
Höhlenstein in Ampezzo, das Wirthshaus. Ka.	4574	Trin.
Horn, der Rittnerhorn bei Bozen. Po.	7368	Oettl.
St. **J**acob bei Oberbozen. Po.	3468	Oettl.

Höhen-Messungen: III. Deutsches Südtirol. 1379

St. Jacob in Tefereggen. Gr.	4462	Trin.
Jaufen der, Uebergangspunkt beim Kreuz. Gl.	6626	Vgl.
Jenesien, Dorf hei Bozen. Po.	3201	Trin.
Ifinger-Spitze, östlich von Meran. Gr.	8057	△
Innichen, der Markt. Th.	3567	Oettl.
Innichen, das Bad. Ka.	3694	Oettl.
Jochübergang von Mühlbach nach Weissenbach in Taufers. Th.	7438	Vgl.
zwischen der Röthlspitz u. dem Neveser Ferner n. Lappach. Gl.	8117	Vgl.
von Mauls nach Vals. Gr.	6093	Vgl.
alle tre croci in Ampezzo nach Auronzo. Ka.	5606	Trin.
– von Buchenstein n. Ampezzo.	6820	Bisch.
von Geiselsberg n. Prax über die Grünwaldalpe. Ka.	7178	Trin.
von Gröden nach Vilnöss am Kreuz.	6806	Trin.
von Kals nach Heilig-Blut. Th.	8453	Trin.
von Margreid nach Castell Thunn. Ka.	4986	Trin.
von Fassa (über Caressa) nach Bozen. Po.	5753	Trin.
vom Gemark in Ampezzo nach Prags. Ka.	6276	Trin.
von Tisens nach Nonsberg, die Kreisgränze. Ka.	5241	Trin.
von Matrei nach Kals, über das Thörl. Th.	7098	Trin.
über das Stilfserjoch bei Pens, am Kreuze.	7078	Vgl.
Kals bei Lienz. Th.	4211	Trin.
Kaltern, der Markt. Dil.	1811	Trin.
Kaltern, der See. All. u. Po.	630	Fl.
Kapenn bei Bozen. Po.	1430	Oettl.
Karthaus in Schnals. Gl.	4645	Rod.
Kardaun bei Bozen. Po.	874	Trin.
Karspitze (Kor-) in Schalders. Th.	8010	Vgl.
Kasern, Wirthshaus in Ahrnthal. Gl.	4996	Trin.
Kastelrutt, Dorf. Sandstein u. Po.	3349	Trin.
Kematen, Weiler am Ritten. Po.	4538	Oettl.

1380 Höhen-Messungen: III. Deutsches Südtirol.

Kematen in Pfitsch. Th.	4412	Vgl.
Klausen, die Stadt. Th.	1604	Trin.
Klein-Kreuzspitz in Passeier. Gl.	7952	△
Kleinstein am Ritten. Po.	1937	Oettl.
Klobenstein am Ritten. Po.	3814	Oettl.
Königswand die, am Ortler. Urkalk u. Gl.	12198	△
Kobenkirchl das, am Ritten. Po.	3363	Oettl.
Kollern bei Bozen, die Kirche. Po.	3968	Oettl.
Kolman, Dorf. Th.	1590	Oettl.
Korb, Schloss bei St. Pauls. Po.	1416	Oettl.
Kreuzberg in Sexten. Ka. Th.	5285	Trin.
Hl. Kreuz bei St. Leonhard in Abtei. Ka.	6485	Trin.
Kronplatz, Alpe bei Bruneck. Th.	7276	Trin.
Kurtatsch, Dorf. Ka.	1035	Trin.
Kurtinig, Dorf. All.	612	Etsch.R.
Laas in Vintschgau. Gl. Th.	3716	Thur.
Laaserspitze in Vintschgau. Gl.	8102	Sup.
Labachspitze bei Partschins. Gl. Gn.	9765	△
Lana, Dorf, die Brücke. All. Gr.	1381	Trin.
Langkofl. Ka.	9600	Trin.
Langegg, Schloss bei Bozen. Po.	1937	Oettl.
Langtaufers, der Widdum. Gl.	5816	Trin.
Lappach, Dorf, die Kirche. Gl.	4500	Vgl.
Larzonei, Weiler in Buchenstein. Melaphyr-Sandstein u. Ka.	5230	Trin.
Latsch, Dorf. All. Gl.	2053	Thur.
Laugenspitze (M. Luch). Po.	8146	Trin.
Lavant, Dorf bei Lienz. Ka.	2543	Trin.
Layen, Dorf bei Kolman. Po.	3642	Oettl.
Leifers, das Wirthshaus. Po.	770	Trin.
Lengmoos auf dem Ritten. Po.	3796	Oettl.
Lengstein auf dem Ritten. Po.	3213	Oettl.
St. Leonhard in Abtei. Ka.	4355	Trin.
St. Leonhard bei Sillian. Th.	4480	Trin.
St. Leonhard in Passeier, die Kirche. Gl.	2147	Vgl.
Leuchtenburg, Schloss bei Kaltern. Po.	1864	Oettl.
Lienz, die Stadt. All.	2172	Trin.
Löwenberg, Schloss bei Meran. Gr.	1800	Oettl.
St. Lorenzen bei Bruneck. Th.	2601	Str.B.
Liisen bei Brixen. Th.	2931	Trin.
St. Lucia Colle di, in Buchenstein.	4625	Trin.

Höhen-Messungen: III. Deutsches Südtirol. 1381

Lusenhorn der, in Tefereggen. Gl.	8897	Bisch.
St. Magdalena in Gsiess. Gr. Gl.	4497	Trin.
St. Magdalena in Villnöss.	4199	Trin.
St. Magdalena in Ridnaun. Gl.	4485	Vgl.
St. Magdalena bei Bozen. Po. u. Dil.	1316	Oettl.
Margreid im Etschland. Ka.	730	Str.B.
Mals, das Hofwirthshaus. Th.	3371	Trin.
St. Maria nel bosco (Unser Frau im Wald). Ka.	4334	Trin.
Maria-Schnee (Oberbozen). Po.	4031	Oettl.
Mauls bei Sterzing. Th. u. Gr.	2876	Vgl.
Mendel, das Wirthshaus. Ka.	4787	Trin.
Meran, die Stadt. Gr. u. Th.	953	Trin.
Missian bei Bozen. Po.	1316	Oettl.
Mittelberg am Ritten. Po.	3594	Oettl.
Mitterbad das, in Ulten. Po.	3459	Trin.
Mittewald bei Sterzing. Gr.	2531	Trin.
Mittewald bei Lienz. Th.	2890	Trin.
Mölten bei Bozen. Po.	3520	Trin.
Möltnerjoch bei Bozen. Rother Sandstein.	6311	Trin.
Moos in Passeier, die Kirche. Gl.	3188	Schl.
Mühlbach bei Brixen. Gr.	2436	Vgl.
Münster, benachbarte Schweiz. Gl.	3979	Thur.
Nals bei Lana. Ka. u. Sandstein.	833	Str.B.
Naturns, die Post. Gl.	1617	Trin.
Neumarkt. All. Ka.	729	Str.B.
Niederndorf in Pusterthal. Th.	3592	Str.B.
Nornberger-Spitze in Pfitsch. Ka. Gn.	8555	Trin.
Oberbozen, suche Maria-Schnee.		
Oberasen in Pusterthal. Gl.	3122	Oettl.
Obervintl, die Post. Gr.	2429	Str.B.
Oberinn am Ritten. Po.	4380	Oettl.
Ohnach bei Lorenzen, die Kirche. Th.	3539	Vgl.
Ornella in Buchenstein, die Kirche.	8871	Trin.
Ortler-Spitze. Ka.	12351	△
Padon-Spitze in Buchenstein. Mel.	8561	Trin.
St. Pauls in Ueberetsch. Dil. u. Po.	1262	Oettl.
Pavione (Col di Luna). Ka.	7595	Trin.
Pemmern an der Rittneralpe. Po.	4960	Oettl.
Pens, die Kirche. Gl.	4657	Vgl.
Penserjoch. Gl.	6528	Oettl.
Percha bei Bruneck. Th.	3232	Trin.

1382 Höhen-Messungen: III. Deutsches Südtirol.

Petersberg bei Bozen, die Kirche. Po. mit Sandstein.	4424	Trin.
Pfitscherjoch, der Uebergang von Zams nach Pfitsch. Gn.	7096	Lip.
Pflersch, die Kirche. Gl.	3976	Trin.
Pflimspitze bei Laas.	9822	△
Pfundererberg, das untere Bergbaus. Diorit und Thonschiefer.	3326	Trin.
Pfunders in Pusterthal, die Kirche. Gl.	3684	Vgl.
Pikolein, die Försterswohnung. Th.	3600	Trin.
Plan in Gröden, das Wirthshaus. Ka.	5154	Trin.
Ploseberg, östlich von Brixen. Th.	7893	△
St. Pankraz in Ulten. Th.	2333	Trin.
Portoi in Buchenstein. Ka.	7132	Trin.
Prags, das Bad. Ka.	4298	Oettl.
Pregratten, das Dorf. Th.	4167	Trin.
Pressels, Schloss bei Völs. Rother Sandst.	2520	Oettl.
Raschötz, Alpe in Gröden. Po.	7360	Oettl.
Ratschinges bei Sterzing, die Kirche. Gl.	4006	Trin.
Ratzes, das Bad. Ka.	4161	Oettl.
Reinswald in Sarnthal. Th.	4784	Oettl.
Remsspitze im Matscherthale. Gl.	10136	△
Reschen in Vintschgau. Gn. Gl.	4431	Snp.
Riednaun bei Sterzing. Gl.	4222	Vgl.
Rittneralpe, auf der Schön beim Kreuz. Po.	5686	Oettl.
Röën Monte, bei Tramin. Ka.	6674	△
Rosswagen der, bei Gisman. Po.	5800	Oettl.
Rothwandspitze in Gsiess. Gl.	8755	Hff.
Runkelstein, Schloss bei Bozen. Po.	1410	Oettl.
Saal am Ritten. Po.	3800	Oettl.
Saam der, bei Gisman. Po.	5460	Oettl.
Sarnerscharte die. Po.	7960	Oettl.
Salurn. Ka.	650	Etsch.R.
Sauschloss das, bei Bozen (Greifenstein). Po.	2980	Oettl.
Schabs bei Brixen. Dil. Th.	2456	Oettl.
Schalders bei Brixen. Th.	3710	Trin.
Schlanders, beim Kreuzwirth. Gl.	2254	Thur.
Schleinitzspitze bei Lienz. Gl.	9342	Trin.
Schleierherg bei Gossensass. Ka.	6986	△
Schlern der, die Spitze. Ka.	8094	△
Schneeberg bei Sterzing, die Spitze links am schwarzen See. Gl.	8672	Zal.

Höhen-Messungen: III. Deutsches Südtirol.

Schöna bei Meran, das Schloss. Th.	2323	Trin.
Schönau in Passeier. Gl.	4862	Schl.
Schröfwand die, in Schnals. Gl.	9126	△
Schwarzhorn bei Bozen. Po.	7722	Oettl.
Schweinferjoch in Schnals (Weisskogl). Gl.	11838	△
St. Sebastian am Ritten. Po.	2686	Oettl.
Seis bei Kastelrutt. Ka. mit Sandstein.	2960	Oettl.
Seiseralpe, auf Tschapith. Mel.	7064	Oettl.
Seiseralpe, auf Buflatsch.	6259	Oettl.
Seiseralpe, Spitzbüchl.	6164	Oettl.
Seit bei Bozen, die Quelle. Po.	2000	Oettl.
Sexten (Unter-), die Kirche. Th. Ka.	4218	Trin.
Siebenaich bei Bozen. All. Po.	836	Str.B.
Siebenpfarrer, Hof bei Oberinn. Po.	4704	Oettl.
Siffian am Ritten. Po.	2960	Oettl.
St. Sigmund bei Untervintl. Th.	2466	Oettl.
Sigmundscron, die Brücke. All. Po.	752	Etsch.R.
Signat am Ritten, die Kirche. Po.	2516	Oettl.
Signat, der Kopf. Po.	3284	Oettl.
Sillian. Th.	3462	Rsch.
Similaun der, in Schnals. Gl.	11424	△
Speichgrubenspitze bei Windischmatrei. Th.	8687	Trin.
Spinges bei Brixen. Gr.	3436	Vgl.
Spingeser-Ochsenboden, der Gipfel. Gr.	7448	Sup.
Spitznerjoch in Ulten. Gl.	7640	△
Steg bei Bozen. Po.	1045	Trin.
Stein am Ritten, die Ruine. Po.	2460	Oettl.
Steinegg bei Bozen, die Kirche. Po.	2482	Oettl.
Sterzing, die Post. Th. All.	2964	Trin.
Stilfserjoch bei Sterzing. Gl.	7631	△
Stilfserjoch, suche Wormserjoch.		
Suldener Ferner, der Fuss (1846). Gl.	6301	Trin.
Sulzbacher Ferner in Pregratten, der Fuss. Gl.	6970	Trin.
Taschjöchl, Uebergang von Schlandernaun nach Schnals. Gl.	8812	Frs.
Taufers in Pusterthal. Gl. Th.	2802	Vgl.
Taufers in Vintschgau. Gl.	3824	Frs.
Tefereggen, Uebergang nach Antholz. Gl.	6426	Oettl.
Terlan. Po. All.	827	Str.B.
Thal, Dorf in Martell. Gr.	4148	Frs.
Theis bei Klausen. Po. Th.	3016	Trin.

1384 Höhen-Messungen: III. Deutsches Südtirol.

Tiers, die Kirche. Ka. u. Sandstein.	3204	Trin.
Tierseralpe die. Ka.	6852	Oettl.
Tilliach bei Sillian. Gl.	4718	Trin.
Timmljoch, Uebergang. Gl.	8000	Trin.
Tirol, Schloss bei Meran. Th.	1882	Oettl.
Tisens. Ka. u. Sandstein.	1964	Oettl.
Toblach, das Dorf. Th. All.	3843	Oettl.
Töll die, bei Meran, das Zollhaus. All. Gl.	1782	Oettl.
Trafoi, die Post. Th.	5028	Thur.
Trafoi, bei den heil. 3 Brunnen. Th.	5109	Thur.
Tristacher-See bei Lienz. Ka.	2677	Trin.
Troyeralpe in Tefereggen. Gl.	5826	Trin.
Trostburg, das Schlossthor. Po.	1856	Trin.
Tschirfserjöchl im Münsterthal.	7329	Wss.
St. Ulrich in Gröden, die Kirche. Ka. u. Po.	3886	Trin.
Ulten, Eingang ins Maraunerthal. Gl.	2751	Trin.
Unser Frau im Walde (Senale). Ka. Po.	4960	Oettl.
Unser Frau in Schnals. Gl.	5124	Rod.
Untereggen bei Bozen, die Kirche. Po.	3514	Trin.
Unterlana. Po. All.	1244	Trin.
Unterinn am Ritten. Po.	2669	Oettl.
Vals bei Mühlbach, die Kirche. Gr.	4283	Vgl.
St. Veit in Prags. Th.	3161	Trin.
Venedigerspitze in Windischmatrei. Gn.	11622	△
St. Verena am Ritten. Po.	3000	Oettl.
Vernumspitze bei Burgeis. Gl.	8900	△
Verschneid bei Mölten. Po.	4000	Oettl.
St. Vigil in Enneberg. Ka.	3826	Trin.
Villandererberg (Schönant?), hintere Scharte. Porphyr.	7925	△
Villanders, die Kirche. Th.	2724	Trin.
Virgen, die Kirche, in Windischmatrei. Th.	3780	Trin.
Virgl bei Bozen, die verfallene Kapelle. Po.	1416	Oettl.
Völs, Dorf am Schlern. Ka. Po.	2745	Trin.
Wangen am Ritten. Po.	3313	Oettl.
Weissenstein, Wallfahrt bei Bozen. Po. u. Sandstein.	4722	Oettl.
Welschnofen bei Bozen, die Kirche. Po.	3683	Trin.
Wengen in Enneberg. Melaphyr-Sandstein.	4807	Trin.
Wildspitze (hintere Wild - Eissspitze), in Schnals. Gl.	11805	Schl.

Höhen-Messungen: IV. Welschtirol.

Windischmatrei, die Kirche. Th. u. Urkalk.	3124	Trin.
Windlahn, Hof in Sarnthal. Po.	4998	Oettl.
Wolfsgruben am Ritten. Po.	3686	Oettl.
Wormserjoch, die Landes - Gränze an der Strasse. Ka. Th.	8804	Trin.
Zanggen der, bei Bozen. Po.	7880	Oettl.
Zebrù oder Königsspitze.	12198	△

IV. Welschtirol.

Adamello, Berg in Judicarien. Gr.	11252	Wld.
Agnerola-Alpe in Primiero. Ka.	5084	Trin.
Ala, Stadt. All. u. Ka.	497	Trin.
Alba, Ort in Fassa. Ka.	4884	Trin.
St. Alberto, Uebergang bei Tione. Ka.	3169	Trin.
Alle Laste bei Trient. Ka.	1019	Str.B.
Alle Sarche in Judicarien. Ka.	843	Trin.
Altissimo der, des Baldo. Ka.	6948	△
Arco, Stadt. Ka.	231	△
Arsa-Alpe bei Denno. Ka.	4957	△
Avio, Dorf. Ka.	478	Pol.
Baldo, Altissimo di Nago. Ka.	6571	Snp.
Baldo, Spitze südwestl. ober Campion. Ka.	6948	△
Baldo, Uebergang nach Malcesine. Ka.	5631	Trin.
Balino bei Riva. Ka.	2355	Trin.
Bedol, Dorf in Piné. Po.	3242	Trin.
Bellamonte, Alpe in Fleims. Ka. Po.	5345	Oettl.
Bezzecca in Val di Ledro, die Kirche. Ka.	2465	Trin.
Biasezza in Val di Ledro. Ka.	1247	Trin.
Bocche die Spitze, östlich von Moëna. Po.	8908	Trin.
Bondon der, bei Trient. Ka.	6626	Trin.
Borgo in Valsugana. Th. u. Ka.	1248	Str.B.
Breguzzo, die innerste Alphütte. Gl.	5137	Trin.
Brentonico am Baldo. Ka.	2125	Trin.
Brione bei Condino. Po. u. Sandstein.	2798	Trin.
Cagnò in Nonsberg. Ka.	2267	Str.B.
Calliano. Ka.	608	Str.B.
Canal di Sotto in Primiero. Th.	1921	Oettl.
Canazei in Fassa. Ka.	4653	Trin.
Caoria in Canal San Bovo. Th.	2614	Trin.
Caren monte, bei Storo. Sandst. u. Ka.	6178	△

Höhen-Messungen: IV. Welschtirol.

Casa Pinello, Spitze bei Borgo. Po.	7256	Trin.
Castell Thun in Nonsberg. Ka.	1863	Trin.
Castello in Tesin. Ka.	2735	Trin.
Cavalese, St. Sebastian-Kapelle. Po.	3106	Trin.
Celva monte bei Trient. Ka.	3131	Trin.
Cembra (Zimmers). Dil. u. Po.	2117	Trin.
Chiesa in Vallarsa. Ka.	2546	Trin.
Cima d'Asta, westliche Spitze. Gr.	8864	Wss.
Cima di Val fredda. Ka.	9401	Trin.
Cima Dodeci bei Borgo. Ka.	7387	△
Cima Lorina (Lanin) bei Storo. Ka.	5989	Frs.
Cimone, Val Cei. Ka.	1637	Trin.
Cismon, an der Gränze. Ka.	1860	Trin.
Civezzano. Ka. Po.	1496	Str.B.
Cles. Ka.	2293	Str.B.
Cleser Alpe, Malga di Cles. Ka.	5853	Trin.
Cognola bei Trient, die Kirche. Ka.	1142	Str.B.
Col Santo bei Roveredo. Ka.	6680	Trin.
Comano, Bad. Ka.	1175	Trin.
Condino. Ka. Po.	1394	Trin.
Cornetto di Bondone (Orto d'Abram). Ka.	6936	Trin.
Cornetto in Folgaria. Ka.	6500	Trin.
Daone in Judicarien, die Kirche. Po.u.Sandst.	2399	Frs.
Denno in Nonsberg, die Kirche. Ka.	1390	Trin.
Dermullo in Nonsberg. Ka.	1877	Str.B.
Doss della Croce bei Trient. Ka.	4990	Trin.
Dosso di St. Agatha, die Kapelle. Ka.	1771	Trin.
Drenna, Schloss in Judicarien. Ka.	1310	Trin.
Duron, Alpe in Fassa. Mel.	6080	Trin.
Finonchio bei Roveredo. Ka.	5069	Trin.
Folgaria bei Roveredo. Ka.	3591	Trin.
Fondo in Nonsberg. Ka.	3277	Str.B.
Foskatsch, Alpenhütte in Fassa.	7031	Trin.
Fusine in Val di Sol, das Wirthshaus. Gl.	2537	Trin.
Fugazza Pian della, in Vallarsa. Ka.	3639	Trin.
Galin Monte, bei Molveno. Ka.	7816	Trin.
Gardasee. Ka.	243	Pol.
	210	Trin.
Gazza Monte, bei Trient. Ka.	6585	△
St. Giacomo am Baldo. Mel. Ka.	5160	Hff.
St. Giustina in Nonsberg. Ka.	1878	Str.B.

Höhen-Messungen: IV. Welschtirol.

Gobbera bei Primiero. Ka.	3221	Trin.
Gränze Tirols, an der Etsch. Ka.	365	Etsch.R.
Grand Mulat in Fleims. Diorit u. Gr.	7123	Trin.
Grigno in Valsugana. Ka.	715	Trin.
Grotta rossa (Monte Serol) bei Condino. Ka. u. Sandstein.	6953	Trin.
Jochübergang von Magasa nach Bondone. Ka.	4408	Trin.
— von Fleims nach Borgo über Val di Cadino. Po.	6170	Trin.
über die Alpe Contrin in Fassa. Kalk.	7648	Trin.
in Fleims am Kreuze am Giuribell. Ka.	6427	Trin.
— von Paneveggio n. Agordo. Po.	6631	Trin.
von S. Pellegrin n. Pozza. Ka.	8243	Bisch.
von Primiero n. Agordo. Po.	4342	Trin.
v. Eggen n. Predazzo. Po. Ka.	7251	Trin.
— von Cembra nach Salurn. Po.	3394	Trin.
Isera bei Rovereto. Ka.	720	Trin.
Kalisberg bei Trient. Ka.	3457	△
Lago di Caldonazzo. Th. All.	1361	Trin.
Lago di Loppio. Ka.	736	Trin.
Lago di Molveno. Ka.	2545	Trin.
Lago della Piazza in Piné. Po.	3247	Trin.
Lago Santo bei Terlago. Ka.	2201	Trin.
Lago della Seraja in Piné. Po.	3038	Trin.
Lagorei Cima di, bei Cavalese. Po.	8262	△
Larzonei, Weiler in Buchenstein. Ka.	5230	Trin.
Lastei Cima, bei Strigno. · Ka.	5232	Bisch.
Lavarone. Ka.	3890	Sup.
Lavis. All. Po.	695	Kr.
Ledro, der See. Ka.	2105	Trin.
Levico Markt, der Platz. All. Th.	1645	Trin.
Lodrone bei Condino, die Gränze. Ka.	1141	Trin.
Lorina Cima (Lanin), bei Storo. Ka.	5989	Frs.
St. Lugano zwisch. Cavalese u. Neumarkt. Po.	3459	Trin.
Madonna delle neve am Baldo. Ka.	3360	Bisch.
Madruzzo, Schloss bei Vezzano. Ka.	1708	Trin.
Magasa in Val di Vestino. Ka.	3083	Trin.
Male in Val di Sol. Gl. Ka.	2492	Str.B.
Marmolata, der Gipfel. Ka.	10515	Fu.

1388 Höhen-Messungen: IV. Welschtirol.

Marmolata, das Kreuz unter derselben. Mel.	6558	Trin.
St. Martino di Castrozza. Ka.	4736	Trin.
Matarello bei Trient. Ka.	566	Etsch.R.
Mezzolombardo (Welschmetz). Ka.	785	Trin.
Moëna in Fassa, die Brücke. Ka. Po.	3805	Trin.
Molina bei Cavalese, die Brücke. Po.	2551	Trin.
Molveno, die Kirche. Ka.	2662	Trin.
Montagne bei Tione, die Kirche.	3152	Trin.
Monzoni in Fassa, die Kuppe. Gr.	8573	Trin.
Mori, die Kirche. Ka.	678	Trin.
Nago bei, höchster Strassenpunkt. Ka.	873	Trin.
Nana-Spitze bei Cles. Ka.	7431	Trin.
Nave alla (Schiffbruck). Ka. All.	620	Etsch.R.
Noselari in Val d'Astico. Ka.	3174	Trin.
Orno monte (Hornberg), bei Pergine. Po.	4920	Trin.
Ospidaletto in Valsugana. Ka.	1085	Str.B.
Palù bei Pergine, die alten Gruben. Po.	5326	Trin.
Paneveggio, Wirthshaus. Po.	4686	Oettl.
Passubio (Covel alto) in Vallarsa. Ka.	7077	△
Pavione monte (Col di Luna). Ka.	7595	Trin.
Pejo, der Sauerbrunnen. Gl.	4295	Trin.
St. Pelegrin in Fassa. Po.	6382	Trin.
Pellizano in Val di Sol. Gl.	3212	Str.B.
Pergine, der Markt. Dil. Th.	1510	Str.B.
Pietra Castell, in Primiero. Ka.	2560	Oettl.
Pieve in Rendena. Gl. Ka.	1678	Trin.
Pieve di Ledro. Ka.	2117	Trin.
Pieve di Tesino. Ka.	2536	Wss.
Pinzolo in Judicarien, die Kirche. Th.	2386	Trin.
Pistabel Cima, bei Spor minore. Ka.	7697	Trin.
Ponale am Gardasee. Ka.	956	Trin.
Pontarso bei Borgo, das Wirthshaus. Gr.	2909	Trin.
Posta Cima di, in Val di Ronchi. Ka.	7277	Bisch.
Predazzo in Fleims. Ka. Gr.	3217	Trin.
Preore, Dorf bei Tione. Ka.	1541	Trin.
Primiero, die Kirche. Th. Ka.	2378	Trin.
Pracástron Cima, am Spinale. Ka.	8366	Frs.
Proveis in Nonsberg, das Wirthshaus. Ka. Th.	4364	Frs.
Rabbi, das Bad. Gl.	3891	Frs.
Rabbi, Uebergang nach Ulten an der Kreisgränze. Gl.	7843	Frs.

Höhen-Messungen: IV. Welschtirol.

Revò in Nonsberg. Ka.	2294	Frs.
Riccomassimo, die Gränze bei Lodron. Po. K.	2187	Frs.
Riva. Ka.	231	Str.B.
Romeno, die Kapelle. Ka.	2988	Trin.
Roncegno, Dorf bei Borgo. Ka.	1449	Str.B.
Ronchi, Dorf bei Ala. Ka.	2194	Bisch.
Ronzo, Dorf bei Roveredo, die Kirche. Ka.	3034	Trin.
Roveredo, Stadt. Ka.	639	Str.B.
Sacco bei Roveredo. All.	523	Etsch.R.
Sadole Joch, Uebergang von Fleims nach Caoria. Po.	6542	Trin.
Sardagna bei Trient, die Kirche. Ka.	1761	Trin.
Sarnonico in Val di Non. Ka.	2983	Str.B.
Scanuppia monte, bei Calliano. Ka.	6742	△
Segno, Dorf in Nonsberg. Ka.	1873	Str.B.
Sella Val di, bei Borgo, das Wirthshaus. Ka.	2626	Trin.
Serrada, Dorf in Folgaria. Ka.	3964	Trin.
Sforzellina, Uebergang v. Pejo n. Bormio. Gl.	9394	Trin.
Spiazzo, Dorf in Cembra, die Kirche. Po.	1640	Trin.
Spor maggiore, die Kirche. Ka.	1734	Trin.
Stenico, die Kirche. Ka.	2064	Trin.
Stivo, Schlossruine bei Arco. Ka.	3984	Trin.
Storo in Judicarien. Ka.	1209	Trin.
Strigno in Valsugana. Th. Ka.	1632	Trin.
Tajo, Dorf in Nonsberg, die Kirche. Ka.	1837	Str.B.
Tassula-Alpe bei Cles. Ka.	6649	Trin.
Tavodo bei Stenico, das Pfarrhaus. Ka.	1848	Trin.
Tenera monte, nächst der Gavardina bei Tione. Ka.	6692	Trin.
Tesero in Fleims. Ka.	3330	Trin.
Tezze in Valsugana. Ka.	772	Str.B.
Tione in Judicarien. Ka.	1730	Trin.
Toblino, der See. Ka.	704	Trin.
Tognola-Spitze in Primiero. Th.	7146	Trin.
Tonale in Val di Sol. Gl.	6287	Str.B.
Tret in Nonsberg, die Kirche. Ka.	3674	Trin.
Trient, die Stadt. Ka.	629	Str.B.
Tuenno, Dorf, die Kapelle. Ka.	2051	Trin.
Vallarsa, Dorf. Ka.	2546	Trin.
Vermiglio, Dorf in Val di Sol. Gl.	4041	Str.B.
Vezzano bei Trient, die Kirche. Ka.	1173	Trin.

Höhen-Messungen: IV. Welschtirol.

Viezena-Spitze bei Predazzo. Ka.	8273	Trin.
Vigo in Fassa. Ka.	4485	Trin.
Vigolo bei Trient. Ka.	2210	Trin.
Ziano in Fleims. Ka.	3024	Trin.
Zoccolanti ai, das Kloster bei Trient. Ka.	800	Str.B.

ANHANG:

Höhen einiger Berge und Ortschaften der benachbarten Länder.

Asiago, Sette Communi.	3151	Meyer.
Bassano, Stadt.	395	Beitzke.
Belluno, Stadt.	1207	Beitzke.
Berchtesgaden.	1807	Meyer.
Bergamo, Stadt.	1200	Beitzke.
Bormio, das Bad.	4179	Trin.
Brentino am Baldo, das Wirthshaus.	670	Pol.
Brescia, Stadt.	495	Beitzke.
Cadore.	2737	Trin.
Campione am Baldo, das Wirthshaus.	4416	Pol.
Caprino am Baldo, das Wirthshaus.	880	Pol.
Catarina Sta., bei Bormio.	5459	Trin.
Chur, Stadt.	1890	Meyer.
Como, Stadt.	630	Beitzke.
Corona Madonna della, am Baldo.	2483	Pol.
Dolcé, an der Strasse nach Verona.	324	Pol.
Feltre, die Kirche.	1040	Meyer.
Frerone Monte, in Camonica.	10456	Beitzke.
Füssen, Stadt.	2572	Trin.
St. Gallen, Stadt.	2154	Baumgarten.
Gastein, das Bad.	3114	Meyer.
Grappa die, bei Bassano.	5609	Beitzke.
Heilig-Blut im Möllthale.	4352	Meyer.
Hohen-Schwangau, das Schloss.	2840	Trin.
Kötschach im Gailthale.	2396	Trin.
Lofer.	1807	Meyer.
Longarone im Cadore-Thale.	2100	Beitzke.
Luckau im Gailthale.	3869	Trin.

Höhen benachbarter Berge und Ortschaften.

Mailand.	379	Beitzke.
St. Maria am Wormserjoch.	7903	Trin.
St. Maria im Münsterthale.	4358	Reis.
Mittersill im Pinzgau.	2542	Meyer.
Mittewald an der Isar.	2893	Meyer.
München, Stadt.	1619	Meyer.
Partenkirchen, das Bad.	2219	Meyer.
Pizzocca, Berg im Bellunesischen.	6919	Beitzke.
Primolano.	747	Sup.
Recoaro bei Schio.	970	Meyer.
Reichenhall, Stadt.	1453	Meyer.
Saalfelden im Pinzgau.	2088	Meyer.
Säntis der hohe, bei Appenzell.	7719	Meyer.
Salzburg.	1291	Meyer.
Scaletta, Berg in Engadin.	8078	Meyer.
Scesa plana, am Rhätikon.	9413	Baumgarten.
Schio, Stadt.	642	Trin.
Sondrio, Stadt.	1098	Beitzke.
Umbrail der, Berg bei Bormio.	9473	Meyer.
Verona.	187	Beitzke.

Nachträgliche

Gattungen, Arten und Abarten,

so wie

Berichtigungen u. weitere Standorte.

(Als Fortsetzung zu Seite 1070.)

Abkürzungen der Gewährsmänner.

Bmb. = Bamberger.
Gnd. = Gander.
Grb. = Grabmair.
Hep. = Hepperger.
Lng. = Längst.
Mss. = Messner.
Psn. = Psenner.
Reis. = Reisach.

Rehst. = Rehsteiner.
Sls. = Seelos.
Sto. = Stocker.
Thl. = Thaler.
Vhw. = Viehweider.
Zal. = Zallinger.
Zim. = Zimmeter.

I. RANUNCULACEAE.

1. ***Clematis recta L.*** Gemein bei Margreid, Salurn, Aichholz und Tramin (Ilsm.). Val di Non alla Rochetta; Val di Ledro; Avio; Val di Sarca (Lbd.).
2. ***C. Vitalba L.*** Rattenberg, gemein (Lng.).
3. ***C. Viticella L.*** Wird von Löhr (enum. p. 4) geradezu als Tiroler Pflanze angeführt.
4. ***Atragene alpina L.*** Georgenberg bei Schwaz (Reisach). Gebirge um Meran, häufig (Bmb.)! Gebirge um Brixen (Gnd.). Im Texte soll statt A. alpina Scop. stehen: A. austriaca Scop.
5. ***Thalictrum aquilegifolium L.*** Rattenberg (Lng.). Schwaz (Reis.). Am Peitler bei Brixen (Hfm.).
   β. *atropurpureum*. Am Bondone bei Trient (Lbd.).
6. ***T. alpinum L.*** Tirol (Laicharding)! Am Fassal 8—9000′ zwischen Paznaun und Arlberg (Rehst.). Am Plateau des Schlern (Lbd.).
7. ***T. foetidum L.*** Vintschgau: bei Graun (Hutter), bei Burgeis (Ilfm.). St. Ulrich in Gröden (Mss.). Oetzthal: bei Fend (Lbd.). Im Naifthale bei Meran (Bmb.). Bei Finstermünz, Nauders und von Heid nach Mals (Hep. Sls.). Am Laugen in Ulten (Lbd.).
10. ***T. simplex L.*** Bei Landeck (Rehst.)! Am Aufstieg von St. Ulrich zur Seiseralpe (Vhw.). Am Vahrner See (Mss.).
11. ***T. galioides Nestler.*** An einem Hofe unter der Klamm bei Innsbruck (Hep.). Tratzberg (Reis.).
13. ***T. flavum L.*** Im Ried zwischen Feldkirch und Frastanz. (Rehst.)!
14. ***Anemone Hepatica L.*** Gemein bei Reith, am Stadtberg bei Rattenberg, auch mit weissen Bl. (Lng.). Schwaz (Reis.).
15. ***A. vernalis L.*** Samina-Thal und Joch bei Feldkirch (Rehst.). Kugelwand in Gschnitz (Zim.). Schalders (Liebl).
18. ***A. narcissiflora L.*** Gemein am Jochberg und Sonnenwendjoch bei Rattenberg (Lng.).
19. ***A. alpina L.*** Zeinerjoch zwischen Paznaun u. Montafon, mit weissen u. gelben Bl. (Rehst.)! Auf allen Alpen um Rattenberg (Lng.). Val di Non, beim See von Rufré (Psn.). Schalders bei Brixen u. Pfitsch (Mss.)
20. ***A. baldensis L.*** Mendel (Sto.).

Nachträge: Ranunculaceae. 1395

21. *A. nemorosa L.* Rattenberg z. B. am Angerberg (Lng.). Bozen: häufig bei Kollern (Lbd.), bei Unterinn (Grb.). Zweiblüthige Exemplare mit 5blättriger Hülle bei Völs nächst Innsbruck (Hep.).
  A. ranunculoides L. Kundl, gemein (Lng.). Ueberetsch (Sto.). In der Stadtau bei Bozen früher (1832) häufig, seither durch Urbarmachung verschwunden. (Hsm.).
23. *A. trifolia L.* Ueberetsch (Sto.).
25. *A. aestivalis L.* Eppan; Val di Non bei Romen (Sto.). Hohenburg bei Igels nächst Innsbruck (Zim.). Völserried bei Bozen (Vhw.). Taufers in Vintschgau (Vhw.).
26. *A. flammea Jacq.* Tirol (Löhr enum. p. 11)!
27. *Ceratocephalus.* Vergl. p. 1053.
28. b. *Ranunculus pantothrix DeC.* Radfelder Au bei Rattenberg (Lng.), Jenbach (Reis.). Vintschgau: bei Graun (Hutter). Völs bei Bozen (Wörndle). Im See von Rufrè auf der Mendel, im Teiche an der Schönant der Villandereralpe (Psn.). Unterinnthal: bei Rattenberg; im Reschen-See (Hep.). Roveredo; Val di Ledro (Lbd.).
29. *R. divaricatus Schrank.* Vergl. p. 1053. Salurn, Tramin; Val di Sarca, Riva (Lbd.).
30. *R. fluitans Lam.* Gräben hinter Feldkirch (Rehst.)! Rattenberg (Lng.). Ist bei Bozen im Abzugsgraben nur bei niederem Wasserstande zu suchen und während der Blüthezeit meistens unter Wasser.
31. *R. rutaefolius L.* Vergl. pag. 1053. An der Vedretta bei Molveno (Lbd.).
31. b. *R. anemonoides Zahlb.* Vergl. p. 1033. Von Herrn Leybold an der erwähnten Stelle am Baldo auch 1852 wieder gesammelt. Uebrigens scheint Bertoloni die Pflanze vom Baldo (a Costabella) schon durch Manganotti erhalten zu haben, so wie auch er unserer Ansicht ist, dass es nur eine durch den üppigeren Boden erzeugte Form von R. rutaefolius ist. (Qui dirimerunt hanc speciem in duas, satis non animadverterunt, a planta contractiore obtineri loco pinguiori, vel ope culturae plantam laxiorem. Nostra exemplaria ostendunt utrumque lusum. Bertol. Fl. ital. tom. V. p. 521).
32. *R. glacialis L.* Kalter Berg am Fassal, Paznaun (Rehst.). Timmljoch (Lbd.). Auf allen höhern Nicht-Kalkalpen bei Rattenberg (Lng.). Joch zwischen Pejo und Rabbi (Psn.). Bretterwand in Vilgraten (Gredler). Schaldererjoch bei Brixen (Schm.). Bei Nauders ziemlich tief herabgehend (Baselli)!
33. *R. Seguieri Vill.* Am Schlern-Plateau nun seltener geworden, dagegen häufig im Duronthale und auf Rotherd (Lbd.), dann an der Mahlknechtshütte (Grb.). Reiterjoch (Vhw.).

Nachträge : Ranunculaceae.

34. **R. alpestris** *L.* Gemein auf den Rhätikon-Alpen, Montafon (Rehst.)! Pfitsch (Mss.). Alpen bei Schwaz (Reis.). Am Scharfreuter (Lbd.). Tognola bei Molveno; im südlichern Judicarien häufig; am Baldo (Lbd.).

34..b. **Ranunculus crenatus** *W. K.* Wurzelblätter rundlich oder nierenförmig, an der Basis herzförmig, ganz oder vorne mehr oder weniger gelappt, spitzer- oder stumpferkerbezähnig, Kerbezähne nach unten zu schmäler. Stengel meist 1blüthig und meist 1blättrig, das Stengelblatt linealisch, ungetheilt, Blüthenstiele gefurcht; Kelch kahl; Blumenblätter rundlich oder verkehrt-eiförmig, geschweiftgekerbt, ausgerandet — selbst tiefausgerandet. Früchtchen etwas zusammengedrückt, fast 3eckig kugelig, Schnabel gerade, an der Spitze gekrümmt oder hackig. — Brescianer Alpen, in Felsritzen und auf den Triften Corna Blacca und Doss alto (Zantedeschi bei Bertol.)! Judicarien: auf dem Berge Tombéa zwischen Val Lorina u. Val di Vestino, mit Uebergängen zu R. alpestris (Lbd.). — Reichenbach's Abbildung (Ranunc. Tab. V) stellt ein 1blüthiges Exemplar mit ganzen Wurzelblättern und geschweift-kerbigen Blumenblättern dar. Professor Schur in Hermannstadt bemerkt dazu in seinen Beiträgen zur Kenntniss der Flora von Siebenbürgen (Hermannstadt 1833) pag. 13, dass die Form der Blumenblätter bei Reichenbach zu den selteneren Vorkommnissen gehöre u. dass sie meist ausgerandet, ja selbst verkehrt-herzförmig vorkommen. Unsere Diagnose ist der Schur's nachgebildet u. auch Bertoloni (Flor. ital. tom. V. p. 514) beschreibt die Blumenblätter: ausgerandet. 2blüthige Stengel sind dann auch 2blättrig u. das eine davon ist dann meist 2—3spaltig, wie auch Bertol. bemerkt. Aber auch 3blüthige Exemplare (Var.: multiflora Schur. R. vaginatus Sommerauer) liegen vor uns. Dass R. crenatus das Endglied einer formenreichen Art: R. alpestris ist, daran ist kaum zu zweifeln — Schur ist derselben Ansicht — dass er aber eine Schieferform, wie Neilreich (Flor. v. Wien, Nachträge p. 251) annimmt, ist, dagegen sprechen obige Standorte in Judicarien u. den angränzenden Brescianischen Alpen, die dem untern Alpenkalke und seinen Dolomiten angehören. Den Andeutungen Schur's zu Folge u. dem Standorte Leybold's nach möchte angenommen werden können, dass R. crenatus von Stellen abhängig ist, an denen der Schnee sich massenhaft anhäuft und erst spät, aber dann schnell fortschmilzt. — R. alpestris *α*. Baumgarten. — Bl. weiss. Jul. ♃.

35. **R. Traunfellneri** *Hop.* Bei wiederholter Erfahrung, dass tiefgespaltene Exemplare des R. alpestris für R. Traunfellneri genommen wurden, wird noch auf Merkmale aufmerksam gemacht, wodurch beide nicht so schwer zu unterscheiden sind. R. Traunfellneri ist in allen Theilen schlan-

Nachträge: Ranunculaceae.

ker, zärter und wächst nie rasenartig. Die Blätter sind dünner und lebhafter grün. Die Blattzipfel sind bei R. alpestris gekerbt-eingeschnitten, die Zipfelchen eiförmig, bei R. Traunfellneri dagegen gespalten und die Zipfelchen linealisch-lanzettlich. Dass übrigens beide auch anderwärts verwechselt worden, geht aus dem botanischen Wochenblatte 1852 p. 143 hervor. Ob R. Traunfellneri, wie Neilreich behauptet, nur eine Varietas angustisecta von R. alpestris sei, kann hier ohne Beobachtung auf dem natürlichen Standorte nicht erörtert werden.

36. *R. aconitifolius L. β. platanifolius.* Am Peitler bei Brixen (Giov.); Bergwiesen in Antholz (Gredler). Ritten, beim Zach unter Pemmern 3800' (Hep.). — Die Species bei Rattenberg (Lng.).

37. *R. parnassifolius L.* An einem Abhange der Serles-Spitze (Zim.). Bozen: In Schluchten des Joches Latemar (Vhw. Grb.).

38. *R. pyrenaeus L.* Vergl. p. 1054. Fimberjoch, Fassal, Paznaun (Rehst.). Hochjoch- u. Vernagtferner (Lbd.). An Duron (Lbd.).

39. *R. Flammula L. β. reptans.* Rattenberg, gemein (Lng.). Bei Deutschnofen (Vhw.), an einem Waldteiche am Buchnerhofe bei Klobenstein (Thl.), Mariaschnee (Sls!). An Nazerteiche bei Brixen (Schm.). — Die Species bei Rattenberg (Lng.).

40. *R. Lingua L.* Bei Frastanz (Rehst.).

41. *R. Ficaria L.* Bozen: bei Andrian u. Missian (Lbd.). Rattenberg (Lng.). Schwaz bis 4000' z. B. Staner-Alpe (Reis.).

42. *R. Thora L.* Auf den Voralpen des südlichsten Judicarien; in den Schluchten des Baldo; Campogrosso in Vallarsa (Lbd.).

43. *R. hybridus Biria.* Ampezzo, Buchenstein (Sls.). Kugelwand in Gschnitz (Zim.). Tognola und Bocca di Brenta bei Molveno (Lbd.).

45. *R. montanus L.* Gemein: Rhätikon, Montafon (Rehst.). Uebergang von Buchenstein nach Ampezzo (Sls.). Mendel; Val di Non; Vallarsa; Monte Baldo; Judicarien; Tessin; Primiero und Paneveggio (Lbd.).

46. *R. Villarsii De C.* Zilalpen bei Meran, nicht gar häufig (Bmb.). Bondone bei Trient; Monte Baldo, Val Aviana, al Campion etc.; im südlichsten Judicarien (Lbd.).

47. *R. acris L.* Rattenberg bis in die Alpen (Lng.).

48. *R. lanuginosus L.* Mendel u. Ulten (Hep.). Rattenberg, häufig vom Thale bis in die Alpen z. B. am Sonnenwendjoch (Lng.).

Nachträge: Ranunculaceae.

50. **R. nemorosus De C.** Gebirge bei Rattenberg (Lng.). Stans (Reis.). Wälder ober Molveno (Lbd.). Adde: Synonym: Ranunculus aureus Reichb.
51. **R. repens L.** Am Wege von Sölden zum Timml (Lbd.). Schwaz (Reis.). Mit gefüllten Bl. bei Völs, dann bei Rappesbüchl am Ritten (Psn. Grb.). Brixen (Hfm.).
53. **R. Philonotis Ehrh.** Mittelgebirge bei Brixen (Schm.). Terlan am Fusse des Schlosses: Maultausche (Lbd.).
54. **R. sceleratus L.** Bei Strass u. Radfeld in Unterinnthal (Lng.). Im Moose bei Frangart u. Sigmundscron häufig (Lbd. Hsm.). Im Lengmooser Weiher bei niederem Wasserstande, nicht jedes Jahr (Hsm.). Eppan; Vintschgau: bei Prad (Sto.), Mals, Schlanders u. Naturns (Hep. Sls.). Am Baldo alla Ferrara; Val di Ledro bei Bizecca (Lbd.).
55. **R. arvensis L.** Ritten; in einem Weizenacker bei Waidnch, dann bei Mariaschnee u. St. Magdalena (Hep. Hsm.); bei Völs (Wörndle). Val di Non: bei Fondo (Hep.), bei Romen (Sto.).
56. b. **Ranunculus pygmaeus Wahlenberg.** Wurzelblätter fast nierenförmig, 5spaltig, Zipfel stumpf, eiförmig, ganz. Stengel 1blüthig. Kelch kahl, länger als die Blumenblätter. Schnabel kurz, hackig.

Pusterthal: am Krimmler-Tauru (Wendland in Flora 1848 pag. 136)! Vintschgau: am Schnalserjöchl in einer Höhe von 8—9000' am Rande eines kleinen Gletschers auf fetter schwarzer Erde 1853 (Bmb.). Nach brieflichen Mittheilungen Santer's von demselben schon vor vielen Jahren im Salzburgischen, aber nicht blühend gefunden!

Gesellig wachsend. Blühende Pflanze nur 1—1½ Zoll hoch. Die Blüthenstiele, während der Blüthenzeit kaum das Stengelblatt und die Wurzelblätter überragend, verlängern sich nach dem Verblühen auffallend und sind vorzüglich gegen die Spitze zu mit weisslichen Haaren mehr oder weniger bedeckt. Die Blüthen gelb, fast von der Grösse u. Gestalt derer von R. sceleratus, wie Wahlenberg bemerkt; mit R. sceleratus hat die Pflanze übrigens nichts gemein u. gehört zur Section: Hecatonia, foliis nervosis, floribus luteis. Die Bamberger'schen Exemplare stimmen genau mit Exemplaren aus Lappland, die Schimper sammelte, überein und mit Wahlenberg's Abbildung Flora lapponica Tab. VIII. — R. Tappeineri Bamberger in Fl. 1853 p. 625.

Früchte glatt. Bl. gelb. ☉.

57. **Caltha palustris L.** Rattenberg gemein bis in die Alpen (Lng.); Schwaz (Reis.). Am Lago die Ledro (Lbd.).
58. **Trollius europaeus L.** Bozen: bei Rafenstein (Breitenberg). Gemein bei Rattenberg bis 5500' (Lng.); Schwaz (Reis.).

Var: *β. chloranthus*. Blüthen mehr oder weniger vergrünt, so Ende August 1852 häufig auf Wiesen bei Kematen (Hsm.).
59. *Eranthis hyemalis Salisb.* Bozen: 1851 in meinem Weinberge in der Stadt und im Franciskaner Obstgarten zur versuchsweisen Verwilderung angepflanzt und allda am 1. März 1853 blühend (Hsm.).
60. *Helleborus niger L.* Häufig in Vallarsa; Val di Ledro, Val d'Ampola (Lbd.).
61. *H. viridis L.* Voralpen in Judicarien, Val di Vestino (Lbd.).
64. *Isopyrum thalictroides L.* Tirol (Laicharding)!
66. *Aquilegia atrata Koch.* Vergl. p. 1054. Schwaz bis 4500' (Reis.). Brixen (Mss.). Geht von Petersberg bis an das Joch Grimm auf beträchtliche Höhe (Thl.); bei Pardonig (Lbd.).
67. *A. pyrenaica De C.* Campil in Enneberg und St. Cassian (Mss.). In Tiers; Val d'Ampola, Val di Vestino (Lbd.).
— Synonym: A. thalictrifolia Schott.
68. *Delphinium Consolida L.* Ulten (Hep.). Karneid bei Bozen (Psn.).
71. *Aconitum Napellus L.* Rodeneck bei Brixen (Mss.), am Ploseberg allda (Schm.). Nordöstliche Seite der Kugel bei Dornbirn: A. pyramidale Mill. (Zollikofer)! Malserheide (Hep. Sls.). Tognola bei Molveno; Judicarien, Val di Ledro (Lbd.). Die Varietät: A. neomontanum bei Tiss in Oberinnthal (Hep. Sls.).
72. *A. Störkeanum Reichenb.* Oberinnthal: Ladis (Hep.).
73. *A. variegatum L.* Häufig auf der Pletzer-Alpe bei Rattenberg (Lng.). Helm (Gredler).
74. *A. paniculatum Lam.* Georgenberg (Reis.). Steinberger Joch bei Rattenberg 4000' (Lng.). Ladis u. Pfunds: an der Strasse (Hep.). In Tiers; Gross-Göller bei Kaltern; Alpe Bellamonte in Fleims (Lbd.).
75. *A. Lycoctonum L.* Waldregion des Peitler bei Brixen (Schm.). Am Sonnenwendjoch noch bei 6500' (Lng.). Bad Innichen (Gredler). Val di Ledro, Canal di San Bovo (Lbd.).
76. *Actaea spicata L.* Kollern, Petersberg bei Bozen (Lbd. Thl.). Gebieth von Brixen (Gnd.). Rattenberg bis an die Voralpen (Lng.); Schwaz (Reis.). Kollern, Tiers, Mendel (Lbd.).
77. *Paeonia officinalis L.* Vergl. p. 1054. Trient: ai Masi d'Aria (Vhw.). Spor maggior in Nonsberg; Molveno, Ranzo bei Toblino, am Bondone bei Trient; in ganz Judicarien; Val di Ronchi; Val delle ossa u San Zeno am Baldo (Lbd.).
P. corallina Retz. Tirol (Löhr enum. p. 29). Löhr nimmt es mit der Geographie nicht allzugenau, vielleicht ist der Standort bei Reichenhall gemeint?

II. BERBERIDEAE.

78. ***Berberis vulgaris** L.* Rattenberg, gemein bis 2800' (Lng.); Schwaz (Reis.). Geht ober Pemmern einzeln u. noch grosse Sträucher bildend bis zum krummen Lärch der Rittneralpe, 5300' (Hsm.).
79. ***Epimedium alpinum** L.* Am Civeron bei Borgo (Ambr.).

III. NYMPHAEACEAE.

80. ***Nymphaea alba** L.* Moosenthaler- und Rheinthaler See bei Rattenberg (Lng.). Im Zimmerslehener Weiher bei Völs Ende Juni 1851 (Wörndle), ich besuchte den Teich 1831 Ende Juli, er war damals fast ausgetrocknet u. Nymphaea ganz verwelkt, nur in der Mitte befand sich noch ein kleine Laache und darin ein blühendes Nuphar luteum (Hsm.). Vahrner See (Schm.). Campo Trentino und Tobliner See (Per.)! Salurn (Lbd.).
81. ***Nuphar luteum** Sm.* Sehr häufig in Thiersee bei Kufstein (Lng.)! Am Ausflusse des Kalterer Sees (Lbd.).

IV. PAPAVERACEAE.

83. ***Papaver pyrenaicum** DeC.* Serlesspitze (Reis.). Haller-Salzberg mit weissen Bl. (Zim.). Ebenso am Rhätikon, Scesa plana, Camperton - Joch (Rehst.). Einzeln an der Sarnerscharte bei Bozen (Wörndle), also ausnahmsweise auch auf Porphyr. Pfannes und Peitler (Mss.). Bocca di Brenta bei Molveno; Monte Baldo (Lbd.).
83. b. *P. alpinum L.* Vergl. p. 1054.
84. *P. Argemone L.* Vergl. pag. 1054. Götzens bei Innsbruck (Hep.).
85. *P. Rhoeas L.* Selten bei Rattenberg, häufig bei Münster (Lng.), Schwaz (Reis.). An einem Hause bei Haslach nächst Bozen (Hep.). Brixen, selten (Ilfm.).
86. *P. dubium L.* Brixen (Mss. Hfm.). Innsbruck: bei Igels (Glanz). Vintschgau: bei Tartsch u. Castelbell (Hep.).
87. ***Chelidonium majus** L.* Rattenberg bis 3000' (Lng.).

V. FUMARIACEAE.

88. ***Corydalis cava** Schweigg.* Gemein bei Rattenberg z. B. am Angerberg (Lng.). Vomp in Obstgärten (Reis.).
89. *C. solida Sm. β. australis.* Meran, gemein (Bmh.).
90. *C. fabacea Pers.* Bozen: bei Steinegg (Ritter v. Kaschniz), unter Schloss Kühbach am Fusse des Berges in der Nähe des Pfarrhofes (Sto. Zal.); bei Völs am Gasslieder Hofe bei St. Constantin (Wörndle). Naz bei Brixen (Gnd.). Salurn gegen Buchholz (Lbd.).

Nachträge: Fumariaceae. 1401

91. *C. lutea De C.* Am Campogrosso (Mayer!), am Baldo alla Corona (Rainer)! Am Fusse der Madruter Wand bei Laag; am Bondone bei Trient; Molveno, Val di Ledro — d'Ampola u. di Vestino; Vallarsa u. Val di Ronchi (Lbd.).
92. *C. ochroleuca Koch.* Vergl. p. 1054.
94. *C. capnoides L.* Tefereggen: im Dorfe St. Jacob in Schutthaufen an Häusern u. hinter der Kirche; am Schlossfelsen von Heimfels u. bei Sonnenburg nächst Lorenzen, den ganzen Sommer durch blühend (Schtz.).
95. *Fumaria officinalis L.* Schwaz: im Klostergarten (Reis.).
96. *F. Vaillantii Lois.* Meran: in Menge hinter der Kirche (Bmh.).

VI. CRUCIFERAE.

97. b. *Cheiranthus Cheiri L.* Vergl. pag. 1054. Südtirol (Löhr enum. pag. 37)!
98. *Nasturtium officinale R. Br.* Gemein um Rattenberg (Lng.). Vomp (Reis.). Innsbruck: bei Mühlau an der Kaiserstrasse (Hep.). β. *siifolium,* am Kalterer See (Lbd.).
99. *N. amphybium R. Br.* Garda- u. Idro-See (Per.)!
101. *N. sylvestre R. Br.* Rattenberg, an Gräben, auf Aeckern (Lng.). Vomp (Reis.).
102. *N. palustre De C.* Rattenberg und bei Kundl (Lng.). Meran (Bmh.).
103. *Barbarea vulgaris R. Br.* Rattenberg (Lng.).
104. *Turritis glabra L.* Freundsberg (Reis.). Fleims (Fch.)! Spor maggiore (Lbd.).
105. *Arabis brassicaeformis Wallr.* Bondone bei Trient; Val d'Ampola, Campogrosso, Val delle ossa am Baldo, Val di Ronchi, ober Magase in Val di Vestino (Lbd.).
106. *A. alpina L.* Buchenstein (Sls.). Afers bei Brixen (Gnd.). Judicarien (Lbd.).
107. *A. auriculata Lam.* Salurn (Psn.).
109. *A. hirsuta Scop.* Rattenberg (Lng.). Schwaz (Reis.).
109. b. *A. sagittata De C.* Vergl. p. 1055. Rovereto (Lbd.). Ist zweifelsohne nur Varietät. Sie kommt wie auch um Wien bei uns auf Kalkfelsen vor. Uebergänge wurden von uns selbst schon öfter im Gebiethe von Bozen gesammelt u. zahlreich von Studierenden überbracht. Neilreich (Fl. v. Wien Nachtr. p. 259) zieht sie als var.: β. sagittata unbedingt zu A. hirsuta, ebenso Döll, Wimer u. Grabowsky, Moritzi, Bertoloni etc.
110. *A. ciliata R. Br.* β. *hirsuta.* Sonnenwendjoch und Rosskopf bei Rattenberg (Lng). Mit der Species am Gantkofl (Lbd.), an Aeckern bei Oberbozen (Hep.)! Mendel, Kollern, Tiers, Latemar; Monte Baldo (Lbd.).

Nachträge: Cruciferae.

111. ***A. muralis Bertoloni.*** Felsen gegen Cadinalto u. Königsberg unter Salurn (Lbd.).
111. b. ***Arabis petraea Lam.*** Tirol (Löhr enum. p. 44)!
112. ***A. arenosa Scop.*** Unterinnthal: bei Waidring (Glanz), in Menge bei Kössen und Klobenstein an der bairischen Gränze (Wld.).
113. ***A. Halleri L.*** Häufig am Angerberg bei Rattenberg (Lng.). Judicarien u. Val di Ledro (Fcch.)! Ausser der Gränze gemein um Recoaro (Poll. Moretti)!
115. ***A. pumila Jacq.*** Stuben am Arlberg, Todtenalpe (Rehst.). Sonnenwendjoch (Lng.). Gantkofl, Monte Baldo, Alpen in Primiero etc. (Lbd.). Alpen von Fassa u. Fleims (Fcch.)! Portole, Velte die Feltre (Parolini! Montini!). Canazei, Buchenstein (Sls.).
116. ***A. bellidifolia Jacq.*** Arlberg, Montafon, Lüner - See (Rehst.). Häufig bei Rattenberg: Widdersberger Horn, Sonnenwendjoch etc. (Lng.). Buchenstein (Sls.). Fassa u. Fleims bis an die Alpen (Fcch.)! Am Braulio in Valtellin (Rainer)! Tiers, Latemar; Malga di Spora in Nonsberg, ober Condino in Rendena (Lbd.).
117. ***A. caerulea Haenke.*** Todtenalpe, Scesaplana, Rhäticon; Fassal in Paznaun (Rehst!). Tognola ober Spor, Bocca di Brenta (Lbd.).
118. ***Cardamine alpina Willd.*** Fimberjoch, Fassal, Todtenalpe in Montafon (Rehst.). Am wilden Unnutz, Sonnenwendjoch u. Widdersberger Horn, häufig (Lng.). Bretterwand in Vilgraten (Gredler). Timmljoch (Lbd.). Sarnerscharte (Psn.). Alpach in Unterinnthal (Grb.).
119. ***C. resedifolia L.*** Montafoner Alpen; Fimberjoch, Fassal (Rehst.). Widdersberger Horn bei Rattenberg (Lng.). Timmljoch (Lbd.). Ifinger (Vlw.). Col di Lana (Sls.). Am Antholzer See u. Bretterwand (Gredler).
120. ***C. impatiens L.*** Rattenberg (Lng.). Schwaz, Stans (Reis.).
121. ***C. sylvatica Link.*** Klamm bei Innsbruck (Hep.). Schwaz (Reis.).
122. ***C. hirsuta L.*** Rattenberg (Lng.). Weiherburg (Zim.). Val di Ledro (Lbd.).
123. ***C. pratensis L.*** Rattenberg (Lng.). Schwaz (Reis.). Lana (Grb.). An der Quelle nächst der Schlernkapelle (Lbd.).
124. ***C. amara L.*** Rattenberg bis in die Alpen (Lng.). Vintschgau mit der Var. β. bei Graun (Hutter).
126. ***C. trifolia L.*** Für Tirol schon von Laicharding angeführt!
127. ***Dentaria enneaphyllos L.*** Geht in den Wäldern der Mendel bis zum Gantkofl, 6000′ (Lbd.). Gantkofl der Mendel mit Folgender (Sto.). Schlernschluchten, Seiseralpe auf Puflatsch; Val d'Ampola, Tombéa, Pass Revella (Lbd.).

Nachträge: Cruciferae.

127. b. *D. trifolia W. K.* Vergl. p. 1055. Mit D. enneaphyllos am Fusse des Felsenschlosses bei Salurn (Vhw.)! Innsbruck: in der Gluirsch unter D. enneaphyllos (Hep.)! Furgglau der Mendel, Korerwald und Latemar, Schlernschluchten überall mit Voriger (Lbd.).
128. *D. digitata Lam.* Im Brantenthale bei Leifers gegen Weissenstein; Val di Vestino, am Ebreo, Monte Baldo (Lbd.).
D. polyphylla W. K. Stengel 2—4blättrig; Blätter abwechselnd oder quirlig-gestellt, gestielt, alle gefiedert; Blättchen lanzettlich, langzugespitzt, gesägt. Diese häufig im benachbarten Graubünden in Bergwäldern, dann bei Wildhaus im angränzenden Canton St. Gallen (Rehst.). Letzter Standort liegt von der vorarlbergischen Gränze, dem Rheine, in gerader Linie etwa 1 geographische Meilen entfernt, und die Pflanze dürfte auch noch im österreichischen Rheinthale zu finden sein?
Bl. blass ochergelb. ♃.
131. *Hesperis matronalis L.* Innsbruck: bei Weiherburg (Zim.), an der englischen Anlage allda u. ausser Rattenberg (Hep.). Georgenberg an Mauern (Reis.).
132. *Sisymbrium officinale Scop.* Rattenberg, gemein (Lng.), Lana (Meyer), Unterinn: am Wirthshause, bei Noten (Hsm.), Meran (Braitenberg). Vintschgau (Hep.); Finstermünz (Sls.).
136. *S. Sophia L.* Sparsam bei Rattenberg (Lng.). Meran, Partschins (Bmb.). Tiers: im Tschaminthale an Felsen bei 5000′ (Lbd.).
137. *S. strictissimum L.* Innichen (Sls.). An der Strasse bei Pfunds ü. Finstermünz (Hep. Sls.).
139. *S. Thalianum Gaud.* Rattenberg; Zillerthal (Lng.). Schwaz (Reis.).
140. *Braya alpina Sternb. u. Hop.* Vergl. p. 1055. Wurde nach v. Hepperger 1852 wieder am Solstein aufgefunden!
141. *Erysimum cheiranthoides L.* Feldkirch, gegen die Weinberge (Rehst.). An Mauern u. Wegen bei Innsbruck u. Willau, Taur, Absam (Hep. Glanz).
144. *E. rhaeticum De C.* Gemein bei Meran mit E. helveticum, doch beide sicherlich nicht specifisch unterschieden (Bmb.). Uebergänge von E. rhaeticum zu E. canescens in Vintschgau zwischen Eiers u. Laas (Hep. Sls.).
145. *E. Cheiranthus Pers.* Col di Lana (Sls.). Malserheide (Hep. Sls.). Monte Baldo (Lbd.).
146. *E. helveticum De C.* Pfunds u. Eiers (Hep. Sls.). Mit E. rhaeticum bei Salurn und Deutschmetz (Lbd.).
147. *Brassica Rapa β. campestris.* Südtirol (Fcch!).
149. *Sinapis arvensis L.* Trient (Vhw.).
149. b. *Sinapis alba L.* Schoten walzlich, holperig, Klappen 5nervig, Nerven hervortretend; Schnabel so lang als die Schote oder kürzer, zusammengedrückt; Kelch wagerecht-

abstehend; Blätter gefiedert, Fieder grob-ungleich-gezähnt, etwas gelappt, die obern zusammenfliessend.
Trient: an Wegen z. B. an der Etsch am Seminarium (Vhw.). — Schoten mit aufwärtsgerichteten oder wagerechten steifen Haaren besetzt.
Bl. gelb. Jun. Jul. ☉.
150. *Erucastrum obtusangulum Reichenbach*. Deutschmetz, Riva (Lbd.).
150. b. *Erucastrum Pollichii Schimp. und Spen*. Blätter tief-fiederspaltig, Zipfel länglich, ungleich stumpf-gezähnt, an der Basis durch eine gerundete Bucht gesondert; Blüthentrauben unterwärts mit Deckblättern; Kelchblätter aufrecht-abstehend; die längeren Staubgefässe dem Stempel angedrückt; Schoten abstehend.
Am Wege von Serfaus nach Pfunds im Oberinnthale (Hep. u. Sls. Ende Juli 1852).
E. inodorum Reichenb.
Bl. ochergelb, etwas ins Grünliche ziehend.
Jun. Jul. ♃.
151. *Diplotaxis tenuifolia DeC*. Marlinger Brücke bei Meran (Braitenberg). Hall (Reis.).
152. *D. muralis De C*. In Tirol schon von Laicharding angeführt! — Sisymbrium murale L.
153. *Eruca sativa Lam*. Wild häufig an der nördl. Seite des Doss Trento (Vhw.)! Tirol (Löhr)!
154. *Alyssum Wulfenianum Bernh*. Vette di Feltre (Ambr.).
155. *A. calycinum L*. Rattenberg (Lng.).
156. *Farsetia incana R. Br*. Val di Sol (Per.)♃ Bei Klausen u. Villanders (Hep.).
157. *F. clypeata R. Br*. Vergl. p. 1055.
158. *Lunaria rediviva L*. Alpe Bins bei Schwaz, 4000', auf Gypsboden, selten (Reis.).
158. b. *Lunaria biennis Mönch*. Schötchen breit-eiförmig, an beiden Enden stumpf, Samen rundlich-herzförmig, so breit als lang. — Trient: Monte dei Frati gegen alle Laste (Vhw.). Im Gebiethe von Gargnano, Villa und Arco nach Fr. Leybold als Zierpflanze in Gärten, auch in deren Nähe, vielleicht zufällig. Wahrscheinlich auch bei Trient nur als Gartenflüchtling, wie in mehreren Orten Deutschlands. — Stengel wie der von L. rediviva, 2—4 Fuss hoch, Blätter gross, gestielt, herzförmig. Bl. violett. Mai, Jun. ☉.
159. *Petrocallis pyrenaica Brown*. Kalkfelsen ober Stuben, gegen Zürs (Rehst.). Monte Baldo, Mon maor, Val delle ossa (Lbd.).
160. *Draba aizoides L*. Buchenstein (Sls.). Pfannes, Pfitsch, Pflersch (Mss.). Monte Baldo von Costabella bis Colma di Malcesine, Pass Revelta (Lbd.).
161. *D. Zahlbruckneri Host*. Alpenfelsen in der Zwing im Zillerthale (Mielichhofer in Hinterh. prodr.)! Salmshöhe an der Pasterze (Hinterhuber)!

Nachträge : Cruciferae.

162. ***D. Sauteri** Hop.* Am Schrofen des Schlern nur 1 Expl. gefunden (Lbd.).
163. ***D. tomentosa** Wahlenb.* Vorarlberg: Rothe Wand, 8000', ober Dalaas (Rehst.). Sonnenwend- u. Steinberger Joch, Alpe Zerein (Lng.), Rafanspitze (Zim.). Am Tschigotspitz ober Naturns (Giov.). Kahle Wände des Schlern (Lbd.). —
Draba nivea Sauter halten wir für eine Form von D. tomentosa mit etwas grössern Blumenblättern, steiferem Stengel und dichterem Filze der Blätter. Die Griffel sind kaum merklich dicker als an der in Nordtirol wachsenden Pflanze. Diese Form kommt in Südtirol häufig vor, namentlich auch am Schlern und am Wormserjoch. Sauter erhielt sie vom Pitzlat bei Nauders durch einen Bergarbeiter Namens Freiberger.
165. ***D. frigida** Saut.* Spronseralpen bei Meran (Bmb.). Auf Grasplätzen am Schlern u. Tierseralpe, sehr gemein. Die zahllosen Exemplare, die uns von da durch Studenten zukamen, so wie die Beobachtungen Herrn Leybold's an Ort u. Stelle, erweisen nun zur Gewissheit, dass D. frigida u. Johannis nicht verschieden sind, letztere wächst mehr an freien unberasten Stellen.
166. ***D. Traunsteineri** Hop.* Schlern (Lbd.).
167. ***D. Johannis** Host.* Alpen von Ampezzo u. Buchenstein (Sls.). Felsblöcke am Schlern bei 6000' (Lbd.).
168. ***D. Wahlenbergii** Hartm.* Vorarlberg: Scesa plana, ober der Todtenalpe, Montafon (Rehst.). Die Var. β. Sarnerscharte (Giov.), die Var. α. am Zanggen bei Bozen (Vhw.). Schlern: im kurzen Grase gegen das Tierseralpl (Lbd.). —
168. ***D. incana** L.* Hinter der Schlernhütte an trockenen Felsen u. an der Schlernkapelle nach Elsmann! Mit Folgender auf dem Schlern u. gegen das Tierseralpl (Lbd.).
170. ***D. Thomasii** Koch.* Alpen von Ampezzo u. Buchenstein (Sls.). In Pflersch (Mss.). Sehr häufig an Felsen ausser Reschen gegen Nauders (Sls. Hep.). D. incana und Thomasii sind ganz sicher nur 2- o. 1jährige Exemplare derselben Art u. kommen am Schlern meist neben einander vor.
171. ***D. verna** L.* Rattenberg; Zillerthal (Lng.); Viecht (Reis.). β. praecox mit der Species, doch seltener, bei Bozen (Hsm.).
172. ***Cochlearia saxatilis** Lam.* Alpspitz (Lbd.). Stans (Reis.). Vintschgau: Graun (Hutter). Seiseralpe u. Duronthal (Lbd.). Buchenstein, Ampezzo; Bad Innichen (Sls.). Schlern, Reiterjoch, Val di Non, Judicarien, Vallarsa (Lbd.).
173. ***C. brevicaulis** Facch.* Am Joch Latemar bei Bozen u. Tierseralpe (Vhw.), Schluchten des Schlern 6—7000' (Lbd.).
174. ***C. Armoracia** L.* Verwildert am Inn bei Rattenberg (Lng.). —

175. *Camelina sativa Crantz.* Vergl. p. 1055.
177. *Thlaspi arvense L.* Schwaz (Reis.).
178. *T. perfoliatum L.* Rattenberg, häufig (Lng.).
179. b. *T. praecox Wulf.* Vergl. p. 1055. Val di Palù ober Pergine in Valsugana (Ambr.). In der Diagnose soll stehen: Schötchen 3eckig verkehrt - herzförmig, statt 3kantig etc., ein Druckfehler, welcher aus Koch's Taschenbuch in unsere Flora überging.
180. *T. alpinum Jacq.* Alpenweiden in Zillerthal u. Heilig-Blut (Hinterhuber)!
181. *T. rotundifolium Gaud.* Vorarlberg, im Geröll der rothen Wand (Rehst.). Buchenstein (Sls.). Pfitsch (Mss.). Scharfreuter an der bairischen Gränze; Malga di Spora in Nonsberg; Voralpen im südlichen Judicarien; am Baldo; Palle di San Martino in Primiero (Lbd.).
181. b. *T. cepeaefolium Koch.* Vergl. p. 1055.
182. *Biscutella laevigata L.* Alpspitze u. Scharfreuter (Lbd.).
183. *Lepidium Draba L.* In Tirol schon nach Laicharding!
185. *L. ruderale L.* Bozen: auch an der Strasse bei Rentsch (Hsm.). —
186. *L. graminifolium L.* Bozen, auch sehr häufig an Wegen von Rentsch nach St. Magdalena (Hsm.). In Tirol schon von Laicharding angeführt! Riva u. Gargnano (Lbd.).
187. *Hutchinsia alpina R. Br.* Unterinnthal in Alpach (Grb.). Selten in der Schlernschlucht (Lbd.). Val di Sol: Monte Toccio (Psn.). Monte Baldo, Judicarien, Primiero (Lbd.).
188. *H. brevicaulis Hop.* Sonnenwendjoch, Alpe Zerein, Steinberger Joch (Lug.). Rosskogl bei Innsbruck (Zim.). Bocca di Brenta bei Molveno, Monte Tognola, Monte Baldo, am Ebreo in Judicarien; in Primiero (Lbd.).
189. *H. petraea R. Br.* Einzeln in der Klamm bei Innsbruck (Vhw. Hep.). Am Peitlerkofl (Schm.). Val di Sarca, Riva; an der Rocchetta u. bei Tramin (Lbd.).
190. *Capsella bursa pastoris Mönch.* Riva, Val di Ledro; die Var. β. Val Aviana (Lbd.).
192. *C. pauciflora Koch.* Schlern (Grb. Lbd.), am Aufstieg zur Seiseralpe von Gröden aus (Vhw.). Am Tatoga in Valsugana (Ambr.). Am Peitler bei Brixen und in Gröden (Mss.). In den Schlernschluchten und Rosengarten unter überhangenden Felsen; Val di Lorina, am Ebreo, Val di Vestino (Lbd.).
193. *Aethionema saxatile R. Br.* Eingang in's Praxerthal (Sls.). Innsbruck: sehr selten im Bache ober Mühlau (Huber)! Schlern, selten in Tiers, häufig auf der Mendel; Val di Non, Val di Sarca (Lbd.).
195. *Neslia paniculata Desv.* Vomp bei Schwaz (Reis.). Partschins, Obermais (Bmb.). Palù bei Pergine (Ambr.).
197. *Rapistrum rugosum All.* Tramin, Deutschmetz (Lbd.).

Nachträge: Capparideae. 1407

198. *Raphanus Raphanistrum L.* Rattenberg (Lng.). Die Abart mit blassgelben Bl. häufig bei Weiherburg nächst Innsbruck (Hep.). Thal Abtei; Roveredo (Fcch.)!

VII. CAPPARIDEAE.

199. *Capparis spinosa L.* Vergl. pag. 1056. Gargnano, Riva (Lbd.).

VIII. CISTINEAE.

201. *Helianthemum Fumana Mill.* Am Ritten einzeln noch bei 3900' östlich vom Kemater Kalkofen (Hsm.). Meran, gemein am Kiechlberg, St. Peter, Zenoberg etc. (Bmb.). Lodron, Malcesine, Gargnano (Lbd.).
202. *H. alpestre Reichenb.* Arlberg u. Rhäticonkette (Rehst.). Rattenberg, gemein auf Kalk (Lng.).
203. *H. marifolium Bertol.* Salurn, Laag, Rocchetta; Val di Sarca, Riva (Lbd.).
204. *H. vulgare* α. *concolor.* Bei Fend (Lbd.).
205. *H. polifolium L.* Häufig bei Toblin, schon Ende März blühend (Vhw.). Salurn, Cadin; Deutschmetz; Civezzano, Am Baldo alla Corona (Lbd.).

IX. VIOLARIEAE.

206. *Viola pinnata L.* In Tiers, gemein im Kalkgerölle des Tschafón u. von da bis Umbes, 1853 schon gegen Ende Mai blühend, auf dem Schlern bis 6000' gegen das Tierseralpl; Monte Vason; Cornetto di Bondone gegen Cavedine; San Martino in Primiero (Lbd.).
207. *V. palustris L.* Rattenberg (Lng.). Geht auf der Villandereralpe bis an den Fuss der Schönant (Grb.), also bis 6600'. Kollern, Tiers; Lago di Calaita in Val di Lozem (Lbd.).
208. *V. hirta L.* Rattenberg (Lng.). Deutschmetz, Salurn; bei Condino in Rendena (Lbd.).
209. *V. collina Bess.* Rattenberg (Lng.). Innsbruck: bei Mühlau (Hep. Glanz). Klobenstein am Sandsteinbruch unter dem Kolben (Hsm.). Brixen (Gnd.). Mit V. canina im Kühbacher Walde bei Bozen (Lbd. Hsm.), bei Pardonig (Lbd.).
210. *V. odorata L.* Rattenberg am alten Schlosse (Lng.). An Hecken bei Seit nächst Bozen (Lbd.). Um Bozen doch wohl wild, obwohl viel seltener als Folgende (Hsm.). Meran, viel seltener als Folgende u. meist nur in der Nähe von Häusern u. Gärten (Bmb.).
211. *V. suavis M. B.* Kaltern (Giov.). Brixen (Hfm. Schm.). Gemein um Meran (Bmb.). Val di Sarca, Val di Non (Lbd.).
212. *V. arenaria De C.* Viecht, Vomp (Reis.). Was wir früher vermutheten u. schon Bertoloni, Döll, Neilreich etc. aussprachen, ist nun auch uns zur vollsten Ueberzeugung geworden, nämlich dass V. arenaria die Sandform der:

V. sylvestris ist. Wir sahen schon früher oft an Stellen, wo wir andere Jahre V. arenaria beobachtet hatten, in sehr nassen Jahren V. sylvestris oder doch Uebergänge. Im letzten Jahre zeigte sich uns nun sehr schön der allmählige Uebergang von der Sand- zur Waldform auf einer Sandwiese bei Bozen, wo V. arenaria massenhaft wuchs, je weiter wir von der Wiese dem Walde zuschritten, desto ausgeprägter trat nun V. sylvestris auf, während die am Rande der Wiese gewachsenen Exemplare wohl für Niemand bestimmbar gewesen wären. Geht auch in die niedern Alpen, auf der Seiseralpe fand sie Leybold, am Ritten bei 3800′ nicht häufig an Wegen (Hsm.).

213. *V. sylvestris Lam.* Rattenberg (Lng.). Salurn, Altenburg; Rocchetta am Eingange in den Nonsberg; Val di Ledro (Lbd.).

214. *V. canina L.* Unterinnthal im Walde unter der Naunzer Alpe (Reis.). Dass V. stricta u. V. Schultzii nur Spielarten sind, haben wir schon Seite 100 angeführt. Wir sind aber nach fortgesetzter Beobachtung nun auch der Ueberzeugung, dass beide zugleich nur Formen von V. canina L. sind. Beobachtet man die Viola canina L. in den Voralpen am Ritten, so wird man nur in wenigen Fällen entscheiden können, ob die Exemplare zu V. canina der neuern Autoren oder zu V. stricta gehören, und es sind demnach beide zu vereinen, wie es auch schon Döll (rheinische Flora p. 649) u. Neilreich (Fl. von Wien p. 525) gethan, u. beide sind als vorurtheilsfreie scharfsinnige Beobachter der Pflanzen in freier Natur competente Richter. Weniger entsprach uns anfänglich die Ansicht der erwähnten Männer, dass auch V. elatior als Form zu V. canina gehöre, denn wir hatten bis dahin wohl sehr oft Gelegenheit selbe zu beobachten, aber immer nur im blühenden Zustande, im letzten Sommer u. Herbste beobachteten wir dieselbe nun in unserm Garten u. waren erstaunt über die eingetretene Umwandlung der ganzen Pflanze.

216. *V. stricta Hornem.* Selten im Walde am Wege von Brixlegg nach Münster (Lng.). Bei Salurn in feuchten Hecken (Lbd.).

219. *V. mirabilis L.* Innsbruck (Reis.), ist in der Uebersicht pag. 1215 nachzutragen. Rattenberg (Lng.). Schloss Korb, Pfatten, Salurn, Buchholz u. Tramin; Deutschmetz; Val di Ledro; ober Avio (Lbd.).

220. *V. biflora L.* Häufig am Rhäticon u. Arlberg (Rehst.). Schwaz (Reis.). Antholzer See (Gredler). Gantkofl u. Laugenspitze. Ober Spor maggiore; Tesin; Canal di San Bovo; Val di Sarca (Lbd.).

221. *V. tricolor L.* Unterinnthal: bei Strass, Wörgl u. Rattenberg (Hep. Lng.), Schwaz (Reis.). Unsere Varietas β.

Nachträge: Violarieae.

hirta ist: *Viola rothomagensis Desv.* nach dem Standorte bei Löhr enum. p. 89 u. Maly enum. p. 290. Diese wird von Koch (Taschenb. u. Syn. ed. 2) als eigene Art angesehen; ist aber nach unserer Beobachtung nur Varietät.

222. *V. lutea Huds.* Professor Schur (Sertum florae Transylvanicae pag. 10) zieht ganz gewiss mit Recht V. lutea, V. saxatilis u. V. grandiflora als Varietäten zu V. tricolor. Dass sich diese von V. tricolor nur durch die mehrjährige Wurzel unterscheiden, haben wir schon p. 103 angeführt, dass aber im Thale 1jährige Pflanzen, auf Alpen oft 1- ja auch mehrjährig vorkommen, haben wir an andern Orten angedeutet.

223. *V. heterophylla Bertol.* Rocche dell'Alpo in Judicarien (Lbd.).

224. *V. calcarata L.* Häufig am Rhäticon u. Arlberg (Rehst.). Nach Hinterhuber bei Heilig-Blut im angränzenden Kärnthen! Am benachbarten Braulio (Sto.).

X. RESEDACEAE.

227. *Reseda lutea L.* Bozen: bei St. Magdalena u. am Rittnerwege ober Rentsch (Hsm.), bei Villanders und Barbian (Hep.). —

228. *R. suffruticulosa L.* Vergl. p. 1056. Löhr enum. pag. 91 gibt in Südtirol geradezu Reseda alba L. an.

XI. DROSERACEAE.

230. *Aldrovanda vesiculosa L.* Vergl. p. 1056. Gemein im Porzengraben bei Salurn (Lbd.). Ist durch Knospenbildung mehrjährig.

231. *D. rotundifolia L.* Rattenberg (Lng.). Proxeralpe bei Schwaz u. Plitschgrund (Reis.).

232. *D. longifolia L.* Vergl. p. 1056. Am Rheinthaler See bei Rattenberg mit β. (Lng.). Deutschnofen bei Bozen (Vhw.). Vahrner See bei Brixen (Mss.).

234. *Parnassia palustris L.* Rattenberg (Lng.).

XII. POLYGALEAE.

237. *Polygala comosa Schk.* Rattenberg (Lng.). Schalders bei Brixen (Mss.).

239. *P. amara L.* α. genuina u. β. austriaca bei Rattenberg (Lng.). Schwaz (Reis.). Am Baldo (Poll!). Portole (Montini!). Val di Sella (Ambr.).

240. *P. Chamaebuxus L.* Rattenberg (Lng.).

XIII. SILENEAE.

241. *Gypsophila repens L.* Rattenberg (Lng.). Petersberger Läger, Joch Grimm (Thl.). In Menge an der Strasse bei Pfunds (Hep.), u. bei Finstermünz (Sls.).

Nachträge: Sileneae.

242. *G. muralis L.* 1852 wieder häufig am Wolfsgruber See (Hsm.), am Katzensteige bei Frangart (Grb.).
243. *Tunica Saxifraga Scop.* Meran (Bmb.)!
244. *Dianthus polifer L.* Meran: Strasse nach Lana (Breitenberg).
245. *D. Armeria L.* Bozen: häufig ober der Strasse ausser Sigmundscron (Vhw. Hsm.), dann allda im Berge gegen die Gufl (Lbd.). Meran: sparsam bei St. Peter, Lebenberg etc. (Bmb.).
247. *D. Carthusianorum L.* Rattenberg, gemein (Lng.). Brixen (Mss.).
248. *D. atrorubens All.* Eppan (Sto.). Val di Ledro u. Val di Rendena (Lbd.).
249. *D. Seguierii Vill.* Meran (Bmb.).
253. *D. deltoides L.* Rattenberg, gemein (Lng.).
254. *D. sylvestris Wulf.* Vergl. p. 1056. Gantkofl u. Prà della Vacca (Lbd.).
256. *D. superbus L.* Am Kloster bei Viecht, selten (Reis.). β. Häufig am Petersberger Läger (Thl.); Pfannesalpe in Abtei (Mss.); Val di Susana in Predazzo, Val di Vestino (Lbd.). —
257. *D. monspessulanus L.* Am Wege von Steg nach Völs (Psn.). Häufig um Meran (Bmb.). Nonsberg, ober Molveno, ober Malcesine am Baldo (Lbd.).
258. *Saponaria Vaccaria L.* Bei Salurn auf einem Hafer-Acker (Hsm.). Trient, selten agli Zoccolanti (Vhw.).
259. *S. officinalis L.* Schwaz (Reis.).
260. *S. ocymoides L.* Schwaz (Reis.). Kommt bei Bozen manchmal mit 1häusigen, doppelt kleinern Bl. vor. (Hsm.).
262. *Silene gallica L.* Die Species auf Aeckern am Monte di Roncegno (Ambr.).
264. *S. nemoralis W. K.* Bei Cadin nächst Salurn (Sto.). Bei Drò im Sarcathale, Riva u. Ala (Lbd.).
266. *S. Otites L.* Mals; zwischen Prutz u. Ladis (Hep.).
267. *S. inflata Sm.* Rattenberg bis in die Alpen (Lng.).
269. *S. Pumilio Wulf.* Tirol (Laicharding)! Bretterwand in Vilgraten (Gredler).
271. *S. Armeria L.* Castell Toblin, Val di Ledro, Lago d'Idro (Lbd.).
273. *S. Saxifraga L.* Val d'Ampola, Campogrosso (Lbd.).
274. *S. quadrifida L.* Achenthal, Rosskopf, Alpe Moosen (Lng.). —
275. *S. alpestris Jacq.* Primiero, Triften von Val Noana (Ambr.).
276. *S. rupestris L.* Paznaunthal (Rehst.). Meran, gemein (Lng.).
277. *S. acaulis L.* Bretterwand in Vilgraten (Gredler).
278. *Lychnis Viscaria L.* Rattenberg (Lng.). Meran (Bmb.).
279. *L. flos Cuculi L.* Rattenberg (Lng.). Schwaz (Reis.). Graun in Vintschgau (Hutter).

Nachträge: Sileneae. 1411

281. *L. Coronaria L.* Deutschmetz (Lbd.).
282. *L. flos Jovis Lam.* Ulten: nicht selten an einer Stelle ober Pavigl (Hep.). Taufers in Vintschgau (Liebl).
283. *L. vespertina Sibth.* Rattenberg (Lng.). Vergl. p. 1056.
284. *L. diurna Sibth.* Stans (Reis.). Rattenberg, gemein (Lng.). Graun und durch ganz Vintschgau (Hutter, Sto.). Tisens (Lbd.), am Aufstieg vom Egger zum Vigili-Joch (Hep.), bei St. Antoni nächst Bozen durch den Fabriksbau verschwunden (Hsm.), dagegen häufig in den Wiesen an der Rodlerau (Sto.).
285. *A. Githago L.* Rattenberg (Lng.).

XIV. ALSINEAE.

286. *Sagina procumbens L.* Sonnenwendjoch, Rosskopf etc. (Lng.). Seiseralpe; Nonsberg: ober Spor; Val di Ledro (Lbd.).
287. *S. bryoides Fröl.* Seiseralpe (Lbd.).
288. *S. saxatilis Wim.* Rattenberg (Lng.). Alpe Naunz bei Schwaz (Reis.). Voldererthal, Lizum; auf der hohen Salve (Glanz, Hep.). Rittnerhorn (Hsm.). Am Ebreo u. Tombea in Judicarien (Lbd.). Die Var. β. macrocarpa, ober Molveno, Canal di San Bovo (Lbd.).
294. *Lepigonum rubrum Wahlenb.* Meran, ausser Untermais an Mauern (Breitenberg).
295. *Alsine lanceolata M. u. K.* Alpen bei Sterzing: am finstern Stern (Liebel). Oberste Felswände, die das Tierseralpl begränzen, rechts wenn man von der Mahlknechtshütte herkommt, am Lausakofl (Lbd.).
296. *A. aretioides M. und K.* Rosengarten und am Lausakofl (Lbd.).
298. *A. laricifolia Wahlenb.* α. Waldige Stellen unweit Schabs gegen die Franzens-Veste (Schm.). Häufig in Pfelders u. Pfossenthal (Bmb.). Wormserjoch (Vhw.).
299. *A. austriaca M. u. K.* Latemar, Mendel, Gantkofl; Vedretta di Molveno; Palle di San Martino in Primiero (Lbd.). —
300. *A. verna Bartl.* Mendel u. Vigilijoch (Hep.). Voralpen in Judicarien, Primiero; ober Spor maggiore; am Baldo (Lbd.). —
302. *A. recurva Wahlenb.* Rothe Wand in Vorarlberg (Rehst.). Hochjochferner in Schabs (Lbd.). Sonnenwendjoch u. wilder Unutz (Lng.). Spronser- u. Zilalpe (Bmb.). Bretterwand in Innervilgraten (Gredler). San Martino in Primiero (Lbd.). —
303. *A. Jacquinii Koch.* Sigmundscron (Funk)! Trient: am Doss Trento (Lbd.), und häufig am Damme alla Fersina (Vhw.). Ober Riva u. Drò im Sarcathale (Lbd.).
305. *A. tenuifolia Wahlenb.* Aecker alle Laste in Menge (Vhw.). —

306. ***Cherleria sedoides** L.* Scesa-Plana-Joch, Rhäticonkette (Rchst.). Alpspitz; Timmljoch (Lbd.). Rattenberg: am steinernen Weibele, 7000' (Lng.). In Primiero; am Ebreo in Judicarien; Costa bella am Baldo (Lbd.). — Aendert ab, doch selten: lockerrasig.

307. ***Möhringia muscosa** L.* Rattenberg bis in die Alpen (Lng.). Ulten; Nonsberg; Val d'Ampola, Val di Vestino, in Primiero (Lbd.).

308. *M. **Ponae** Fenzl.* Tirol, am Baldo (Laicharding)! Roveredo, Ala, Avio, Sarcathal, Val d'Ampola, Val di Ledro (Lbd.).

308. b. ***Möhringia diversifolia** Dolliner.* M. heterophylla Reichenb. Blätter linealisch-lanzettlich, spitz, in den Blattstiel verschmälert, die untersten eiförmig, spitz, gestielt; der Blattstiel 3—4mal länger als das Blatt; Blüthenstiele 1—3blüthig, nach dem Verblühen gerade vorgestreckt; Kelchblätter eiförmig, 1nervig, die äussern spitz, die innern stumpf; Blumenblätter so lange als der Kelch.

Schattige Felsen in Tirol etc. (Löhr enum. p. 119)!

Da M. diversifolia eine neuere Art ist, so kann obige Angabe Löhr's nicht, wie manche seiner andern, auf ältere Werke sich stützen u. dürfte somit kaum einer Begründung entbehren, die Art aber im südlichern Tirol an Kalkfelsen zu suchen sein. ♃.

309. *M. **polygonoides** M. u. K.* Solstein; Alpe Naunz bei Schwaz (Reis.). Montafon, am Lünersee (Rehst.). Alpspitz (Lbd.). St. Cassian (Mss.). Monte Tognola ober Molveno; alle Pozzelte am Baldo (Lbd.).

310. *M. **trinervia** Clairv.* Unterinnthal im Walde bei Reith (Reis.).

313. ***Arenaria ciliata** L.* Arlberg ober Stuben u. St. Cristoph (Rehst.). Steinwandberg in Schalders (Bachlechner).

314. *A. **biflora** L.* Tristenspitz, Reichenfelderstein (Lng.). Val di Sol: Monte Toccio (Psn.). Zil- und Spronseralpe (Bmb.). Alpen bei Sterzing (Liebl).

316. *A. **Arduini** Vis.* Vette di Feltre (Ambr.).

317. ***Holosteum umbellatum** L.* Bei Condino, in Rendena (Lbd.).

318. ***Stellaria cerastoides** L.* Rhäticonalpen (Rehst.). Widdersberger Horn bei Rattenberg (Lng.). Schalders (Schm.). Ilinger (Vhw.). Alpen von Pejo u. Rabbi (Psn.). Spronser- und Zilalpe (Bmb.). Bretterwand in Inner-Vilgraten (Gredler).

319. *S. **nemorum** L.* Rattenberg (Lng.). Ulten und Mendel (Hep.).

320. *S. **media** Vill.* Rattenberg (Lng.).

322. *S. **graminea** L.* Rattenberg (Lng.), Schwaz (Reis.). Brixen (Schm.). Voralpen in Judicarien (Lbd.).

326. ***Malachium aquaticum** Fries.* Rattenberg (Lng.).

Nachträge: Alsineae.

327. *Cerastium glomeratum Thuill.* Innsbruck: im botanischen Garten als Unkraut (Hep.). Bozen: 1853 Anfangs Mai an einer Stelle im Viertl Sand, ziemlich häufig, es ist daher in der Uebersicht p. 1220 in den Colonnen die Zahl: 3 u. der Buchstabe: B einzuschalten. C. glomeratum und C. brachypetalum gehen übrigens in einander über, u. das ächte C. glomeratum ist um Bozen seltener, meist findet man Zwischenformen. C. glomeratum zeichnet sich durch die gelbgrüne, C. brachypetalum durch die graugrüne Farbe seiner krautigen Theile aus (Hsm.).
330. *C. glutinosum Fries.* Lavis: häufig am linken Damme des Avisio (Vhw.).
331. *C. triviale Link.* Rattenberg, bis in die Alpen (Lng.). Die Var.: δ. auf Alpen bei Brixen (Schm.).
333 *C. latifolium L.* Arlberg, Rhäticon-Alpen (Rehst.). Sonnenwendjoch, Alpe Zerein (Lng.). Schnalserjöchl (Bmb.). Vergl. p. 1056. Am Plösseberg bei Brixen (Schm.). Bretterwand in Innervilgraten (Gredler). Am Ebreo u. Tombea, Campobruno, Pass Revelta (Lbd.).
334. *C. alpinum L.* Arlberg, Rhäticon-Alpen (Rehst.).
336. *C. arvense L.* Rattenberg, gemein, β. am Sonnenwendjoch u. Rosskopf (Lng.). Die Var. β. am Rhäticon (Rehst.). Klobenstein, sehr selten an einer Ruine in der Grube (Hsm.). Am Helm β. (Gredler).

XIV. b. ELATINEAE.

337. b. *Elatine hexandra De C.* Vergl. p. 154. Vorarlberg: bei Frastanz in einem jetzt durch eine neue Strasse durchschnittenen Sumpfe der Jller 1846 (Rehst.).

XV. LINEAE.

338. *Linum viscosum L.* Ober Spor maggiore; ober Avio am Baldo (Lbd.).
339. *L. tenuifolium L.* Fondo (Lbd.). Ober Völs u. Pressels gegen den Schlern (Hep. Wörndle), wohl höchstes Vorkommen! Ober Brentonico u. Malcesine; bei Drò u. Cavedine (Lbd.).
341. *L. alpinum Jacq.* Tirol (Laicharding)! Am Ebreo in Judicarien, Rocca pagana, Val di Vestino (Lbd.).

XVI. MALVACEAE.

343. *Malva Alcea L.* Oberbozen bei St. Jacob (Sls.). Spor maggiore (Lbd.).
344. *M. fastigiata Cav.* Deutsch- u. Welschmetz (Lbd.).
345. *M. sylvestris L.* Rattenberg: bei Kramsach (Lng.).
346. *M. rotundifolia L.* Rattenberg (Lng.). Borgo (Ambr.).

347. *Althaea officinalis L.* Bei Rattenberg gepflanzt u. hie und da als Gartenflüchtling (Lng.). Häufig bei Unterain nächst Bozen (Sto.).

Abutilon Avicennae Dill. Wild bei Avesa nächst Verona (Manganotti)!

XVII. TILIACEAE.

350. *Tilia grandiflora Ehrh.* Rattenberg, Stumm (Lng.). Schwaz im Kloster-Friedhofe (Reis.).
351. *T. parvifolia Ehrh.* Schwaz (Reis.).

XVIII. HYPERICINEAE.

352. *Androsaemum officinale All.* Hypericum Androsaemum L. Im benachbarten Bassanesischen nach Bertoloni!
353. *Hypericum perforatum L.* Rattenberg (Lng.). Pfitsch (Mss.). Fleims u. Fassa (Fcch!).
354. *H. humifusum L.* Innsbruck: am Judenstein (Glanz), dann bei Rinn u. Tulfes (Hep.).
355. *H. quadrangulum L.* H. dubium Bertoloni. Rattenberg, auf Gebirgen u. Voralpen (Lng.). Petersberg (Thl.). Am Baldo, in Vallarsa u. Primiero (Poll! Meneghini! Mayer!).
356. *H. tetrapterum Fries.* H. quadrangulum Bertol. Rattenberg (Lng.). Val die Sella in Valsugana (Ambr.).
358. *H. hirsutum L.* Häufig bei Kropfsberg (Lng.).
359. *H. Coris L.* Trient: ober Ravina gegen den Bondone; am Baldo unter Pinus Pumilio in Val delle Ossa, bei San Zeno (Lbd.).

XIX. ACERINEAE.

360. *Acer Pseudoplatanus L.* Rattenberg, gemein (Lng.). Terfens, Georgenberg (Reis.).

XXI. AMPELIDEAE.

364. *Ampelopsis hederacea Mich.* Bozen, an der nun verfallenen Schwimmschule fast verwildert und mit Ailanthus glandulosa (Hsm.).
365. *Vitis vinifera L.* Vergl. p. 1056. Nach Trinker geht der Weinbau im Eisackthale bei Villanders bis 2724', auf der Schattenseite allda nach Neeb bei Steinegg bis 2447', mit diesen Angaben mögen wohl nur einzelne Lauben gemeint sein, gewiss ist es, dass der eigentliche Weinbau weder im Berge bei Eppan, noch bei Glanig, Rafenstein und Kleinstein bei Bozen nicht zu solcher Höhe ansteigt, und doch gibt es Jahrgänge, in welchen der Wein auch an den benannten Orten nicht mehr die vollständige Reife erhält. Endlicher gibt die Gränze des Weinbaues in den Alpen gar nur auf 2000' an, richtiger gibt sie Baumgartner mit 2432 P. F. an.

XXII. GERANIACEAE.

366. *Geranium macrorhizum L.* San Zeno u. Val delle Ossa am Baldo (Lbd.).
367. *G. phaeum L.* Häufig um Innsbruck z. B. in der Klamm (Hep.). Schwaz im Klostergarten (Reis.)! Oberbozen (Zal.). Wolfsgruben (Hep. Hsm.). Tiers (Lbd.). Am Schlern im sogenannten Laas (Psn.). Kreuzberg (Sls.). Castel Ivano in Valsugana (Ambr.)! Moëna in Fassa (Hep.). Ober Spor, Molveno, am Bondone; Rendena, Val d'Ampola, di Vestino, Vallarsa, Val di Ronchi; Primiero, ober Predazzo; San Zeno u. Via Aviana am Baldo (Lbd.).
369. *G. sylvaticum L.* Fassa, Cima d'Asta, Baldo (Rainer! Petrucci! Barbieri!).
370. *G. pratense L.* Karneid bei Bozen (Psn.). Untervintl (Sls.). Vahrn u. Sterzing (Hfm.).
371. *G. palustre L.* Rattenberg (Lng.). Glurns (Sto. u. Zal.). Tristach (Gredler).
372. *G. sanguineum L.* Rattenberg (Lng.). Trazberg (Reis.). Brixen (Mss. Schm.). Innsbruck, Jenbach (Hep.).
373. *G. argenteum L.* Alla Cavallara in Tesin (Ambr.). Monte Baldo (Laicharding)!
374. *G. pyrenaicum L.* Vergl. p. 1057. Fondo (Sto).
375. *G. pusillum L.* Brixen (Schm.).
378. *G. columbinum L.* Kramsach (Lng.). Schwaz (Reis.).
379. *G. rotundifolium L.* Rattenberg (Lng.).
382. *G. divaricatum Ehrh.* Vergl. p. 1057. Bei Bozen in einem Strassenzaune, nicht selten, am 15. Mai 1853 blühend u. mit reifen Früchten (Hsm.). Der Standort wird nicht näher bezeichnet, um die wie es scheint nicht weit verbreitete Pflanze nicht dem rücksichtslosen Vorgehen gewisser Sammler blosszustellen. Die Blüthezeit ist abzuändern u. soll heissen: Ende April — Mai.
383. *G. robertianum L.* Rattenberg (Lng.). Valsugana (Ambr.).
384. *Erodium. cicutarium Her.* Achenrain, Brixlegg (Lng.). Valsugana (Ambr.).

XXIII. BALSAMINEAE.

386. *Impatiens Balsamina L.* Schwaz bis 2500' (Reis.). Rattenberger-Au (Lng.). Tristach bei Lienz (Gredler).

XXIV. OXALIDEAE.

389. *Oxalis stricta L.* Innsbruck: sehr lästiges Unkraut im botanischen u. den benachbarten Gärten, z. B. im von Ingram'schen, auch in den englischen Anlagen (Hep.). Limonigarten bei Gargnano am Gardasee (Lbd.).

XXV. RUTACEAE.

390. *Ruta graveolens L.* Brixen (Mss.), allda bei Krakoll (Liebl). Bei Ponale u. Roveredo (Lbd.).

XXVI. CELASTRINEAE.

392. *Staphylea pinnata L.* Nach Höfle selten bei Bregenz! Bozen: Dominicaner Güter, gepflanzt (Grb.).
393. *Evonymus europaeus L.* Rattenberg (Lng.). Vintschgau (Vhw.).
394. *E. latifolius L.* Selten bei Rattenberg u. Kundl (Lng.). Val di Ledro, Val di Sarca (Lbd.).

XXVII. RHAMNEAE.

396. *Paliurus aculeatus Lam.* Trient: an Wegen von Pontalto zum Doss di Sta. Agata (Vhw.).
397. *Rhamnus cathartica L.* Brixlegg, Rattenberg (Lng.).
398. *R. saxatilis L.* Am Angerberg bei Rattenberg (Lng.). Bei Toblin; ober Malcesine am Baldo (Lbd.).
400. *R. pumila L.* Schalders (Liebl)! Mendel; Alpe la Spora; Vedretta di Molveno; am Ebreo in Judicarien (Lbd.).
401. *R. Frangula L.* Rattenberg (Lng.).

XXVIII. THEREBINTHACEAE.

402. *Pistacia Terebinthus L.* Arco, Ala, Riva, Avio, Malcesine, Gargnano (Lbd.).
403. *Rhus Cotinus L.* Castell Toblin; Ala; ober Malcesine (Lbd.).

Ailanthus glandulosa W. Auch in der Kaiserau bei Bozen (Hsm.).

XXIX. PAPILIONACEAE.

404. *Spartium junceum L.* Hertenberg bei Bozen ober den Leiten einzelne Sträucher, wohl nur ursprünglich gepflanzt (Gredler).
404. b. *Sarothamnus vulgaris Wimm.* Vergl. p. 1057.
406. *Genista elatior Koch.* Vergl. p. 1057. Häufig um Meran, doch gewiss nur eine grössere Form von G. germanica (Bmb.).
407. *G. ovata W. K.* Im Veronesischen und Bassanesischen (Poll! Manganotti! Montini!).
408. *G. germanica L.* Brixen: bei Vahrn (Mss.).

Die Varietät: β. inermis, in Tesin u. am Bondone bei Trient (Lbd.).

410. *Cytisus alpinus L.* Im Brantenthale bei Leifers u. von Notten nach Steinegg auf Porphyr; Val di Non bei Cles Sarca- Ledro- Rendena- u. Vestino - Thal; Vallarsa, Val di Ronchi, Campogrosso (Lbd.).
411. *C. nigricans L.* Spor maggior u. Molveno (Lbd.).
412. *C. sessilifolius L.* Häufig bei Cadin nächst Salurn (Lbd.), einzeln auch zwischen Neumarkt und St. Florian (Grb.). Wälder bei Telve (Ambr.). Rochetta, Spor maggior; Val di Sarca u. Val di Ledro (Lbd.).
413. *C. capitatus Jacq.* Nach Bertoloni im Veronesischen bei Avena, im Bassanesischen alle Grota d'Olieri, Angarono etc.! Tirol (Laicharding)!

Nachträge: Papilionaceae.

C. supinus L. Tirol (Laicharding)! Vergl. p. 1192.
415. *C. hirsutus Scop.* Vergl. p. 1058.
416. *C. purpureus L.* Geht an der Mendel bis zum Mendelhaus (4700′) u. blühte allda 1851 noch Anfangs Juli (Hep.), am Wege von Cardaun zum Ranigler (Thl.), bei Pardonig; Val di Non: bei Cles (Lbd.). Borgo (Ambr.)! Bei Riva nach Bertoloni! Spor maggior; Sarca- u. Vestino - Thal; Pian della Cenere am Baldo (Lbd.).
417. *C. radiatus Koch.* Molveno, Sarcathal; Rendena, Vestino; ober Gargnano (Lbd.).
420. *Ononis spinosa L.* Rattenberg (Lng.).
421. *O. repens L.* Rattenberg (Lng.).
422. *O. hircina Jacq.* Meran (Bmb.).
423. *O. Columnae All.* Vergl. p. 1058. Häufig bei Tramin (Lbd.). Trient: alle Laste (Vhw.). Torbole, Arco, Riva, Malcesine, Brentino, Ala (Lbd.).
424. *O. Natrix L.* Meran (Bmb.).
425. *O. rotundifolia L.* Fuss des Peitler (Mss.). Bei St. Ulrich in Gröden (Andr. Sauter 1833, Viehweider 1851).
426. *Anthyllis Vulneraria L.* Vergl. pag. 1058. Schwaz, bis 4000′ (Reis.).
427. *A. montana L.* Tirol, schon nach Laicharding!
428. *Medicago sativa L.* Schwaz (Reis.).
430. *M. lupulina L.* Rattenberg (Lng.). Vergl. p. 1058.
431. *M. orbicularis L.* Trient (Fcch.), allda häufig alle Laste u. am Wege zum Doss Trent (Vhw.).
432. *M. Gerardi W. K.* Trient (Fcch.), allda häufig alle Laste u. Monte dei Frati (Vhw.).
433. *M. minima L.* Meran (Bmb.). Innsbruck: bei Weiherburg (Pichler)!
433. b. *Medicago maculata Willd.* Blüthenstiele 1—2blüthig, 3mal kürzer als das Blatt; Hülsen dornig, schneckenförmig, kugelig-niedergedrückt, kahl, Windungen zu 5, locker-aufliegend, schief-aderig, der Rand breit, 4kielig, zweizeilig-dornentragend, Dornen pfriemlich, bogig-zurückgekrümmt, an der Spitze nicht hackig, auf beiden Seiten durch eine Furche ausgehöhlt. Nebenblätter eiförmig, eingeschnitten-gezähnt, Zähne lanzettlich-pfriemlich; Blättchen verkehrt-eiförmig, kurz-gezähnt, die untern verkehrt-herzförmig; Stengel u. Blattstiele nebst den Blüthenstielen zerstreuthaarig, Haare gegliedert.

In Menge auf Grasplätzen des Hofgartens in Innsbruck u. seit vielen Jahren (Hep.).

Am benannten Standorte wohl nur verwildert; sonst in Istrien auf bebautem Boden, dann im Elsass bei Strassburg, bei Spaa; im Bassanesischen u. bei Venedig. Mai. Jun. ☉.
433. c. *Medicago carstiensis Jacq.* Blüthenstiele reichblüthig, ungefähr so lang als das Blatt; Hülsen schnekenförmig, flach, kahl, Windungen meist zu 5, am Rande

1418 Nachträge: Papilionaceae.

abstehend, strahlig-aderig, in der Mitte netzig, der Rand seicht - rinnig, 2zeilig - dornentragend, Dornen borstlichpfriemlich, auseinanderfahrend, gerade; Nebenblätter spitzgezähnt; Blättchen verkehrt-eiförmig, gestutzt.
Valsugana: an Feld- u. Wiesenrändern bei Strigno und alle Scurelle (Ambr.).
Sonst in Krain, Unter - Steiermark, Kärnthen, dann in Istrien, am Comersee u. im Bassanesischen. Jun.Jul.☉.

439. *Melilotus caerulea Lam.* Rattenberg verwildernd an Häusern und Aeckern (Lng.). Verwildert an Häusern bei Vöran nächst Meran (Breitenberg). An Zäunen u. Feldern in Primiero (Montini!).

440. *Trifolium pratense L.* Rattenberg (Lng.). Fassa; Borgo (Bracht! Ambr!). — Die Var.: β. Sprons u. Zilalpe (Bmb.). Montalon, Vette di Feltre, Portole (Montini!). St. Martin in Primiero (Lbd.).

441. *T. medium L.* Rattenberg (Lng.). Schwaz (Reis.). Coste alte bei Strigno (Montini!). Vestino; Val di Non (Lbd.).

443. *T. rubens L.* Levale bei Borgo (Ambr.)! Geht am Ritten am Hügel nördlich am Astnerhofe bis 3800' (Hsm.). An der Mendel u. in Tiers; ober Deutschmetz (Lbd.).

445. *T. ochroleucum L.* Sigmundscroner Berg (Sto.).

446. *T. incarnatum L.* Vergl. p. 1058.

447. *T. arvense L.* Schwaz (Reis.).

448. *T. striatum L.* Bozen: auch am Abhange unter dem Reichriegler Hofe u. östlich vom Calvarienberg (Hsm.).

449. *T. scabrum L.* Mit Voriger (Hsm.). Trient: in Menge alle Laste (Vhw!).

450. *T. fragiferum L.* Hall, an der Lende (Zim.). Oberinnthal: am Piller u. bei Serfaus; Bozen: bei Vöals, Lengstein, u. Kleinstein (Hep.)! Aichholz; Sarcathal, Arco (Lbd.).

451. *T. alpinum L.* Zeinerjoch gegen Montafon zu (Rehst.). Innervilgraten (Schtz.). Tiers, Deutschnofen (Psn. Lbd.).

452. *T. montanum L.* Rattenberg (Lng.).

453. *T. repens L.* Rattenberg (Lng.). Schwaz (Reis.). Brixen (Schm.).

454. *T. pallescens Schreb.* Vintschgau: bei Graun (Hep.). Tesino (Ambr.). Vedretta di Molveno; Val delle Ossa am Baldo (Lbd.).

455. *T. caespitosum Reyn.* Am Baldo (Jan!); am Braulio Rainer! Sto. u. Zal.). Palle di San Martin in Primiero, am Cornetto di Bondone (Lbd.).

456. *T. hybridum L.* Rattenberg: in Auen (Lng.). Meran (Bmb.). Aichholz (Lbd.).

456. b. *T. nigrescens Viv.* Vergl. p. 1058.

457. *T. spadiceum L.* Gebirge bei Rattenberg (Lng.)

458. *T. badium Schreb.* Rattenberger Alpen (Lng.). Paznaunthal, Zeinerjoch, Arlberg (Rehst.). Im Gebiethe von Brixen

Nachträge: Papilionaceae.

(Mss). Petersberg (Thl.). Montalon u. Portole (Montini!).
San Martin in Primjero; Vedretta di Molveno (Lbd.).
459. *T. agrarium L.* Am Sadole in Fleims (Parolini!).
460. *T. procumbens L.* Schwaz (Reis.).
461. *T. patens Schreb.* Feuchte Wiesen bei Meran, gemein (Bmb.).
462. *T. filiforme L.* Langau bei Kitzbüchl (Schm.). Langwiese bei Innsbruck (Zim. Hep.), ausser der Schwimmschule, sehr häufig auf der Ulfiswiese, an der Kaiserstrasse u. gegen die Gallwiese (Hep. Glanz). Meran: gemein auf Wiesen bei Tirol (Bmb.).
464. *Dorycnium herbaceum Vill.* In Rendena; ober Castelletto am Baldo (Lbd.).
465. *Bonjeania hirsuta Reichb.* Vergl. p. 1059. Nonsberg: bei Corredo (A. Hsm.). Altenburg bei Kaltern, Curtatsch, Deutschmetz (Lbd.).
466. *Lotus corniculatus L.* Rattenberg (Lng.). Innichen u. Helm (Gredler). Fassa u. Valsugana (Rainer! Ambr.).
467. *L. uliginosus Schk.* Bad Nofels bei Feldkirch (Rehst.).
467. b. *Lotus tenuifolius Reichenb.* Stengel 1—2 Fuss hoch, kahl oder fast kahl, sehr ästig, liegend oder aufstrebend. Blätter u. Blättchen schmal, linealisch oder linealisch-lanzettlich. Dolden 2—5blüthig. — Bozen: auf den Mösern bei Sigmundscron, Eppaner Seite, vor vielen Jahren einmal auch bei Siebenaich, damals aber ohne Blüthen gefunden (Hsm.). — Lotus tenuis W. u. K. Lotus corniculatus α. tenuifolius Neilreich. Lotus corniculatus δ. tenuis Döll. Ausser den schmächtigeren, dabei verlängerten und sehr ästigen Stengeln u. schmalen Blättern von L. corniculatus nicht verschieden und wohl nur Varietät desselben. Jul. — August. $\mathcal{U}$.
468. *Tetragonolobus siliquosus Roth.* Fondo (Lbd.). Valsugana: bei Ivano (Lbd.).
Robinia hispida L. Vom Bozner Schiess-Stande nun verschwunden (Hsm.).
470. *Colutea arborescens L.* Schwaz, selten (Reis.). Fleims (Parolini)!
471. *Phaca frigida L.* In Montafon ober dem Lüner-See (Rehst.). Achenthal: Aufstieg zum Zunterspitz (Lng.). Vette di Feltre (Montini)!
472. *P. alpina Jacq.* Selten am wilden Unutz u. Sonnenwendjoch (Lng.). Vette di Feltre (Montini)!
473. *P. australis L.* Vergl. p. 1059. Pfelderseralpen (Bmb.). Bei der Festung Finstermünz; ausser Heid gegen Graun (Hep. Sls.). Rothwand bei Wälschnofen; San Martin in Primiero (Lbd.).

Nachträge : Papilionaceae.

474. *Oxytropis uralensis De C.* Tristenspitze bei Rattenberg (Lng.). Fimberjoch bei Ischl; bei Nauders (Rehst.). Schlern, Joch Latemar, Rosszähne (Hsm.). Judicarien: am Frate (Bon.). Granitalpen Südtirols (Fcch.). Reschen, Graun u. Schluderns (Hep. Sls.).

475. *O. campestris De C.* Die Var. β. am steinernen Weibel bei Rattenberg (Lng.). Hohe Gerrach u. Blanken neben dem Freschen (Rehst.)! Bäder von Bormio (Rainer)! Am wilden See bei Sterzing die Var.: γ. (Liebl). Ai Monzoni (Meneghini!), am Davoi (Parolini)! Vette di Feltre (Montini)! Canazei (Sls.).

476. *O. pilosa De C.* Schluderns, Eiers (Hep. Sls.).

478. *O. montana De C.* Sonnenwendjoch, Rafanspitze, Kalte Wand, Unutz (Lng.). Arlberg (Rehst.). Canazei (Sls.). Tognola; Monte Baldo; Campobruno, Tesino (Lbd.). Montalon, Camerloi (Montini! Petrucci!). Gebirge bei Telve u. in Tesino (Sartorelli! Ambr!).

Oxytropis triflora Hop. wird von Löhr geradezu als Tirolerpflanze aufgeführt.

479. *Astragalus leontinus Wulf.* Prutz gegen Piller (Hep. Sls.). —

480. *A. purpureus Lam.* Wurde von den Brüdern v. Grabmair 1852 wieder an der von Sauter auf der Seiseralpe am Tschapith angegebenen Stelle aufgefunden und mir überbracht (Hsm.).

482. *A. alpinus L.* Arlberg ober Stuben am Bache von Zürs her (Rehst.). Tognola, Vedretta di Molveno; San Martin in Primiero, am Ebreo (Lbd.). Wormserjoch ausser der Gränze alla seconda Cantoniera (Rainer)! Buchenstein (Sls.).

484. *A. Cicer L.* Meran (Bmb.). Deutschmetz (Lbd.).

485. *A. glyciphyllos L.* Rankweil und Obersaxen (Rehst.). Rattenberg (Lng.). Baldo: Val dell' Artillon (Manganotti!).

486. *A. depressus L.* Am Baldo : Val delle Buse (Manganotti!).

487. *A. exscapus L.* Bei Tarsch (Sto. Zal.).

488. *A. monspessulanus L.* Häufig Anfangs April an den Felsen am See von Toblin (Vhw.).

489. *Coronilla Emerus L.* Rattenberg (Wld.). Georgenberg (Reis.). Levale bei Borgo (Ambr.).

490. *C. vaginalis Lam.* Auf Porphyr bei Steineck nicht selten an Wegen (Lbd.), angeblich auch ober dem kühlen Brünnel bei Bozen! Kleims (Parolini)! Kranewitter- und Taurer - Klamm bei Innsbruck (Hep.). Sarcathal und am Baldo (Lbd.).

490. b. *C. minima L.* Vergl. p. 1059.

491. *C. montana Scop.* Vergl. pag. 1059. Margreid, Cadin, Aichholz (Braitenberg. Sto.). Valsugana (Ambr.).

Nachträge: Papilionaceae. 1421

493. *C. varia L.* Schwaz (Reis.). Borgo (Ambr.).
494. *Hippocrepis comosa L.* Staneralpe bei Schwaz (Reis.). Borgo (Ambr.).
495. *Hedysarum obscurum L.* Bei Zürs am Arlberg; in Paznaun (Rehst.)! Huzljoch, Serles (Hep. Zim.). Schafreiter (Lbd.). Joch Grimm (Thl.). Graun in Vintschgau (Hutter). Vette di Feltre (Parolini)! Vedretta di Molveno (Lbd.).
496. *Onobrychis sativa Lam.* Brixen (Mss.).
497. *Cicer arietinum L.* An Zäunen im Bassanesischen (Montini)! —
498. *Vicia pisiformis L.* Bozen: im Gebüsche bei Campil u. von Cardaun nach Karneid (Vhw. Psn.). Al Maso nuovo bei Deutschmetz (Lbd.). In der Uebersicht pag. 1227 ist letzter Standort mit 4 nachzutragen.
499. *V. sylvatica L.* Zunderspitze in Achenthal bei 5000' u. sehr häufig auf der Alpe Moosen bei Rattenberg (Lng.). Innerprax, Maistadt (Sls.). Tiers, Weg zum Jungbrunnthal, St. Jacob bei Oberbozen (Lbd. Sls.), Petersberg u. Weissenstein (Thl.). Spor maggior (Lbd.).
501. *V. dumetorum L.* Meran: nicht häufig bei St. Valentin (Bmb.). —
502. *V. Cracca L.* Rattenberg (Lng.). Schwaz (Reis.). Valsugana: bei Levale (Ambr.).
503. *V. Gerardi De C.* Am Baldo: al Prabazar (Poll.)!
505. *V. villosa Roth.* Vergl. pag. 1059. Einzeln auch bei Frangart (Hsm.); dann bei Pfaten (Lbd.).
506. *V. oroboides Wulf.* Am Portole (Zanardini)!
507. *V. sepium L.* Rattenberg (Lng.). Schwaz (Reis.). Fassa (Bracht)!
508. *V. lutea L.* Im nasskalten Mai 1851 sehr häufig auf allen südlichen Abhängen sehr schön, in trockenen Jahren schwer zu finden (Hsm.).
509. *V. angustifolia Roth.* Rattenberg (Lng.). Innsbruck u. Hall (Hep.).
510. *V. cordata Wulf.* Vergl. p. 1060.
510. b. *Vicia peregrina L.* Blüthen blattwinkelständig, einzeln, kurzgestielt; Blätter 4—7paarig, Blättchen linealisch, gestutzt; Fahne kahl; Zähne des Kelches lanzettlich, zugespitzt, fast gleich, die 4 obern aufwärtsgekrümmt: Hülsen herabgeschlagen, länglich, flaumig. — Trient: Monte dei Frati gegen alle Laste (Vhw.). Sonst in Untersteiermark und Istrien. — Fahne trüb-violett, Flügel und Schiffchen weisslich oder lila. ⌢.
511. *V. lathyroides L.* Tirol (Laicharding). Sigmundscroner Berg u. Weg nach St. Cosmas (Hsm.).
512. *Ervum hirsutum L.* Borgo (Ambr.)!

513. *E. tetraspermum L.* Bozen: an Stauden am Rivilaunbache bei Rentsch (Vhw.). Innsbruck: bei Weiherburg (Hep.). —
514. *E. Ervilia L.* Aecker bei Povo nächst Trient (Vhw.).
516. *Lathyrus Aphaca L.* Schwaz: selten an der Schiessstätte (Reis.), u. ist in der Uebersicht p. 1228 für Nordtirol nachzutragen. Maisäcker in Berg bei Eppan (Sto.), Pauls (Lbd.).
517. *L. sphaericus L.* Am Wege von Auer nach Kaltern (Marchesani), Sigmundscroner Berg (Sto.), überhaupt an allen Abhängen um Bozen (Hsm.). Die Blätter ändern wie bei L. setifolius ab, und sind linealisch oder linealisch-lanzettlich.
518. *L. setifolius L.* Trient, zerstreut alle Laste und ai Frati (Vhw.). —
520. *L. tuberosus L.* Aecker an der Strasse ober Schlanders (Sto. Zal.). Völs bei Bozen (Wörndle)!
521. *L. pratensis L.* Rattenberg (Lng.). Fassa (Rainer)!
522. *L. sylvestris L.* Rattenberg (Lng.). Albeins bei Brixen (Hfm.). Schwaz (Reis.).
523. *L. heterophyllus L.* Innichen (Winkler). Schluderns (Sto. Zal.). Eine Varietät mit 1paarigen Blättern ist Koch's Var. β. unijugus L. platyphyllos Retz. Solche Exemplare sammelte Stecher bei Graun an Rainen in der Salg, Braitenberg im Gebiethe von Meran, es kann aber, da die Exemplare ohne Früchte sind, nicht entschieden werden, ob sie hieher oder zu L. latifolius gehören u. muss einer weitern Beobachtung überlassen werden.
525. *L. palustris L.* Am Ufer der Brenta bei Tezze (Ambr.).
526. *Orobus vernus L.* Auch am Ritten hinter dem Lengmooser Schiess-Stande (Hsm.).
527. *O. variegatus Ten.* Meran z. B. im Naifthale (Bmb.)! Karneid bei Bozen (Psn.). Val di Novesa am Baldo (Manganotti)!
528. *O. tuberosus L.* Innsbruck: am Wege zum Schlosse Amras (Walter). Vintschgau: bei Graun (Hutter). Eggerhof bei Meran (Braitenberg), Fuss des Jaufen (Grb.). Mit der Var. β. am Baldo ai Lumini (Manganotti)!
529. *O. luteus L.* Vergl. p. 1060.
530. *O. niger L.* Meran (Bmb.)! Borgo: bei Savaro (Ambr.).

XXX. CAESALPINEAE.

531. *Cercis Siliquastrum L.* Monte dei Frati bei Trient (Vhw.). —

XXXI. AMYGDALEAE.

Amygdalus Persico - Amygdala Dalech. A. hybrida Dierb. Persica amygdaloides C. Bauh. Pfirsich - Mandel.

Scheint ein Bastard von Amygdalus communis und Persica vulgaris zu sein. Blätter fast wie beim Pfirsich, Frucht eiförmig, stumpf, Fleisch nur etwas saftig, manchmal essbar, Samen süss. Das Fruchtfleisch u. Gestalt der Frucht fast wie bei Amygdalus, die Steinschale dagegen nähert sich mehr der von Persica. — Bozen: angepflanzt in dem v. Hepperger'schen Ansitze bei Gries.

532. *Prunus spinosa L.* Vergl. p. 1060. Rattenberg, gemein (Lng.). Die Var. β. coetanea nicht selten bei Hötting (Hep.).

535. *P. avium L.* Gebirgswälder bei Rattenberg (Lng.).

536. *P. Padus L.* Rattenberg (Lng.); Schwaz (Reis.).

XXXII. ROSACEAE.

538. *Spiraea Aruncus L.* Rattenberg (Lng.). Schwaz bis 4000' (Reis.). Steineck (Psn.), Weg nach Weissenstein (Giov.).

539. *S. Ulmaria β. discolor.* Rattenberg (Lng.). Schwaz (Reis.). —

541. *Dryas octopetala L.* Ampezzo (Sls.). Wormserjoch (Sto. Zal.).

542. *Geum urbanum L.* Rattenberg (Lng.).

544. *G. rivale L.* Voralpen bei Rattenberg (Lng.). Freundsberg (Reis.).

546. *G. reptans L.* Kalter Berg bei Arlberg, Fimberjoch (Rehst.). Huzljoch (Hep. Glanz). Alpach (Grb.). Uebergang von Schalders nach Durnholz (Liebl).

547. *G. montanum L.* Hoch-Gerrach, Freschen (Rehst.). Rofenthal (Giov.). Graun in Vintschgau (Hutter).

548. *Rubus saxatilis L.* Rattenberg, Postalpe (Lng.). Tratzberg (Reis.).

R. odoratus L. Angepflanzt auch bei Oberbozen.

549. *R. Idaeus L.* Rattenberg, gemein (Lng.).

551. *R. caesius L.* Schwaz (Reis.).

552. *Fragaria vesca L.* Vergl. p. 1060. Rattenberg (Lng.).

553. *F. elatior Ehrh.* Vergl. p. 1060. Selten am Angerberg bei Rattenberg (Lng.).

F. Chiloënsis Ehrh. Vergl. p. 1060.

555. *Comarum palustre L.* Freundsberg (Reis.). Rattenberg: bei Freundsheim (Lng.). Vahrner See (Mss.). Karneid bei Bozen (Psn.).

556. *Potentilla supina L.* Innsbruck: bei Götzens u. Wiltau (Glanz. Hep). Rattenberg an den Zäunen der Gemüsegärten (Lng.). Brixen z. B. bei Vahrn (Mss. Schm. Gnd.).

558. *P. rupestris L.* Rattenberg (Lng.).

559. *P. anserina L.* Rattenberg (Lng.).

Nachträge: Rosaceae.

560. ***P. recta** L.* Tirol (Laicharding)! Trient (Lbd.). Meran: St. Valentin, Kiechlberg (Bmb.).
561. ***P. argentea** L.* Rattenberg, einzeln bis an die Voralpen (Lng.).
  Var.: *β. cinerea.* Blätter oberseits von dichten krausen u. mehr oder weniger eingemischten längern etwas abstehenden Haaren aschgrau. — Diese Varietät 1852 an einem sehr warmen u. trockenen Abhange bei Klobenstein am Ritten (Hsm.). Sie verhält sich zur Species wie P. cinerea Chaix. zu P. opaca L.
562. ***P. collina** Wib.* Brixen (Schm.). Meran (Bmb.).
563. ***P. reptans** L.* Rattenberg (Lng.). Koch gibt die Oberfläche der Blätter kahl an, was bei uns wohl seltener der Fall ist; meist sind sie zerstreut-behaart, in sehr seltenen Fällen sogar dicht-behaart.
565. ***P. Tormentilla** Sibth.* Rattenberg (Lng.). Schwaz (Reis.).
566. ***P. aurea** L.* Schafreiter (Lbd.). Rofenthal (Giov.). Kommt auf fettem feuchten Boden fast ganz kahl vor, so z. B. auf der Rittneralpe (Hsm.).
567. ***P. salisburgensis** Haenke.* Fimber-Alpen in Paznaun (Rehst.)! Am wilden Unutz bei der Pyramide (Lng.). Sarnerscharte (Grb.). Monte Baldo (Lbd.).
568. ***P. verna** L.* Schwaz (Reis.). Rattenberg (Lng.).
569. ***P. opaca** L.* Tirol (Laicharding)!
571. ***P. grandiflora** L.* Im obern Paznaunthale (Rehst.)! Häufig bei Fend (Lbd.). Ifinger bei Meran (Vhw.).
573. ***P. minima** Hall.* Scesa plana, Rhäticonalpen (Rehst.). Häufig am Rosskopf u. Alpe Zerein bei Rattenberg (Lng.).
574. ***P. frigida** Vill.* Zu oberst im Pfossenthale in Schnals (Bmb.). —
575. ***P. alba** L.* Gnadenwald bei Hall (Hep.).
576. ***P. Fragariastrum** Ehrh.* Innsbruck: häufig längs der ganzen Linie des Mittelgebirges von der Klamm bis Thaur unter Gebüsch Anf. Mai 1853 (Hep. Zim.). Wahrscheinlich wohl auch in Südtirol bisher übersehen. Es ist durch obigen Standort in der Uebersicht pag. 1230 die Einschaltung der Ziffer: 2 und der Buchstaben: J nöthig, so wie das Zeichen * wegzufallen hat.
578. ***P. caulescens** L.* Einzeln auch auf Porphyr am Sarnersteige hinter Ried (Lbd.). Am Peitler bei Brixen (Mss.). Pfunds u. Oberinnthal (Sls.), also auch auf Urgebirge.
581. ***Sibbaldia procumbens** L.* Höhe des Arlberges, Fimberjoch (Rehst.). Rosskogl (Glanz). Timmljoch und Schönau; Rosszähne bei Bozen (Lbd.). Ifinger (Vhw.). Alpen bei Brixen; Thurneralpe bei Lienz (Gnd.). Nardemolo in Palù, Montagna di Ciolera (Ambr.).

Nachträge: Rosaceae.

582. *Agrimonia Eupatoria L.* Uebergänge zu Folgender bei Rattenberg (Lng.).
584. *Aremonia agrimonioides Neck.* Die von Wenzel Karl bei Salurn angegebene Waldsteinia geoides (Vergl. pag. 1193) ist nach einer spätern Berichtigung desselben im botanischen Wochenblatte 1852 p. 3 A. agrimonioides.
586. *Rosa alpina L.* Bei Viecht, im Kanzele (Reis.).
591. *R. rubiginosa L.* Meran (Bmb.).
592. *R. tomentosa Sm.* Meran (Bmb.).
593. *R. pomifera Herrm.* Steinwand bei Neustift (Bachlechner).

Rosa systyla Bastard. Stacheln derb, sichelförmig, an der Basis zusammengedrückt, ziemlich gleich, am Stamme zerstreut, an den Zweigen öfters an die Basis der Nebenblätter gestellt; Stamm aufrecht; Blättchen 3—7, elliptisch, geschärft-gesägt, die obern Sägezähne zusammenneigend; Nebenblätter länglich, Oehrchen eiförmig, zugespitzt, geradevorgestreckt, die der blüthenständigen Blätter breiter; Zipfel des Kelches fiederspaltig, fast so lang als die Bl.; Griffel kahl, zusammengewachsen.

Auf Voralpen bei Unken und Lofer (v. Spitzel in Hinterhuber's prodr. p. 69). Es ist somit kaum zu zweifeln, dass diese Rose auch auf tirolischem Boden vorkomme, da Lofer hart an der Gränze liegt.

595. *R. arvensis Hudson.* Thal Brandenberg bei Rattenberg (Lng.). Auf der Mendel bei Bozen in der Nähe des Mendelhauses (Grb.).

XXXIII. SANGUISORBEAE.

597. *Alchemilla vulgaris L.* Rattenberg (Lng.).
598. *A. pubescens M. B.* Rattenberger Alpen (Lng.).
599. *A. fissa Schum.* Lüner-Egg in Montafon (Rehst.). Zilalpen bei Meran, selten (Bmb.). Wormserjoch (Sto. Zal.).
600. *A. alpina L.* Auf allen Alpen bei Rattenberg (Lng.). Wolfenthurn am Brenner (Rosenhauer)! Vigilijoch bei Meran (Hep.), Auener-Alpe ober Sarnthal (Braitenberg).
601. *A. pentaphyllea L.* Fassaljoch zwischen dem Arlberg und Paznaun (Rehst.).
602. *A. arvensis L.* Oberbozner Aecker (Zal.). Innsbruck: häufig auf den Aeckern bei Igels u. Lans im Juni (Zim.). Bozen: auch in den Weinleiten u. Rainen am Streckerhofe (Hsm.).
603. *Sanguisorba officinalis L.* Wiesen bei Nauders (Hep. Sls.). —
604. *Poterium Sanguisorba L.* Rattenberg (Lng.).

XXXIV. POMACEAE.

605. *Crataegus Oxyacantha L.* Rattenberg (Lng.).
606. *C. monogyna Jacq.* Rattenberg (Lng.). Neustift bei Brixen (Mss.).

609. *Mespilus germanica L.* Bei Schwaz einzeln gepflanzt u. reife Früchte tragend (Reis.).
Cydonia vulgaris Pers. Bei Schwaz gepflanzt und reife Früchte tragend (Reis.). Einzeln an Zäunen auch bei Brixen (Hfm.). —
611. *Pyrus Malus L.* Höttinger Berg (Zim.)!
612. *Aronia rotundifolia Pers.* Rattenberg bis in die Voralpen (Lng.); Schwaz (Reis.).
614. *Sorbus aucuparia L.* Brixlegg, Kramsach (Lng.).
615. *S. Aria Crantz.* Rattenberg, gemein (Lng.). Im Walde bei Reith (Reis.). Karneid bei Bozen (Psn.).
617. *S. Chamaemespilus Crantz.* Rattenberg; auf Voralpen (Lng.). Val di Non (Psn.). Bondone, Malga di Spor (Lbd.).

XXXV. GRANATEAE.

618. *Punica Granatum L.* In Tirol (Laicharding)! Auch am Hügel bei St. Magdalena nächst Bozen auf Diluvialgebilde (Hsm.).

XXXVI. OENOTHEREAE.

619. *Epilobium angustifolium L.* Rattenberg, Steinberg, am Sonnenwendjoch (Lng.). Brixen (Schm.).
620. *E. Dodonaei Vill.* Schrambach bei Brixen (Schm.).
621. *E. Fleischeri Hochst.* Flussbett der Jll in Montafon (Rehst.). Vintschgau an der Engadiner Gränze (Sto. Zal.). Aus dem Lechthale durch einen Studenten von da erhalten (Hep.)!
623. *E. parviflorum Schreb.* Rattenberg (Lng.). Brixen auf Sumpfwiesen (Schm.).
625. *E. montanum L.* Rattenberg (Lng.). Schwaz (Reis.). Brixen (Mss.). Antholzer See (Gredler).
626. *E. palustre L.* Rattenberg (Lng.) Seefeld (Reis.).
627. *E. roseum Schreb.* Rattenberg (Lng.). Bozen: bei Sigmundscron (Hsm.).
628. *E. trigonum Schrank.* Pletzer-Schreier- und Wild-Alpe (Lng.).
629. *E. origanifolium Lam.* Arlberg, Rhäticonalpen (Rehst.). Mit Folgender (Lng.).
630. *E. alpinum L.* Am Bache ober Stuben (Rehst.). Sonnenwendjoch etc. (Lng.). Arbeserkopf bei Schwaz (Reis.). Alpen bei Brixen (Schm.).
631. *Oenothera biennis L.* Rattenberg am Inn (Lng.). Riva (Lbd.).
633. *Circaea lutetiana L.* Brixen (Mss.). Meran: bei Freiberg und hinter Zenoberg (Braitenberg). Viechter Bauhöfe (Reis.). Doss Trent; Val di Ledro (Lbd.).
635. *C. alpina L.* Walserthal (Rehst.). Gschnitzerthal (Zim.). Im Schelmthale bei Bozen u. am Wege von Kollern nach Deutschnofen (Vbw.). Ifinger; Corvara (Vhw.). Fuss des Rosengarten (Psn.). Tesin; Val d'Ampola (Lbd.).

XXXVII. HALORAGEAE.

636. *Myriophyllum verticillatum L.* Burgstall (Bmb.). Sümpfe zwischen Unterain u. Sigmundscron (Sto. Hsm.), bei Terlan u. Salurn (Lbd.). Vahrner See (Bachlechner). Naturns u. Prad (Sto.). Campo Trentino (Vhw.). Riva (Lbd.).

637. *M. spicatum L.* Vergl. p. 1060. Rattenberg: im Rheinthaler See (Lng.). Naturns u. Prad (Sto.). Innsbruck: bei Amras (Glanz)! Haller-Au (Hep.).

XXXVIII. HIPPURIDEAE.

638. *Hippuris vulgaris L.* Stans, Schwaz (Reis.) An der Stelle bei Terlan (pag. 302) durch Cultur verschwunden, dagegen noch häufig im Etschgraben von Sigmundscron bis Unterain. Bei Lana u. Salurn (Lbd.). Vintschgau: bei Laas (Sto.). Burgstall bei Meran (Bmb.). Geht doch selten in die Alpen, in den Sümpfen der Seiseralpe fanden ihn die Brüder v. Grahmair, allwo aber nur mehr ganz niedrig.

Var.: β. *longifolia Blytt.* Untergetauchte Blätter verlängert, schlaff, die ausser dem Wasser kurz, steif. Kaum als Varietät anzusehen, da ähnliches Verhalten jede Wasserpflanze zeigt. Bei Bozen gemein, auch eine fluthende Spielart (Hsm.).

XL. CERATOPHYLLEAE.

643. *Ceratophyllum demersum L.* Terlan, Gargazon; Garda-See (Lbd.).

XLI. LYTHRARIEAE.

644. *Lythrum Salicaria L.* β. *canescens.* Vergl. p. 1060. Die Species bei Rattenberg (Lng.).

Lythrum Hysopifolia L. Aufrecht, bis 1 Fuss hoch, oder niederliegend u. ästig. Blätter linealisch oder länglich; Blüthen 6männig, einzeln in den Achseln der Blätter, Kelche mit 2 sehr kurzen Deckblättern besetzt. An Wegen u. überschwemmten Orten. Wir besitzen diese Pflanze vom Gardasee auf Veronesischem Boden u. es dürfte wohl kaum zu zweifeln sein, dass sie sich auch auf tirol. Boden am Gardasee befinde. Bl. violett-roth. Jun.–Sept. ☉.

645. *Peplis Portula L.* Vergl. p. 1060. Burgstall und Vilpian (Lbd.).

XLII. TAMARISCINEAE.

646. *Myricaria germanica Desv.* Am Rheine an der Schweizergränze (Rehst.). Seiseralpe an einem Bache am Fusse des Plattkofls (Grb.), wohl höchster Standort? Grauu in Vintschgau (Hutter). Meran (Bmb.)!

XLV. CUCURBITACEAE.

648. *Bryonia alba L.* Brixen (Schm.).
649. *B. dioica L.* Fondo (Hep.). Kaltern, am Schiessstande (Giov.). Meran: bei St. Peter (Bmb.).

1428 Nachträge: Cucurbitaceae.

p. 310. *Sicyos angulata L.* Leicht kenntlich an dem kletternden Stengel, den herzförmigen 5eckigen Blättern, den kleinen grünlichen 1häusigen Blüthen und die stachelige 1samige Frucht von der Grösse einer kleinen Haselnuss. Nach Reichenbach (S. angulatus) an Zäunen im südlichen Ungarn. Nach dem botanischen Wochenblatte in neuester Zeit auch bei Wien gefunden.

Bei Borgo seit vielen Jahren im Garten des Herrn Sartorelli u. jetzt von da aus in die angränzenden Felder verbreitet (Ambr.).

XLVI. PORTULACEAE.

650. *Portulaca oleracea L.* Freundsberg, selten (Reis.). Schlanders u. Castelbell (Hep.). Meran, gemein (Bmb.).
651. *Montia fontana L.* Rattenberg (Lng.). St. Leonhard u. Pfelders (Bmb.). Quellen der Villandereralpe (Vhw.).

XLVII. PARONYCHIEAE.

653. *Herniaria glabra L.* Aendert ab: *β. ciliata.* Blätter am Rande gewimpert. So von Fr. Leybold bei Trient gesammelt. Diese Varietät ist offenbar das Bindeglied von H. glabra u. H. hirsuta, u. Döll u. Neilreich mögen Recht haben, wenn sie beide in eine Art vereinigen: H. germanica Döll = H. vulgaris Sprengel.
655. *H. alpina Vill.* Fimberjoch 7 — 8000′, an der Gränze von Unterengadin (Rehst.).

XLVIII. SCLERANTHEAE.

656. *Scleranthus annus L.* Rattenberg (Lng.).
657. *S. perennis L.* Sehr häufig an der Kirche bei Afingen (Vhw.); Sarnthal: an der Dickt (Wörndle). Salurn und Neumarkt (Lhd.).

XLIX. CRASSULACEAE.

658. *Rhodiola rosea L.* Seiseralpe gegen Fassa (Vhw.). Col di Lana (Sls.).
659. *Sedum maximum Sut.* Klausen (Hep.). Innsbruck: an einem Seitenwege gegen Hall in Menge; Schlossberg bei Rattenberg (Hep.). Das von Professor Friedrich Braun aus Bayreuth bei St. Cassian in Enneberg beobachtete und an Freunde als *S. erythromelanum Braun.* versendete Sedum ist nach unserer Ansicht eine Form von S. maximum mit etwas breitern ganzrandigen oder nur undeutlich gezähnelten Blättern und dunklerer Färbung. Auf ähnliche Weise ändert S. maximum auch im Gebiethe von Bozen ab.
661. *S. Cepaea L.* An Felsen von Castell Lodron am Idro-See (Lhd.).

Nachträge: Crassulaceae.

662. *S. hispanicum L.* Alla Scaletta bei Madonna della Corona am Baldo (Lbd.).
663. *S. villosum L.* Seiseralpe: häufig ober der Zallinger Schwaige (Grb.).
664. *S. atratum L.* Scesa plana, am Rhäticon in Montafon (Rehst.). Am Timml in Oetzthal; am Bondone bei Trient; am Baldo u. Tognola, Pass Revella (Lbd.).
665. *S. annuum L.* Rattenberg: an den Wassermauern (Lng.). Schlern (Hep.). Geht bei Bozen seltener ins Thal herab z. B. im Sigmundscroner Berg, und blüht allda schon Anfangs Mai (Hsm.).
666. *S. album L.* Brixen (Schm.).
668. *S. acre L.* Rattenberg (Lng.).
669. *S. sexangulare L.* Rattenberg (Lng.).
670. *S. repens L.* Schönant (Grb.). Ifinger (Vhw.).
671. *S. reflexum L.* Meran (Bmb.).
672. *Sempervivum tectorum L.* Schlanders, Tartsch (Hep.)! Meran (Bmb.)! Pressels bei Völs (Psn.). Die Blätter beschreibt Koch als grasgrün, was jedoch sehr häufig nicht der Fall ist, namentlich an den Abhängen bei Bozen u. um Klobenstein, wo sie vorzüglich in trockenen Jahren meist graugrün sind. Die nämlichen Beobachtungen haben an andern Orten die Herren Leybold u. Bamberger gemacht. Solche Exemplare mit graugrünen Blättern sind, wenn diese zugleich in eine länger vorgezogene Spitze allmälig verschmälert sind: *S. acuminatum Schott* (botan. Wochbl. 1853 p. 28). Die entsprechenden Exemplare wurden unsers Wissens von dem Sohne Ferdinand Schott im August 1852 bei Klobenstein gesammelt.

Sempervivum debile Schott. Glanduloso - hirtum; rhizomate tandem elongato decumbente, rosula subexplanata terminato; foliis spathulato - linearibus, cuspidatis, caulinis patentissimis, dense - approximatis, inflorescentia pauciflora; corolla 17—18mera, petalis lanceolato-linearibus. Das Rhizom oder vielmehr der Stamm der Pflanze verlängert, 1-2 Linien dick, dahingestreckt u. am Ende die lockere Rosette tragend. Die Blätter des 2—3 Zoll hohen Blüthenstengels, länger u. schmäler, dicht aneinander gereiht, sind horizontal abstehend u. auch oft sogar nach rückwärts gerichtet. Blumen braunroth. Die Blumenblätter auffallend schmal. Vorkommen auf Granitunterlage im westlichen Tirol.

Vorstehendes ist einem Artikel des österreichischen botanischen Wochenblattes 1852 Nr. 3 entnommen. Der Artikel führt den Titel: 3 österreichische Semperviva, Mittheilung des k. k. Hofgarten-Directors H. W. Schott.

Uns ist im westlichen Tirol nur der grosse Granitstock im untern Judicarien u. westlichen Theile des Sulzberges, denn der kleinere bei Mittelwald u. die des Ifinger u. am Eingange in das Ultenthal bekannt, glauben aber, dass darunter der in Judicarien gemeint ist, da allda der Gartenassistent Haury im Jahre 1844 einige Zeit für Hrn. Schott sammelte.

673. *S. Wulfeni Hop.* Villandereralpe vom Todten nach Schönant (Giov.). Pfitsch (Mss.). Spronserthal bei Meran (Bmb.). Hegetschweiler muthmasste, dass so wie bei der Gattung Saxifraga, so auch bei der I. Rotte von Sempervivum die grüngelb blühenden Arten bloss als Formen der rothen zu betrachten sein dürften, und in der That liegen uns Exemplare von S. Wulfeni vor, an denen einzelne Bl. halb roth halb gelb gefärbt, oder gelbe mit rothen Blüthen vermischt vorkommen. Verbunden mit dem Umstande, dass S. tectorum auch mit gras- und grangrünen Blättern vorkommt, dürfte diese Beobachtung Hegetschweiler's Ansicht nicht ganz ohne Grund erscheinen lassen.

675. *S. montanum L.* Fimberalpen in Paznaun (Rehst.). Pfitsch (Liebl). Helm (Gredler).

675. b. *S. Braunii Funk.* Wird oft mit kleinen Exemplaren von S. Wulfeni verwechselt. Nach der oben angeführten Ansicht Hegetschweiler's wäre diese Art als gelbblühende Form zu S. montanum zu ziehen? Wir besitzen nun Expl. aus der Hand des Entdeckers selbst.

676. *S. arachnoideum L.* Fimberalpen ober Ischl (Rehst.). Tristenspitze bei Rattenberg (Lng.). Meran (Bmb.).

676. b. *Sempervivum Döllianum Lehmann* in Flora 1850 pag. 449. Blätter der Rosetten länglich, spitz, mit nach rückwärts gekehrten Wimpern, übrigens kahl, an der Spitze schwach büschelig-gebärtet mit strahlig auseinander tretenden spinnwebartigen, die Spitzen der jüngern Blätter verbindenden Haaren; Stengelblätter länglich, nach unten breiter; Blumenblätter sternförmig ausgebreitet, eiförmig-lanzettlich, zugespitzt, ungefähr 3mal so lang als der Kelch; unterweibige Schuppen sehr klein. — Nach Hofrath Döll, der uns ein Exemplar mittheilte, nur Varietät von S. arachnoideum, die er auch von Heilig-Blut besitzt.

Dass an S. arachnoideum die Spinnwebhaare oft fast ganz verschwinden, der sonst polsterartig-rasige Wuchs an entsprechenden Stellen locker-rasig wird, ebenso die an sonnigen heissen Orten meist graugrünen Blätter eine blassgrüne Farbe annehmen — die Stengelblätter eine breitere Basis erhalten etc. etc., ist im Gebiethe von Bozen u. wohl auch anderwärts schon längst beobachtet worden, wir hielten es immer u. halten es noch für die Folge eines höhern, fettern oder feuchtern Standortes — ändert doch auch S. tectorum auf ähnliche Art ab. Zudem entwarf Herr C. B. Lehmann (in Offenbach) seine Diagnose nach cultivirten

Exemplaren, welcher Umstand offenbar für unsere Ansicht spricht. —
678. *S. arenarium Koch.* Die Gebirgsart, auf welcher diese Koch'sche Art bisher in Tirol beobachtet worden, ist Thonschiefer u. so kommt sie nach Neilreich auch bei Wien vor, Neilreich erklärt sie als subalpine Form von S. soboliferum u. ist auch diese geneigt für eine kahle Form von S. hirtum anzunehmen.

LI. RIBESIACEAE.

680. *Ribes Grossularia L.* Brixen (Mss.). Meran: an Häusern bei Vöran (Braitenberg). Der Standort bei Haslach ist durch Cultur verschwunden, dagegen fand der Student Psenner noch einige Sträucher im Walde allda.
681. *R. alpinum L.* Rattenberg: am alten Schlosse, Alpe Zerein (Lng.). Weg von Deutschnofen nach Weissenstein (Vhw.). Ritten; am Bache unter Pemmern (Hep.). Rodeneck bei Brixen (Gnd.). Am Todtenmoos ober Kollern (Lbd.).
682. *R. nigrum L.* Im Thale bei Brixen, nur an zwei Stellen (Mss.). —
683. *R. rubrum L.* Rattenberg: in Hecken in der Nähe der Häuser (Lng.).
684. *R. petraeum Wulf.* Vergl. p. 1060. Deutschnofen und Weissenstein (Lbd.).

R. aureum Pursh. Einzeln u. wie verwildernd im Gebüsche bei Haslach u. am Wege ausser Campil (Thl. Psn.).

LII. SAXIFRAGACEAE.

685. *Saxifraga Aizoon L.* Val di Non (A. Hsm.). Am Alpspitz; bei Fend und Rofen; Vedretta di Molveno; in Primiero (Lbd.).
686. *S. elatior M. u. Koch.* Rofen; Vedretta di Molveno; in Primiero (Lbd.).
688. *S. mutata L.* Val di Ronchi (Lbd.).
689. *S. Burseriana L.* Auf dem Schlern bei Bozen (Elsm. Lbd.), am Rosengarten und in den Wänden des Gantkoll (Lbd.). —
692. *S. caesia L.* Stanerjoch (Reis.). Sonnenwendjoch, Rafanspitze, wilder Unutz, Steinernes Weibel, Steinberger Joch (Lng.). Wolfenthurn am Brenner (Rosenhauer)!

Var. β. *subacaulis.* Stengel 1blüthig, kaum über die Blattrosetten hinausreichend. So von Student Carl Stocker am Wormserjoch gesammelt (Hsm.).
694. *S. oppositifolia L.* Arlberg, Scesa plana (Rehst.)! Markspitze, Rosskopf, wilder Unutz etc. (Lng.). Geht bei Nauders ziemlich tief herab (Baselli)! Schalders (Liebl).
696. *S. biflora All.* Arlberg ober Stuben; Fimberjoch (Rehst.). Höchste Jöcher in Pfitsch (Mss.). Am Gramner bei Sterzing (Liebl).

698. *S. aspera L.* Niedere Alpen bei Rattenberg (Lng.).
Ifinger (Vhw.). Antholzer See; Helm (Gredler). Einzeln
bei 4900' am Bache bei Pemmern (Hep.).
699. *S. bryoides L.* Scesa plana, Freschen (Rehst.)! Sonnenwend- und Steinbergerjoch, Wildalpe (Lng.). In grosser
Nähe von Nauders (Baselli)! Helm bei Innichen (Gredler).
701. *S. aizoides L.* An der Strasse von Eben nach Achenthal; Sonnenwend- und Steinbergerjoch (Lng.). Pfitsch;
Brixen: am Eisack (Mss.). Val di Sol: bei Ponte di Legno
(Psn.). Campitello in Fassa, am Wege (Sls.). Antholzer
See (Gredler).
702. *S. stellaris L.* Alpspitz (Lbd.). Wolfenthurn am Brenner (Rosenhauer)! Bretterwand in Innervilgraten (Gredler).
703. *S. Clusii Gouan.* Schalders (Liebl). Ponte di Legno (Psn.).
Fassa u. Primiero (Lbd.). Geht auf der Rittner - Alpe am
krummen Lärch bis 5200' herab (Hsm.). Meraner - Alpen
(Bmb.). Antholzer See (Gredler).
704. *S. cuneifolia L.* Wildalpe, Zereineralpe (Lng.). Bellamonte bei Predazzo (Lbd.).
705. *S. muscoides Wulf.* Arlberger -Alpen in allen Varietäten (Rehst.)! Rattenberg: Sonnenwendjoch, Widdersberger Joch (Lng.). Schalderser Alpen (Schm.). Am Baldo u.
Bondone (Lbd.).
706. *S. exarata Vill.* Zweifelsohne nur eine üppigere Form
von S. muscoides u. mit deutlicher ausgeprägten Blattnerven; man findet häufig Exemplare, die man weder zur einen
noch zur andern mit Sicherheit ziehen kann (Hsm.). Spronserjoch u. Zilalpe bei Meran (Bmb.).
707. *S. stenopetala Gaud.* Felsen ober Arlberg (Rehst.).
Alpspitz (Lbd.). Stempeljoch ober dem Haller Salzberg
(Zim.). Steinberger Joch, Kalte Wand, wilder Unutz,
6—8000' (Lng.).
708. *S. sedoides L.* In Tirol (Laicharding)! Peitler bei Brixen
(Schm). Vedretta di Molveno, am Baldo u. Bondone; in
Judicarien (Lbd.).
709. *S. planifolia Lap.* Wolfenthurn am Brenner (Rosenhauer)! —
711. *S. Seguieri Spreng.* Fassal u. Fimberjoch an der Engadin-Gränze (Rehst.). Bei Nauders ziemlich weit herabgehend (Baselli)!
712. *S. androsacea L.* Sonnenwendjoch, Rosskopf bei Rattenberg (Lng.). Bei Nauders tief herabsteigend (Baselli)!

Var.: β. *pygmaea Hornung.* Ganz niedrig (3 bis 4
Linien hoch), Blüthen kaum die Wurzelblätter überragend.
So von Fr. Leybold am Rosengarten bei Bozen gesammelt.
713. *S. adscendens L.* Am Tognola bei Molveno (Lbd.).

Nachträge: Saxifragaceae. 1433

715. *S. petraea L.* Tirol (Laicharding)! Am Baldo unter dem Artillon (Lbd.).
718. *S. rotundifolia L.* Val di Lagorei in Fleims (A. Hsm.).
719. *S. arachnoidea Sternb.* In Felshöhlen und Spalten auf Dolomit ober Storo, auf Rocca Pagana, in Val di Lorina, Boche dell'Alpo, Tombéa u. am Ebrco in Judicarien (Lbd.).
721. *Chrysosplenium alternifolium L.* Rattenberg: Alpe Zerein (Lng.).

LIII. UMBELLIFERAE.

724. *Sanicula europaea L.* Rattenberg, gemein bis an die Voralpen (Lng.); Georgenberg (Reis.)!
725. *Astrantia minor L.* Tirol (Laicharding)! Nonsberg: bei Rabbi (A. Hsm.). Am Gantkofl; Val d'Ampola (Lbd.). In der Uebersicht p. 1236 ist daher in der 2ten Colonne: B zu completiren.
726. *A. carniolica Wulf.* Piller ober Wens und von Ladis nach Pfunds (Hep. Sls.). Rattenberg, gemein auf allen Alpen, sowohl auf Kalk als auf Schiefer, z. B. am Schinder, Zereinalpe, Rosskopf, Sonnenwendjoch (Lng.).
726. b. *A. major L.* Rattenberg, gemein bis 5000' (Lng.). Pressels bei Völs (Psn.).
728. *Eryngium amethystinum L.* Tramin (Grb.). Deutschmetz; Roveredo; Ala (Lbd.).
729. *Eryngium alpinum L.* fand ich wohl im graubündtnerischen Rheinwaldthale und ober Schiers in Prättigau, aber nicht auf der Rhäticonseite, sondern gegenüber, ob der Furna-Alpe, gegen Chur zu; doch dürfte es noch in der Rhäticonkette gefunden werden, die überhaupt im obern Theile, um die Sulzfluhe herum zu wenig durchsucht ist (Rehsteiner in litteris).
730. *E. planum L.* Tirol (Löhr euum. p. 255)!
734. *Trinia vulgaris De C.* Pimpinella dioica L. Tirol (Laicharding)! Slavini di Marco bei Roveredo; Avio, alla Bastione di Riva (Lbd.).
735. *Helosciadium nodiflorum Koch.* Im Gebiethe v. Bozen, in Gräben am Kalterer See (Vhw.).
736. *H. repens Koch.* Häufig im Moose zwischen Kundl und Wörgl, dann am Bache von Voldöpp nach Angerberg, auch im Wasser blühend (Lng.). Im Frangarter Moose bei Bozen selten u. nicht blühend gefunden (Hsm.).
737. *Ptychotis heterophylla Koch.* Trient: bei Ravina, Masi dell' Aria u. häufig auf Gerölle alle Laste (Vhw.).
739. *Aegopodium Podagraria L.* Rattenberg (Lng.). Schwaz (Reis.). —

Nachträge: Umbelliferae.

740. *Carum Carvi L.* Schwaz (Reis.). Rattenberg, bis in die Alpen, auch mit tiefrothen Bl. (Lng.). Bondone, Baldo, Campogrosso, Judicarien (Lbd.).

741. *Pimpinella magna L. β. rosea.* Alpen bei Schwaz (Reis.).

742. *P. Saxifraga L.* Auf der Kugl bei Dornbirn (Zollikofer)! Brixen (Schm.). Stans bei Schwaz (Reis.).

743. *Berula angustifolia Koch.* Vintschgau: bei Laas (Hep.).

744. *Bupleurum aristatum Bartl.* Trient: häufig auf den Aeckern alle Laste u. bei Ravina; Slavini di Marco; ober Brentino am Baldo; zwischen Torbole u. Riva, Malcesine (Lbd.). —

746. *B. ranunculoides L.* Höhe des Arlbergs, Montafoner-Alpen (Rehst.)!

747. *B. graminifolium Vahl.* B. petraeum Pona.

750. *B. rotundifolium L.* Aecker in Eppan (Sto.). Fleims (Hep.). —

751. *Oenanthe crocata L.* Ist nach einer Mittheilung Ambrosi's (1853) bei Borgo nicht mehr aufzufinden.

753. *Aethusa Cynapium L.* Schwaz (Reis.). Rattenberg: an Aeckern u. Gartenzäunen (Lng.). Karneid bei Bozen (Psn.). Naturns (Hep.).

754. *A. Cynapioides M. B.* Dass diese angebliche Art nur Form von Voriger ist, habe ich mich nun vollends überzeugt, im Spätsommer 1852 fand man in den Gärten bei Klobenstein häufig Uebergänge, auf einem Acker im Krotenthale dagegen, wo frühere Jahre nur Vorige zu finden war, war nun A. cynapioides häufig (Hsm.).

760. *Seseli coloratum Ehrh.* Innsbruck: ober Mühlau (Hep.). Am Pillerberg bei Schwaz (Reis.).

761. *Libanotis montana All.* Tratzberg (Reis.). An Felsen bei Rattenberg und Brixlegg (Lng.). Bei Dreikirchen und Saubach (Hep.). Oberinnthal: bei Fiss und Ladis (Hep.). Nonsberg; Campogrosso; in Primiero (Lbd.).

763. *Athamanta cretensis L.* Arlberg u. Rhäticon (Rehst.)!

766. *Silaus pratensis Bess.* Weiherburg bei Innsbruck (Hep.).

767. *Meum athamanticum Jacq.* Aethusa Meum Murr. Tirol (Laicharding)!

768. *Meum Mutellina Gärtn.* Rhäticon, Arlberg (Rehst.)! Alpen bei Rattenberg (Lng.). Bretterwand in Innervilgraten (Gredler). Am Baldo u. ober Molveno (Lbd.).

769. *Gaya simplex Gaud.* Montafoner Alpen und Arlberg (Rehst.). Rattenberg, bei der Pyramide am wilden Unutz (Lng.). Am Scanajol in Primiero (Lbd.).

771. *Selinum carvifolia L.* Wolfsgruben am Ritten (Hep.).

772. *Angelica sylvestris L.* Seltener um Klobenstein als Fol-

Nachträge: Umbelliferae.

gende, die gewiss nur Varietät ist, ich fand häufig an demselben Exemplare an der Basis herab- oder nicht herablaufende Blättchen (Ilsm.).
773. *A. montana Schleich.* Schwaz, Georgenberg (Reis.). Am Innufer bei Rattenberg (Lng.). Meran, Schloss Fragsburg. — Es ist übrigens unrichtig, dass die Blättchen dieser angeblichen Art schmäler sind als die der Vorigen.
774. *Ferulaga galbanifera Koch.* Agli Zoccolanti bei Trient (Lbd.). —
777. *Peucedanum Cervaria Lap.* Meran (Bmb.)! Borgo (Ambr.).
778. *P. Oreoselinum Mönch.* Rattenberg (Lng.). Meran (Bmb.)! Deutschmetz, Vela, Trient (Lbd.).
779. *P. venetum Koch.* Ueberetsch (Sto.). Borgo: Monte Ciolino (Ambr.).
780. *P. rablense Koch.* Val di Sella bei Borgo (Ambr.). Wälder am Tognola in Nonsberg; ober Molveno im Sarcathale (Lbd.).
781. *Tommasinia verticillaris Bertol.* Schloss Tratzberg (Huber)! Trient: Montagna di Povo e Terlago (Per.)! Valsugana: ober le Olle und am Doss di Sella (Ambr.). In Tirol schon von Laicharding angeführt!
782. *Thysselinum palustre Hoffm.* Rattenberg, häufig in den Gräben bei Freundsheim (Lng.). Prati della Vasina zwischen Borgo u. Roncegno (Ambr.).
783. *Imperatoria Ostruthium L.* Arlberg, Zeinerjoch gegen Paznaun (Rehst.)! Lisens (Glanz). Fuss des Rosengarten, Schwarzhorn (Psn. Thl.). Tiers: im Jungbrunnthal; Vedretta di Molveno (Lbd.).
784. *Pastinaca sativa L.* Rattenberg (Lng.). Latsch, Naturns, Castelbell (Hep.). Geht bei Bozen nur selten in die Gebirge, z. B. bei Waidach nächst Klobenstein (Hsm.).
786. *Heracleum Sphondylium L.* Rattenberg (Lng.).
789. *H. austriacum L.* Tirol (Laicharding)! Am Steinernen Meer (Glanz).
789. b. *Tordylium maximum L.* Vergl. p. 1061. Wird in Tirol schon von Laicharding angegeben! Burgstall bei Meran ziemlich häufig an einer buschigen Stelle (Bmb.). Trient: bei Nogare (Venturi)!
790. *Siler trilobum Scop.* Tirol (Laicharding)! Nach Perini auf der Gazza bei Trient, doch selten!
791. *Laserpitium latifolium L.* Arlberg gegen Zürs (Rehst.). Ober Fraxern an der Kugel (Zollikofer)! Oberinnthal: bei Ladis (Hep.). Rattenberg, vom Thale bis in die Voralpen (Lng.). Am Ebreo in Judicarien (Lbd.).
792. *L. Gaudini Moret.* Häufig auf den Wiesen zwischen Joch Grimm u. Schwarzhorn (Thl.). Bei Truden ober Neumarkt (Venturi). Am Bondone u. Val di Ronchi (Lbd.).

Nachträge: Umbelliferae.

793. *L. Siler L.* Tirol (Laicharding)! Vorarlberg: Vandarseralpen, Montafon (Rehst.)! Innsbruck: gegen die Mühlauer Klamm (Hep.)! Grödneralpe (Thl.).
794. *L. peucedanoides L.* Campitelleralpen in Fassa (Thl.). Tirol (Laicharding)! Vallarsa, Campogrosso, Val di Ledro, di Vestino u. d'Ampola, am Baldo (Lbd.).
795. *L. hirsutum Lam.* Alpen ober Ischl gegen Fassal hin (Rehst.)! Nauders (Hep.). Ifinger (Vhw.). Spronserthal (Bmb.). Schalders u. Peitler bei Brixen (Mss.). Welschnofen (Lbd.).
796. *L. pruthenicum L.* Meran: häufig zwischen Fragsbnrg und den Platterhöfen (Bmb.). Eppan (Mss.). Furgglau und Gantkofl; Val di Ronchi (Lbd.).
798. *Orlaya grandiflora Hoffm.* Vintschgau: bei Latsch u. Castelbell (Hep.).
799. *Daucus Carota L.* Vergl. p. 1061. Rattenberg (Lng.).
800. *Caucalis daucoides L.* Nonsberg: auf Aeckern bei Corredo etc. (A. Hsm.).
802. *Torilis Anthriscus L.* Hie u. da um Innsbruck; Vintschgau: von Schlanders bis Naturns (Hep.). An Zäunen bei Borgo, gemein (Ambr.).
805. *Scandix pecten Veneris L.* An nassen Felsen bei Margreid gegen Curtatsch (Lbd.).
806. *Anthriscus sylvestris Hoffm.* Rattenberg (Lng.).
807. *A. Cerefolium Hoffm.* An der Ruine von Schloss Greifenstein (Lbd.). Wird bei Bozen, wie ich jetzt sehe, in einigen Gärten, z. B. bei den Franciscanern, gebaut (Hsm.).
808. *Chaerophyllum temulum L.* Meran (Bmb.)! Gemein am Eppan (Sto.). Doss Trent (Lbd. Vhw.).
809. *C. bulbosum L.* Innsbruck: unter Arzl; Unterinnthal: bei Wörgl (Hep.).
810. *C. aureum L.* In Gartenhecken am Inn bei Rattenberg (Lng.). Am Baldo (Lbd.).
811. *C. Villarsii Koch.* Myrrhis Villarsii Bertol. Brandenberg u. Wildschönau (Lng.). An der Bellunesischen Gränze (Fcch.)! Marling: beim Egger (Hep.). Campo silvano, Campogrosso, Val di Ronchi (Lbd.).
812. *C. hirsutum L.* Bauhöfe von Viecht (Reis.). Rattenberg, gemein auf allen Alpen mit β. (Lng.). Pfelders (Bmb.). Beim Egger ober Marling (Hep.). Al Prà am Campogrosso (Lbd.).
814. *Myrrhis odorata Scop.* Pusterthal: am Kreuzberg (Sls.). Val di Ronchi (Lbd.).
816. *Conium maculatum L.* Schlierbach, Kundl u. Innbrücke bei Rattenberg (Lng.). In einem Weinberge bei Brixen (Schm.). Meran: am Eingange ins Naifthal (Bmb.).
817. *Pleurospermum austriacum Hoffm.* Tirol (Laicharding)!
819. *Bifora radians M. B.* Bozen: Aecker bei Karneid (Psn.). Meran: fette Aecker in Obermais (Bmb.).

LIV. ARALIACEAE.

820. *Hedera Helix L.* Martinsbüchl bei Innsbruck (Zim.), hie u. da bei Taur u. unter der Klamm (Hep.). Schwaz, Georgenberg bis 3000' (Reis.). Castell Lodron, Riva, Arco, Avio (Lbd.).

LV. CORNEAE.

821. *Cornus sanguinea L.* Rattenberg (Lng.).

LVI. LORANTHACEAE.

823. *Viscum album L.* Rattenberg, gemein an Obstbäumen u. Nadelholz (Lng.), Schwaz (Reis.).

LVII. CAPRIFOLIACEAE.

824. *Adoxa Moschatellina L.* Rattenberg, gemein (Lng.). Brixen (Mss.). Andrian u. Missian bei Bozen (Lbd.). Salurn: bei den Mühlen u. Buchholz (A. Hsm.).
825. *Sambucus Ebulus L.* Rattenberg, gemein vom Thale bis an die Alpen, häufig zwischen der Alpe Pletz u. auf dem Berg (Lng.). Zinnberg bei Schwaz (Reis.).
826. *S. nigra L.* Rattenberg (Lng.).
827. *S. racemosa L.* Rattenberg, vom Thale bis an die Alpen (Lng.). Bozen, ein Strauch im Haslacher Walde bei dem Steinbruche (Hsm.).
828. *Viburnum Lantana L.* Rattenberg, bis an die Alpen (Lng.). Schwaz bis 3000' (Reis.).
829. *V. Opulus L.* Schwaz (Reis.). Rattenberg (Lng.). Waldwiesen am Fusse des Schlern (Psn.).
830. *Lonicera Caprifolium L.* Innsbruck: verwildert in einem Thälchen unter Weiherburg (Schulern). An einer Stelle im Berge an den Leiten im Fagen, wohl aber nur verwildert (Hsm.).
831. *L. Periclymenum L.* Vergl. p. 1061.
831. b. *L. etrusca Savi.* Vergl. p. 1061.
832. *L. Xylosteum L.* Rattenberg (Lng.); Schwaz (Reis.).
833. *L. nigra L.* Rattenberg (Lng.). Deutschnofen (Psn.).
836. *Linnaea borealis L.* In einem Walde unweit Nauders (Baselli)!

LVIII. STELLATAE.

837. *Sherardia arvensis L.* Rattenberg (Lng.). Bozen: Sarnerschloss und Carneid (Lbd. Psn.).
838. *Asperula arvensis L.* Aecker bei Völs nächst Bozen (Psn.). Bei Vilpian (Bmb.).
839. *A. taurina L.* Aichholz, Salurn am Wege nach Buchholz im Gebüsche, im Mittelberge bei Kaltern etc. (Lbd.).

840. *A. longiflora W. K.* Häufig bei Margreid am Kalkofen und an den Abhängen zwischen Margreid und Aichholz (Grb. Zal.).
841. *A. cynanchica L.* Rattenberg (Lng.). Weg von Fondo zur Mendel (Lbd.).
842. *A. odorata L.* Schwaz: Bauhöfe von Viecht (Reis.).
843. *Galium Cruciata L.* Schwaz (Reis.). Rattenberg, gemein z. B. am Völdöpper Berge (Lng.). Pawigl, Mendel; Fondo (Hep.). Häufig am Katzensteige bei Frangart (Hsm.).
848. *G. palustre L.* Rattenberg (Lng.). Brixen (Schm.). Tramin, Salurn, Riva (Lbd.).
849. *G. rotundifolium L.* Innsbruck: ziemlich häufig im Walde rechts von der Mühlauer Klamm ober Arzl, gegen die Taureralpe (Zim! Glanz). Waldsümpfe im Moosenthale (Lng.); Tratzberg (Huber)!
850. *G. boreale L.* Auf der Kugel ober Fraxern (Zollikofer)! Rattenberg (Lng.). Graun in Vintschgau (Hutter). Eisackufer bei Brixen (Schm.). Mendel (Lbd.).
851. *G. verum L.* Rattenberg (Lng.).
852. *G. purpureum L.* Avio, Ponale, Malcesine (Lbd.).
853. *G. sylvaticum L.* Rattenberg (Lng.).
854. *G. aristatum L.* Karneid bei Bozen (Psn.), Petersberg (Thl.). Geht nach mir vorliegenden Exemplaren in Vorige über (Hsm.). Auer, Cadin, Deutschmetz (Lbd.)
855. *G. Mollugo L.* Rattenberg (Lng.). Die schmalblättrige Form, wie sie z. B. im Talferbette bei Bozen u. auch auf Gebirgen vorkommt, halte ich jetzt für Uebergänge zu Galium lucidum, welches sonach das äusserste Glied der vielen Formen von G. Mollugo wäre, eine Ansicht, welche auch andere theilen (Hsm.).
857. *G. rubrum L* Meran: Obermais, Marling, Partschins, St. Peter etc. (Bmb.). Karneid bei Bozen (Psn.).
858. *G. saxatile L.* Am Bondone bei Trient (Lbd.).
859. *G. sylvestre Pollich.* Rattenberg bis in die Alpen (Lng.).
861. *G. helveticum Weigel.* Val di Vajolo am Rosengarten; auf Tombéa in Judicarien (Lbd.).

LIX. VALERIANEAE.

863. *Valeriana officinalis L.* Var. α. *major Koch.* Höher, Blättchen alle gezähnt, u. β. *minor Koch.* Niedriger, Blättchen alle ungezähnt oder nur die untersten gezähnt, manchmal sehr schmal. Rattenberg, häufig am Wege zur Post- u. Pletzeralpe bis 3000' (Lng.). Die Var. β. Hie u. da auch im Gebiethe von Bozen (Hsm.).
865. *V. dioica L.* Vergl. pag. 1061. Rattenberg bis in die Alpen (Lng.), Ziskelalpe ober Steinegg (Psn.).

Nachträge: Valerianeae.

866. *V. tripteris L.* Graun in Vintschgau (Hutter).
867. *V. montana L.* Graun in Vintschgau (Hutter).
868. *V. supina L.* Vorarlberg: selten, höchstes Joch am Scesa plana gegen Prättigau (Rehst.). Lisenser Ferner; Pfitsch (Mss.). Lago d'Antermoja u. Lausakofl (Lbd.).
869. *V. saxatilis L.* Lünersee, Arlberg gegen Zürs (Rehst.). Rattenberg: besonders häufig am Schlossberge und am Achenthaler See (Lng.). Pfitsch (Mss.).
870. *V. elongata L.* Höhere Kalkgebirge um Brixen (Schm.).
871. *V. celtica L.* Tirol (Laicharding)!
872. *Centranthus ruber De C.* Avio u. Arco (Lbd.).
874. *Valerianella dentata Poll.* Aecker in Partschins bei Meran (Bmb.).
875. *V. Auricula De C.* Die Var. β. 1852 häufig im Acker am Wege von Waidach nach Rappesbüchl (Hsm.).

LX. DIPSACEAE.

877. *Dipsacus sylvestris Mill.* An der Gränze Salzburgs (Lng.)! Alle sette Fontanelle bei Brughier in Nonsberg (Gredler).
879. *Knautia longifolia Koch.* Vergl. p. 1061. Tauferscharte ober Völlau bei Meran (Bmb). Am Baldo ober Malcesine; Val di Ronchi (Lbd.).
880. *K. sylvatica Dub.* Rattenberg: gemein an Hügeln und Gebüschen des Stadtberges (Lng.). — Var.: β. *mollis.* Haare weicher, am untern Theile des Stengels dichter als an der Species, Blätter ziemlich dicht- u. weichhaarig, fast sammetig anzufühlen. Judicarien: bei Magase (Lbd.).
881. *K. arvensis Coult.* Vergl. pag. 1062. Kömmt auf Wiesen um Klobenstein nach der Heuärndte oft mit ungetheilten Blättern vor. Die Varietät mit oberwärts drüsenlosem Stengel sammelte Fr. Längst bei Rattenberg.
882. *Succisa pratensis Mönch.* Vergl. p. 1062. Rattenberg (Lng.). Schwaz, Stans (Reis.).
Var.: γ. *pinnatifida.* Mit bis zur Mittelrippe fiederspaltigen Blättern. So im Sommer 1852 von Stud. Viehweider auf einer Wiese bei Deutschnofen nächst Bozen.
884. *Scabiosa gramuntia L.* Meran (Bmb.)! Vallarsa und Toblino (Lbd.).
885. *S. ochroleuca L.* Unterinnthal: bei Viecht (Reis.), und an der Salzburgischen Gränze am Passe Griessen (Sls.). Es ist daher in der Uebersicht p. 1244 bei S. ochroleuca das Sternchen zu tilgen und die Ziffer 2 einzuschalten.
886. *S. Columbaria L.* Hügel um Rattenberg (Lng.).

887. *S. lucida Vill.* Alpen bei Sterzing (Liebl). Val di Vestino (Lbd.).

889. *S. graminifolia L.* Häufig im Sarcathale bei Drò; Ponale, Val di Ledro, Via Aviana am Baldo (Lbd.). Die von uns[angegebene grünblättrige Abart ist S. graminifolia β. viridis Reichenb. Deutschl. Fl. Tafel DCLXXXVII.

LXI. COMPOSITAE.

890. *Eupatorium cannabinum L.* Geht seltener in die Gebirge z. B. bei Petersberg und Karneid (Thl. Psn.); — Unsere Varietät: β. integrifolium ist De Candolle's Var.: β. indivisum.

891. *Adenostyles albifrons Reichenb.* Arlberger Strasse gegen die Höhe (Rehst.).

892. *A. alpina Bl. u. F.* Pfitsch (Mss.). Ober Molveno; Val d'Ampola, Val di Ledro (Lbd.).

893. *Homogyne alpina Cass.* Staneralpe bei Schwaz (Reis.). Campogrosso, Tognola, Rocca pagana, Baldo (Lbd.).

894. *H. discolor Cass.* Tirol (Laicharding)!

895. *Tussilago Farfara L.* Rattenberg bis 5000′ (Lng.); Schwaz (Reis.).

Nardosmia fragrans L. Auch bei Meran in Gartenanlagen am Kiechlberg (Bmb.)! Am Kinselehof bei Bozen (Hep. Vhw.).

896. *Petasites officinalis Mönch.* Rattenberg z. B. am Stadtberge (Lng.). Bozen: an der Wasserleitung im Nagele'-schen Weingute nächst dem Schiessstande (Sto.).

897. *P. albus Gaertn.* Georgenberg (Reis.). Petersberg bei Bozen (Thl.). Brixen in der Nähe des Höllerhofs (Gnd.). Mendel (Sto.)! Nonsberg: ober Spor (Lbd.).

898. *P. niveus Baumg.* Mendel (Sto.). Rattenberg (Lng.). Vedretta di Molveno (Lbd.).

900. *Aster alpinus L.* Am Rattenberger Schlossberg auch mit weissen Strahlblüthen (Hep.), ebenso und selten am Kunterswege bei Bozen (Lbd.).

A. hirsutus Host. sind Exemplare mit etwas stärker behaarten Blättern, diese Modification ist auch in Tirol gemein, wo die Pflanze tiefer hinabsteigt oder an trockenen Stellen.

901. *A. Amellus L.* Vomp bei Schwaz (Reis.).

902. *Bellidiastrum Michelii Cass.* Reith (Reis.). Rattenberg bis in die Alpen, 6000′ (Lng.). Schwaz (Reis.). Brixen (Mss.).

903. *Bellis perennis L.* Schwaz, gemein (Reis.). Rattenberg (Lng.). Blüht um Bozen in wärmern Jahren fast den ganzen Winter durch.

905. *Erigeron canadensis L.* Rattenberg (Lng.).

Nachträge: Compositae. 1441

907. *E. Dröbachensis Miller.* Achenrain (Lng.).
910. *E. glabratus Hop.* Uebergang von Fassa nach Buchenstein (Sls.).
911. *E. uniflorus L.* Rattenberger Alpen (Lng.). Schiefergebirge bei Brixen (Schm.). Pfitscherjoch (Mss.).
912. *Solidago Virga aurea L.* Rattenberg, bis in die Alpen (Lng.). —
914. *Buphthalmum salicifolium L.* Terfens (Reis.). Campil in Abtei (Mss.). Schwaz (Reis.). Val di Vestino, Condino, Toblino (Lbd.).
Koch's Varietas β. *angustifolium* (B. grandiflorum L.) mit schmälern u. obern lang-verschmälert-spitzen Blättern z. B. bei Ponale am Gardasee (Lbd.), sie ist hier aber nicht kahl, sondern ziemlich rauhhaarig, und es bestätiget sich somit, wenn Reichenbach (flor. exc. p. 236) sagt: „in iudumentum non jurarem." Die erwähnten Exemplare sind oft ziemlich steifblättrig, sollten diese Pollini's: Pallenis spinosa bei Riva sein??
916. *Inula ensifolia L.* Häufig im Sarcathale bei Drò (Lbd.).
919. *I. hirta L.* Von Meran nach Fragsburg (Bmb.).
920. *I. Conyza De C.* Leiblfingen, ober Zirl (Reis.)! Sehr selten bei Brixen (Hfm.). Oberbozen: in Menge bei St. Jacob (Sto.).
921. *I. Britanica L.* Albeins bei Brixen (Mss.).
923. *Pulicaria dysenterica Gaertn.* Rattenberg, häufig am Voldöpper Weiher (Lng.). Stans bei Schwaz (Reis.).
924. *Galinsoga parviflora Cav.* Trient: am Wege alle Laste und in Menge an der Fersina-Allee im Spätherbste 1851 (Vhw.). —
925. *Bidens tripartita L.* Brixen (Schm.).
926. *B. cernua L.* Vintschgau bei Schluderns (Hep.).
928. *Carpesium cernuum L.* Bozen: einzeln auch in der Kaiserau (Hsm.), häufig im Kühbacher Walde (Vhw.).
929. *Filago germanica L.* Riva; Weg von Trient nach Valsugana (Lbd.).
930. *F. arvensis L.* Aecker bei Mairhofen in Zillerthal (Lng.).
931. *F. minima Fries.* Weg von Trient nach Civezzano (Lbd.).
932. *Gnaphalium sylvaticum L.* Bei Ladis (Hep.). Antholzer See (Gredler). In der Riss (Reis.). Häufig am Schlern oher Ratzes (Hep.), bei Petersberg gegen das Joch Grimm (Thl.). Afers bei Brixen (Gnd.). Nordöstlich von Wolfsgruben (Sls.)! Mendelgebirge; ober Molveno; Condino in Rendena; Val di Lozem (Lbd.).
933. *G. norvegicum Gunn.* Widdersberger Horn bei Rattenberg (Lng.). Tauferscharte über Völlau bei Meran (Bmb.).

Duron u. Schlern (Lbd.). Vintschgau: bei Graun (Stecher). Dass G. norvegicum u. Hoppeanum Alpen- u. Hochalpenform von G. sylvaticum sind ist längst meine Ueberzeugung (Hsm.).

934. *G. Hoppeanum Koch.* Rattenberger Alpen, selten (Lng.). Kirschbaumeralpe (Grb.). Alpspitz; Rosengarten (Lbd.).

935. *G. supinum L.* Pletzeralpe bei Rattenberg (Lng.). Piller ober Prutz (Hep.). Haunolt bei Innichen und Bretterwand (Gredler).

936. *G. uliginosum L.* Rattenberg: an Gemüsegärten (Lng.). Am Vahrner See bei Brixen (Mss.). Vintschgau (Hep.).

937. *G. luteo-album L.* Meran (Bmb.)! Ueberetsch, Weg von Pauls zur Mendel (Hep.). Cavedine; Val di Ledro und Vestino (Lbd.).

938. *G. Leontopodium Scop.* Arlberg (Rehst.). Pfonserjoch (Pichler)! Häufig an den Felsen der Finstermünz (Baselli)! Vedretta di Molveno; Am Ebréo in Judicarien (Lbd.).

939. *G. dioicum L.* Gemein um Rattenberg bis 5000' (Lng.).

940. *G. carpaticum Wahlenb.* Zeinerjoch (Rehst.). Sehr selten am wilden Unutz (Lng.). Brixen (Mss.). Ifinger (Vhw.). Am Baldo: auf Pozette di Piombino u. ober Fontanina (Lbd.).

941. *Artemisia Absinthium L.* Rattenberg: hie und da an Mauern (Lng.). Oberinnthal : häufig bei Wens (Hep.).

942. *A. camphorata Vill.* Auer u. Neumarkt (Lbd.).

943. *A. lanata Willd.* Kolfusker - Alpen; ober Molveno (Lbd.).

944. *A. Mutellina L.* Fimberjoch (Rehst.)! Tristenspitze, Sonnenwendjoch (Lng.). Hochjochferner (Lbd.). In der Nähe von Nauders (Baselli)! Sprouser- u. Zilalpe; Pfosenthal in Schnals, gemein (Bmb.). Sengeseralpe (Liebl). Laugenspitz; selten am Schlern (Lbd.).

945. *A. spicata Wulf.* Tristenspitze bei Rattenberg (Lng.). Sengeseralpe bei Sterzing (Liebl). Am Duron u. Lausa (Lbd.).

946. *A. campestris L.* Brixen (Mss.).

947. *A. nana Gaud.* Kals, Teischnitz unter der Bretterwand (Huter).

948. *A. vulgaris L.* Rattenberg bis an die Voralpen (Lng.) Brixen (Mss.).

949. *Tanacetum vulgare L.* An der neuen Strasse am Schönberg (Reis.)! Bei Forst an der Strasse nächst Meran (Braitenberg). Girlan (Vhw.).

951. *Achillea Clavenae L.* Kalkalpen bei Rattenberg, selten auf Schiefer (Lng.). Peitler bei Brixen (Schm.). Campogrosso; Giogo di tre croci; Val di Ronchi; Vedretta di Molveno (Lbd.).

Nachträge: Compositae. 1443

952. *A. macrophylla L.* Uebergang von Ulten nach Rabbi (Vhw.). —
953. *A. moschata Wulf.* Rattenberg, Zereinalpe, Halsgebirg, Sonnenwendjoch (Lng.). Alpach (Grh.). Alpen bei Brixen (Schm.). Helm und Bretterwand in Pusterthal (Gredler). Ganz in der Nähe von Nauders (Baselli)! Timmljoch und Vernagtferner (Lbd.). Alpen um Meran, in Pfelders (Bmb.). Laugenspitz (Lbd.).
955. *A. nana L.* Fassal-Höhe in Tirol unter Schnee- u. Eisfeldern (Rehst.).
956. *A. atrata L.* Auf allen Kalk- und Schieferalpen um Rattenberg (Lng.).
957. *A. tomentosa L.* Var.: β. *glabrescens*, fast kahl. So bei Bozen an feuchtern fettern Stellen (Hsm.), u. auf feuchten Wiesen bei Schlanders (Hep.).
958. *A. Millefolium L.* Rattenberg, bis 6000' (Lng.).
960. *A. tanacetifolia All.* Oher Völlau bei Meran (Bmb.). Vallarsa u. Val di Ledro (Lbd.).
961. *A. nobilis L.* Im Münsterthale bei Taufers auch vom Theol. Viehweider gefunden.
963. *Anthemis arvensis L.* Rattenberg (Lng.).
965. *A. alpina L.* Vergl. p. 1062. Pfitsch (Mss.). Vedretta di Molveno; Cima Pozzette u. Dossioi am Baldo (Lbd.).
966. *Matricaria Chamomilla L.* Vintschgau: an der Strasse (Hep.). —
967. *Chrysanthemum Leucanthemum L.* Rattenberg (Lng.). Schwaz (Reis.).
969. *C. coronopifolium Vill.* Sonnenwendjoch (Lng.). Staner Hofläger (Reis.).
970. *C. alpinum L.* Todtenalpe ober dem Lünersee; Fassal-Alpen (Rehst.). Helm bei Innichen (Gredler). Alpen bei Rattenberg (Lng.).
971. *C. Parthenium Pers.* Brixen (Mss.).
972. *C. corymbosum L.* Doss San Rocco bei Trient; bei Ranzo im Sarcathale; Vallarsa; Castell Corno; Val di Vestino (Lbd.).
975. *Doronicum Pardalianches L.* Tirol (Laicharding)!
976. *Doronicum cordifolium Sternb.* Alpe la Spora in Nonsberg; Val delle Ossa am Baldo (Lbd.).
977. *D. austriacum Jacq.* Lavatscherthal hinter dem Salzberg bei Hall (Zim.). Alpen bei Lienz (Grb.).
978. *Aronicum Clusii Koch.* Häufig auf Schiefer bei Rattenberg, Tristenspitz etc. 6 — 7000' (Lng.). Alpach (Grh.). Einzeln am Rittner Horn (Sls.). Vedretta di Molveno u. Gipfel des Baldo (Lbd.). Sprons bei Meran gegen den Tschigoth (Bmb.). A. scorpioides β. angustifolium. Neilr. Fl.

von Wien Nachtr. p. 149. Es gibt allerdings u. namentlich auf den Alpen Unterinnthals nicht selten Uebergänge zu Nr. 980.

979. *A. glaciale Reichenb.* Ober dem Lüner See; Fassalalpe (Rehst.)! Längenthaler Ferner (Glanz). Die höchste Spitze der Zochalpe bei Lienz (Grh.). Vedretta di Molveno und Gipfel des Baldo (Lbd.).

980. *A. scorpioides Koch.* Arlberg und Montafon, steinige Alpen (Rehst.)! Am Peitlerkofl (Schm.). Lähnspitze bei Reith (Reis.). — A. scorpioides α. cordifolium Neilr.

981. *Arnica montana L.* Rattenberg (Lng.).

982. *Cineraria pratensis Hop.* Die Var.: *capitata* nach Hinterhuber im Zillerthale!

983. *C. longifolia Jacq.* Campogrosso (Lbd.).

984. *C. alpestris Hop.* Im Zillerthale u. bei Heilig-Blut (nach Hinterhuber)! Schlern; ober Cavedine (Lbd.).

Neilreich (Flora von Wien Nachträge p. 154) vereiniget in seinem Senecio integrifolius (Cineraria integrifolia Jacq.) Cineraria alpestris, longifolia, spathulaefolia, pratensis, campestris u. aurantiaca als blosse Formen u. bringt sie in 3 Varietäten unter, zu deren erster: α. *alpestris* die in Südtirol beobachtete Cineraria alpestris, longifolia u. spathulaefolia gezogen sind. Hinsichtlich auf diese 3 letzten angeblichen Arten nun können wir Neilreich's Ansicht vollkommen bestätigen, denn es hält wohl oft schwer u. ist auch manchmal unmöglich, Exemplare nach ihrer der Natur aufgedrungenen künstlichen Umgränzung zu bestimmen.

985. *C. spathulaefolia Gmel.* Schlern, an der sogenannten gedrehten Brücke (Psn.). Campogrosso u. Bondone (Lbd.).

987. *C. aurantiaca Hop.* Var.: *capitata.* Canton Appenzell: Alpe Siegl (Rehst.).

988. *Senecio vulgaris L.* Rattenberg (Lng.).

989. *S. viscosus L.* Vintschgau: in Schnals (Lbd.), bei Graun (Hutter). Pfunds, Ladis, Nauders; Schlanders (Hep.). Deutschnofen (Sls.). Klausen: am Wege zum Bucher (Hep.). Schloss Rafenstein (Reis.), Altenburg bei Kaltern (Lbd.). Val di Ledro (Lbd.).

991. *S. nebrodensis L.* Ober-Paznaun, selten (Rehst.)! Ritten einzeln bei Pemmern u. an der Finsterbrücke (Ilsm. Hep.). Salurn (Lbd.).

992. *S. abrotanifolius L.* Pusterthal: in Gsiess (Mss.). Gröden: gegen Campil (Thl.). Häufig auf den Wiesen am Gantkofl (Sto.). Laugenspitze; Vedretta di Molveno; in Primiero; Val di Ronchi (Lbd.).

994. *S. Jacobaea L.* Rattenberg (Lng.).

996. *S. erraticus Bertol.* Lana bei Meran (Hep.). Gemein um Meran (Bmb.).

997. *S. lyratifolius Reichenb.* Walserthal bei Rothenbrunn (Rehst.).
998. *S. cordatus Koch.* Vorarlberger Alpen an den Sennhütten (Rehst.). Rattenberg, gemein in der Hagau und bis 5000' (Lng.). Mendel u. Senale (Hep.), am kleinen Göller ober Tramin (Sls.). Tonale (Psn.). Häufig um Petersberg bei Bozen (Thl.). Alpen im südlichsten Judicarien; Alpe la Spora; Campogrosso (Lbd.).
1000. *S. carniolicus Willd.* Am Fassal u. Fimberjoch (Rehst.). Zillerthal; Ellnerspitze bei Brunecken (Mss.). Peitler bei Brixen (Schm.).
1002. *S. Cacaliaster Lam.* halten wir für eine Form von S. nemorensis mit gelblichweissen meist strahllosen Bl. Derselben Ansicht ist Schultz in Flora 1850 p. 203. Mendel; Bondone; Rendena (Lbd.).
1003. *S. nemorensis L.* Montafon, Gebirgswälder ober Bludenz (Rehst.). Piller gegen Prutz (Sls.)! Rattenberg, gemein vom Thale bis in die niedern Alpen (Lng.). Schlern am Abstiege nach Ratzes (Hep.).
1004. *S. saracenicus L.* Tirol, schon von Laicharding angeführt!
1006. *S. Doronicum L.* Alpenhöhen des Arlberges (Rehst.)! Alpen nördlich von Rattenberg, 5—7000' (Lng.). Bondone u. Baldo (Lbd.).
1008. *Echinops sphaerocephalus L.* Vergl. p. 1062. Stud. Theol. Viehweider fand an dem Standorte bei Bozen 1852 doch noch 1 Exemplar.
1009. *Cirsium lanceolatum Scop.* Rattenberg (Lng.). Rocchetta in Nonsberg (Lbd.).
1010. *C. eriophorum Scop.* Pletzer- Schreier- u. Zereiner-Alpe (Lng.). Wiesing (Zim.). Paznaunthal (Rehst.)! Val di Non (A. Hsm.). Taufers in Vintschgau (Vhw.). Weg vom Egger zum Vigilijoch bei Meran (Hep.).
1011. *C. palustre Scop.* Rattenberg (Lng.).
1012. *C. pannonicum Gaud.* Trient: am Doss San Rocco an einem Steige häufig; bei Ranzo ober Castell Toblino (Lbd.).
1013. *C. Erisithales Scop.* Gantkofl; ober Molveno; Campobruno, Val di Ronchi u. am Baldo (Lbd.).
1014. *C. heterophyllum All.* Bei Galthür an Bächen (Rehst.)! Widdersberger Horn bei Reith 3000' (Lng.). Gemein im Pfeldererthal (Bmb.). Petersberg bei Bozen (Thlr.).
1016. *C. oleraceum Scop.* Rattenberg (Lng.).
1017. *C. spinosissimum Scop.* Sonnenwendjoch (Lng.).
1018. *C. acaule All.* Oberinnthal: bei Serfaus (Hep.). Unterinnthal: sparsam am Schiessstande bei Wiesing von J. Zimmeter gesammelt u. zwar die Varietät mit niedrigem beblät-

terten 2—3 Zoll hohen Stengel, welche in Tirol somit sehr
selten zu sein scheint. In Tiers u. Eggenthal; Mendel;
Palle di San Martino; Alpe la Spora (Lbd.).
1020. *C. arvense Scop.* Rattenberg (Lng.).
1023. *C. ambiguum All.* Einzeln ober der Finsterbrücke am
Ritten (Hep.).
1026. *Silybum Marianum Gaertn.* Vergl. p. 1062. Soll nach
Stud. Stocker bei Eppan häufig, und ganz verwildert sein.
1029. *Carduus Personata Jacq.* Nauders (Hep.). Am Iffin-
ger (Vhw.).
1031. *C. defloratus L.* Die Species in Prix (Grb.).
1033. *C. platylepis Saut.* Rattenberg (Lng.). Im Brixenthale
(Hep.). —
1034. *Onopordum Acanthium L.* Merau (Bmb.)!
1036. *Lappa minor De C.* Rattenberg (Lng.). Vergl. pag.
1063. Finstermünz: bei Wangen: an der Schmiede (Hep.).
1037. *L. tomentosa Lam.* Am Schlosshof von Rothholz, bei
Jenbach (Lng.).
1038. *Carlina acaulis L.* Rattenberg, gemein bis 4000' (Lng.).
Die Varietät auch bei Albeins nächst Brixen (Mss.). Die
Var.: β. am Tartscherbüchl (Hep.).
1039. *C. vulgaris L.* Rattenberg, bis in die Voralpen (Lng.).
Vintschgau (Hep.).
1041. *Saussurea alpina De C.* Arlberg; Fuss der Rothwand
(Rehst.)! Fuss des Peitler (Schm.). Zanggen bei Bozen
(Grb.). Teischnitz links ober dem grauen Käs am Raine
(Huter).
1042. *S. discolor De C.* Am Schweizerthor im Rhäticon
(Rehst.)! Am Peitler gegen Campil (Mss.).
1042. b. *S. pygmaea Spreng.* Vergl. p. 1062. In Menge
von der Rafanspitze bis zum Fusse (Lng.).
1043. *Serratula tinctoria L.* Gemein auf magern Wiesen
beim Schloss Lichtwehr nächst Rattenberg (Lng.). Alten-
burg u. Tramin; Ponale (Lbd.).
1044. *S. Rhaponticum De C.* Vorarlberg: Vandanser-Alpe,
in Montafon ober Schruns; benachbarte Schweiz ober Sar-
gans (Rehst.). Auf steilen Bergabhängen am Ebréo und
Tombéa in Judicarien (Lbd.).
Dr. C. H. Schultz (bipontinus) trennt in der Flora 1852
p. 153 obige Art in zwei: *S. heleniifolia Schultz* und
S. Rhaponticum De C. Erstere hat nach Sch. einen
robustern Bau, grössere Köpfchen, blattreichern Stengel,
kahle Anhängsel der Schuppen des Hauptkelches u. kommt
nach Sch. am Baldo u. im Canton St. Gallen (Rehst.) vor.
Die ächte S. Rhaponticum De C. dagegen hat weichhaarige
Anhängsel. Wir haben Exemplare vom Baldo, Judicarien,

Nachträge: Compositae.

von St. Gallen (Original-Standort bei Schultz), dann von Vorarlberg, finden aber die Trennung in 2 Arten der Wandelbarkeit der angegebenen Merkmale wegen, nicht gegründet, namentlich finden sich *kahle und weichharige Anhängsel* an einem u. demselben Köpfchen.

pag. 493. *Cnicus Vaill. Cardobenedicte.* Blättchen des Hauptkelches an der Spitze mit einem stärkern gefiederten Dorne, die äussern gross, blattartig. Blüthen des Mittelfeldes zwitterig, mit den geschlechtlosen Randblüthen ziemlich gleichförmig. Pappus 3fach: ein gekerbtes Krönchen, eine äussere Reihe von 10 langen u. eine innere von 10 kurzen gewimperten Borsten. Fruchtboden borstig-spreublättrig. XIX. 3. —

C. benedictus (Centaurea benedicta) *L.* Als Arzneipflanze hie u. da in Gärten angebaut, so bei Karneid nächst Bozen (Psn.), bei Kolman (Hep.), auch in deren Nähe einzeln; häufig bei Rattenberg am Brettfall, bei Strass (Lng.). — Blätter mit herzförmigem Grunde stengelumfassend und am Rande dornig, manchmal auch fiederspaltig.
Bl. gelb. ☉.

1047. *Centaurea amara L.* Fragsburg bei Meran (Bmb.).
1050. *C. austriaca Willd.* Häufig auf den Kalkfelsen im südlichen Judicarien, z. B. Rocca pagana ober Condino (Lbd.). —
1051. *C. Phrygia L.* Vorarlberg: bei Stuben, bei Brand (Rehst.), an der Kugel ober Fraxern (Zollikofer)! Rattenberg: gemein vom Thale bis in die Alpen (Lng.). Malserheide u. Nauders (Sls. Hep.).
1052. *C. nervosa Willd.* Colle di St. Lucia (Sls.). Alpenwiesen von Afers bei Brixen (Schm.). Mendel; Val di Susanna in Fleims; im südlichen Nonsberg; Voralpen in Judicarien; am Baldo ober Malcesine (Lbd.).
1053. *C. montana L.* Rattenberg, gemein von 2—4000′ bis an die Gränze (Lng.).
1054. *C. axillaris Willd.* Vergl. pag. 1063. Reiterjoch bei Bozen an der Südseite (Vhw.). Val di Susana in Fleims; am Castellazzo, ober Molveno; am Bondone u. Baldo; Val di Vestino u. Rendena (Lbd.).
1055. *C. Cyanus L.* •Rattenberg, gemein bis 3500′ (Lng.).
1056. *C. Kotschyana Heuffel.* Oberinnthal: bei Fiss und Serfaus (Hep. Sls.).
1057. *C. Scabiosa L.* Rattenberg (Lng.).
1058. *C. sordida Willd.* Auch an den Felsen gegen Aichholz (Grb)! Bei Toblino (Lbd.)! In der Uebersicht pag. 1250 für Welschtirol nachzutragen.
1059. *C. maculosa Lam.* Meran (Bmb.)! Oberinnthal: häufig beim Schlosse Laudeck, bei Mals und durch Vintschgau (Hep.).

1060. *C. paniculata Lam.* Meran (Bmb.)!

1063. *Lapsana communis L.* Schwaz (Reis.). Brixlegg, Kramsach (Lng.). Vintschgau (Hep.).

1064. *Aposeris foetida Less.* Im Camperton-Thale nur 1mal gefunden (Rehst.)! Rattenberg: gemein im Gebüsche vom Thale bis in die Voralpen (Lng.). Unter Georgenberg (Hep.). Pusterthal: am Kreuzberg (Sls.).

1065. *Cichorium Intybus L.* An der Gränze Salzburgs gegen Lofer (Lng.)! Vintschgau z. B. bei Mals (Hep.).

Rhayadiolus stellatus Willd. Vergl. p. 1063.

1066. *Leontodon autumnalis L.* Geht auch in die Rittneralpe his gegen 6000' u. wird 1—2köpfig (Hsm.). Am Odai in Fassa (Meneghini)! Val di Caldiero in Valsugana (Ambr.)!

1067. *L. Taraxaci Lois.* Fimberjoch (Rehst.). Kommt am Schlern manchmal auch 2köpfig vor (Hsm.). Rosengarten; Alpe la Spora in Nonsberg (Lbd.).

1068. *L. pyrenaicus Gouan.* Kreuzberg (Sls.). Valsugana: Sette Selle (Ambr.)! Alpe Sadole in Fleims; Vette di Feltre (Parolini! Montini!).

1069. *L. hastilis L.* Rattenberg, bis in die Alpen (Lng.). Meraner Alpen (Bmb.). Die kahle Form bei Borgo (Ambr.), die kurzhaarige bei Borgo, am Montalon u. Vette di Feltre (Ambr! Montini!).

Aendert ferner ab: ε. *pseudocrispus Schultz.* Blätter kurzhaarig, fast bis zur Mittelrippe fiedertheilig, Zipfel grob-gezähnt, manchmal fast spiessförmig, mehr oder weniger sparrig u. wellig-kraus. Apargia crispa Willd. Leontodon crispus Reichenb. Vergl. Bischoff Beiträge zur Flora Deutschlands pag. 60. Hieher gehören die von uns zur Var. γ. hyoseroides gezogenen behaarten Exemplare von Klobenstein am Ritten, wo sich jedoch an einer Stelle, die ich seit Jahren beobachtete, bald die kahle bald die behaarte Form (je nach den Jahrgängen) zeigt, so wie sie in kalten u. nassen Jahren in die Varietät α. oder β. zurückgeht (Hsm.). An Felsen über Vilpian gegen Mölten hin (Bmb.).

1070. *L. incanus Schrank.* Arlberger Alpen gegen Thannheim (Rehst.)! Alpe Zerein bei Rattenberg (Lng.). Altenburg u. Salurn; Rocchetta, Bondone, Toblino, Riva; Val di Vestino; ober Malcesine am Baldo (Lbd.).

1071. *L. saxatilis Reichenb.* Trient: alle Laste u. Doss San Rocco (Vhw.)!

1072. *Picris hieracioides L.* Schwaz (Reis.). Rattenberg (Lng.). Borgo (Ambr.). Wir halten diese Art nun für mehrjährig, wenigstens ist es meistentheils der Fall.

1073. *Tragopogon major Jacq.* Meran (Bmb.)! Vintschgau: bei Mals (Hep.). Im untern Val di Ledro (Lbd.)!

Nachträge: Compositae.

1074. *T. pratensis L.* Rattenberg (Lng.). Schwaz (Reis.). Fassa (Pracht)!

1076. *Scorzonera austriaca Willd.* Bozen: auch am Steige vom Wunderhofe zum Fuchs (Hsm.). Trient: ai Masi dell'Aria (Vhw.)!

1077. *S. humilis L.* Vergl. p. 1063. Zwischen Feldkirch u. Rankweil im Riede (Rchst.)!

1078. *S. aristata Ram.* S. humilis β. alpina Poll. S. tenuifolia Bertol. Pflitsch (Mss.). Monte Baldo (Poll.)!

1079. *Scorzonera purpurea L.* Am Baldo, Rocca pagana in Rendena, Val di Vestino (Lbd.). Auch Bertoloni hält S. purpurea und S. rosea (vergl. unsere Flor. pag. 1063) nur für schmal- u. breitblättrige Formen derselben Art; u. nach ihm kommt S. purpurea am Baldo in Val Fredda (Poll.), u. am Col delle Pene in Tesino (Ambr.) vor, ferner S. rosea auf der Grappa im Bassanesischen (Montini), u. Vette di Feltre (Ambr.). Mit weissen Blüthen an der Colma di Malcesine (Lbd.).

Scorzonera hispanica L. Vergl. p. 1064.

1081. *Hypochaeris maculata L.* Malserheide, Grasabhänge an der Strasse (Sls.).

1082. *H. uniflora Vill.* Vergl. p. 1064. Wiedersberger Horn bei Rattenberg (Lng.). Spronser- u. Zilalpe (Bmb.). Alpenwiesen in Schalders (Schm.). In Fleims, Canal di San Bovo; Bergwiesen des Baldo u. in Judicarien (Lbd.).

1083. *Willemetia apargioides Cass.* Arlberg am Zürserbach auf Wiesen (Rchst.). Rattenberg: Wiesen im Moosenthale (Lng.). Innsbruck: Bergwiesen ober Sistrans (Zim.); nasse Wiesen bei Wörgl (Hep.); Reith (Reis.). Joch Grimm (Thl.). Gemein auf den Alpenmähdern in Pfelders, besonders um Lazins (Bmb.). Alpe Bellamonte in Fleims, Valle Susana, Val di Lozem (Lbd.).

1084. *Taraxacum officinale Wigg.* Rattenberg α. β. u. γ. (Lng.). Die Var.: γ. an der Vedretta di Molveno (Lbd.).

1085. *Chondrilla juncea L.* Meran (Bmb.).

1086. *C. prenanthoides Vill.* Lienz: in der Bürgerau nahe an der Drau neben Dölsach (Stud. Aichholzer).

1087. *Prenanthes purpurea L.* Rattenberg, gemein z. B. am Stadtberg (Lng.). Mit der Var. bei Karneid (Psn.).

1089. *Lactuca Scariola L.* Meran (Braitenberg). Vintschgau: an der Strasse nach Schluderns (Hep.).

1092. *L. muralis Fres.* Vergl. p. 1064. Am Karreser Berg bei Silz (Hep.).

1093. *L. perennis L.* Vergl. p. 1064.

1094. *Sonchus oleraceus L.* Rattenberg (Lng.).

Nachträge: Compositae.

1095. *S. asper Vill.* Vergl. p. 1064.
1096. *S. arvensis L.* Rattenberg (Lng.). Borgo (Ambr.)! Pieve di Tesino (Montini)!
1097. *Mulgedium alpinum Less.* Arlberg: bei Stuben (Rehst.), an der Kugel (Zollikofer)! Rattenberg, Weg zur Postalpe, Zereineralpe etc. (Lng.). Am Fuss des Rosengarten (Vhw.). Bergwälder bei Paneveggio (Lbd.).
1098. *Crepis foetida L.* Meran (Bmb.).
1101. *C. praemorsa Tausch.* Bertoloni (Flor. ital. tom. VIII p. 472) vereinigt Crepis incarnata u. praemorsa in eine Art: C. praemorsa, eine Ansicht, der wir nun auch beistimmen, nachdem uns so viele zweifelhafte zwischen beiden schwankende Exemplare in die Hände kamen. Die echte C. praemorsa wurde uns auch aus der Bozner Gegend von einem Studenten überbracht, den nähern Standort aber konnte derselbe nicht mehr angeben. Vorarlberg: auf Hügeln hinter Feldkirch (Rehst.).
1102. *C. incarnata Tausch.* Häufig in Ampezzo (Sls.), in Prax (Elsm.). Von Prax bis Ampezzo (Fcch.). Bei Borgo sowohl mit gelben als mit fleischfarbenen Blüthen (Ambr.). Die Var.: β. lutea, Fuss des Schlern, Roëneralpe, Seiseralpe (Elsm.); von der Ebene des südlichsten Tirol bis in die Alpen von Fassa u. Fleims (Fcch.).
1103. *C. aurea Cass.* Monte Roën u. Gantkofl (Lbd.). Gampen in Ulten (Hep.). Fassa u. Fleims (Rainer! Mayer!). Vette di Feltre (Ambr.).
1104. *C. alpestris Tausch.* Georgenberg bei Schwaz (Reis.). Die Koch'sche Diagnose ist unrichtig und es soll statt: Hauptkelch grau- oder kurzhaarig stehen: Hauptkelch unterwärts graufilzig und so wie der Stengel oberwärts, von längern oft ein Drüschen tragenden Haaren rauh. Geht bei Borgo in Valsugana nach Ambrosi auch in die Hügelregion herab. Unterscheidet sich von C. jubata schon durch den walzlich-spindeligen (nicht abgebissenen) Wurzelstock.
1105. *Crepis jubata Koch.* Den einzig bekannten Standort für Tirol u. ganz Deutschland bezeichnete uns Pfarrer Rehsteiner unter Mittheilung eines Exemplares näher: am Fimberjoche Tiroler Seite ½ Stunde von der Engadiner Gränze neben Leontodon Taraxaci, Senecio carniolicus u. Hieracium alpinum var. pumilum im Juli 1849. Im Jahre 1851 u. 1852 suchte er allda die Pflanze vergeblich, der Standort, ein Abhang, war im Jahre 1851 noch im August mit Schnee überzogen. Wir geben hier eine vollständige Beschreibung der Pflanze nach Exemplaren Rehsteiner's und Ducke's entworfen aus Bischoff's Beiträgen zur Flora Deutschland's p. 317. Wurzelstock abgebissen, senkrecht oder schief. Stengel meist 2blättrig, aufrecht, 1köpfig,

Nachträge: Compositae.

nach oben zu verdickt u. so wie der Hauptkelch von abstehenden etwas schlängeligen gelblichen oder grünlichen Haaren, denen kürzere drüsentragende beigemischt sind, sehr rauhhaarig; Blätter länglich oder länglich-lanzettlich, die wurzelständigen stumpf, in einen geflügelten Blattstiel verschmälert, ganzrandig oder etwas gezähnt, fast kahl; die stengelständigen sitzend, das obere etwas rauhhaarig. — Der im österreichischen botan. Wochenblatte 1851 pag. 37 angeführte Standort: Borgo gehört zu Crepis alpestris.

1106. *C. biennis L.* Oberperfuss, Pillerberg (Reis.).

1107. *C. tectorum L.* Vintschgau: bei Castelbell (Hep.)! Zerstreut, sandige Felder bei Borgo (Ambr.).

1108. *C. virens Vill.* Vergl. p. 1064. Mühlau, Hötting, häufig (Hep.). Bei Vintl in Pusterthal (Thl.). Meran, sehr häufig auf Bergwiesen bei Thall und Verdins (Bmb.)! Bozen (Wörndle).

1109. *C. pulchra L.* Margreid (Grb.). Weinberge von Levale bei Borgo (Ambr.). Nogaré Roveredo gegenüber (Facchini bei Bischoff).

1110. *C. Jacquini Tausch.* Vergl. p. 1065. Häufig am westlichen Abhange des Lünersees gegen Brand (Rehst.). In der Scharte des Peitler (Schm.). Montalon (Montini)! Fassa: bei Vigo u. am Odai (Parolini. Petrucci)! Portole, Vette di Feltre (Montini)! Vedretta di Molveno (Lbd.).

1111. *C. paludosa Mönch.* Wildalpe bei Rattenberg (Lng.). Kollern bei Bozen (Vhw.). Wormserjoch (Sto.). Val di Sella bei Borgo (Ambr.)! Sette Communi (Montini)!

1112. *C. succisaefolia Tausch.* Hochgerrach, Arlberg (Rehst.).

1113. *C. pygmaea L.* Wormserjoch: ausser der Gränze alla seconda Cantoniera (Rainer)! Tirol (Laicharding)! — Hieracium pumilum L.

1114. *C. blattarioides Vill.* Vandanser-Alpe, Zürs am Arlberg (Rehst.). Rattenberg: häufig am Niederläger der Pletzeralpe (Lng.). Vette di Feltre: Wiesen bei Aune (Ambr. Montini)!

1115. *C. grandiflora Tausch.* Ober Stuben am Arlberg (Rehst.)! Pfelders (Bmb.). Am Fusse des Rosengarten (Psn.). Wormserjoch (Sto. Zal.). Val di Telve am Montalon (Montini!), Vette di Feltre ober Aune, bei Pontarso (Ambr.). —

1116. *Soyeria montana Monn.* Tirol (Laicharding)! Vorarlberg: Wiesen bei Stuben (Rehst.). Weg von Canazei nach Pieve d'Andraz (Sls.).

1117. *S. hyoseridifolia Koch.* Hohe Blanken, Rothe Wand (Rehst.). Sonnenwendjoch u. Schinter bei Rattenberg (Lng.).

1118. *Hieracium Pilosella L.* Rattenberg, gemein bis in die Alpen (Lng.). Fassa (Rainer!), Borgo (Ambr!).

1119. *H. pilosellaeforme Hop.* H. macranthum Tenore. Bertoloni. Arlberger-Alpen (Rehst.). Am Montalon (Montini)!
1121. *H. bifurcum M. B.* Innsbruck: einzeln auf Sandgeschiebe ober Mühlau (Hep.)! Trient: Monte dei Frati (Vhw.)!
1122. *H. furcatum Hop.* Oberste Holzregion der Spronseralpe (Bmb.). Häufig am Fusse des Rittner Horn (Hsm.), Reiterjoch (Vhw.). Montalon u. Vette di Feltre (Montini)! Triften in Paneveggio (Lbd.).
1124. *H. Auricula L.* H.. dubium Bertoloni. Rattenberg (Lng.). Valsugana: bei Bienno (Ambr!), in Primiero (Parolini!), am Montalon, Portole, Vette di Feltre (Montini)! Alpe la Spora (Lbd.).
1125. *H. piloselloides Vill.* Jllbett bei Bludenz (Rehst.).
1126. *H. praealtum Koch.* Rattenberger Schloss (Hep.)! Meran, in allen Varietäten (Bmb.)! Mit den Varietäten: H. florentinum u. obscurum am Doss Trent (Vhw.)! Valsugana (Ambr.)! Am Baldo (Visiani)!

Unter dem Namen: *Hieracium vulgare* vereiniget Neilreich (Flor. v. Wien Nachträge pag. 178) H. praealtum, pratense, Nestleri, echioides, und sogar H. aurantiacum. Diessmal können wir, vorzüglich was die letztgenannte Art anbelangt, nicht Neilreich's Ansicht beipflichten. Dagegen ist es allerdings richtig, dass H. praealtum und pratense schwach begränzte Arten sind.

1127. *H. Nestleri Vill.* Bondone; ober Molveno, Campogrosso u. ober Condino (Lbd.).
1128. *H. pratense Tausch.* Rattenberg, gemein auf Wiesen (Lng.). —
1129. *H. aurantiacum L.* Vergl. pag. 1065. Auf der Kugel in Vorarlberg (Zollikofer)! Wiedersberger Joch bei Rattenberg, selten (Lng.). Arlberg: an der Strasse bei Stuben (Rehst.)! Tauferscharte ober Völlau bei Meran (Bmb.).
1130. *H. staticefolium Vill.* Rattenberg (Lng.). Meran (Bmb.)! Am Montalon, am Sadole in Fleims (Parolini)!
1131. *H. porrifolium L.* Mendel: sehr häufig am neuen Wege ober den Buchhöfen (Vhw.). Vallarsa (Meneghini)! Kalkfelsen ober Toblino gegen Ranzo; um la Corona am Baldo (Lbd.). —
1132. *H. saxatile Jacq.* Bertoloni Flor. ital. tom. VIII pag. 575 vereiniget wie wir H. saxatile und H. glaucum All., zieht aber als Species-Namen den Allioni's vor. — Vorarlberg: am Zürserbach ober Stuben, häufig (Rehst.). Schloss Tratzberg (Huber)! Tennenschrofen in Gschnitz (Hep.). Am Baldo alla Corona (Pollini!), u. ebenfalls ausser der Gränze bei Enego im Bassanesischen (Montini)!
1133. *H. bupleuroides Gmel.* Im Zillerthal; an abgestürzten

Nachträge: Compositae.

Kalkfelsen zwischen Pass Strub, Lofer u. Saalfelden (Mielichhofer in Hinterh. Prodr.)!

H. speciosum Hornem. Tirol im Allgäu (Löhr enum. pag. 415)!

1134. *H. dentatum Hop.* Zürseralpe am Arlberg (Rehst.)! Pfarrer Rehsteiner bezweifelt die Güte dieser angeblichen Art mit Recht.

1135. *H. glabratum Hop.* Laugenspitze (Lbd.). Neilreich (Flor. v. Wien Nachtr. p. 177) vereiniget ganz mit Recht H. glabratum u. H. dentatum Hop. mit H. villosum Jacq.

1136. *H. villosum Jacq.* Arlberg u. Rhätikon (Rehst.). Auf allen höhern Alpen von Rattenberg (Lng.). Pfitsch (Mss.). Col di Lana (Sls.). Bondone u. Baldo, Vedretta di Molveno (Lbd.).

1137. *H. Schraderi Schleich.* Oberste Zilalpen, häufig (Bmb.).

1138. *Hieracium glanduliferum Hoppe.* H. alpinum β. Bertoloni. Spronser- u. Zilalpe (Bmb.). Am Montalon (Montini!), Gebirge ober Torcegno (Ambr.). Wenn es richtig ist, dass (nach Bertoloni) H. glanduliferum u. alpinum nur Formen derselben Art sind — und so widenstrebend scheint es uns nicht — so wäre zugleich dargethan, dass bei den verwandten Hieracien auf den Umstand, ob die Zähne der Blüthen aussen kahl oder allda mit kurzgegliederten Haaren versehen sind, kein besonderes Gewicht zu legen. Aehnliche Beobachtungen boten sich auch uns dar.

1139. *H. vulgatum Koch.* Meran: im Naifthal (Bmb.).

1140. *H. pallescens W. K.* Vergl. p. 1065.

1141. *H. Schmidtii Tausch.* Bekanntlich zieht Döll (Rhein. Fl. p. 526) H. Schmidtii u. H. vulgatum als Formen zu H. murorum u. deutet zugleich an, dass wahrscheinlich auch H. incisum u. bifidum nur Formen davon sind. Ueber H. incisum haben wir unsere Ansicht bereits pag. 541 ausgesprochen. H. Schmidtii gelang uns bei Bozen erst im Mai 1852 u. zwar an einem heissen Abhange im Kühbacher Walde aufzufinden u. zu beobachten. Es befand sich mit H. murorum, dessen Blätter ebenfalls eine graugrüne Farbe angenommen hatten, u. ist somit als eine graugrüne armblättrige Form von H. vulgatum anzusehen. Die Blätter sind nebenbei meist von grossen schwärzlich-rothen Makeln gefleckt.

1142. *H. murorum L.* Rattenberg (Lng.). Die Var.: β. am Kreuzberg in Sexten (Sls.). In der Kochschen Diagnose soll statt: Stengel kurzhaarig, stehen: Stengel rauhhaarig.

1143. *H. incisum Hopp.* Schwaz (Reis.).

1145. *H. rupestre All.* Bei dieser Art sowohl als bei folgender ist bei Koch der Stengel kurzhaarig angegeben — es soll stehen: rauhhaarig.

1146. ***H. Jacquinii Vill.*** An Felsen der Arlberger Strasse
(Rehst.)! Gschnitz (Glanz). Auf dem Tennenschrofen ober
dem Dorfe Trins (Zim.).
1147. ***H. amplexicaule L.*** Alpe Zerein am Sonnenwendjoch
(Lng.). Meran: im Naifthale (Bmb.). Ifinger (Vhw.).
Vintschgau: bei Schlanders (Sto. Zal.). Brixen (Liebl).
Um la Corona am Baldo (Lbd.).
1149. ***H. alpinum L.*** Sonnenwend- und Steinberger Joch
(Lng.). Mit Varietas: pumilum, Fimberjoch, Todtenalpe in
Montafon (Rehst.). Fassa (Rainer !), Montalon (Montini)!
1150. ***H. albidum Vill.*** Strasse am Arlberg (Rehst.)! Alpe
Zerein am Sonnenwendjoch (Lng.). Pfitsch (Mss.). Ifinger
(Vhw.). —
1151. ***H. prenanthoides Vill.*** Valsugana: alla Suerta ober
Roncegno (Ambr.)!
1153. ***H. boreale Fries.*** Meran (Bmb.).
(1153. b.). *Hieracium virescens Sonder.* Stengel starr, aufrecht, blattreich, kahl, nach oben zu so wie die Blüthenstiele flaumhaarig; Blätter zahlreich, genähert, lanzettlich,
gezähnt, kahl oder unterseits sparsam behaart, die untersten in den kurzen Blattstiel verschmälert, die obern sitzend,
an Länge allmälig abnehmend, die wurzelständigen fehlend;
Blüthenstiele dicht traubig - ebensträussig; Blättchen des
während des Aufblühens kreiselförmigen Hauptkelches angedrückt, grün, die innern am Rande bleich, die äussern
der jungen Blüthenköpfe anliegend.

An waldigen Stellen um Bozen und Klobenstein hie
u. da mit H. boreale, aber seltener u. davon specifisch
gewiss nicht verschieden. Es ist eben nur eine blattreiche
Form desselben mit grünen Blättchen des Hauptkelches.
Aber alle sogenannten Arten der Rotte: Accipitrina kommen, wie sich jeder leicht selbst im Freien überzeugen
kann u. wie auch Neilreich (Fl. v. Wien p. 293) bezeugt,
sowohl mit schwärzlichen als mit grünen Hauptkelchen
vor. Unsere Exemplare wurden übrigens von Hofr. Döll
mit Originalexemplaren Sonder's verglichen.
1155. ***H. umbellatum L.*** Rattenberg (Lng.). Meran: beim
Egger (Braitenberg)! Brixen die Varietät: H. Lactaris
Bertol. (Schm.). Predazzo in Fleims (Parolini)!

LXII. AMBROSIACEAE.

1156. ***Xanthium Strumarium L.*** Tramin (Grb.), an der Terlaner Brücke (Lbd.).
1156. b. ***Xanthium spinosum L.*** Dornen an der Basis der
Blätter 3gabelig; Blätter ungetheilt oder 3lappig, der mittlere Lappen verlängert, zugespitzt. Innsbruck: in einem
Türkacker auf einem Hügel bei Mühlau mitunter 3 Fuss

hohe Exemplare, vermuthlich eingeschleppt (Zim.). Diese Pflanze, die an Wegen und Schutt im Veronesischen und Paduanischen, dann um Triest sehr gemein, dürfte wohl auch noch im südlichern Tirol gefunden werden.
Jun. Aug. ☉.

LXIII. CAMPANULACEAE.

1157. *Jasione montana L.* Schabs bei Brixen (Schm.). Mit weissen Blüthen bei Sigmundscron (Sto.).
1158. *Phyteuma pauciflorum L.* Schwarzhorn u. Zanggen bei Bozen (Thl.). Gipfel des Plösseberg bei Brixen (Schm.).
1159. *P. hemisphaericum L.* Fassal- u. Fimberalpen (Rehst.). Schiefergebirge bei Rattenberg (Lng.).
1161. *P. Sieberi Spreng.* Vedretta di Molveno (Lbd.).
1162. *P. orbiculare L.* Zinggen bei Brixen (Mss.).
1163. *P. Scheuchzeri All.* Sehr schön in Sprons (Bmb.). Am Fusse des Ifinger gegen Passeier (Vhw.), und hinter Saltaus; ober Toblino gegen Ranzo; Condino, Val di Ledro (Lbd.).
1164. *P. Michelii Bertol.* Vergl. pag. 1065. Bei Meran in allen Varietäten (Bmb.). Die Var. *β.* auf der Hochgrube bei Innichen (Sls.).
1165. *P. spicatum L.* Im angränzenden Baiern bei Mittewald am See im Walde (Reis.). Häufig an Waldrändern an Bergwiesen bei Rattenberg (Lng.). Am Eingang des Brixenthales (Hep.). Laubwälder am Lago di Molveno u. in Paneveggio (Lbd.). Diese und Folgende sind wohl nur Varietäten.
1166. *P. Halleri All.* Wiesen ober Zürs am Arlberg; Gallthür (Rehst.). Welschnofen bei Bozen (Psn.). Innsbruck: ober Judenstein gegen Tulfes (Hep.). Nonsberg; Val di Lorina, di Vestino; am Baldo; Canal di San Bovo; Bellamonte in Fleims (Lbd.).
1167. *P. comosum L.* Am Baldo u. in Tirol (Laicharding)! Vedretta di Molveno, Alpe la Spora; Campogrosso, Campobruno; Val di Ronchi; Val di Vestino; am Baldo (Lbd.).
1169. *Campanula pusilla Hänke.* Auf der Kugel bei Hohenems (Zollikofer)! Auf allen Alpen um Rattenberg (Lng.).
1170. *C. rotundifolia L.* Rattenberg (Lng.).
1171. *C. Scheuchzeri Vill.* Sonnenwendjoch (Lng.). Die Var. *β.* auf der Kugel bei Hohenems (Zollikofer)! Im südlichen Judicarien; Val d'Ampola; am Baldo (Lbd.).
1174. *C. Rapunculoides L.* Rattenberg (Lng.). Schwaz (Reis.).
1175. *C. Trachelium L.* Rattenberg (Lng.).
1176. *C. latifolia L.* Tirol (Laicharding)!

Nachträge ; Campanulaceae.

1177. *C. Morettiana Reichenb.* Am Rosengarten (Vhw.).
1179. *C. patula L.* Rattenberg (Lng.).
1180. *C. persicifolia L.* Rattenberg, gemein (Lng.). Castell Toblino, Val di Ledro (Lbd.).
1180. b. *C. cenisia L.* Blätter verkehrt-eiförmig, stumpf, in den kurzen Blattstiel zusammengezogen, ganzrandig, an der Basis oder auch ringsum gefranst; Stengel aufsteigend, 1blüthig, nach oben zu so wie die Kelche rauhhaarig, Kelchzipfel aus breiter Basis lanzettlich; Blumenkrone fast 5theilig, Abschnitte eiförmig-lanzettlich. — Diese von Koch nur auf den Walliser-Alpen der Schweiz angegebene Art wurde 1847 auf dem 8000' hohen Felsenkamm der Rothwand in Vorarlberg (ober Dalaas) zuerst für Deutschland und Tirol von Pfarrer Rehsteiner entdeckt. Derselbe fand sie 1850 auch am Fusse des Brandnerferner ober Brand, am Rhäticon in Montafon u. theilte uns sowohl von da als aus den Walliser-Alpen zahlreiche Exemplare mit.
Jul. Aug. ♃.
1182. *C. thyrsoidea L.* Tirol (Laicharding)! Auf dem Joche zwischen Dux u. Schmirn (Glanz).
1183. *C. spicata L.* Am Tennenschrofen in Gschnitz (Zim.). Häufig am Wege in Ulten (Hep.). Gratsch, St. Peter, Lebenberg, Partschins (Bmb.). Toblino gegen Ranzo; Malcesine, Torbole, Riva (Lbd.).
1184. *C. Cervicaria L.* Tirol (Laicharding)!
1185. *C. glomerata L.* Rattenberg (Lng.). Meran (Bmb.).
1186. *C. petraea L.* Im südlichen Tirol, besonders am Baldo (Laicharding)!
1187. *C. alpina Jacq.* Wird in Staffler's Tirol I. p. 716 am Gerlosstein in Zillerthal angegeben u. schon von Laicharding als Tiroler Pflanze aufgezählt.
1188. *C. barbata L.* Kugel bei Hohenems, auch mit weisser Blüthe (Zollikofer)! Am Widdersberger Horn bei Rattenberg, auch mit weissen Blüthen (Lng.).
1189. *C. sibirica L.* Nach Hinterhuber am Tscheipenthurm bei Bozen! Am Calisberg, Vela, Bucco di Vela (Vhw.).
1191. *Specularia Speculum De C.* Am Wasserfalle bei Bozen (Sls.). Fondo in Nonsberg (Hep.).
1192. *S. hybrida De C.* Auf Aeckern bei Völs nächst Bozen (Wörndle). Uebergänge von Voriger in diese sammelte ich um Bozen u. erhielt sie von Innsbruck (Hsm.).

LXIV. VACCINIEAE.

1193. *Vaccinium Myrtillus L.* Rattenberg, gemein bis in die Alpen (Lng.). Die Var.: leucocarpa stellenweise sehr häufig in schattigen Wäldern bei Petersberg nächst Bozen (Thl.), ihre Früchte sollen sehr sauer schmecken.

Nachträge: Ericineae.

1194. *V. uliginosum L.* Rattenberg, häufig auf Alpen und Voralpen (Lng.). Helm (Gredler). Im Todtenmoos bei Kollern (Lbd.).
1195. *V. Vitis Idaea L.* Rattenberg (Lng.).
1196. *V. Oxycoccos L.* Seefeld (Reis.). Grauu in Vintschgau (Hutter). Ritten; in einer Mooswiese links am Wege vom Wolfsgruber See nach Signat (Hep.); Deutschnofen (Vhw.). Im Todtenmoos ober Kollern (Lbd.).

LXV. ERICINEAE.

1197. *Arctostaphylos alpina Spreng.* Hohe Salve; Hutzljoch, Nockspitze, Haller Salzberg (Hep. Glanz). Nordseite der Kugelwand in Gschnitz (Zim.). Am Schwarzhorn und Zanggen (Vhw.). Orto d'Abramo, Cornetto di Bondone; Val delle Ossa am Baldo (Lbd.).
1198. *A. officinalis Wimm.* Brand u. Patenen in Montafon (Rehst.)! Brandenberger Mahd u. Kellerjoch (Lng.). Alpen bei Brixen (Schm.). Virgel und Karneid bei Bozen (Vhw. Psn.). —
1199. *Andromeda polifolia L.* Im Moosenthale bei Rattenberg z. B. unter Freundsheim (Lng.). Reith (Reis.). Deutschnofen bei Bozen mit Oxycoccos (Vhw.).
1200. *Calluna vulgaris Salisb.* Gemein um Rattenberg (Lng.), Schwaz (Reis.).
1201. *Erica carnea L.* Am Hochgerrach bei Rankweil (Rehst.)! Rattenberg, gemein bis in die Voralpen (Lng.). Stans bei Schwaz (Reis.).
1203. *Azalea procumbens L.* Hochblanken südwärts vom Freschen (Rehst.)! Alpen um Rattenberg u. Schwaz, gemein (Lng. Reis.). Col di Lana (Sls.). Schalders (Liebl).
1204. *Rhododendron ferrugineum L.* Alpen in Montafon (Rehst.). Rattenberger Alpen, gemein auf Schiefer, selten auf Kalk (Lng.). Ein Strauch mit gefüllten Blüthen wurde 1852 am Glunggezer bei Innsbruck gefunden (Phönix 1852 pag. 240).
1205. *R. intermedium Tausch.* Am Hochgerrach in Vorarlberg (Rehst.). Alpen bei Innsbruck: Nock, Lizum, Hutzeljoch (Hep. Glanz). Joch Grimm (Thl.). Keineswegs Bastard von R. hirsutum u. ferrugineum, sondern einfach eine Varietät von R. hirsutum mit dichter punktirten u. sparsamer bewimperten oder am Rande fast kahlen Blättern, ich fand diese Varietät am Schlern einzeln schon 1837 (Hsm.). R. hirsutum β. intermedium Neilr.
1207. *R. Chamaecistus L.* Im grossen Kahr an der Halsspitze an der Gränze gegen Kreuth (Lng.). Achenthal (Reis.); allda in Menge auf der Westseite des Sees (Pichler)! Am Praxer See (Hsm.).

LXVI. PYROLACEAE.

1208. *Pyrola rotundifolia L.* Tratzberg (Huber)! Innichen (Sls.). Schattige Laubwälder in Val d'Ampola, Val di Lorina, Val di Ronchi (Lbd.).

1209. *P. chlorantha Custer.* In Gschnitz, unter der Klamm, in Petnau (Zim.). Tratzberg (Huber)! Bei Bad Jungbrunn in Pusterthal (Grb.). Am Joch Grimm bei Bozen (Thl.).

1210. *P. media Sw.* Tratzberg (Huber)! Am Ritten, wo P. media häufig u. immer truppenweise vorkommt, ist weder P. rotundifolia noch P. chlorantha aufgefunden worden, sie kann also auch kein Bastard dieser sein, wofür sie von einigen gehalten wird. Val di Vestino; Vallarsa (Lbd.).

1211. *P. minor L.* Rattenberg (Lng.). Tratzberg (Huber)! Am Bad Innichen (Gredler).

1212. *P. secunda L.* Ober Bad Innichen (Gredler). Freundsberg bei Schwaz (Reis.). Monte Roën; Bondone; Nonsberg; Camposilvano (Lbd.). Bei Nauders (Baselli)! Stallenthal bei Schwaz (Reis.).

1213. *P. uniflora L.* Auf der Kugel bei Hohenems (Zollikofer)! Mendel, Ulten, Pawigl, auch am Ritten beim Zach unter Pemmern (Hep.). Unter der Schlucht am Schlern (Grb.), bei Karneid (Psn.). In Buchenstein (Sls.). In Tiers u. Völs; bei Pardonig; ober Molveno; in Val d'Ampola (Lbd.).

LXVII. MONOTROPEAE.

1214. *Monotropa Hypopitys L.* Tratzberg bei Schwaz (Huber)! Die Var.: *α.* selten bei 4600' am Ritten in einem Föhrenwalde unter Sallrainers Klee bei Klobenstein (Hsm.). Nach Viehweider am Wege von Capenn nach Virgl auf Wurzeln von Castanea! *α.* in Tiers u. Gantkofl, *β.* ober Kollern u. bei Weissenstein (Lbd.).

LXIX. OLEACEAE.

1217. *Phyllirea media L.* Häufig am Hügel rechts an der Strasse von Vezzano nach Castell Toblino gleich wenn man die Brücke am See überschritten (Vhw.).

1218. *Ligustrum vulgare L.* Gemein um Rattenberg und Schwaz (Reis.).

1219. *Syringa vulgaris L.* Rattenberg, häufig am alten Schlossberge (Lng. Hep.). Einzeln an Feldrändern im Brixenthale, Bäume von ziemlicher Dicke, allda auch mit weissen Blüthen (Hep.).

S. persica L. Am Schlossfelsen von Ried bei Bozen ganz verwildert (Psn.).

1220. *Fraxinus excelsior L.* Am Baldo, viel seltener als F. Ornus (Per.)!

LXX. JASMINEAE.

1222. *Jasminum officinale L.* Trient: Monte dei Frati und alle Laste gegen Campo Cristelotto (Vhw.).

LXXI. ASCLEPIADEAE.

1223. *Cynanchum Vincetoxicum R. Br.* Rattenberg, gemein z. B. am Schlossberge (Lng.). Die Varietas: laxum, auch bei Meran (Bmb.).

LXXII. APOCYNEAE.

1225. *Vinca minor L.* Rattenberg, gemein z. B. am Schlossberg (Lng.). Tratzberg (Huber)!

LXXIII. GENTIANEAE.

1227. *Menyanthes trifoliata L.* Vahrner See bei Brixen (Gnd.).
1229. *Chlora perfoliata L.* Bozen: hie u. da mit Folgender z. B. Siebenaich, Leifers (Lbd.). Tezze (Ambr.)! Riva (Perini)! Am Fusse des Campogrosso (Lbd.).
1230. *C. serotina Koch.* Halte ich jetzt von Voriger der Art nach nicht verschieden. Uebergänge in Vorige habe ich selbst schon bei Bozen gesammelt (Hsm.). Am Gardasee (Lbd.). —
1231. *Swertia perennis L.* Pusterthal: Gsiess; Pfitsch (Mss.). Am Helm bei Innichen (Gredler).
1233. *Gentiana lutea L.* Bei Stuben am Arlberg, häufig (Rehst.). Auf den meisten Rattenberger Alpen bis an die bairische Gränze z. B. am Sonnenwendjoch (Lng.). Alpen in der Riss (Reis.). Unter dem Schwarzhorn bei Bozen (Thl.)! Am Bondone; Baldo: Val dell'Artillon (Lbd.).
1234. *G. purpurea L.* In Tirol (Laicharding)! Thanaberg ober Stuben (Rehst.)!
1235. *G. pannonica Scop.* Tirol (Laicharding)! Gemein auf allen Bergwiesen bei Rattenberg. 3—7000' z. B. am Sonnenwendjoch, auch auf den Achenthaler Gebirgen (Lng.).
1236. *G. punctata L.* Am Hochgerrach (Rehst.). Zillerthal (Mss.). Am Laugen u. in Val di Non ober Molven (Lbd.). Joch Grimm, Schwarzhorn (Thl.).
1237. *G. Cruciata L.* Auf der Kugel ober Hohenems (Zollikofer)! Schloss Tratzberg (Huber)! Taufers in Vintschgau (Liebl). Weg von Ratzes zum Gschtatsch an der Seiseralpe, selten (Grb.). Nonsberg (A. Hsm.). Monte Roën; ober Castel Corno; Val di Ronchi (Lbd.).
1238. *G. asclepiadea L.* Am Peitler bei Brixen u. Pfannes (Mss.). Von Petersberg zum Schwarzhorn (Thl.). Am Gantkofl u. zwischen dem kleinen u. grossen Göller im August 1851 fast ausschliesslich nur weiss blühend (Lbd.).

Nachträge: Gentianeae.

1239. *G. Pneumonanthe L.* Rattenberg: häufig am untersten Wege von Voldöpp nach Breitenbach (Lng.). Unterain bei Bozen (Psn.).

1240. *G. acaulis L.* Alpen von Vadutz etc. (Rehst.)! Vorarlberger Alpen (Sauter in litteris)! Kellerjoch bei Schwaz (Reis.). Tierseralpl am Schlern (Grb.). Wormser - Joch (Vhw.). Bondone, Campogrosso (Lbd.). Eine hübsche Spielart mit bis zur Spitze dicht beblättertem 5 Zoll hohen Stengel sammelte Schmuck bei Kitzbüchl.
G. acaulis α. vulgaris Neilr.

1241. *G. excisa Presl.* Alpen bei Brixen (Mss.). Alpe Naunz bei Schwaz (Reis.). Zil- und Spronseralpen (Bmb). Ober Molveno; Val di Lozem; am See von Calaita (Lbd.). — G. acaulis β. excisa Neilreich. G. acaulis und excisa halten wir für gute Arten u. der Name G. acaulis α. vulgaris passt bei uns nicht, da selbe im deutschen Südtirol, namentlich um Bozen ohne allen Vergleich seltener vorkommt als G. excisa.

1242. *G. bavarica L.* Sonnenwendjoch, Tristenspitze, Steinernes Weibele, Widdersberger Horn (Lng.). Am Glunggezer die Varietät β. (Reis.). Steigt bei Nauders ziemlich tief herab (Baselli)! Helm bei Innichen (Gredler).

1243. *G. brachyphylla Vill.* Höhere Alpen bei Rattenberg (Lng.). Schalderseralpen (Schm.). Zil- und Spronseralpen (Bmb.). Uebergang von Buchenstein nach Ampezzo (Sls.). Allerdings nur Hochalpenform von G. verna, wie Neilreich (Fl. v. Wien Nachtr. p. 191) anführt, doch nicht des Urgebirges, da sie bei uns auch auf Kalk vorkommt.

1244. *G. verna L.* Alpen bei Rattenberg und Schwaz (Lng. Reis.). Mit Folgender am Baldo, Campogrosso; in Judicarien (Lbd.).

1245. *G. aestiva R. u. Sch.* Vergl. pag. 1065. Rattenberg (Lng.). Innsbruck: Mühlauer- u. Kranewitter Klamm (Hep.). Brixen (Mss.). Baldo u. Campogrosso; Judicarien (Lbd.).

1246. *G. imbricata Fröl.* Peitler bei Brixen (Mss.).

1248. *G. prostrata Hänke.* Auf steinigen Triften und Felsblöcken auf Kranzes am Schlern; Tierseralpl, Rosengarten u. Lausakofl (Lbd.).

1249. *G. utriculosa L.* Vergl. pag. 1065. Feldkircher und Meininger Ried (Rehst.). In Duron u. Tiers (Lbd.).

1250. *G. nivalis L.* Arlberg ober Stuben (Rehst.)! Mittagspitze (Sauter in litteris)! Schwazeralpen (Reis.). Steinberger Joch, Rafanspitze (Lng.). Bei Nauders tief herabsteigend (Baselli)! Schalders (Liebl). Helm bei Innichen (Gredler).

1251. *G. campestris L.* Montagna di Povo mit G. obtusifolia (Per.)! ?

Nachträge : Gentianeae.

1252. **G. germanica Willd.** Rattenberg: gemein auf allen Alpen u. Voralpen (Lng.). Helm in Pusterthal (Gredler). Schwazeralpen (Reis.). G. germanica α. acutifolia Neilr. Es ist allerdings richtig, wie Neilreich bemerkt, dass man sich (manchmal) normale Formen von dieser u. Folgender mühsam heraussuchen muss. Diess ist namentlich auf den Alpen bei uns der Fall, wo beide fast gleichzeitig blühen, und nur von verschiedenem Standorte abhängen dürften. Am Ritten von 3800—5000′ wächst und blühet diese auf feuchten Triften erst Ende August, während Folgende allda bis in die Rittneralpe gemein und schon Anfangs Sommer blüht, alsdann auch schärfer von G. germanica getrennt ist. Diese sind wir geneigt als eine Spätform oder eine Form der Sumpfwiesen zu betrachten.

1253. **G. obtusifolia Willd.** Montagna di Povo (Per)! Unter der Vedretta di Molveno ; Val di Lozem (Lbd.).
G. germanica β. obtusifolia Neilr.

1254. **G. tenella Rothboell.** Höchste Fassal-Alpen in Paznaun (Rehst.). Höchste Spitze des Steinberger Joches, sehr selten (Lng.). Pfitsch (Mss.). Rauchkopf bei Reith (Reis.). Schlern: auf steinigen Triften u. Felsblöcken, im kurzen Grase bei den Hütten ober dem Schäufelesteig; Tierseralpl und am Duron (Lbd.).

1256. **G. ciliata L.** Bucher-Au bei Schwaz (Reis.). Gemein am Inn bei Rattenberg u. von da bis 4500′ an die Alpen (Lng.). Pfitsch (Mss.). Geierberg bei Salurn (A. Hsm.). Fassa: bei Campitello (Thl.). Im Thale bei Bozen am Zusammenflusse der Etsch u. Eisack bei 40 Exemplare (Sto.), wohl hereingeschwemmt(?), dann am Sauschlosse; in Tiers, bei Pardonig, Monte Roën (Lbd.).

1257. **Erythraea Centaurium Pers.** Eppan (Sto.).

1258. **E. pulchella Fries.** Oltrecastello bei Trient (Per.)! Albeins bei Brixen (Mss.). Innsbruck: im Sillgries (Zim.). Vintschgau: bei der Latscherbrücke (Hep.).

LXXIV. POLEMONIACEAE.

1259. **Polemonium caeruleum L.** Vergl. p. 1065. Vintschgau : gemein um Graun (Hutter). Nauders gegens Heid (Sls.). In Tirol schon von Laicharding angeführt!

LXXV. CONVOLVULACEAE.

1260. **Convolvulus sepium L.** Rattenberg, häufig (Lng.). Schwaz (Reis.).

1261. **C. arvensis L.** Rattenberg (Lng.).

1263. **Cuscuta europaea L.** Rattenberg (Lng.). Schwaz (Reis.).

1264. **C. Epithymum L.** Rattenberg, bis an die Alpen (Lng.).

1266. ***C. Epilinum L.*** Auf Lein bei Salurn (A. Hsm.). Unter-Innthal (Hep.).
1267. ***C. planiflora Ten.*** Meran: an Fraxinus u. Colutea (Bmb.).
1267. b. ***Cuscuta hassiaca Pfeiffer.*** Stengel ästig; Blüthen gebüschelt, gestielt; Röhre der Blumenkrone glockig, so lange als der 5spaltige Saum, durch die zusammenneigenden Schuppen geschlossen; Griffel 2, Narben kopffg. — C. trifolii. C. suaveolens Seringe? C. corymbosa Ruiz et Pav.? —

Auf Kleefeldern bei Kitzbüchl 1849 (Wld.)! Wegen mittlerweile erfolgten Todes unsers Freundes Traunsteiner und der Abreise Waldmüllers zu den Studien nach Wien erhielten wir keine Exemplare mitgetheilt. Die Pflanze ist übrigens zweifelsohne mit ausländischem Kleesamen (Klee wird um Kitzbüchl häufig gebaut) so wie an andern Orten Deutschlands eingeschleppt.

LXXVI. BORAGINEAE.

p. 602. ***Heliotropium L.*** Sonnenwende. 4 an den Rändern zusammenhängende vor der Reife eine einzige Frucht darstellende Nüsschen. Blumenkrone trichterförmig mit gefaltetem Saume u. offenem Schlunde. Griffel einfach.

H. peruvianum L. Peruvianische S. Strauchartig; Blätter lanzettlich - eiförmig, runzelig, unterseits flaumig-rauh. Blüthen klein, weiss oder violett-weiss, sehr wohlriechend. Häufig unter dem Namen: Vanille in Töpfen gezogen.

H. europaeum L. Europäische S. Krautartig, Stengel aufrecht, ästig, etwas zottig, Blätter eiförmig, ganzrandig, flach, unterseits filzig - rauh. Nach einem im von Hepperger'schen Herbare befindl. Exemplare in Vintschgau von Isser gesammelt! Der Angabe steht keine Unwahrscheinlichkeit entgegen, da diese Acker- u. Weinbergpflanze auch in der Schweiz, Baiern, im Veronesischen, Krain, Oesterreich etc. vorkommt und die Acker - Flora in Tirol noch zu wenig durchforscht ist. Bl. klein, weiss. ☉.

1268. ***Asperugo procumbens L.*** Von Stud. Jos. v. Hepperger 1852 häufig an der v. Zallinger'schen Alphütte auf der Seiseralpe gefunden. In der Höhle unter Castell Corno bei Roveredo (Lbd.).
1269. ***Echinospermum Lappula Lehm.*** Hügel bei Jenbach (Lng.). Meran (Bmb.). Salurn (Lbd.). Strasse bei Prutz u. Pfunds; Vintschgau (Hep.).
1270. ***E. deflexum Lehm.*** Rattenberg (Lng.). Im Schnalserthale nicht selten (Bmb.). Am Wiedenhof ober Karneid (Psn.). Bozen in der Nähe des Kühbacher Weihers 1851

Anfangs Juni an einer abgeholzten Stelle (Hsm.). Bei Petersberg bis an den Fuss des Joch Grimm (Thl.). Bei Capenn u. im Schelmthale ober Virgl (Vhw.).

1271. *Cynoglossum officinale L.* Rattenberg: bei Voldöpp (Lng.). Val di Non, bei Cles (Sto). Häufig an der Strasse bei Pfunds (Hep.).

1275. *Anchusa officinalis L.* Bei Frastanz und Feldkirch (Rehst.)! Rattenberg (Lng.). Brixen (Mss.).

1277. *A. italica Retz.* In Oelhainen u. Weingütern an heissen steinigen Orten bei Malcesine u. Castelletto am Garda-See (Lbd.).

1279. *Symphytum officinale L.* Rattenberg, in allen Farben (Lng.).

1280. *S. tuberosum L.* Valsugana: an der Venezianer Gränze (Ambr.). —

1283. *Cerinthe minor L.* Zerstreut um Eppan (Sto.).

1284. *C. alpina Kit.* Sparsam am See auf den Bergwiesen östlich von der Alpe Stuins in Obernberg nächst Steinach (Zim.). —

1285. *Echium vulgare L.* Rattenberg (Lng.). Vahrn bei Brixen (Mss.).

1287. *Pulmonaria officinalis L.* Rattenberg (Lng,), Schwaz (Reis.). —

1288. *P. angustifolia L.* Rattenberg (Lng.). Brixen (Schm.). Var. β. *oblongata.* Stengelblätter eiförmig-lanzettlich oder selbst breit-eiförmig. So mit der Species bei Rattenberg von Fr. Längst gesammelt u. so auch hie u. da um Bozen (Hsm.). P. oblongata Schrad.

1289. b. *Pulmonaria mollis Wolf.* Vergl. p. 610. Im Gebiethe von Rattenberg mit P. angustifolia auf der Alpe Zerein und am Schlossberg (Lng.). Wir verglichen die Exemplare mit solchen, die wir aus Koch's Hand besitzen, müssen aber gestehen, dass die Worte Döll's (Rhein. Fl. p. 401): „Vielleicht nicht von P. angustifolia verschieden," bei uns vollen Anklang finden. Derselben Ansicht ist auch Neilreich, Flor. v. Wien Nachtr. p. 199, zieht aber zu P. angustifolia L. auch noch P. azurea als Varietät. Uebrigens dürfte P. mollis wohl weiter über Tirol verbreitet sein, namentlich um Klobenstein am Ritten vorkommen, wo wir jedoch immer nur mehr schon halbverdorrte Exemplare sammeln konnten.

1290. *Lithospermum officinale L.* Bozen: auf den Triften unter der Strasse ausser Siebenaich (Hsm.). Brixen in Auen (Schm.). Schwaz (Reis.).

1291. *L. purpureo-caeruleum L.* Val di Non (Sto.).

1292. *L. arvense L.* Rattenberg, gemein (Lng.); Schwaz (Reis.). Aecker bei Siebenaich (Hsm.).

1293. **L. graminifolium L.** Nach Ambrosi im benachbarten Bassanesischen.

1294. **Myosotis palustris With.** Rattenberg (Lng.). Schwaz (Reis.). —

Aendert ferner ab: β. *Rehsteineri*. Myosotis Rehsteineri Wartmann und Nägeli. Der ganz niedrige ½ — 1½ Zoll hohe Stengel dicht beblättert, die Blüthentrauben die Stengelblätter kaum überragend, Kelche nur sparsam behaart. Im Sande am Bodensee bei Rorschach u. Staad 1852 (Rehst.). Von dieser schönen Varietät erhielten wir schon früher durch Dr. Sauter Nachricht, sie kommt nach ihm bei Bregenz im Sande des Ufers vor, überzieht ganze Strecken u. bildet wunderliebliche Teppiche. Fast ganz kahl kommt übrigens auch die Species häufig um Bozen vor.

1295. **Myosotis caespitosa Schultz.** Die ächte Pflanze mit allen bei Koch angegebenen Merkmalen ist wenigstens im Gebiethe von Bozen sehr selten u. es gelang dem Verfasser erst im letzten Jahre eine solche bei Klobenstein am Ritten aufzufinden, während allda Zwischenformen sehr häufig auf Wiesen, an Teichen etc. vorkommen. Ueber die Unbeständigkeit der Merkmale derselben ersuchen wir Döll's rhein. Flor. p. 403 nachzulesen, u. Döll's u. anderer bewährter Männer Urtheile: dass M. palustris With. u. M. caespitosa Schultz. nur die Endglieder einer Art sind, können wir somit auch das unsere beifügen.

1296. **Myosotis sylvatica Hoffm.** Rattenberg (Lng.). Die Var.: β. alpestris allda auf Alpen (Lng.). Schwaz (Reis.); Alpspitz u. Schafreuter; Nonsberg (Lbd.). Eie Var.: γ. lactea am Schlern u. Duron (Lbd.).

Aendert ferner ab: δ. *pumila*. Stengel sehr kurz, so dass die Blüthentrauben die sehr grossen 2—3 Zoll langen Blätter kaum überragen, auch selbst kürzer als diese sind. So im Sommer 1852 in einem Grasgarten bei Klobenstein auf rasenlosem Boden unter Bäumen eine ganze Strecke überziehend (Hsm.). M. sylvatica ist auch 2jährig, was der Setzer im Manuscripte übersehen.

1297. **M. intermedia Link.** Rattenberg, gemein auf bebautem Boden (Lng.).

1298. **M. hispida Schlecht.** Brixen (Schm.).

1299. **M. stricta Link.** Sandige Stellen bei Brixen (Schm.).

1300. **Eritrichium nanum Schrad.** Fimberjoch an Felsen, Engadiner Gränze 8000' (Rehst.). Scheint am Schlerngipfel nun ausgerottet, wenigstens in den letzten Jahren allda nicht mehr gefunden worden zu sein. Mielichhofer's Standort: in der Fusch im angränzenden Salzburgischen ist nach einer brieflichen Mittheilung Sauter's unrichtig.

Nachträge: Solaneae.

LXXVII. SOLANEAE.

Lycium barbarum L. Innsbruck: häufig in Anlagen und Gärten; auch hie u. da wie verwildert, z. B. Hall gegen die Brücke (Hep.). Ebenso bei Lienz u. Bruneck (Hsm.).

1301. *Solanum villosum Lam.* Trient: gegen Civezzano (Lbd.).
1302. *S. miniatum Bernh.* Gemein um Trient (Vhw.)!
1303. *S. humile Bernh.* Civezzano, Doss Trent, Toblino, Riva, Torbole (Lbd.)!
1305. *S. Dulcamara L.* Rattenberg (Lng.). Schwaz (Reis.).

Nicandra physaloides Gärtn. An Düngerhaufen bei Brixlegg (Lng.).

1307. *Atropa Belladonna L.* Wälder ober Bludenz (Rehst.). Tratzberg (Huber)!
1308. *Hyoscyamus niger L.* An Häusern im Dorfe Kundl in Unterinnthal, sein Volksname ist: Wanderkraut (Lng.). Mittewald bei Brixen (Mss.). Trient, Riva, Condino, Ala (Lbd.). —
1309. *Datura Stramonium L.* Unterinnthal: häufig an Häusern im Dorfe Kundl u. an der Gränze Salzburgs (Lng.). Castelbell (Sto.), Eiers (Hep.). Deutschmetz, Roveredo (Lbd.). —

LXXVIII. VERBASCEAE.

1310. *Verbascum Schraderi Meyer.* Rattenberg (Lng.).
1311. *V. thapsiforme Schrad.* Feldkirch u. Rankweil (Rehst.). Rattenberg (Lng.).
1312. *V. phlomoides L.* Bozen, sehr selten bei Virgl gegen Haslach, in Seit (Vhw.). Riva u. Malcesine (Lbd.).
1316. *V. Lychnitis L.* Rattenberg (Lng.).
1317. *V. nigrum L.* Rattenberg, gemein (Lng.). Brixen (Mss.). Mag in Gärten 2jährig sein, in freier Natur, wenigstens wo die Pflanze auf Grasboden wächst, wie bei Lengmoos, ist sie mehrjährig.
1318. *V. orientale M. B.* Meran: Weg uach Vöran (Braitenberg), bei St. Peter, Kiechlberg etc. (Bmb.). Civezzano (Lbd.).
1321. *Scrophularia nodosa L.* Brixen (Gnd.).
1323. *S. canina L.* Zwischen Bozen u. Meran (Bischoff! Funk)! Tramin; bei Storo; bei Castelletto am Baldo (Lbd.).
1324. *S. Hoppii Koch.* Petersberger Läger gegen Joch Grimm (Thlr.). Am Eisack bei Brixen (Hfm.). Fassa: hinter Vigo u. von Canazei in Buchenstein (Sls.). Val di Non: sehr häufig bei Romen (Sto.). Campogrosso u. Revelta (Lbd.).
1325. *S. vernalis L.* Innsbruck: auch hinter dem Mauthgebäude (Zim.).

LXXIX. ANTIRRHINEAE.

1326. *Gratiola officinalis L.* Innsbruck: bei Völs (Hep.). Bozen: an einer Stelle im Griesner Gemeindemoos, geht auch in die Gebirge z. B. bei Fennberg (Hsm.). Am Montikler See (Vhw.). Lago di Toblino (Lbd.).

1327. *Digitalis grandiflora Lam.* An steinigen Abhängen bei Feldkirch u. Rankweil (Rehst.)! Rattenberg, gemein bis 4500′ (Lng.). Tratzberg (Huber)! Schwaz (Schm.). Graun in Vintschgau (Hutter). Weg vom Egger zum Vigilijoch (Hep.). In Rabbi (Psn.). Um Brixen, im Gebüsche im Thale u. auf den Voralpen (Hfm. Schm.), in Liisen (Gredler).

1329. *Antirrhinum majus L.* Bei Deutschmetz; am Ponale gegen Barcesine (Lbd.).

1330. *A. Orontium L.* Karneid bei Bozen (Psn.). Pressels bei Völs, Klausen (Wörndle)!

1331. *Linaria Cymbalaria L.* Ala, Riva, Ponale, Val di Ledro, am Idrosee an Mauern (Lbd.).

1331. b. *Linaria Elatine Mill.* Blätter zerstreut, ei-spiessförmig, die untern eiförmig; Stengel niedergestreckt, Sporn gerade; Blüthenstiele kahl.
Trient: auf Lehmäckern bei Povo (Vhw.).
Bl. weisslich, Oberlippe innen violett, Unterlippe schwefelgelb. Jul. — Oct. ☉.

1333. *L. minor L.* Rattenberg (Lng.).

1334. *L. alpina L.* In Pfitsch (Mss.).

1336. *L. vulgaris L.* Rattenberg (Lng.).

1337. *Erinus alpinus L.* Wurde nun von Pfarrer Hehsteiner auch auf tirolischem Boden aufgefunden u. zwar am 2. Juli 1852 an den Felsen bei Stuben am Arlberg gegen Thannheim. Wir verdanken ihm Exemplare von dem erwähnten Standorte.

1338. *Veronica scutellata L.* Rattenberg (Lng.). Lärch ober Karneid (Psn.). Bei Natz nächst Brixen u. am Vahrner See (Schm. Mss.). Montikler See (Sto.).

1339. *V. Anagallis L.* Schwaz (Reis.). Rattenberg (Lng.). Brixen (Schm.). Val di Non (Sto.).

1340. *V. Beccabunga L.* Rattenberg, gemein, u. noch häufig in den Sümpfen der Alpe Drausnitz (Lng.); Schwaz (Reis.).

1341. *V. urticifolia L.* Rattenberg, gemein, u. geht z. B. auf der Alpe Zerein bis 5000′ (Lng.); Schwaz (Reis.).

1342. *V. Chamaedrys L.* Rattenberg, gemein (Lng.).

1343. *V. montana L.* Tirol (Laicharding)!

1344. *V. officinalis L.* Rattenberg (Lng.); Schwaz (Reis.). Molveno; Predazzo (Lbd.).

1345. *V. aphylla L.* Arlberg- Fimber- u. Rhäticon - Alpen

Nachträge: Antirrhineae.

(Rehst.)! Gemein auf allen Alpen um Rattenberg (Lng.). In Schalders (Mss.). Von Canazei nach Buchenstein (Sls.). Alpe la Spora; ai Mugoni in Fassa (Lbd.).

1346. *V. prostrata L.* Rattenberg (Lng.). Meran (Bmb.)! Bei Landeck in Oberinnthal (Rchst.).

1347. *V. latifolia L.* Zirl (Reis.). Meran (Bmb.)! Karneid bei Bozen (Psn.), Deutschnofen (Sls.). Mals gegen Heid (Hep.). —

1349. *V. spicata L.* Meran, gemein (Bmb.)!

1350. *V. bellidioides L.* Tristenspitze, Widdersberger Horn etc. (Lng.). Fimberalpen, dann ober dem Lünersee in Montafon (Rehst.). In Schalders (Mss.). Canal di San Bovo; Rocca pagana in Rendena (Lbd.).

1351. *V. fruticulosa L.* Auf der Mendel bei Bozen auch mit weissen Blüthen (Hep.); Deutschnofen: am Wirthshause; in Buchenstein (Sls.); Tiers (Lbd.). Monte Baldo, Val dell'Artillon; Fassa (Lbd.) V. fruticulosa β. rosea Neilreich. Wir können Neilreich's Ansicht hier nicht beipflichten, schon der Wuchs ist bei beiden ein verschiedener u. dass V. saxatilis Kalkform und V. fruticulosa Schieferform sei, ist unrichtig, da im Gebiethe von Bozen gerade das Gegentheil stattfindet.

1352. *V. saxatilis Jacq.* Alpen um Rattenberg, z. B. Sonnenwendjoch (Lng.). Col di Lana (Sls.). — V. fruticulosa α. azurea Neilr.

1353. *V. alpina L.* Montafon: ober dem Lünersee; Fimberalpen in Paznaun (Rehst.). Bretterwand in Vilgraten (Gredler).

1354. *V. serpyllifolia L.* Vergl. p. 1065. Rattenberg (Lng.). Val di Non (Psn.). Bozen: selten an der Talfer (Hsm.); Altenburg, Matschatsch (Lbd.).

1355. *V. arvensis L.* Rattenberg (Lng.). Innsbruck: an Rainen ausser dem Ziegelstadel (Hep.).

1356. *V. verna L.* Tirol (Laicharding)!

Veronica peregrina L. Die untern Blätter verkehrt-eiförmig-länglich, schwach- u. wenig-gekerbt, die blüthenständigen linealisch-länglich, ganzrandig, alle in den Blattstiel keilig-verlaufend; Stengel u. Aeste reichblüthig, traubig-ährig; Blüthenstielchen aufrecht, kürzer als der Kelch; Kapsel zusammengedrückt, verkehrt-herzförmig, Griffel sehr kurz, so lang als die Spalte. — Nach Student v. Hepperger in Menge in den Gängen des Universitätsgarten in Innsbruck. Sonst auf deutschem Boden nur noch an cultivirten Orten bei Hamburg u. allda wohl ebenso nur verwildert. Wir führen diese Pflanze hier desshalb an, weil sie sich in kurzer Zeit auch über die benachbarten Gärten und Felder bei Innsbruck verbreiten dürfte, wie diess auch mit Oxalis stricta der Fall gewesen zu sein scheint. Apr. Mai. ☉.

1357. *V. triphyllos L.* Brixen (Schm.).
1358. *V. agrestis L.* Rattenberg (Lng.).
1361. *V. Buxbaumii Ten.* Rattenberg: auf Aeckern und an Wegen (Lng.). Eppan (Sto.).
1362. *V. hederaefolia L.* Brixen (Schm.).
1363. *Paedarota Bonarota L.* Uebergang von Buchenstein nach Ampezzo (Sls.). Am Peitler bei Brixen (Schm.). Mendel, Gantkofl, Latemar; Campogrosso, Pass Revelta; Mon maor des Baldo, Val d'Ampola, am Tognola in Nonsberg (Lbd.).
1364. *P. Ageria L.* Volte Feltrine all'aqua della Favra (Ambr.).
1365. *Limosella aquatica L.* Vintschgau: im Moose bei Naturns (Sto.). Im Juni u. Juli 1852 wieder sehr häufig im Wolfsgruber See (Vergl. Coleanthus subtilis).

Catalpa syringaefolia Sims. Vergl. p. 1065.

LXXX. OROBANCHEAE.

1366. *Orobanche cruenta Bertol.* Marano bei Roveredo; ober Toblino (Lbd.).
1370. *O. Epithymum De C.* Rattenberg (Lng.).
1371. *O. Galii Duby.* Meran (Bmb.)! Campitello in Fassa (Fcch.)! —
1372. *O. rubens Wallr.* Meran (Bmb.)!
1375. *O. lucorum A. Braun.* Meran (Bmb.)!
1376. b. *Orobanche loricata Reichenb.* Blättchen des Kelches 3—5nervig, 2theilig, so lang als die Röhre der Blumenkrone. Blumenkrone röhrig-glockig, auf dem Rücken gerade, an der Spitze vorwärts - gekrümmt, Lippen stumpfgezähnelt, die obere 2lappig mit abstehenden Lappen; Staubgefässe unter der Mitte der Röhre eingefügt, kahl, an der Basis spärlich-behaart.

Meran, am Kiechlberge und bei St. Peter auf Artemisia campestris (Bmb.). Auch werden, wie bereits p. 651 angedeutet worden, die Standorte von O. minor von Vintschgau hieher zu ziehen sein. In der Uebersicht p. 1263 für Tirol u. das deutsche Südtirol nachzutragen. Wir halten übrigens diese Art nur für eine Varietät von O. minor L.

O. Artemisiae Gaud. Narbe blass-purpurn. Jun. ♃.
1377. *O. minor Sutton.* Meran: auf einer Wiese bei Tirol (Bmb.)! β. bei Trient u. in Val di Ledro (Lbd.).
1377. b. *O. amethystea Thuill.* Vergl. p. 1065.
1378. *O. caerulea Vill.* Meran (Bmb.)! Trient: alle Laste, selten (Vhw.)! Bozen: auf Sandboden mit O. arenaria, aber viel seltener, ist p. 1263 für Bozen einzuschalten (Hsm.).
1379. *O. arenaria Borkh.* Brixen (Mss.). Paulsnerhöhle (Sto.). In der Sillschlucht bei Innsbruck 1852 von einem Studenten überbracht (Pichler).

Nachträge: Rhinanthaceae.

1380. *O. ramosa L.* Hanfäcker bei Kematen nächst Innsbruck im Juli 1852 (Zim.).
1381. *Lathraea Squamaria L.* Schloss Korb in Ueberetsch (Sto.). Um Rattenberg z. B. am Zimmermoosberge (Lng.). Montikler See u. im Brantenthale (Lbd.).

LXXXI. RHINANTHACEAE.

1382. *Tozzia alpina L.* Stallenthal bei Schwaz (Reis.). Tiers bei Bozen, an Alpenquellen (Lbd.).
1383. *Melampyrum cristatum L.* Ober Marano bei Roveredo; Arco u. Drò (Lbd.).
1384. *M. arvense L.* Brixen (Mss.).
1386. *M. pratense L.* Rattenberg (Lng.).
M. sylvaticum α. grandiflorum Neilr.
1387. *M. sylvaticum L.* Meran (Bmb.). Graun in Vintschgau (Hutter). Molveno (Lbd.). — M. sylvaticum β. parviflorum Neilr. Diese Art (nach Neilreich Varietät) soll in Unterösterreich bei 3000′ Vorige vertreten. Diess ist bei uns nicht der Fall, es kommen am Ritten bis 5000′ beide häufig vor — Diese nur in Wäldern, Vorige sowohl in Wäldern, vorzüglich an ihren Rändern, als auf Waldwiesen.
1388. *Pedicularis Jacquini Koch.* Vorarlberger - Alpen (Rehst.). Pfitsch (Mss.). Tognola in Nonsberg; Campogrosso und Pass Revelta; Alpen von Judicarien; Monte Baldo (Lbd.).
1389. *P. rostrata L.* Montafoner Alpen (Rehst.). Meraner Alpen (Bmb.). Reiterjoch (Vhw.).
1391. *P. Portenschlagii Saut.* Am Joche zwischen Ausserpfitsch u. Pfunders Anfangs September 1852 nur mehr einzeln blühend (Mss.). Die Blumenkronen sind nicht immer so lang als sie pag. 657 nach Bunge u. Exemplaren aus Steiermark angegeben wurden, sondern manchmal auch nur 1½ mal so lang als die Kelchröhre. Montagna di Denno, in der Schneeregion (Perini)!
1392. *P. fasciculata Bell.* Vergl. pag. 1065. Castellazzo; höchste Triften des Spinale (Perini)!
1393. *P. tuberosa L.* Fassal u. Arlberg (Rehst.)! Schiefergebirge bei Rattenberg (Lng.). Ziskelalpe ober Karneid (Psn.).
1394. *P. incarnata Jacq.* Hutzeljoch in Stubai (Hep. Glanz). Zirler-Alpen (Reis.).
1395. *P. palustris L.* Radfelder- u. Kundler Au bei Rattenberg (Lng.). Antholzer See (Gredler).
1396. *P. comosa L.* Vergl. p. 1065.

Nachträge: Rhinanthaceae.

1397. *P. foliosa L.* Häufig auf den Alpen u. Voralpen der Kalkgebirge um Rattenberg (Lng.). Am Schafreiter an der bairischen Gränze (Lbd.).

1397. b. *Pedicularis Hacquetii Graf.* Kelch glockig, halb-2spaltig, fast blumenscheidig, auf der vordern Seite zottig, 3—5zähnig, Zähne sehr kurz, 3eckig, der hintere ein wenig grösser; die längern Staubfäden an der Spitze dichtbärtig. Sonst wie P. foliosa L.
In Valsugana (Ambr.). — Ist in der Uebersicht unserer Flora pag. 1264 einzuschalten. Bl. schwefelgelb. ♃.

1398. *P. recutita L.* Triften der Alpen um Rattenberg, auf Kalk u. Schiefer (Lng.). Lampsenjoch bei Schwaz (Reis.). Peitler bei Brixen (Mss.). Kreuzberg (Sls.). Tiers, Laugenspitz, Duronthal; ober Spor maggior gegen die Alpe la Spora (Lbd.).

1399. *P. rosea Wulf.* Al Vajolo u. ai Mugoni in Fassa; am Tognola in Nonsberg (Lbd.).

1400. *P. versicolor Wahlenb.* Kugeljoch in Gschnitz (Zim.).

1402. *P. verticillata L.* Val di Non (Psn.).

1405. *Rhinanthus major L.* Rattenberg: auf Wiesen (Lng.). Schwaz (Reis.)!

1406. *R. alpinus β. angustifolius.* Schalders (Mss.). Sprons, Zil, Pfelders (Bmb.). Val di Lozem (Lbd.).

1407. *Bartsia alpina L.* Auf den meisten Vorarlberger Alpen (Rehst.)! Rattenberger- u. Schwazer-Alpen (Lng. Reis.). Helm (Gredler). Petersberg (Thl.). Tognola in Nonsberg (Lbd.). —

1408. *Euphrasia officinalis L.* Rattenberg di Var.: α. u. γ. (Lng.). —

1409. *E. minima Schleich.* Häufig auf den Vorarlberger Alpen (Rehst.)! Val di Lozem, am See von Calaita (Lbd.). In Pfitsch (Mss.). Graberberg bei Liisen nächst Brixen (Gredler).

1410. *E. salisburgensis Funk.* Wie Vorige (Rehst.)! Tristacher Wald (Gredler).

1411. *E. tricuspidata L.* Laimburg bei Kaltern (Lbd.). Häufig alle Ville am Gebirgsübergange von Salurn nach Lavis (A. Hsm.). Altenburg u. am Göller ober Tramin; Rocchetta, ober Toblin, Riva, Val di Ledro, Val di Rendena, ober Darzo (Lbd.).

1412. *E. Odontites L.* Rattenberg (Lng.). Vintschgau: bei Tartsch; Sigmundscroner Moeser bei Bozen (Hep.)!

1413. *E. serotina Lam.* Brixen (Mss.). Auer und Kalterer See (Lbd.).

1414. *E. lutea L.* Brixen (Mss.). Sigmundscroner Berg (Sto.).

LXXXII. LABIATAE.

1416. *Mentha sylvestris L.* Rattenberg, bis 4000' (Lng.).
1417. *M. piperita L.* Die bei Kufstein gefundene Pflanze gehört zu Koch's Var. *a.* Langii. Diese unterscheidet sich von der hie u. da in Apotheker-Gärten gepflanzten Var. *β.* officinalis nur durch die Behaarung, letztere ist kahl oder nur sparsam u. zerstreut-behaart. — Var. *γ.* crispa. Blätter eiförmig, blasig-runzelig, am Rande kraus u. eingeschnitten-gezähnt. Diese bei Neustift von Bachlechner, doch wohl nur als Gartenflüchtling, gefunden.
1418. *M. aquatica L.* San Marco bei Roveredo, bei Torbole (Lbd.).
1421. *M. arvensis L.* Rattenberg (Lng.). Brixen (Mss.). Var.: *β. parietariaefolia.* M. arvensis parietariaefolia Beck. Reichenb. flor. exc. pag. 306. Blätter rhombisch-lanzettlich, an der Basis keilförmig u. ganzrandig, gegen die Spitze zu gekerbt-gesägt. Diese im Moose bei Sigmundscron, 2—3 Fuss hoch (Hsm.).
1423. *Lycopus europaeus L.* Rattenberg, gemein bis an die Voralpen (Lng.).
1425. *Salvia glutinosa L.* Brixen: bei Albeins (Mss.).
1426. *S. Sclarea L.* Auf Mauern bei Ravina nächst Trient; in Vallarsa u. ausser der Gränze bei Recoaro (Lbd.).
1427. *S. pratensis L.* Rattenberg (Lng.).
1428. *S. verticillata L.* Ober Landeck am Fusswege nach Paznaun (Rehst.)! Bei Rattenberg bis 4000' ansteigend (Lng.). —
1429. *Origanum vulgare L.* Rattenberg, bis an die Voralpen (Lng.).
1430. *Thymus serpyllum L.* Rattenberg, bis in die Alpen (Lng.). Eine weissblüthige Spielart (Bl. zugleich 2—3mal kleiner) fand ich 1851 am Ritten (Hsm.). Brixen (Mss.).
1431. *T. pannonicus All.* Brixen (Mss.).
1433. *Satureja montana L.* Val di Vestino (Lbd.).
1434. *Calamintha Acinos Clairv.* Am Schlossberg bei Rattenberg (Lng.).
1435. *C. alpina Lam.* Bad Innichen (Sls.).
1436. *C. grandiflora Mönch.* Ober Molveno; Val di Ledro — d'Ampola — u. di Vestino; ober Castelletto am Gardasee; Val di Ronchi; Via Aviana am Baldo (Lbd.).
1438. *C. Nepeta Clairv.* Häufig bei Trient im Gerölle der Hügelregion (Perini)!

Nachträge: Labiatae.

1440. *Clinopodium vulgare L.* Rattenberg (Lng.).
1442. *Horminum pyrenaicum L.* Bocca di Brenta ober Molveno; Voralpen im südlichen Judicarien; am Campogrosso; mit weissen Blüthen auf Rocche dell'Alpo (Lbd.).
1444. *Nepeta Cataria L.* Landeck: am Fusswege nach Paznaun, im Gerölle (Rehst.)! Rattenberg (Lng.). Meran (Bmb.)!
1445. *N. nuda L.* Bei Assling in Pusterthal (Buchlechner), u. bei Thurn nächst Lienz (Gnd.).
1446. *Glechoma hederacea L.* Mit β. bei Rattenberg (Lng.).
1450. *Lamium Orvala L.* Bei Neumarkt gegen St. Florian (Grb.); Deutschmetz; Val di Ledro u. bei Ala (Lbd.).
1451. *L. amplexicaule L.* Schwaz (Reis.).
1452. *L. purpureum L.* Rattenberg (Lng.).
1453. *L. maculatum L.* Rattenberg (Lng.). Innsbruck: bei Ampass u. an der englischen Anlage (Zim.). Unterinnthal z. B. bei Rattenberg u. im Brixenthale häufig bis an die Voralpen (Hep.).
1454. *L. album L.* Rattenberg, noch an den Hütten der Pletzeralpe bei 4000' (Lng.).
1456. *Galeopsis Ladanum L.* Arco, Riva, Vallarsa, Val di Ledro (Lbd.). Die Var. γ. Meran auf Aeckern bei Tirol, Labers etc. (Bmb.).
1458. *G. Tetrahit L.* Rattenberg (Lng.).
1460. *G. versicolor Curtis.* Rattenberg (Lng.). Klausen (Hep.). Burgstall (Bmb.). Im Schatten, am Rande von Auen u. im Gebüsche gewachsene Exemplare haben breitere Blätter, wie die Pflanze überhaupt dann einen völlig andern Habitus annimmt, die Blumenkronen sind gewöhnlich 1färbig und kleiner. Solche Exemplare wurden auch schon für G. pubescens angesehen, von denen sie sich auch kaum anders als die Farbe der Bl. unterscheiden.
1462. *Stachys germanica L.* Eppan (Psn.). Wurde nach v. Hepperger von Zimmeter zwischen Hall u. Ampass gefunden.
1463. *S. alpina L.* Rattenberg (Lng.). Schrofenhütte bei Innsbruck (Glanz), Graun in Vintschgau (Hutter). Mendel (Grb.). Abstieg von der Seiseralpe nach Ratzes (Wörndle).
1466. *S. palustris L.* Vergl. p. 1066. Rattenberg (Lng.).
1469. *S. recta L.* Rattenberg (Lng.).
1470. *Betonica officinalis L.* Rattenberg (Lng.).
1472. *B. Alopecurus L.* Alleghe an der Gränze (Sls.).
1473. *Marrubium vulgare L.* Innsbruck: an der Kirchenmauer bei Ampass (Zim.)!
1475. *Leonurus Cardiaca L.* Selten in Hecken von Mün-

ster nach Jenbach (Lng.). Häufig im Zaune an einem Güterwege ausser Frangart gegen das Moos (Hsm.).
1476. *Scutellaria galericulata L.* Rattenberg: z. B. im Moose unter Freundsheim (Lng.). Meran: in der Au hinter Zenoberg (Braitenberg). Lago di Ledro, Val d' Ampola (Lbd.). —
1477. *Prunella vulgaris L.* Rattenberg (Lng.). Brixen (Mss.).
1480. *Ajuga reptans L.* Rattenberg, bis in die Alpen (Lng.). Die Var. β. auf der Rittneralpe, einmal auch ein Exempl. bei Runkelstein in der Wiese (Hsm.).
1481. *A. genevensis L.* Rattenberg (Lng.).
1482. *A. pyramidalis L.* Schwazeralpen (Reis.).
1483. *A. Chamaepitys Schreb.* Bozen, sehr zerstreut in den Weinbergen am Wege nach Kleinstein, bei St. Magdalena u. stellenweise häufig; Trient (Lbd.), ebenda gemein (Vhw.). Blüht bei Bozen schon gegen Ende April.
1485. *Teucrium Botrys L.* Im Sommer 1851 auf einem Acker bei Klobenstein ein einzelnes Exemplar (Hsm.).
1488. *T. montanum L.* Wird in mehreren Floren als Kalkpflanze bezeichnet, was sicher unrichtig ist. Um Bozen kommt diese Art massenhaft u. eben so häufig auf Porphyr als auf Kalk vor, ja überzieht im Sande der Kaiserau eine ganze Fläche. — Rattenberg, bis an die Voralpen (Lng.). Pfitsch (Mss.).

LXXXIII. VERBENACEAE.

1489. *Verbena officinalis L.* Rattenberg (Lng.).

LXXXIV. LENTIBULARIEAE.

1490. *Pinguicula alpina L.* Uebergang von Buchenstein nach Fassa u. Ampezzo (Sls.). Gantkofl bei Bozen (Sto.).
1491. *P. vulgaris L.* Im Unterainer Moose bei Bozen (Hsm.). Die Var.: β. grandiflora, gemein auf den Meraner Alpen (Bmb.). —
1492. *Utricularia vulgaris L.* Rattenberg (Lng.).
1494. *U. minor L.* Vergl. p. 1066. Rattenberg (Lng.).

LXXXV. PRIMULACEAE.

1497. *Lysimachia vulgaris L.* Rattenberg (Lng.). Meran: am Steige nach Schönna (Braitenberg).
1497. b. *Lysimachia punctata L.* Die Angabe Laicharding's, dass L. punctata in Tirol vorkomme, gewinnt nun an Wahrscheinlichkeit, da nach einer schriftlichen Mittheilung Dr. Sauter's selbe bei Salzburg in Auen, so wie auf Grasboden im Gebüsche der Kalkhügel nicht selten ist, u. es wäre selbe somit im Unterinnthale aufzusuchen. Vergl. p. 707.

Nachträge: Primulaceae.

1498. **L. Nummularia** *L.* Rattenberg: im Grase an den Gräben an der Stadt (Lng.).
1499. **L. nemorum** *L.* Tirol (Laicharding)! Innsbruck: nicht selten z. B. beim Husselhofe (Glanz), dann in der Klamm u. im Volderthale, bei den Nockhöfen, ober Arzl, zwischen Georgenberg u. Tratzberg (Hep.). Rattenberg: gemein an feuchten Wegen bis in die Voralpen (Lng.).
1500. **Anagallis arvensis** *L.* Rattenberg (Lng.).
1501. **A. caerulea** *Schreb.* Einzeln bei Tramin (Grb. Zal.). Völseraich; Trient: alle Laste (Vhw.)! Häufig mit A. arvensis auf Aeckern zu Berg bei Eppan (Sto.). Am Ponale (Lbd.).
1503. **Centunculus minimus** *L.* Am Ritten im Sommer 1852 sehr häufig u. weit verbreitet, auch am Wege vom Köhlenhofe (Kaiserauer) nach Sallrain, beim Buchner, bei Rappeshüchl gegen Wolfsgruben etc., muss nach längerm Regen im August gesucht werden, ausserdem sehr schwer aufzufinden (Hsm.). Deutschnofen: in einer Schaftränke bei Virgl (Vhw.)!
1504. **Androsace helvetica** *Gaud.* Bei der Pyramide an der Rafanspitze und an Felsen am wilden Unutz über 7000' (Lng.). Rosengarten, Lausakofl, ai Mugoni in Fassa (Lbd.).
1505. b. **Androsace Heerii** *Heyetschw.* Blätter dicht-dachig, lanzettlich, stumpf, von abstehenden einfachen u. gabeligen Haaren rauh; Blüthen einzeln fast sitzend oder auch gestielt, Kelchzipfel spitz, länger als die Blumenkronenröhre.

Auf der Kirschbaumeralpe bei Lienz zuerst von W. Hochstetter (1846) gefunden! Da H. für den Schönbrunner Garten-Director Herrn Schott, dem Monographen der Gattung: Primula, Alpenpflanzen sammelte, so dürfte an obiger Angabe rücksichtlich der richtigen Bestimmung nicht zu zweifeln sein. Androsace Heerii wird übrigens von Moritzi als blosse Form zu A. glacialis gezogen. Vergleiche: Nachträge zu den Gewährsmännern: Hochstetter.
1506. **A. glacialis** *Hop.* Fassalspitzen zwischen Paznaun und Arlberg (Rehst.). Schnalserjöchl (Bmh.). Timmljoch, Vernagt u. Hochjochferner (Lbd.).
1506. b. **Androsace Hausmanni** *Leybold* (in Flor. 1852 Nr. 26). Aeste sehr verkürzt, so dass die Rosetten einen kleinen kugeligen dichten Rasen bilden. Blätter nicht ausgebreitet, schmal-lanzettlich, gegen die Basis hin langverschmälert, graugrün. Den ästigen Haaren sind manchmal wenige einfache oder auch gegliederte drüsentragende eingemischt. Blüthen einzeln, fast sitzend oder sehr kurz gestielt, Kelchzipfel länger als die Röhre der Blumenkrone.

In Felsritzen und Gerölle der Federerköfel südlich vom Schlern 1851 von Fr. Leybold entdeckt, später allda und

Nachträge: Primulaceae.

am Joch Latemar auch vom Theologen Viehweider gefunden; an beiden Standorten auf Dolomit. Die kugeligen Rasen von höchstens Haselnuss-Grösse, die starren graugrünen, auffallend langgestreckten Blätter, die meistens zusammenschliessen, geben dieser Art (?) ein sehr auffallendes Aeussere u. sie steht jedenfalls auf gleicher Stufe mit A. Heerii. Mit A. Charpentieri Heer hat sie nach einem von Vulpius in der Schweiz gesammelten u. von Heer selbst bestimmten Exemplare nur die Behaarung gemein. Letztere steht der A. glacialis noch viel näher, ihre Blätter entbehren die von der Behaarung unabhängige graugrüne Färbung, sind nicht so starr, nicht so auffallend verlängert u. schliessen auch nicht kugelig zusammen, ihre Blüthenstiele sind sehr lang u. überragen die Blätter um ein Beträchtliches. Wenn A. Hausmanni so lange unbeobachtet geblieben, so ist der Grund davon unschwer in der grossen Schwierigkeit, jene Schluchten zu erklimmen, zu suchen. Bl. blass-rosenroth. Aug. ♃.

1508. *A. Chamaejasme Host.* An Felsen am wilden Unutz (Lng.). Schafreiter (Lbd.).

1509. *A. obtusifolia All.* Montafon: am Schweizer- u. Drusertbor (Rehst.). Sonnenwendjoch (Zim.). Graun in Vintschgau (Hutter). Von Canazei nach Buchenstein (Sls.). Vedretta di Molveno; Pass Revelta; Monte Baldo; am Ebréo in Judicarien (Lbd.).

1510. *A. lactea L.* Tirol (Laicharding)!

1511. *A. carnea L.* Koch gibt in seinem Taschenbuche pag. 712 die Angabe: Tirol mit ?. —

1514. *Aretia Vitaliana L.* Alpe Pfannes hinter Abtei (Mss.). Am Orto d'Abramo bei Trient (Lbd.).

1516. *Primula longiflora All.* Zilalpen, Lazins in Pfelders (Bmb.). Pfitsch (Mss.). Judicarien: Rocche dell'Alpo und am Ebréo (Lbd.).

1517. *P. acaulis Jacq.* Thaurer Klamm (Hep.). Häufig unweit des Schlosses Thaur bei Hall (Pichler)! Massenweise im sogenannten Holze bei Eppan (Sto.).

Aendert ab: β. *caulescens.* Schaft 2—3—vielblüthig. Bei Trient am Doss Trent 1853 (Vhw.)!

1518. *P. elatior Jacq.* Rattenberg, gemein bis 6000′ (Lng.).

1519. *P. officinalis Jacq.* Bei Feldkirch u. Nofels, die Bl. stets sehr wohlriechend (Rehst.)! Rattenberg, bis in die Alpen (Lng.). Wohlriechend fand ich sie bei Bozen nie, übrigens kann dieses wie bei P. elatior veränderlich sein oder auch von der Tageszeit abhängen, so wie der Geruch überhaupt etwas Subjectives ist.

1520. *P. Auricula L.* Kirschbaumeralpe (Grh.). Val d'Ampola; Rocca pagana; Val di Vestino (Lbd.).

β. *ciliata.* Col di Lana (Sls.).

Nachträge: Primulaceae.

1522. ***P. villosa Jacq.*** Ifinger (Vhw.). Penserjoch (Lbd.). Geht in Passeier am Schiessbüchl bei St. Leonhard u. von da bis Rabenstein ganz ins Thal herab u. blüht im Mai, u. kommt nicht selten auch mit weissen Bl. vor; der Volksmame ist: Steinröschen (Mayer). Bei Runkelstein im Thale von Fr. Leybold in eine sehr schattige u. kühle Schlucht gepflanzt blühte sie 1852 am 15. April. An Felswänden bei Neustift nächst Brixen bis fast ins Thal herabsteigend (Tschurtschenthaler).

1525. ***P. spectabilis Tratt.*** Synonyme: P. Polliniana Moretti. P. integrifolia u. carniolica Poll. P. calycina Duby. Bocca di Brenta bei Molveno; Campobruno, Pass Revelta; Gipfel des Baldo z. B. Dossioi etc., Voralpen des südlichen Judicarien (Lbd.).

1525. b. ***P. integrifolia L.*** Im vorarlberbischen obern Samina-Thale d. i. hinter Feldkirch u. gegen die Vadutzer Berge (Roja, 3 Schwestern) häufig (Rehst.). Der Standort: Grabsern (p. 718) soll heissen: Grabser-Alpe.

1526. ***P. glutinosa Wulf.*** Laugenspitze (Lbd.). Sarnerscharte (Psn.). Ifinger (Vhw.). Zanggen (Lbd.). Helm u. Bretterwand (Gredler).

1527. ***P. Allionii Lois.*** Vette di Feltre (Ambr.).

1528. ***P. Floerkeana Schrad.*** Zillerthaier Alpen (Mielichhofer)! Alpen in Pflersch, höchst sparsam, dann am Joche zwischen Pfunders u. Ausserpfitsch (Mss.). Alpen bei Sterzing (Liebl).

1529. ***P. minima L.*** Rattenberger Alpen (Lng.). Hohe Salve (Hep.). Joch Grimm (Psn.). Mit weissen Bl. sehr häufig am Radlsee bei Brixen (Mss.). Col di Lana (Sls.). Auf allen Alpen bei Meran (Bmb.).

1531. ***Cortusa Matthioli L.*** Farluiberg bei Graun in Vintschgau (Hutter).

1532. ***Soldanella alpina L.*** Joch Grimm (Psn.). Rattenberger Alpen u. Voralpen (Lng.).

S. alpina β. minor Neilr.

1532. b. ***S. montana Willd.*** Auf Alpen bei Trient (Perini)! Neilreich (Fl. v. Wien Nachtr. p. 217) sieht sie u. wohl mit Recht als Varietas major von S. alpina an.

1533. ***S. pusilla Baumg.*** Alpe Zerein, Sonnenwendjoch (Lng.). Pfitsch (Mss.). Von Canazei nach Buchenstein (Sls.). Vernagt- u. Hochjochferner (Lbd.).

1534. ***S. minima Hop.*** Toblacheralpen (Sls.). Am Tognola in Nonsberg (Lbd.). Vereiniget man S. alpina u. montana in eine Art, wie Neilreich es gethan, so muss dasselbe der Consequenz wegen auch mit S. minima u. pusilla geschehen.

1535. ***Cyclamen europaeum L.*** Ausser der Gränze Vorarlbergs: im Lichtensteinischen, dürfte auch bei Feldkirch sein (Rehst.).

1536. *Samolus Valerandi L.* Ist um Bozen ziemlich weit verbreitet, so auch an der Wasserleitung unter St. Magdalena, im Bachrunste ober Gries ober der 3ten Station, am Wasserfalle, im Moose bei Frangart, Curtatsch u. Tramin, Eppaner Moos (Hsm. Hep. Sls. Lbd. Sto.). Ponale am Gardasee, Val di Ledro alle Moline, Val di Vestino gegen Toscalano (Lbd.).

LXXXVI. GLOBULARIEAE.

1537. *Globularia vulgaris L.* Völs bei Bozen (Psn.). Hügel um Eppan (Sto.).

1538. *G. nudicaulis L.* Rosskopf, Sonnenwendjoch, Brandenbergermahd etc. 4—6000' (Lng.). Hutzeljoch in Gschnitz (Hep.). Monte Baldo: ober Aque negre, Campion und am Artillon (Lbd.).

1539. *G. cordifolia L.* Pfitsch u. Brixen (Mss.).

LXXXVII. PLUMBAGINEAE.

1540. *Statice alpina Hop.* Am Peitler bei Brixen (Schm.). Vedretta di Molveno, Nonsberger Seite (Lbd.).

S. elongata Hoffm. Vergl. p. 1066.

LXXXVIII. PLANTAGINEAE.

1542. *Plantago major L.* Rattenberg, bis an die Alpen (Lng.).

1543. *P. media L.* Rattenberg (Lng.).

1545. *P. lanceolata L.* Rattenberg (Lng.).

Var.: γ. *lanuginosa.* Blätter von langen abstehenden Haaren mehr o. weniger rauhhaarig. P. lanata Portenschl. Selten bei Klobenstein am Ritten (Hsm.).

1546. *P. Victorialis L.* P. sericea W. u. K. P. capitata Hop.

1547. *P. montana L.* Auf den Triften im Achenthale (Pichler)! Rattenberg: auf Kalkalpen z. B. Sonnenwendjoch, gemein (Lng.). Orto d'Abramo; Artilloncin (Lbd.).

1548. *P. alpina L.* Sonnenwendjoch, selten (Lng.).

1549. *P. maritima L.* Vergl. p. 1066. Meran (Bmb.)! Graun (Hutter). Vöran bei Meran (Braitenberg). Piller ober Wens, Laudeck, Prutz, Finstermünz und von Haid bis Naturns (Hep. Sls.).

Koch unterscheidet folgende Abarten:

α. *genuina.* P. Wulfeni Bernh. P. Wulfenii Willd. P. maritima Roth. Blätter kahl, ganzrandig. Diese die häufigste, z. B. in Vintschgau (Hsm.).

β. *dentata.* P. dentata Roth. P. bidentata Gaud. Blätter kahl, mit einigen linealischen verlängerten Zähnen. Diese seltener, mit α. z. B. bei Jenesien (Hsm.), Glaning (Lbd.).

γ. *ciliata.* P. aspera Gaud. P. alpina Sieb. P. serpentina Reichenb. Blätter fein borstig-gewimpert, ganzrandig oder mit einem oder andern Zahne, fast so häufig und mit α. Diese mit auffallend schmalen (nur ½ Linie breiten, dabei 5 Zoll langen) Blättern in Val di Vestino unter Turano (Lbd.).

1550. *P. serpentina Lam.* Bozen: bei Glaning; an der Rocchetta u. in Val di Ledro (Lbd.).

LXXXIX. AMARANTACEAE.

Amarantus L. Vergl. p. 1066.

1552. *A. sylvestris L.* Gratsch und Mais bei Meran (Bmb.). Weinberge bei Trient (Per.)!

1553. *A. Blitum L.* Bregenz (Sauter)!

1554. *A. retroflexus L.* Meran (Bmb.)!

1555. *A. hypochondriacus L.* Meran: Aecker der Höfe Freiberg (Braitenberg).

Gomphrena L. Vergl. p. 1066.

Celosia L. Vergl. p. 1066.

XCI. CHENOPODEAE.

1557. *Polycnemum arvense L.* In Tirol schon nach Laicharding! Bei Trient auf Aekern alle Laste, sowohl die Species (Deckblätter kaum so lang als das Perigon) als die Varietät (P. majus A. Br.) Deckblätter länger als das Perigon (Vhw.). —

1559. *Chenopodium hybridum L.* Meran (Bmb.)! Ladis (Hep.).

1561. *C. murale L.* Meran (Bmb.)!

1562. *C. album L.* Rattenberg (Bmb.)!

1565. *C. polyspermum L.* Rattenberg (Lng.). Meran: in Weinbergen (Hep.).

1566. *C. Vulvaria L.* Hall: gegen Heilig-Kreuz (Hep.). Trient: an Wegen ausser Porta d'Aquila (Vhw.). Bruneck, selten (Hsm.).

1567. *C. Botrys L.* Brixen (Schm.). Castelbell (Sto. Zal.).

1568. *Blitum capitatum L.* Tirol (Laicharding)!

1569. *B. virgatum L.* Bregenz: auf Gartenland (Sauter)! Vintschgau: am Wege bei Trafoi (Hutter). Gantkofl; Alpe la Spora in Nonsberg (Ldd.).

1570. *B. bonus Henricus L.* Rattenberg, bis in die Alpen (Lng.). Haunolt bei Innichen (Gredler).

1571. *B. rubrum Reichenb.* Meran (Bmb.)!

1572. *B. glaucum Koch.* Meran (Bmb.)! Brixen (Schm.). Schwaz (Reis.).

1573. *Atriplex patula L.* Rattenberg (Lng.).

XCII. POLYGONEAE.

1575. *Rumex conglomeratus Murr.* Rattenberg (Lng.); Stans (Reis.).
1578. *R. crispus L.* Rattenberg (Lng.); Schwaz (Reis.).
1579. *R. Patientia L.* Tirol (Löhr enum. p. 577)!
1581. *R. aquaticus L.* Rattenberg (Lng.).
1582. *R. alpinus L.* Arlberger- u. Montafoner Alpen; wird in den Bergdörfern Graubündten's gepflanzt, eingesotten u. mit Salz zur Schweinemast benützt (Rehst.)! Götzens (Hep.). Angerberg bei Rattenberg (Lng.). Im südlichen Judicarien (Lbd.). —
1583. *R. scutatus L.* Graun in Vintschgau (Hutter). Pfitsch (Mss.). —
1584. *Rumex nivalis Hegetschw.* Kalkalpen des höhern Arlbergs, gegen den kalten Berg u. Fassal hin (Rehst.).
1585. *R. arifolius All.* Nach Neilreich nur Varietät von R. Acetosa u. wohl mit Recht.
1586. *R. Acetosa L.* Rattenberg (Lng.).
1587. *R. Acetosella L.* Bei Bruck und Hard gemein (Lng.). Bärenbad bei Hall (Zim.). Schwaz (Reis.).
1588. *Oxyria digyna Campd.* Fimberthal-Alpen in Paznaun (Rehst.). Reichenfelder- und Kellerjoch (Lng.). Alpen in Schalders (Schm.). Am finstern Stern bei Sterzing (Liebl). Häufig am Schwarzhorn bei Bozen (Thl.). Ifinger (Vhw.). Bocca di Brenta: Vallarga am Baldo (Lbd.).
1589. *Polygonum Bistorta L.* Gemein auf Wiesen bei Strass, am Wirthshause in Brandenberg und Tiroler Wildalpen (Lng.). Schwaz (Reis.). Innsbruck: bei Götzens; Brixenthal, bei Hopfgarten; Nauders (Hep.).
1590. *P. viviparum L.* Rattenberg, vom Thale bis in die Alpen (Lng.).
1591. *P. amphybium L.* Gemein im Thale bei Rattenberg (Lng.). Naz bei Brixen (Schm.).
1593. *P. Persicaria L.* Brixen (Mss.).
1594. *P. mite Schrank.* Rattenberg (Lng.). Brixen (Hfm.).
1595. *P. Hydropiper L.* Rattenberg (Lng.). Brixen (Schm.).
1596. *P. minus L.* Brixen (Hfm.).
1598. *P. Convolvulus L.* Rattenberg (Lng.).
1599. *P. dumetorum L.* Zenoberg bei Meran (Braitenberg).
1600. *P. alpinum All.* In Vorarlberg nie gefunden, wohl aber im Dorfe Nufenen im schweizerischen Rheinwalde (Rehst.).
1601. *P. Fagopyrum L.* Im Gebiethe von Rattenberg nur bei Radfeld angebaut (Lng.).
1602. *P. tataricum L.* Aecker am Fusse des Ifinger (Vhw.).

XCIII. THYMELEAE.

1603. *Passerina annua Wickstr.* Aecker der Hügelregion um Trient (Vhw.).
1604. *Daphne Mezereum L.* Sehr sparsam bei Brixen (Mss.). Häufig um Rattenberg vom Thale bis in die Alpen (Lng.); Georgenberg (Reis.).
1606. *D. alpina L.* Tirol (Laicharding)!
1608. *D. striata Tratt.* Hochgerrach, Freschen u. Montafoner Alpen (Rehst.)! Sonnenwendjoch, Steinbergerjoch, am Schinter (Lng.). Hinter dem Rittner Horn (Grb.), also auch auf Porphyr, doch jedenfalls selten? An der Tognola in Nonsberg (Lbd.).
1609. b. *D. petraea Leybold* (in Flora 1853 p. 81). Blüthen endständig, büschelig, kurzgestielt, nebst den Deckblättern flaumig; Perigonzipfel rundlich, 4mal kürzer als die Röhre; Blätter linealisch-keilig, lederig-fleischig, am Rande wulstig verdickt, ohne Stachelspitze. — Von den Verwandten D. Cneorum u. D. striata durch die Blätter, welche bei beiden letztern am Rande nicht verdickt u. abgerundet, sondern schneidend scharf u. stachelspitzig sind, verschieden. Ausserdem durch den sehr niedrigen Wuchs u. das Starre u. Spröde aller Theile ausgezeichnet. — In Ritzen der Dolomitfelsen am Tombéa in Judicarien, Juli 1852 (Lbd.).

XCIV. LAURINEAE.

1610. *Laurus nobilis L.* Verwildert ober Gargnano am Gardasee (Lbd.). Blüht bei Bozen Anfangs Mai, in wärmern Jahrgängen auch schon Ende April.

XCV. SANTALACEAE.

1611. *Thesium montanum Ehrh.* Th. linophyllum α. majus Neilr. — Trient: Doss San Rocco; Darzo in Rendena (Lbd.).
1612. *T. intermedium Schrad.* Vergl. p. 1066. Val di Non, Weg von Fondo zur Mendel (Hep.). Meran (Bmb.). Brixen (Schm.). — T. linophyllum β. minus Neilr.
1613. *T. pratense Ehrh.* Innsbruck: gemein auf allen Wiesen des Mittelgebirges z. B. Götzens, Sistrans, Igels, am Rechenhof; Oberinnthal: bei Ladis u. Fiss (Hep.).
1614. *T. alpinum L.* Sonnenwendjoch, Brandenberger Mahd (Lng.). Ziskelalpe ober Karneid (Psn.), Kollern u. Eggenthal (Lbd.). Klobenstein: häufig auf einer Waldwiese am sogenannten Bäckersteige nächst Waidach (Hsm.). Alpe la Spora; am Ebréo (Lbd.).

XCVI. ELAEAGNEAE.

1616. *Hippophaë rhamnoides L.* Im Rheingeschiebe bei Feldkirch (Rehst.)! Meran (Bmb.). Rattenberg (Lng.).

Nachträge: Aristolochieae.

XCVII. ARISTOLOCHIEAE.

1616. b. *Aristolochia pallida W.* Vergl. p. 759. Diese Art, von der uns nur ein am nichttirolischen Baldo gesammeltes Exemplar vorliegt, wächst nach Reichenbach's Zeugnisse (Deutschl. Fl. Aristolochiaceae pag. 16 e in Tirol, Steiermark, der Lombardie und Venedig, nach Koch im Canton Tessin. —

1618. *Asarum europaeum L.* Rattenberg (Lng.).

XCVIII. EMPETREAE.

1619. *Empetrum nigrum L.* Arlberg ober Stuben (Rehst.)! Zanggen bei Bozen, Westseite desselben (Vhw.)!

XCIX. EUPHORBIACEAE.

1620. *Buxus sempervirens L.* α. arborescens. Trient: Monte dei Frati (Vhw.)!

1622. *Euphorbia platyphylla L.* Eppan (Psn.). Salurn (Grb.). Der Standort am Mannáhofe dürfte wegen Umlegung der Strasse zu streichen sein. Terlan, Frangart (Lbd. Vhw.). Cadin, Aichholz, Deutschmetz (Lbd.).

1624. *E. dulcis Jacq.* Tratzberg (Huber). Rattenberg (Lng.). Bei Ranzo im Sarcathale, bei Toblino (Lbd.).

1626. *E. carniolica Jacq.* Am Korer See, in Tiers; Val di Susana ober Predazzo; ober Spor maggior (Lbd.).

1627. *E. verrucosa Lam.* Weg von Jenbach nach Tratzberg, Juni 1852 (Hep.).

1629. *E. Gerardiana Jacq.* Meran (Bmb.)! Sehr gemein zwischen Schlanders u. Naturns (Hep.). Terlan, Pfatten, Deutschmetz (Lbd.).

1630. *E. amygdaloides L.* Arco (Glanz). Castell Corno bei Roveredo; alle Moline di San Lorenzo gegen Molveno (Lbd.). —

1631. b. *Euphorbia virgata W. K.* Drüsen 2hörnig, Knöpfe der Kapsel auf dem Rücken punctirt-rauh; Samen glatt; Blätter linealisch lanzettlich, von der Mitte nach der Spitze zu allmälig verschmälert, ganzrandig, kahl, glanzlos; Hüllchen rautenförmig oder fast 3eckig-eiförmig, breiter als lang, stumpf, stachelspitzig o. kurzzugespitzt; Wurzel hinabsteigend, vielköpfig.

Von Priester Joseph Huber am 30. September 1852 in einem Roggenacker bei Stans nächst Schwaz entdeckt, und allda wieder 1853 am Ackerraine am 30. Mai eben blühend u. in grösserer Anzahl gefunden, doch sonst nicht weiter verbreitet. Den genauen Standort glaubt man vor der Hand hier nicht preis geben zu sollen. Da diese Pflanze sonst im Gebiethe von Koch's Flora nur im Littorale, Oesterreich,

1482 Nachträge: Euphorbiaceae.

Steiermark, Mähren, Böhmen angegeben wird, u. ausserdem noch in Ungarn u. Siebenbürgen vorkommt u. somit eine südöstliche genannt werden muss, so gehört ihr Auftreten in Tirol zu den Auffallenheiten. Vielleicht ist sie durch Durchtrieb ungarischer Schafe eingeschleppt worden. In der Uebersicht pag. 1274 nachzutragen.

1633. *E. nicaeensis All.* Arco; Ala, Peri, Avio (Lbd.).
1634. *E. Peplus L.* Rattenberg, gemein (Lng.). Schwaz (Reis.).
1635. *E. falcata L.* Trient: Aecker bei Ravina (Lbd.).
1636. *E. exigua L.* Trient: Aecker am Fusse des Doss San Rocco (Vhw.).
1638. *Mercurialis perennis L.* Rattenberg, gemein bis in die Voralpen (Lng.). Viecht (Reis.).
1640. *M. annua L.* Innsbruck in Gärten (Zim.). Meran: in Weinbergen (Hep.).

C. URTICEAE.

1641. *Urtica urens L.* Trient (Per.)! Rattenberg (Lng.).
1642. *U. dioica L.* Rattenberg (Lng.). Trient (Per.). Geht an Heuschupfen u. Ställen bis in die Alpen z. B. Ritzner Schön (Hsm.), ebenso auf den Alpen um Roveredo u. Trient (Lbd.).
1643. *Parietaria erecta M. u. K.* Meran (Bmb.)! Am Fusse der Martinswand bei Innsbruck (Zim.).
1644. *P. diffusa M. u. K.* Meran (Bmb.)!
1646. *Humulus Lupulus L.* Gemein um Rattenberg u. Schwaz (Lng. Reis.).
1647. *Ficus Carica L.* Bei Brentonico (am nördlichen Abhange des Baldo u. nach Pollini 689 Meter — nach Trinker 2125 Wiener Fuss über das Meer) gedeiht nach einer Mittheilung des Med. Dr. Anton Ballista der Feigenbaum noch ganz gut, die Früchte reifen jedoch nur mehr selten, dasselbe ist mit Vitis vinifera allda der Fall. Morus alba dagegen wird allda allgemein gebaut u. benützt. In Vintschgau noch an Felsen bei Kastelbell (Hep.).
1650. *Celtis australis L.* Ein Sträuchchen in den Felsritzen am heissen Abhange des Pipperer bei Klobenstein bei 3500', wohl höchstes aber vereinzeltes Vorkommen (Hsm.).
1651. *Ulmus campestris L.* Brixen: an der Rienz (Schm.). Rattenberg, Kramsach (Lng.).

CI. JUGLANDEAE.

1653. *Juglans regia L.* Vomp u. Freundsberg (Reis.).

CII. CUPULIFERAE.

1654. *Fagus sylvatica L.* Rattenberg, bis wenigstens 4000' (Lng.). —

Nachträge: Cupuliferae.

1655. *Castanea vulgaris Lam.* Nach Trinker ist die oberste Gränze der Kastanien bei Jenesien nächst Bozen und bei Hafling nächst Meran 2623′ u. 2659 W. F. Bei Glaning (2700′ nach Oettl) sind die Kastanienbäume noch häufig, unter Siffian am Ritten (2960′ nach Oettl) gehen sie, wie wir p. 778 anführten, bis 2800′, wiewohl hier die Früchte nur mehr selten reifen.

1657. *Quercus pedunculata Ehrh.* Rattenberg, gemein (Lng.).

1658. *Q. pubescens Willd.* Latsch (Hep.).

1659. *Q. Cerris L.* Es wurde bereits p. 781 die Wahrscheinlichkeit der Verwechslung von dieser Art u. Q. sessiliflora angedeutet, da ein solcher Fall uns nun in jüngster Zeit wirklich vorkam, so wird darauf aufmerksam gemacht, dass sich Q. Cerris auch ohne die so charakteristischen Becherschuppen an den zahlreichen steifen bleibenden linealisch-pfriemlichen Knospenschuppen erkennen lässt.

1660. *Q. Ilex L.* Am Gardasee so hoch als der Weinbau gehend; Val di Ledro (Lbd.).

1661. *Corylus Avellana L.* Rattenberg (Lng.).

1663. *Ostrya carpinifolia Scop.* Meran, gemein (Bmb.).

CIII. SALICINEAE.

1664. *Salix pentandra L.* Lazins in Pflersch (Bmb.).

1667. *S. alba L.* Rattenberg (Lng.).

S. babylonica L. Bei Rattenberg an Kirchhöfen angepflanzt (Lng.).

1668. *S. amygdalina L.* Rattenberg (Lng.).

1669. *S. daphnoides Vill.* Rattenberg: am Inn (Lng.).

1671. *S. purpurea L.* Rattenberg (Lng.).

1676. *S. incana Schrank.* Rattenberg, gemein am Inn (Lng.).

1677. *S. cinerea L.* Rattenberg (Lng.).

1678. *S. nigricans Fries.* Rattenberg, sehr gemein (Lng.).

1679. *S. grandifolia Sering.* Rattenberg (Lng.).

1680. *S. Caprea L.* Rattenberg (Lng.).

1681. *S. aurita L.* Rattenberg (Lng.).

1682. *S. glabra Scop.* Sonnenwendjoch, Rosskopf (Lng.). Kreuzberg (Sls.).

1684. *S. hastata L.* Sonnenwendjoch (Lng.). Lazinser Alpe in Pflersch (Bmb.). Saileberg bei Innsbruck (Hep.).

1687. *S. repens L.* Gemein im Moosenthale bei Rattenberg (Lng.). —

1690. *S. arbuscula L.* Sonnenwendjoch, Unutz (Lng.). Buchenstein, Ampezzo (Sls.). Hohe Salve; Hutzeljoch in Gschnitz (Hep.). Gantkofl; an der Tognola in Nonsberg (Lbd.). —

1691. *S. Lapponum L.* Tiers u. Kollern (Lbd.).
1694. *S. Myrsinites L.* Var. γ. am Uebergange von Buchenstein nach Cortina (Sls.). Tognola in Nonsberg (Lbd.).
1695. *S. reticulata L.* Arlberger Alpen, Lüneregg in Montafon (Rehst.). Sonnenwendjoch, wilder Unulz (Lng.). Bocca di Brenta (Lbd.).
1696. *S. retusa L.* β. *minor.* Am Peitler bei Brixen (Schm.). Sonnenwendjoch mit der Species (Lng.). Vedretta di Molveno (Lbd.).
1700. *Populus tremula L.* Kropfsberg (Lng.).
1701. *P. nigra L.* Rattenberg, gemein an Ufern (Lng.). Rothholz (Reis.).

CIV. BETULINEAE.

1702. *Betula alba L.* Rattenberg, gemein (Lng.).
1703. *B. pubescens Ehrh.* Deutschnofen (Vbw.).
1706. *Alnus viridis De C.* Rattenberger Alpen (Lng.). An der Rienz bei Brixen (Schm.).
1707. *A. incana De C.* Rattenberg (Lng.).
1708. *A. glutinosa Gärtn.* Rattenberg (Lng.).

CV. CONIFERAE.

1709. *Ephedra distachya L.* Vergl. p. 1067.
1710. *Taxus baccata L.* Auf dem Fern, bei den Seen (Reis.). Rattenberg: am Stadtberge u. im Moosenthale (Lng.)! In Tiers; Prà della Vacca (Lbd.).
1711. *Juniperus nana Willd.* Sonnenwendjoch (Lng.). Zanggen bei Bozen (Thl.). Am Timml, Oetzthaler Seite; Laugenspitz in Ulten, Reiterjoch (Lbd.).
1712. *J. communis L.* Schwaz (Reis.)!
1715. *Pinus sylvestris L.* Rattenberg, gemein bis an die Alpen (Lng.).
1716. *P. Mughus Scop. Var.* β. Ein einzelner Strauch auf der Spitze des Rittner Horn bei 7500′ (Hsm.). Rattenberg, auf Alpen bis 6500′ (Lng.). Laugenspitz; Nonsberg u. in Primiero (Lbd.).
1719. *P. Cembra L.* Rattenberg: selten am Wege vom Rosskopf nach Steinberg (Lng.). Im Schnalserthal bei Kurzraas; Reiterjoch (Lbd.).
1720. *P. Larix L.* Rattenberg, gemein bis 6000′, allwo jedoch dann nur mehr krüppelhaft (Lng.).
1722. *P. Abies L.* Rattenberg, bis in die Alpen (Lng.).,

CVI. HYDROCHARIDEAE.

1723. *Vallisneria spiralis L.* Riva; häufig am Ufer zwischen Potamogeton densus, dann bei Ponale u. Limone etc. (Lbd.).

Nachträge: Alismaceae.

1724. *Hydrocharis morsus ranae L.* Roveredo: Gräben an der Etsch (Lbd.).

CVII. ALISMACEAE.

1725. *Alisma Plantago L.* Vergl. p. 1067. Feldkirch (Rehst.). Brixen (Mss.). Rattenberg (Lng.). Schwaz (Reis.).

1725. b. *Alisma parnassifolium L.* Schaft quirlig - traubig oder an der Basis fast rispig; Früchtchen verkehrt-eiförmig, an der Spitze aussen gerundet, inwendig begrannt, vielstreifig; Blätter tief-herzförmig, ziemlich stumpf.

Im Porzengraben bei Salurn Hälfte Juni 1852 von Herrn Leybold u. meinem Bruder Anton entdeckt. Der Standort ist nur zu Schiffe zugänglich. Die Blätter schwimmen und ihre Blattstiele u. Schafte erreichen eine Länge von 2—3'.
Jun. Jul. ♃.

CVIII. BUTOMEAE.

1727. *Butomus umbellatus L.* Pfatten, Aichholz u. Deutschmetz (Lbd.).

CIX. JUNCAGINEAE.

1728. *Scheuchzeria palustris L.* Rattenberg: häufig auf den feuchten Wiesen bei Voldöpp (Lng.). Deutschnofen (Vhw.)!
1729. *Triglochin palustre L.* Vorarlberg: bei Lustenau (Rehst.)! Schwaz (Reis.). Geht bis an die Rittneralpe auf der Schön bei 5400' (Hsm.). Meran (Bmb.).

CX. POTAMEAE.

1730. *Potamogeton natans L.* Im Gardasee (Lbd.).
1732. *P. rufescens Schrad.* Im Traminer Moose (Lbd.)! Ist in der Uebersicht p. 1278 für Bozen nachzutragen.
1732. b. *P. Hornemanni Meyer.* Im Moose am Kalterer See (Lbd.).
1733. *P. gramineus L.*

a. graminifolius. Nazerleich bei Brixen (Schm.). Mit β. im Völserteich (Vhw.). Im Holze bei Eppan mit β. (Sto.). —

β. *heterophyllus.* In einem Teiche bei Völs am Fusse des Schlern (Wörndle).

1734. *P. lucens L.* Vintschgau bei Gramm (Hutter).
1735. *P. perfoliatus L.* Rattenberg: Teiche im Moosenthal (Lng.). —
1738. *P. pusillus L.* In Gräben bei Reith (Reis.). Curtinig bei Salurn (A. Hsm.). Brixen: im Teiche bei Naz (Schm.). Panzendorf bei Sillian (Gredler).
1740. *P. pectinatus L.* Innsbruck: ausser Amras, Haller-Au (Hep.). Rattenberg (Lng.). Malserheide (Sls.).

Die Exemplare vom Gardasee, wo sie auch Hr. Leybold sammelte, sind sehr gross, die untern Blätter haben bis 2 Zoll lange breithäutige Scheiden (P. dichotomus Wallr.?). Die Varietas: *scoparius Wallr.* mit genäherten büschelartig stehenden obern Blättern ist in Tirol noch nicht beobachtet, fehlt aber sicherlich nicht.

1741. *P. marinus L.* Sümpfe der Seiseralpe (Grb.). Reschen See in Vintschgau (Hep.).
1742. *P. densus L.* Gräben bei Arco u. im Gardasee (Lbd.).
1743. *Zannichellia palustris L.* Vergl. p. 1067.

CXI. NAJADEAE.

1745. *Najas minor L.* In Gräben bei Curtinig nächst Salurn (Med. Dr. Profanter).

CXII. LEMNACEAE.

1746. *Lemna trisulca L.* Gräben bei Feldkirch und Rankweil (Rehst.)!
1747. *L. polyrrhiza L.* Torbole (Per.)!
1748. *L. minor L.* Bei Riva (Lbd.).

CXIII. TYPHACEAE.

1749. *Typha latifolia L.* Sümpfe am Rhein gegen Ems und Götzis (Rehst.)!
1750. *T. angustifolia L.* Gräben u. Teiche bei Rattenberg (Lng.). —
1751. *T. minima L.* Bodenseer-Ried z. B. bei Gaissau (Rehst.)! Schwaz: am Inn (Reis.).
1752. *Sparganium ramosum Huds.* Rattenberg (Lng.). Schlitters (Reis.).
1753. *S. simplex Huds.* Rheinsümpfe bei Götzis u. Hohenems (Rehst.). Rattenberg (Lng.). Naz bei Brixen (Schm.).
1754. *S. natans L.* Rheinsümpfe bei Götzis etc.; Moosenthal bei Rattenberg (Lng.). Deutschnofen am Wege zum Laab (Vhw.). —

CXIV. AROIDEAE.

1755. *Arum maculatum L.* In der Clus bei Feldkirch (Rehst.)!
1758. *Acorus Calamus L.* Leiblfingen: in Giessen (Reis.).

CXV. ORCHIDEAE.

1759. *Orchis fusca Jacq.* Waldwiesen ober Rankweil, bei Obersaxen (Rehst.).
1760. *O. militaris L.* Nofels, Feldkirch (Rehst..). Rattenberg (Lng.). Schwaz (Reis.). Neustift bei Brixen (Gnd.). — Mit weissen Blüthen bei Tratzberg (Huber)!
1761. *O. Simia Lam.* Vergl. pag. 1067. Trient: auf fetten Triften bei Povo u. Oltrecastello (Perini)!

Nachträge: Orchideae.

1762. *O. variegata All.* Altenburg bei Kaltern, Pardonig, Gail, Cadin, immer einzeln (Lbd.). Trient, Roveredo (Fcch.)!
1763. *O. ustulata L.* Kugel ober Fraxern" (Zollikofer)! Rattenberg (Lng.). Tratzberg (Reis.). Beim vorarlbergischen Standorte p. 833 soll statt: Güttiserberg stehen: Gürtiserberg. Bergwiesen bei Brixen (Gnd.). Val di Non (Sto.).
1764. *O. coriophora L.* Graun (Hutter). Terfens (Reis.).
1765. *O. globosa L.* Arlberg ober Stuben, Hochgerrach (Rehst.)! Am Baldo, in Primiero u. Judicarien (Lbd.).
1766. *O. Morio L.* Hügel bei Rattenberg (Lng.). Vomp und Stans (Reis.).
1767. *O. Spitzelii Saut.* Am Monte Baldo auf Bergwiesen zu Ende des Frühlings blühend (Reichenb. Deutschl. Flora)! An kurzberasten Felsstellen des Baldo unter der Colma di Malcesine (Lbd.).
1767. b. *O. pallens L.* Innsbruck: selten ober Hötting gegen die Alpe (Hep.). Vergl. ferner p. 1067.
1768. *O. mascula L.* Waldweiden ober Rankweil (Rehst.)! Reith (Reis.). Rattenberg · Alpe Zerein, Brandenberger Mahd etc. (Lng.). Graun (Hutter). Petersberg, Villanderer-Alpe (Thl. Vhw.).
1769. *O. sambucina L.* Innsbruck: bei Igels (Stud. v. Walter).
1769. b. *O. laxiflora Lam.* Vergl. p. 1068.
1770. *O. maculata L.* Rankweil, Bludenz (Rehst.)! Rattenberg (Lng.). Schalders bei Brixen (Mss.).
1771. *O. latifolia L.* Rattenberg, auf Waldwiesen (Lng.).
1772. *O. incarnata L.* Seefeld (Reis.). Brixen (Mss. Gnd.). Val di Non (Sto.).
1774. *O. pyramidalis L.* Tirol (Laicharding)! Unweit Feldkirch gegen das Lichtensteinische (Rehst.)! Castell Toblino; Riva; Castell Corno; Ala; Val di Ledro und Val di Vestino (Lbd.).
1775. **Gymnadenia Conopsea R. Br.** Alpen bei Rattenberg (Lng.), u. Schwaz (Reis.). Tratzberg (Huber)! Graun (Hutter)! Campogrosso (Lbd.).
1776. *G. odoratissima Rich.* Vergl. p. 1068. Arlberg, Hochgerrach (Rehst.)! Sonnenwendjoch (Lng.) Schwazeralpen (Reis.). Tratzberg (Huber)! Bei Tret u. San Felice, auch mit schneeweissen Bl. (Lbd.).
1777. *G. albida Rich.* Montafon, Arlberg, Rhätikon (Rehst.). Alpen u. Voralpen bei Rattenberg (Lng.). Helm in Pusterthal (Gredler). Campogrosso; ober Molveno; am Baldo (Lbd.). —
1778. **Himantoglossum hircinum Rich.** Tirol (Laicharding)!
1779. **Coëloglossum viride Hartm.** Arlberg, Montafoneralpen

(Rehst.). Stallenthalalpe bei Schwaz (Reis.). Sonnenwendjoch u. Wildalpen an der bairischen Gränze (Lng.). Bergwiesen in Kreit gegen Stubai (Zim.). Nauders (Vhw.). Mendel, Perdonig, Kollern; am Bondone; ober Molveno; Canal di San Bovo (Lbd.).

1780. *Platanthera bifolia Rich.* Brand- u. Rellthal bei Bludenz (Rehst.)! Rattenberg (Lng.). Schwaz (Reis.). Judicarien u. am Baldo (Lbd.).

1781. *P. chlorantha Cust.* Vergl. p. 1068. Innsbruck (Glanz). Tratzberg (Huber)! Sonder Zweifel auch im Gebiethe von Bozen, ich konnte jedoch bisher nur verblühte, also nicht mit Sicherheit bestimmbare Exempl. von da erhalten (Hsm.).

1782. *Nigritella angustifolia Rich.* Vergl. p. 1068. Zürseralpen, Montafon (Rehst.)! Ober Condino in Rendena, am Baldo; Val di Lozem u. ober Predazzo (Lbd.).

1783. *N. suaveolens Koch.* Vergl. p. 1068.

1784. *Ophrys muscifera Huds.* Laternser Alpe ober Rankweil (Rehst.)! Rattenberg: am Angerberg, Schreier-Alpe (Lng.). Viecht (Reis.). Tratzberg (Huber)! Pressels bei Völs (Wörndle). Bergwiesen bei Sistrans (Zim.). Mendelwiesen (Sto.).

1785. *O. aranifera Huds.* Selten in der benachbarten Schweiz bei Eichberg; ober Rankweil in Vorarlberg (Rehst.)! Am Gardasee an der Gränze (Joseph Maier).

1786. *O. Arachnites Reichb.* Vergl. p. 1068.

1787. *O. apifera Huds.* Schloss Arco (Glanz). Bozen: Anfangs Juni 1853 im Gebüsche bei Ceslar (Zini. Sto.), in der Folge nicht ferne vom besagten Standorte auch von mir gefunden u. scheint sich auf jenen heissen Abhängen nur in so Pflanzen günstigen feuchten Jahren wie 1853 gehörig zu entfalten, u. desswegen so lange u. gerade an der durchforschtesten u. besuchtesten Stelle der Umgebung Bozens unentdeckt geblieben zu sein (Hsm.). Am Wege von Schloss Rafenstein nach St. Georg an der ersten Quelle (Sls.). Beim Schlosse Boimont in Ueberetsch Hälfte Juni 1853, unter Wachholder-Gebüsch (Lbd.). — Ist in der Uebersicht pag. 1280 für Bozen u. das deutsche Südtirol nachzutragen.

1788. *Chamaeorchis alpina Rich.* Vergl. p. 1068. Rhätikon-Alpen; Lüneregg, Schweizerthor (Rehst.)! Tirol (Laicharding)! Alpspitze; Joch Latemar (Lbd.).

1789. *Herminium Monorchis R. Br.* Vergl. p. 1069. Rankweil; im Rheinthale (Rehst.)! Rattenberg, bis in die Alpen (Lng.). Vahrn bei Brixen (Mss.). Deutschnofen (Vhw.). Pardonig; Val di Ledro, Vallarsa, Val di Vestino (Lbd.).

1791. *Epipogium Gmelini Rich.* Vergl. p. 1069.

1792. *Limodorum abortivum Sw.* Bozen: häufig am Wege

Nachträge: Orchideae.

von Schloss Rafenstein nach St. Georg (Sls.). Häufig am Oberbozner Berge; bei Matschatsch, Altenburg, ober Leifers, Greifenstein (Lbd.). Vintschgau: an Felsen bei Castelbell (Hep.). Schlanders, gegen Naturns (Sls.). Meran (Bmb.)! Doss San Rocco, Castel Corno u. Ponale (Lbd.). Trient: an der Fersina u. Buco di Vela (Vhw.)!

1793. *Cephalanthera pallens Rich.* Tratzberg (Huber)!
1794. *C. ensifolia Rich.* Feldkirch, Rankweil (Rehst.)! Tratzberg (Huber). Cadin; Doss San Rocco (Lbd.).
1795. *C. rubra Rich.* Hinter Bludenz gegen Schruns (Rehst.)! Viecht: am Kanzele (Reis.). Tratzberg (Huber). Matschatsch an der Mendel; Val di Non (Sto.). Steinegg, Missian; Toblino (Lbd.).
1796. *Epipactis latifolia All.* Vergl. pag. 1069. Rattenberg (Lng.).
1797. *E. atrorubens Gaud.* Tratzberg (Huber). Tristach (Gredler).
1798. *E. palustris Crantz.* Feldkirch (Rehst.). Brandenberg, Moosenthal (Lng.). Brixen (Mss.).
1799. *Listera ovata R. Br.* Rattenberg, gemein bis an die Alpen (Lng.); Viecht (Reis.).
1800. *L. cordata R. Br.* Rattenberg, häufig in den dunkeln Wäldern gegen das Sonnenwendjoch (Lng.). Bad Maistatt (Hsm.).
1801. *Neottia nidus avis Rich.* Rattenberg, in Wäldern (Lng.). Tratzberg (Huber)! Viecht (Reis.). Eppan (Sto.).
1802. *Goodyera repens R. Br.* Wälder ober Laterns (Rehst.)! Im Walde hinter Mariathal u. Brandenberg. am Sonnenwendjoch bis 5000' (Lng.). Oberbozen am neuen Wege bei Maria Schnee (Sls.). St. Veit in Prax (Hsm.).
1803. *Spiranthes aestivalis Rich.* Am Kalterer See (Vhw.).
1804. *S. autumnalis Rich.* Tirol (Laicharding)!
1805. *Corallorrhiza innata R. Br.* Bergwälder ober Eichberg im schweizerischen Rheinthale (Rehst.)! Innsbruck: in Kreit, ober Natters, Pletschenthal in der Klamm, in der Petnau (Zim.).
1806. *Sturmia Loeselii Reichenb.* Rattenberg: Wiesen im Moosenthale (Lng.). Innsbruck: zwischen Judenstein und Aldrans (Glanz). Tirol, schon nach Laicharding! Bozen: häufig im Moose bei Frangart auf das Wasser überragenden Stellen (Grb.).
1807. *Malaxis monophyllos Sw.* Häufig in feuchten Waldungen bei Kramsach, auch 2blättrig (Lng.). Innsbruck: Spitzbüchl bei Mühlau, schwer zu finden; von den Zirler Mähdern gegen Zirl (Zim.).
1809. *Cypripedium Calceolus L.* Viecht bei Schwaz (Reis.). Campil in Abtei (Mss.). Ober Molveno gegen Bocca di Brenta, am Baldo, Voralpenthäler in Judicarien (Lbd.).

CXVI. IRIDEAE.

1810. *Crocus vernus All.* Rattenberg, bis 6000′ (Lng.). Schwaz (Reis.).

1812. *Gladiolus palustris Gaud.* Der schon pag. 858 angegebene Umstand, dass G. communis in den Gärten gar keine oder nur sehr wenige vollkommene Samen trägt, G. palustris dagegen im Freien eine von Samen vollgepfropfte Kapsel hat, dürfte auf die von Koch angegebene u. auch von uns durch Jahre beobachtete Form der Kapsel wesentlichen Einfluss haben u. unsere Ansicht, dass beide nur eine Art bilden, unterstützen. — Val di Vestino (Lbd.).

1817. *I. Pseudacorus L.* Riedsümpfe des ganzen Rheinthales (Rehst.)! Maria-Stein in Unterinnthal (Reis.). Sehr häufig in einem Graben bei Strass (Lng.).

1818. *I. sibirica L.* Im Rhein - Ried, Hohenems gegenüber (Rehst.)! Oberbozen, östlich von Maria Schnee (Sls.).

1819. *I. graminea L.* Ausser der Gränze am Tomatico (Ambr.).

CXVII. AMARYLLIDEAE.

Agave americana L. Vergl. p. 1069.

1820. *Narcissus poeticus L.* Mit den 4 folgenden auf Ceslar bei Bozen (Grb.). Josephsberg bei Meran (Bmb.). Eppan, häufig verwildert (Sto.).

1821. *N. biflorus L.* Eppan, auf den Wiesen der Kapuziner (Sto.).

1822. *N. incomparabilis Mill.* Bei Eppan, einfach und gefüllt (Sto.).

1823. *N. Pseudo-Narcissus L.* Verwildert bei Eppan (Sto.). Nach v. Heppergers bei Innsbruck ober Hötting verwildert! In Obstgärten und Wiesen bei Vomp, Staus und Terfens (Reis.). In Tirol schon von Laicharding angeführt!

1824. *Leucojum vernum L.* Rattenberg, gemein (Lng.). Unter den von Längst mitgetheilten Exemplaren befindet sich auch ein 2blüthiges, die Bl. sind um die Hälfte kleiner, die Pistille schmäler, obwohl nicht so schmal als bei L. aestivum Sollte wirklich L. vernum unter gewissen Umständen mehrblüthig werden u. in L. aestivum übergehen? Wir empfehlen Herrn Längst Beobachtungen hierüber an Ort u. Stelle; 1853 sammelte auch Herr Fr. Leybold bei Bozen ein 2blüthiges Exemplar.

CXVIII. ASPARAGEAE.

1826. *Asparagus officinalis L.* Meran (Bmb.).

1829. *Streptopus amplexifolius De C.* Schwaz, Staus, am Ranggen (Reis.). Langfall in Sprons; ober Schönna bei Meran (Bmb.).

Nachträge: Asparageae.

1830. *Paris quadrifolia L.* Schwaz im Buchergraben (Reis.).
Rattenberg, gemein (Lng.). Schalders und Pfitsch (Mss.).
Eppan, bis auf die Mendel (Sto.). Bozen: an einer einzigen
Stelle der Kaiserau im dichten Gebüsche 1853 Anfangs Mai
eben blühend (Hsm.).
1831. *Convallaria verticillata L.* Satteins u. ober Rankweil
(Rehst.)! Rattenberg, gemein (Lng.). Viecht, bei Ranggen
(Reis.). Schalders (Gnd.). Gantkofl (Sto.).
1832. *C. Polygonatum L.* Schwaz, Rattenberg (Reis. Lng.).
1833. *C. multiflora L.* Vergl. pag. 1069. Rankweil gegen
Laterns (Rehst.)! Rattenberg, häufig wie C. Polygonatum
(Lng.). Schwaz (Reis.).
1834. *C. majalis L.* Viecht: im Kanzele (Reis.). In der Gant
bei Eppan (Sto.).
1835. *Majanthemum bifolium De C.* Rattenberg, gemein
(Lng.). Schwaz (Reis.).

CXIX. DIOSCOREAE.

1837. *Tamus communis L.* Rheinthal: bei Altstätten (Rehst.)!
Gemein um Eppan (Sto.).

CXX. LILIACEAE.

540. b. *Tulipa L.* Tulpe.

1837. b. *Tulipa sylvestris L.* Vergl. p. 872. Im Kapuziner
Grasgarten in Innsbruck wirklich in grosser Menge (Hep.).
Im Wiesboden des Franziskanergartens in Schwaz (Reis.).
Von Fr. Leybold u. mir zur versuchsweisen Verwilderung
an verschiedenen Orten bei Bozen 1852 angepflanzt (Hsm.).
1839. *Lilium bulbiferum L.* Vorarlberg: ober Rankweil
(Rehst.). Leiblfingen (Reis.). Nauders (Baselli)!
1840. *L. Martagon L.* Montafon, Laterns (Rehst.). Rattenberg, gemein vom Thale bis 5000' (Lng.). Haller Salzberg,
Schwaz (Reis.). Tratzberg (Huber)! Malschatsch an der
Mendel (Sto.).
1841. *Lloydia serotina Salisb.* Rhätikon: ober dem Lüner-See, Schweizerthor, in Felsspalten u. Polstern von Azalea
procumbens (Rehst.)! Ifinger (Vhw.). Nonsberg an der
Tognola (Lbd.).
1844. *Anthericum Liliago L.* Arlberg - Wiesen, Montafon
(Rehst.)! Tratzberg (Huber). Meran (Bmh.).
1845. *A. ramosum L.* Tratzberg (Huber)! Meran (Braitenberg).
1846. *Paradisia Liliastrum Bertol.* Bei Lärch 2 Stunden
ober Karneid bei Bozen (Psn.). Canal di San Bovo, Voralpen in Judicarien (Lbd.).
1847. *Ornithogalum pyrenaicum L.* Tirol (Laicharding)!
Val di Vestino, Val di Ledro (Lbd.).

Nachträge: Liliaceae.

1847. b. *Ornithogalum arcuatum Stev.* Vergl. pag. 1069. Beim Standorte muss berichtiget werden, dass er nicht auf halber Höhe der Mendel, sondern am Fusse derselben an bebautem Boden zu suchen sei, und dass Stocker nur ein einziges Exemplar fand, dessen Zwiebel er in der Erde zurückliess.

1848. *O. umbellatum L.* Rattenberg, gemein auf Wiesen u. Hügeln (Lng.). Schwaz (Reis.). Brixen (Schm.).

1849. *O. nutans L.* Tirol (Laicharding)! Brixen (Mss.). Meran: in Menge in den Weinleiten bei Rametz (Bmb.)!

1850. *O. chloranthum Saut.* Meran: bei Josephsberg mit Scilla amoena, aber ungleich weniger häufig (Bmb.). Bozen: in einem Weinberge an der Stadt (Sto.). Nach unseren fortgesetzten Beobachtungen bietet unter den von Koch angegebenen Merkmalen um O. chloranthum u. nutans zu unterscheiden nur das von der Form des Fruchtknotens genommene so wie die Breite der Narbe einen Anhaltspunkt, alle übrigen sind unbeständig, ja zum Theil unrichtig, namentlich das bei O. chloranthum angegebene Längen-Verhältniss der Blüthenstielchen zum Fruchtknoten. Die Blüthen sind bei O. chloranthum gewöhnlich etwas kleiner, der Rückenstreifen breiter, satter-grün u. durchscheinender, so dass er die weisse Farbe der Oberseite der Perigonblätter fast verdrängt. Dem ungeachtet bleibt uns O. chloranthum nur eine Schattenform von O. nutans L., durch den schattigen oder feuchten fettern Grasboden hervorgebracht.

1851. *Gayea stenopetala Reichb.* Aecker bei Frangart (Lbd.).

1853. *G. Liottardi Schult.* Zilalpe bei Meran (Bmb.).

1854. *G. minima Schult.* Alpen von Lofer u. Unken (v. Spitzel)! Zillerthal nach Hinterhuber!

1855. *G. lutea Schult.* Wiesen des Rheinthales (Rehst.)! Meran: bei Lebenberg (Bmb.). Sehr selten bei Borgo (Ambr.). Rattenberg: Wiesen am Angerberg (Lng.).

1857. b. *Scilla amoena L.* Vergl. pag. 881. In zahlloser Menge in den Grasgärten des ehemaligen Klosters Josephsberg nächst Meran (Bmb.). Mag vielleicht nur als verwildert anzusehen sein, die bezüglichen Grasgärten stehen jedoch, da das Kloster schon vor beiläufig 80 Jahren aufgehoben, ebenso lange ausser aller Pflege, und die Pflanze ist nach Herrn Bamberger's Bericht gegenwärtig unausrottbar. Im Klostergarten in Schwaz (Reis.). Wurde vom Studenten Peter Huter 1853 im Gebiethe von Bozen häufig in der Wiese am Kloster in Eppan gefunden u. ist in der Uebersicht p. 1284 für Bozen nachzutragen.

1858. *Allium Victorialis L.* Laternseralpen, Hochgerrach (Rehst.)! Rattenberg: unter Pinus Pumilio am Sonnenwendjoch-See, auf dem Rosskopf bei der Alpe Kreuzein, auf

der Schauerthaler Schneide (Lng.). Pfanserjoch in Unterinthal (Pichler)!
1861. *A. fallax Don.* Schloss Tratzberg (Huber). Fondo (Grb.). Meran (Bmb.)!
1862. *A. acutangulum Schrad.* Tramin (Grb.).
1866. *A. spaerocephalum L.* Meran (Bmb.)!
1867. *A. Scorodoprasum L.* In der Bürgerau bei Lienz, auch am linken Iselufer (Aichholzer)!
1869. *A. carinatum L.* Rattenberg z. B. am Schlossberge (Lng.). Schloss Tratzberg (Huber)! Schwaz: am Erbstollen (Reis.). Nonsberg; Fleims (Lbd.).
1871. *A. Schoenoprasum L. β. alpinum.* Arlberg- u. Rhätikon - Alpen (Rehst.)! Rayenthal (Hutter). Bellamonte in Fleims (Lbd.)
1872. *Hemerocallis fulva L.* Am Schloss Tratzberg (Huber)! Um Eppan gepflanzt u. wild (Sto.). Brixen (Mss.). Klobenstein am Ritten an einem kleinen Teiche gegen Siffian einzeln, fern von menschlichen Wohnungen (Hsm.).
1874. *Muscari comosum Mill.* Meran (Bmb.).
1875. *M. racemosum Mill.* Innsbruck: bei Mühlau u. Weiherburg (Zim. Glanz).

Hyacinthus orientalis L. Nach Student Stocker in den Wiesen der Kapuziner bei Eppan wie verwildert; auch, doch sparsam, auf einer Wiese bei Bozen westlich ober dem Wasserfalle.

CXXI. COLCHICACEAE.

1877. *Colchicum autumnale L.* Rattenberg, bis in die Alpen (Lng.). Schwaz (Reis.). Die Var. *β. vernale* nicht selten bei Innsbruck z. B. am Breitbüchl, auf der Ulfiswiese (Hep.)!
1879. *Veratrum album L.* Arlberg- u. Montafoner - Alpen, vulgo: Germäder (Rehst.)! Rattenberg, gemein von 2500' bis 5500' (Lng.). Staneralpe bei Schwaz (Reis.). Val di Non; Rendena; am Baldo, Campogrosso, Tesin, Canal di San Bovo überall mit *β.* (Lbd.).
1880. *Toffieldia calyculata Wahlenb.* Vom Rheinthale bis in die Arlberg- und Rhätikon - Alpen (Rehst.). Nauders (Baselli)!

Die Var.: *glacialis Gaud.* Rattenberg: Steinbergerjoch (Lng.). Viecht (Reis.).
1881. *T. borealis Wahlenb.* Alpen in Kals (Grb.). Scarljoch ober der Engadiner-Gränze in Taufers (Rehst.)!

CXXII. JUNCACEAE.

1882. *Juncus Jacquini L.* Zürseralpen (Rehst.)! Tristenspitze u. Sonnenwendjoch bei Rattenberg (Lng. Zim.). Zilalpen bei Meran (Bmb.). Helm bei Innichen (Gredler). Alpe la Spora, Campogrosso, Val di Lozem, Palle di San Martino (Lbd.).

1883. *J. conglomeratus L.* Rattenberg, bis an die Alpen (Lng.). Innsbruck: z. B. gegen die Haller Au (Hep.).

1884. *J. effusus L.* Gräben zwischen Feldkirch u. dem Rhein (Rehst.)! Vahrn bei Brixen (Schm.), Schwaz (Reis.), Brantenthal u. Eggenthal; Deutschmetz (Lbd.).

1886. *J. glaucus L.* Rattenberg (Lng.). Schwaz (Reis.).

1888. *J. filiformis L.* Im Moosenthale bei Rattenberg (Lng.). Naudererthal (Hep.). Petersberg (Thl.). Aendert nach Koch mit blattlosen u. beblätterten Scheiden ab, der Consequenz halber müsste man also auch diese Art in zwei trennen, wie es mit Juncus trifidus geschah, oder aber besser auch Juncus Hostii als Art einziehen.

1891. *J. triglumis L.* Fimberthal in Paznaun (Rehst.)! Waldrast (Glanz. Hep.). Rattenberg: auf den Alpen gegen die bairische Gränze, z. B. Wildalpen, Rittelsberg, Drausnitz (Lng.). Joch Grimm (Thl.). Alpen um Brixen (Schm.). Campo silvano, Val di Lozem, Val di Ronchi (Lbd.).

1892. *J. trifidus L.* Rhätikonalpen, Lüneregg etc. (Rehst.)! Rattenberg: am Widdersberger Horn (Lng.). — J. trifidus α. vaginatus Neilr.

1893. *J. Hostii Tausch.* Montafon: Felsen am Schweizerthor (Rehst.)! Zanggen u. Petersberg bei Bozen (Tbl.). Schlern, am Schäufelesteig (Sls.). Campogrosso, Prà della Vacca (Lbd.). — Ist nur Varietät von J. trifidus, ich habe Exemplare vor mir, woran sich Halme mit den Blättern von J. monanthos und J. trifidus befinden (Hsm.). — J. trifidus β. foliosus Neilr.

1894. *J. obtusiflorus Ehrh.* Sümpfe zwischen Torbole und Riva (Lbd.). Meran (Bmb.)!

1895. *J. sylvaticus Rich.* Vorurlberg: bei Mangen gegen Rankweil (Rehst.). Rattenberg (Lng.).

1896. *J. lamprocarpus Ehrh.* Rheinsumpfwiesen (Rehst.)!

1896. b. *Juncus atratus Kroker.* Halm 2—3blättrig, nebst den Scheiden u. Blättern rundlich zusammengedrückt; Blätter fächerig-röhrig, mit aussen undeutlichen Querwänden, die Glieder getrocknet tiefgerillt; Spirre endständig, doppeltzusammengesetzt, abstehend; Blätter des Perigons zugespitzt-begrannt, die innern länger, an der Spitze etwas zurückgebogen, ungefähr von der Länge der eiförmigen, zugespitzt-geschnäbelten Kapsel. — Selten auf feuchten Wiesen bei Klobenstein mit J. lamprocarpus (Hsm.).
Jul. Aug. ♃.

1897. *Juncus alpinus Vill.* Im Gebiethe von Meran (Bmb.)! Nauders (Hep.).

Nachträge: Juncaceae.

1899. *J. compressus Jacq.* Rattenberg (Lng.). Petersberg (Thl.). Seis, Eggenthal, Kollern (Lbd.).

1900. *J. Gerardi Lois.* Nauders (Hep.). Malserheide (Sls.). Bozen: selten unter Voriger auf sehr nassen Stellen (Hsm.). Schwaz (Reis.). Ist gewiss nur Abart von J. compressus, die Länge der Kapsel ist nicht constant. Ich fand 1853 im nassen Juni sehr häufig Uebergänge bei Bozen, ja an derselben Pflanze runde u. längliche — kürzere u. längere Kapseln. Ganz mit Koch's Beschreibung übereinstimmende Exemplare waren dagegen sehr selten, namentlich solche mit fast stielrunden Halmen. Ganz dieselben Beobachtungen machte auch Neilreich bei Wien (Fl. v. Wien p. 99) u. vereinigte beide in eine Art: J. compressus L. Nach Koch soll der Griffel so lang sein als der Fruchtknoten, bei Voriger nur halb so lang, in Reichenbach's Deutschl. Flor. Juncac. Taf. 398 u. 399 dagegen ist der Griffel von beiden Arten von gleicher Länge des Fruchtknotens abgebildet. — Ist in der Uebersicht p. 1285 für Bozen nachzutragen. —

1901. *J. bufonius L.* Schwaz (Reis.).

1902. *Luzula flavescens Gaud.* Innsbruck: einzeln ober Sistrans, häufig ober den Nockhöfen gegen die Alpe (Glanz. Hep.). Rattenberg: am Wege von Münster zum Sonnenwendjoch in Wäldern (Lng.). Häufig im Walde ober dem Bade Maistalt (Hsm.). Wormserjoch (Sto.). Ziskelalpe ober Welschnofen bei Bozen (Psn.). Kollern (Lbd.).

1903. *L. Forsteri De C.* Montikler- und Leuchtenburger-Wald (Lbd.).

1904. *L. pilosa Willd.* Rattenberg (Lng.). Schwaz (Reis.).

1905. *L. maxima De C.* Häufig auf den Alpen um Innsbruck z. B. Zirler Mähder; hohe Salve (Hep.). Rattenberg z. B. auf der Postalpe (Lng.). Ziskelalpe und Weissenstein bei Bozen (Psn. Lbd.). Eggenthal, Tiers; Prà della Vacca; Val di Tesin, Val di Ronchi; ober Spor maggior in Nonsberg (Lbd.).

1907. *L. spadicea De C.* Rhätikonalpen (Rehst.)! Alpen um Rattenberg, gemein (Lng.). Joch Grimm (Thl.). Ifinger (Vhw.). Alpen in Schalders (Schm.).

1908. *L. albida De C.* Rattenberg (Lng.), Freundsberg (Reis.). Meran (Bmb.). Die Var. β. Gantspitze bei Innichen bei 6000′ (Gredler).

1909. *L. nivea De C.* Brandenberger Mahd in Wäldern (Lng.). Meran (Bmb.).

1910. *L. lutea De C.* Gränzberge in Paznaun (Rehst.)! Alpen in Schalders (Schm.).

1911. *L. campestris De C.* Rattenberg (Lng.), Schwaz (Reis.).

1912. *L. multiflora Lej.* Nauders (Hep.). Rattenberg, gemein bis 6000′ (Lng.). Meran (Bmb.). Am Peitler bei Brixen (Schm.). Nonsberg: ober Spor (Lbd.).

1913. *L. spicata De C.* Widdersberger Horn bei Rattenberg (Lng.). Palle di San Martino, in Primiero (Lbd.).

CXXIII. CYPERACEAE.

1914. *Cyperus flavescens L.* Rattenberg: am Wege von Voldöpp nach Breitenbach häufig (Lng.). Am Wolfsgruber See u. westlich von Sallrain, bei Waidach bis 3900′ etc. (Hsm.). Brixen (Mss.). Meran (Bmb.).

1915. *C. fuscus L.* Bodenseer Ried mit Var. β. (Rehst.)! Brixen (Schm.). Meran (Bmb.). In Menge im Wolfsgruber See 1852, also bis 3800′ (Hsm.). Rattenberg, gemein auf Sumpfwiesen (Lng.) Brixen (Mss.). Bruneck: gegen St. Georg (Hsm.).

1918. *C. glomeratus L.* Häufig am Laibelehof u. Palauro in der Au bei Bozen (Lbd.). In Unzahl auf den südlich an die Rodlerau gränzenden Wiesen u. Türkäckern (Vhw.). Alla Vela bei Trient (Perini)! Bemerkenswerth ist, dass diese Pflanze (sonst Sumpfpflanze) um Bozen u. in solcher Menge auf bebautem Boden vorkommt.

1919. *Schoenus nigricans L.* Sümpfe zwischen Torbole und Riva (Lbd.).

1920. *S. ferrugineus L.* Stans bei Schwaz (Reis.). Gemein im Moosenthale (Lng.). Petersberg (Thl.).

1921. *Cladium Mariscus R. Br.* Häufig bei Bregenz (Str.)! Lago di Ledro, Lago di Toblin (Lbd.).

1922. *Rhynchospora alba Vahl.* Am Mosenthaler See (Lng.). Sumpfwiesen bei Oberbozen (Zal.), u. häufig bei Deutschnofen (Vhw.), im Todten-Moos bei Kollern (Lbd.). Vahrner See bei Brixen (Mss.). Gemein im Antholzer Moose (Hsm.).

1924. *Heleocharis palustris R. Br.* In Teichen bis 3 Fuss hoch, auf Triften oft nur 4—5 Zoll hoch. Vahrner See (Mss.). Stans u. Jenbach (Reis.).

1925. *H. uniglumis Link.* Innsbruck (Hep.). Sette Selle bei Borgo (Ambr. bei Perini)!

1926. *H. acicularis R. Br.* Vorarlberg: bei Rankweil (Rehst.)! Rattenberg: häufig auf feuchten Wiesen am Zimmermoosberge (Lng.). Salurn (Lbd.).

1927. *Scirpus caespitosus L.* Stans, Jenbach (Reis.).

1929. *S. setaceus L.* Geht auch bis an die Voralpen: Ritten an sumpfigen Waldwegen westlich bei Sallrain und am Wege von da nach Ritzfeld, wurde auch noch, doch nur einzeln, im Talferbette bei Bozen von Stud. v. Grabmair gefunden (Hsm.). Beim Bade Antholz (Hsm.). Var. β. *pallescens*. Aehrchen bleich, Halme bis Fuss hoch, so bei Gratsch nächst Meran an einer feuchten Felswand (Bmb.).

Nachträge: Cyperaceae.

1930. *S. mucronatus L.* Ufer des Bodensees Rheineck gegenüber (Rehst.)!
1931. *S. lacustris L.* Rattenberg, gemein (Lng.).
1933. *S. Duvalii Hop.* Im Loogsee bei Höchst (Rehst.)!
1934. *S. triqueter L.* Rhein - Ried von Manigen, Feldkirch (Rehst.)! Idrosee (Perini)!
1936. *S. Holoschoenus L.* Deutschmetz; zwischen Torbole u. Riva; Avio, Ala (Lbd.).
1937. *S. maritimus L.* Torbole, Riva (Per.)! Deutschmetz (Lbd.). —
1938. *S. sylvaticus L.* Rattenberg (Lng.).
1940. *S. compressus L.* Innsbruck: ober Mühlau; Oberinnthal: bei Piller, Nauders u. Serfaus (Hep.). Rattenberg (Lng.). Brixen (Mss. Hfm.).
1942. **Fimbristylis annua** *R. u. S.* In Menge an feuchten Wiesenrainen zwischen Obermais u. Gargazon (Lbd.). An der Marlinger Brücke bei Meran in neuester Zeit zuerst wieder von Bamberger entdeckt
Zahl der Aehrchen meist 3—5, an magern Exemplaren selbst nur 1, an üppigen bis zu 7. Solche üppige Exemplare können von der ähnlichen F. dichotoma alsogleich an den Nüsschen unterschieden werden, sie sind bei F. annua fast 2mal grösser u. mit 7—11, bei F. dichotoma nur mit 5—7 Furchen durchzogen. Ferner sind die Aehrchen bei F. annua um die Hälfte dicker.
1943. *Eriophorum alpinum L.* Rattenberg, bis in die Alpen (Lng.). Häufig am Vahrner See bei Brixen (Mss.). Rhein- u. Jll-Ried, in Montafon (Rehst.)! Petersberg u. Joch Grimm (Thl.). Todten-Moos bei Kollern (Lbd.). Antholzer Moos (Hsm.).
1944. *E. vaginatum L.* Torfwiesen bei Gölzis u. Hohenems (Rehst.)! Sonnenwendjoch (Lng.). Seefeld (Reis.). Val di Lozem (Lbd.).
1945. *E. Scheuchzeri Hop.* Montafon: am Lünersee; Fimberthal (Rehst.)! Sonnenwendjoch - See (Lng.). Kellerjoch (Reis.).
1946. *E. latifolium Hop.* Rattenberg (Lng.).
1947. *E. angustifolium Roth.* Rattenberg (Lng.). Vahrner See (Mss.).
1949. *Elyna spicata Schrad.* Auf der Mendel u. im todten Moose bei Kollern (Lbd.).
1950. *Kobresia caricina Willd.* Engadiner Gränze gegen Paznaun (Rehst.)! Grasleiten am Schlern (Sls.).
1951. *Carex dioica L.* Rattenberg: im Moosenthale (Lng.). Deutschnofen (Vhw.). Vahrner See (Mss. Gnd.). Antholz (Hsm.).
1952. *C. Davalliana Sm.* Rattenberg: gemein, vorzüglich am See bei Achenrain (Lng.).

1953. *C. pulicaris L.* Häufig im Moosenthale u. Voldöpperberg (Lng.). Innsbruck: bei Sistrans u. Amras, ober Aldrans gegen Judenstein (Zim. Hep. Glanz). Antholz (Hsm.).
1956. *C. pauciflora Lightf.* Laternserthal: ober Rankweil (Rehst.)! Kollern: im Todten-Moos; Val di Lozem, Val di Tesin (Lbd.).
1958. *C. baldensis L.* Val di Vestino (Lbd.).
1959. *C. curvula All.* Engadiner Gränze ober Gallthür (Rehst.)! Sonnenwendjoch (Lng.). Joch Grimm (Thl.), Schlern (Lbd.).
1964. *C. vulpina L.* Feldkirch (Rehst.)! Borgo: alla Vasina (Ambr. bei Perini)! Deutschmetz; am Gardasee, bei Arco (Lbd.). —
1965. *C. muricata L.* Brixen (Schm. Gnd.).
1966. *C. divulsa Good.* Tirol (Löhr enum. p. 718)!
1967. *C. teretiuscula Good.* Rattenberg: im Moosenthale (Lng.). Innsbruck: im Lanser Torfmoore (Hfl.). Val di Sella bei Borgo (Ambr. bei Perini)! Antholzer Moos (Hsm.).
1968. *C. paniculata L.* Rattenberg: an Teichen etc. (Lng.). Sterzinger Moos; Sarns bei Brixen (Hfm.). Borgo (Ambr.). Val di Lozem, Canal di San Bovo (Lbd.).
1969. *C. paradoxa L.* Torfwiesen am Rhein bei Götzis (Rehst.)!
1970. *C. brizoides L.* Rattenberg: häufig am Stadtberg, Zimmermoos u. Angerberg (Lng.). Trient: mit C. Schreberi am Doss Trent (Vhw.).
1970. b. *Carex Schreberi Schkuhr.* Aehre zusammengesetzt; Aehrchen meist 5, wechselständig, gedrungen, gerade, eiförmig-länglich, mannweibig, unterwärts männlich; Narben 2; Früchte aufrecht, so lange als der Balg, länglicheiförmig, flach-konvex, fast von der Basis an am Rande feingesägt-wimperig, in einen 2spaltigen Schnabel zugespitzt; Wurzel weit kriechend. — Wurde von Braune im Zillerthale angegeben, die Angabe bis nun aber bezweifelt (vergl. p. 1201). Trient: alle Laste, häufig (Vhw.). Umgebungen von Bozen: an warmen Hügeln bei Haslach im Gebüsche 1853 vom Stud. Peter Huter aus Kals entdeckt, und ist in der Uebersicht für Bozen nachzutragen. Trient (Ambr.). — Von C. bryzoides nur durch die braunen geraden Aehrchen verchieden u. wohl nur die Hügelform derselben, die dagegen nur in Wäldern vorkömmt. An den zahlreichen Exemplaren von: C. bryzoides von Kitzbüchl finden sich unter den gekrümmten auch einzelne gerade Aehrchen, so wie umgekehrt sich an den Viehweider'schen Exemplaren der C. Schreberi von Trient an einzelnen Aehrchen eine Hinneigung zur Krümmung zeigt. Die Farbe kann keine Art begründen, denn dann müsste man auch Carex virens Lam. u. C. argyroglochin Hornem.

Nachträge: Cyperaceae.

wieder das Artenrecht zurückstellen. Das Gekrümmtsein der Aehrchen u. ihre schlankere Gestaltung aber ist eben so wenig dazu geeignet. Weiss man doch dass Gräser, z. B. Festuca heterophylla, Brachypodium pinnatum etc. an Waldrändern mit gekrümmten längern Aehrchen vorkommen. Exemplare des muthmasslichen Bastardes: Carex Schreberi-arenaria Lasch. aus der Mark durch die Hand Bueck's zeigen gerade u. gekrümmte Aehrchen untereinander. Uebrigens ist obige Ansicht nicht neu, u. Fries u. Wimmer haben beide wieder in eine Art vereiniget. — Aehrchen mehr oder weniger braun. Mai. ⚥.

1971. *C. remota L.* In der Mauk bei Rattenberg (Lng.). Innsbruck (Hep.). Oberinnthal: bei Ranggen (Reis.). Valsugana: Savaro bei Borgo (Ambr.).
1972. *C. stellulata Good.* Wörgl (Hep.). Angerberg, Zimmermoosberg bei Rattenberg, Schreier- und Pletzeralpe (Lng.). Todtenmoos bei Kollern (Lbd.). Vahrner See (Mss.).
1973. *C. leporina L.* Vorarlberg: Laternserberg (Rehst.). Am Piller; Wörgl (Hep.). Rattenberg (Lng.). Jenbach (Reis.). Brixen: am Vahrner See (Mss.). Antholz und Maistatt (Hsm.).
1974. *C. elongata L.* Rattenberg (Lng.).
1975. *C. canescens L.* Vahrn bei Brixen (Mss. Gnd.). Oberinnthal: bei Ranggen (Reis.).
1975. b. *Carex tetrastachya Traunsteiner.* Aehre zusammengesetzt; Aehrchen 4, genähert, unterwärts männlich, die endständige an der Basis kurz-verschmälert; Narben 2; Früchte eiförmig, glatt, zusammengedrückt, auf dem Rücken konvex, in der Mitte mit einer durch den Schnabel herablaufenden Längsfurche bezeichnet, vorne konkav, in einen schwach gespaltenen, am Rande gezähnelt-rauhen, den Balg überragenden Schnabel zugespitzt; Wurzel rasig u. kleine Ausläufer treibend. Von Traunsteiner in einem Sumpfe der Lämmerbüchler-Alpe bei Kitzbüchl bei 5000' in Gesellschaft von Eriophorum capitatum entdeckt (Sauter in Flora 1850 p. 366). Nach einer nachträglichen Mittheilung Sauter's (in Flora 1851 p. 50) ist obige Art identisch mit *Carex helvola Fries.* Im Jahre 1852 auch in dem Gebiethe von Rattenberg auf Waldsümpfen der Voralpen vom Pharmaceuten Längst aufgefunden u. mitgetheilt.
1977. *C. Persoonii Sieb.* Zilalpen bei Meran, häufig (Bmb.).
1978. *C. mucronata All.* Felsige Orte des Rhätikon, Schweizerthor (Rehst.)! Steinbergerjoch bei Rattenberg (Lng.). Tennenschrofen ober Trins (Zim.). Zirl u. Reith (Reis.).

Nach Sauter kommt bei Salzburg an C. mucronata das umgekehrte Verhältniss der C. Gaudiniana vor, u. es finden sich bloss männliche oder bloss weibliche Aehren vor. Dasselbe beobachtete auch der Verfasser an mehreren Exemplaren aus der Bozner Gegend.

1979. *C. Gaudiniana Guthn.* Am Zimmermoosberge bei Rattenberg (Lng.). Nach einer schriftlichen Mittheilung Dr. Sauter's, dem ich nun auch Exemplare von Bregenz verdanke, nur eine üppige Form von C. dioica, und in der That fand ich auf Sumpfwiesen bei Klobenstein am Ritten im Jahre 1851 auf ähnliche Weise auch C. Davalliana, nämlich an der Basis der männlichen Aehre 1—2 kleinere genäherte männliche oder weibliche Aehren. Die Beobachtung Sauter's machte auch Dr. Sendtner an derselben Pflanze in den Torfmooren des bairischen Oberlandes, u. unter den von Friedrich Längst bei Rattenberg gesammelten Exemplaren befindet sich eines das auf derselben Wurzel Halme der C. dioica u. C. Gaudiniana trägt.

1981. *C. stricta Good.* Rattenberg (Lng.). Innsbruck (Hfl.)! Rattenberg u. Wörgl (Hep.). Schwaz, Stans u. Leiblfingen (Reis.). Gemein auf den Mösern bei Bozen (Hsm.).

1982. *C. vulgaris Fries.* Rattenberg: bis in die Alpen (Lng.). Vahrner See (Mss. Hfm.). Schwaz (Reis.).

Aendert ab: α. *chlorocarpa Wimm.* Früchte grün, u. β. *melaena Wimm.* Früchte schwarz, nur am äussersten Rande grün. Beide Var. gemein am Ritten (Hsm.).

1983. *C. acuta L.* Bozen: überhaupt an allen Sümpfen und Gräben, meist mit C. paludosa u. stricta (Hsm.).

1985. *C. Buxbaumii Wahlb.* Unterinnthal: bei Wörgl (Hep.). Deutschnofen bei Bozen (Vhw.)!

1987. *C. nigra All.* Steinwand bei Brixen (Gnd.). Bocca di Brenta (Lbd.).

1988. *C. aterrima Hop.* Fimberthal ober Paznaun u. Compatsch (Rehst.)! Alpenwiesen am Weg zum Peitler (Schm.). Joch Grimm (Thl.). Zilalpen bei Meran, selten (Bmb.). Valsugana: Val di Palù in Nardemolo u. Alpe Sassorotto (Ambr.).

1989. *C. atrata L.* Arlberg, Rhätikon, häufig (Rehst.)! Sonnenwend- u. Steinbergerjoch (Lng.). Wattenserthal (Walter). Alpenwiesen am Duron mit C. aterrima; Bocca di Brenta (Lbd.).

1990. *C. irrigua Sm.* Wildalpen bei Rattenberg (Lng.). Deutschnofen (Vhw.).

1991. *C. limosa L.* Moorsümpfe des Rheinthales (Rehst.)! Rattenberg (Lng.). Sümpfe bei Hafling nächst Meran (Bmb.). Vahrner See (Mss. Gnd.).

1993. *C. pilulifera L.* Hügel um Feldkirch (Rehst.)! Häufig auf den Wiesen am Zimmermoosberge bei Rattenberg (Lng.).

1994. *C. tomentosa L.* Bozen: häufig im Schogermoose bei Siebenaich (Hsm.). Am Fusse des Doss San Rocco bei Trient, auf der Nordseite (Vhw.)!

1995. *C. montana L.* Hügel um Rattenberg (Lng.). Schalders (Mss.). Schwazer-Alpen (Reis.).

Nachträge: Cyperaceae. 1501

1996. *C. ericetorum Pollich.* Hügel bei Achenrain (Lng.). Neustift bei Brixen (Mss. Gnd.). Levale bei Borgo (Ambr. bei Perini)!
1997. *C. praecox Jacq.* Feldkirch (Rehst.)! Rattenberg (Lng.). Schwaz (Reis.).
2000. *C. gynobasis Vill.* Trient: häufig am Monte dei Frati (Vhw.). —
2001. *C. digitata L.* Rattenberg (Lng.). Neustift bei Brixen (Gnd.). Seiseralpe (Vhw.).
2002. *C. ornithopoda Willd.* Rattenberg: häufig rechts von der Strasse nach Kundl (Lng.). Tratzberg (Reis.)! Geht am Schlern u. Reiterjoch bis 4000' (Lbd.)!
2003. *C. alba L.* Rattenberg, in Auen (Lng.). Brixen (Mss. Gnd.).
2003. b. *C. ornithopodioides Hausmann* (in Flora 1853 Nr. 15). Männliche Aehre einzeln, sitzend, weibliche 2—3, linealisch, dicht-zusammengestellt, gestielt, die fruchttragenden lockerblüthig; Blüthenstiele von einem häutigen scheidigen Deckblatte (das unterste mit einer blattigen Spitze versehen) eingeschlossen; Narben 3; Früchte verkehrt-eiförmig, 3seitig, sehr kurz-geschnäbelt, an der Mündung etwas ausgerandet, kahl, glänzend, etwas länger als der Balg; Halme bis zur Mitte beblättert, herabgebogen; Blätter steif, am Rande ganz glatt, tief-rinnig oder zusammengelegt, herabgebogen, das obere Halmblatt oft die Spitze der männlichen Aehre erreichend. Wurzel rasig.

Vom Theol. J. Viehweider im Sommer 1852 auf trockenen Alpentriften am Dolomit-Stocke des Schlern entdeckt.

Bälge schwarzbraun, mit einem bleichen Rückenstreifen.
Juli. ♃.
2004. *C. nitida Host.* Meran· häufig bei Zenoberg (Bmb.). Trient: alle Laste, am Doss Trent (Vhw.).
2005. *C. pilosa Scop.* Bregenz: nicht selten in den Hainen der Hügel (Str.).
2006. *C. panicea L.* Rattenberg (Lng.). Schwaz (Reis.).
2007. *C. glauca Scop.* Arlberg: ober Stuben; Montafon (Rehst.)! Rattenberg (Lng.). Brixen (Mss.). Schwaz (Reis.). Val di Vestino, di Ledro u. Val di Ronchi, dann in Nonsberg (Lbd.).
2009. *C. maxima Scop.* Von Stud. Jos. v. Hepperger ober Gries bei Bozen am Bächchen am Wege nach Glanig gefunden und mitgetheilt. Er ist allda sehr häufig und zwar von der 3ten Station bis weit hinauf in die Thalschlucht, wird aber immer abgeschnitten u. blühet somit selten, wesshalb er mir früher entging, die Blüthezeit ist nach Koch angegeben aber zu spät, u. fällt auf die erste Woche des Mai (Hsm.).
2010. *C. pallescens L.* Rattenberg (Lng.). Petersberg (Thl.). Brixen (Mss.). Voralpen um Schwaz (Reis.).

Nachträge: Cyperaceae.

2011. *C. capillaris L.* Sonnenwendjoch (Lng.). Sailespitz (Zim.). Schalders (Mss.). Franzenshöhe (Sto. Zal.). Monte Röen, Palle di San Martino; Alpe la Spora (Lbd.).
2012. *C. fuliginosa Schkuhr.* Lisens (Glanz). Schalderser-Alpen (Gnd.).
2013. *C. frigida All.* Montafon: Rellthal u. Brandthal (Rehst.).
2014. *C. sempervirens Vill.* Rattenbergeralpen (Lng.). Petersberg gegen Joch Grimm (Thl.). Steinwand bei Brixen, Aferser-Alpen (Gnd.). Alpen bei Zirl (Reis.). Monte Baldo (Lbd.).
2016. *C. firma Host.* Hochgerrach u. alle Rhätikon-Gebirge (Rehst.)! Alpe Zerein bei Rattenberg u. Steinberger Joch (Lng.). Joch Grimm (Thl.). Alpen bei Brixen (Gnd.). Franzenshöhe (Sto. Zal.).
2017. *C. ferruginea Scop.* Rattenberg: am Sonnenwendjoch u. Weg zur Alpe Zerein (Lng.). Klamm bei Innsbruck u. Sailespitz (Zim.). Mendel (Lbd.).
2018. *C. tenuis Host.* Arlberg: ober Stuben; im obern Fimberthal (Rehst.). Rattenberg: häufig am Steinberger Joch gegen Brandenberg bei 4000′ (Lng.). Klamm bei Innsbruck (Zim.). Bucco di Vela bei Trient (Vhw.).
2019. *C. Michelii Host.* Meran, sehr häufig im Naifthale (Bmb.). Ranzo am See von Toblino, Val di Ledro (Lbd.).
2020. *C. flava L.* Rattenberg (Lng.). Vahrner See (Mss.).
2021. *C. Oederi Ehrh.* Meran (Bmb.). Rattenberg (Lng.). Brixen (Gnd.). Eine Spielart mit nur weiblichen (4—5) Aehren auf einem Halme fand Herr Leybold auf den Sumpfwiesen bei Leifers, eine solche Spielart ist auch in Reichenbach's: Deutschlands Fl. Cyperoideae Tafel CCLXXII abgebildet.
2022. *C. fulva Good.* Rattenberg (Lng.). Innsbruck: bei Vill (Hep.). —
2023. *C. Hornschuchiana Hop.* Rattenberg (Lng.). Meran (Bmb.). Brixen (Schm.).
2024. *C. distans L.* Brixen (Mss. Hfm.).
2026. *C. Pseudocyperus L.* Bozen: im Frangarter Moose an Gräben 1852 (Zal.), an der Rodler Au 1853 (Huter)! Im Andrianer Moose 1853 (Lbd.).
2027. *C. ampullacea Good.* Rattenberg (Lng.). Vahrner See (Hfm.).
2028. *C. vesicaria L.* Rattenberg (Lng. Hep.).
2029. *C. paludosa Good.* Rattenberg (Lng.), Schwaz (Reis.). Brixen (Mss.).
β. *Kochiana.* Früchte länglich, Bälge begrannt-zugespitzt. C. Kocheana De C. Rattenberg (Lng.). Bozen: mit der Species in der Campiler Au, auch hie u. da an Teichen am Ritten (Hsm.). Dass C. Kocheana keine Art ist, beweist, dass oft auf derselben weiblichen Aehre beide Balgformen vorkommen.

2030. *C. riparia Curtis.* Innsbruck: Ulfiswiese; Unterinnthal: bei Wörgl (Hep.). Campo Trentino (Vhw.)!
2031. *C. filiformis L.* Innsbruck: häufig im Viller See (Hep.). Rattenberg: z. B. im Moosenthale (Lng.). Brixen: am Vahrner See (Mss. Hfm.). Trient (Ambr.). Bozen: an der Rodlerau 1853 (Huter). Ist in der Uebersicht pag. 1288 für Bozen nachzutragen.
2032. *C. hirta L.* Oberinnthal: bei Serfaus (Hep.). Schwaz u. Rattenberg (Reis. Lng.).

CXXIV. GRAMINEAE.

Zea Mays L. Gedeiht bei Rattenberg ungeachtet der niederern Lage schon nicht mehr so gut wie um Schwaz, bei Kufstein gar nicht mehr (Reis.).
2033. *Andropogon Ischaemum L.* Viecht (Reis.). Meran (Bmb.).
2034. *A. Gryllus L.* In zahlloser Menge am Kiechlberg bei Meran ober dem Pulverthurm Anf. Juni 1853 (Bmb.). Ist in der Uebersicht u. in den Tabellen nachzutragen.
2035. *Heteropogon Allionii R. u. Sch.* Meran: häufig bei St. Peter u. Thurnstein (Bmb.).
2036. *Sorghum halepense Pers.* Trient: an der Fersina (Vhw.)! Bei Gargnano am Gardasee (Lbd.).
2037. *Tragus racemosus Desf.* Meran (Bmb.). Valsugana: bei Castell Telvana (Ambr.)! Riva u. Malcesine (Lbd.).
2038. *Panicum sanguinale L.* Rattenberg (Lng.).
2039. *P. ciliare Retz.* Valsugana: bei Onca (Ambr.).
2040. *P. glabrum Gaud.* Rattenberg, auf Sandboden (Lng.).
2041. *P. Crus-galli L.* Rattenberg (Lng.). Schwaz (Reis.)!
2043. *P. undulatifolium Ard.* Wird von Koch unrichtig als 1jährig angegeben. Der Stengel (schon Arduin nennt ihn: repens, geniculis radicatis) liegt nieder und schlägt an den Knoten Wurzeln, und man kann an der Pflanze deutlich noch die 3jährigen abgestorbenen Stengel beobachten.
2044. *Setaria verticillata L.* Meran (Bmb. Hep.). Riva; Val di Ledro (Lbd.).
2045. *S. viridis Beauv.* Rattenberg (Lng.).
2046. *S. glauca Beauv.* Rattenberg (Lng.).
2048. *Phalaris arundinacea L.* Schwaz (Reis.).
2051. *Anthoxanthum odoratum L.* Rattenberg (Lng.).
2053. *Alopecurus agrestis L.* Trient: an Aeckern und Wegen (Vhw.)!
2054. *A. geniculatus L.* Oberinnthal: in der Petnau (Zim.)!
2055. *A. fulvus Sm.* Meran (Bmb.)!
2056. *Phleum Michelii All.* Alpe Kreuzein am Sonnenwendjoch (Lng.).

2057. **P. Boehmeri Wib.** Meran (Bmb.)! Salurn (Lbd.).
2058. **P. asperum Vill.** Levale bei Borgo (Ambr.).
2059. **P. pratense L.** Felder bei Reith nächst Rattenberg (Lng.). Ospedaletto (Ambr.)!
2060. **P. alpinum L.** Rattenberger Alpen (Lng.). Arlberg u. Rhätikon (Rehst.)! Helm bei Innichen (Gredler). Es ist nicht mehr zu zweifeln was ich schon lange vermuthete, dass P. alpinum nur die Alpenform mit kürzerer Rispe u. längern Grannen von P. pratense L. ist. Der Uebergang erfolgt nur allmälig u. kann vorzüglich gut am Ritten um Pemmern bei 4800' beobachtet werden. — Val di Non; Val di Vestino; in Fleims auf Bellamonte (Lbd.).
2061. **Cynodon Dactylon L.** Meran (Bmb.). Vintschgau: von Schlanders bis Naturns (Hep.)!
2062. **Leersia oryzoides Sw.** Burgstall bei Meran; zwischen Rabland und Naturns (Bmb.)!

582. b. *Coleanthus Seidel.* Scheidengras.

Aehrchen 1blüthig. Balg fehlt. Bälglein 2spelzig; Spelzen häutig, die untere 1nervig, gekielt, zugespitzt - begrannt, die obere um die Hälfte kleiner, 2nervig, 2kielig. Staubgefässe 2. Griffel kurz, Narben lang, fädlich, mit kurzen Haaren besaet. Karyopse nackt, länger als die Spelzen u. von denselben nur an der Basis bedeckt.

2062. b. **C. subtilis Seid.** Wurzel jährig, vielhalmig, Halme ausgebreitet, aufsteigend. Rispe anfänglich in den schlauchigen Blattscheiden eingescheidet. 1—3 Zoll hoch. — Schmidtia utriculosa Sternberg. Schm. subtilis Tratt. Dieses äusserst seltene (in Deutschland bisher nur in ein paar ablassbaren Fischteichen Böhmens) Gras fand der Stud. J. v. Zallinger in ziemlicher Menge Hälfte Juni 1852 eben in schönster Blüthe im Wolfsgruber See am Ritten bei Bozen. Von ihm u. dem mit ihm einige Tage später den See besuchenden Herrn Leybold erhielt ich zahlreiche frische Exemplare. Als ich den See wie seit 20 Jahren (jährlich wenigstens 1mal) Ende Juli besuchte, fand ich ihn bis auf die tiefste Stelle am südlichen Ende ganz trocken gelegt, was während der erwähnten Periode nie, und nach der Aussage eines Anwohners nur noch im sehr trokenen Jahre 1822 ebenso der Fall war. Die obere Hälfte des Sees war mit Graswuchs und einer Masse von Cyperus fuscus bedeckt, von Coleanthus aber nichts mehr zu finden, auch von der in diesem Jahre wieder häufigen Limosella fanden sich nur mehr verfaulte Reste vor.

2063. **Agrostis stolonifera L.** Rattenberg, bis an die Alpen (Lng.). Schwaz (Reis.).

Nachträge: Gramineae.

β. *flavescens.* Aehrchen schön gelb. So von Herrn Leybold bei Riva an Mauern gesammelt.

γ. *alpestris.* Aehrchen grösser, dunkel gefärbt. So am Uebergang von Gröden nach Kolfusk (Hsm.).

2064. *A. vulgaris With.* Rattenberg (Lng.).

2066. *A. alpina Scop.* Rhätikon: Lüneregg (Rehst.)! Joch Grimm (Thl.). Am Vajolo (Lbd.).

2067. *A. rupestris All.* Arlberg, gegen Zürs (Rehst.)! Sonnenwend- u. Steinbergerjoch (Lng.). Joch Grimm (Thl.). Ai Mughoni in Fassa; Val di Non (Lbd.).

2068. *Apera spica venti Beauv.* Rattenberg (Lng.). Schwaz (Reis.). Trient (Vhw.).

2069. *Calamagrostis littorea De C.* Rattenberg: am Inn (Lng.). Schwaz (Reis.). Brixen (Schm.). Gemein in Passeier (Bmb.).

2071. *C. Halleriana DeC.* Laternseralpe bei Rankweil (Rehst.)! Spronserthal (Bmb.).

2072. *C. tenella Host.* Freschen, Hoheblanken, Mittagspitze (Rehst.)! Pfosenthal in Schnals (Bmb.).

2073. *C. montana Host.* Rattenberg (Lng.). Naifthal bei Meran (Bmb.).

2074. *C. sylvatica De C.* Am Baldo (Lbd.).

2076. *Piptatherum multiflorum Beauv.* An Mauern bei Riva (Lbd.).

2078. *Stipa capillata L.* Tirol (Laicharding)! Schnalserthal (Bmb.). Stipa juncea Host. Laichard.

2079. *Lasiagrostis Calamagrostis Link.* Meran; sehr häufig in Schnals (Bmb.).

2080. *Phragmites communis Trin.* Rattenberg (Lng.). Schwaz (Reis.). —

2081. *Arundo Donax L.* Blühte in meinem Weinberge auch im Jahre 1852 im Mai, also erst im 2ten Jahresalter des Halmes, der somit mehrjährig (wenigstens 3jährig beobachtet) ist (Hsm.).

Eine Spielart: β. *picta,* Blätter weissgestreift, hie u. da in Gärten um Bozen, auch in den Anlagen am Kinselehofe (Hsm.). —

2082. *Sesleria caerulea L.* Arlberg und Rhätikon (Rehst.)! Rattenberg, bis in die Alpen (Lng.). Bei Stans (Reis.).

2085. *S. sphaerocephala Ard.* Joch Grimm (Thl.). Pfitsch (Mss.). Mon maor am Baldo; Pass Revelta; Tognola in Nonsberg (Lbd.).

2086. *S. disticha Pers.* Fimberjoch u. Scesa plana am Rhätikon (Rehst.)! Tristenspitze u. am wilden Unutz (Lng.). Joch Grimm (Thl.).

Nachträge. Gramineae.

2087. *Koeleria cristata Pers.* Vomp (Reis.). Mauern bei Riva (Lbd.).
2089. *Koeleria hirsuta Gaud.* Häufig im Zil- u. Pfeldererthal, dann im Pfosenthal am Eishof (Bmb.).
2091. *Aira caespitosa L.* Montafoner Alpen (Rehst.)! Rattenberg (Lng.). Val di Ledro (Lbd.). Eine kleinere Form mit eingerollten Blättern ist nach Koch: Aira alpina Roth.
2093. *A. flexuosa L.* Rhätikon-Gebirge (Rehst)!
2094. *Holcus lanatus L.* Schwaz (Reis.).
2095. *H. mollis L.* Rattenberg, gemein auf Feldern (Lng.), Viecht (Reis.). Valsugana (Ambr. bei Perini)! Tione (Pet.)!
2097. *Avena hybrida Peterm.* Vergl. p. 1070. Innsbruck: einzeln an einem Steinbruche bei Mühlau (Hep.).
2099. *A. pubescens L.* Rhätikon und Hochgerrach (Rehst.)! Rattenberg, bis an die Alpen (Lng.). Schwaz (Reis.).
2102. *A. lucida Bertol.* In der Voraussetzung, dass Koch u. Reichenbach die echte Bertolonische Pflanze kannten, muss wiederholt werden, dass diese nur eine Form von A. pratensis sein kann. Sie wächst auf magern kurzberasten Rainen u. Triften u. wenn sie bis an Wald- oder Wiesenränder verfolgt wird, so sieht man sie sich in die echte A. pratensis verwandeln. Die ausgeprägtesten Exemplare dieser Form haben sehr kurze (wenigstens 5mal kürzer als der Halm) meist gedrehte, schwach rinnige, oberseits meist schimmernde und grüne, meist dem Boden anliegende nur gegen die Spitze zu aufgerichtete Blätter u. einzelne Halme. Bei der echten A. pratensis ist die Wurzel dichtrasig und trägt viele Halme, diese sind nur 2- höchstens 3mal länger als die stark rinnigen starren aufrechten oberseits meist graugrünen Blätter.
2104. *A. versicolor Vill.* Arlberg- und Rhätikon - Alpen (Rehst.). Joch Grimm (Thl.). Meraneralpen (Bmb.).
2105. *A. sempervirens Vill.* Monte Baldo: ober Aque negre; Voralpen in Judicarien (Lbd.). Die Blätter sind gewöhnlich zusammengefaltet-borstlich. Exemplare, an denen nur die äussersten Blätter gefaltet-borstlich, die innern aber alle flach u. kaum rinnig waren, fand Fr. Leybold.
2106. *A. flavescens L.* Rattenberg (Lng.).
2107. *A. alpestris Host.* Nach Neilreich Fl. von Wien Nachträge pag. 82 die Alpenform von A. flavescens, und kaum als Varietät haltbar, gewiss aber keine Art. Lanzola di Sella bei Borgo (Ambr.)!
2108. *A. distichophylla Vill.* Unter Scesa plana am Rhätikon (Rehst.). Tennenschrofen u. Hutzeljoch in Gschnitz (Hep.). Am Schäufelesteig am Schlern, dann Val di Vajola am Lago d'Antermoja (Lbd.).

Nachträge: Gramineae. 1507

2109. *A. argentea Willd.* Prà della Vacca; Bocca di Brenta; Val delle Ossa am Baldo (Lbd.).

2110. *A. subspicata Clairv.* In den angränzenden schweizerischen Alpen im Rheinwalde u. Appenzell (Rehst.)!

2112. *A. capillaris M. u. K.* Bozen: höchst gemein im ganzen Sigmundscroner Berge, überhaupt an kurzbegrasten warmen Hügeln (Hsm.); am Hohen - Eppaner Schlosse (Lbd.). —

2114. *Triodia decumbens Beauv.* Schwaz (Reis.). Rattenberg (Lng.). Meran, selten; in Pfelders (Bmb.). Ueberetsch: bei Schloss Korb (Lbd.).

2115. *Melica ciliata L.* Feldkirch an Felsen (Rehst.).

2118. *Briza media L.* Rattenberg (Lng.).

2119. *Eragrostis megastachya Link.* Meran: gemein mit E. pilosa bei Gratsch, Obermais, an der Passermauer etc. (Bmb.).

2121. *E. pilosa Beauv.* Schwaz, höchst selten (Reis.), vielleicht nur eingeschleppt?

2123. *Poa annua L.* Riva; Val di Ledro (Lbd.).

β. *varia.* Sattelspitze bei Rattenberg (Lng.). Alpen um Brixen (Schm.). Das Exemplar von Rattenberg zeigt unwiderleglich, dass P. annua β. varia unter Umständen mehrjährig werden kann, was ich nach Exemplaren aus den Bozener Alpen schon längst annahm, so wie es überhaupt wohl nicht zu bezweifeln, dass im Thale 1-2jährige Pflanzen auf Alpen 2—mehrjährig werden können. Dass solche Pflanzen dann auch ein verändertes Aeussere erhalten, liegt auf der Hand, und wurden mitunter für verschiedene Arten angesehen, z. B. Viola lutea, Saxifraga adscendens, Draba incana etc. (Hsm.).

2124. *P. laxa Haenke.* Spronseralpen (Bmb.). Schwarzhorn (Thl.). Lago di Calaita; Palle di San Martino (Lbd.). — Schon Traunsteiner äusserte die Meinung, dass Poa laxa Alpenform von P. nemoralis sein dürfte, meine bisherigen Beobachtungen lassen auch mir es wahrscheinlich sein (Hsm.).

2125. *P. minor Gaud.* Stanerjoch (Reis.).

2126. *P. bulbosa L.* Während um Bozen die blüthentragende Form seltener, dagegen die varietas β. vivipara ganz gemein, ist nach Professor Hofmann um Brixen erstere fast ebenso häufig. Die Koch'sche Diagnose: Aeste gezweiet oder einzeln, ist abzunändern u. es soll heissen: Aeste meist gezweiet oder einzeln, seltener die untersten zu 3—5, denn so kommt um Bozen nicht selten u. nach von Prof. Hofmann mitgetheilten Exempl. Poa bulhosa auch bei Brixen in der Nähe von Neustift vor. Koch nennt ferner die Ränder der Blüthen: dichtflaumig. Um Bozen sowohl als um Brixen kommen sie auch häufig kahl vor.

2127. *P. alpina L.* Rattenberger Alpen mit β. (Lng.). Mit β. am Arlberg u. Rhätikon-Alpen (Rehst.)!

2129. *P. nemoralis L.* Schwaz (Reis.). Rattenberg (Lng.). Alpen ober Stuben am Arlberg (Rehst.). Riva (Lbd.).
2132. *P. hybrida Gaud.* Wälder bei Rattenberg (Lng.).
2133. *P. trivialis L.* Rattenberg (Lng.), Schwaz (Reis.).
2134. *P. pratensis L.* Rattenberg, bis an die Alpen (Lng.). Schwaz (Reis.). Die Var. *β.* bei Brixen (Schm.).
2135. *P. cenisia All.* Rhätikonkette, ober Vandans u. Gallkirch (Rehst.)!
2136. *P. compressa L.* Brennerstrasse, ober Gossensass (Hep.). Mauern bei Riva (Lbd.).
β. Langeana. P. Langeana Reichenach. Halm höher, bis 2 Fuss hoch, Rispe locker mit zahlreichen Aehrchen. Bozen: selten im Talferbette (Hsm.).
2138. *Glyceria fluitans Brown.* Schwaz (Reis.).
2140. *G. aquatica Presl.* Torbole und Garda (Per.)! Die Varietät mit 3—5blüthigen Aehrchen sammelte Herr Zimmeter bei Lans nächst Innsbruck, diese scheint nach Koch's Synopsis ed. 2. p. 933 sehr selten vorzukommen.
2141. *Molinia caerulea Moench.* Schwaz (Reis.). Rattenberg (Lng.). Oberinnthal: am Piller; Vintschgau: bei Tschars (Hep.). Val di Ledro u. di Vestino (Lbd.).
2142. *M. serotina M. u. K.* Meran: am Kiechlberg, St. Peter etc. (Bmb.).
2144. *Cynosurus cristatus L.* Rattenberg: am Zimmermoosberge (Lng.). Häufig um Innsbruck z. B. bei Amras (Hep.). Schwaz (Reis.). An der Fersina bei Trient (Vhw.)!
2146. *Festuca rigida Kunth.* Trient: alle Laste u. am Doss Trent (Vhw.)! Bastione di Riva, Ponale, Gargnano, Malcesine (Lbd.). Bozen am Wege nach Rafenstein.
2148. *F. Myuros auct.* Meran: bei St. Peter u. Marling, in Menge (Bmb.). Bozen: am Strecker- u. Reichriegler-Hofe, am Wege nach Rafenstein (Hsm.). Schloss Boimont und Hohen-Eppan (Lbd.).
2150. *F. Halleri All.* Montafoner-Alpen (Rehst.)! Sonnenwend- u. Steinbergerjoch (Lng.). Joch Grimm (Thl.).
2151. *F. ovina L.*
α. vulgaris vivipara. Rattenberger Alpen (Lng.).
2152. *F. heterophylla Lam.*
β. nigrescens.. Steinbergerjoch (Lng.). Joch Grimm (Thl.).
2153. *F. rubra L.* Rattenberg: im Sande am Inn (Lng.).
2154. *F. varia Haenke.* Joch Grimm (Thl.)
2155. *F. pumila Vill.* Vorarlberg auf Kalkalpen: Rothwand, Schafberg (Rehst.)! Alpen bei Rattenberg (Lng.).
2156. *F. pilosa Hall.* Spronseralpen bei Meran, sehr häufig (Bmb.). Torcegno, Montagna di Mendana (Ambr.).

Nachträge: Gramineae.

2157. *F. spectabilis Jan.* Am veronesischen Baldo bei Madonna della Corona; am Ebréo u. ober Molveno (Lbd.).

2158. *F. spadicea L.* Val Cavallara in Valsugana; Tesino u. Canal di San Bovo (Lbd.).

2159. *F. sylvatica Vill.* Rattenberg: z. B. am Zimmermoosberge (Lng.).

2160. *F. Scheuchzeri Gaud.* Walserthaler Alpen: Madonna-Kopf, Zitterklappen (Rehst.)!

2161. *F. gigantea Vill.* Arzl bei Innsbruck (Hep.).

2163. *F. elatior L.* Rattenberg (Lng.). Schwaz (Reis.).

2164. *F. loliacea Huds.* Meran: gegen Forst auf Wiesen (Bmb.). Schwaz (Reis.).

2165. *Brachypodium sylvaticum R. und Sch.* Rattenberg (Lng.). Schwaz (Reis.).

2166. *B. pinnatum Beauv.* Rattenberg (Lng.). Schwaz (Reis.).

2167. *Bromus secalinus L.* Rattenberg: häufig unter Getreide (Lng.). Schwaz (Reis.). Aendert ab: mit grössern u. kleinern, kahlen oder rauhen Aehrchen. Eine weitere Abart ist: *B. multiflorus Sm.* mit grössern kurzhaarig-sammtigen Aehrchen, diese nach Sauter gemein bei Bregenz!

2169. *B. racemosus L.* Levale bei Borgo (Ambr. bei Perini)! Innsbruck (Hep.).

2170. *B. mollis L.* Rattenberg (Lng.).

2171. *B. arvensis L.* Rattenberg (Lng,). Schwaz (Reis.). Meran (Bmb.)!

2173. *B. squarrosus L.* Meran (Bmb·)!

2177. *B. sterilis L.* Innsbruck: bei Mühlau (Hep.). Brixen (Schm.).

2178. *B. tectorum L.* Feldkirch, Rankweil (Rehst.)!

2179. *B. madritensis L.* Bei Riva an Mauern, zwischen Castelletlo u. Malcesine (Lbd.).

2181. *Triticum glaucum Desf.* Meran (Bmb.)!

2182. *T. repens L.* Im Jller- u. Rheinbette (Rehst.)! Rattenberg (Lng.).

Secale cereale L. Das Mutterkorn ist bei Rattenberg stellenweise sehr häufig (Lng.).

2184. *Elymus europaeus L.* Tirol (Laicharding)!

2185. *Hordeum murinum L.* Feldkirch (Rehst.)! Schwaz (Reis.). Dass H. Pseudo-murinum kaum als Varietät von H. murinum L. anzusehen ist, belehrten uns Exemplare, die v. Hepperger in Vintschgau u. Bamberger bei Meran sammelten, es fanden sich auf demselben Exemplare äussere Klappen von H. murinum u. innere von H. pseudomurinum oder umgekehrt.

2186. *Lolium perenne L.* Rattenberg (Lng.). Schwaz (Reis.). Die Var. β. seltener bei Schwaz (Reis.). Toblino u. Ranzo (Lbd.). —

2187. *L. italicum A. Br.* Nach Custer am Rheine in Vorarlberg nur gebaut. — L. multiflorum Lam.

L. multiflorum Gaud. Ist nach einer brieflichen Mittheilung Sauter's zu streichen. Die von ihm für Reichenbach's Flor. germ. exsicc. bei Rheineck gesammelte, nach Custer's Versicherung allda auch gebaute Pflanze ist L. multiflorum Lam. (nicht Gaud.) u. gehört somit zu Lolium italicum A. Braun, wohin die Reichenbach'sche Nro. auch von Döll (Rhein. Fl. p. 64) gezogen wird. Die von Reichenbach ausgegebene Nro. kam uns selbst nicht zu Gesichte, sie wird aber von Reichenbach in Deutschlands Fl. Gräser p. 22 als L. multiflorum Gaud. citirt.

2188. *Lolium arvense Wither. nach Döll.* Halme aufrecht, meist einfach, zuweilen über der Basis mit einem oder zwei fruchtbaren, oder im Falle der Verkümmerung doch nicht ausdauernden seitlichen Triebe. Aehrchen während des Blühens nicht von der Spindel abgewendet; Klappen kürzer als die 4—8blüthigen länglichen oder breit-elliptischen Aehrchen, selten so lang als dieselben. Blüthen stumpf oder begrannt. — Unter Lein, auch hie u. da an Wegen, Dämmen. Bei Bregenz (Custer)! Die Custer'sche Angabe wurde früher absichtlich übergangen, sie verdient nun nach obiger Aufklärung um so mehr Glauben, als Döll (Rhein. Fl. p. 64) versichert, diese Pflanze im benachbarten Canton St. Gallen selbst gesammelt zu haben, u. so mag nun diese Art die Nro. des zu streichenden L. multiflorum einnehmen. L. linicola Sonder bei Koch. ʘ.

2189. *Lolium temulentum L.* Rattenberg: auf Aeckern, an Wegen (Lng.). Weiherburg bei Innsbruck (Hep.). Die Abart β. auch bei Oberbozen (Zal.), dann bei Vomp nächst Schwaz (Reis.).

2191. *Nardus stricta L.* Vorarlberger Alpen (Rehst.)! Rattenberg: am Widdersberger Horn (Lng.). Am Kanzele bei Viecht (Reis.). Lago di Calaita, Val di Lozem, Scanajol in Primiero (Lbd.).

CXXV. EQUISETACEAE.

2192. *Equisetum arvense L.* Feldkirch, Rankweil (Rehst.)! Rattenberg (Lng.). Schwaz (Reis.).

2193. *E. Telmateja Ehrh.* Innsbruck: bei Mutters (Zim.). An der Rocchetta gegen Spor (Lbd.).

2194. *E. sylvaticum L.* Arlberg, Bergwälder ober Bludenz (Rehst.)! Wälder des Zimmermoosberges bei Rattenberg (Lng.). Freundsberg (Reis.).

Nachträge: Marsileaceae. 1511

2195. *E. umbrosum Meyer.* Innsbruck: Götzens, Götzehser Klamm, in der Lizum (Hep.).
2196. *E. palustre L.* Am Rhein: bei Meiningen (Rehst.)! Rattenberg (Lng.).
2197. *E. limosum L.* Im Voldöpper Weiher bei Rattenberg (Lng.).
2198. *E. ramosum Schleich.* Meran (Bmb.)!
2199. *E. hyemale L.* Rattenberg, bis an die Alpen (Lng.).
2200. *E. variegatum Schleich.* Am Rhein: Kiesbänke bei Meiningen (Rehst.)! Rattenberg (Lng.). Stubai: im Ried bei Mieders (Glanz). Meran (Bmb.)!

CXXVI. MARSILEACEAE.

2201. *Salvinia natans L.* Früher im Weiherburger Weiher (Hfl.). Sümpfe bei Deutschmetz, im Traminer Moos (Lhd.). Ist wohl nur 1jährig u. nicht mehrjährig, wie gewöhnlich angegeben wird.

CXXVII. LYCOPODIACEAE.

2202. *Lycopodium Selago L.* Alpenwälder in Montafon, ober Pattenen (Rehst.)! Am Piller (Sls.). Zimmermoosberg und Moosenthal bei Rattenberg (Lng.). Graun (Hutter). Kollern, Tiers; Alpe la Spora, am Bondone (Lhd.). Gebirge bei Meran (Bmb)!
2203. *L. inundatum L.* Moorwiesen im Moosenthale bei Rattenberg (Lng.).
2204. *L. annotinum L.* Innsbruck: Igelseralpe; in der Pettnau (Walter. Zim.). Bad Antholz u. Maistatt im Pusterthal mit Nr. 2208 (Hsm.).
2205. *L. alpinum L.* Hohe Salve (Hep.). Glunggezer, Windegg (Glanz). Am Fusse des Ifinger von Jenesien aus (Vhw.)! Spronseralpen (Bmb.).
2207. *L. complanatum L.* Innsbruck: bei Windegg mit Voriger (Hep.).
2208. *L. clavatum L.* Rattenberg, gemein vorzüglich in den Waldungen des Sonnenwendjoch (Lng.). Schwaz (Reis.)!
2209. *Selaginella spinulosa Al. Br.* Arlberg, Madrischjoch, im Huttel-Thal (Rehst.)! Zunderspitz, am Sonnenwendjoch u. wilden Unutz (Lng.). Waldblössen ober Waldrast, häufig (Zim.). Sehr gemein um Maistatt (Hsm.).
2210. *S. helvetica Spring.* Am Rhätikon ober dem Lünersee (Rehst.)! Schwaz (Reis.). Gemein um Bruneck (Hsm.).

CXXVIII. FILICES.

2211. *Botrychium Lunaria Sw.* Rhätikon-Alpen, Lüneregg, Zeinisjoch (Rehst.)! Helm bei Innichen (Gredler). Rattenberger Schlossberg (Lng.). Kanzele bei Viecht (Reis.). Graun in Vintschgau (Hutter). In Gschnitz; Reschen (Hep.).

Nachträge: Filices.

2212. *Ophioglossum vulgatum L.* Leifers u. St. Jacob bei Bozen; ober Spor (Lbd.).

2213. *Osmunda regalis L.* Nach Ambrosi im benachbarten Bassanesischen!

2214. *Grammitis Ceterach Sw.* Meran: häufig bei Partschins, St. Peter u. Lebenberg (Bmb.). Ober Leifers u. St. Jacob, bei Boimont; Val di Ledro (Lbd.).

624. b. *Gymnogramma Desv.* Nacktfarn.

Sporenbehälter auf den gabeligen Adern der unveränderten Blattabschnitte, zuletzt ziemlich gedrängt und fast die ganze untere (spreublattlose) Fläche der Blattabschnitte einnehmend. (XXIV. 1.). —

2214. b. *G. leptophylla Desv.* Blätter doppelt gefiedert, glatt, zart; Fiederchen verkehrt-eiförmig, am Grunde keilig, an der Spitze abgerundet-stumpf, 2—3lappig, Lappen 2zähnig.

Bei Meran: oberhalb Algund u. bei Gratsch in warmgelegenen geschützten, mit feuchter fetter Erde ausgefüllten Felsenlöchern am 30. März 1853 von Bamberger entdeckt. Grammitis leptophylla Sw. Polypodium leptophyllum L. Wächst in kleinen lockern Bündeln. Strünke 2—5 Zoll hoch, kastanienbraun, die Spindel grün. — Sonst in der südlichen Schweiz, in Piemont, Oberitalien. ♃.

2215. *Polypodium vulgare L.* Rattenberg (Lng.). Schwaz (Reis.). —

Var. γ. *angustum.* Blatt linealisch-lanzettlich. Fieder stumpf, gegen die Spitze des Blattes an Länge nur unmerklich abnehmend, ungefähr doppelt so lang als breit, 15—20paarig. Blätter kaum mehr als Zoll breit, (ohne Strunk) bis 7 Zoll lang. Diese schöne auffallende Varietät fand ich im Juni 1853 im Walde nordöstlich von Runkelstein bei Bozen (Hsm.).

2218. *P. Robertianum Hoffm.* Am Schlern u. in Tiers (Lbd.).

2221. *Aspidium Lonchitis Sw.* Felsenwände ober Stuben am Arlberg (Rehst.)! Grasleiten am Schlern (Sls.), und in Eggenthal (Lbd.). Alpen ober Spor; in Val d'Ampola (Lbd.).

2222. *A. aculeatum Sw.* Rattenberg: Wälder gegen die Schreieralpe (Lng.). Val d'Ampola und am Ebréo (Lbd.). Die eingesehenen Exemplare aus Tirol gehören alle zu Döll's varietas α. vulgare = A. lobatum Swartz: Robuster; Fiederchen etwas sichelförmig, lanzettlich, allmälig zugespitzt, Fiedertheilchen länglich, länglich-eiförmig oder rautenförmig, das unterste obere grösser als die übrigen und geöhrelt. An der bezeichneten Stelle bei Bozen, wo der alte Stock ausgerottet worden war, fand ich 1852 wieder 2 noch ganz junge, ich hob sie aus und versetzte sie an 2 verschiedene passende, minder ausgesetzte Stellen der Umgegend (Hsm.).

Nachträge: Filices.

2223. ***Polystichum Thelypteris** Roth.* Beim Standorte Bregenz soll stehen: am Hoierberge ausser Lindau (Str.). Innsbruck: am Lanser See (Prkt.). In der Lizum (Hep.).

2224. ***P. Oreopteris** De C.* Gemein in Gebirgswäldern bei Rattenberg (Lng.). Innsbruck: Mühlauer Klamm, Lizum, Volderthal (Hep.).

2225. ***P. Filix mas** Roth.* Rattenberg (Lng.). Schwaz (Reis.)! Petersberg bei Bozen (Thl.).

2226. ***P. cristatum** Roth.* Der Fundort bei Kitzbüchl wird von Dr. Sauter bezweifelt, er fand es nur bei Mittersill in tiefen Sümpfen an Erlenstrünken!

2227. ***P. spinulosum** De C.* Gemein in den Waldungen am Sonnenwendjoch (Lng.). Die Var. β. bei Petersberg (Thl.). Die Var. α. in der Lizum; bei Mairhofen im Zillerthale (Glanz. Hep). Voralpen in Judicarien; Val di Vestino, Val di Lorina (Lbd.).

2228. ***P. rigidum** De C.* Voralpenwälder am Laugen bei Lana (J. v. Putzer 1853). Am Ebréo in Judicarien (Lbd.).

2229. ***Cystopteris fragilis** Bernh.* Rhätikonkette, Schweizerthor (Rehst.)! Schwaz (Reis.)! Brixen (Gnd.).

2230. ***C. regia** Presl.* Sonnenwendjoch, am wilden Unutz, Kalte Wand, Steinbergerjoch (Lng.). Stempeljoch (Zim.). Am Tognola in Nonsberg, Rocca pagana in Rendena, Val delle Ossa am Baldo (Lbd.).

2231. ***C. montana** Link.* Pletschenthal in der Klamm (Glanz).

2232. ***Asplenium Filix foemina** Bernh.* Rankweil, Laterns (Rehst.)! Schwaz (Reis.)! Rattenberg (Lng.).
Döll (Rhein. Fl. p. 12) führt 3 Abänderungen an:
α. *dentata.* Fiedertheilchen einfach - gezähnt oder die in der Nähe der Spindel an der Spitze gabelig-gezähnt.
β. *bidentata.* Sämmtliche Fiedertheilchen an der Spitze 2zähnig.
γ. *multidentata.* Fiedertheilchen an der Spitze 3—4-zähnig. Diese schöne Abänderung im Thale bei Bozen selten im Gebüsche an dem Mühlbache der Neubruch-Wiesen bei Gries, bis Mann hoch (Hsm.).

2233. ***A. Trichomanes** L.* Feldkirch, Gurtiserberg (Rehst.). Rattenberg: im Walde bei Kramsach (Lng.). Schwaz (Reis.)!

2234. ***A. viride** Huds.* Rhätikon, Druserthor (Rehst.)! Sonnenwend- u. Steinbergerjoch (Lng.).

2235. ***A. Breynii** Retz.* Bei Schönna nächst Meran (Bmb.)!

2236. ***A. fissum** Kit.* Vergl. p. 1070.

2237. ***A. Ruta muraria** L.* Feldkirch (Rehst.)! Schwaz (Reis.)!

2238. *A. septentrionale Sw.* Meran (Bmb.). Brixen (Schm.).
2239. *A. Adiantum nigrum L.* Schlucht am Hochgerrach ober Rankweil (Rehst.)!
2239. b. *Asplenium acutum W.* Vergl. p. 1049. Nach einer brieflichen Mittheilung Friedrich Braun's von ihm im Jahre 1820 bei Bozen auf einem Hügel am Wege nach Brixen gefunden, was wir um so weniger bezweifeln, als wir selbst oft schon dem A. acutum höchst nahe stehende Formen von A. nigrum fanden, wohl auch, solche, die dafür genommen werden mögen, da sich Exemplare von den Euganeen von unsern nur durch eine noch etwas schärfere Zuspitzung der Blattheile unterscheiden. A. acutum ist aber zweifelsohne nur südliche Form von A. nigrum. Letzteres kommt bei Bozen vorzüglich in kältern schattigern Thälern, ersteres, oder wenigstens die Uebergänge dazu, an sonnigen Abhängen, wo die Wedel überwintern u. oft schon Ende des Winters fructificiren. Dasselbe Verhältniss findet mit Polypodium vulgare α. obtusum und β. acutum Statt, und folgerichtig müsste man dann auch diese als Arten trennen.
2240. *Scolopendrium officinarum Sw.* Arlberg, an felsigen Waldstellen (Rehst.)! Häufig in Steingerölle auf den Alpen in Thiersee, am Rettenschöss bei Kramsach, beim Kaiserhause in Brandenberg (Lng.). Bozen: im Tschuepenthale hinter dem Steinmann-Hofe ober Leifers (Lbd.). Val di Ledro, Val d'Ampola, Val di Vestino, Via Aviana am Baldo (Lbd.).
2241. *Blechnum Spicant Roth.* Gerrach-Tobel unter Laterns (Rehst.)! Häufig bei Itter im Brixenthale; Volderthal (Hep.). Bruderwald bei Schwaz (Reis.)!
2242. *Pteris aquilina L.* Montafon (Rehst.)! Brixen (Schm.). Schwaz (Reis.).

Aendert ab: β. *brevipes.* Rabenhorst. P. brevipes Tausch. Doppelt-gefiedert, Stiel sehr verkürzt, Fiederchen eiförmig-länglich, stumpf, fast abgerundet, Endfieder am Grunde geöhrt, und wie die Endlappen der Fieder fast zungenförmig, ganzrandig. Diese Form am Ritten an Wiesenrändern nach dem ersten Schnitte und nur steril und meist flaumhaarig, während die Species meist ganz kahl ist (Hsm.).
2243. *Adiantum Capillus Veneris L.* Margreid, sehr häufig an den Tropfquellen bei Niclár (Grb.). Soll auch im Berge ober dem Mooshofe bei Morizing sein!
2244. *Nothochlaena Marantae R. Br.* Meran: häufig an den Felsenabhängen bei St. Peter u. Thurnstein (Bmb.).
2245. *Allosurus crispus Bernh.* Sehr häufig auf den Spronseralpen (Bmb.). Ratschinges bei Sterzing (Liebl). Am Schlern u. Duron (Lbd.).

2246. *Struthiopteris germanica Willd.* Bei Rabbi (Hfl.). Aus der Gegend von Innsbruck erhielt ich 1852 einen unfruchtbaren Wedel durch Student Ebner. Meran: in einem Thälchen bei Lebenberg, Fuss des Hippolit's-Berges bei Tisens, dann in ungeheurer Menge von Nals nach Lana der Bergseite nach u. von da gegen Vilpian (Bmh.). In Primiero am Wege von Lozem zum See von Calaita (Lbd.). Um Innsbruck 1853 in der Voralpen-Region von C. v. Hepperger an mehreren Orten gefunden.

Der Verfasser gedenkt weitere Nachträge folgen zu lassen — in dieser Hinsicht wurde auch einiges noch zu Sichtende einsmalen bei Seite gelegt. Das Jahr 1853 zeigte sich in seinem Frühjahre und Vorsommer für den Pflanzenwuchs in hohem Grade günstig. Manches Interessante ist uns durch die heurige bisherige Thätigkeit der vaterländischen Pflanzenfreunde schon zugekommen — konnte aber nur zum kleineren Theile noch dem Drucke übergeben werden. Weiteren Mittheilungen wird mit Vergnügen entgegen gesehen.

Übersicht

der

während des Druckes eingeschalteten oder nachgetragenen Gattungen u. Arten.

---

638. (6. a.) *Ceratocephalus.*

2247.	(27. b.)	Ceratocephalus orthoceras.
2248.	(28. b.)	Ranunculus pantothrix.
2249.	(28. c.)	Ranunculus Petiveri.
2250.	(31. b.)	Ranunculus anemonoides.
2251.	(34. b.)	Ranunculus crenatus.
2252.	(56. b.)	Ranunculus pygmaeus.
2253.	(83. b.)	Papaver alpinum.

639. (25. b.) *Cheiranthus.*

2254.	(97. b.)	Cheiranthus Cheiri.
2255.	(109. b.)	Arabis sagittata.
2256.	(111. b.)	Arabis petraea.
2257.	(127. b.)	Dentaria trifolia.
2258.	(135. b.)	Sisymbrium pannonicum.
2259.	(140. b.)	Braya pinnatifida.
2260.	(149. b.)	Sinapis alba.
2261.	(150. b.)	Erucastrum Pollichii.
2262.	(154. b.)	Alyssum montanum.
2263.	(158. b.)	Lunaria biennis.
2264.	(179. b.)	Thlaspi praecox.
2265.	(180. b.)	Thlaspi cepeaefolium.
2266.	(308. b.)	Möhringia diversifolia.

640. (87. b.) *Elatine.*

2267.	(337. b.)	Elatine hexandra.
2268.	(339. b.)	Evonymus verrucosus.

Uebersicht der nachgetragenen Gattungen etc. 1517

641. (112. b.) *Sarothamnus*.

2269. (404. b.) Sarothamnus vulgaris.
2270. (415. b.) Cytisus ratisbonensis.
2271. (433. b.) Medicago maculata.
2272. (433. c.) Medicago carstiensis.
2273. (456. b.) Trifolium nigrescens.
2274. (467. b.) Lotus tenuifolius.
2275. (478. b.) Oxytropis cyanea.
2276. (490. b.) Coronilla minima.
2277. (510. b.) Vicia peregrina.
2278. (675. b.) Sempervivum Braunii.
2279. (676. b.) Sempervivum Döllianum.
2280. (726. a.) Astrantia carniolica.

642. (225. b.) *Tordylium*.

2281. (789. b.) Tordylium maximum.
2282. (831. b.) Lonicera etrusca.
2283. (1042. b.) Saussurea pygmaea.
2284. (1084. b.) Taraxacum Pacheri.
2285. (1153. b.) Hieracium virescens.
2286. (1156. b.) Xanthium spinosum.
2287. (1181. b.) Campanula cenisia.
2288. (1267. b.) Cuscuta hassiaca.
2289. (1289. b.) Pulmonaria mollis.
2290. (1317. b.) Verbascum lanatum.
2291. (1317. c.) Verbascum Schiedeanum.
2292. (1318. b.) Verbascum rubiginosum.
2293. (1331. b.) Linaria Elatine.
2294. (1376. b.) Orobanche loricata.
2295. (1377. b.) Orobanche amethystea.
2296. (1397. b.) Pedicularis Hacquetii.
2297. (1497. b.) Lysimachia punctata.
2298. (1505. b.) Androsace Heerii.
2299. (1506. b.) Androsace Hausmanni.
2300. (1525. b.) Primula integrifolia.
2301. (1532. b.) Soldanella montana.
2302. (1609. b.) Daphne petraea.
2303. (1617. b.) Aristolochia pallida.
2304. (1631. b.) Euphorbia virgata.
2305. (1725. b.) Alisma parnassifolium.

1518 Uebersicht der nachgetragenen Gattungen etc.

2306. (1732. b.) Potamogeton Hornemanni.
2307. (1767. b.). Orchis pallens.
2308. (1769. b.) Orchis laxiflora.
2309. (1815. h.) Iris squalens.
2310. (1837. b.) Tulipa sylvestris.
2311. (1847. b.) Ornithogalum arcuatum.
2312. (1857. b.) Scilla amoena.
2313. (1896. b.) Juncus atratus.
2314. (1970. b.) Carex Schreberi.
2315. (1976. b.) Carex tetrastachya.
2316. (2002. b.) Carex ornithopodioides.

643. (582. b.) Coleanthus.
2317. (2062. b.) Coleanthus subtilis.

644. (624. b.) Gymnogramma.
2318. (2214. b.) Gymnogramma leptophylla.

Weitere Tiroler-Arten sind uns im Verlaufe des Spätsommers zugekommen:

2319. *Althaea hirsuta L.* Welschtirol (Viehweider).
2320. *Astragalus oroboides Hornem.* Schleinitz in Kals (Huter).
2321. *Saxifraga diapensoides Bell.* Welschtirol (Leybold).
2322. *Verbascum pulverulentum Vill.* Südtirol (Viehweider).

Näheres hierüber später.

Zahl der Tiroler Arten = 2322.
Zahl der Tiroler Gattungen = 645.

Am 1. September 1853.

Zweifelhafte oder irrige Angaben von Tiroler-Pflanzen.

(Nachtrag zu pag. 1203.)

Der grössere Theil der nachfolgenden Angaben ist in ältern Werken enthalten, sie wurden aber früher von uns desshalb übergangen, weil sie entweder zu offenbar unrichtig sind, oder mit keiner Sicherheit auf die gleichnamigen Arten in jetziger Begränzung bezogen werden konnten. Sie mögen, da sie im neuesten Werke Löhr's doch angeführt sind — doch nur in Bezug auf dasselbe hier nachfolgen.

196. *Anemone sylvestris L.* Befindet sich im v. Hepperger'schen Herbar von Isser angeblich in Enneberg gesammelt. Wir wollen die Botaniker Pusterthals aufmerksam machen, der Angabe ihr Augenmerk zuzuwenden.
197. *Anemone Hackelii Pohl.* Tirol, Steiermark, Lombardie etc. (Löhr enum. p. 8).
198. *Arabis vochinensis Spreng.* Tirol, Krain etc. (Löhr enum. p. 43).
199. *Gypsophila paniculata L.* Die gleichnamige Pflanze bei Laicharding gehört dem Standorte nach zu G. repens L.
200. *Alsine stricta Wahlenb.* Tirol (Löhr enum. p. 114). Vergl. p. 136.
201. *Rhus Coriaria L.* Südtirol (Löhr enum. p. 151). Verwechslung mit dem veronesischen Antheile des Monte Baldo?
202. *Genista scariosa Viviani.* Tirol (Löhr enum. p. 153). Bertoloni führt für die österreichischen Provinzen nur Istrien an. Wir besitzen die Pflanze aus Croatien. G. genuensis Pers. ap. Bertol.
203. *Orobus flaccidus Kit.* Gebirgswälder im südlichen Tirol u. Croatien (Löhr enum. p. 195). Nach Koch Varietät von O. vernus L., die uns jedoch aus Tirol noch nicht zu Gesichte gekommen.
204. *Prunus Chamaecerasus Jacq.* Tirol (Löhr enum. p. 199).
205. *Spiraea salicifolia L.* Tirol etc. (Löhr enum. p. 199).
206. *Potentilla inclinata Vill.* Tirol, Lombardie etc. (Löhr enum. p. 207).

Saxifraga hirsuta L. Gebirgswiesen: Oesterreich, Tirol, Krain (Löhr enum. p. 249). Vergl. p. 337 u. 1194.

Zweifelhafte Tiroler-Pflanzen.

207. *Seseli montanum L.* Tirol etc. (Löhr enum. p. 266).
208. *Laserpitium Archangelica Wulf.* Tirol, Krain etc. (Löhr enum. p. 282).
209. *Torilis neglecta R. u. Sch.* Tirol, Lombardie etc. (Löhr enum. p. 285).
210. *Chrysanthemum ceratophylloides All.* Tirol (Löhr. enum. p. 344).
211. *Chrysanthemum macrophyllum W. K.* Tirol: bei Innsbruck, Frauhüttberg (Löhr enum. p. 345). Eine offenbare Verwechslung, sonst nur in Krain, Ungarn u. Croatien.

Doronicum scorpioides Willd. Tirol im Losannathale am Monte Baldo (Löhr enum. p. 347). Der Standort ist, wäre auch die Angabe richtig, jedenfalls ausserhalb unserer Gränzen. Vergl. ferner p. 1202.

212. *Omphalodes verna Mönch.* Tirol (Löhr enum. p. 462).
213. *Marrubium peregrinum L.* Tirol, Krain etc. (Löhr enum. p. 533).
214. *Gladiolus communis L.* Tirol (Löhr enum. pag. 660). Standort wohl zu G. palustris Gaud. zu ziehen?
215. *Leucojum aestivum L.* In Tirol (Laicharding). Zu vergleichen p. 1490.
216. *Allium paniculatum L.* Tirol (Laicharding). Dürfte zu A. carinatum β. capsuliferum gehören.
217. *Juncus capitatus Weig.* Tirol (Löhr enum. p. 696).

Carex axillaris Good. Bei Bregenz u. in Tirol (Löhr enum. p. 719). Vergl. p. 1201.

Calamagrostis lanceolata Roth. Vergl. p. 1201. Wird von Carl Perini an der Etsch um Trient angegeben, von der allda gemeinen C. littorea aber keine Meldung gemacht. Da wir schon früher einmal von da C. littorea als C. lanceolata eingeschickt erhielten, so müssen wir diese Angabe vor der Hand unter die zweifelhaften verweisen.

218. *Festuca alpestris R. u. Sch.* F. alpina Host. Tirol, Krain (Löhr enum. pag. 776)! F. alpina Host. wird von Koch als Synonym zu F. varia gezogen.

Nachträge zur Litteratur.
(Zu Seite 1158.)

Oesterreichisches botanisches Wochenblatt, gemeinnütziges Organ für Botanik und Botaniker, Gärtner, Oeconomen, Forstmänner, Aerzte, Apotheker und Techniker. Redigirt von Alexander Skofitsch. Wien 1851 und 1852, dann 1853 Nr. 1 — 25.

Verzeichniss der im Herzogthume Kärnthen wildwachsenden phanerogamischen Gefässpflanzen. Zusammengestellt nach dem eigenen Herbar und nach gedruckten Quellen von dem Pfarrer David Pacher in Leoben. Manuscript. — Im österreichichen botanischen Wochenblatte 1851 Nr. 24 et seq. veröffentlichte Eduard Josch ein Verzeichniss seltenerer in Kärnthen wildwachsenden Phanerogamen, welches aber von uns bei der tabellarischen Uebersicht der Nachbarfloren nicht benützt wurde.

Statistica del Trentino, Trento 1852. Tipografia Perini. Unter der Rubrik: Stato Fisico, Vegetabili, ist die Flora des italienischen Tirols, Seite 346 — 476, abgehandelt. — Der Verfasser Dr. Carl Perini hat dazu, wie er pag. 349 angiebt, vielfältig das erste Heft unserer Flora benützt, und es wird daher nicht überraschen, dass dieses Verzeichniss von der Ordnung der Oleaceen an häufige Lücken zeigt.

Heufler L. R. v. Drei neue Algen. Mit 3 Tafeln Abbildungen. Wien 1852. Eine der 3 beschriebenen und abgebildeten Algen: Ulothrix latissima Meneghini, wurde von L. R. v. Heufler bei Innsbruck in einem Bächchen unter dem heiligen Wasser entdeckt.

Heufler L. R. v. Der Monte Penegal bestiegen den 6. October 1839. Im österreichischen botanischen Wochenblatte 1851 Nr. 37 und 38.

Bertolonii Flor. italica. Tom. VIII. Fascic. III et IV. 1852.

Hofmann J. V. Professor. Bemerkungen über einige zweifelhafte Gebirgspflanzen (Campanula pusilla und ihre Verwandten). Im österreich. botan. Wochenblatte 1852 Nr. 22 — 25.

Waldmüller Franz. Der Geisstein in Tirol und seine Flora. Oesterreich. bot. Wochenbl. 1851 Nr. 40 u. 41.

Heufler L. R. v. Ein botanischer Beitrag zum deutschen Sprachschatz. Wien bei Gerold und Sohn. 1852.

Flora oder allgemeine botanische Zeitung. Regensburg. Jahrgang 1852 und 1853. I.

Nachträge zu den Notizen über die Gewährsmänner unserer Flora.

(Zu Seite 1188.)

Bamberger (Bmb.) Georg, Magister der Pharmacie, geboren, zu Hirschberg im Canton St. Gallen, 1852 und 1853 in Meran, nun in Zug in der Schweiz. Vergl. pag. 1338. Auch die Cryptogamenflora Tirols verdankt seiner Thätigkeit viele neue Zuwächse. Die selteneren von ihm um Meran gefundenen Gewächse befinden sich als Geschenk im Musealherbar.

Baselli, k. k. Oberlieutenant. Vergl. botanisches Wochenblatt 1851 p. 268.

Bracht. Sein Tod ist in der Regensburger *Flora* irrig angegeben. Vergl. p. 1173. Er fiel nach zuverlässlichen Quellen in der Schlacht von Custozza am 25. Juli durch eine Kartätschenkugel getroffen.

Braun Friedrich. Vergl. pag. 1174. Br. besuchte im Herbste 1820 die Gegend von Bozen (briefliche Mittheilung B—s.).

Custer (vergl. p. 1175) starb im Frühjahre 1850.

Döll. (Vergl. p. 1176). D. kam auf seiner Reise nach Venedig 1834 durch Tirol und sammelte vorzüglich bei Borgo in Valsugana (D—s briefliche Mittheilung).

Facchini starb am 7. October 1852 zu Vigo am Magenkrebse und war am 24. October 1788 zu Forno in Fleims geboren. Ein Necrolog, verfasst von Fr. Ambrosi, befindet sich im Messagiere tirolese vom 26. October 1852, ein Auszug davon auch in der Innsbrucker Zeitung 1852 Nr. 141 und Berichtigung dazu in Nr. 245 desselben Jahrganges. Ausführlicher ist seine biographische Skizze von ebendemselben im botanischen Wochenblatte 1853 Nr. 18.

Fürnrohr Dr. u. Professor, Director der botanischen Gesellschaft in Regensburg u. Redacteur der Flora kam auf seiner Rückreise von Wien und Triest am 31. Mai 1853 durch Bozen.

Gredler Vincenz, von Telfs, aus dem Orden des heil. Franziskus, Professor der Naturgeschichte am Obergymnasium in Bozen.

Hochstetter Wilhelm, veröffentlichte im: Deutschen Magazin für Garten- und Blumenkunde (Stuttgart 1851) unter der Aufschrift: Aus der Alpenwelt einen Aufsatz über das natürliche Vorkommen der Alpenpflanzen und die Cultur derselben in den Gärten, und ein Verzeichniss der schönsten und seltensten Arten. Daraus entnehmen wir, dass H. im Jahre 1846 im Auftrage der k. k. Hofgarten-Direction

Notizen über die Gewährsmänner.

in Wien (Schott) eine Reise in die Steiner - Salzburger-Kärnthner- und Tiroler-Alpen machte, um Alpenpflanzen für die kaiserlichen Gärten zu sammeln. Vergl. Androsace Heerii.

Huber Joseph, Priester, Erzieher bei Graf Enzenberg, veröffentlichte im Phönix (1852 Nr. 8 u. 9) einen Aufsatz, betitelt: Schloss Tratzberg mit botanischen Notizen. H. entdeckte im Herbste 1852 der erste für Tirol die Euphorbia virgata.

Jan (vergl. p. 1181) kam 1852 wieder durch Bozen.

Längst Friedrich, Pharmaceut in Rattenberg, früher in Brixen, aus Meckenbäuren bei Friedrichshafen am Bodensee, derzeit den pharmaceutischen Studien in Wien obliegend.

Meneghini (vergl. p. 1183) habilitirte sich nach dem italienischen Aufstande 1848 als Professor zu Pisa.

Mettenius (vergl. p. 1183) hat einen höchst ehrenvollen Ruf an die Universität Leipzig erhalten und angenommen (Bot. Zeitung 1852 p. 335).

Mohl Hugo von, Professor in Stuttgart, der erste Pflanzen-Physiologe Deutschlands, kam im Juni 1853 nach Bozen, um die herrschende Traubenkrankheit zu beobachten. Den grössern Theil des Sommers brachte er im westlichen Pusterthale, namentlich in Bruneck zu, von wo aus er das Spitzhörnle bestieg. Gegen Ende August ins Etschland zurückgekehrt, besuchte er am 21. August das Rittner Horn und begab sich hierauf nach Meran, um dort den Herbst zuzubringen.

Pacher (vergl. p. 1164), gegenwärtig Pfarrer in Tropelach im Gailthale in Kärnthen.

Paterno (vergl. p. 1164) starb 1852.

Rehsteiner Johann Conrad, protestantischer Pfarrer in Eichberg bei Altstätten, geboren 1797 in Speicher im Canton St. Gallen. Vergl. p. 1332.

Reisach Stanislaus von Innsbruck, aus dem Orden des heil. Franziskus, Kloster-Professor früher in Schwaz, dermalen in Bozen.

Sartorelli Casimir (vergl. p. 1165) starb am 8. März 1852.

Sauter Anton (vergl. p. 1165), geboren am 18. April 1800 zu Grossarl im Salzburgischen. S. kam im Sommer 1828 nach Kitzbüchl, verliess es im März 1830, um nach Bregenz zu übersiedeln, von wo er 1831 nach Zell am See kam u. allda bis 1836 verblieb, dann nach Mittersill u. 1839 als Kreisarzt nach Ried im Innviertel. In nämlicher Eigenschaft war er in Stadt Steier von Ende 1840 bis 1848. Diess aus brieflichen Mittheilungen S—s zu theilweiser Berichtigung unserer Notizen.

Scopoli (vergl. p. 1170). Die Jahreszahl der Versetzung S—s als Professor nach Schemnitz ist 1766 u. nicht 1776, was bei der Correctur übersehen wurde. Unter dem Titel: „Scopoli's Naturanschauung" veröffentlichte Professor Graf in Klagenfurt im österreich. botan. Wochenblatte 1853 Nr. 26 u. ff. einen Aufsatz über Scopoli's Leben u. Wirken.

Schwägrichen (vergl. p. 1186) starb am 2. Mai 1853 in einem Alter von 78 Jahren in Folge eines Sturzes von der Treppe (bot. Wochenbl. 1853 p. 254).

Spitzel (vergl. p. 1186) starb am 27. März 1853 zu München (bot. Wochenbl. 1853 p. 254).

Traunsteiner. Der von uns pag. 1171 angedeutete Necrolog T—s erschien in der Flora 1850 p. 364—367. Einen fernern gab Waldmüller im österreich. botan. Wochenblatte 1852 Nr. 28 u. 29.

Waldmüller (vergl. p. 1167), gegenwärtig als Magister der Pharmacie in Innsbruck.

Welden (vergl. p. 1187), k. k. Feldzeugmeister, starb 1853 am 7. August zu Grätz in einem Alter von 71 Jahren.

Zollikofer Georg Kaspar von St. Gallen, geboren 1816, Pfarrer in Marbach, Canton St. Gallen. Z. war am 21. Juli 1852 auf der Kugel und am Fraxern bei Hohenems. Das Verzeichniss der von ihm allda aufgefundenen Pflanzen wurde uns von Rehsteiner mitgetheilt.

Von den Studierenden aus dem deutschen Südtirol, die sich mit Vorliebe und Erfolg der Botanik zuwendeten, sind ferner zu erwähnen: Joseph v. Zallinger aus Bozen, Peter Huter aus Kals in Pusterthal u. der Mediciner Liebl aus Sterzing.

Abkürzungen
der
Autoren der Gattungs- und Artennamen.

Adans. = Andanson.
Ait. = Aiton.
A. Br. = Alexander Braun.
All. = Allioni.
Andrz. = Andrzejowsky.
Ard. = Arduino.
Auctor. = Auctorum.
Balb. = Balbis.
Bartl. = Bartling.
Baumg. = Baumgarten.
Beauv. = Palisot de Beauvais.
Bell. = Bellardi.
Bernh. = Bernhardi.
Bertol. = Bertoloni.
Bess. = Besser.
Bl. u. F. = Bluff u. Fingerhuth.
Borkh. = Borkhausen.
Bönningh. = Bönninghausen.
Br. = Brown.
Camp. = Campdera.
Cass. = Cassini.
Cav. = Cavanilles.
Clairv. = Clairville.
Coult. = Coulter.
Crtz. = Crantz.
Curt. = Curtis.
Cust. = Custer.
De C. = De Candolle.
Desf. = Desfontaines.
Desp. = Desportes.
Desrouss. = Desrousseaux.
Desv. = Desvaux.
Dub. = Duby.
Ehrh. = Ehrhart.

Grtn. = Gärtner.
Gaud. = Gaudin.
Gmel. = Gmel.
Good. = Goodenough.
Guthn. = Guthnick.
Hartm. = Hartmann.
Hall. = Haller.
L'Herit. = L'Heritier.
Herm. = Hermann.
Hoffm. = Hoffmann.
Hpp. od. Hop. = Hoppe.
Huds. = Hudson.
Jacq. = Jacquin.
Juss. = Jussieu.
Lam. od. Lk. = Lamark.
Lap. = Lapeyrouse.
Lehm. = Lehmann.
Leiss. = Leisser.
Less. = Lessing.
Lej. = Lejeune.
Lighf. = Lightfoot.
Lindl. = Lindley.
L. = Linné.
Lois. = Loiseleur.
M.B. = Marschall Bieberstein.
M. u. K. = Mertens u. Koch.
Mich. = Michaux.
Mill. = Miller.
Mnch. = Mönch.
Monn. = Monnier.
Moret. = Moretti.
Murr. = Murray.
Nees = Nees v. Esenbeck.
Nestl. = Nestler.

Abkürzungen.

Pall. = Pallas.
Panz. = Panzer.
Pers. = Persoon.
Pfeiff. = Pfeiffer.
Poir. = Poiret.
Red. = Redouté.
Ram. = Ramond.
Retz. = Retzius.
Rchb. = Reichenbach.
Reich. = Reichard.
R. Br. = Robert Brown.
Rich. = Richard.
R. u. S. = Römer u. Schultes.
Salisb. = Salisbury.
Saut. = Sauter.
Schäff. = Schäffer.
Schlechtend. = Schlechtendahl.
Schk. = Schkuhr.
Schleich. = Schleicher.
Scop. = Scopoli.
Ser. = Seringe.

Sieb. = Sieber.
Sm. = Smith.
Seid. = Seidel.
Sibth. = Sibthorp.
Sond. = Sonder.
Sprng. = Sprengel.
Strbg. = Sternberg.
Sw. = Swartz.
Ten. = Tenore.
Tratt. = Trattinick.
Thuill. = Thuillier.
Tournef. = Tournefort.
Vent. = Ventenat.
Vill. = Villars.
Whlb. = Wahlenberg.
W. K. = Waldstein u. Kitaibel.
Wallr. = Wallroth.
Wigg. = Wiggers.
W. od. Willd. = Wildenow.
Wulf. = Wulfen.

Register

der deutschen Namen der Gattungen und Arten unserer Flora.

(Die Zahlen beziehen sich auf die Seiten.)

Ackertrespe 1013.
Ackerwinde 599.
Affodill 875.
Afterquendel 304.
Aglei 28.
Ahorn 168.
Akacie 217.
Alant 433.
Alber 799.
Alpbalsam 569.
Alpenrebe 3.
Allerheiligenaster 460.
Alpenrose 569.
Allermannharrnischwurz 881.
Alplattich 420.
Alpen-Scharte 490.
Amarant 731.
Ampfer 741.
Andorn 695.
Angurie 308.
Apfelbaum 289.
Aronswurz 828.
Artischocke 484.
Aschenpflanze 465.
Aspe 799.
Attich 390.
Augentrost 664.
Augenwurz 362.

Aurickel 716.
Aurin 629.
Bachbunge 635.
Bachholder 391.
Backenklee 214.
Bachburgel 304.
Badkraut 435.
Bärentraube 566.
Bärenwurz 363.
Bärenklau 371.
Bärlapp 1031.
Baldrian 406.
Bananen-Dingel 847.
Barblkraut 47.
Bartgras 954.
Basilienkraut 668.
Baslagon 668.
Bauernseuf 82.
Beifuss 446.
Beinwell 607.
Beissbeere 618.
Beisselbeere 35.
Beisskohl (Biessl) 739.
Benediktenkraut 252.
Bergmasslieb 426.
Bergmünze 678.
Bergrauschlaub 567.
Berle 354.

Berglinse 219.
Berufkraut 427.
Besenheide 567.
Besenstrauch 1057.
Betonie 694.
Bibernelle 353.
Bienensaug 685.
Bilsenkraut 620.
Bingelkraut 768.
Binse 911.
Birke 800.
Birnbaum 289.
Birkwurzel 367.
Birnkraut 572.
Bisamkraut 389.
Bitterich 506.
Bitterkraut 506.
Bitterling 585.
Bittersüss 617.
Blasenfarn 1044.
Blasenkirsche 619.
Blasenstrauch 218.
Bluthirse 957.
Blutauge 261.
Blutheil 164.
Blutkraut 304.
Blutwurz 265.
Bocksbart 508.
Bocksdorn 615.
Bohne 234 u. 243.
Bohnenbaum 193.
Bohnenkraut 677.
Boretsch 605.
Borstdolde 378.
Borstgras 959.
Bouquetrose 282.
Braunwurz 626.
Brein 958.
Brennkraut 770.
Brennessel 770.
Brillenschötchen 83.

Broccoli 67.
Brodklee 204.
Brombeerstrauch 254.
Brunelle 698.
Bruchkraut 313.
Brunnenkresse 45.
Buche 777.
Buchweizen 751.
Bürstling 1023.
Buxbaum 761.
Camellie 162.
Cardobenedicte 1447.
Centifolie 281.
Cristofskraut 34.
Cristwurz 27.
Cichorie 502.
Cistrose 92.
Citrone 163.
Citronenkraut 681.
Corallenwurz 854.
Cymbelkraut 632.
Cypergras 906.
Cypresse 807.
Dahlie 432.
Darrgras 961.
Dattelpflaume 576.
Daun 688.
Dingel 847.
Dinkel 1017.
Diptam 187.
Distel 485.
Doppelsame 69.
Dorant 451.
Dorsten 68.
Dosten 675.
Dotterblume 8.
Dotterweide 786.
Drachenkopf 684.
Drachenmaul 682.
Drachenwurz 829.
Drathstengel 501.
Drehähre 853.

Register der deutschen Gattungsnamen. 1529

Drehkraut 853.
Dreizack 818.
Dreizahn 990.
Drottelblume 721.
Drüsenglocke 562.
Drüsengriffel 419.
Eberwurz 489.
Eberesche 290.
Edelraute 448.
Edel-Spicant 669.
Edelweiss 444.
Egelkraut 706.
Ehrenpreis 635.
Eibe 805.
Eibisch 159.
Eiche 779.
Einbeere 867.
Einknolle 845.
Einkorn 1017.
Eisenhut 30.
Eisenkraut 793.
Elsbeerbaum 292.
Elsbeere 248.
Elsen 248.
Endivie 502.
Entengrün 825.
Enzian 586.
Epheu (Ehebaum) 386.
Epheurebe 170.
Erbse 237.
Erdapfel 617.
Erdbeere 260.
Erdbeerspinat 737.
Erdbirne 438.
Erdmandel 907.
Erdrauch 43.
Erdscheibe 722.
Erle 802.
Ervenwürger 646.
Esche 579.
Eselsdistel 488.

Eselsgurke 310.
Esparsette 230.
Ewigkeitsblümchen 446.
Fackeldistel 324.
Fadenkraut 440.
Färberkamille 456.
Färberscharte 491.
Faltenohr 351.
Fauldorn 188.
Feigenbaum 773.
Feigwarzenkraut 19.
Feinstrahl 427.
Felber 786.
Feldsalat 410.
Felsenbirne 290.
Felsenkresse 85.
Felsnelke 112.
Fenchel 359.
Fennich 959.
Ferkelkraut 511.
Feuerbohne 243.
Fetthenne 316.
Fettkraut 316 u. 704.
Fichte 813.
Fichtenspargel = Ohnblatt.
Fieberklee 584.
Fingergras 966.
Fingerhut 629.
Fingerkraut 262.
Fisole 243.
Flachsseide 600.
Flaschenkürbis 309.
Flattergras 972.
Flieder 578.
Flockenblume 493.
Flohkraut 748 u. 435.
Föhre 809.
Fransenriet 916.
Frauenhaar 1046 u. 1050.
Frauenmantel 282.
Frauenschuh 855.

1530 Register der deutschen Gattungsnamen.

Frauenthräne 843.
Froschbiss 816.
Froschlöffel 816.
Fuchsschwanz 962.
Gänseblümchen 624.
Gänsedistel 518.
Gänsefuss 735.
Gänserich 263.
Gänsekraut 48.
Gamander 701.
Gartenampfer 743.
Gartenaster 425.
Gartenpappel 159.
Gartenranunkel 20.
Gauchheil 708.
Gedenkemein 604.
Geissbart 250.
Geissblatt 392.
Geissfuss 352.
Geissklee 193.
Geissraute 217.
Gemswurz 461.
Gelbstern 879.
Georginie 432.
Germer 891.
Gerste 1020.
Gichtrose 34.
Gichtrübe 309.
Giersch 352.
Giftbeere 618.
Giftheil 30.
Giftlattich 516.
Gilbkraut 491.
Gilbnessel 688.
Gilge 872.
Ginster 191.
Glanzgras 961.
Glanzwurz 854.
Glaskraut 771.
Glatthafer 982.
Gleisse 358.

Glockenblume 553.
Gnadenkraut 629.
Götterbaum 190.
Golddistel 501.
Goldhaar 424.
Goldhafer 987.
Goldruthe 430.
Goldwurz 873.
Gränke 567.
Granate 293.
Grannenhirse 973.
Grannich 958.
Grasnelke 725.
Grindwurzel 742.
Grundfeste 520.
Grundheil 368.
Gümmerle 308.
Günsel 699.
Gürtelkraut 1033.
Gundelrebe 684.
Gurke 308.
Guter Heinrich 738.
Gypskraut 111.
Haargras 1020.
Haarstrang 367.
Haberschlehe 246.
Habichtskraut 528.
Hämmerwurz 892.
Hafer 982.
Hafergras 982.
Haftdolde 377.
Hagedorn 286.
Hahnenfuss 13.
Hahnenkamm 733 u. 662.
Hainbuche 782.
Hainsimse 900.
Halskraut 560 u. 557.
Hanf 772.
Hartheu 165.
Hartriegel 387 u. 578.
Haselnuss 781.

Register der deutschen Gattungsnamen. 1531

Hasenlattich 515.
Hasenohr 355.
Haselwurz 759.
Hauchechel 196.
Hauslaub 320.
Hauslauch 320.
Hauswurz 320.
Heckenkirsche 393.
Hederich 64.
Heide 568.
Heidelbeere 563.
Heidekorn 751.
Heilkraut 371.
Heilwurz 361.
Helmbusch 41.
Helmkraut 697.
Herbstaster 425.
Herminie 845.
Herzgespan 697.
Heudorn 196.
Hexenkraut 299.
Hexenmehl 1034.
Himbeer 255.
Himmelbrand 622.
Hirschwurz 368.
Hirse 957 u. 958.
Hirsegras 972.
Hirtentasche 87.
Hoeswurz 838.
Hohlzahn 688.
Hohlzung 841.
Hollunder 390.
Honiggras 981.
Honigklee 203.
Hoozenkraut 762.
Hopfen 772.
Hopfenbuche 782.
Hornblatt 303.
Hornklee 202 u. 215.
Hornköpfchen 13.
Hornkraut 149.

Hornstrauch 387.
Hortensie 344.
Hüllfarn 1040.
Hufeisenklee 229.
Huflattich 421.
Hundskamille 455.
Hundsquecke 1019.
Hundsrose 276.
Hundswürger 581.
Hundszahn 874.
Hundszahngras 966.
Hundszunge 603.
Hungerblümchen 73.
Hyacinthe 890.
Jasmin 580.
Jasmin, deutscher 306.
Igelskolbe 827.
Igelnüsschen 602.
Immenblatt 685.
Johannisbeere 325.
Johanniskraut 165.
Jonquille 864.
Judasbaum 243.
Judendorn 185.
Kabis 67.
Kälberkropf 380.
Käsepappel 158.
Kästenbaum 778.
Kaiserkrone 872.
Kalmus 829.
Kammgras 1003.
Kamille 457.
Kammkerbel 379.
Kammschmiele 978.
Kappernstrauch 91.
Kapuzinerkresse 179.
Karden 412.
Karfiol 67.
Kartoffel 617.
Kastanie 778.
Katzenmünze 683.

Kelchgras 892.
Kellerhals 752.
Kerbel 380.
Kermesbeere 733.
Keuschlamm 704.
Kicher 231.
Kiefer 804.
Kirsche 246.
Kirschlorbeer 249.
Klappertopf 662.
Klebkraut 399.
Klee 204.
Kleinling 709.
Klette 488.
Klettenkerbel 378.
Knabenkraut 831.
Knackbeere 261.
Knauel 314.
Knauelgras 1002.
Knieholz 810.
Knoblauch 884.
Knöterich 746.
Knorpelkelch 315.
Knorpelkraut 734.
Knorpelsalat 514.
Knotenblume 864.
Knotenfuss 866.
Königskerze 622.
Kohl 66.
Kohlrabi 67.
Kohlrübe 68.
Kopfgras 909.
Koriander 386.
Korbweide 788.
Korn 1019.
Kornblnme 497.
Kornelbaum 388.
Kornelkirsche 388.
Krätzkraut 415.
Kräutel 350.
Kragenblume 440.

Kranebittstaude 806.
Kranzaster 425.
Krazdistel 477.
Krebsdistel 488.
Kreen 79.
Kresse 84.
Kreuzdorn 186.
Kreuz-Enzian 588.
Kreuzkraut = Kreuzwurz 467.
Kronwicke 227.
Krullfarn 1050.
Krummhals 606.
Krummholz 810.
Küchenschelle 8.
Kümmel 352.
Kürbis 307.
Kugelamarant 732.
Kugeldistel 476.
Kuhnelke 120.
Kuhweizen 653.
Kukuksblume 841.
Kugelblume 723.
Kugelnelke 849.
Labkraut 397.
Lachenknoblauch 701.
Lärche 812.
Läusekraut 655.
Laichkraut 819.
Landschilf 970.
Laserkraut 373.
Lattich 516.
Lauch 881.
Lavendel 669.
Lazarolbaum 287.
Lebensbaum 807.
Leberbalsam 634.
Leberkraut 7.
Legföhre 810.
Leimkraut 121.
Lein 155.
Leinblatt 755.

Register der deutschen Gattungsnamen. 1533

Leindotter 79.
Leinkraut 631.
Leinseide 601.
Leucoi 45.
Lichtnelke 128.
Liebesapfel 618.
Liebesgras 972.
Liebstock 363.
Liebstöckl 365.
Lieschgras 964.
Lilie 872.
Limonie 164.
Limonienkraut 703.
Linde 161.
Linse 237.
Lische 964.
Löffelkraut 78.
Lölli 1021.
Löwenmaul 631.
Löwenschwanz 696.
Löwenzahn 503.
Lolch 1021.
Lorbeer 754.
Lorbeer, wilder 577.
Lorbeerweide 784.
Lotwurz 608.
Lungenblume 589.
Lungenkraut 609.
Luterstaude 802.
Luzerne 200.
Madaun 364.
Mäusedorn 870.
Magen 40.
Maiblümchen 867.
Maiglöckchen 869.
Mais 953.
Majoran 676.
Mandelbaum 244.
Mangold 739.
Mannagras 1000.
Mannsschild 709.
Mannstreu 347.
Marbel 900.
Mariendistel 484.
Mariengras 961.
Marienschuh 855.
Massaron 676.
Massliebe 426.
Mastkraut 131.
Mauergerste 1021.
Mauerraute 1047.
Mauernudel 316.
Maulbeerbaum 773.
Mausöhrchen 528 u. 531.
Meerrettig 79.
Meerträubchen 804.
Meerzwiebel 881.
Mehlbeerbaum 291.
Meisterwurz 370.
Melaun 309.
Melde 740.
Melisse 681.
Melissenblatt 178.
Melkkraut 520.
Melone 309.
Miere 135.
Milchlattich 520.
Milchstern 876.
Milzfarn 1037 u. 1045.
Milzkraut 343.
Mispel 288.
Mistel 388.
Möhre 377.
Mönchspfeffer 703.
Mönchsrabarber 743.
Mohn 38.
Monatrose 281.
Mondraute 1035.
Mondveil 72.
Mondviole 72.
Moosbeere 565.
Moosesche 579.

Mosesthräne 954.
Moseszähre 954.
Mückenblume 838.
Müllen 703.
Münze 669.
Munelen (Monatlen) 127.
Murbaum 773,
Muschelblümchen 28.
Mutterkraut 459.
Myrrhenkerbel 383.
Myrte 307.
Nachtkerze 298.
Nachtschatten 615.
Nachtviole 60.
Nadelkerbel 379.
Najade 824.
Narzisse 862.
Natterwurz 609 u. 746.
Natterzunge 1036.
Nelke 112.
Nelkenwurz 252.
Nespele 288.
Nessel 770.
Nestwurzel 852.
Netzblatt 852.
Niesswurz 27.
Nixblume 37.
Nixkraut 824.
Nüsselsalat 411.
Nusspfirsich 245.
Ochsenzunge 605.
Odermennig 271.
Oehlbaum 577.
Oehlbaum, böhmischer 758.
Oelsenick 370.
Ohnblatt 574.
Oleander 584.
Osterblume 9.
Osterglöckchen 9.
Osterluzei 759.
Palmweide 791.

Papiermaulbeerbaum 774.
Pappel 798.
Paprika 618.
Paradiesapfel 618.
Passionsblume 310.
Pastinack 371.
Pechnelke 128.
Pelzfarn 1051.
Perlgras 990.
Perückenbaum 189.
Pestwurz 422.
Peterschlüssel 715.
Petersilie 350.
Pfaffenröhrlein 513.
Pfefferminze 670.
Pfefferkraut 677.
Pfeffer, spanischer 618.
Pfeifenstrauch 306.
Pfeilkraut 817.
Pfingstrose 34.
Pfirsichbaum 245.
Pfirsich-Mandel 1422.
Pflaume 246.
Pfützenblume 585.
Pfriemen 191.
Pfriemengras 973.
Pignolibaum 811.
Pimpernuss 184.
Pinie 811.
Pippau 520.
Platane 783.
Plattenigl 716.
Platterbse 238.
Plenten 751.
Polei 671.
Polirschachtelhalm 1029.
Pomeranze 163.
Portulak 311.
Preisselbeere 564.
Primel 712.
Pungen 723.

Register der deutschen Gattungsnamen. 1535

Purgirlein 156.
Purzelkraut 311.
Pyramidenpappel 799.
Quecke 1016.
Quendel 676.
Quirldolde 361.
Quitte 288.
Rade 131.
Radieschen 90.
Ragwurz 843.
Rainfarn 450.
Rainkohl 501.
Rainweide 578.
Rampicante 282.
Rapunzel 549.
Rauchgras 974.
Raucke 60.
Rauschbeere 760.
Raute 182.
Rebendolde 357.
Reithgras 970.
Reistenstaude 810.
Rempe 69.
Reps 68.
Repsdotter 90.
Rettig 90.
Riemenblume 840.
Riemenzunge 840.
Ringelblume 475.
Rindsauge 431.
Rippenfarn 1049.
Rippensamen 384.
Rippennüsschen 384.
Rispengras 993.
Rittersporn 30.
Roggen 1019.
Rohne 739.
Rohr 975.
Rohrgras 970.
Rohrkolbe 826.
Rollfarn 1051.

Rose 273.
Rosenblatt 179.
Rosenwurz 315.
Rosmarin 672.
Rossfeigen 324.
Rosskastanie 169.
Rosskümmel 373.
Rossmünze 669.
Rossnessel 691.
Rossstingel 372.
Rostrose 277.
Rothtanne 813.
Ruchgras 962.
Rübe 68.
Rübe, rothe 739.
Rückel 70.
Rüster 775.
Ruhrkraut 441.
Ruhrwurz 265.
Runke 70.
Saacher 920.
Säbenbaum 806.
Säuerling 746.
Sailor 492.
Safran 856.
Sahlweide 791.
Salat 516.
Salbei 673.
Samkraut 819.
Sammetpappel 160.
Sammetblume 436.
Sanddorn 758.
Sandkraut 142.
Sanickel 346.
Saubrod 722.
Saudistel 518.
Sauerampfer 745.
Sauerdorn 35.
Sauerklee 181.
Saumfarn 1050.
Saumnarbe 586.

97*

Register der deutschen Gattungsnamen.

Schachblume 872.
Schachtelhalm 1025.
Schärfling 602.
Schafampfer 745.
Schafgarbe 451.
Scharfkraut 602.
Schafschwingel 1005.
Schafthalm 1025.
Scharbockkraut 19.
Scharlachkraut 674.
Scharte 491.
Schattenblümchen 869.
Schaumkraut 54.
Scheisskraut 769.
Schierling 384.
Schildfarn 1040.
Schilf 974.
Schimmelkraut 440.
Schlangenwurz 829.
Schlehendorn 246.
Schlingbaum 391.
Schlinge 582.
Schmack 189.
Schmeerkraut 704.
Schmeerwurz 871.
Schmiele 979.
Schminkbeere 737.
Schneckenklee 200.
Schneeball 391.
Schneeglöckchen 864.
Schneetropfen 865.
Schlammkraut 646.
Schlutte 619.
Schnabelriet 910.
Schneide 909.
Schnittkohl 68.
Schnittlauch 887.
Schöllkraut 40.
Schopfgras 955.
Schotenklee 215.
Schuppenfarn 1037.

Schuppenmiere 134.
Schuppenwurz 652.
Schwaden 1000.
Schwärzling 842.
Schwalbenwurz 581.
Schwanzgras 962.
Schwarzkümmel 28.
Schwarznessel 696.
Schwarzwurz 509 u. 1064.
Schwertel 258.
Schwertlilie 258.
Schwindelkraut 462.
Schwingel 1003.
Seerose 37.
Segge 920.
Seidelbast 752.
Seidenpflanze 582.
Seifenkraut 119.
Selerie 349.
Senf 68.
Sesel 359.
Sicheldolde 351.
Sichelmöhre 351.
Sichelsalat 1063.
Siebenfingerkraut 261.
Siebenstern 706.
Siebenstrahl 706.
Siegelwurz 868.
Siegwurz 857.
Silau 363.
Silberpappel 798.
Silge 365.
Simse 893.
Sinau 282.
Sinnblatt 107.
Sinngrün 583.
Sirch 956.
Sockenblume 36.
Sommerwurz 646.
Sommerzwiebel 887.
Sonnenblume 438.

Register der deutschen Gattungsnamen. 1537

Sonnengold 445.
Sonnenwende 1462.
Sonnenröschen 92.
Sonnenthau 106.
Sorghogras 956.
Spargel 865.
Spargelerbse 216.
Spark (Sperk) 134.
Speick 409 u. 718.
Spelz 1017.
Spelzengras 990.
Sperrkraut 599.
Spicant 969.
Spiegelglocke 562.
Spierstaude 249.
Spilling 246.
Spinat 740.
Spindelbaum 184.
Spirtenholz 810.
Spitzkiel 219.
Spitzklette 848.
Spornbaldrian 410.
Spornblatt 493.
Springgurke 310.
Springkörner 768.
Springkraut 769 u. 180.
Spurre 145.
Stabwurz 449.
Stachelbeere 325.
Stachelfarn 1041.
Stachelgras 957.
Stangenrose 159.
Stechapfel 621.
Stechdorn 186.
Stechpalme 576.
Steckrübe 68.
Steifhalm 1001.
Steinbrech 328.
Steinbuche 783.
Steineiche 781.
Steinesche 579.

Steinkraut 71.
Steinklee 200.
Steinkresse 88.
Steinlinde 578.
Steinmispel 287.
Steinraute 451.
Steinsame 611.
Steinschmückel 73.
Stendelwurz 846.
Sternblume 424.
Sterndistel 500.
Sternhyacinthe 881.
Sternkraut 145.
Stiefmütterchen 102.
Storchschnabel 171.
Strändling 726.
Stragel 223.
Straussfarn 1052.
Straussgras 967.
Striemensame 383.
Strohblume 445.
Stundenblume 160.
Sturmhut 30.
Süssgras 1000.
Süssklee 229.
Sumach 189.
Sumpfdöldchen 350.
Sumpfkraut 646.
Sumpfriet 909.
Sumpfschirm 350.
Sumpfwurz 849.
Taback 620.
Tännel 154.
Taglilie 888.
Tamariske 305.
Tanne 813.
Tannenwedel 301.
Taschelkraut 80.
Taubenkropf 121.
Taubhafer 983.
Taubnessel 685.

Taumellolch 1022.
Tausendblatt 300.
Tausendguldenkraut 597.
Taxbaum 804.
Tazzetle 864.
Teichbinse 910.
Teichrose 37.
Terpentinbaum 189.
Teufelsabbiss 414.
Thalstern 346.
Theerose 282.
Thurmkraut 48.
Thymian 676.
Thymseide 601.
Timotheusgras 965.
Todtenblume 476.
Todtenveilchen 583.
Tollkirsche 619.
Tollkorn 1022.
Topinambur = Erdbirne 438.
Tormentill 265.
Tragant 223.
Traubenfarn 1037.
Trauerweide 786.
Traubenhyacinthe 889.
Traubenkraut 889.
Trespe 1012.
Trollblume 26.
Tüpfelfarn 1038.
Türken 953.
Türkenbund 308 u. 873.
Tulpe 871.
Uehle 193.
Uelbe 775.
Ulme 775.
Vanille 1462.
Veilchen 95.
Veilstingl 45.
Venusspiegel 562.
Vergissmeinnicht 612.
Verzi 67.

Vexirnelke 129.
Vogelbeerbaum 291.
Vogelkopf 752.
Vogelstern 876.
Wachholder 805.
Wachsblume 608.
Wachtelweizen 653.
Waid 88.
Walch 1023.
Walderbse 241.
Waldfarn 1041.
Waldkirsche 247.
Waldmeister 395.
Waldnessel 770 u. 688.
Waldrebe 2.
Waldvögelein 848.
Wallnussbaum 776.
Wallwurz 607.
Wasserdost 419.
Wasserfeder 720.
Wasserhahnenfuss 13.
Wasserholder 391.
Wasserlinse 825.
Wasserlisch 817.
Wassermelone 308.
Wassernabel 345.
Wasserpfeffer 749.
Wasserschierling 349.
Wasserschlauch 705.
Wasserstern 302.
Wasserviole 817.
Wasserzinken 303.
Wau 105.
Wegdorn 186.
Wegerich 726.
Wegetritt 726.
Wegwart 502.
Weichkraut 845.
Weichmiere 148.
Weichsel 248.
Weide 784.

Register der deutschen Gattungsnamen. 1539

Weidenröschen 294.
Weiderich 304.
Weinrebe 170.
Weissdorn 286.
Weisstanne 813.
Weisswurz 867.
Weizen 1016.
Wellgras 959.
Wermuth 446.
Wicke 231.
Wiesenhafer 985.
Wiesenknopf 285.
Wiesenkölbchen 285.
Wiesenraute 3.
Wildhafer 983.
Winde 599.
Windhalm 970.
Windröschen 7.
Wintergrün 572.
Winterling 26.
Winterzwiebel 888.
Wirbeldoste 681.
Wirsing 67.
Wolfsfuss 672.
Wolfskirsche 619.
Wolfsmilch 762.
Wolfstrapp 672 u. 696.
Wolfswurz 31 u. 33.
Wollgras 917.
Wollkraut 622.
Wollriet 917.
Wolverlei 464.
Wucherblume 457.
Wütherich 349.
Wunderbaum 769.
Wundklee 199.
Wurmfarn 1041.
Wurmkraut 450.

Wurmsalat 507.
Ysop 682.
Zackenschote 89.
Zahntrost 667.
Zahnwehblümlein 439.
Zahnwurz 58.
Zauke 867.
Zaunblume 875.
Zaunlilie 875.
Zaunrübe 309.
Zaunwinde 599.
Zehrwurz 828.
Zeiland 752.
Zeitlose 390.
Zentnerkürbis 308.
Ziest 691.
Zimmtrose 274.
Zinnkraut 1026.
Zirbelkiefer 811.
Zirmbaum 811.
Zirmet 1061.
Zittergras 992.
Zitterpappel 799.
Zottenblume 584.
Zungenfarn 1049.
Zuntern 810.
Zurgelbaum 775.
Zweiblatt 851.
Zweizahn 437.
Zwenke 1011.
Zwergföhre 810.
Zwerggras 966.
Zwergknabenkraut 843.
Zwergmispel 292.
Zwergvergissmeinnicht 614.
Zwetsche 247.
Zymbelkraut 848.

Register der Apothekernamen

sowohl der ausser Gebrauch gesetzten (obsoleten) als noch gebräuchlichen (officinellen) Pflanzen oder ihrer Producte.

Abrotanum 449.
Absinthium 447.
Acacia germanica 246.
Acacia nostras 246.
Acetosella 181.
Acinos 678.
Aconitum 32.
Aconitum hyemale 27.
Aconitum luteum 33.
Aconitum racemosum 34.
Acorus 830.
Acorus vulgaris 860.
Acus moschata 178.
Adiantum nigrum 1049.
Adonis 12.
Agnus castus 703.
Agrestae 171.
Agrimonia 272.
Alcea 158.
Alchemilla 283.
Alliaria 63.
Allium 885.
Alnus 803.
Alnus nigra 188.
Alkekengi 619.
Alsine 146.
Alsine triphylla 643.
Althaea 159.
Amygdala 245.

Anagallis 708.
Anagallis aquatica 635.
Androsace 712.
Angelica 366.
Anserina 263.
Antirrhinum 631.
Anthora 31.
Anthyllis 199.
Apium 349.
Aquilegia 29.
Argentina 264.
Aristolochia cava 41.
Aristolochia fabacea 42.
Aristolochia vulgaris 759.
Armoracia 79.
Arnica 464.
Arnica suedensis 436.
Artemisia alba et rubra 450.
Arum maculatum 829.
Asarum 760.
Asclepiadea 589.
Asparagus 866.
Asperula aurea 398.
Asphodelus albus 875.
Aster atticus 425.
Astragalus 226 u. 227.
Astrantia 347.
Atriplex alba et rubra 740.
Aurantia 164.

Register der Apothekernamen. 1541

Auricula major 541.
Auricula muris 529.
Auricula muris alba 153.
Auricula ursi 716.
Avena 983.
Balausticum 293.
Ballota 696.
Balsamina lutea 180.
Barba caprae 250.
Barba hirci 508.
Barbarea 48.
Bardana 488.
Basilicum 668.
Beccabunga 636.
Belladonna 620.
Bellis major 458.
Bellis minor 426.
Berberis 36.
Betonica 695.
Betula 801.
Bistorta 747.
Blattaria 626.
Blitum 731.
Borago 605.
Bonus Henricus 738.
Botrys 737.
Botrys chamaedryoides 701.
Botrys mexicana 736.
Branca ursina 372.
Britanica 435 u. 743.
Bryonia 309 u. 310.
Bubonium 425.
Bubonium luteum 434.
Buglossum sylvestre 607.
Bugula 700.
Buphthalmum 456.
Bursa pastoris 87.
Buxus 761.
Calamintha montana 680.
Calamus aromaticus 830.
Calcatrippa 30.

Calcitrapa 500.
Calendula 476.
Caltha palustris 26.
Cannabina aquatica 419.
Cannabis 772.
Cannabis aquatica 437.
Cannabis sylvestris 690.
Capillus Veneris 1051.
Cardamine 54.
Cardamine amara 58.
Cardiaca 697.
Carex arenaria 925.
Carica 773.
Carduus Mariae 485.
Carduus stellatus 500.
Carlina 489.
Carthamus 493.
Carthamus sylvestris 494.
Caryophyllata 252.
Caryophyllus arvensis 145.
Caryophyllus hortensis 118.
Caryophyllata montana 254.
Carvum 353.
Cataputia major 769.
Cataputia minor 768.
Cataria 683.
Caucalis 377.
Centaureum luteum 585.
Centaureum minus 597.
Centum nodium 750.
Cepa 888.
Cerefolium hispanicum 383.
Cervicaria major 557.
Cervicaria media 560.
Cervicaria minor 561.
Ceterach 1038.
Chaerophyllum sylvestre 380.
Chamaecistus vulgaris 94.
Chamaedrys 702.
Chamaedrys alpina 252.
Chamaepitys 701.

Chamomilla foetida 456.
Chamomilla vulgaris 457.
Cheiri 45.
Chelidonium majus 40.
Chelidonium minus 19.
Chenopodium ambrosioides 736.
Chrysosplenium 344.
Cicer 231.
Cichoreum 502.
Cicuta aquatica 349.
Cicutaria 380.
Cicuta terrestris 384.
Circaea 299.
Citrus 164.
Clematis 2.
Clematis sylvestris 2.
Clinopodium sylvestre 678.
Clinopodium vulgare 681.
Colchicum 891.
Colutea scorpioides 227.
Colutea vesicaria 218.
Conium maculatum 384.
Consolida major 607.
Consolida media 700.
Consolida minor 698.
Consolida regalis 30.
Consolida saracenica 431 u. 474.
Conyza major 434.
Conyza media 436.
Convolvulus major 599.
Convolvulus minor 600.
Coriandrum 386.
Cornus foeminea 387.
Cotula 456.
Cotyledon aquatica 346.
Cristagalli 663.
Cristoforiana 34.
Crocus 857.
Cruciata 398.
Cucubalus 121.
Cucurbita 308.

Cupressus 807.
Cuscuta 601.
Cyanus major 497.
Cyanus minor 497.
Cyclamen 723.
Cydonia 288.
Cymbalaria 632.
Cyperus longus 908.
Cynoglossum 604.
Cynoglossum minus 603.
Cynosbaton. 277
Daucus sativus 377.
Dentaria antidysenterica 59.
Dentaria major 653.
Dentaria minor 59.
Dictamnus 183.
Digitalis purpurea 630.
Doronicum 461.
Dorycnium 214.
Dracunculus aquaticus 829.
Dulcamara 617.
Ebulus 390.
Echinops 476.
Echium 609.
Enula 433.
Epimedium 36.
Epithymum (creticum) 601.
Equisetum majus 1029.
Equisetum minus 1026.
Eruca 70.
Eruca palustris 47.
Ervum 237.
Eryngium 348.
Esula 762.
Esula rotundifolia 767.
Eupatorium 419.
Euphrasia 665.
Euphrasia rubra 667.
Evonymus 185.
Faba 234.
Faba alba 243.

Register der Apothekernamen. 1543

Farfara 422.
Ficus 773.
Filipendula 251.
Filago 441.
Filix mas 1042.
Flammula 19.
Flammula Jovis 2.
Foeniculum aquaticum 358.
Foeniculum vulgare 359.
Fragaria 260.
Frangula 188.
Fraxinella 183.
Fraxinus 579.
Fumaria 44.
Fumaria lutea 42.
Galega 217.
Galeopsis 692 u. 689.
Galium album 403.
Galium luteum 401.
Genista 192.
Genista germanica 191.
Genista juncea 191.
Gentiana alba 374.
Gentiana major 588.
Gentiana lutea 587.
Gentiana rubra 589.
Gentianella 595.
Gentianella alpina 590.
Geranium batrachioides 173.
Geranium moschatum 178.
Githago 131.
Glans terrestris 239.
Glastum 89.
Globularia 724.
Glycirrhiza sylvestris 226.
Gnaphalium 445.
Gramen 1019.
Granatum 293.
Gratiola 629.
Grossularia 326.
Hedera arborea 387.

Hedera terrestris 684.
Helleborastrum 28.
Helleborine 850.
Helleborus albus 892.
Helleborus foetidus 28.
Helleborus hyemalis 27.
Helleborus niger 27.
Helianthemum 94.
Hepatica alba 108.
Hepatica nobilis 7.
Herba Medica 200.
Herba Ruperti 178.
Herniaria 313.
Hesperis 60.
Hippocastanum 170.
Hirundinaria 581.
Holosteum 145.
Holosteum caryophylleum 153.
Hordeum 1020.
Horminum pratense 674.
Horminum sativum 674.
Hydropiper 749.
Hypericum 166.
Hyssopus 683.
Jacea 102.
Jacea nigra 494.
Jacobaea 470.
Jasminum 306.
Iberis 85.
Imperatoria alba 371.
Imperatoria nigra 347.
Impia 441.
Iris nostras 859.
Isatis 89.
Juglans 777.
Jujuba 186.
Juncus floridus 818.
Juniperus 806.
Laburnum 193.
Lactuca Scariola 517.
Lactuca sylvestris 517.

Lactuca virosa 516.
Lamium 687.
Lamium rubrum 685.
Lamium sylvaticum foetidum 692.
Lapathum acutum 742.
Lapathum aquaticum 743.
Lapathum crispum 743.
Lappa minor 548.
Lapsana 501.
Laurocerasus 249.
Laurus 755.
Lavandula 669.
Lens 237.
Ligustrum 578.
Lilac 579.
Linaria 634.
Lingua Bovis 606.
Lingua cervina 1049.
Linum 156.
Linum catharticum 157.
Lithospermum 611.
Lolium 1023.
Lolium officinarum 131.
Lonchitis major 1041.
Lotus sylvestris 215.
Lunaria 1036.
Lunaria graeca 73.
Lupulus 772.
Luteola 105.
Luzula 181.
Lycoctonum 33.
Lycopodium 1034.
Lysimachia Chamaenerion 294.
Lysimachia purpurea 304.
Malicorium 293.
Majorana 676.
Malus sylvestris 290.
Malva arborea 159.
Malva minor 159.
Malva vulgaris 158.
Marrubium agreste 691.

Marrubium album 696.
Marrubium aquaticum 672.
Marrubium aquaticum acutum 693.
Marrubium nigrum 696.
Martagon 873.
Matricaria 460.
Matrisylva 397.
Melampodium 27.
Melilotus 204.
Melissa 682.
Melissophyllum 685.
Mentha aquatica 670.
Mentha equina 670.
Mentha piperita 670.
Mentha sylvestris 670.
Mercurialis 769.
Mespilus 288.
Mezereum 753.
Milium Solis 611.
Millefolium 455.
Morsus diaboli 415.
Morsus gallinae 146.
Morus 774.
Moschatellina 390.
Mutellina 364.
Myagrum 80.
Myrrhis major 383.
Nardus celtica 410.
Nasturtium majus 58.
Nasturtium hortense 84.
Nepeta 683.
Nerium 584.
Nicotiana 621.
Nigellastrum 131.
Nummularia 708.
Oleander 584.
Olivae 577.
Ononis 196.
Ophioglossum 1036.
Orchis spiralis 854.
Oreoselinum 369.
Origanum 676.

Register der Apothekernamen. 1545

Ornithogalum 879.
Orobus 237.
Orontium 631.
Orontium majus 631.
Ostruthium 371.
Oxyacantha 286.
Oxycoccos 565.
Paeonia 35.
Paliurus 186.
Papaver album 39.
Papaver erraticum 39.
Parietaria 771.
Parnassia 108.
Paris 867.
Pastinaca sativa 371.
Pecten Veneris 379.
Pedicularis aquatica 659.
Pentaphyllum 265.
Pentaphyllum aquaticum 262.
Perfoliata 357.
Persica 245.
Persicaria acida 748.
Persicaria mitis 749.
Pervinca 583.
Pes anserinus 735.
Pes cati 445.
Petroselinum 350.
Phaseolus 243.
Phellandrium aquaticum 358.
Philadelphus 306.
Phu minor 407.
Phytolacca 733.
Pilosella 529.
Pimpinella alba major 353.
Pimpinella italica 285.
Pimpinella minor 285.
Pinea 811.
Pinguicula 705.
Piper hispanicum 618.
Pisum sativum 238.
Plantago angustifolia 728.

Plantago aquatica 817.
Plantago latifolia 727.
Plantago major 727.
Plantago Psyllium 730.
Podagraria 352.
Polygala amara 109 u. 110.
Polygala vulgaris 109 u. 110.
Polygonum cocciferum 315.
Polypodium 1038.
Populus 799 u. 800.
Portulacca 311.
Potentilla alba 269.
Primula 715.
Prunella 698.
Prunus Padus 248.
Pseudacorus 860.
Pseudonarcissus 864.
Psyllium 730.
Pteris aquilina 1050.
Pulegium 672.
Pulicaria 435.
Pulsatilla nigricans 9.
Pulmonaria maculosa 610.
Pulmonaria gallica 541.
Pyrola 572.
Pyrus sylvestris 289.
Quercus 779.
Quinquefolium fragiferum 263.
Ranunculus acris 22.
    albus 11.
    aquaticus 25.
    bulbosus 24.
    dulcis 23.
    flammeus major 19.
    nemorosus 11.
    palustris 25.
    - pratensis 22.
Raphanus aquaticus 46.
Raphanus rusticanus 79.
Rapistrum 91.
Rapistrum arvorum 69.

Regina prati 250.
Reseda vulgaris 105
Resta bovis 197.
Rhabarbarum monachorum 744.
Rhamnus cathartica 187.
Rhododendron ferrugineum 570.
Rhoeas 39.
Ribes nigrum 326.
Ribes rubrum 327.
Ricinus 769.
Rorella 107.
Rosa pallida 281.
Rosa rubra 281.
Rosa sylvestris 277.
Ros solis 107.
Rosmarinus 673.
Rubus 255.
Ruscus 870.
Ruta capraria 217.
Ruta hortensis 183.
Ruta muraria 1048.
Sabina 807.
Sagittaria 817.
Salep 835 u. 836.
Salicaria 304.
Salix alba 786.
Salix Laureola 785.
Salvia 673.
Sambucus 390.
Sambucus aquaticus 392.
Sanguinaria 174.
Sanicula 346.
Sanicula montana 721.
Saponaria alba 130.
Saponaria rubra 120.
Satureja 678.
Satyrium 482.
Saxifraga aurea 344.
Scandix 379.
Sclarea 674.
Scolopendrium 1049.

Scordium 701.
Scorodonium 701.
Scorzonera 510.
Scrophularia 627.
Secale cornutum 1020.
Sedum album 318.
Sedum acre 319.
Sedum majus 321.
Sedum minus 318.
Selago 1032.
Sempervivum 321.
Senecio 468.
Senna germanica 218.
Serpyllum 677.
Serratula 492.
Sesamum vulgare 80.
Seseli 375.
Seseli pratense 363.
Sideritis 694.
Sigillum Salomonis 868.
Silaus 363.
Siler montanum 375.
Sisymbrium sylvestre 47.
Sium nodiflorum 351.
Solanum nigrum 616.
Sophia chirurgorum 62.
Sorbus alpinus 292.
Sphondylium 372.
Spica celtica 410.
Spina alba 286.
Spina cervina 187.
Squamaria 653.
Stachys 691.
Stachys aquatica 693.
Stramonium 621.
Succisa 415.
Symphytum 607.
Syringa alba 306.
Tamus 871.
Tanacetum 451.
Taraxacum 514.

Register der Apothekernamen.

Taxus 805.
Tertianaria 698.
Thalictrum 7.
Thlaspi 81 u. 85.
Thridacium 516.
Thuja 808.
Thymus 676.
Tilia 161 u. 162.
Tithymalus 762.
Tormentilla 265.
Trachelium 557.
Tragoselinum majus 353. u. 354.
Tragopogon 508.
Trichomanes 1046.
Trifolium album 210.
Trifolium corniculatum 215.
Trifolium fibrinum 585.
Trifolium purpureum 205.
Triticum 1017.
Tunica hortensis 118.
Ulmaria 250.
Ulmus 776.
Unifolium 869.
Urtica major 771.
Urtica mortua 687.
Uva crispa 326.
Uva ursi 567.

Valeriana 406.
Valeriana graeca 593.
Valeriana palustris 407.
Valerianella 410.
Verbascum 623.
Verbascum nigrum 625.
Verbena 703.
Verbesina 437.
Veronica 637.
Viburnum 391.
Victorialis longa 882.
Victorialis rotunda 858.
Viola 98.
Viola Lunaria 73.
Viola matronalis 60.
Viola tricolor 102.
Vinca 583.
Vincetoxicum 581.
Virga aurea 431.
Viscago 123.
Viscago baccifera 121.
Vitis 171.
Vitis Idaea 565.
Vulneraria 199.
Vulvaria 737.
Xylosteum 393.
Zizyphus 186.

Register

über die Ordnungen, Gattungen, Arten und Synonyme der Flora von Tirol.

Die Synonyme sind mit * bezeichnet. Auf die Nachträge wird Kürze halber nur bei neuhinzugekommenen Arten oder Abarten, so wie bei Berichtigungen, nicht aber bei nachträglichen Standorten hingewiesen.

*Abies excelsa Link 813.
*   - excelsa Poir. 814.
*   Larix Lam. 812.
*   - pectinata De C. 813.
Abutilon Avicennae Dill. 160.
Acacia Farnesiana W. 245.
  - Julibrissin W. 245.
Acalypha caroliniana L. 769.
Acerineae 167.
Acer campestre L. 168.
  - monspessulanum L. 169.
  - platanoides L. 168.
  - Pseudoplatanus L. 168.
Achillea atrata L. 453.
  - alpina L. 1203.
  - Clavenae L. 451.
    hybrida Gaud. 463.
    lanata Spreng. 455.
    macrophylla L. 452.
  - Millefolium L. 454.
  - moschata Wulf. 452.
  - nana L. 453.
    nobilis L. 455.
    odorata L. 1195.
    Ptarmica L. 451.
    tanacetifolia All. 455.
  - tomentosa L. 454.
*Acinos thymoides Mönch. 678.
*   - alpinus Mönch 679.

Aconitum L. 30.
  - Anthora L. 30.
*   - Cammarum Jacq. 32.
*   cernuum Wulf. 33.
*   - emminens Koch 32.
*   formosum Reichb. 32.
*   Hoppeanum Reichb. 31.
*   Kölleanum Reichb. 31.
    Lycoctonum L. 33.
    Napellus L. 31.
*   Napellus Reichb. 32.
*   nasutum Reichb. 31.
*   - neomontanum Wlf. 32.
*   - neubergeuse Reichb. 32.
    paniculatum Lam. 33.
    pyramidale Mill. 1399.
    ranunculifolium Reichb. [33.
    Störkianum Reichb. 32.
*   tauricum Wulf. 31.
*   Thelyphonum Rchb. 33.
    variegatum L. 32.
*   - Vulparia Reichb. 33.
Acorus Calamus L. 830.
*Acrostichum septentrionale L. [1048.
*   - Marantae L. 1051.
Actaea spicata L. 34.
Adenophora suaveolens Meyer 562.

Synonymen-Register. 1549

*Adenophora communis Fisch. [562.
*Adenophora lilifolia DeC. 562.
Adenostyles albifrons L. 419.
* – alpestris Spenn. 420.
– alpina Bl. 419.
* – viridis Cass. 420.
Adiantum capillus VenerisL.1050.
Adonis L. 12.
– aestivalis L. 12.
autumnalis L. 12.
– flammea Jacq. 12.
* miniata Jacq. 12.
– vernalis L. 1189.
Adoxa Moschatellina L. 389.
Aegopodium Podagraria L. 352.
Aegilops ovata L. 1023.
Aesculus Hippocastanum L. 169.
Aethionema saxatile R. Br. 88.
Aethusa L. 358.
* – Bunius Murr. 351.
– cynapioides M. B. 359 und 1434.
– Cynapium L. 358.
*Agathophytum Bonus Henricus Moquin 738.
* glaucum Rchb. 739.
* – rubrum Rchb. 739.
Agave americana L. 862.
*Agrimonia agrimonioidesL.272.
– Eupatoria L. 271.
– odorata Ait. 272.
*Agropyrum rigidum Rchb.1018.
* – repens Rchb. 1018.
* firmum Presl. 1018.
* – caninum R. S. 1019.
*Agrostemma coronaria L. 129.
* – flos Jovis L. 130.
– Githago L. 131.
*Agrostis alba Schrad. 968.
– alpina Scop. 969.

*Agrostis alpina Dub. = rupestris All. 969.
* arundinacea L. 972.
* Calamagrostis L. 974.
canina L. 968.
* – festucoides Vill. 969.
* flavescens Host. 969.
* – minima L. 966.
* miliacea L. 973.
rupestris All. 969.
* – rupestris Bertol. 969.
* spica venti L. 970.
stolonifera β. L.' 967.
* sylvatica.
* tenella Hoffm.
– vulgaris With. 968.
Ailanthus glandulosa W. 190.
Aira L. 979.
* – alpina Roth. 1506.
* – altissima Lam. 980.
* – aquatica L. 1001.
* – caerulea L. 1002.
– caespitosa L. 979.
* – capillaris Host. 989.
* – caryophyllea L. 989.
* – cristata L. 978.
– flexuosa L. 981.
* – hirsuta Schleich. 979.
* – montana L. 981.
* – parviflora Thuill. 980.
spicata L. 989.
stolonifera Hsm. 980.
* – valesiaca All. 979.
* – Wibeliana Sond. 980.
*Ajax Pseudonarcissus Haw. 864.
*Ajuga alpina L. 700.
– Chamaepitys Schreb. 700.
genevensis L. 700.
pyramidalis L. 700.
reptans L. 699.

1550 Synonymen-Register.

*Albucea nutans Rchb. 878.
Alchemilla alpina L. 284.
*   -   Aphanes Leers. 284.
        avensis Scop. 284.
  -   fissa Schum. 283.
  -   montana Willd. 282.
        pentaphyllea L. 284.
        pubescens M.B. 283.
        truncata Tausch. 282.
  -   vulgaris L. 282.
Aldrovanda vesiculosa L. 106.
*Alectorolophus minor Rchb. 662.
Alismaceae 816.
Alisma L. 816.
*   graminifolium Ehrh. 817.
        lanceolatum Wilh. 1067.
        parnassifolium L. 1485.
  -   Plantago L. 816. 1067.
*Allinria officinalis Andrz. 63.
Allium acutangulum Schrad. 883.
*   angulosum Pollich. 883.
*   -   arenarium Sm. 886.
*   asperum Don. 886.
        carinatum L. 886.
        Cepa L. 887.
        descendens L. 885.
        fallax Don. 883.
        fistulosum L. 888.
        flavum L. 887.
        flexum W. K. 886.
        foliosum Clar. 887.
*   Moly L. 1200.
*   montanum Rchb. 887.
*   montanum Schm. 883.
        multibulbosum Jacq. 882.
*   -   nigrum L. 882.
        Ochroleucum W.K. 884.
        oleraceum L. 886.
        paniculatum Red. 886.
        Porrum L. 885. 1200.
        pulchellum Don. 887.

Allium sativum L. 884.
  -   Schoenoprasum L. 887.
        Schoenoprasum β. alpinum [887.
        Scorodoprasum L. 885.
        sibiricum Willd. 887.
        sphaerocephalum L. 885.
  -   strictum Schrad. 884.
        suaveolens Jacq. 884.
        ursinum L. 882.
        vineale L. 1200.
*   violaceum Willd. 886.
        Victorialis L. 981.
*   -   virens Lam. 886.
Allosorus crispus Bernh. 1052.
Alnus glutinosa Gärtn. 803.
  -   incana 803.
*   -   tirolensis Saut. 803.
*   -   viridis De C. 802.
Alopecurus agrestis L. 963.
        fulvus Sm. 963.
        geniculatus L. 963.
        pratensis L. 962.
Aloysia citriodora Orteg. 703.
Alsineae 131.
Alsine aretioides M. K. 135.
        austriaca M. K. 137.
        biflora Whlb. 136.
        fasciculata M. K. 139.
        Gerardi Whlb. 137.
        Jacquini Koch. 139.
        lanceolata M. K. 135.
        laricifolia Whlb. 136.
        media L. 146.
        recurva Whlb. 138.
        rostrata Koch 139.
        rubella Whlb. 138.
        rubra Whlb. 135.
        sedoides Fröl. 138.
        stricta Whlb. 136. 1519
        tenuifolia Whlb. 139.

Synonymen-Register.

Alsine verna Bartl. 137.
- Villarsii M. u. K. 1191.
Althaea cannabina L. 1192.
- hirsuta L. 1518.
- officinalis L. 159.
- rosea L. 159.
*Alyssum alpestre L. 71.
* - incanum L. 72.
  calycinum 71.
* - clypeatum L. 72.
* - gemonense L. 1190.
* - medium Host. 1190.
- montanum L. 71.
- Wulfenianum Bernh. 71.
Amarantaceae 731.
Amarantus L. 731. u. 1066.
- Blitum L. 731.
  caudatus L. 732.
  cruentus L. 732.
  prostratus Balb. 1199.
  retroflexus L. 731.
  sylvestris Desf. 731.
- tricolor Willd. 732.
Amaryllideae 861.
Ambrosiaceae 547.
Ammi majus L. 1195.
Amorpha fruticosa L. 217.
Ampelideae 170.
Ampelopsis hederacea Mich. 170.
Amygdaleae 244.
*Amygdalus amara Hayn. 245.
- communis L. 244.
* - fragilis Brkh. 245.
* - hybrida Dierb. 1422.
- nana L. 245.
* - nucipersica Rchb. 245.
* - Persica L. 245.
- Persico-Am. Dalech. 1422.
*Anacamptis pyramidalis Rich. [838.
Anagallis arvensis L. 708.

Anagallis caerulea Schreb. 708.
* - phoenicea Lam. 708.
- tenella L. 708.
*Anchusa angustifolia Lehm. 606.
- italica Retz. 606.
- leptophylla R. S. 606.
- officinalis L. 605.
Andromeda polifolia L. 567.
*Andropogon Allionii De C. 955.
* - angustifolius Sm. 955.
* - contortum All. 955.
  Gryllus L. 955.
- Ischaemum L. 955.
*Androsace alpina Lam. 710.
- carnea L. 712.
  Chamaejasme Ait. 710.
  elongata L. 1201.
  glacialis Hop. 710.
- Hausmanni Leyb. 1474.
  Heerii Hegetschw. 1474.
- helvetica Gaud. 709.
  imbricata Lam. 710.
  lactea L. 711.
- maxima L. 712.
  obtusifolia All. 711.
  septentrionalis L. 712.
  villosa L. 710.
* - villosa Jacq. 711.
* - Vitaliana Lap. 712.
Androsaemum officinale All. 164.
*Anemagrostis Spica venti Trin. [970.
Anemone L. 7.
- alpina L. 9.
  apennina L. 1189.
  baldensis L. 10.
  coronaria L. 9.
  fragifera Wulf. 11.
  Hackelii Pohl. 1519.
  Halleri All. 1189.
  Hepatica L. 7.
  intermedia Hp. = montana.

Anemone montana Hop. 8.
 narcissiflora L. 9.
 nemorosa L. 11.
- Pulsatilla L. 8.
- ranunculoides L. 11.
* - sulphurea L. 10.
- sylvestris L. 1519.
- trifolia L. 11.
- vernalis L. 7.
Anethum graveolens L. 1194.
Angelica L. 366.
- montana Schleich. 366.
- sylvestris L. 366.
* - verticillaris L. 370.
*Antennaria carpatica Bl. 445.
* - dioica Gärtn. 445.
Anthemis alpina L. 456 u. 1062.
- arvensis L. 456.
* - corymbosa Hänke 454.
- Cotula L. 456.
- tinctoria L. 456.
*Anthericum calyculatum L. 893.
- Liliago L. 875.
* - Liliastrum L. 876.
 ramosum L. 875.
* - serotinum L. 874.
Anthoxanthum odoratum L. 962.
* - paniculatum L. 1009.
Anthriscus Cerefolium Hffm. 380.
- sylvestris Hffm. 390.
*Anthyllis alpestris Hegetschw. [1058.
* - Dillenii Schult. 1058.
 montana L. 199.
- Vulneraria L. 199.
Antirrhineae 629.
*Antirrhinum alpinum L. 633.
* - Cymbalaria L. 632.
* - Elatine L. 1466.
* - Linaria L. 634.

Antirrhinum majus L. 631.
* - minus L. 632.
- Orontium 631.
* - spurium L. 632.
*Apargia alpina Willd. 504.
* - autumnalis Willd. 503.
* - aurantiaca Kit. 504.
* - crispa Willd. 1448.
* - crocea Willd. 504.
* - pratensis Link. 503.
* - saxatilis Ten. 506.
* - Taraxaci Sm. 503.
* - Taraxaci Willd. 504.
* - tergestina Hop. 506.
Apera spica venti Beauv. 970.
- interrupta Beauv. 970.
*Aphanes Arvensis L. 284.
Apium graveolens L. 349.
* - Petroselinum L. 350.
Apocyneae 582.
Aposeris foetida Less. 502.
Aquifoliaceae 576.
Aquilegia L. 28.
- alpina L. 1189.
* - alpina Lam. 29.
- atrata Koch 29 u. 1054.
* - Einseleana Schult. 30.
* - nigricans Rchb. 29.
* - platysepala Rchb. 29.
 pyrenaica De C. 29.
* - Sternbergii Rchb. 1189.
* - thalictrifolia Schott. 1399.
* - viscosa W. K. 30.
- vulgaris L. 28.
Arabis alpina L. 49.
* - alpestris Schleich. 51.
 arenosa Scop. 52.
- auriculata Lam. 49.
 bellidifolia Jacq. 53.
- brassicaeformis Wallr. 48.
- ciliata R. Br. 50.

Synonymen-Register.

Arabis caerulea Hänk. 54.
* − crispata Willd. 49.
  Halleri L. 52.
  hirsuta Scop. 50.
  muralis Bertol. 51.
* − nutans Mönch. 53.
  petraea Lam. 51.
  pumila Jacq. 53.
− sagittata De C. 1055. 1401.
  saxatilis All. 50.
* − scabra All. 53.
* − serpyllifolia Poll. 51.
* − serpyllifolia Vill. 1190.
* − Thaliana L. 63.
  tirolensis Schiv. 1170.
  Turrita L. 52.
− vochinensis Spr. 1519.
Araliaceae 386.
*Arbutus uva ursi L. 567.
* − alpina L. 566.
− Unedo L. 1197.
Archangelica officinalis Hffm. [1194.
*Arctium Bardana Willd. 489.
* − Carduelis L. 486.
* − Lappa Willd. 488.
* − majus Schk. 488.
* − minus Schk. 488.
* − Personata L. 486.
* − tomentosum Schk. 489.
Arctostaphylos alpina Spr. 566.
− officinalis Wimm. 566.
Aremonia agrimonioides Neck.
Arenaria L. 142.   [272.
* − aretioides Portensch. 136.
  Arduini Vis. 145.
  austriaca Jacq. 137.
  bavarica L. 141.
  biflora L. 144.
− ciliata L. 143.
* − fasciculata Jacq. 139.

*Arenaria Gerardi Willd. = Sa-
  bulina Gerardi Rchb. 137.
  graminifolia Ard. 145.
  grandiflora All. 144. 1191.
* − juniperina Vill. 144.
* − lanceolata All. 135.
* − laricifolia L. 136.
* − liniflora L. 136.
  Marschlinsii Koch. 143.
* − multicaulis L. 144.
* − polygonoides Wulf. 141.
* − recurva All. 139.
* − rostrata Pers. 139.
* − rubra α. L. 135.
  serpyllifolia L. 143.
  serpyllifolia β. alpina
      Gaud. 143.
  sphagnoides Fröl. 142.
  striata L. 136.
* − tenuifolia L. 139.
* − thesiifolia Fröl. 142.
* − trinervia L. 142.
* − verna L. 137.
* − viscida Lois. 143.
*Aretia alpina Lam. 710.
* − helvetica Schk. 709.
* − pennina Gaud. 710.
  tomentosa Schleich. 710.
− Vitaliana L. 712.
Aristolochieae 758.
Aristolochia Clematitis L. 759.
− pallida W. K. 1199.
  rotunda L. 1199.
− Sipho L. 759.
*Armeniaca vulgaris Pers. 246.
*Armeria alpina Willd. 725.
* − vulgaris Willd. 1066.
*Armoracia rusticana Fl. d. W. 79.
Arnica Bellidiastrum Vill. 426.
* − austriaca Hop. 462.

*Arnica Clusii All. 462.
* -- cordata Wulf. 462.
* -- Doronicum Jacq. 462.
* -- glacialis Wulf. 463.
    montana L. 464.
* -- scorpioides Rchb. L. 464.
Aroideae 828.
Aronia rotundifolia Pers. 290.
*Aronicum Bauhini Rchb. 463.
 -- Clusii Koch. 462.
    Doronicum De C. 462.
 -- glaciale Rchb. 463.
* -- latifolium Rchb. 464.
 -- scorpioides Koch. 463.
Arrhenatherum elatius M. K. 982.
* -- avenaceum Beauv. 982.
Artemisia Abrotanum L. 449.
 -- Absinthium L. 446.
    austriaca Jacq. 1196.
 -- campestris L. 449.
 -- camphorata L. 447.
 -- glacialis L. 447.
* -- glacialis Wulf. 448.
* -- helvetica Schleich. 450.
    lanata Willd. 447.
 -- mutellina Vill. 448.
    nana Gaud. 450.
    pedemontana Balb. 447.
    pontica L. 1196.
    rupestris L. 1196.
    Scoparia W. K. 1196.
 -- spicata Wulf. 449.
 -- vulgaris L. 450.
Arum italicum Mill. 829.
 -- maculatum. L. 828.
Arundo Donax L. 975.
* -- Epigejos L. 971.
* -- flavescens Cust. 975.
* -- isiaca Rchb. 975.
* -- littorea Schrad. 970.
* -- montana Gaud. 972.

*Arundo Phragmites L. 975.
* -- Plinii Gmel. 975.
* -- sylvatica Schrad. 972.
* -- speciosa Schrad. 974.
* -- tenella Schrad. 971.
* -- varia Schrad. 972.
Asarum europaeum L. 759.
Asclepiadeae 580.
Asclepias syriaca L. 582.
* -- Vincetoxicum L. 581.
Asparageae 865.
Asparagus acutifolius L. 866.
 -- officinalis L. 865.
    tenuifolius Lam. 866.
Asperugo procumbens L. 602.
Asperula arvensis L. 395.
    cynanchica L. 396.
    galioides M. B. 397.
    laevigata L. 1195 u. 1201.
 -- longiflora W. K. 396.
* -- montana Rchb. 397.
    odorata L. 397.
 -- taurina L. 396.
Asphodelus albus Mill. 875.
 -- luteus L. 1200.
* -- ramosus L. 1200.
Aspidium aculeatum Sw. 1041.
 -- aculeatum Döll. 1512.
* -- alpinum Willd. 1045.
* -- cristatum Sw. 1043.
* -- dentatum Sw. 1044.
* -- dilatatum Wi'ld. 1043.
* -- Filix foemina Sw. 1046.
* -- Filix mas Sw. 1042.
* -- fragile Sw. 1044.
* -- Halleri Willd. 1046.
* -- lobatum Sw. 1512.
    Lonchitis Sw. 1040.
* -- montanum Sw. 1045.
* -- Oreopteris Sw. 1042.

Synonymen-Register. 1555

*Aspidium regium Sw. 1045.
* - rigidum Sw. 1044.
* - spinulosum Willd. 1043.
* - Thelypteris Sw. 1042.
Asplenium adiantum nigrum
    [L. 1048.
acutum W. 1049 u. 1514.
* - alternifolium Wulf. 1047.
Breynii Retz. 1047.
Ceterach L. 1038.
fissum Kit. 1047 u. 1070.
Filix foemina Bernh. 1045.
germanicum Weis. 1047.
Halleri R. Br. 1046.
ruta muraria L. 1047.
Scolopendrium L. 1049.
septentrionale Sw. 1048.
Trichomanes L. 1046.
- viride Huds. 1046.
Aster alpinus L. 424.
Amellus L. 425.
annuus L. 427.
Chinensis L. 425.
hirsutus Host. 1440.
- novi Belgii L. 425.
*Asterocephalus. 417.
Astragalus alpinus L. 224.
* - albidus W. K. 225.
arenarius L. 223.
bidentatus Saut. 224.
campestris L. 220.
Cicer L. 225.
depressus L. 226.
exscapus L. 226.
glyciphyllos L. 225.
Hypoglottis L. 224.
leontinus Wulf. 223.
monspessulanus L. 226.
montanus L. 222.
Onobrychis L. 224.
oroboides Horn. 1518.

*Astragalus pilosus L. 221.
purpureus Lam. 223.
* - sordidus Willd. 221.
* - tirolensis Sieb. 221.
* - uralensis Jacq. 220.
* - velutinus Sieb. 220.
- vesicarius L. 225.
Astrantia carniolica Wulf. 347.
- major L. 347.
- minor L. 346.
*Athamantha Cervaria L. 368.
- cretensis Koch. 362.
* - Golaka Hacq. 385.
* - Libanotis L. 361.
Matthioli L. 362.
* - Oreoselinum L. 369.
Atragene alpina L. 3.
- austriaca Scop. 1394.
Atriplex hortensis L. 740.
* - angustifolia Sm. 741.
- patula L. 740.
Atropa Belladonna L. 619.
* - Mandragora L. 1197.
Aurantiaceae 162.
Avena alpestris Host. 987.
alpina Sm. 985.
amethystina Clar. 984.
argentea Willd. 988.
* - aurata All. 969.
* - brevifolia Host. 988.
* - calycina Vill. 990.
capillaris M. K. 989.
caryophyllea Wigg. 989.
distichophylla Vill. 988.
elatior L. 982.
fatua L. 983.
flavescens L. 987.
flexuosa M. u. K. 981·
hybrida Peterm. 983 u.1070.
lucida Bertol. 985.
orientalis L. 983.

Synonymen-Register.

*Avena praeusta Rchb. 985.
- pratensis L. 985.
- pubescens L. 984.
sativa L. 982.
Scheuchzeri All. 986.
- sempervirens Vill. 986.
* - sesquitertia Host. 987.
* - sterilis L. 1201.
- subspicata Clairv. 988.
- versicolor Vill. 986.
Azalea procumbens L. 569.
*Baldingera arundinacea Rchb. [961.
*Ballota foetida Lam. 696.
- nigra L. 696.
Balsamineae 180.
Barbarea vulgaris Brwu. 47.
*Barkhausia foetida De C. 520.
* - setosa De C. 521.
* - taraxacifolia De C. 521.
Bartsia alpina L. 664.
Bellidiastrum Michelii Cass. 426.
Bellis perennis L. 426.
Berberideae 35.
Berberis vulgaris L. 36.
*Berteroa incana De C. 72.
* - viridis Tausch. 72.
Berula angustifolia Koch. 355.
*Bessera azurea Schult. 610.
Beta vulgaris L. 739.
* - Cicla L. 739.
Betonica Alopecurus L. 695.
- hirsuta L. 695.
* - hirta Rchb. 694.
officinalis L. 694.
* - stricta Ait. 694.
Betula alba L. 800.
- alpina Borkh. 802.
* - carpathica W. K. 801.
* - fruticosa Willd. 801.
humilis Schk. 801.

Betula nana L. 801.
* - ovata Schrk. 802.
* - pendula Roth. 801.
pubescens Ehrh. 801.
* - verrucosa Ehrh. 801.
* - viridis Chaix. 802.
Betulineae 800.
Bidens bipinnata L. 438.
- cernua L. 437.
* - minima L. 437.
- tripartita L. 437.
Bifora radians M. B. 385.
- testiculata De C. 1194.
*Bignonia Catalpa L. 646.
Bignoniaceae 646.
*Biota orientalis Endl. 808.
Biscutella L. 83.
- auriculata L. 1190.
ciliata De C. 1190.
laevigata L. 83.
* - lucida De C. 83.
* - saxatilis Schleich. 84.
*Blechnum boreale Sw. 1050.
* - septentrionale Wallr. 1048.
- Spicant Roth. 1049.
Blitum bonus Henricus L. 738.
- capitatum L. 737.
* - chenopodioides Lam. 738.
glaucum Koch 739.
rubrum Rchb. 738.
- virgatum L. 738.
*Blysmus compressus Lk. 916.
Bonjeanea hirsuta Rchb. 215.
Boragineae 602.
Borago officinalis L. 605.
Botrychium Lunaria L. 1035.
*Brachypodium caespitosum R.S. [1012.
- pinnatum Beauv. 1011.
- sylvaticum R. S. 1011.
Brassica L. 66.

Synonymen-Register.

*Brassica alpina L. 49.
* - campestris L. 67.
- Napus L. 68.
- nigra Koch. 68.
- oleracea L. 66.
* - orientalis Murr. 69.
- Rapa L. 67.
Braya alpina St. u. Hop. 63.
- pinnatifida L. 64.
Briza media L. 992.
* - Eragrostis L. 992.
* - minor L. 1203.
Bromus arvensis L. 1013.
* - arundinaceus Roth. 1010.
- asper Murr. 1014.
- commutatus Schrad. 1012.
* - diandrus Curt. 1016.
- erectus Host. 1014.
- gigantens L. 1010.
- hirsutus Curt. 1014.
- inermis Leyss. 1015.
- madritensis L. 1016.
- mollis L. 1013.
- multiflorus Sm. 1509.
- patulus M. u. K. 1014.
- pinnatus L. 1011. 1012.
- racemosus L. 1012.
* - secalinus L. 1012.
- squarrosus L. 1014.
- sterilis L. 1015.
- tectorum L. 1015.
* - villosus Gmel. 1014.
Broussonetia papyrifera Vent.
Bryonia alba L. 309. [774.
- dioica L. 310.
Bunias Erucago L. 89.
*Buphthalmum grandiflorum L.
 [432 u. 1441.
Buphthalmum speciosissimum
 [Ard. 431.

Buphthalmum salicifolium L. 431.
Buphthalmum spinosum L. 432.
Bupleurum aristatum Bartl. 355.
* - baldense W. K. 355.
- falcatum L. 355.
- graminifolium Vahl. 356.
* - junceum L. 355.
- longifolium L. 1202.
- protractum Link. 356.
- ranunculoides L. 356.
- rotundifolium L. 357.
- stellatum L. 356.
- tenuissimum L. 1195.
Butomeae 817.
Butomus umbellatus L. 817.
Buxus sempervirens L. 761.
* - suffruticosa Lam. 761.
*Cacalia alpina α. et β. L. 420.
* - sonchifolia L. 465.
*Cakile rugosum Gaud. 90.
Cacteae 324.
Cactus alatus W. 325.
- flagelliformis L. 325.
* - mamillaris L. 325.
- opuntia L. = Opuntia vulgaris Mill.
- speciosus W. 325.
Caesalpineae 243.
Calamagrostis Roth. 970.
* - acutiflora De C. 972.
- Epigejos Roth. 970.
- Halleriana De C. 971.
- lanceolata Roth. 1201. 1520.
* - laxa Host. 970.
- littorea De C. 970.
- montana Host. 972.
* - nigricans Merat. 975.
* - nutans Saut. 971.
* - Pseudophragmites Rch. 971
* - pulchella Saut. 971.

*Calamagrostis speciosa Hst. 974.
- sylvatica De C. 972.
- tenella Hst. 971.
* - varia Host. 971.
Calamintha Acinos Clairv. 678.
- alpina Lam. 679.
grandiflora Mönch. 679.
- Nepeta Clairv. 680.
officinalis Mönch. 679.
* - rupestris Host. 680.
- thymifolia Rchb. 680.
Calendula arvensis L. 475.
- officinalis L. 476.
Calla palustris L. 829.
*Callianthemum coriandrifolium [Rchb. 15.
rutaefolium Rchb. =Ranunc. anemonoides Zahlb. 1395.
Callistephus chinensis Nees. 425.
Callitriche autumnalis L. 303.
* - caespitosa Schultz. 303.
minima Hop. 303.
stagnalis Scop. 302.
- vernalis Kütz. 302.
Calliopsis tinctoria Rchb. 439.
Callitrichineae 302.
Calluna vulgaris Salisb. 567.
Caltha palustris L. 25.
Camelina dentata Pers. 80.
* - microcarpa Andrz. 1055.
- sativa Crtz. 80.
Camellia japonica L. 162.
*Campanula aggregata Wlld. 561.
alpina Jacq. 561.
Alpini L. 562.
barbata L. 561.
- bononiensis L. 556.
caespitosa Scop. 554.
carnica Schied. 556.
cenisia L. 1456.
Cervicaria L. 560.

*Campanula farinosa Andrz. 561.
* - filiformis Moretti 558.
glomerata L. 560.
hybrida L. 563.
- latifolia L. 557.
linifolia De C. 555.
* - lilifolia L. 562.
Lorei Pollini. 1197.
Morettiana Rchb. 557.
patula L. 558.
persicifolia L. 559.
petraea L. 561.
pulla L. 553.
* - pubescens Schm. 555.
pusilla Hänk. 554.
pyramidalis L. 558.
- Raineri Perp. 558.
rapunculoides L. 556.
Rapunculus L. 558.
rhomboidalis L. 556.
rotundifolia L. 555.
Scheuchzeri Vill. 555.
Speculum L. 563.
sibirica L. 562.
spicata L. 559.
thyrsoidea 559.
- Trachelium L. 557.
* - urticifolia Schm. 557.
* - valdensis All. 555.
Campanulaceae 548.
Cannabis sativa L. 772.
Capparideae 91.
*Capparis ovata Desf. 91.
- spinosa L. 91.
Caprifoliaceae 389.
Capsella bursa pastoris Medik. 87.
* - integrifolia De C. 87.
pauciflora Koch. 87.
- procumbens Fries. 87.
Capsicum annuum L. 618.
Cardamine alpina L. 54.

Cardamine amara L. 57.
- asarifolia L. 58.
 hirsuta L. 56.
 impatiens L. 55.
- pratensis L. 57.
 resedifolia L. 55.
 sylvatica Link. 56.
- trifolia L. 58.
*Cardaria Draba Desf. 84.
Carduus acanthoides L. 485.
* - acaulis L. 481.
* - alpestris W. K. 487.
* - anglicus Lam. 482.
 arctioides Vill. 486.
* - carlinaefolius De C. 486.
* - centauroides Hop. 486.
 crispus L. 485.
- defloratus L. 486.
* - eriophorus L. 478.
* - helenioides All. 480.
* - heterophyllus L. 480.
* - lanceolatus L. 477.
* - marianus L. 484.
 nutans L. 487.
* - palustris L. 478.
* - pannonicus L. 478.
 Personata L. 485.
- platylepis Saut. 487.
 rivularis Jacq. 480.
* - Summanus Poll. 486.
Carex acuta L. 932.
* - acutiformis Ehrh. 951.
* - agastachys Ehrh. 942.
 alba Scop. 940.
* - alpestris All. 939.
* - alpina Whlb. 934.
 ampullacea Good. 950.
 approximata Hop. 929.
 aterrima Hop. 934.
 atrata L. 935.

*Carex atrofusca Schk. 943.
 axillaris Good. 1201. 1520.
 baldensis L. 923.
 Bellardi All. 920.
- bicolor All. 933.
* - biformis Schultz. 948. 949.
* - bipartita All. 920.
* - brachystachys Schk. 946.
 brizoides L. 927.
 Buxbaumii Whlb. 933.
* - caespitosa L. Gay. 932.
* - caespitosa Good. 930.
* - campestris Host. 936.
 canescens L. 929.
 capillaris L. 943.
 capitata L. 922.
 ciliata W. 937.
 clandestina Good. 939.
 clavaeformis Hop. 942.
 collina Willd. 937.
 crassa Ehrb. 951.
 curta Good. 930.
 curvula All. 924.
 cyperoides L. 923. 1201.
 Davalliana Sm. 921.
* - decumbens Ehrh. 936.
 digitata L. 939.
 dioica L. 921.
 distans L. 949.
 disticha Huds. 925.
 diversifolia Host. 939.
 divulsa Good. 926.
 Drymeja Ehrh. 950.
 elongata L. 929.
* - Ehrhartiana Hop. 926.
* - erecta De C. 945.
 ericetorum Pollich 937.
 erythrostachys Hop. 942.
- ferruginea Scop. 946.
* - ferruginea Schk. 944.

Synonymen-Register.

*Carex filiformis Ehrh. 938.
* — fimbriata Schk. 945.
  firma Host. 945.
  filiformis L. 952.
* — flacca Schreb. 942.
— flava L. 947.
  foetida All. 925.
— frigida All. 944.
* — frigida Whlb. 944.
— fuliginosa Schk. 944.
* — fuliginosa Whlb. 944.
— fulva Good. 948.
  Gaudiniana Gnthn. 931 u. [1500.
* — Gebhardi Hop. 930.
  glauca Scop. 941.
* — Goodenowii Gay. 932.
* — Grypus Schk. 928.
— gynobasis Vill. 939.
* — helvola Fries. 1499.
  hirta L. 952.
  hispidula Gaud. 945.
— Hornschuchiana Hop. 948.
  humilis Leyss. 938.
  incurva Ligthf. 924.
  intermedia Good. 925.
  irrigua Sm. 935.
  juncifolia All. 924.
* — juncifolia Host. 925.
* — Kochiana De C. 1502.
  lagopina Whlb. 929.
* — lasiocarpa Ehrh. 952.
  leporina L. 928.
  leucoglochin L. 922.
  limosa L. 936.
* — longifolia Host. 938.
  maxima Scop. 942.
  membranacea Hop. 937.
* — Metteniana Lehm. 921.
  Michelii Host. 947.
— microglochin Whlb. 923.

Carex microstachya Ehrh. 931.
* — Mielichhoferi Schk. 946.
— montana L. 937.
  mucronata All. 930. 1499.
  muricata L. 926.
* — nemorosa Schrk. 940.
  nigra All. 934.
  nitida Host. 940.
  nutans Host. 951.
  obtusangula Ehrh. 950.
  Oederi Retz. 947.
  ornithopoda Willd. 939.
— ornithopodioidesHsm.1501.
* — ovalis Good. 929.
  pallescens L. 942.
  paludosa Good. 951.
— panicea L. 941.
  paniculata L. 926.
— paradoxa Willd. 927.
— pauciflora Ligtf. 922.
* — pendula Good. 942.
  Persoonii Sieb. 930.
  pilosa Scop. 940.
  pilulifera L. 936.
  polyrrhiza Wallr. 938.
— praecox Jacq. 938.
  Pseudo-Cyperus L. 950.
— pulicaris L. 922.
— remota Hop. 928.
* — rigida Good. 1201.
  riparia Curt. 951.
  rupestris All. 922.
— Schreberi Schk. 1498.
* — Scopoliana Willd. 946.
  sempervirens Vill. 944.
* — Sieberiana Opitz. 921.
* — sphaerocarpa Ehrh. 937.
* — splendida W. 952.
  stellulata Good. 928.
  stenophylla Whlb. 924.
  stricta Good. 931.

Carex supina Whlb. 936.
- sylvatica Huds. 949.
- tenuis Host. 946.
 teretiuscula Good. 926.
 tetrastachya Traun. 1499.
 tomentosa L. 936.
* - umbrosa Hop. 938.
 ustulata Whlb. 943.
- Vahlii Schk. 933.
* - varia Host. 944.
* - verna Schk. 940.
 vesicaria L. 950.
* - virens Lam. 926.
- vulgaris Fries. 930.
- vulpina L. 925.
Carlina acaulis L. 489.
* - caulescens Lam. 489.
* - longifolia Rchb. 490.
- nebrodensis Guss. 490.
* - subacaulis De C. 489.
- vulgaris L. 489.
Carpesium cernuum L. 440.
Carpinus Betulus L. 782.
- duinensis Scop. 782. 1199.
* - orientalis Lam. 782.
* - Ostrya L. 783.
*Carthamus lanatus L. 493.
- tinctorius L. 492.
Carum Carvi L. 352.
* - Bunius L. 351.
Castanea vulgaris Lam.
*Catabrosa aquatica Beauv. 1001.
Catalpa siringaefolia Sims. 646.
*Cathartolinum pratense Reichb.
[157.
* - tenuifolium Rchb. 155.
Caucalis daucoides L. 378.
* - Anthriscus Scop. 379.
* - grandiflora L. 377.
* - helvetica Jacq. 379.
* - latifolia L. 378.

*Caucalis nodosa Scop. 379.
*Caulinia fragilis Willd. 825.
Celastrineae 183.
Celosia cristata L. 733.
Celtis australis L. 775.
*Cenchrus racemosus L. 957.
Centaurea L. 493.
* - alpestris Hegetschw. 498.
 alpina L. 1196.
- amara L. 493.
 austriaca Willd. 495.
- axillaris Willd. 497. 1063.
* - benedicta L. 1447.
- Calcitrapa L. 500.
* - Centaureum L. 1196.
* - coriacea W. K. 498.
* - decipiens Thuill. 494.
 Cyanus L. 497.
 Jacea L. 494.
 Kotschyana Heuff. 497.
* - maculata Koch. 499.
- maculata Lam. 499.
 montana L. 496.
 nervosa Willd. 496.
- nigrescens Willd. 494.
 paniculata Lam. 499.
* - phrygia De C. 496.
 phrygia L. 495.
* - pratensis Thuill. 494.
* - rhaetica Moritzi = C. Phry-
* - Rhapontica L. 492. [gia L.
 Scabiosa L. 498.
* - seusana Vill. 1063.
 solstitialis L. 500.
- sordida Willd. 499.
* - spinulosa Roch. 499.
* - transalpina Schleich. 495.
 uniflora L. 496.
* - variegata Lam. 1063.
* - vochinensis Bernh. 495.
Centranthus ruber L. 410.

Centunculus minimus L. 709.
Cephalanthera Rich. 848.
- ensifolia Rich. 848.
  pallens Rich. 848.
- rubra Rich. 849.
*Ceramanthe vernalis Rchb. 628.
Cerastium L. 148.
- alpinum L. 151.
* - aquaticum L. 149.
- arvense L. 152.
  brachypetalum Desp. 149.
* - corinthiacum Vest. 152.
* - glaciale Gaud. 1056.
  glomeratum Thuill. 149
  [u. 1413.
  glutinoso - lanatum Fech.
  [152.
- glutinosum Fries. 150.
* - lanatum Lam. 152.
  latifolium L. 151.
* - manticum L. 148.
- ovatum Hop. 152.
* - pedunculatum Gaud. 1056.
* - pumilum Koch 150.
* - repens L. 153.
- semidecandrum L. 149.
* - strictum Hänk. 153.
* - suffruticosum L. 153.
  sylvaticum W. K. 151.
- tomentosum L. 153.
- triviale Link. 150.
* - vulgatum Whlb. 151.

Ceratocephalus Mönch. 13.

- orthoceras De C. 13.
Ceratonia Siliqua 189.
Ceratophyllene 303.
Ceratophyllum L. 303.
- demersum L. 303.
- submersum L. 303.
Cercis Siliquastrum L. 243.

Cereus flagelliformis Mill. 325.
  Phyllanthoides De C. 325.
- speciosissimus De C. 325.
Cerinthe alpina Kit. 608.
* - glabra Gaud. 609.
  minor L. 608.
* - quinque maculata Whlb. 609
* - suevica Mart. 609.
*Cervaria Rivini Gärtn. 368.
Ceterach officinarum Wlld.1038.
* - Marantae De C. 1051.
Chaerophyllum L. 380.
- aromaticum L. 382.
  aureum L. 381.
  bulbosum L. 381.
* - Cicutaria Rchb. 382.
* - Cicutaria Vill. 382.
  hirsutum L. 382.
  hirsutum Vill. 382.
  odoratum Lam. 383.
  sylvestre L. 380.
  temulum L. 381.
- Villarsii Koch. 381.
*Chaetospora ferruginea Rch.909.
Chaiturus Marrubiastrum Rchb.
  [1198.
Chamaeorchis alpina Rich. 845.
*Chamaerepos alpina Sprgl. 845.
Chamagrostis minima Bork. 966.
Cheiranthus De C. 45.
* - annuus L. 45.
  alpinus Vill. 65.
  Cheiri L. 45 u. 1054.
* - incanus L. 45.
* - varius Sibth. 45.
Chelidonium majus L. 40.
Chenopodeae 734.
Chenopodium L. 735.
- album L. 736.
- ambrosioides L. 736.
* - bonus Henricus L. 738.

Chenopodium Botrys L. 737.
- ficifolium Sm. 736.
* - foetidum Lam. 737.
* - glaucum L. 739.
  hybridum L. 735.
  murale L. 735.
  olidum Curt. 737.
  opulifolium Schrad. 736.
  polyspermum L. 736.
* - rhombifolium Mühlb. 735.
* - rubrum L. 739.
* - Scoparia L. 734.
  urbicum L. 735.
* - viride L. 736.
- Vulvaria L. 737.
Cherleria L. 139.
* - imbricata Ser. 136.
* - octandra Sieb. 136.
- sedoides L. 140.
*Chilochloa aspera Beauv. 965.
* - Boehmeri Beauv. 964.
* - cuspidata Beauv. 964.
* - Michelii Rchb. 964.
Chlora L. 585.
- perfoliata L. 585.
- serotina Koch. 585.
Chondrilla L. 514.
* - acanthophylla Wallr. 514.
  juncea L. 514.
  latifolia M. B. 515.
- prenanthoides Vill. 515.
*Chrysanthemum alpinum L. 459.
* - atratum L. 458.
  ceratophylloides All. 458.
         L.u. 1520.
  coronarium L. 461.
  coronopifolium Vill. 458.
  corymbosum L. 460.
  elegans Poll. 1195.
  Halleri Sut. 458.
  indicum Curt. 460.

Chrysanthemum inodorum L. 460.
- Leucanthemum L. 457.
  macrophyllum W.K. 1520.
  montanum L. 458.
  Parthenium Pers. 459.
- segetum L. 460.
*Chrysocoma Linosyris L. 424.
*Chrysopogon Gryllus Trin. 955.
Chrysosplenium L. 343.
- alternifolium L. 344.
- oppositifolium L. 344.
Cicer arietinum L. 231.
*Cicerbita muralis Wallr. 518.
Cichorium Endivia L. 502.
- Intybus L. 502.
Cicuta virosa L. 349.
Cineraria L. 465.
* - alpina β. L. 471.
  alpestris Hop. 466.
  aurantiaca Hop. 467.
  campestris Retz. 466.
* - capitata Koch. 467.
  crispa Jacq. 465.
  integrifolia Jacq. 1444.
  longifolia Jacq. 465.
* - palustris L. 467 u. 1196.
  pratensis Hop. 465.
  spathulaefolia Gmel. 466.
* - tenuifolia Gaud. 466.
Circaea alpina L. 300.
  intermedia Ehrh. 300.
- lutetiana L. 299.
Cirsium Tournef. 477.
  acaule All. 481.
  ambiguum Koch 483.
  anglicum De C. 481.
  arvense Scop. 482.
  Cervini Thomas. 483.
  eriophorum Scop. 477.
  Erisithales Scop. 479.

Cirsium flavescens Koch. 482.
- heterophyllum All. 479.
lanceolatum Scop. 477.
nemorale Rchb. 477.
oleraceum Scop. 480.
palustre Scop. 478.
pannonicum Gaud. 478.
praemorsum Mich. 483.
rivulare All. 480.
spinosissimum Scop. 480.
- subalpinum Gaud. 484.
Cistineae 91.
Cistus albidus L. 92.
* - canus Jacq. 93.
* - Helianthemum L. 94.
* - marifolius Sm. 93.
* - polifolius L. 94.
Cladium Brw. 910.
* - germanicum Schrad. 910.
- Mariscus Brw. 910.
Clematis L. 2.
* - erecta All. 2.
recta L. 2.
Vitalba L. 2.
- Viticella L. 2.
Clinopodium vulgare L. 687.
Cnicus Benedictus L. 1447.
* - lanceolatus 477.
* - Erisithales L. 479.
* - oleraceus L. 480.
Cochlearia L. 78.
* - aquatica Meyer. 46.
Armoracia L. 79.
brevicaulis Facch. 49.
* - Draba L. 84.
* - rusticana Lam.
- saxatilis Lam. 78.
Coëloglossum viride Hrtm. 841.
Coix Lacryma L. 954.
Colchicaceae 890.
Colchicum L. 890.

Colchicum autumnale 890.
montanum All. 1200.
* - vernale Hoffm. 891.
Coleanthus subtilis Hoffm. 1504.
Colutea arborescens L. 218.
- cruenta Ait. 1192.
Comarum palustre L. 261.
Compositae 418.
Coniferae 803.
Conium maculatum L. 384.
*Conringia Thaliana Rchb. 63.
Convallaria L. 867.
* - bifolia L. 870.
* - bracteata Thom. 869.
latifolia Jacq. 1200.
majalis L. 869.
multiflora L. 868 u. 1069.
Polygonatum L. 868.
- verticillata L. 867.
Convolvulaceae 598.
Convolvulus arvensis L. 599.
cantabrica L. 600.
* - purpureus L. 600.
- sepium L. 599.
- tricolor L. 600.
*Conyza (Inula) squarrosa L. 434.
Corallorrhiza innata R. Br. 854.
Corchorus japonicus Thunb. 162.
*Coreopsis Bidens L. 437.
Coriandrum sativum L. 386.
* - testiculatum L. = Bifora
testiculata 1194.
Corneae 387.
Cornus Mas L. 387.
- sanguinea L. 387.
Coronilla L. 227.
* - coronata L. 228.
* - coronata De C. 1059.
Emerus L. 227.
minima L. 1059.
* - minima Jacq. 228.

Synonymen-Register.

Coronilla montana Scop. 228.
- scorpioides Koch. 228.
  vaginalis Lam. 227.
- varia L. 228.

Corthusa Matthioli L. 720.

Corydalis De C. 41.
- acaulis Pers. 43.
  australis Hsm. 42.
- capnoides L. 43.
  cava Schweigg. 41.
* - digitata Pers. 41.
  fabacea Pers. 42.
* - intermedia Mer. 42.
* - Gebleri Ledeb. 43.
  lutea De C. 42.
  ochroleuca Koch. 42.
- solida Sm. 41.

Corylus Avellana L. 781.

Cotoneaster Medic. 287.
- tomentosa Lindl. 287.
  vulgaris Lindl. 287.

Crassula rubens L. 1193.

Crassulaceae 315.

Crataegus L. 286.
* - Aria L. 291.
- Azarolus L. 287.
  monogyna Jacq. 286.
  Oxyacantha L. 286.
* - torminalis L. 292.

Crepis agrestis W. K. 525.
- alpestris Tausch. 523.
- aurea Cass. 522.
* - austriaca Jacq. 527.
  biennis L. 524.
- blattarioides Vill. 527.
* - chrysantha Fröl. 523.
  foetida L. 520.
  Frölichiana De C. 522.
  grandiflora Tausch. 527.
  hispida W. K. 521.

*Crepis hyoseridifolia Tsch. 528.
- Jacquini Tsch. 525. 1065.
- incarnata Tsch. 522.
  jubata Koch. 523.
* - montana Tsch. 528.
  nicaeensis Balb. 524.
  paludosa Mönch. 526.
  polymorpha Wallr. 1064.
  praemorsa Tsch. 522.
  pulchra L. 525.
  pygmaea L. 526.
  setosa Hall. 521.
  succisaefolia Tsch. 526.
  taraxacifolia Thuill. 521.
  tectorum L. 524.
- virens L. 524.

Crocus L. 856.
* - albiflorus Hop. 857.
  sativus All. 857.
- vernus All. 856.
* - grandiflorus Gay. 857.

Cruciferae 44.

*Cryptogramma crispa R. Brown. [1052.

*Crypsis aculeata Ait. 1201.

Cucubalus bacciferus Grtn. 121.
* - Behen L. 124.
* - Otites L. 123.
* - Pumilio L. 125.

Cucumis Melo L. 309.
- sativus L. 308.

Cucurbita Citrullus L. 307.
* - Lagenaria L. 309.
* - maxima Duch. 308.
* - Melopepo L. 308.
  Pepo L. 307.
* - ovifera L. 308.
* - verrucosa L. 308.

Cucurbitaceae 307.

Cupressus sempervirens L. 807.

Cupuliferae 776.

Cuscuta L. 600.
* – alba Presl. 601.
Epilinum L. 601.
Epithymum L. 601.
europaea L. 600.
– hassiaca Pfeif. 1462.
* – major De C. 601.
minor De C. 601.
monogyna Vhl. 601.
– planiflora Ten. 601.
* – suaveolens Seringe. 1462.
* – Trifolii 1462.
*Cyathea montana Roth. 1045.
* – fragilis Sm. 1044.
Cyclamen europaeum L. 722.
Cydonia Tournef. 288.
– japonica Pers. 288.
– vulgaris Pers. 288.
Cynanchum R. Br. 581.
* – laxum Bartl. 581.
* – medium Koch. 581.
– Vincetoxicum R.Br. 581.
Cynara Scolymus L. 484.
Cynodon Dactylon Pers. 966.
Cynoglossum L. 603.
– montanum Lam. 604.
– officinale L. 603.
* – Omphalodes L. 604.
pictum Ait. 604.
* – sylvaticum Haenk. 604.
Cynosurus L. 1003.
* – caeruleus L. 976.
cristatus L. 1003.
* – distichus Hoffm. 978.
* – durus L. 993.
echinatus L. 1003.
* – microcephalus Hfm. 977.
* – ovatus Hop. 977.
* – sphaerocephalus Wlf. 977.
Cyperaceae 906.
Cyperus L. 906.

*Cyperus australis Schrad. = C. glomeratus.
esculentus L. 907.
flavescens L. 906.
fuscus L. 907.
glomeratus L. 908.
– longus L. 907.
Monti L. 908.
* – virescens Hoffm. 907.
Cypripedium Calceolus L. 855.
Cystopteris Bernh. 1044.
* – alpina Link. 1045.
fragilis Bernh. 1044.
– montana Link. 1045.
– regia Presl. 1044.
Cytinus Hypocystis L. 1199.
Cytisus alpinus Mill. 193.
– argenteus L. 196.
* – austriacus L. 1193.
* – biflorus Herit. 195.
capitatus Jacq. 194.
– hirsutus Scop. 194.
hirsutus L 1058.
Laburnum L. 193.
nigricans L. 193.
prostratus Bertol. 1058.
prostratus Scop. 194.
purpureus Scop. 195.
radiatus L. 195.
ratisbonensis Schf. 195.
sagittalis L. 196.
sessilifolius L. 194.
* – supinus L. 1192.
* – supinus Jacq. 195.
*Czackia Liliastrum Andrz. 876.
Dactylis glomerata L. 1003.
*Dactylon sanguinale Vill. 190.
Dahlia variabilis Desv. 432.
*Danthonia alpina Vest. 990.
* – calycina Rchb. 990.
* – decumbens DeC. 990.

Danthonia provincialis DeC. 990.
Daphne alpina L. 753.
- Cneorum L. 754.
  glandulosa Bertol. 753.
  Laureola L. 753.
  Mezereum L. 752.
  petraea Leyb. 1480.
- striata Tratt. 153.
Datura Strammonium L. 621.
* - Tatula L. 621.
Daucus Carota L. 377. u. 1061.
Delphinium L. 30.
- Ajacis L. 30.
  Cousolida L. 30.
  elatum L. 30.
* - montanum De C. 30.
Dentaria L. 58.
- bulbifera L. 59.
  digitata Lam. 59.
- enneaphyllos L. 58.
* - heptaphyllos Vill. 60.
* - pentaphyllos Scop. 59.
  pinnata Lam. 59.
  polyphylla W. K. 1403.
- trifolia W. K. 59.
*Deschampsia Beauv. 979.
*Deyeuxia sylvatica Kunth. 972.
* - varia Kunth. 972.
Dianthus L. 112.
* - alpestris Hop. 119.
  alpinus L. 115.
- Armeria L. 113.
  atrorubens All. 114.
  barbatus L. 113.
  caesius Sm. 118.
  Chinensis L. 116.
  Carthusianorum L. 114.
  caryophylloides Schult.
    [117.
  caryophyllus L. 118 u.
    [1190.

*Dianthus collinus W. K. 115.
- deltoides L. 116.
* - diminutus L. 113.
* - diutinus Kit. 1190.
  glacialis Hänk. 115.
- monspessulanus L. 119.
- neglectus Lois. 115.
* - plumarius L. 1190.
  prolifer L. 113.
* - Schenchzeri Rchb. 117.
  Seguieri Vill. 114.
* - speciosus Rchb. 118.
  superbus L. 118.
- sylvestris Wlf. 116 1037.
*Diapensia helvetica L. 709.
Dictamnus L. 183.
* - albus Link. 183.
  Fraxinella Pers. 183.
* - obtusiflorus Koch. 183.
Digitalis grandiflora Lam. 629.
- lutea L. 630.
* - ochroleuca Rchb. 630.
- purpurea L. 629.
*Digitaria ciliaris Köhl. 957.
* - filiformis 958.
* - sanguinalis Scop. 957.
* - stolonifera Schrad. 967.
Dioscoreae 870.
Diospyros Lotus L. 576.
*Diplachne serotina Link. 1002.
*Diplopappus annuus Bl. 427.
Diplotaxis muralis De C. 69.
- tenuifolia De C. 70.
Dipsaceae 412.
Dipsacus L. 412.
- laciniatus L. 1203.
- pilosus L. 412.
- sylvestris L. 412.
Doronicum L. 461.
- austriacum Jacq. 462.
* - Bellidiastrum L. 426.

Synonymen-Register.

*Doronicum caucasicum Roch. [462.
- cordifolium Sternb. 461.
* - orientale Adans. 462.
- Pardalianches L. 461.
* - scorpioides Willd. 1202.
Dorycnium Tournef. 214.
- herbaceum Vill. 214.
* - hirsutum De C. 215.
- suffruticosum Vill. 214.
Draba L. 73.
- aizoides L. 73.
* - carinthiaca Hop. 76.
* - confusa Ehrh. 77.
* - contorta Ehrh. 77.
* - elongata Host. 74.
* - fladnizensis Wulf. 76.
- frigida Saut. 75.
* - Hoppeana Rud. 76.
- incana L. 77.
- Johannis Host. 76.
* - laevigata Hop. 77.
* - lapponica Willd. 77.
* - muricella Whlb.
* - nivalis De C. 76.
* - nivea Saut. 1405.
* - praecox Stev. 78. 1406.
* - pyrenaica L. 73.
- Sauteri Hop. 74.
- stellata Jacq. 75.
* - stylaris Gay. 77.
Thomasii Koch. 77.
- Traunsteineri Hop. 75.
tomentosa Whlb. 75.
- verna L. 78.
- Wahlenbergii Hrtm. 76.
- Zahlbruckneri Host. 74.
Dracocephalum L. 684.
- austriacum L. 685.
- Ruyschiana L. 684.
Drosera L. 106.

Drosera intermedia Hayne. 107.
- longifolia L. 107.
* - obovata M. K. 107.
- rotundifolia L. 106.
Droseraceae 105.
Dryas octopetala L. 251.
Ebenaceae 575.
Ecballion Elaterium Rich. 310.
*Ecbalium agreste Rchb. 310.
*Echinochloa crus galli Beauv. 958
Echinops L. 476.
- Ritro L. 1196.
- sphaerocephalus L. 476.
Echinospermum Sw. 602.
* - deflexum Lehm. 603.
- Lappula Lehm. 602.
Echium italicum L. 609.
- vulgare L. 609.
Elaeagneae 757.
Elaeagnus L. 758.
- angustifolia L. 758.
Elatine L. 154.
- Alsinastrum L. 154. 1191.
hexandra L. 154. 1413.
Hydropiper L. 154.
- triandra L. 154.
Elatineae 153.
Elymus caninus L. 1019.
- europaeus L. 1020.
- sibiricus L. 1203.
Elyna spicata Schrad. 920.
Emilia sonchifolia Cass. 465.
Empetreae 760.
Empetrum nigrum L. 760.
Ephedra distachya L. 804.
* - vulgaris Endlicher. 804.
Epilobium L. 294.
* - alpestre Rchb. 297.
* - alpestre Schm. 298.
- alpinum L. 298.
* - alsinefolium Vill. 298.

Epilobium angustifolium L. 294.
* - angustissimum Ait. 295.
  collinum Gmel. 296.
  Dodonaei Vill. 294.
  Fleischeri Hochst. 295.
  grandiflorum All. 295.
  hirsutum L. 295.
  montanum L. 296.
  origanifolium Lam. 297.
  palustre L. 296.
  parviflorum Schreb. 295.
* - rivulare Whlb. 296.
  roseum Schreb. 297.
  rosmarinifolium Hänk. 295.
  tetragonum Rchb. 296.
- trigonum Schrk. 297.
Epimedium alpinum L. 36.
Epipactis Rich. 849.
* - atrorubens Hoffm. 850.
* - ensifolia Sw. 849.
* - grandiflora Sm. 843.
- latifolia All. 849. 1069.
  palustris Crtz. 850.
  rubiginosa Gaud. 850.
* - viridiflora Rchb. 1069.
Epipogium Gmel. 847.
- Gmelini Rich. 847.
Equisetaceae 1025.
Equisetum arvense L. 1025.
* - - β. alpestre Whlb. 1026.
* - eburneum Roth. 1026.
* - elongatum Willd. 1029.
* - fluviatile Sm. 1026.
  hyemale L. 1029.
  limosum L. 1028.
  palustre L. 1027.
  pratense Ehrh. 1027.
  prostratum Hop. 1028.
  ramosissimum Desf. 1029.
  ramosum Schleich. 1028.
  sylvaticum L. 1027.

Equisetum Telmateja Ehrh. 1026.
* - tenue Hop. 1030.
  umbrosum Mey. 1027.
- variegatum Schleich. 1029.
Eragrostis Beauv. 992.
* - major Host. 992.
  megastachya Link. 992.
  minor Host. 993.
  pilosa Beauv. 993.
  poaeformis Link. 993.
  poaeoides Beauv. 992.
* - verticillata Beauv. 993.
Eranthis hyemalis Salisb. 27.
Erica arborea L. 568.
- carnea L. 568.
  mediterranea L. 1197.
* - vulgaris L. 568.
Ericineae 565.
Erigeron acris L. 428.
- alpinus L. 429.
* - angulosus Gaud. 428.
* - atticum Vill. 429.
  canadensis L. 427.
- droebachensis Mill. 428.
  glabratus Hop. 429.
* - grandiflorus Hop. 429.
* - rupestris Hop. 429.
* - serotinus Wich.
  uniflorus L. 430.
- Villarsii Bell. 428.
* - viscosum L. 1202.
Erinus alpinus L. 634. 1466.
Eriophorum alpinum L. 917.
- angustifolium Roth. 919.
* - caespitosum Host. 918.
* - capitatum Host. 918.
  gracile Koch. 919.
  latifolium Hop. 918.
* - polystachyum β. L. 919.
- Scheuchzeri Hop. 918.
* - triquetrum Hop. 919.

Eriophorum vaginatum L. 918.
Eritrichium nanum Schrd. 615.
Erodium Herit. 178.
- cicutarium Herit. 178.
- moschatum Herit. 178.
*Erophila De C. 77.

Eruca sativa Lam. 70.

Erucastrum Schimp. 69.
* - inodorum Rchh. 1404.
obtusangulum Rchb. 69.
- Pollichii Schimp. 1404.
Ervum L. 236.
* - cassubicum Peterm. 232.
- Ervilia L. 237.
- hirsutum L. 236.
Lens L. 237.
pisiforme Peterm. 231.
sylvaticum Peterm. 232.
- tetraspermum L. 236.
Eryngium alpinum L. 348.
- amethystinum L. 348.
campestre L. 348.
- planum L. 348.
Erysimum L. 64.
* - Alliaria L. 63.
* - alpinum De C. 49.
* - Barbarea L. 48.
canescens Roth. 64.
cheiranthoides L. 64.
Cheiranthus Pers. 65.
diffusum Ehrh. 65.
- helveticum De C. 65.
* - lanceolatum R. Br. 65.
odoratum R. Br. 64.
officinale L 61.
- orientale R. Br. 1190.
* - pallens Koch. 65.
* - pumilum God. 65.
- rhaeticum De C. 65.

Erythraea Rich. 597.
- Centaurium Pers. 597.
pulchella Pers. 597.
* - ramosissima Pers. 597.
Erythronium L. 874.
- Dens canis L. 874.
Eupatorium cannabinum L. 419.
Euphorbia L. 762.
- amygdaloides L. 765.
angulata Jacq. 763.
* - Baselices Ten. 766.
- carniolica Jacq. 764.
Cyparissias L. 765.
- dulcis L. 763.
* - dulcis Rchb. 764.
* - epithymoides L. 1199.
* - Esula L. 1202.
exigua L. 767.
falcata L. 767.
Gerardiana Jacq. 765.
helioscopia L. 762.
- Lathyris L. 768.
nicaeensis L. 767.
* - palustris L.
Paralias L. 1199.
- Peplis L. 767.
* - pilosa L. 765.
platyphylla L. 762.
procera M. B. 764.
purpurata Thuill. 763.
saxatilis Jacq. 766.
- segetalis L.
serrata L. 1199.
* - solisequa Rchb. 763.
stricta L. 763.
verrucosa Lam. 764.
- virgata W. K. 1481.
Euphorbiaceae 761.
Euphrasia L. 664.
* - alpina De C. 666.
lutea L. 667.

Euphrasia minima Schlch. 665.
* – nemorosa Rchb. 665.
  Odontites L. 667.
  officinalis Hayne 665.
  officinalis L. 664.
  neglecta Wimm. 665.
  pratensis Rchb. 665.
  salisburgensis Funk. 666.
  serotina Lam. 667.
– tricuspidata L. 666.
Evonymus L. 184.
– europaeus L. 184.
  latifolius Scop. 185.
– verrucosus Scop. 185.
*Facchinia lanceolata Rchb. 135.
Fagus L.
* – Castanea L. 778.
– sylvatica L. 777.
Falcaria Rivini L. 352.
Farsetia R. Br. 72.
– clypeata R. Br. 72.
  incana R. Br. 72.
  nodiflora Jacq. 367.
* – rablensis Wulf. 369.
Ferulago Koch. 367.
– galbanifera Koch. 367.
Festuca L. 1003.
* – alpina Gaud. 1006.
* – alpina Host. 1008.
* – alpestris R. S. 1008.
– arundinacea Schreb. 1010.
– bromoides auct. 1004.
* – Calamaria Host. 1009.
  caerulea De C. 1002.
  ciliata Danth. 1004.
* – cristata L. 979.
  cristata Vill. 978.
* – decumbens L. 990.
* – dumetorum L. 1007.

*Festuca dura Vill. 993.
* – duriuscula 1006.
  elatior L. 1010.
* – flavescens Bell. 1008.
* – fluitans L. 1001.
  gigantea Vill. 1010.
  glauca Schrad. 1006.
  Halleri All. 1005.
  heterophylla Lam. 1006.
* – hirsuta De C. 979.
* – hirsuta Host. 1006.
  inermis De C. 1015.
  laxa Host.
  loliacea Huds. 1011.
  montana Savi. 1015.
* – myuros L. 1004.
  myuros auct. 1004.
  nigrescens Lam. 1006.
  nutans Host. 1010.
  ovina L. 1005.
* – phleoides Vill. 979.
– pilosa Hall. 1008.
* – pinnata Mönch. 1012.
* – poaeformis Host. 1008.
* – pratensis Huds. 1010.
* – Pseudo-myuros Soy. 1004.
* – pulchella Schrad. 1010.
  pumila Vill. 1008.
  rhätica Sut. 1008.
  rigida Kunth. 1003.
  rubra L. 1007.
  Scheuchzeri Gd. 1009.
* – sciuroides Roth. 1005.
* – serotina L. 1002.
  spadicea L. 1009.
  spectabilis Jan. 1008.
  sylvatica Huds. 1011.
– sylvatica Vill. 1009.
* – valesiaca Schleich. 1006.
– varia Hänk. 1007.
* – violacea Gaud. 1006.

1572 Synonymen-Register.

*Ficaria ranunculoides Rth. 19.
* - verna Huds. 19.
Ficus Carica L. 773.
Filago arvensis L. 441.
- germanica L. 440.
* - germanica β. piramidata De C. 441.
* - Leontopodium L. 444.
- minima Fries. 441.
* - montana Whlb. 441.
* - pyramidata Gaud. 44.
Filices 1035.
Fimbristylis annua R. u. S. 917. u. 1497.
- dichotoma Vahl. 917.
Foeniculum officinale All. 359.
Fragaria L. 260.
- chiloënsis Ehrh. 1060.
  collina Ehrh. 261.
- elatior Ehrh. 261. 1060.
- grandiflora Ehrh. 261.
- vesca L. 260. 1060.
- virginiana Ehrh. 261.
*Frangula vulgaris Rchb. 188.
Fraxinus excelsior L. 579.
- Ornus L. 579.
Fritillaria Meleagris L. 872.
* - imperialis L. 872.
Fumaria L. 43.
* - acaulis Wulf. 43.
* - capnoides L. 43.
  capreolata L. 43.
  Halleri Willd. 41.
  lutea L. 42.
  officinalis L. 43.
  solida Sm. 41.
- Vaillantii Lois. 44.
Fumariaceae 40.
Gagea Salisb. 879.
- arvensis Schult. 879.
- Liottardi Schult. 879.

Gagea lutea Schult. 880.
- minima Schult. 880.
- stenopetala Rchb. 879.
Galanthus nivalis L. 865.
Galasia villosa Cass. 511.
Galega officinalis L. 216.
Galeobdolon luteum Huds. 688.
* - montanum Rchb. 688.
* - vulgare Pers. 688.
Galeopsis L. 688.
* - angustifolia Ehrh. 689.
- bifida Bönningh. 690.
* - cannabina Roth. 690.
* - Galeobdolon L. 688.
* - grandiflora Roth. 689.
* - intermedia Vill. 689.
- Ladanum L. 688.
  Ladanum Rchb. 689.
  ochroleuca Lam. 689.
  pubescens Bess. 690.
- Tetrahit L. 689.
- versicolor Curt. 690.
Galinsoga Ruiz. 436.
- parviflora Cav. 436.
Galium L. 397.
* - agreste Wallr. 399.
* - alpestre R. S. 404.
  Aparine L. 399.
- aristatum Gaud. 402.
* - austriacum Jacq. 405.
* - baldense Spreng. 405.
* - Bauhini R. S. 398.
- boreale L. 400.
  cinereum L. 405.
  Cruciata Scop. 398.
* - glaucum L. 397.
  helveticum Weig. 405.
* - insubricum Gaud. 403.
  lucidum All. 403.
- Mollugo L. 402.
* - obliquum Vill. 404.

Synonymen-Register. 1573

*Galium ochroleucum Wolff. 401.
  palustre L. 400.
  pedemontanum All. 398.
  pumilum Lam. 404.
  purpureum L. 401.
  rotundifolium L. 400.
  - rubrum L. 403.
* - rupicola Bert. 405.
  saxatile L. 404.
  spurium L. 399.
  sylvaticum L. 402.
  sylvestre Poll. 404.
* - tenerum Schleich. 399.
* - tricorne With. 399.
* - tirolense Willd. 403.
  uliginosum L. 399.
* - Vaillantii De C. 399.
  vernum Scop. 398.
* - verosimile R. S. 401.
* - verum L. 401.
Gaya simplex Gaud. 364.
Genista elatior Koch. 192. 1057.
  germanica L. 192.
  mantica Poll. 192.
  ovata W. K. 192.
* - radiata Scop. 196.
* - sagittalis L. 196.
* - scoparia Lam. 1057.
* - sibirica Rchb. 192.
  tinctoria L. 191.
Gentiana acaulis L. 590.
  - aestiva R. S. 592. 1065.
* - alpina Vill. 591.
* - angulosa M. B. 592.
* - angustifolia Vill. 590.
  asclepiadea L. 589.
  bavarica L. 591.
  brachyphylla Vill. 591.
  campanulata Jacq. 588.
  campestris L. 594.
* - carinthiaca Fröl. 585.

*Gentiana Centaureum L. 597.
  - ciliata L. 596.
  Cruciata L. 588.
  excisa Presl. 590.
  elongata Hänk. 593.
  germanica Willd. 595.
  glacialis Thom. 596.
  imbricata Fröl. 593.
  lutea L. 587.
  nana Wulf. 596.
  nivalis L. 594.
  obtusifolia Willd. 595.
  pannonica Scop. 587.
  perfoliata L. 585.
  Pneumonanthe L. 589.
  prostrata Hänk. 593.
  pumila Jacq. 593.
  punctata L. 588.
  purpurea Schrk. 587.
* - rotundifolia Hop. 591.
  - tenella Rottb. 596.
  uniflora Willd. 595.
  - utriculosa L. 593.
  - verna L. 592.
Gentianeae 584.
*Geracium aureum Rchb. 523.
* - chondrilloides Rchb. 526.
* - incarnatum Rchb. 522.
* - paludosum Rchb. 526.
* - parviflorum Rchb. 522.
* - praemorsum Rchb. 522.
* - succisaefolium Rch. 526.
Geraniaceae 171.
Geranium L. 171.
  aconitifolium Herit. 173.
  - argenteum L. 174.
  bohemicum L. 175.
  - cicutarium L. 178.
  columbinum L. 176.
  dissectum L. 175.

Geranium divaricatum Ehrh. 177.
* – lividum Herit. 172.
  lucidum L. 177.
– macrorrhizum L. 172.
  molle L. 176.
  moschatum L. 178.
  nodosum L. 172.
  palustre L. 173.
– phaeum L. 172.
– pratense L. 173.
– pusillum L. 175.
– pyrenaicum L. 174.
– robertianum L. 177.
  rotundifolium L. 176.
– sanguineum L. 174.
  sylvaticum L. 173.
– tuberosum L. 1192.
Geum L. 252.
* – hybridum Wulf. 253.
  inclinatum Schleich. 253.
  intermedium Ehrh. 252.
– montanum L. 254.
* – pyrenaicum Koch. 253.
  reptans L. 253.
– rivale L. 252.
* – sudeticum Tausch. 253.
– urbanum L. 252.
*Githago segetum Desf. 131.
Gladiolus L. 857.
* – Boucheanus Schlecht. 858.
  communis L. 858.
  imbricatus L. 1200.
  palustris Gaud. 857.
* – triphyllus Sibth. 858.
Glechoma hederacea L. 684.
* – – β. major Gaud. 684.

Gleditschia triacanthos L. 244.

Globularia L. 723.
– cordifolia L. 724.
  nudicaulis L. 724.

Globularia vulgaris L. 724.
Globularieae 723.
Glyceria R. Br. 1000.
* – airoides Rchb. 1001.
* – aquatica Wahlb. 1000.
  aquatica Presl. 1001.
  distans Wahlb. 1001.
– fluitans R. Br. 1000.
– spectabilis M. K. 1000.
Gnaphalium alpinum L. 445.
* – arenarium L. 446.
  carpaticum Whlb. 445.
  dioicum L. 444.
  fuscatum Whlb. 442.
  Hoppeanum Koch. 442.
  Leontopodium Scop. 444.
  luteo-album L. 443.
  margaritaceum L. 1202.
  norvegicum Gun. 442.
* – orientale Vill. 445.
* – pilulare Whlb. 443.
* – pusillum Hänk. 443.
* – rectum Sm. 442.
  supinum L. 443.
  supinum Hopp. 443.
  sylvaticum L. 443.
– uliginosum L. 443.
Gomphrena L. 1066.
– globosa L. 732.
Goodyera repens R. Br. 852.
Gramineae 952.
Grammitis Ceterach Sw. 1037.
* – leptophylla Sw. 1512.
Granateae 292.
Gratiola officinalis L. 629.
*Grossularieae 325.
Gymnadenia R. Br. 838.
– albida Rich. 840.
– conopsea R. Br. 838.
* – erubescens Zuc. 1068.
  odoratissima Rich. 839. u. 1068.

Synonymen-Register.

*Gymnadenia suaveolens Reich.
* – viridis Rich. 841. 1068.
Gymnogramma leptophylla Desv. 1512.
* – Ceterach Spreng. 1038.
Gypsophila L. 111.
– muralis L. 112.
* – paniculata L. 1519.
– repens L. 111.
* – Saxifraga L. 112.
* – Vaccaria Sm. 120.
*Habenaria albida R. Br. 840.
* – bifolia R. Br. 842.
* – viridis R. Br. 841.
Halorageae 300.
Hedera Helix L. 386.
Hedysarum obscurum L. 229.
* – Onobrychis L. 230.
Heleocharis R. Br. 910.
– acicularis R. Br. 911.
– palustris Brw. 911.
– uniglumis Link. 911.
*Heleogiton glaucum Rchb. 913.
* – pungens Rchb. 913.
* – trigonum Rchb. 914.
* – triquetrum Rchb. 914.
Helianthemum Tournef. 92.
– alpestre Rchb. 92.
– Fumana Mill. 92.
* – grandiflorum All. 94.
marifolium Bert. 93.
oelandicum Whlb. 93.
– polifolium L. 94.
* – pulverulentum De C. 95.
* – surrejanum Mill. 94.
– vulgare Gärtn. 93.
Helianthus annuus L. 438.
– tuberosus L. 438.
Helichrysum arenarium De C. 446 u. 1195.
Helichrysum bracteatum Vent. 446.

*Helichrysum Chrysanthum Pers.
* – lucidum Spr. 446. [446.
– orientale Tourn. 445.
Heliotropium L. 1462.
– europaeum L. 1462.
– peruvianum L. 1462.
Helleborus L. 27.
– foetidus L. 28.
* – hyemalis L. 27.
niger L. 27.
– odorus W. K. 27.
– viridis L. 27.
Helminthia echioides Grtn. 507.
*Helonias borealis Willd. 893.
Helosciadium Koch 350.
– nodiflorum Koch. 351.
– repens Koch. 351.
Hemerocallis flava L. 888.
– fulva L. 888.
*Hepatica triloba De C. 7.
* – nobilis Volk. 7.
Heracleum L. 371.
alpinum L. 1194.
asperum M. B. 372.
– austriacum L. 373.
* – elegans Jacq. 372.
* – Panaces Koch. 372.
* – pyrenaicum Lam. 372.
sibiricum L. 372.
– Spondylium L. 372.
Herminium R. Br. 845.
* – alpinum Lindl. 1068.
– Monorchis R. Br. 846. 1069.
Herniaria alpina Vill. 313.
* – germanica Döll. 1428.
glabra L. 313.
– hirsuta L. 313.
* – vulgaris Spr. 1428.
Hesperis matronalis L. 60.
Heteropogon Pers. 955.
– Allionii R. S. 955.

1576 Synonymen-Register.

Heteropogon glaber Pers. 955.
Hibiscus L. 160.
- syriacus L. 160.
- Trionum L. 160.
Hieracium L. 528.
- albidum Vill. 544.
* - alpestre L. 523.
* - alpicola Schleich. 531.
- alpinum L. 543.
  amplexicaule L. 542.
* - andryaloides Vill. 1196.
- angustifolium Hop. 531.
  aurantiacum L. 533. 1065.
  Auricula L. 531.
  bifidum Kit. 541.
- bifurcum M. B. 530.
* - blattarioides L. 527.
- boreale Fries. 546.
- bupleuroides Gmel. 536.
* - chondrilloides L. 526.
* - chrysanthum Led. 523.
* - coronopifolium Brnh. 547.
* - cymosum L. 533.
* - cymosum Willd. 533.
- dentatum Hop. 537.
* - dubium L. 533.
* - dubium Willd. 531.
* - fallax De C. 532.
* - flexuosum De C. 538.
* - florentinum Willd. 532.
- furcatum Hop. 530.
  glabratum Hop. 537.
- glanduliferum Hop. 539.
* - glaucum Rchb. 536.
* - graminifolium De C. 536.
* - grandiflorum All. 527.
* - Halleri Vill. 544.
* - humile Host. 542.
* - hyoseridifolium Vill. 528.
  Jacquini Vill. 542.
  incanum L. 506.

*Hieracium incarnatum Wulf.522.
- incisum Hop. 541.
* - integrifolium Hop. 526.
* - intybaceum Jacq. 544.
* - Lachenalii Gmel. 540.
* - Lactaris Bert. 547.
* - macranthum Ten. 1432.
* - montanum Jacq. 528.
  murorum L. 540.
  Nestleri Vill. 532.
* - obscurum Rchb. 532.
  pallescens W.K. 540. 1065.
* - paludosum L. 526.
* - parviflorum Schleich. 522.
* - Peleterianum Mer. 529.
* - petraeum Hop. 543.
  Pilosella L. 528.
  pilosellaeforme Hop. 529.
  piloselloides Vill. 532.
* - polyphyllum Willd. 536.
  porrifolium L. 535.
  praealtum Koch. 532.
  praemorsum L. 522.
  pratense Tausch. 533.
- prenanthoides Vill. 545.
* - prunellaefolium Gouan. 527.
  pulmonarioides Vill. 543.
  pumilum Hop. 544.
  pumilum Jacq. 542.
* - pyrenaicum L. 527.
* - ramosum W. K. 540.
  rigidum Hartm. 546.
  rupestre All. 541.
  sabaudum L. 545.
  saxatile Jacq. 535.
* - saxatile Rchb. 535.
  Schmidtii Tsch. 540.
  Schraderi Schlch. 538.
- speciosum Hornem. 537.
* - sphaerocephalum Fröl. 530.

Synonymen-Register.

Hieracium staticefolium Vill. 534.
* – stipitatum Jacq. 512.
stoloniflorum W. K. 529.
succisaefolium All. 526.
sylvaticum Pollich. 541.
sylvestre Tsch. 546.
Taraxaci Lois. 503.
umbellatum L. 547.
villosum L. 538.
virescens Sond. 1454.
– vulgatum Fries. Koch. 539.
Hierochloa Gmel. 961.
– australis R. S. 961.
borealis R. S. 961.
– odorata Whlb. 961.
Himantoglossum Spr. 840.
– hircinum Spr. 840.
Hippocastaneae 169.
Hippocrepis L. 229.
– comosa L. 229.
– unisiliquosa L. 1192.
Hippophaë rhamnoides L. 758.
Hippurideae 301.
Hippuris vulgaris L. 301.
* – – β. longifolia Blyt. 1427.
*Hladnickia golacensis Koch. 385.
Holcus L. 981.
* – avenaceus Scop. 956.
* – australis Schrad. 962.
* – borealis Schrad. 961.
lanatus L. 981.
mollis L. 982.
odoratus Host. 962.
saccharatus L. 956.
* – Sorghum L. 956.
*Holoschönus australis Rch. 915.
Holosteum umbellatum L. 145.
Homogyne alpina Cass. 420.
– discolor Cass. 421.
Hordeum L. 1020.

Hordeum distichum L. 1021.
hexastichon L. 1020.
murinum L. 1021.
* – – β. Tappeineri Hausm. 1021.
pseudomurinum Tapp. 1021.
– vulgare L. 1020.
Horminum pyrenaicum L. 682.
*Hornungia petraea Rchb. 87.
*Hortensia speciosa Pers. 344.
Hottonia palustris L. 720.
Humulus Lupulus L. 772.
Hutchinsia R. Br. 85.
– alpina R. Br. 86.
brevicaulis Hop. 86.
petraea R. Br. 86.
* – procumbens Desv. 87.
Hyacinthus L. 889.
* – botryoides L. 889.
* – comosus L. 889.
orientalis L. 890.
* – racemosus L. 889.
Hydrangea hortensis W. 344.
Hydrocharideae 815.
Hydrocharis L. 816.
– morsus ranae L. 816.
*Hydrochloa aquatica Hrtm. 1000.
* – fluitans Hrtm. 1001.
Hydrocotyle L. 345.
– vulgaris L. 346.
Hyoscyamus albus L. 620.
– niger L. 620.
*Hyoseris foetida L. 502.
Hypericineae 164.
Hypericum L. 165 u. 1056.
* – Androsaemum L. 165. 1414.
Coris L. 167.
* – dubium Leers. 166.
hirsutum L. 167.
humifusum L. 166.
montanum L. 166.

Hypericum perforatum L. 165.
- quadrangulum L. 166.
  quadrangulumBertol.1414.
  tetrapterum Fries. 166.
* - veronense Schrk. 165.
Hypochoeris L. 511.
* - helvetica Wulf. Jacq. 512.
  maculata L. 511.
  pontana L. 528.
  radicata L. 511.
- uniflora L. 512. 1064.
*Hypopitys glabra Bernh. 575.
* - multiflora Scop. 575.
Hyssopus officinalis L. 682.
Jasione montana L. 549.
Jasmineae 580.
Jasminum L. 580.
- fruticans L. 580.
- officinale L. 580.
Iberis L. 82.
* - rotundifolia L. 82.
  semperflorens L. 83.
- umbellata L. 82. 1190.
Ilex Aquifolium L. 576.
Impatiens nolitangere L. 180.
- Balsamine L. 180.
Imperatoria Ostruthium L. 370.
Inula L. 433.
- Britanica L. 435.
  Conyza De C. 434.
  dysenterica L. 436.
- ensifolia L. 433.
- germanica L. 1203.
  Helenium L. 433.
- hirta L. 434.
* - Oetteliana Rchb. 435.
  pulicaria L. 435.
  salicina L. 433.
- squarrosa L. 434.
Ipomaea purpurea L. 600.
Irideae 856.

Iris L. 858.
* - florentina L. 1200.
  foetidissima L. 861.
  germanica L. 859.
- graminea L. 861.
* - lutescens Lam. 1200.
- pallida Lam. 858.
  Psead-Acorus L. 860.
- pumila L. 860.
  sambucina L. 859.
  sibirica L. 861.
  squalens L. 860.
* - tristis Rchb. 860.
- tuberosa L. 861.
Isatis tinctoria L. 88.
Isnardia palustris L. 299.
*Isolepis setacea R. Br. 913.
Isopyrum thalictroides L. 28.
* - aquilegioides L. 28.
*Ittnera minor Gmel. 825.
Juglandeae 776.
Juglans regia L. 776.
Juncaceae 893.
Juncagineae 818.
Juncus L. 893.
- acutiflorus Ehrh. 898.
* - adscendens Host. 899.
* - albidus Hoffm. 903.
* - alpestris Hartm. 899.
  alpinus Vill. 899.
  angustifolius Wulf. 903.
- arcticus Willd. 895.
* - articulatus L. 898.
- atratus Krok. 1494.
* - bifolius Hop. 898.
* - bottnicus Whlb. 900.
  bufonius L. 900.
  bulbosus L. 900.
* - campestris α. L. 904.
  castaneus Sm. 896.
  compressus Jacq. 900.

Synonymen-Register.

Juncus conglomeratus L. 894.
  diffusus Hop. 895.
  divergens Koch u. Z. 898.
  effusus L. 895.
  erectus Pers. 905.
  filiformis L. 896.
* - flavescens Host. 901.
* - Forsteri Sm. 901.
  Gerardi Lois. 900. 1495.
  glabratus Hop. 902.
  glaucus Ehrh. 895.
  Hostii Tausch. 897. 1494.
  Jacquini L. 894.
  lamprocarpus Ehrh. 898.
* - latifolius Wulf. 902.
* - luteus All. 904.
* - maximus Ehrh. 902.
* - monanthos Jacq. 898.
  nemorosus Host. 904.
  niveus L. 904.
  obtusiflorus Ehrh. 898.
  pilosus α. L. 901.
  β. δ. ε. L. 902 u. 903.
  spadiceus All. 903.
  spicatus L. 905.
  stygius L. 896.
  subverticillatus Wulf. 899.
  supinus Mönch. 899.
  sylvaticus Reich. 898.
  trifidus L. 897.
  triglumis L. 897.
* - uliginosus Roth. 899.
* - ustulatus Hop. 899.
* - vernalis Ehrh. 901.
Juniperus communis L. 806.
* - montana Ait. 806.
  nana Willd. 806.
  Sabina L. 806.
  virginiana L. 807.
Jurinea mollis Rchb. 492.

Kentrophyllum Neck. 493.
  - lanatum De C. 493.
*Kernera saxatilis Rchb. 79.
*Knappia agrostidea Sm. 966.
Knautia Coult. 413.
  - arvensis Coult. 414. 1062.
  longifolia Koch. 413. 1062.
  sylvatica Dub. 413.
* - variabilis Schultz. 413.
Kobresia Willd. 920.
  caricina Willd. 920.
* - scirpina Willd. 920.
Kochia Scoparia Schrad. 734.
  - arenaria Roth. 1202.
Koeleria cristata Pers. 978.
  hirsuta Gaud. 979.
  phleoides Pers. 979.
  subspicata Rchb. 989.
  - valesiaca Gaud. 978.
Labiatae 668.
Lactuca L. 516.
* - caerulea Saut. 518.
  muralis Fres. 517. 1064.
  murorum Bauh. 517.
  - perennis L. 518. 1064.
* - prenanthoides Scop. 515.
  saligna L. 517.
  sativa L. 516.
  Scariola L. 56.
  viminea Schultz. 517.
  virosa L. 516.
Lagenaria vulgaris Ser. 309.
Lamium album L. 687.
  amplexicaule L. 686.
  Galeobdolon Crtz. 688.
  maculatum L. 687.
  Orvala L. 686.
  - purpureum L. 686.
Lappa Tournef. 488.
  - major Gärtn. 488.
  minor De C. 488. 1062.

Synonymen-Register.

Lappa tomentosa Lam. 488.
*Lappago racemosa Schreb. 957.
Lapsana communis L. 501.
* – pulchra Vill. 525.
* – foetida Scop. 502.
*Larbrea aquatica St. Hil. 148.
*Larix europaea De C. 812.
Laserpitium L. 373.
– alpinum W. K. 1195.
– Gaudini Morett. 374.
* – Halleri All. 375.
– hirsutum Lam. 375.
* – hirtellum Gaud. 376.
latifolium L. 373.
luteolum Gaud. 374.
– nitidum Zanted. 376.
– peucedanoides L.
– pruthenicum L. 375.
– Siler L. 374.
* – simplex All. 365.
* – trilobum L. 373.
* – verticillatum W. K. 362.
Lasiagrostis Link. 974.
– Calamagrostis Link. 974.
Lathraea Squamaria L. 652.
Lathyrus L. 238
– Aphaca L. 238.
heterophyllus L. 240.
– hirsutus L. 239.
* – inconspicuus L. 1193.
– latifolius L. 240.
* – Lens Kit. 237.
* – montanus Kit. 242.
* – niger Kit. 242.
– Nissolia L. 1193.
* – ochraceus Kit. 242.
– palustris L. 240.
* – platyphyllus Retz. 1422.
– pratensis L. 239.
* – sativus L. 1202.
setifolius L. 239.

Lathyrus sphaericus Retz. 238.
* – stans Vis. 1193.
sylvestris L. 240.
– tuberosus L. 239.
* – vernus Kit. 241.
Laurineae 754.
Laurus nobilis L. 755.
– Benzoin L. 755.
Lavandula dentata L. 669.
* – vera De C. 669.
Lavatera L. 159.
* – thuringiaca L. 1191.
– trimestris L. 160.
Leersia oryzoides Sw. 967.
Lemna L. 825.
– minor L. 826.
– polyrrhiza L. 825.
– trisulca L. 825.
Lemnaceae 825.
Lentibularieae 704.
Leontodon L. 503.
* – alpinus Hop. 504.
* – aureum L. 526.
autumnalis L. 503.
* – caucasicus Rchb. 505.
* – crispus Koch. 506.
* – crispus Reichb. 1448.
* – croceum Hänk. 504.
* – danubiale Jacq. 505.
* – hastile Rchb. 505.
– hastilis L. 505.
* – hispidum L. 505.
* – hyoseroides Welw. 505.
– incanus Schrk. 506.
* – nigricans Kit. 513.
* – officinale With. 513.
* – palustre Sm. 513.
– pyrenaicus Gouan. 504.
saxatilis Rchb. 506.
– Taraxaci Lois. 504.
* – Taraxacum L. 513.

Synonymen-Register.

*Leontopodium alpinum Cass. [444.
Leonurus Cardiaca L. 696.
Lepidium L. 84.
* - alpinum L. 86.
  campestre R. Br. 84.
- Draba L. 84.
  graminifolium L. 85.
* - Iberis De C. 85.
* - petraeum L. 87.
* - procumbens L. 87.
  ruderale L. 85.
- sativum L. 84.
Lepigonum rubrum Wahlb. 134.
Levcojum L. 864.
- aestivum L. 1202.
- vernum L. 864.
*Leucorchis albida Rchb. 840.
Levisticum Koch. 365.
- officinale Koch. 365.
Libanotis Crtz. 361.
* - gracilis Rchb. 361.
  montana All. 361.
* - vulgaris De C. 361.
Ligusticum L. 363.
* - austriacum L. 384.
* - cicutarium Lam. 383.
* - Levisticum L. 365.
* - peloponnesiacum L. 383.
- Seguieri Koch. 363.
Ligustrum vulgare L. 578.
Liliaceae 871.
Lilium bulbiferum L. 872.
- candidum L. 874.
- Martagon L. 873.
Limnanthemum Gmel. 585.
- nymphaeoides Link. 585.
*Limnochloa acicularis Rch. 911.
* - Baeothryon Rchb. 912.
* - caespitosa Rchb. 912.

Limodorum Tournef. 847.
- abortivum Sw. 847.
* - Epipogium Sw. 847.
Limosella aquatica L. 646.
Linaria Tournef. 631.
- alpina Mill. 632.
* - angustifolia Rchb. 633.
  Cymbalaria Mill. 632.
- Elatine Mill. 1466.
* - genistifolia De C. 633.
- genistaefolia Mill. 1198.
  italica Trev. 633.
  minor Desf. 632.
  spuria Mill. 632.
- vulgaris Mill. 634.
Lineae 154.
Linnaea borealis L. 394.
Linosyris vulgaris Cass. 424.
Linum L. 155.
- alpinum Jacq. 156.
* - angustifolium Huds. 1191.
  catharticum L. 156.
* - flavum L. 1191.
* - hirsutum L. 1191.
* - montanum Rchb. 156.
- narbonnense L. 155.
* - perenne L.
  tenuifolium L. 155.
  usitatissimum L. 156.
- viscosum L. 155.
*Liparis Loeselii Rich. 855.
Listera R. Br. 851.
- ovata R. Br. 851.
- cordata R. Br. 851.
Lithospermum L. 611.
- arvense L. 611.
* - deflexum Lehm. 603.
  graminifolium L. 612.
  officinale L. 611.
  purpureocaeruleum L. 611.

100

Littorella lacustris L. 726.
Lloydia serotina Salisb. 874.
*Loiseleuria procumbens Desv. [569.
Lolium L. 1021.
- arvense With. 1510.
* - Boucheanum Kunth. = L. italicum.
- italicum Al. Br. 1022.
* - linicola Sond. 1510.
* - multiflorum Gaud. 1022. und 1510.
multiflorum Lam. 1510.
- perenne L. 1022.
* - robustum Rchb. 1023.
* - speciosum Stev. 1023.
- temulentum L. 1022.
* - tenue L. 1022.
Lomatogonium Al. Br. 586.
- carinthiacum Al. Br. 586.
Lonicera alpigena L. 394.
- caerulea L. 393.
- Caprifolium L. 392.
etrusca Sav. 392.
nigra L. 393.
- Periclymenum L. 382.
- pyrenaica L. 1195.
- sempervirens L. 392.
- Xylosteum L. 393.
Loranthaceae 388.
*Loranthus europaeus L. 1195.
*Loroglossum hircinum Rich. 841.
Lotus L. 215.
* - ciliatus Ten. 215.
corniculatus L. 215.
* - hirsutus L. 215.
* - major Scop. 216.
* - siliquosus L. 216.
- tenuifolius Rchb. 1419.
* - tenuis W. K. 1419.
- uliginosus Schk. 215.

*Lotus villosus Thuill. 215.
Lunaria L. 72.
biennis Mönch. 1404.
- rediviva L. 73.
Luzula De C. 900.
- albida De C. 903.
* - alpina Hop. 905.
- campestris De C. 904.
* - conglomerata Mielichh. 905.
flavescens Gaud. 901.
Forsteri De C. 901.
glabrata Hop. 902.
- lutea De C. 904.
maxima De C. 901.
multiflora Lej. 905.
- nivea De C. 903.
* - pallescens Hop. 905.
* - parviflora De C. 1200.
* - pediformis L. 1201.
- pilosa Willd. 901.
* - rubella Hop. 903.
spadicea De C. 902.
* - spicata De C. 905.
* - sylvatica Gaud. 902.
* - vernalis De C. 901.
Lychnis alpina L. 129.
- chalcedonica L. 129.
- Coronaria Lam. 129.
* - dioica α. u. β. L. 130. 131
diurna Sibth. 130.
Flos Cuculi L. 129.
- Flos Jovis Lam. 130.
* - Githago Lam. 131.
* - Pumilio Scop.
vespertina Sibth. 130.
- Viscaria L. 128.
Lycium barbarum L. 615.
Lycopersicum esculentum Mill. [618.
Lycopodiaceae 1031.

Synonymen-Register.

Lycopodium alpinum L. 1032.
- annotinum L. 1032.
  Chamaecyparissus Al. Br.
  [1033.
- clavatum L. 1033.
- complanatum L. 1033.
* - helveticum L. 1035.
- inundatum L. 1032.
* - Selaginoides L. 1034.
- Selago L. 1032.

Lycopsis arvensis L. 606.
Lycopus europaeus L. 672.
Lysimachia L. 707.
- nemorum L. 708.
- Nummularia L. 707.
- punctata L. 707. 1473.
  thyrsiflora L. 707.
- vulgaris L. 707.

Lythrarieae 304.
Lythrum L. 304.
- Hyssopifolia L. 1427.
- Salicaria L. 304.
* - tomentosum Mill. 1060.

Majanthemum Wigg. 869.
- bifolium De C. 869.

Malabaila Tsch. 385.
- Hacquetii Tsch. 385.

Malachium Fries. 148.
- aquaticum Fries. 148.
* - manticum Rchb. 148.

Malaxis Sw. 855.
- monophyllos Sw. 855.
- paludosa Sw. 855.

Malva L. 157.
- Alcea L. 157.
  crispa L. 158.
  fastigiata Cavan. 158.
  italica Pollin. 158.
  Morenii Poll. 158.
- rotundifolia L. 158.
  sylvestris L. 158.

*Malva vulgaris Fries. 159.
Malvaceae 157.
Marsilea L. 1030.
* - natans L. 1031.
- quadrifolia L. 1030.
Marsileaceae 1030.
Marrubium L. 695.
  peregrinum L. 1198.
- vulgare L. 695.
*Maruta Cotula De C. 456.
Matricaria Chamomilla L. 457.
* - suaveolens De C. 457.
* - Parthenium 460.
Matthiola Br. 45.
- incana Br. 45.
  varia De C. 45.

Medicago L. 200.
- carstiensis Jacq. 1417.
  falcata L. 200.
- Gerardi W. K. 202.
  lupulina L. 201. 1058.
  maculata Willd. 1417.
  media Pers. 200.
- minima Lam. 202.
  mollissima Spreng. 202.
- orbicularis All. 201.
  sativa L. 200.
* - Willdenowiana 201.
Melampyrum arvense L. 654.
- cristatum L. 654.
  nemorosum L. 654.
  pratense L. 654.
- sylvaticum L. 655.
*Melanosinapis communis Spenn.
Melica L. 990. [68.
* - caerulea L. 1001.
* - ciliata L. 991.
  Lobelii Vill. 991.
- nutans L. 991.
  uniflora Retz. 991.

Melilotus Tournef. 203.
- alba Dsrx. 203.
- caerulea Lam. 204.
  italica Lam. 1192.
- macrorrhiza Pers. 203.
- officinalis Dsrx. 203.
* - officinalis Willd. 203.
  parviflora Desf. 204.
  Petitpierrana Rchb. 204.
* - vulgaris Willd. 203.
Melissa L. 681.
* - Calamintha L. 680.
* - Clinopodium Benth. 681.
* - grandiflora L. 679.
* - Nepeta L. 680.
- officinalis L. 687.
* - pyrenaica Jacq. 682.
Melittis L. 685.
* - grandiflora Sm. 685.
- melissophyllum 685.
Mentha aquatica L. 670.
- arvensis L. 671.
* - austriaca Jacq. 671.
  gentilis L. 671.
* - parietariaefolia Beck. 1471.
- piperita L. 670. 1471.
* - Pulegium L. 672.
- rotundifolia L. 1198.
- sativa L. 670.
- sylvestris L. 669.
Menyanthes L. 584.
* - nymphoides L. 585.
- trifoliata L. 584.
Mercurialis L. 768.
* - ambigua L. 769.
- annua L. 769.
  ovata Sternb. 768.
- perennis L. 768.
Mespilus L. 288.
* - Amelanchier L. 290.
* - Chamaemespilus L. 292.

*Mespilus Cotoneaster L. 287.
- germanica L. 288.
* - vulgaris Rchb. 288.
Meum Tournef. 364.
- athamanticum Jacq. 364.
* - heterophyllum Mönch. 351.
- Mutellina Gärtn. 364.
*Mibora verna Beauv. 966.
*Micromeria montana Rchb.
*Microstylis monophylla Lindl.
  [855.
Milium effusum L. 972.
* - multiflorum Cav. 973.
* - paradoxum L. 1201.
*Minuartia rostrata Rchb. 139.
Moehringia L. 140.
- diversifolia Doll. 1412.
  muscosa L. 140.
  polygonoides M. K. 141.
  Ponae Fenzl. 141.
* - sphagnoides Rchb. 141.
* - thesiifolia Rchb. 142.
- trinervia Clairv. 142.
Moenchia mantica Bartl. 148.
Molinia Schrk. 1001.
* - altissima Lam. 1002.
  caerulea Mönch. 1001.
  littoralis Host. 1002.
- serotina M. K. 1002.
Molopospermum Koch. 383.
- cicutarium De C. 383.
* - peloponnesiacum Koch. 383
*Momordica Elaterium L. 310.
*Moneses grandiflora Salisb. 574.
Monotropa L. 574.
* - Hypophegea Wallr. 575.
- Hypopitys L. 575.
* - Hypopitys Wallr. 575.
Monotropeae 574.
Montia fontana L. 311.
* - rivularis Gmel. 312.

Synonymen-Register. 1585

Morus alba L. 773.
— nigra L. 744.
* — papyrifera L. 774.
Mulgedium alpinum Less. 520.
Muscari Tournef. 889.
— botryoides Mill. 889.
— comosum Mill. 889.
— racemosum Mill. 889.
*Myagrum paniculatum L. 89.
* — pinnatifidum Ehrh. 80.
* — rugosum L. 90.
* — sativum L. 80.
* — saxatile L. 79.
*Mycelis muralis Rchb. 518.
Myosotis L. 612.
* — alpestris Schm. 613.
— arvensis Lehm. 614.
— caespitosa Schultz. 612.
* — collina Rchb. 614.
* — deflexa Wahlb. 603.
— hispida Schlcht. 614.
— intermedia Link. 614.
* — lactea Bönning. 613.
* — Lappula L. 603.
* — nana Vill. 615.
— palustris With. 612.
— Rehsteineri Wartm. 1464.
— scorpioides L. α. 614.
—   β. 612.
— strigulosa Rchb. 612.
— stricta Link. 614.
* — suaveolens Kit. 613.
— sylvatica Hoffm. 613.

Myricaria Desv. 305.
— germanica Desv. 305.
* — squamosa Rchb. 306.

Myriophyllum L. 300.
* — pectinatum De C. 301.
— spicatum L. 301.

Myriophyllum verticillatum L. 301
Myrrhis odorata Scop. 383.
Myrtaceae 307.
Myrtus communis L. 307.
Najadeae 824.
Najas L. 824.
* — fragilis Willd. 825.
* — fluvialis Lam. 825.
— major Roth. 825.
— minor L. 825.
Narcissus L. 862.
— biflorus Curt. 863.
— incomparabilis Mill. 863.
— Jonquilla L. 864.
— major Curt. 864.
— poeticus L. 862.
— Pseudo-Narcissus L. 863.
— Tazzetta L. 864.
Nardosmia fragrans Cass. 423.
Nardus stricta L. 1024.
Nasturtium R. Br. 45.
— amphybium R. Br. 46.
— anceps Rchb. 46.
* — microphyllum Rchb. 46.
— officinale R. Br. 45.
— palustre De C. 47.
— pyrenaicum R. Br. 1190.
* — siifolium Rchb. 46.
— terrestre Tausch. 1190.
— sylvestre Brown. 46.
*Naumburgia guttata Mnch. 707.
*Neogaya simplex Meissn. 365.
Neottia L. 852.
* — aestivalis De C. 853.
— nidus avis Rich. 852.
— repens Sw. 853.
* — spiralis Sw. 854.
Nepeta Cataria L. 683.
— nuda L. 683.
Nerium Oleander L. 584.
Neslia paniculata Desv. 89.

1586 Synonymen-Register.

Nicandra physaloides Grtn. 619.
Nicotiana L. 620.
— latissima Mill. 621.
* — macrophylla Spr. 621.
— rustica L. 621.
Nigella damascena L. 28.
Nigritella Rich. 842.
— angustifolia Rich. 842.
* — fragrans Saut. 843.
* — globosa Rchb. 834.
* — nigritella Rchb. 1068.
— suaveolens Koch. 843.
*Noccaea alpina Rchb. 86.
* — brevicaulis Rchb. 86.
* — procumbens Rchb. 87.
* — rotundifolia Mnch. 82.
Nothochlaena Marantae R. Br. [1051.
*NotholaenaMarantaeKoch.1051.
Nuphar luteum Sm. 37.
— pumilum Sm. 37.
Nymphaea alba L. 37.
— biradiata Sommer. 37.
Nymphaeaceae 36.

Ocymum L. 668.
— Basilicum L. 668.
— minimum L. 668.
*Odontites lutea Rchb. 668.
* — serotina Rchb. 667.
* — verna Rchb. 667.
Oenanthe crocata L. 357.
— Phellandrium L. 358.
— silaifolia M. B. 357.
Oenothera biennis L. 298.
Oenothereae 293.
Olea europaea L. 577.
Oleaceae 577.
Omphalodes verna Mnch. 604.
*Onagrarieae Juss. 293.
Onobrychis Tournef. 230.

*Onobrychis caput galli Lam. 1192
* — montana De C. 230.
— sativa Lam. 230.
— saxatilis All. 1192.
*Onoclea crispa Hoffm. 1052.
* — Struthiopteris Hoffm. 1052.
Ononis L. 196.
— Columnae All. 198. 1058.
— hircina Jacq. 197.
* — minutissima L. 1192.
* — minutissima Jacq. 198.
— Natrix Lam. 198.
* — pinguis De C. 198.
— repens L. 197.
— rotundifolia L. 199.
— spinosa L. 196.
Onopordum Acanthium L. 488.
Onosma echioides L. 608.
— stellulatum W. K. 608.
Ophioglossum vulgatum L. 1036.
Ophrys L. 843.
* — aestivalis Rich. 853.
* — alpina L. 845.
— arachnites Reich. 844.
— aranifera Huds. 844.
— apifera Huds. 845.
* — Corallorrhiza L. 854.
* — cordata L. 852.
* — fuciflora Rchb. 1068.
* — insectifera α. L. 844.
* — Löselii L. 855.
* — monophyllos L. 855.
* — Monorchis L. 846.
— muscifera Huds. 843.
* — myodes Sw. 844.
* — Nidus avis L. 852.
* — oestrifera Rchb. 845.
* — ovata L. 851.
* — paludosa L. 855.
* — spiralis L. 854.
Opuntia vulgaris Mill. 324.

Synonymen-Register.

Orchideae 830.
Orchis L. 831.
* – abortiva L. 848.
* – albida Scop. 840.
* – angustifolia Wimm. 837.
* – angustifolia Fries. 838.
* – bifolia L. 842.
* – conopsea L. 839.
– coriophora L. 833.
– fragrans Poll. 1200.
fusca Jacq. 831.
– globosa L. 834.
* – hircina Sw. 841.
incarnata Willd. 836.
incarnata L. 837.
latifolia L. 837.
laxiflora Lam. 1068.
maculata L. 836.
majalis Rchb. 837.
mascula L. 835.
militaris L. 831.
Morio L. 834.
* – nigra Scop. 843.
* – odoratissima L. 839.
pallens L. 1067.
palustris Jacq. 1068.
pyramidalis L. 838.
sambucina L. 836.
– Simia Lam. 832.
* – speciosa Host. 836.
– Spitzelii Saut. 835.
* – suaveolens Vill. 843.
* – Tabernaemontani Gmel. [1068.
* – tephrosanthos Vill. 832.
Traunsteineri Saut. 838.
tridentata Scop. 833.
ustulata L. 833.
– variegata All. 832.
* – virescens Zollik. 842.

*Orchis viridis Sw. 841.
*Oreochloa disticha Link. 978.
*Oreoselinum legitimum M.B.369.
Origanum Majorana L. 676.
– vulgare L. 675.
Orlaja Hoffm. 376.
– grandiflora Hoffm. 376.
Ornithogalum arcuatum Stev. [1069.
arvense Pers. 879.
chloranthum Saut. 878 und 1492.
* – fistulosum Ram. 880.
* – Liottardi Sternb. 879.
* – luteum L. 880.
* – minimum L. 880.
minimum Roth. 879.
nutans L. 878.
pyrenaicum L. 876.
* – scorpioides L. 228.
* – stachyoides 1200.
* – Sternbergii Hop. 880.
sulfureum R. S. 877.
umbellatum L. 877.
* – villosum M. B. 879.
Ornithopus perpusillus L. 1192.
*Ornus europaea Pers.
Orobanche L. 646.
amethystea Thuill. 651 u. 1065.
arenaria Borkh. 652.
* – Artemisiae Gaud. 1468.
caerulea Vill. 652.
condensata Moris. 647.
cruenta Bertol. 647.
Epithymum De C. 648.
flava Mart. 650.
– Galii Dub. 649.
* – Hederae Dub. 651.
Hyperici Unger. 1198.
– lucorum Al. Br. 650.

Orobanche loricata Rchb. 1468.
- minor Sutt. 651.
pallidiflora Wimm. 648.
ramosa L. 652.
- Rapum Thuill. 647.
rubens Wallr. 649.
Salviae Schultz. 650.
Scabiosae Koch. 648.
Teucrii Schultz. 650.
- variegata Wallr. 1198.
Orobancheae 646.
Orobus L. 241.
* - Clusii Spr. 234.
- luteus L. 242.
* - multiflorus Sieb. 241.
niger L. 242.
tuberosus L. 242.
variegatus Ten. 241.
* - venetus Mill. 241.
- vernus L. 241.
* - vicioides De C. 234.
*Orthopogon undulatifolius
 Spreng. 959.
*Orvala lamioides De C. 686.
Osmunda L. 1037.
* - crispa L. 1052.
* - Lunaria L. 1036.
- regalis L. 1037.
* - Spicant L. 1050.
* - Struthiopteris L. 1052.
*Ostericum verticillare Rchb 370.
Ostrya Mich. 782.
- carpinifolia Scop. 783.
Oxalideae 181.
Oxalis L. 181.
- Acetosella L. 181.
- corniculata L. 181.
- stricta L. 182.
*Oxycoccos palustris Pers. 565.
Oxyria digyna Cambd. 746.
* - reniformis Hänk. 746.

Oxytropis De C. 219.
- campestris De C. 220.
- cyanea M. B. 222.
* - Halleri Bung. 220.
lapponica Gaud. 221.
montana De C. 222.
pilosa De C. 221.
sordida Gaud. 221.
- triflora Hop. 222.
- uralensis De C. 220.
*Pachypleurum simplex Rchb.
 [365.
*Padus Laurocerasus Mill. 249.
Paederota Ageria L. 645 und
 1468.
Bonarota L. 645.
* - Zannichelli Brign. 645.
Pelargonium odoratissimum Herit.
 [178.
Radula Ait. 179.
- zonale Ait. 179.
Paeonia L. 34.
- corallina Retz. 35.
* - lobata Desf. 35.
- officinalis L. 34.
* - peregrina De C. 35.
* - pubens Sims. 35.
Paliurus aculeatus Lam. 186.
Pallenis spinosa Cass. 432.
Panicum L. 957.
- ciliare Retz. 957.
- Crus galli L. 958.
* - Dactylon L. 967.
* - flavescens Mönch. 960.
germanicum C. B. 960.
- glabrum Gaud. 958.
* - glaucum L. 960.
* - humifusum Kunth. 958.
italicum C. B. 960.
- miliaceum L. 958.
- sanguinale L. 957.

Panicum undulatifolium Ard. 959.
* – viride I. 960.
* – verticillatum L. 959.
* – Weinmanni R. u. S. 960.
Papaver L. 38.
– alpinum L. 39 u. 1054.
Argemone L. 39.
* – aurantiacum Lois. 39.
* – Burseri Crtz. 38.
– dubium L. 39.
* – officinale Gmel. 40.
pyrenaicum De C. 38.
Rhoeas L. 39.
– somniferum L. 40.
* – strigosum Bönning. 39.
Papaveraceae 38.
Papilionaceae 190.
Paradisia Mzg. 876.
– Liliastrum Bertol. 876.
Parietaria L. 771.
– diffusa M. K. 771.
erecta M. K. 771.
* – judaica Schk. 772.
* – officinalis W. 771.
Paris quadrifolia L. 867.
Parnassia palustris L. 107.
Paronychieae 312.
Passerina annua Wickstr. 752.
Passiflora caerulea Juss. 310.
Pastinaca L. 371.
– opaca Bernh. 371.
– sativa L. 371.
Pedicularis acaulis Scop. 661.
* – adscendens Hop. 658.
asplenifolia Flörke. 656.
comosa L. 659. 1065.
fasciculata Bell. 657.
* – flammea Wulf. 661.
– foliosa L. 659.
* – gyroflexa Gaud. 657.
– Hacquetii Graf. 1470.

Pedicularis Jacquini Koch.
655 und 1469.
incarnata Jacq. 658.
palustris L. 659.
– Portenschlagii Saut. 657.
– recutita L. 660.
– rosea Jacq. 660.
rostrata L. 656.
rostrata Jacq. 656.
Sceptrum Carolinum L. 661.
sylvatica L. 1198.
tuberosa L. 658.
versicolor Whlb. 660.
– verticillata L. 661.
*Pennisetum verticillatum R. Br.
[959.
*Pentaple mantica Rchb. 148.
Peplis Portula L. 305. 1060.
Periploca graeca L. 582.
*Peristylus albidus Lindl. 840.
* – viridis Lindl. 841.
Persica Tournef. 245.
* – amygdaloides Bauh. 1422.
– laevis De C. 245.
– vulgaris Mill. 245.
Petasites Gärtn. 422.
– albus Gärtn. 422.
niveus Baumg. 423.
officinalis Mönch. 322.
* – vulgaris Desf. 422.
Petilium imperiale L. 872.
Petrocallis R. Br. 73.
– pyrenaica Brwn. 73.
Petroselinum Hoffm. 350.
– sativum Hoffm. 350.
*Pettera graminifolia Rchb. 145.
Peucedanum L. 367.
– Cervaria Spr. 368.
Chabraei Rchb. 367.
Oreoselinum Mönch. 368.

Synonymen-Register.

*Peucedanum palustre Mnch. 370.
— rablense Rchb. 369.
Schottii Bess. 368.
— venetum Koch. 369.
* — verticillare Koch. 370.
Phaca L. 218.
— alpina Jacq. 219.
* — astragalina De C. 225.
australis L. 219.
— frigida L. 218.
Phalaris arundinacea 961.
* — aspera Retz. 965.
— alpina Hänk. 964.
oryzoides L. 967.
phleoides L. 964.
* — trigyna Host. 964.
Phaseolus L. 242.
— multiflorus Willd. 243.
* — nanus L. 243.
— vulgaris L. 243.
*Phellandrium aquaticum L. 358.
* — Mutellina L. 364.
*Phelipaea caerulea Meyer. 652.
* — ramosa Meyer. 652.
Philadelpheae 306.
Philadelphus coronarius L. 306.
Phleum alpinum L. 965.
— asperum Vill. 965.
Boehmeri Wib. 964.
* — bulbosum Host. 965.
* — commutatum Gaud. 966.
* — cristatum Scop. 1003.
* — Hostii Jacq. 964.
Michelii All. 964.
* — nodosum L. 965.
pratense L. 965.
* — trigynum Host. 964.
*Phoenixopus muralis Koch. =
Lactuca muralis 518.
* — vimineus Rchb. 517.
Phragmites Trin. 974.
— communis Trin. 974.

Phyllirea media L. 578.
— latifolia L. 1197.
— stricta Bertol. 1197.
Physalis Alkekengi L. 619.
Phyteuma L. 549.
* — betonicifolium Vill. 552.
comosum L. 553.
cordatum Vill. 551.
* — fistulosum Rchb. 551.
* — globulariaefolium Hop. 549.
Halleri All. 552.
hemisphaericum L. 549.
humile Schlch. 550.
Michelii Bertol. 552. 1065.
orbiculare L. 551.
pauciflorum L. 549.
Scheuchzeri All. 551.
scorzonerifolium Vill. 552.
Sieberi Spr. 550.
spicatum L. 552.

Phytolacca decandra L. 733.
Phytolacceae 733.
*Picea excelsa Link. 814.
Picris L. 506.
* — crepoides Saut. 507.
echioides L. 508.
hieracioides L. 507.
* — ruderalis Sch. 507.
* — umbellata Nees. 507.
Pimpinella L. 353.
* — alpina Host. 354.
* — dissecta Retz. 353.
* — glauca L. 350.
— magna L. 353.
* — nigra Willd. 354.
* — rubra Hop. 353.
— Saxifraga L. 354.
Pinardia Coronaria Less. 461.
Pinguicula alpina L. 704.

Synonymen-Register.

*Pinguicula flavescens Flörk. 704.
* - grandiflora Lam. 705.
* - leploceras Rchb. 705.
* - longifolia Ram. 705.
- vulgaris L. 705.
Pinus Abies L. 813.
* - Abies du Roi 813.
- Cembra L. 811.
* - excelsa Lam. 814.
Larix L. 812.
Mughus Scop. 810.
obliqua Saut. 810.
Picea Antoin. 814.
- Picea L. 813.
Pinea L. 811.
* - Pumilio Hänk. 810.
* - rotundata Link. 810.
sylvestris L. 809.
- uncinata Ram. 811.
Piptatherum multiflorum Beauv. [973.
- paradoxum Beauv. 1201.
Pistacia Terebinthus L. 189.
Pisum L. 237.
- arvense L. 237.
- sativum L. 237.
Plantagineae 726.
Plantago alpina L. 729.
* - alpina Sieb. 729.
altissima L. 727.
- arenaria W. K. 730.
* - aspera Gaud. 1478.
* - atrata Hop. 728.
* - bidentata Gaud. 1477.
* - capitata Hop. 1477.
* - dentata Roth. 1477.
* - carinata Schrad. 730.
lanata Portenschl. 1477.
lanceolata L. 727.
major L. 726.
- maritima L. 729. 1066.

Plantago media L. 727.
* - minima De C. 727.
montana Lam. 728.
* - sericea = Victorialis. 728.
* - serpentina Rchb. 729. 1478.
serpentina Lam. 729.
Victorialis Poir. 728.
* - Wulfeni M. u. K. 729.
Platanthera Rich. 841.
- bifolia Rich. 842.
* - montana Rchb. 1068.
- chlorantha Cust. 842.
Plataneae 783.
Platanus occidentalis L. 783.
- acerifolia W. 784.
*Pleurogyne carinthiaca Grieseb. [586.
Pleurospermum Hoffm. 384.
austriacum Hoffm. 384.
* - Golacka Rchb. 385.
Plumbagineae 725.
Poa alpina L. 995.
* - angustifolia L. 998.
angustifolia Sm. 999.
- annua L. 994.
* - aquatica L. 1000.
* - aspera Gaud. 996.
* - badensis Hänk. 996.
* - brevifolia De C. 996.
- bulbosa L. 995. 1507.
- caesia Sm. 996.
- cenisia All. 999.
* - cenisia Rchb. 996.
* - coarctata Hall.=nemoralis L.
- compressa L. 1000.
* - cristata L. 978.
* - decumbens Scop. 990.
* - distans L. 1001.
* - disticha Wulf. 978.
* - distichophylla Gaud. 1000.
dura L. 993.

1592 Synonymen-Register.

*Poa Eragrostis L. 993.
- fertilis Host. 997.
* - flavescens Thom. 995.
* - flexuosa Whlb. 1000.
* - fluitans Scop. 1001.
* - Halleridis R. u. S. 1000.
- hybrida Gaud. 998.
* - Langeana Rchb. 1508.
laxa Hänke. 994.
* - megastachya Koel. 992.
- minor Gaud. 995.
nemoralis L. 997.
* - palustris Roth. 998.
* - pilosa L. 993.
pratensis L. 999.
* - pyramidata Lam. 978.
* - rigida L. 1004.
* - serotina Gaud. 998.
* - sudetica Hänk. 998.
* - supina Schrad. 994.
* - sylvatica Vill.=sudetica.
trivialis L. 993.
* - varia Gaud. 994.
Polemoniaceae 598.
Polemonium caeruleum L. 598.
und 1065.
*PollichiaGaleobdolonWlld.688.
*Pollinia Gryllus Spr. 955.
Polycnemum arvense L. 734.
* - majus Al. Br. 734.
Polygala L. 108.
* - alpestris Rchb. 110.
* - amara Jacq. 110.
- amara L. 110.
* - amarella Crtz. 110.
* - austriaca Rchb. 110.
Chamaebuxus L. 111.
- comosa Schk. 109.
- depressa Wendr. 109.
* - major Jacq. 1190.
- nicaeensis Riss. 109.

*Polygala oxyptera Rchb. 110.
* - serpyllacea Weih. 110.
* - uliginosa Rchb. 110.
- vulgaris L. 108.
Polygaleae 108.
Polygoneae 740.
Polygonum L. 746.
- alpinum A'l. 751.
amphybium L. 747.
aviculare L. 750.
Bistorta L. 746.
Convolvulus L. 750.
dumetorum L. 750.
Fagopyrum L. 751.
Hydropiper L. 749.
* - incanum Schm. 748.
lapathifolium L. 748.
laxiflorum Weih. 749.
- minus Huds. 749.
mite Schrk. 749.
nodosum Pers. 748.
orientale L. 751.
Persicaria L. 748.
- tataricum L. 741.
- viviparum L. 747.
Polypodium L. 1038.
* - aculeatum L. 1041.
- alpestre Hop. 1039.
* - alpinum Wulf. 1045.
* - calcareum Sm. 1039.
* - cristatum L. 1043.
* - dentatum Sw. 1044.
* - dilatatum Hoffm. 1043.
Dryopteris L. 1039.
* - Filix foemina L. 1046.
* - Filix mas L. 1042.
fragile L. 1044.
* - hyperboreum Sw. 1040.
* - ilvense Sw. 1040.
* - leptophyllum L. 1512.
* - lobatum Huds. 1512.

Synonymen-Register.

*Polypodium Lonchitis L. 1041.
* – Marantae Hoffm. 1051.
* – montanum Hänk. 1045.
* – Oreopteris Ehrh. 1042.
    Phegopteris L. 1038.
    regium L. 1045.
    rhaeticum De C. 1040.
    rigidum Hoffm. 1044.
    robertianum Hoffm. 1039.
    Thelypteris L. 1042.
– vulgare L. 1038.
Polystichum Roth. 1041.
* – aculeatum Roth. 1041.
* – cristatum Roth. 1048.
    Filix mas Roth. 1042.
    Lonchitis Roth. 1041.
* – Marantae Roth. 1051.
    Oreopteris De C. 1042.
* – rigidum De C. 1043.
* – spinulosum De C. 1043.
* – Thelypteris Roth. 1042.
Pomaceae 286.
Populus alba L. 798.
– canescens Sm. 799.
* – carolinensis Mönch. 800.
* – denudata Hsm. 799.
* – dilatata Ait. 799.
* – fastigiata Poir. 799.
    monilifera Ait. 800.
– nigra L. 799.
    pyramidalis Roz. 799.
– tremula L. 799.
Portulaca oleracea L. 311.
Portulaceae 310.
Potameae 819.
Potamogeton L. 819.
* – augustanum Balb. 821.
    coloratus Hornem. 820.
    complanatus Willd. 822.
    compressus L. 822.

Potamogeton crispus L. 822.
– densus L. 824.
* – dichotomus Wallr. 1486.
* – filiformis Pers. 824.
    fluitans Roth. 820.
    gramineus L. 821.
    heterophyllus Fries. 821.
    Hornemanni Meyer. 821.
    lucens L. 821.
    marinus L. 823.
    natans L. 819.
    pectinatus L. 823.
    perfoliatus L. 821.
    plantagineus Ducros. 820.
    pusillus L. 822.
    rufescens Schrad. 820.
    scoparius Wallr. 1486.
– trichoides Cham. 823.
* – zosteraefolius Schumm. 822
Potentilla L. 262.
– alba L. 269.
* – alpestris Hall. 266.
    anserina L. 263.
    argentea L. 264.
– aurea L. 266.
    brauniana Hop. 268.
– caulescens L. 270.
    cinerea Chaix. 267.
    Clusiana Jacq. 270.
    collina Wib. 264.
    crocea Hall. 266.
    frigida Vill. 268.
    Fragariastrum Ehrh. 269.
    glacialis Hall. 269.
    grandiflora L. 268.
* – helvetica Schlch. 269.
* – hirta L. 1193.
    micrantha Ram. 269.
    minima Hall. 268.

Potentilla nitida L. 270.
* − nemoralis Nestl. 265.
− nivea L. 268.
− norvegica L. 262.
opaca L. 267.
palustris Scop. 262.
* − procumbens Sibth. 265.
− recta L. 263.
reptans L. 264.
− rupestris L. 262.
salisburgensis Hnk. 266.
supina L. 262.
− Tormentilla Sibth. 265.
− verna L. 267.
Poterium Sanguisorba L. 285.
− polygamum W. K. 1193.
Prenanthes L. 515.
* − chondrilloides L. 515.
* − muralis L. 518.
* − pulchra De C. 525.
− purpurea L. 515.
* − tenuifolia L. 516.
* − viminea L. 517.
Primula acaulis Jacq. 714.
Allionii Lois. 719.
− Auricula L. 716.
* − Candolleana Rchb. 718.
* − calycina Dub. 1476.
carniolica Jacq. 717.
* − ciliata Mor. 716.
− elatior Jacq. 714.
farinosa L. 713.
Flörkeana Schrad. 719.
glutinosa Wulf. 718.
* − grandiflora Lam. 714.
* − hirsuta De C. 717.
− integrifolia L. 718. 1476.
− longiflora All. 713.
minima L. 720.
officinalis Jacq. 715.
Polliniana Moretti 1199.

Primula pubescens Jacq. 716.
− rhätica Gaud. 717.
* − Sauteri Schultz. 720.
spectabilis Tratt. 718.
− stricta Hornem. 713.
* − sylvestris Scop. 714.
− venusta Host. 717.
* − veris L. 714 u. 715.
villosa Jacq. 717.
* − Vitaliana L. 712.
Primulaceae 706.
*Prismatocarpus hybridus Herit.
[563.
* − speculum Herit. 563.
Prunella alba Pall. 699.
grandiflora Jacq. 698.
vulgaris L. 698.
Prunus L. 246.
− Armeniaca L. 246.
avium L. 247.
− Cerasus L. 248.
domestica L. 247.
insititia L. 246.
− Mahaleb L. 248.
− Padus L. 248.
− spinosa L. 246. 1060.
* − − β. coetanea Wimm.
*Ptarmica atrata De C. 454.
* − Clavenae De C. 452.
* − macrophylla De C. 452.
* − moschata De C. 453.
* − nana De C. 453.
* − oxyloba De C. 457.
* − vulgaris De C. 451.
Pteris aquilina L. 1050.
* − brevipes Tausch. 1514.
* − crispa All. 1052.
*Pteroselinum Chabraei Rchb.
[368.
* − alsaticum β. Rchb. 369.

Synonymen-Register. 1595

*Pteroselinum glaucum Rchb.368.
* - rablense Rchb. 369.
Ptychotis Koch. 351.
- heterophylla Koch. 351.
Pulegium vulgare Rchb. 672.
Pulicaria Gärtn. 435.
   dysenterica Gärtn. 435.
- vulgaris Gärtn. 435.
Pulmonaria L. 609.
- angustifolia L. 610.
   azurea Bess. 610.
   mollis Wlf. 610. 1463.
   oblongata Schrad. 1463.
- officinalis L. 610.
*Pulsatilla alba Rchb. 10.
* - Burseriana Rchb. 10.
* - grandiflora Hop. 10.
* - montana Rchb. 9.
   vernalis Mill. 8.
* - vulgaris Mill. 8.
Punica Granatum All. 293.
*Pycreus flavescens Rchb. 907.
* - Monti Rchb. 908.
*Pyrethrum alpinum Willd. 459.
* - ceratophylloides Wlld. 459.
* - corymbosum Wlld. 460.
* - Halleri Willd. 458.
* - inodorum Sm. 460.
* - Parthenium Sm. 460.
* - sinense Sabin. 460.
Pyrola L. 572
- chlorantha Sw. 572.
   media Sw. 573.
   minor L. 573.
   rotundifolia L. 572.
   secunda L. 573.
- uniflora L. 574.
Pyrolaceae 572.
Pyrus L. 289.
* - Amelanchier Willd. 290.
* - aucuparia Grtn. 291.

*Pyrus Chamaemespilus L. 292.
- communis L. 289.
* - Cydonia L. 288.
* - domestica Sm. 291.
* - japonica Thunb. 288.
   Malus L. 289.
* - Sorbus Gärtn. 291.
* - torminalis Ehrh. 292.
*Queltia incomparabilis Hav. 863.
Quercus L. 779.
* - apennina Lam. 780.
   austriaca Willd. 781.
   Cerris L. 781. 1483.
   coccifera L. 781.
   Ilex L. 781.
   pedunculata Ehrh. 779.
   pubescens Willd. 780.
   Robur L. 779.
   sessiliflora Sm. 779.
* - sessilis Ehrh. 779.
Ranunculaceae 1.
Ranunculus L. 13.
   aconitifolius L. 17.
   acris L. 22.
   alpestris L. 16.
   anemonoides Zahlb. 1053
      und 1395.
   aquatilis L. 13.
   arvensis L. 25.
* - aureus Rchb. 1398.
   asiaticus L. 20.
   auricomus L. 20.
   bulbosus L. 24.
* - carinthiacus Hop. 21.
* - circinnatus Sibth. 14.
* - Columnae All. 16.
   crenatus W. K. 1396.
   divaricatus Schrk. 14.
   Flammula L. 18.
   Ficaria L. 19.
* - fluviatilis Wigg. 15.

Ranunculus fluitans Lam. 14.
- glacialis L. 15.
* - Gouani Willd. 21.
* - gracilis Schlch. 21.
* - heterophyllus Wigg. 13.
* - hirsutus Curt. 24.
  hybridus Bir. 20.
  lanuginosus L. 22.
- Lingua L. 19.
  montanus Willd. 20.
  muricatus L. 25.
  nemorosus De C. 23.
  pantothrix De C. 13.
- parnassifolius L. 17.
- parviflorus L. 25.
* - paucistamineus Tsch. 14.
- Petiveri Koch. 14.
* - peucedanifolius All. 15.
- Philonotis Ehrh. 24.
* - Pthora Crtz. 20.

* - platanifolius L. 17.

  polyanthemos L. 23.
  pygmaeus Whlb. 1398.
- pyrenaeus L. 18.
  repens L. 23.
  reptans L. 18.
  rutaefolius L. 15. 1053.
  sceleratus L. 24.
  Seguieri Vill. 16.
  Steveni Andrz. 22.
  Tappeineri Bmb. 1398.
  Thora L. α. 19.
- Traunfellneri Hp. 16. 1396.
* - vaginatus Sommer. 1396.
- Villarsii De C. 21.
Raphanus L. 90.
Raphanistrum L. 90.
- sativus L. 90.
Rapistrum rugosum All. 90.
Reseda L. 104.

Reseda alba L. 105. 1056.
* - gracilis Ten. 104.
  lutea L. 104.
- Luteola L. 105.
  odorata L. 104.
- Phyteuma L. 104.
- suffruticulosa L. 105.
* - undata L. 105.
Resedaceae 104.
Rhagadiolus stellatus Wlld. 1063.
Rhamneae 185.
Rhamnus alpina L. 187.
* - aculeatus L. 186.
- cathartica L. 186.
  Frangula L. 188.
  infectoria L. 1201.
  pumila L. 187.
- saxatilis L. 187.
* - Zizyphus L. 186.
*Rhaponticum scariosum Lam.
[492.
*Rheum digynum Whlb.
Rhinanthaceae 653.
Rhinanthus L. 662.
* - Alectorolophus Koch. 663.
  alpinus Baumg. 663.
* - angustifolius Gmel. 663.
* - hirsutus Lam. 663.
  major Ehrh. 662.
- minor Ehrh. 662.
*Rhizobotrya alpina Tsch. 79.
Rhodiola rosea L. 315.
Rhododendron L. 569.
- Chamaecistus L. 571.
- ferrugineum L. 570.
- hirsutum L. 570.
- intermedium Tsch. 570
  und 1457.
* - latifolium Hop. 571.
*Rhodothamnus Chamaecistus
Rchb. 571.

Rhus Cotinus L. 189.
- Typhina L. 190.
Rhynchospora alba Vahl. 910.
- fusca Vahl. 910.
Ribesiaceae 325.
Ribes alpinum L. 326.
- aureum Pursh. 327.
Grossularia L. 325.
nigrum L. 326.
petraeum Wlf. 327. 1060.
rubrum L. 326.
* - uva crispa L. 326.
Ricinus communis L. 769.
Robinia hispida L. 217.
- Pseudacacia L. 217.
rosea Dub. 217.

Rosa L. 273.
- agrestis Sav. 278.
* - alba L. 277.
alpina L. 274.
- arvensis Huds. 280.
* - austriaca Crtz. 281.
* - bengalensis Pers. 282.
bicolor Willd. 273.
canina L. 276.
- centifolia L. 281.
* - ciliato-petala Bess. 280.
- cinnamomea L. 274.
* - collina Jacq. 277.
* - dumetorum Thuill. 277.
* - flexuosa Rau. 277.
* - fragrans Red. 282.
gallica L. 280.
* - glandulosa Rau. 277.
glandulosa Bell. 276.
indica L. 281.
lutea Mill. 273.
multiflora Thunb. 282.
* - muscosa Sering. 281.
* - myrtifolia Hall. 277.

Rosa Noisettiana Red. 282.
- pimpinellifolia DeC. 273.
pomifera Herrm. 279.
* - pumila Bertol. 281.
* - provincialis Ait. 281.
* - punicea Mill. 273.
* - pyrenaica Gou. 274.
* - repens Wib. = arvensis.
resinosa Sternb. 279.
rubiginosa L. 277.
rubrifolia Vill. 275.
semperflorens Curt. 282.
sempervirens Rau. 277.
* - sepium Thuill. 277.
* - spinosissima L. 274.
* - squarrosa Rau. 277.
* - stylosa Desv. = systyla.
sulphurea Ait. 282.
* - sylvestris Tabern. 277.
systyla Bast. 1425.
tomentosa Sm. 278.
* - trachyphylla Rau. 277.
turbinata Ait. 275.
* - villosa Wulf. 279.
* - vulgaris Rau. 277.

Rosaceae 249.

Rosmarinus officinalis 672.
Rubus L. 254.
* - amoenus Portenschl. 258.
* - argenteus Weihe. 258.
* - Bellardi Weihe 259.
* - candicans Weihe. 257.
caesius L. 260.
cordifolius Weihe. 257.
corylifolius Sm. 259.
corylifolius Hayne. 256.
* - discolor Weihe. 258.
* - dumetorum Weihe. 258.
* - fastigiatus Weihe. 256.
fruticosus L. 256.

*Rubus fruticosus Weihe. 257.
* – glandulosus Bell. 259.
* – hirtus W. K. 259.
* – hybridus Vill. 259.
– Idaeus L. 255.
* – Menkei Weihe. 259.
* – nemorosus Hayn. 259.
* – nitidus.,Weihe. 256.
odoratus L. 255.
* – plicatus Weihe. 256.
* – pubescens Weihe. 258.
– saxatilis L. 254.
* – Schleicheri Weihe. 259.
* – subereclus Anderz. 256.
* – tomentosus Bork. 257.
* – vulgaris Weihe. 258.
Rumex Acetosa L. 745.
– Acetosella L. 745.
alpinus L. 743.
– aquaticus L. 743.
arifolius All. 745.
conglomeratus Murr. 741.
crispus L. 742.
* – digynus L. 746.
* – divaricatus L. 742.
– Hydrolapathum Huds. 743.
* – montanus Poir. 745.
* – Nemolapathum Ehrh. 742.
nivalis Hegetschw. 744.
obtusifolius L. 742.
– palustris Sm. 741.
Patientia L. 743.
* – Pseudo-Acetosa Bertol. 745.
pulcher L. 742.
* – purpureus Poir. 742.
– scutatus L. 744.
Ruscus aculeatus L. 870.
– Hypoglossum L. 870. 1200.
Ruta L. 182.
angustifolia Pers. 1192.

*Ruta chalepensis Vill. 1192.
– graveolens L. 182.
Rutaceae 182.
*Sabulina austriaca Rchb. 137.
* – biflora Rchb. 136.
* – fastigiata Rchb. 139.
* – Gerardi Rchb. 137.
* – graminifolia Rchb. 145.
* – lanceolata Rchb. 135.
* – laricifolia Rchb. 136.
* – macrocarpa Rchb. 136.
* – polygonoides Rchb. 141.
* – Ponae Rchb. 141.
* – recurva Rchb. 139.
* – rostrata Rchb. 139.
* – sphagnoides Rchb. 141.
* – stricta Rchb. 139.
* – tenuifolia Rchb. 139.
* – thesiifolia Rchb. 142.
Sagina L. 131.
– bryoides Fröl. 132.
* – decandra Rchb. 138.
glabra Koch. 133.
nodosa Meyer. 133.
procumbens L. 132.
saxatilis Wimm. 132.
– subulata Wimm. 133.
Sagittaria L. 817.
– sagittaefolia L. 817.
Salicineae 784.
Salix L. 784.
– acuminata Sm. 789.
alba L. 785.
ambigua Ehrh. 793.
amygdalina L. 786.
angustifolia Wulf. 794.
aquatica Sm. 790.
arbuscula L. 795.
arenaria L. 793. 796.
– aurita L. 792.
babylonica L. 786.

Synonymen-Register.

*Salix caerulea Sm. 786.
- caesia Vill. 796.
  Caprea L. 791.
  cinerea L. 790.
  coruscans Willd. 792.
  cuspidata Schultz. 785.
  daphnoides Vill. 787.
  fragilis L. 785.
- glabra Scop. 792.
- glauca L. 796.
  grandifolia Ser. 791.
  hastata L. 793.
  Hegetschweileri Her. 792.
* - Helix L. 788.
* - helvetica Vill. 796.
- herbacea L. 798.
* - Jacquiniana W. 796.
  incana Schrk. 789.
  Lapponum L. 795.
  limosa Whlb. 796.
  monandra Hoffm. 788.
  mutabilis Host. 788.
  Myrsinites L. 796.
  myrtilloides L. 793.
  nigricans Fries. 790.
* - nivea Sering. 796.
- pentandra L. 784.
* - phylicifolia Sm. 791.
- Pontederana Willd. 787.
* - prunifolia Sm. 795.
  purpurea L. 788.
- repens L. 794.
  reticulata L. 797.
- retusa L. 797.
* - riparia Willd. 790.
- rosmarinifolia L. 794.
- salviaefolia Link. 789.
  sericea Vill. 796.
- Seringeana Gaud. 789.
* - serpyllifolia Scop. 798.
* - triandra L. 787.

Salix viminalis L. 788.
* - vitellina L. 786.
* - Wulfeniana W. 792.
* - Waldsteiniana W. 795.
Salvia L. 673.
- glutinosa L. 673.
  officinalis L. 673.
- pratensis L. 674.
* - Rosmarinus Spenn. 672.
- Sclarea L. 674.
  splendens Sell. 675.
- verticillata L. 674.
Salvinia Mich. 1031.
- natans Hoffm. 1031.
Sambucus L. 390.
- Ebulus L. 390.
  nigra L. 390.
- racemosa L. 390.
Samolus Valerandi L. 723.
Sanguisorba officinalis L. 285.
Sanguisorbeae 282.
Sanicula europaea L. 346.
* - vulgaris Koch. 346.
Santalaceae 755.
Santolina Chamaecyparissus L. [1202.
Saponaria L. 119.
- lutea L. 1190.
  ocymoides L. 120.
  officinalis L. 120.
- Vaccaria L. 120.
Sarothamnus Wimm. 1057.
* - scoparius Koch. 1057.
- vulgaris Wimm. 1057.
Satureja hortensis L. 677.
- montana L. 678.
* - rupestris Wulf. 680.
*Satyrium albidum L. 840.
* - Epipogium L. 847.
* - hircinum L. 841.
  nigrum L. 843.

101*

*Satyrium repens L. 853.
* – viride L. 841.
Saussurea De C. 490.
– alpina De C. 490.
discolor De C. 491.
* – latifolia Ledeb. 491.
* – macrophylla Saut. 491.
– pygmaea Sprgl. 1062.
Saxifraga L. 328.
* – acaulis Gaud. 338.
adscendens L. 341.
aizoides L. 334.
Aizoon Jacq. 328.
androsacea L. 340.
* – aphylla Sternb. 339.
arachnoidea Sternb. 343.
* – atropurpurea Sternb. 338.
* – autumnalis L. 334.
biflora All. 332.
– bryoides L. 334.
– bulbifera L. 342.
Burseriana L. 330.
* – caerulea Pers. 332.
caesia L. 331.
caespitosa L. 1194.
– cernua L. 342.
– Clusii Gouan. 335.
* – controversa Sternb. 341.
– Cotyledon L. 328.
crocea Gaud. 338.
crustata Vest. 329.
– cuneifolia L. 336.
– elatior M. K. 329.
– exarata Vill. 338.
Facchinii Koch. 340.
hirsuta L. 337.
* – Hohenwarthii Sternb. 339.
* – hypnoides L. 1202.
* – intacta Willd. 329.
Kochii Horn. 333.
leucanthemifolia Lap. 335.

*Saxifraga longifolia Host. 329.
* – moschata Wulf. 338.
muscoides Wulf. 337.
mutata L. 329.
oppositifolia L. 332. 1061.
* – paradoxa Sternb. 343.
– patens Gd. 331.
petraea L. 341.
– planifolia Lap. 339.
* – Ponae Sternb. 342.
* – pyramidalis Lap. 328.
* – recta Lap. 329.
* – recurvifolia Lap. 331.
* – repanda Sternb. 343.
rotundifolia L. 342.
Rudolphiana Hrnsch. 332.
sedoides L. 339.
Seguieri Spr. 340.
squarrosa Sieb. 330.
stenopetala Gaud. 339.
stellaris L. 335.
tenella Wulf. 334.
tridactylites L. 341.
umbrosa L. 337.
– Vandelli Sternb. 330.
Saxifragaceae 327.
Scabiosa R. S. 415.
* – agrestis W. K. 416.
* – arvensis L. 414.
atropurpurea L. 418.
australis Rchb. 415.
campestris Bess. 414.
Columbaria L. 416.
graminifolia L. 417.
gramuntia L. 415.
longifolia W. K. 413.
lucida Vill. 416.
* – mollis Willd. 416.
* – norica Vest. 417.
ochroleuca L. 416.
repens Brignoli 415.

Synonymen-Register.

*Scabiosa Succisa L. 415.
* - sylvatica L. 414.
 vestina Facch. 417.
Scandix L. 379.
* - Cerefolium L. 380.
* - infesta L. 379.
* - odorata L. 383.
 - Pecten Veneris L. 379.
*Schellhameria capitata Mönch. [923.
Scheuchzeria palustris L. 818.
*Schmidtia subtilis Tratt. 1504.
* - utriculosa Sternb. 1504.
*Schoenus albus L. 910.
* - compressus L. 916.
 ferrugineus L. 909.
* - fuscus L. 910.
* - Mariscus L. 910.
* - monoicus Sm. 920.
 - nigricans L. 909.
Scilla amoena L. 881.
 - autumnalis L. 881.
 - bifolia L. 881.
Scirpus L. 911.
* - acicularis L. 911.
* - annuus All. 917.
 caespitosus L. 912.
 caricinus Schrad. 916.
 compressus Pers. 916.
 dichotomus L. 917.
 Duvalii Hop. 914.
 - Holoschoenus L. 915.
 lacustris L. 913.
 - maritimus L. 915.
* - mucronatus Poll. 914.
 mucronatus L. 913.
 palustris L. 911.
 pauciflorus Light. 912.
 pungens Vahl. 914.
 radicans Schk. 916.
 romanus.L.=Holoschoenus.

Scirpus Rothii Hop. 914.
 - setaceus L. 912.
 sylvaticus L. 915.
 Tabernaemontani Gmel. 913
 trigonus Roth. 914.
 - triqueter L. 914.
Scleranthea 313.
Scleranthus annuus L. 314.
 - perennis L. 314.
* - verticillatus Tsch. 314.
*Sclerochloa rigida Link. 1004.
* - dura Beauv. 993.
Scolopendrium Sm. 1050.
* - Celerach Roth. 1037.
 - officinarum Sw. 1050.
Scolymus hispanicus L. 501.
Scorzonera L. 509.
* - alpina Hop. 510.
 angustifolia Rchb. 509.
 aristata Ram. 510.
 austriaca Willd. 509.
 grandiflora Lap. 510.
 hispanica L. 1064.
* - Hoppeana Sieb. 510.
 - humilis L. 509. 1063.
* - plantaginea Schlch. 510.
 purpurea L. 510. 1063.
* - rosea W. K. 510.
Scrophularia aquatica L. 627.
 - canina L. 627.
 chrysanthemifolia M.B. 628.
 Ehrharti Stev. 627.
 Hoppii Koch. 628.
 nodosa L. 627.
 - vernalis L. 628.
Scutellaria galericulata L. 697.
Secale cereale L. 1019.
Sedum acre L. 319.
 - album L. 318.
 alpestre Vill. 320.
 Anacampseros L. 316.

Sedum annuum L. 317.
* - anopetalum De C. 1194.
  atratum L. 317.
  Cepaea L. 316.
  dasyphyllum L. 318.
  elegans Lej. 1194.
  erythromelanum Br. 1428.
  hispanicum L. 317.
  latifolium Bert. 316.
  maximum Sut. 316.
  reflexum L. 320.
  repens Schl. 319.
* - Rhodiola De C. 315.
* - roseum Scop. 315.
* - rubens Hänk. 320.
* - rubens Host. 1193.
* - rupestre L. 320.
* - saxatile De C. 318.
  sexangulare L. 319.
  stellatum L. 1193.
  - villosum L. 317.
Selaginella Spring. 1034.
  - helvetica Spring. 1034.
  - spinulosa Br. 1034.
Selinum L. 365.
  - carvifolia L. 365.
* - Chabraei Jacq. 368.
  palustre L. 370.
  rablense Sprg. 369.
* - Seguieri L. 363.
* - venetum Sprg. 369.
Sempervivum L. 320.
* - acuminatum Schott. 1429.
  - arachnoideum L. 322.
  arenarium Koch. 323.
  - Braunii Funk. 322.
* - debile Schott. 1429.
* - Döllianum Lehm. 1430.
  - Funkii Braun. 321.
  hirtum L. 323.
  globiferum Wulf. 321.

Sempervivum montanum L. 322.
  - tectorum L. 321.
  - Wulfenii Hop. 321.
Senecio L. 467.
  - abrotanifolius L. 469.
* - alpestris De C. 466.
* - alpinus L. 471.
* - alpinus De C. 471.
  aquaticus Huds. 470.
* - brachychaetus De C. 465.
  Cacaliaster Lam. 473.
  campestris De C. 467.
  carniolicus ₁Willd. 472.
  cordatus Koch. 471.
  croaticus W. K. 473.
  Doronicum L. 474.
  erraticus Bert. 470.
  - erucifolius L. 469.
* - Fuchsii Gmel. 474.
  - Jacobaea L. 470.
  incanus L. 473.
  lyratifolius Rchb. 471.
  montanus Willd. 469.
  nebrodensis L. 468.
  nemorensis L. 473.
  paludosus L. 474.
  paradoxus Hop. 469.
* - rupestris W. K. 469.
  saracenicus L. 474.
  spathulaefolius De C. 466.
  - subalpinus Koch. 471.
  sylvaticus L. 468.
  viscosus L. 468.
  - vulgaris L. 467.
Serapias L. 846.
* - cordigera Koch. 846.
  ensifolia Sm. 849.
  grandiflora Scop. 848.
  Lingua L. 1202.
  longifolia L. 851.

Synonymen-Register.

*Serapias longipetala Poll. 846.
* - rubra L. 849.
- Pseudocordigera Moric. 846
Serratula arvensis L. 482.
* - alpina L. 491.
* - discolor Willd. 491.
* - heleniifolia Schultz. 1446.
* - macrophylla Saut. 491.
* - pygmaea Jacq. 1063.
- Rhaponticum De C. 492.
- tinctoria L. 491.
Seseli L. 359.
- annuum L. 361.
bienne Crtz. 361.
coloratum Ehrh. 360.
elatum L. 360.
glaucum Jacq. 360.
Gouani Koch. 359.
tortuosum L. 360.
- varium Trev. 360.
Sesleria Ard. 975.
- caerulea Ard. 976.
disticha Pers. 977.
elongata Host. 976.
microcephala De C. 976.
sphaerocephala Ard. 977.
* - tenella Host. 977.
Setaria Beauv. 959.
- germanica Beauv. 960.
glauca Beauv. 960.
italica Beauv. 960.
verticillata Beauv. 959.
- viridis Beauv. 959.
Sherardia arvensis L. 395.
Sibbaldia L. 271.
- procumbens L. 271.
Sicyos angulata L. 1428.
*Sida Abutilon L. 161.
Sideritis montana L. 1198.
*Siebera cherleroides Schrd. 136.
Silaus pratensis Bess. 363.

Silene L. 121.
acaulis L. 128.
- alpestris Jacq. 127.
* - anglica L. 121.
Armeria L. 125.
catholica L. 1201.
chlorantha Ehrh. 1191.
gallica L. 121.
inflata Sm. 123.
italica Pers. 122.
linicola Gmel. 125.
* - livida Willd. 123.
* - maritima With. 124.
nemoralis W. K. 122.
noctiflora L. 125.
- nutans J. 122.
Otites Sm. 123.
Pumilio Wulf. 124.
quadrifida L. 126.
rubra Vest. 123.
rupestris L. 127.
- saxifraga L. 126.
- uniflora Bertol. 124.
Sileneae 111.
*Siler aquilegifolium Gärtn. 373.
- trilobum Scop. 373.
Silybum Gärtn. 484.
- Marianum Gärtn. 484.
Sinapis alba L. 1403.
- arvensis L. 68.
* - nigra L. 68.
* - orientalis Murr. 69.
Sisymbrium L. 60.
- Alliaria Scop. 62.
* - arenosum L. 52.
amphybium L. 46.
austriacum Jacq. 61.
Columnae L. 61.
Loeselii L. 61.
* - murale L. 70.
* - multisiliquosum Hffm. 1190.
* - Nasturtium L. 46.

Sisymbrium officinale Scop. 60.
- pannonicum Jacq. 62.
* - pinnatifidum De C. 64.
* - pyrenaicum L. 1190.
Sophia L. 62.
- strictissimum L. 62.
* - sylvestre L. 47.
* - tenuifolium L. 69.
- Thalianum Gd. 63.
*Sium angustifolium L. 355.
* - Falcaria L. 352.
* - nodiflorum L. 351.
* - repens L. 351.
*Smilacina bifolia Dsf. 870.
Solaneae 615.
Solanum L. 615.
- Dulcamara L. 617.
* - Lycopersicum L. 618.
humile Bernh. 616.
* - littorale Raab. 617.
* - luteum Mill. 616.
Melongena L. 618.
miniatum Bernh. 616.
- nigrum L. 616.
ovigerum Dun. 617.
tuberosum L. 617.
- villosum Lam. 616.
Soldanella alpina L. 721.
minima Hop. 722.
montana Willd. 721. 1476.
- pusilla Baumg. 722.
Solidago L. 430.
* - alpestris W. K. 431.
* - cambrica Huds. 431.
- Virga aurea L. 430.

Sonchus L. 518.
* - alpinus L. 520.
arvensis L. 519.
asper Vill. 519. 1064.
lacerus Willd. 519.

Sonchus oleraceus L. 518.
* - palustris L. 519.
Sophora japonica L. 243.
Sorbus L. 290.
- Aria Crtz. 291.
aucuparia L. 291.
- Chamaemespilus Crtz. 292.
domestica Crtz. 290.
- torminalis Crtz. 292.
Sorghum halepense Pers. 956.
- cernuum W. 956.
saccharatum Pers. 956.
- vulgare Pers. 956.
Soyeria Monn. 528.
- hyoseridifolia Koch. 528.
- montana Monn. 528.
Sparganium L. 827.
* - erectum α. β. L. 827.
natans L. 828.
ramosum Huds. 827.
- simplex Huds. 827.
*Spartianthus junceus Lk. 191.
Spartium junceum L. 191.
* - radiatum L. 196.
* - scoparium L. 1057.
Specularia Heist. 562.
- hybrida De C. 563.
- speculum De C. 563.
*Spergella glabra Rchb. 133.
* - macrocarpa Rchb. 133.
* - nodosa Rchb. 134.
* - saginoides Rchb. 133.
* - subulata Rchb. 133.
Spergula arvensis L. 134.
* - glabra Willd. 133.
* - laricina Wulf. 134.
* - nodosa L. 134.
pentandra L. 134.
* - saginoides L. 133.
* - subulata Sw. 133.
Spilanthes oleraceus Jacq. 439.

Synonymen-Register.

Spinacia L. 740.
- inermis Mnch. 740.
* - oleracea α. β. L. 740.
- spinosa Mnch. 740.
Spiraea L. 249.
- Aruncus L. 250.
- decumbens Koch. 249.
* - denudata Hrtm. 250.
* - flexuosa Fisch. 249.
Filipendula L. 250.
- Ulmaria L. 250.
Spiranthes aestivalis P'ch. 853.
- autumnalis Rich. 853.
*Spirodela polyrrhiza Schld. 826.
Stachys alpina L. 691.
- ambigua L. 692.
annua L. 693.
arvensis L. 693.
germanica L. 691.
palustris L. 692. 1066.
recta L. 693.
sublanata Fleischm. 691.
- sylvatica L. 692.
Staphylea pinnata L. 184.
*Statice Armeria L. 1066.
- alpina Hop. 725.
- elongata Hffm. 1066. 1199.
Stellaria L. 145.
* - biflora L. 136.
bulbosa Wulf. 1191.
cerastoides L. 145.
crassifolia Ehrh. 1191.
Frieseana Ser. 147.
glauca With. 1191.
graminea L. 147.
Holostea L. 147.
* - longifolia = Frieseana.
* - mantica L. 148.
media Vill. 146.
nemorum L. 146.
neglecta Weih. 147.

Stellaria uliginosa Murr. 148.
* - umbrosa Opitz. 147.
*Stellera passerina L. 752.
Stellatae 395.
Stenactis Cass. 427.
* - annua Cass. 427.
- bellidiflora Braun. 427.
Stipa L. 973.
- capillata L. 973.
* - juncea Host. 1505.
- pennata L. 973.
*Streblidia ferruginea Lk. 909.
Streptopus Mchx. 866.
- amplexifolius De C. 866.
* - distortus Mich. 866.
Struthiopteris Willd. 1052.
* - crispa Wallr. 1052.
germanica Willd. 1052.
Spicant Roth. 1049.
Sturmia Loeselii Rchb. 854.
Styrax officinalis L. 576.
Succisa M. K. 414.
australis Rchb. 415.
- pratensis Mnch. 415. 1062.
Swertia L. 586.
* - carinthiaca Wulf. 586.
- perennis L. 586.
Symphytum L. 607.
- officinale L. 607.
- tuberosum L. 607.
*Syntherisma vulgare Schrd. 957.
* - ciliare Schrd. 957.
* - glabrum Schrd. 957.
Syringa vulgaris L. 578.
- persica L. 579. 1458.
Tamariscineae 305.
Tamarix germanica L. 305.
Tamus communis L. 871.
Tagetes erecta L. 436.
- patula L. 436.

Tanacetum L. 450.
- Balsamita L. 1202.
vulgare L. 450.

Taraxacum Juss. 513.

* - laevigatum De C. 513.
* - nigricans Rchb. 513.
- officinale Wigg. 513.
Pacheri Schultz. 514.
* - palustre De C. 513.
Taxus baccata L. 805.
*Teesdalia petraea Rchb. 87.
*Telekia speciosissima De C 431.
Telephium Imperati L. 312.
*Tephroseris campestris Rch. 467.
* - spathulaefolia Rch. 466.
Terebinthaceae 188.
Ternströmiaceae De C. 162.
Tetragonolobus Scop. 216.
- siliquosus Roth. 216.
Teucrium L. 701.
- Botrys L. 701.
- Chamaedrys L. 702.
* - Chamaepitys L. 701.
montanum L. 702.
- Polium L. 1198.
- Scordium L. 701.
- Scorodonia L. 701.
Thalictrum L. 3.
* - alpestre Gaud.? 5.
- alpinum L. 4.
angustifolium Jacq. 6.
- aquilegifolium L. 3.
atropurpureum Jacq. 4.
elatum Jacq. 6.
flavum L. 7.
foetidum L. 4.
galioides Nestl. 6.
Jacquinianum Koch. 5.
majus Jacq. 5.

*Thalictrum minus L. 5.
simplex L. 6.
sylvaticum Koch. 5.
- vulgatum Schultz. 5.
Thesium alpinum L. 756.
* - fulvipes Gries. 1066.
intermedium Schrad. 756
und 1066.
* - linophyllum L. 756.
- montanum Ehrh. 755.
pratense Ehrh. 756.
- rostratum M. K. 757.
Thlaspi alpestre L. 81.
- alpinum Jacq. 81.
arvense L. 80.
* - bursa pastoris L. 87.
cepaeafolium Koch. 1055.
montanum L. 82.
perfoliatum L. 81.
praecox Wulf. 82. 1055.
rotundifolium Gd. 82.
* - saxatile L. 88.
Thrincia tuberosa De C. 1196.
Thuja occidentalis L. 808.
- orientalis L. 808.
Thymeleae 752.
Thymus L. 676.
* - Acinos L. 678.
* - alpinus L. 679.
* - Calamintha De C. 680.
* - Chamaedrys Frs.
* - grandiflorus Scop. 679.
* - Nepeta Sm. 680.
- pannonicus All. 677.
Serpyllum L. 676.
- vulgaris L. 676.
Thysselinum Hoffm. 370.
- palustre Hoffm. 370.
Tilia grandiflora Ehrh. 161.
- parvifolia Ehrh. 162.
Tiliaceae 161.

Synonymen-Register.

*Tithymalus pilosus Scop. 764.
Tofieldia Huds. 892.
* - alpina Hop. 893.
  borealis Whlb. 893.
  calyculata Whlb. 892.
  glacialis Gaud. 893.
* - palustris Hop. 893.
- ramosa Hop. 893.
Tommasinia Bertol. 369.
- verticillaris Bertol. 369.
Tordylium Anthriscus L. 379.
  maximum L. 1061.
* - nodosum L. 379.
Torilis Adans. 378.
  Anthriscus Gmel. 378.
  helvetica Gmel. 379.
- nodosa Gärtn. 379.
*Tormentilla erecta L. 265.
* - officinalis Sm. 265.
* - reptans L. 265.
Tozzia alpina L. 653.
Tragopogon L. 508.
- major Jacq. 508.
- orientalis L. 509.
- pratensis L. 508.
Tragus Desf. 957.
- racemosus Desf. 957.
*Traunsteinera globosa Rchb. 838.
*Trichodium caninum Schrd. 968.
* - rupestre Schrd. 969.
Trientalis europaea L. 706.
Trifolium L. 204.
- agrarium L. 212.
  alpestre L. 206.
  alpinum L. 209.
  arvense L. 207.
  aureum Pollich. 213.
  badium Schrb. 212.
  campestre Schrb. 213.
  caespitosum Reyn. 211.
  filiforme L. 213.

*Trifolium flexuosum Jacq. 206.
  fragiferum L. 209.
  glareosum Schlch. 211.
  hybridum L. 211.
  incarnatum L. 207.
  medium L. 205.
* - Melilotus caerulea L. 204.
  montanum L. 210.
  nigrescens Viv. 1059.
  nivale Sieb. 205.
  noricum Wulf. 206.
  ochroleucum L. 207.
  pallescens Schreb. 210.
  patens Schreb. 213.
  pratense L. 205.
  procumbens L. 213.
  procumbens Schreb. 213.
  repens L. 210.
  rubens L. 206.
  scabrum L. 208.
  spadiceum L. 212.
- striatum L. 208.
Triglochin palustre L. 818.
Trigonella L. 202.
* - caerulea De C. 204.
- monspeliaca L. 202.
Trinia Hoffm. 350.
* - pumila Jacq. 350.
- vulgaris De C. 350.
Triodia decumbens Beauv. 990.
*Triplospermum inodorum
    Schultz. 460.
*Trisetum alpestre Beauv. 987.
* - distichophyllum Beauv. 988.
  flavescens Beauv. 987.
* - pratense Pers. 987.
Triticum L. 1016.
* - aestivum L. 1016.
  caninum Schreb. 1019.
  compositum L. 1017.
- dicoccum Schrk. 1017.

*Triticum elongatum Host. 1018.
- glaucum Desf. 1018.
* - hybernum L. 1017.
* - intermedium Host. 1018.
* - junceum Host. 1018.
- monococcum L. 1017.
repens L. 1018.
rigidum Schrd. 1017.
Spelta L. 1017.
- turgidum L. 1017.
- vulgare L. 1016.
Trochiscanthes Koch. 361.
- nodiflorus Koch. 362.
Trollius europaeus L. 26. 1399.
* - humilis Crtz. 26.
Tropaeolum majus L. 179.
- minus L. 179.
*Tryphane Facchinii Rchb. 138.
* - recurva Rchb. 138.
Tulipa L. 871.
- Gesneriana L. 871.
- sylvestris L. 872.
Tunica Saxifraga Scop. 112.
Turgenia Hoffm. 378.
- latifolia Hoffm. 378.
Turritis glabra L. 48.
* - hirsuta L. = Arabis.
* - sagitata Bert. = Arabis.
Tussilago L. 421.
* - alba L. 423.
* - alpina L. 421.
* - discolor Jacq. 421.
- Farfara L. 421.
* - fragrans Vill. 423.
* - hybrida L. 422.
* - nivea Vill. 423.
* - Petasites L. 422.
Typha L. 826.
- angustifolia L. 827.
latifolia L. 826.
minima Hop. 827.

Typhaceae 826.
Ulex europaeus L. 1192.
Ulmus campestris L. 775.
effusa Willd. 776.
* - suberosa Ehrh. 776.
Umbelliferae 343.
Urtica dioica L. 770.
- urens L. 770.
Urticeae 770.
Utricularia L. 705.
- intermedia Hayn. 705.
minor L. 706.
- vulgaris L. 705.
*Uvularia amplexifolia L. 866.
*Vaccaria pyramidata Fl. d. W.
[120.
Vaccinieae 563.
Vaccinium L. 563.
Myrtillus L. 563.
Oxycoccos L. 565.
uliginosum L. 564.
- Vitis Idaea L. 564.
*Valantia Cruciata L. 398.
* - pedemontana Bell. 398.
* - glabra L. 398.
Valeriana L. 406.
- celtica L. 409.
dioica L. 407. 1061.
elongata L. 409.
exaltata Mik. 406.
* - intermedia Vahl. 408.
montana L. 408.
officinalis L. 406.
* - olitoria Willd. = Valerianella olitoria Poll.
* - rubra L. 410.
sambucifolia Mik. 406.
saxatilis L. 408.
supina L. 408.
- tripteris L. 407.
Valerianeae 405.

Synonymen-Register. 1609

Valerianella Mönch. 410.
- Auricula De C. 411.
- coronata De C. 411.
  dentata De C. 411.
* - hamata Bast. 412.
* Morisonii De C. 411.
- olitoria Mnch. 410.
Vallisneria L. 815.
- spiralis L. 816.
Veratrum album L. 891.
* - Lobelianum Bernh. 892.
- nigrum L. 891.
Verbasceae 622.
Verbascum L. 622.
* - album Mill. 624.
  Blattaria L. 626.
* - Chaixi Vill. 626.
  collinum Schrd. 623.
  floccosum W. K. 624.
  lanatum Schrd. 625.
  Lychnitis L. 624.
  montanum Schrd. 623.
* - nigro-Lychnitis Schrd. 625.
- nigrum L. 624.
  orientale M. B. 625.
  phlomoides L. 623.
  phoeniceum L. 626.
* - pulverulentum Vill. 1197. 1518.
- rubiginosum W. K. 626.
- Schiedeanum Koch. 625.
  Schraderi Mey. 622.
  thapsiforme Schrd. 622.
  Thapsus L. 622.
  Thapso-nigrum Schied. 623.
* - thyrsoideum Host. 625.
Verbena L. 703.
- officinalis L. 703.
* - triphylla Herit. 703.
Verbenaceae 702.
Veronica L. 635.
- agrestis L. 643.

Veronica Allionii Vill. 637.
- alpina L. 641.
  Anagallis L. 635.
  aphylla L. 637.
  arvensis L. 642.
  austriaca L. 638.
  Beccabunga L. 635.
  bellidioides Wulf. 640.
  Buxbaumii Ten. 644.
- Chamaedrys L. 636.
* - cristata Bernh. 640.
* - didyma Ten. 644.
  fruticulosa L. 640.
  hederifolia L. 644.
* - integrifolia Schrk. 642.
  latifolia L. 639.
  longifolia L. 639.
  montana L. 637.
  officinalis L. 637.
- opaca Fries. 644.
* - orchidea Crtz. 640.
  peregrina L. 1467.
- polita Fries. 644.
  prostrata L. 638.
* - pumila All. 642.
* - rotundifolia Schrk. 642.
  saxatilis Jacq. 641.
  scutellata L. 635.
  serpyllifolia L. 642. 1065.
- spicata L. 639.
* - tenella All. 1065.
* - Teucrium L. 639.
- triphyllos L. 643.
- urticifolia L. 636.
- verna L. 643.
Vesicaria utriculata Lam. 1190.
Viburnum L. 391.
- Lantana L. 391.
- Opulus L. 391.
- - β. roseum L. 392.
Vicia L. 231.

Vicia angustifolia Roth. 235.
- cassubica L. 232.
- cordata Wulf. 235.
- Cracca L. 232.
* - dasycarpa Ten. 1059.
- dumetorum L. 232.
- Ervilia Willd. 237.
- Faba L. 234.
- Gerardi Jacq. 233.
- hirsuta Koch. 236.
- lathyroides L. 236.
- lutea L. 235.
- oroboides Wulf. 234.
- peregrina De C. 1421.
- pisiformis L. 231.
* - segetalis Thuill. 235.
- sepium L. 234.
- sylvatica L. 231.
- tenuifolia Roth. 233.
* - tetrasperma Mnch. 236.
* - varia Host. 234.
- villosa Roth. 233. 1059.
*Villarsia nymphoides Vent. 585.
Vinca major L. 583.
- minor L. 583.
Viola L. 95.
* - Allionii Pio. 99.
- alpina Jacq. 1203.
- arenaria De C. 98.
* - arvensis Murr. =tricolor L.
- biflora L. 101.
- calcarata L. 103.
- canina L. 99.
- cenisia L. 103.
- collina Bess. 97.
- elatior Fries. 100.
* - grandiflora Vill. 102.
- heterophylla Bert. 103.
- hirta L. 96.
- lutea L. 102.
- mirabilis L. 101.
- odorata L. 97.
- palustris L. 96.
* - persicifolia Rchb. 100.
- pinnata L. 95.
* - Riviniana Rchb. 99.
* - rothomagensis Desf. 1409.

*Viola Ruppii All. 100.
* - saxatilis Schm. 102.
- Schultzii Bill. 99.
- sciaphila Koch. 97.
- stagnina Kit. 100.
- stricta Horn. 100.
- suavis M. B. 98.
- sudetica Willd. 103.
- sylvestris Lam. 99.
- tricolor L. 102.
* - umbrosa Hop. 97.
* - Zoysii Wulf. 103.
Violarieae 95.
Viscum album L. 388.
Vitex agnus castus L. 703.
Vitis vinifera L. 170. 1056.
*Vulpia bromoides Rchb. 1004.
* - ciliata Link. 1004.
* - Myuros Gmel. 1004.
* - Pseudomyuros Rchb. 1004.
Waldsteinia geoides Wlld. 1193.
*Wiborgia Acmella Roth. 436.
Willemetia apargioides Cass. [512.
Woodsia R. Br. 1040.
- hyperborea Koch. 1040.
* - ilvensis R. Br. 1040.
Wulfenia Bonarota Sm. 645.
* - Ageria Sm. 645.
- carinthiaca Jacq. 1198.
Xanthium L. 548.
- macrocarpum De C. 548.
- spinosum L. 1454.
- Strumarium L. 548.
Ximenesia encelioides Cav. 440.
Yucca gloriosa L. 890.
Zahlbrucknera Rchb. 343.
- paradoxa Rchb. 343.
Zannichellia L. 824.
* - major Bönning. 1067.
- palustris L. 824. 1067.
Zea Mays L. 953.
Zinnia elegans Jacq. 439.
- multiflora L. 439.
Zizyphus Tourn. 185.
- vulgaris Lmk. 186.

Berichtigungen und Zusätze.

P. 495 ist zu Centaurea austriaca W. als Synonym: Centaurea rhätica Moritzi hinzuzusetzen.

In den Notizen über Heufler soll p. 1163 statt: Besitzer besser stehen: Gutsbesitzer u. p. 1335 st. Vaterstadt: Geburtsort.

p. 1319 ist zu leichterer Auffassung der Zahlen - Verhältnisse nach Zeile 9 von oben hinzuzusetzen: Das Normal-Verhältniss ist also in Tirol für die Gattungen = 0.75, für die Arten = 0.66.

p. 1345 Zeile 21 von oben ist statt: der einzige (Gletscher) auf Kalk, zu lesen: der einzige nennenswerthe etc. etc.; denn der unbedeutendere bei Molveno kommt hier nicht in Betracht.

p. 1349 Zeile 19 von oben ist statt: Deutsch - Tirol zu lesen: Deutsches Südtirol.

p. 1409 soll Zeile 1 von oben stehen: V. rothomagensis Desf. nach dem Standorte bei Löhr etc., aber nicht die echte Pflanze dieses Namens. Dann Zeile 4 ebenda statt: ist aber nach unserer Beobachtung nur Varietät, ist zu setzen: ist aber wohl auch nur Varietät.

p. 1431 ist Saxifraga elatior sammt den Standorten zu löschen, Letztere gehören zu Saxifraga Aizoon var. brevifolia, und sind im Manuscripte in die falsche Zeile gerathen. Dasselbe ist der Fall mit dem Standorte: Baldo bei Aronicum glaciale, welcher zu A. Clusii gehört. —

p. 1469 Zeile 18 von unten soll statt Reiterjoch stehen: Zanggen.

p. 1474 Zeile 6 von unten ist aus der Diagnose der Satz: oder auch gegliederte drüsentragende zu tilgen.

p. 1518 Zeile 8 von unten soll statt Schleinitz stehen: Teischnitz.

Im Register des zweiten Heftes sind nachzutragen:

Arum p. 828.
Nardosmia p. 423.
Nasturtium p. 45.

Oenanthe p 357.
Stramonium p. 621.
Vallisneria p. 815.

Druckfehler.

P. 21 Zeile 22 von oben statt: gracilis. lies: gracilis
p. 67 Zeile 21 von unten st. Karfiol, l. Karfiol
p. 81 Zeile 16 von unten st. 3kantig- l. 3eckig-
p. 82 Zeile 18 von oben st. 180 l. 181
p. 83 Zeile 2 von unten st. Bl. l. Blätter
p. 83 Zeile 23 von oben st. 181 l. 182
p. 98 Zeile 1 von oben st. Kitzbückl l. Kitzbüchl
p. 141 Zeile 5 von oben st. 4blättrig l. 5blättrig
p. 194 Zeile 8 von oben st. 411 l. 412
p. 216. Zeile 19 von oben st. 465 l. 468
p. 226 Zeile 13 von unten st. bei l. bis
p. 240 Zeile 14 von unten st. die l. di
p. 270 Zeile 10 von oben nach P. caulescens einzuschalten: L.
p. 273 Zeile 16 von unten st. punica l. punicea
p. 317 Zeile 10 von unten st. 675 l. 665
p. 328 Zeile 24 von oben st. südöstlichen l. südwestlichen
p. 385 Zeile 19 von oben st. Blätter l. Blättchen
p. 388 Zeile 13 von oben st. 3450' l. 4400'
p. 409 Zeile 21 von oben st. Jndicarien l. Judicarien
p. 411 Zeile 9 von unten ist: und: zu löschen
p. 438 Zeile 14 von oben st. (Fcch!) l. (Fcch.).
p. 448 Zeile 21 von oben st. 844 l. 944.
p. 477 Zeile 5 von oben st. haarig l. federig
p. 482 Zeile 6 von oben st. (Fcch.) l. (Fcch!).
p. 487 Zeile 20 von unten st. platylepsis l. platylepis
p. 520 Zeile 19 von oben st. Schwen l. Schwend
p. 523 Zeile 13 von unten st. kurzhaarig l. rauhhaarig
p. 523 Zeile 20 von oben st. o. kurzhaarig l. u. rauhhaarig
p. 536 Zeile 16 von unten st. lanzettlich-zugespitzt l. lanzettlich, zugespitzt,
p. 576 Zeile 16 von oben st. Hasselnüsse l. Haselnuss
p. 595 Zeile 13 von unten st. Passeyer l. Schnals
p. 602 Zeile 5 von unten st. 4 l. 5
p. 603 Zeile 15 von unten st. 4 l. 5
p. 610 Zeile 8 von unten st. Wulf. l. Wolff.
p. 627 Zeile 18 von unten st. Zähne und Blüthenstiele l. Stengel und Blattstiele

Druckfehler.

p. 652 Zeile 5 von unten st. Squammaria l. Squamaria
p. 677 Zeile 25 von oben st. Rillen l. Rillen
p. 745 Zeile 13 von oben st. Rsch. l. Schm.
p. 792 Zeile 10 von unten st. corruscans l. coruscans
p. 809 Zeile 1 von unten st. Weise, l. Weise.
p. 819 Zeile 22 von unten st. Laickkraut l. Laichkraut
p. 849 Zeile 6 von oben st. Rothblumige C. l. Rothblumiges Z.
p. 852 Zeile 13 von unten st. Goodiera l. Goodyera
p. 855 Zeile 12 von oben st. Honiglipe l. Honiglippe
p. 865 Zeile 13 von oben st. Pietru, l. Pietra;
p. 886 Zeile 2 von oben st. Rainer l. Reiner
p. 898 Zeile 21 von unten st. Richard l. Reichard
p. 950 Zeile 5 von oben ist: C. vesicaria β. L. zu streichen.
p. 969 Zeile 1 von unten st. A. rupestris l. A. alpina
p. 975 Zeile 16 von unten st. östlichen l. westlichen
p. 978 Zeile 16 von unten st. F. cristata L. l. F. cristata Vill.
p. 1009 Zeile 15 von unten st. Seltisberg l. Sentisberg
p. 1020 Zeile 7 von oben st. vorkommnen l. vorkommen.
p. 1055 Zeile 3 von unten st. 180 b. l. 181 b.
p. 1061 Zeile 8 von oben st. p. 322 l. p. 332
p. 1071 Zeile 9 von unten st. 180 b l. 181 b.
p. 1079 Zeile 1 von unten st. 368 l. 364
p. 1081 Zeile 3 von unten st. 226 l. 626
p. 1082 Zeile 8 von unten st. Spiracia l. Spinacia
p. 1141 Zeile 14 von unten st. halgartig l. balgartig
p. 1158 Zeile 15 von unten st. Agosto l. Agostino
p. 1162 Zeile 11 von unten st. Phanerogam l. Phanerogamen
p. 1164 Zeile 22 von oben st. ausere l. unsere
p. 1166 Zeile 22 von oben st. temporati l. temperati
p. 1170 Zeile 18 von unten st. Scopolina l. Scopoliana
p. 1171 Zeile 25 von oben st. noröstliche l. nordöstliche
p. 1172 Zeile 15 von oben st. Diesese l. Diese
p. 1181 Zeile 4 von oben st. Standort l. Stand-Quartier
p. 1203 Zeile 13 von oben st. sibiricum l. sibiricus
p. 1208 zu Ranunculus nemorosus adde: 4.
p. 1213 zu Draba Traunsteineri adde: 3.
p. 1215 zu Viola stricta adde: 2.
p. 1215 zu Viola mirabilis adde: J.
p. 1217 bei Dianthus deltoides ist: B zu löschen.
p. 1224 zu Medicago minima adde: 2.
p. 1227 zu Vicia pisiformis adde: 4.

Druckfehler.

p. 1229 ist zu Potentilla supina: B hinzuzufügen.
p. 1230 Zeile 11 von unten st. sistyla l. systyla
p. 1230 Zeile 4—9 st. 375. 376. 377. 378. 379 und 380 lies:
 575. 576. 577. 578. 579 und 580.
p. 1231 Zeile 17 von unten st. Aronica l. Aronia
p. 1235 ist bei Ribes nigrum das ? bei 3 zu löschen.
p. 1236 zu Astrantia minor adde: B.
p. 1241 bei Conium maculatum adde: 2.
p. 1244 ist bei Scabiosa ochroleuca das * zu löschen.
p. 1250 bei Centaurea sordida adde : 4.
p. 1267 Zeile 8 von unten st. Scorodoria l. Scorodonia
p. 1269 bei Primula Auricula ist das B zu tilgen.
p. 1289 Zeile 6 von oben st. chordoorhiza l. chordorrhiza
p. 1289 ist die Zeile 13 von oben zu streichen.
p. 1291 zu Calamagrostis lanceolata adde: III.
q. 1320 Zeile 15 von oben st. Compositeen l. Compositen
p. 1322 Zeile 17 von unten st. Adropogon l. Andropogon
p. 1330 Zeile 6 von oben st. zur l. durch
p. 1336 Zeile 2 von unten st. jählichen l. jährlichen
p. 1342 Zeile 2 von unten st. zu l. bis zu
p. 1348 Zeile 19 von unten st. Gerardiana l. Gerardi
p. 1398 Zeile 22 von unten st. 1853 l. 1852
p. 1435 Zeile 9 von oben st. Ferulaga l. Ferulago
p. 1493 Zeile 7 von oben st. spaerocephalum l. sphaerocephalum
p. 1516 Zeile 5 von unten st. 180 b. l. 181 b.
p. 1518 Zeile 8 von unten st. Schleinitz l. Teischnitz
p. 1523 Zeile 2 von oben st. Steiner- l. Steirer-
p. 1524 Zeile 2 von unten st. Peter l. Rupert
p. 1525 Zeile 7 von oben st. Gmel. l. Gmelin.
p. 1564 Zeile 14 von unten st. japonicus l. japonica